김종상 인문교양도서

이집트 피라미드(고대)에서 동로마 제국 멸망(중세)까지

소설로 쓴
동서양사 2

김종상

소설로 쓴 동서양사 1, 2권을 완성하며

지난 3월에 출간된 "소설로 쓴 동서양사 1권"이 다행스럽게 많은 분들께 칭찬과 격려를 받아서, 이 책 2권을 더 잘 보충하고 다듬어서 출간하게 되었습니다.
2권은 어떤 내용으로 어떤 모습으로 출간될 것인지 지켜보시고 관심을 가지고 기다리는 분들께는 큰 숙제를 하는 부담감을 가지고 준비해 왔습니다.
이번 2권은 출간 순서일 뿐이지 1권의 다음의 내용은 아닙니다. 오히려 다른 역사책들이 먼저 출간하는 내용이어서 1권이라고 생각해도 좋습니다.

고대 인류문명하면 떠오르는 이집트의 피라미드에서부터 시작하여 그리스 로마역사(이야기), 그리고 중세의 십자군전쟁으로 이어집니다. 그리고 몽골, 칭기즈칸의 이야기로 해서 중세유럽이 마무리되는 동로마제국의 멸망(1453년)까지입니다. 그러나 이는 일상적인 기준일 뿐입니다.
유럽의 러시아는 로마노프왕조 시작(1613년)까지, 영국의 경우도 장미전쟁 종료(1485년)까지로, 중국은 명나라의 멸망(1644년)까지를 중세로 다루었습니다.

우리나라의 역사도 세종대왕이 서거하신 1450년까지의 빛나던 역사까지만 중세라고 하고 싶지만 묘하게도 동로마제국이 망하던 1453년에 다음 역사와의 연결고리라 할 수양대군(세조)의 계유정난이 발생하여 여기까지를 설명하였습니다.

원래 고대와 중세에 이르는 역사에서는 종교의 영향이 강하였고 이와 관련된 종교 건축물들이 많이 등장합니다.
그래서 2권에서는 현재까지 3대 종교 기독교(가톨릭, 개신교, 유대교까지)와 불교, 이슬람교에 대한 설명부분과 이와 함께 대표적인 유적지 건물 등에 대한 설명이 많습니다.

본서(1, 2권)는 시대별, 테마별 목차(순서)로 편찬하는 것을 특징으로 하고 있으므로 교과서처럼 순서대로 이미 공부한 부분(설명한 부분)이라는 의미가 중요하지 않으므로 중복해서 설명되는 경우가 있습니다.

이해의 편의와 관심있는 부분만을 발췌해서 읽는 습관 등을 고려하여 전후의 상황을 설명하는 것이 필요하다고 판단되는 경우에 최소한의 중복설명을 하고 있으니 양해해 주시기 바랍니다.

2권은 고대와 중세를 다루면서 근, 현대사인 1권과 달리 사람 중심의 스토리텔링의 역사보다는 고대 문명의 흔적, 유적과 유물에 관한 이야기를 많이 다루게 됐습니다.
또한 일반적인 지역 구분으로 4대 고대문명권으로 설명하던 것을 필자는 3+2로 이집트, 메소포타미아, 인도 문명을 "3"으로 중국 문명과 그리스문명을 "2"로 보아 동시대군으로 설명하고 있습니다.
중국(황하) 문명은 현재로서는 1,000년 이상 이들(3)보다 젊은 문명이며 오히려 크레타 섬을 중심으로 확인되는 미노아 문명이 그리스 지중해 문명권을 1,000년 가까이 고대로 끌고 가서 동서양을 구체적으로 선도해온 두 문명이 어깨를 나란히 한다고 보았습니다.

이와 관련하여 이 책의 1권을 정독해주신 분들이 "소설로 쓴"이라는 의미를 이해하고 계십니다. 그래서 "인류 문명을 찾아서"라는 별도의 "막"에서 고대 문명의 추적에 성공했던 집념의 주인공들 "카터", "슬리만", "에번스"의 성공담을 소설처럼 풀어 썼습니다.
세계의 3대 종교 중 기독교, 유대교, 이슬람의 선조 아브라함으로부터 4,000년 이상의 "유대(아브라함)이야기"도 소설 같이 썼습니다.
고대 중세는 또 한편 큰 전쟁이 계속됐습니다 기원전 알렉산드로스의 정복전쟁, 중세의 여러 요소가 노출된 십자군전쟁, 예상치 않았던 동방의 에너지 칭기즈칸의 정복전쟁이 대표적인 전쟁이었습니다. 필자는 특히 칭기즈칸의 전쟁에 많은 지면을 활애하면서 기존의 정복 전쟁 중심의 서술에서 그의 네 아들, 그리고 대표적인 네 명의 손주 최소한 아홉 명의 영웅에 시각을 맞추어 설명했습니다 이들 역사의 전쟁 정복의 기록과 함께 그 주인공들의 이야기는 "소설로 쓴" 역사입니다. 책을 쓰다가 너무 분량이 많아져서 책의 뒷부분에 색인을 생략하기로 했습니다. 저의 책은 나라별 역사의 목차가 따로 있어서 구체적인 흐름을 소개하고 있으니 이를 활용해 주시기 바랍니다

저자는 동서양서 1~2권을 출간하기 20여 년 전부터 세법설명서나 이와 관련한 수필집 형식의 "세짜 이야기" 등을 출판하였습니다. 그 당시에도 나름대로 보람이 있었습니다마는 이번 역사책의 출간은 독자들과 공유하는 주제로 많이들 읽어주셨기에 훨씬 큰 보람과 감동을 느낄 수 있었습니다.

무엇보다도 동서양사 1권을 많은 독자 친지들이 통독(通讀), 완독(完讀)했다는 느낌이 전해져서 고마웠고 책을 잘 써야 한다는 책임감이 강해졌습니다.
책을 정독(精讀)하고 긴 독후감을 인쇄물에 게재해 주신 박두만님(등록 수필작가), 오탈자를 정리해서 보내주신 여러 친지들에게 감사를 표합니다.
생각나는 대로 윤영초 님(역사전공하신 사모님), 김연규(군대 동기), 황창연(대학동기), 박태인(초등학교동기), 정해창(중학교동기), 송기문(고교 후배)님 두루 고맙습니다.
적지 않은 오탈자에 부끄럽기도 했지만 "옥의 티"라고 격려해준 것을 다시 감사하고 얼마전 중판(重版)된 책에서 모두 수정하게 되어 다행이었습니다.

독자 여러분께 책을 서고에 꽂아 두지 말라는 말씀을 드리고 싶습니다.
이를테면 텔레비를 보거나 휴식을 취하는 소파나 편한 장소에 눈에 쉽게 띄거나 손이 가는 장소에 두어 주십시오.
잠깐의 짬에 그저 책을 펼쳐서 눈에 들어오는 사진이나 제목을 보시고 "이게 뭐지" 하는 가벼운 기분으로 몇 페이지를 읽어 주시기를 기대합니다.
제 경험이 그렇습니다.
수십권의 역사책을 그렇게 며칠, 10~20분 정도로 연필로 줄치며(나중에 다시 볼 때 한번 읽었었지 하는 친근감을 줍니다) 읽다가 서고에 두게 되면 거의 다시 손이 안 갔습니다. 그 중 해외여행 갈 때 한두 권 골라서 가져 가기도 했지만 거의 서고에서 몇 년, 아니 10－20년도 있었습니다. 그런데 이번 코로나로 먼지를 털어가며 다시 읽기 시작했다가 이 책이 출간되기에 이르렀습니다.

2권의 출간과 함께 감사드려야 할 분들이 많습니다,
저의 중학교 선배로 저술과 강의의 일인자인 김학준 박사님 건국대학교 역사학의 태두 이주영 명예교수님이 이 권의 출판에도 관심과 지도를 아끼지 않으셨습니다.
와이프(김황주)는 1권의 책이 그런대로 좋은 반응을 받아 중판을 인쇄하는 것을 누구보다 기뻐해 주었고 이 책 2권을 완성하면서 금년의 그 더운 여름과 추석 연휴까지 PC앞에서 끙끙대는 저를 안쓰러워하며 건강 걱정이 태산 같았습니다.
모교인 동산중고등학교의 최명수이사장님과 고등학교의 이철형교 장선생님이 졸업생의 책 출간을 자랑스러워하며 크게 축하해 주신 것 감사합니다. 또한 창영초등학교 동창회의 장진설, 박만 회장이 책을 구입하여 후배들과 나눠보고 축하회를 열어 준 것에 감사드립니다.
예전 대학 입학 50주년(2015년) 기념행사 때부터 같이 손발을 맞춰온 기념사업회친구들의 격려가 남달랐는데 이때 기념문집으로 “우리들의 이야기”의 편찬 위원장이었던 백윤수(서울 미대 미학과 명예교수)와 편집장 김영수 동문이 책의 자문과 격려를 아끼지 않았는데 기회가 되면 서평을 해주기로 약속하였습니다.

그동안 연락을 하지 못했던 예전 직장의 선후배들의 축하와 격려와 축하가 많았는데 그 중에도 상사이셨던 서영택 장관님, 김거인, 임영호 그리고 서정원 선배님들이 아주 기뻐하고 크게 격려해 주신 것에 감사했습니다.

20여 년간 정성을 들인 회계법인 “세일원”에서 이 동서양사 1, 2권을 준비하고 집필하던 2년간에는 역할을 하지 못하였는데 후배인 “조형준” 대표와 운영위원들 그리고 “신용근” 상담실장이 업무를 차질없이 해준 것을 고맙게 생각합니다. 전통있는 출판사 박영사와 임재무 상무, 이를 예쁘고 품위 있는 명품으로 만들어준 배근하 과장께 이번에도 고마운 마음을 전합니다. 박영사가 대학 법률, 경제 서적을 전문으로 출간하여 필자도 친숙하였는데 뒤늦게 이 동서양사의 출간을 알게 된 안종만 회장도 좋은 역사책으로 구색을 갖추게 되었다고 기뻐했습니다.

1권에 이어 2권도 잘 읽어 주실 독자 여러분과 필자의 보람을 함께 할 수 있기를 기대합니다.

2021년 10월 3일
개천절 4353주년을 맞이하며
저자 김 종 상 배상

연락처 : 김종상(010－9888－1818)
Fax : 02－525－4006
E－mail: seiltax@naver.com
사무실 : 서초대로 355, 202호 회계법인 세일원
(02－523－5500)

시대별, 테마별 목차

-고대문명의 시대-

-중세 전반기(1000년까지)의 세계-

-중세 후반기(1000년 이후)의 세계-

나라별 역사 목차

(한국, 중국, 영국, 로마순, 다른 나라는 가나가순)

한국

중국

영국

로마-서유럽 등

그리스

덴마크

독일

러시아

메소포타미아

몽골제국

불교유적지 나라들

스웨덴

스페인

이슬람제국

이집트

인도

일본

제1막

고대문명의 시대

5000년 이전의 3대 고대문명
–이집트 · 메소포타미아 · 인더스문명

- 1장: 인류의 3+2대 문명
  * 시기적으로 이집트, 메소포타미아, 인도문명–3대 문명과
  * 황하(중국)문명과 그리스, 로마문명–2대 문명

- 2장: 이집트문명
  * BC 3100년 상왕조–피라미드 건조, 중왕조–왕들의 계곡
  * 하왕조–외적의 침입: 획소스, 히타이트 아시리아, 알렉산드로스
  * 제일 유명한 파라오–투탕카멘, 람세스 2세

- 3장: 메소포타미아문명
  * 많은 왕조의 흥망: 수메르–아카드–바빌로니아–히타이트–아시리아–페르시아–마케도니아
  * 인류 최초의 문자, 쐐기문자–함무라비 법전

- 4장: 인더스문명
  * 사막의 계획도시–모헨조다로, 하라파 BC 2600년경
  * 아리아인들의 이주–계급제도–리그베다 등–브라만교
  * 마가다, 난다 왕국–BC 4–5세기

1장

인류의 3+2대 문명
-인류 동서문명이 강과 바다를 끼고 시작된다

고대 인류문명의 분류: 5대(3+2)문명

인류의 고대문명이 시작된 곳은 국가가 형성되고 유적 유물로 그 증거를 보여주는 곳이어야 한다. 그래서 피라미드가 우뚝 솟은 이집트, 쐐기문자·함무라비법전을 보여준 메소포타미아 그리고 반듯한 모헨조다로 도시가 있었던 인더스문명이 5000년－4500년 전의 3대 문명권이었다.

그보다 1000년쯤 뒤에 서양에는 그리스·로마문명이, 동양의 중국문명이 시작되었다. 특히 BC 800년경 그리스 폴리스와 중국의 춘추전국시대(BC 770년 시작)가 같은 시대에 시작된 것은 재미있다.

이 문명권에는 많은 고대국가가 치열하게 전쟁을 했다. 대표적으로 페르시아전쟁, 알렉산드르의 정복전쟁, 중국의 전국칠웅들의 전쟁들이었다.

인류가 농업혁명으로 부르는 생존의 틀을 바꾼 것은 기원전 8000년경 신석기시대로 접어들면서였다. 그러니까 만년 전 농사가 용이한 큰 강을 끼고 정착생활을 시작하면서 처음엔 씨족사회로 시작되어 차츰 작은 부족국가로 발전해 왔다는 것은 어느 문명권이나 공통적인 사실이었다.

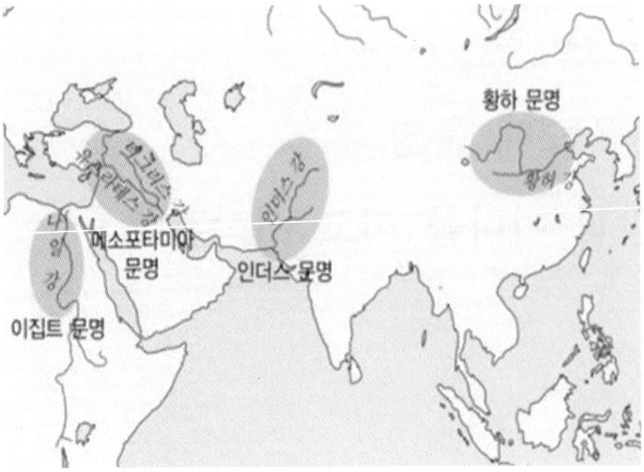

지역별로 보는 큰 강을 낀 4대 문명

서양쪽으로 보면 이집트문명은 나일강을, 메소포타미아문명은 티그리스, 유프라테스강을 끼고 시작되었다. 동양에서는 인더스강 유역으로 인더스문명이 그리고 중국문명은 황하(黃河)강을 중심으로 문명을 꽃피웠다.

인류의 문명이 처음으로 발생한 지역을 이집트라고 하기도 하고, 메소포타미아문명이 먼저라는 주장이 있었지만, 이 지역들을 '오리엔트'라고 불러서 함께 다루기도 한다.

황하강을 중심으로 한 중국문명을 함께 다루는 것이 일반적이지만 여기서는 유적이나 유물로서 그 역사성이 증명되는 고참순으로 기원전 3000년부터 기원전 2500년 순으로 이집트, 메소포타미아 그리고 인더스를 비슷한 시대의 문명으로 소개한다.

중국문명의 경우, 그 유물로서 실재성이 입증된다고 하는 기원전 1600년대의 상(은)나라부터 본격적인 고대국가로 보아서 동시대의 지중해를 둘러싼 그리스문명·로마문명을 함께 설명하고자 한다.

많은 역사책은 지역적으로 4대 문명권을 이야기하지만 필자는 시기적으로 동시대의 "3+2" 이집트·메소포타미아·인디아 세 곳의 고참 문명권과 여기에 중국과 그리스, 로마 5개 문명권으로 나누어 구분하였다.

말하자면 비슷한 시기의 문명을 함께 소개하는 것이 합리적이고 이해가 쉽다고 판단하였으니 다른 의견을 가지신 분들도 이해해 주시기를 기대한다. 본서는 연구서라기보다 역사를 쉽게 전달하는 안내서라고 생각하기 때문이다.

인류가 겪게 되는 인류문화의 변천, 혁명들

다음 그림이 인류가 추구해온 생활의 혁명이었다. 혁명이라는 표현이 가장 익숙했던 것은 농업혁명 후 7-8천년이 지나서 영국을 중심으로 벌어진 산업혁명이었다. 그 후 전기, 전화가 발명되고 인류의 생활이 엄청나게 편리해졌다.

이에 따른 과학 기술의 발전은 전쟁(제1, 2차 세계대전)으로 이어져 엄청난 규모의 재앙이 되었다. 그 후 4－50년 만에 통신, 인터넷 혁명이 시작되었다.

그러더니 불과 20년만에 모바일 혁명으로 경천동지(驚天動地)의 세상을 체험하고 있다. 산업혁명부터 현재까지는 제1권의 동서양사에서 다루었다.

이제 2권은 혁명의 시작 바로 농업 혁명에서 산업 혁명 직전까지를 알아본다.

농업 혁명-산업 혁명-인터넷 혁명-모바일 혁명

농경생활, 먹는 것의 안정적 해결이 인류문명의 시작이었다

인간의 수렵채취생활, 먹을 것을 찾아 떠돌며 살다가 이제 일한 장소에서 안정적으로 먹을 것을 구할 수 있게 된 생활방식, 농경(農耕)생활을 시작했다는 것이 인류 최초의 혁명적인 진보였습니다. 더 이상 먹을 것을 자연에 의지하지 않고 인간의 힘으로 생산하고, 또한 사전에 얻을 수 있는 먹거리를 예측할 수 있는 생활로 격상된 것이 농업혁명이었습니다. 농업기술의 향상과 개인별 능력의 차이에 따라 잉여생산물이 만들어지면서 역할의 분담과 빈부의 차이로 계급과 권력이 발생했습니다. 그래서 씨족사회 · 부족사회국가가 이뤄져 인간의 문명이 시작됐습니다. 이런 현상이 세계 각지에서 자연히 이뤄졌지만 가장 먼저 앞서가고 두각을 낸 지역들이 메소포타미아 · 이집트지역의 문명권이었습니다.

맨 먼저 빵을 만들어 먹은 사람들은 누구였을까요?

6000년 전의 빵의 역사

메소포타미아와 이집트는 비교적 인접 지역에서 고대문명의 라이벌이라고 할 수 있었습니다. 인류의 기본적인 먹을 것(food)에 있어서도 그렇습니다.

세계에서 처음으로 빵을 구워 먹은 사람들은 메소포타미아인이라고 합니다.

그들은 10000년-9000년 전부터 밀을 재배(농업혁명의 시작)했고, 약 6000년에는 빵을 만들어 먹기 시작했습니다. 이 시대에는 밀을 갈아 물로 반죽한 것을 그대로 구워 먹었다고 추측됩니다. 아직 부풀게 발효하지는 못했으니 그냥 밀가루로 부침개를 만들어 먹었다고 할 수 있습니다. 그런데 이런 상태로 이집트로 전해졌는데 이곳에서 이집트인들은 우연히 발효시키는 방법을 알아내어 제대로 된 빵을 만들 수 있게 된 것입니다.

아마도 밀가루반죽을 밤새 그대로 두었는데 공기 중의 이스트균이 작용하여 부풀게 되어 훨씬 맛있는 빵을 즐기게 된 것입니다.

우리가 영화로 보았던 4500여 년 전 이집트에서 피라미드를 만드는 장면에서 인부들이 점심으로 모양새 있는 빵을 먹는 모습을 볼 수 있는데 이는 고증이 잘 된 것입니다.

이로부터 그리스 · 로마시대(3000년 전 이후)에 빵의 식생활이 보편화되었으며 현재 전 세계 모든 사람들이 여러 가지 맛있는 빵을 즐기며 살고 있습니다.

2장

이집트문명
-긴 왕조의 역사, 상왕조 · 중왕조 · 신왕조

긴 왕조의 역사, 상왕조 · 중왕조 · 신왕조

인류 최초의 대형 건축물 피라미드

기원전 3100년 인류 최초의 강력한 고대국가 이집트가 출현했다.

고대 이집트문명은 기원전 3100년부터 알렉산드로스대왕이 정복하는 기원전 332년까지 2900년 가까이 단일 국가로 지속되었으며, 30개의 왕조가 있었다.

지형이 개방적인 메소포타미아 지역과는 달리 이집트는 지중해, 사막, 나일강 등으로 사방이 막혀있어 초기에는 이민족이 쉽게 들어 올 수 없었다. 그래서 오랫동안 자신들만의 고유한 문화를 지킬 수 있었다. 북쪽에서 나일강을 따라 내려가면서 지역들을 통일하여 이집트 고왕국을 세운 것은 메네스왕 때라고 전해지고 있는데 나일강

철기시대 신무기 철제마차

삼각주 지역에 멤피스(현재 카이로 부근)에 수도로 삼았다.

이집트의 선사시대는 1왕조부터 10왕조를 고왕조시대(BC 2686－2040년)라고 부르며, 이 시기에 9기 이상의 피라미드를 짓는 등 국력낭비로 혼란기를 맞이하였다.

큰 개혁(재통일)을 통해 수도를 테베로 옮기면서 중왕조(11－17왕조 BC 2040－1546년)로 넘어갔는데 중왕조 말기에 중앙아시아에서 내려온 셈족계열의 힉소스왕조에 의해 정복되었다.

힉소스는 '이민족 통치자'란 의미로서 원래 나일강 동쪽 델타 유역에 살다가 힘을 키워 이집트를 108년 동안 점령하였다. 그들은 이집트의 전통과 문화에 적응하면서 장기집권을 꾀했으나 이집트 18왕조가 강력히 저항해 모조리 몰아내고 신왕조(BC 1540－525년)가 시작되었다. 힉소스 점령시대에 인류역사상 처음으로 철제무기·도구·마차까지 개발되어 군사적·경제적으로 크게 발전했다.

영화 엑소더스 홍해를 가르다

홍해를 가르는 모세

영화 '출애굽', '엑소더스'에서 모세가 이끄는 유대인들을 추격하던 파라오와 이집트인들의 철제마차는 이때 등장한 것이고, 한참 뒤 영화 '벤허'에서 보는 전차 경기는 모두 이때 개발된 것이라고 짐작됩니다.

두 영화의 주인공이 모두 "찰턴 헤스턴"이라는 것이 흥미롭습니다.

그 이후 18왕조부터 신왕조시대에 람세스 2세 등 걸출한 왕들의 등장으로 전성기를 구가하기도 했지만, 기원전 664년에는 아시리아에 점령 지배를 받았으니 외적의 침입으로는 두 번째의 굴욕이었습니다.

그나마 다른 나라처럼 외적의 침입·지배를 받았어도 왕조의 이름은 바뀌지 않았습니다.

그것은 파라오에 대한 인식과 존재감이 뚜렷했기 때문입니다.

우리가 이집트 왕조별로 역사를 들여다본다면 너무나 방대해 머리 아플 것이며 사실 그럴 필요까지는 없을 것입니다.

인류가 4500여 년 전에 만든 거대한 건축물, 피라미드

이집트하면 떠오르는 것은 피라미드와 파라오라 불리는 이집트의 왕이다.

이집트를 가로지르는 젖줄이라 할 나일강이 수시로 범람하므로 일찍부터 치수와 관개로 농업에 적합한 비옥한 토지를 유지하는 것이 기본적인 생존전략이었다.

이를 위해 살아있는 신으로 일컬어진 파라오, 즉 왕을 중심으로 메소포타미아보다 조금 앞선 시기인 기원전 3100년부터 왕국을 세웠다. 처음에는 수메르문자를 배우고 나중에 상형문자로 발전했으며, 기원전 2000년 전에는 파피루스를 개발해 기록 문화에도 큰 진전을 이루었다.

고 왕국 시대부터 피라미드가 왕성하게 건설되었다.

이집트의 첫 번째 이미지이자 랜드마크는 피라미드이다. 현재 카이로시 남서쪽 가장자리 가자지역에 있는 세 개의 피라미드가 가장 크고 세계 7대 불가사의의 첫 번째로 꼽힌다.

쿠푸왕의 피라미드와 스핑크스

세 개의 피라미드 중 제일 큰 피라미드는 4왕조 쿠푸왕(Khufu. BC, ?－BC 2556년)의 무덤이라고 하니 지금부터 4500여년 전의 인류역사상 가장 오래된 거대 건축물이다.

같은 지역에 위치한 다른 피라미드도 연도·규모·정밀도에서 크게 뒤지지 않는다.

쿠푸왕의 피라미드는 높이 147m, 밑변 각각 230m, 평균 2.5t의 돌이 230만개가 소요됐다고 한다. 이 구조물에 관해서는 모든 것이 불가사의해서 그 규모나 건축 방법 등이 전혀 드러나지 않고 있다. 상형 문자로조차 전혀 기록이 남아있지 않고 AD 800년경 이집트를 지배하던 어느 왕이 어렵게 피라미드에 들어가 파라오의 보물을 수색했지만, 안에는 아무것도 없었고 또한 도굴된 흔적도 없었다고 한다.

과연 이런 건축물은 누가 지었을까?

피라미드에 관한 오해 중 하나가 노예들이 강제 동원돼 만들었다는 것인데 학자들이 연구한 결과는 피라미드 건설은 일종의 실업정책으로 나일강의 범람기간 동안 농한기에 농부들이 동원되었다는 것이다.

피라미드 공사장의 농부들이 임금을 제때에 못 받아 파업을 했다는 기록도 남아 있으니, 반 자율적인 노동력으로 건축되었다고 하는 것이 타당하고, 그랬기 때문에 20년 이상이 소요되었다고 한다.

무리하게 피라미드를 만들다 보니 국력(상왕조시대)이 허약해져서 중왕조(BC 2040년) 이후에는 이런 피라미드를 더 이상 만들지 않았다. 대신 계곡과 절벽 등 비밀스러운 장소에 파라오들의 미이라·보석 등 유물을 숨겼다고 하는데 이런 곳이 모여 있는 곳이 현재 룩소르의 '왕가의 계곡'이다.

화장실이 없었던 피라미드

필자가 1996년에 꼭 가고 싶던 이집트 카이로 외곽 가자지구에 와서 이 피라미드와 그 앞의 수문장 스핑크스를 보고 감동에 벅차 있었습니다.
이리저리 사진을 찍으며 낙타도 타고 흥분의 시간이 지나서 화장실을 찾았습니다. 아무리 봐도 화장실이 보이지 않아 가이드에게 물으니 걸어온 주차장으로 다시 한참 가야 하니 적당히 알아서 해결하라고 했습니다. 그 말을 듣고 보니 피라미드 뒤편에 양산을 펴고 모래 위에 여기저기 앉아있는 여성 관광객들이 보였습니다. "아하, 이거구나!" 했습니다.
빛나는 유물을 물려준 조상들의 은덕으로 먹고사는 후손들이 관리하는 관광인프라는 정말 빈약했고 관광기념품들도 조잡하기 짝이 없었습니다.
요즘은 어떤지요? 다시 가고 싶은 마음은 없구만요.

파라오의 무덤 피라미드가 아니라 계곡으로 숨다-유명한 파라오 투탕카멘

우리의 귀에 익숙한 투탕카멘(재위 BC 1361－1352년)은 9살에 즉위해 18세에 요절한 비운의 파라오이다. 그가 유명한 이유는 어떤 공적도 없이 9년 동안 허수아비 파라오에 불과했다고 알려졌지만, 다행히 그의 무덤이 왕가의 계곡에서 아주 극적으로 발견되었기 때문이다.

1922년 하워드 카터라는 영국의 유명한 고고학자가 이 계곡에서 발굴 작업을 하던 중에 전혀 예상치 못한 장소에서 파라오 투탕카멘의 무덤을 발견(구체적 경과는 5막 1장에 참조)하는 개가를 올렸다.

주변에 이미 발굴이 완료돼 더 이상 무덤이 없을 것이라고 판단한 곳에서 대단한 보물을 찾은 것이다. 그 결과 지금까지 아무도 손대지 못했던 완전한 상태로 발견돼 이집트

투탕카멘의 황금마스크

파라오의 대표적인 무덤이 된 것이다.

번쩍번쩍한 유물들이 3200여 년만에 세상에 드러나서 당시 같은 해 1922년 파키스탄 지역에서 인더스의 모헨조다로의 계획도시가 발견된 경사와 함께 고고학계의 성공적인 발굴사례가 된 것이다.

투탕카멘의 무덤 입구에는 상형문자로 "잠자는 왕을 방해하는 자에게는 죽음의 날개가 스치리라"라는 경고문이 쓰여 있었다는데 그 후에 무덤 발굴에 관여한 많은 사람이 차례로 목숨을 잃어 파라오의 저주라고 불리면서 투탕카멘 파라오는 점점 더 유명해졌다.

왕들의 계곡 등 이집트 전 지역에서 도굴된 유물들은 대영박물관·루브르박물관 등에서 보관하고 정작 이집트 박물관에는 귀중한 유물이 많지 않았는데 이 무덤의 발굴로 이집트는 제대로 된 전시품을 갖추게 된 것이다.

이집트의 보물 1호를 들고 오다

1996년에 필자가 방문했을 당시 박물관의 한 개 층 이상은 투탕카멘의 무덤에서 발굴된 유물들로 채워져 있었습니다.
발굴한 당시 온전한 모습의 투탕카멘 파라오의 얼굴을 덮고 있던 황금마스크는 이집트의 국보 1호입니다. 필자도 그 황금마스크의 모조품을 구입(합법)해 여행가방에 넣고 귀국하기까지 꽤나 신경 썼습니다. 우리집의 대표적인 여행기념품입니다.

이집트의 제일 유명한 람세스 2세

람세스 2세(재위 BC 1279−1213년)는 투탕카멘보다 100년쯤 뒤의 파라오로 66년 동안 재위하며 문무겸전(文武兼全)으로 이름을 떨치며 하왕조의 전성기를 유도한 파라오였다.

생전에는 막강한 파라오였지만, 그의 무덤이 너무나 유명해 일찍이 여러차례 도굴당했다. 그 많은 부장품이 전부 흩어졌고, 그를 모셨던 신하들은 다른 파라오의 무덤들을 전전하며 그의 미라를 숨기기에 바빴다고 하니 아이러니하다.

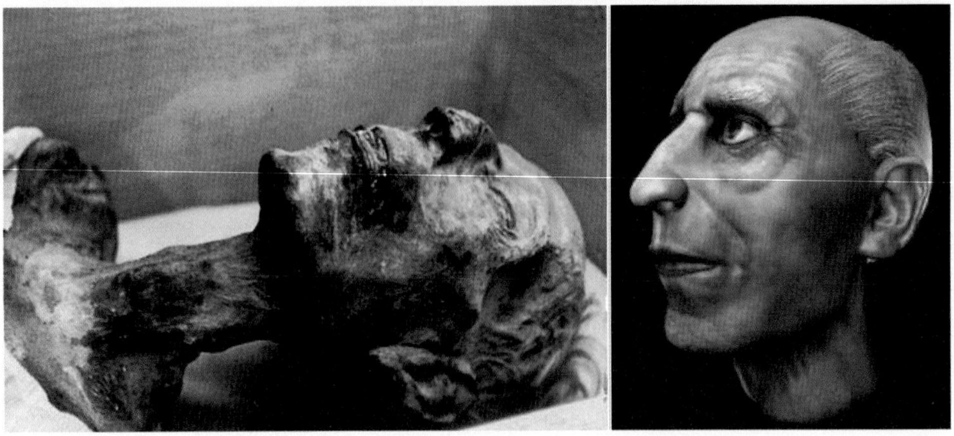

람세스 2세의 미라와 실제에 가깝게 제작된 매부리코의 얼굴

미라(mirra)를 만든 이유

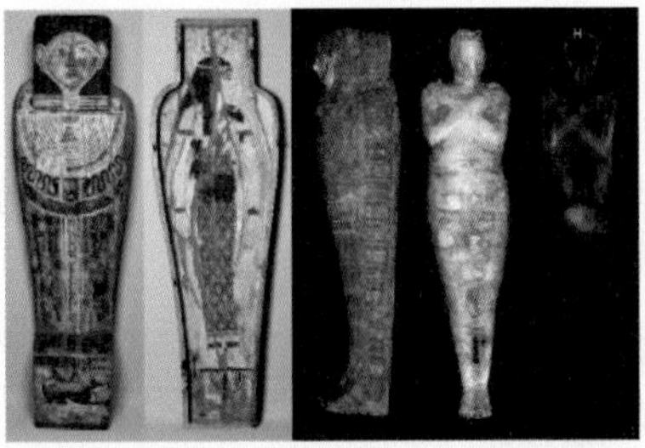

미래 부활을 위한 미라

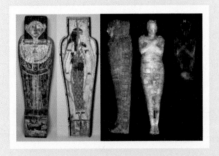

이집트의 왕 파라오는 그들의 주신인 태양신 레(Re)의 아들이라 믿었습니다. 이집트인들은 파라오가 죽으면 영원불멸의 신 오시리스로 부활한다고 믿었고 이것이 가능하게 하려면 온전한 신체가 있어야 했으므로 파라오의 시신을 방부처리해 미라로 만들었습니다. 또한 시신이 오랜 시간이 지나도 썩지 않은 또 다른 이유는 건조한 사막기후도 한몫했을 것입니다. 이집트인들은 정성스럽게 미라를 만들어 천으로 감싼 뒤 석관에 넣어 피라미드(나중에는 왕가의 계곡 무덤)에 보관했습니다. 주변에는 파라오가 평소에 사용하던 일상용품과 식량까지 넣었습니다.

심지어 요리사, 제빵사, 이발사 등 사람의 모형까지 넣었습니다. 파라오는 살아서나 죽어서나 백성의 보호자였으므로 무덤을 거대하게 만든 것입니다. 미라는 파라오뿐만 아니라 귀족이나 부유한 평민들까지 모방하던 장례방식이었는데 전문적으로 미라를 제작하는 기간이 평균 3개월이나 소요됐습니다. 미라 제작에는 약품과 향료를 준비해야 하고 미라를 감싸는 아마 천 길이만 1㎞였다니 서민은 흉내조차 못낼 정도로 아주 비싼 비용이 들었습니다.

람세스 2세가 3200여 년이 지났음에도 매우 유명하고 존경받았다는 구체적인 사례들이 있다.

1881년에 발견된 람세스 2세의 미라(매부리코가 특징)를 옮길 때 나일강의 양쪽연안에서 여성들은 울면서 미라를 운반하는 배를 쫓아갔고, 남성들은 총을 쏘며 최고의 존경을 표했다고 한다. 또 1976년에 미라가 복구작업을 위해 파리로 공수될 때 화물이 아닌 여객으로 대우받도록 이집트 정부가 '파라오'라고 기재된 여권을 발행했다. 그러자 도착한 파리의 공항에서는 프랑스 대통령의 의장대가 람세스 2세의 미라를 영접했다는 드라마같은 이야기가 있다.

람세스 2세의 빛나는 업적

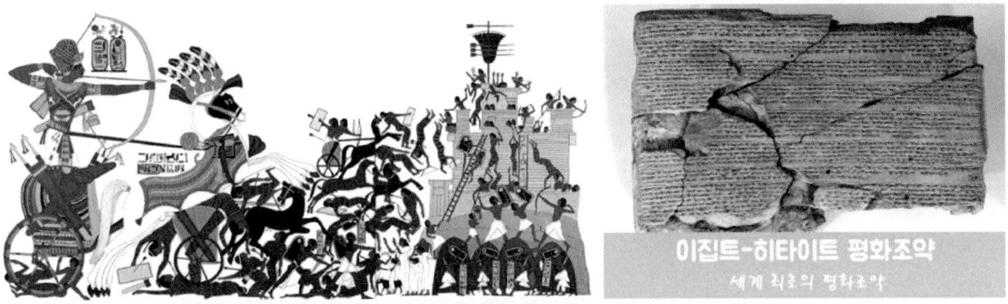

람세스 2세 히타이트와의 전투와 인류 최초의 정절, 평화 조약 문서

10살 때부터 군사령관이 되는 등 일찍이 파라오 수업을 받은 람세스 2세는 25세에 즉위해 영토확장에 나서는 등 빛나는 업적을 쌓았다.

주변의 강적이었던 히타이트와 많은 전쟁을 치르며 그 유명한 카데시 전투에서 단기필마로 무공을 세우고, 결국 무승부를 확인하는 강화조약을 체결하였는데 이는 세계역사상 '최초의 평화 조약'이라고 한다.

나라의 평화를 굳건히 한 조약 체결 후 평화시대에는 문화 유적 건설사업에도 남다른 정열을 쏟아부어 건축왕으로서 면모를 보였는데 대표적인 것은 수단 근처에 있는 세계유산 아부심벨이 있고 이외 많은 신전을 세웠다고 한다.

자신의 29m가 넘는 좌상을 대칭으로 세운 아부심벨 신전은 아스완 하이댐 공사로 수몰위기에 몰렸지만, 유네스코가 적극적으로 나서서 해체해 먼저의 위치보다 높고 안전한

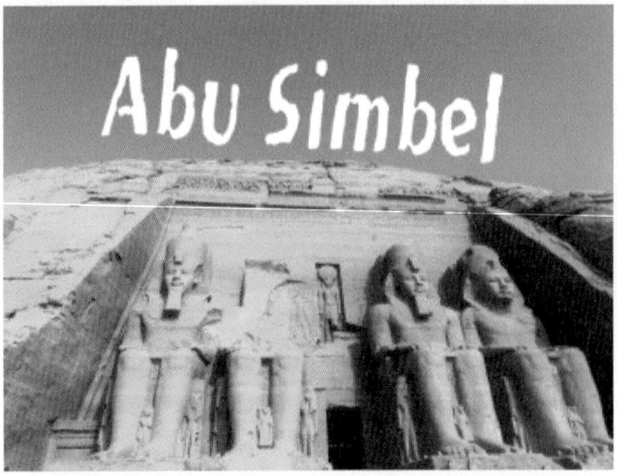

아부심벨신전은 이스완 댐공사로 떼메어 이전했다

지역으로 옮겨 피라미드에 버금가는 보물이 되었다.

중왕조 이후 파라오들은 피라미드를 건설하지 않는 대신 자신의 권위를 세우는 수단으로 많은 신전을 세웠다. 람세스 2세가 세운 아부심벨 신전 이외에도 중왕조시대부터 카르나크 신전, 룩소르 신전 등 많은 걸출한 문화재들이 세워졌다.

피라미드가 이집트의 대표적인 유산인 것은 틀림없는 사실이지만, 람세스 파라오 등 여러 파라오가 세운 신전과 조각품 등은 뭔가 후세들에게 전하는 메시지(상형문자 등으로)가 있는 소통하는 문화유산이라는 특징이 있다.

그러니까 규모에서는 피라미드가 최고지만, 이런 신전들에는 드라마같은 스토리가 있는 유물·문화재를 많이 만들었다는 평가를 받는다.

이런 대사업들을 벌일 수 있던 이면에는 팔레스타인 지역에서 이주해온 손재주가 뛰어난 유대인들을 활용했다고 한다.

모든걸 다 가진 남자
이집트 최고의 왕 람세스 2세

람세스 2세는 무척이나 오래 살았다(93세). 그랬기에 유능한 그의 후계자들이 먼저 죽고 13번째 왕자(손주)가 다음 파라오가 되었는데, 그의 시대에 모세가 유대인 이주자들을 이끌고 이집트를 탈출하는 것이 구약의 '출애굽기의 스토리'라고 알려져 있다.

람세스 2세의 가족도 대단히 많다. 정략결혼으로 히타이트 장녀를 비롯해 8명의 부인과 수십 명의 후궁, 100명이 넘는 자녀들을 낳은 출산왕으로도 유명한 파라오였다.

후세에 이집트는 영토, 건축물의 규모 등 국가발전의 모든 측면에서 람세스 2세에 훨씬 못미쳤으며 그가 고대이집트 최후의 전성기를 이루었기에 오늘날에도 존경받고 있다.

오벨리스크는 파라오의 권위-이를 가져간 로마황제들

프랑스로 보낸 오벨리스크

이집트의 신전 양쪽에는 태양신을 상징하는 '오벨리스크(Obelisk)'를 세워서 파라오의 업적을 기렸습니다. 오벨리스크는 아스완 지역에서 생산되는 붉은 화강암으로 제작했는데 높이 20m, 무게 200-400t에 이르며 대부분은 지중해 건너 유럽 나라들에 옮겨갔습니다.

고대 로마황제들과 유럽의 절대군주들이 오벨리스크를 광적으로 좋아했습니다. 그 이유는 힘 있는 파라오들이 만든 오벨리스크를 차지한다는 것은 이집트정복을 상징한다고 생각했기 때문입니다.

현재 남아있는 오벨리스크는 20여 개 정도로 로마에 가장 많고 터키 · 영국 · 프랑스 · 미국에 있습니다. 이중 이집트에서 공식적으로 선물로 보낸 것은 파리 콩코드 광장에 서있는 오벨리스크입니다. 그것은 프랑스의 샹폴리옹이 상형문자(로제타석) 해독에 대한 감사의 뜻으로 이집트 정부에게서 프랑스가 기증받은 오벨리스크라고 합니다.

3장

메소포타미아문명

바빌로니아 등 고왕국들의 흥망성쇠

일찍이 메소포타미아 평원의 수메르라는 곳에서 농업생활을 시작한 수메르인들은 기원전 4000년경 청동기 시대에 들어서면서 부족국가를 이루고 인류 최초로 쐐기처럼 생긴 설형문자(楔型文字)를 점토판에 기록하는 등 문명생활을 해왔다.

이 지역의 지리적 특성으로 주변 부족들의 침입이 잦고, 여러 부족국가끼리 전쟁이 빈번하여 어수선한 상황으로 지속되었다. BC 2100년경에는 도시국가 "우르"가 이곳의 맹주가 되었다. 우르는 구약성서 창세기에 등장하는 도시로서 유대교 신앙의 아버지 아브라함이 하느님의 명령으로 이곳에서 팔레스타인 지역으로 떠났던 곳이기도 하다.

자연적 장애물이 없이 큰 평원으로 경쟁이 심한 이 지역에 다시 강력한 아카드왕국이 이 일대를 정복하여 최초의 강력한 국가를 이루었다.

그 후 기원전 1895년경에는 함무라비법전(法典)으로 유명한 바빌로니아(Babylonia)가 건립되었다.

6대왕 함무라비(재위 BC 1792－1750년) 시절부터 정복활동을 벌여 마침내 메소포타미아 전지역을 통일하고 서쪽으로는 지중해까지 이르는 대국이 되었다.

왕권을 강화하기 위해서 관료제도, 세금제도, 중앙정부의 체제를 갖추었으며 바빌로니아의 수도 바빌론은 당시 세계의 수도로 명성을 얻게 되고 이후 BC 1595년까지 300년을

메소포타미아의 초기의 왕국들

고(古)바빌로니아 전성시대로 분류하고 있다.

또 이 지역에 '히타이트'라는 강국이 현재 터키의 '하투사'라는 도시를 그 수도로 기원전 18세기에서 13세기까지 존립하였다.

당시는 후기 청동기시대였는데, BC 1595년에 바빌로니아를 멸망시키고 히타이트왕조가 건국되면서 일찍이 철기로 무장하고 이 지역을 호령하였다. BC 1259년에는 이집트에도 손을 뻗쳐 군사적인 우위에서 평화협상을 맺는 등 강국으로의 면모를 과시하였다.

히타이트는 BC 1019년에 멸망한 이후 그 역사적 흔적이 함께 사라져 20세기 고고학자들의 발굴과정에서 여러 가지 경이로운 유적을 찾아내고 지금까지도 그 연구가 지속되고 있다고 한다.

이 지역의 복잡한 상황은 수메르－아카드－바빌로니아－히타이트－아시리아 그리고 차후 페르시아, 마케도니아로 이어지고 7세기 이후는 이슬람세계의 중심지가 된 복잡한 지역이므로 순차적으로 설명한다.

메소포타미아 인류 최초의 발명품-쐐기문자

초기 수메르인들이 BC 3000년 전(5000년 전)에 인류 최초의 문자를 만들어 사용했다는 것이 이집트문명이 피라미드를 건립했다는 것에 못지 않는 메소포타미아문화권의 자랑거리요 특징이자 업적이라 할 수 있다.

점토(粘土, 진흙) 위에 갈대, 차후에는 금속으로 흔적을 남기기 시작하면서 발전했으리라고 추측한다. 수를 세기 위하여 점차 기호 문자를 표시하였는데 쐐기 모양이라 해서 '설형(楔形, 쐐기)문자'라고도 부른다.

이 글자 체계는 왕국이 바뀌면서도 꾸준히 발전·개량되면서 사용되었다. 이를 통해 간단한 경제활동과 주변의 변화(역사)를 기록한 것이며, 그 내용들은 점차 해독이 되었다.

기록 시에 진흙이 마르면 점토판이 되어 별도로 종이 등 보관수단이 필요없이 장기적으로 관리할 수 있다는 장점이 있었으며, 현재 유럽의 여러 박물관에 수백 점이 보관되어 있다.

메소포타미아문명을 '모든 문명의 어머니'라고 부르기도 하는 것은 저 멀리 황하문명은 모르겠지만, 남서쪽 이집트에도 쐐기문자를 전하여 그들의 상형문자를 만드는 데 도움이 되었을 것이며 서쪽으로 동양문화권인 인더스문명까지 영향을 주는 등 다양하고 번창한 문명을 누리고 있었다.

수메르인들은 60진법도 개발하여 현재 시간 측정의 단위, '1시간은 60분, 1분은 60초'라는 단위와 원의 각도 측정으로 60, 90, 360도의 개념도 처음 사용하였다.

함무라비법전-돌기둥에 새겨진 최고(最古)의 법전

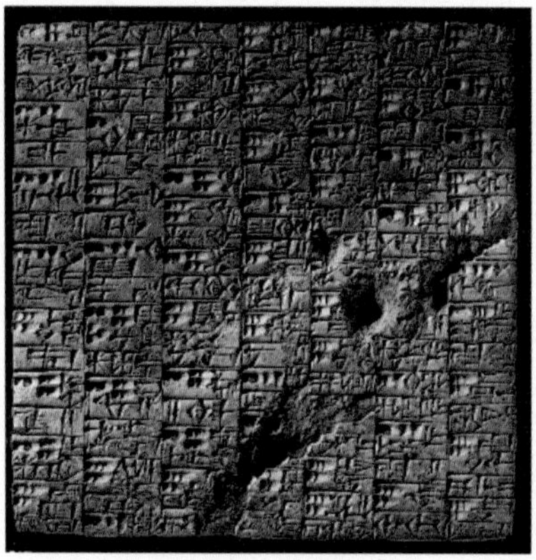

쐐기문자로 쓰여진 함무라비 법전

다음으로 중요한 것은 모세의 십계명보다 400여 년이 앞선 함무라비법전을 만든 것이다.

바빌로니아의 6대왕인 함무라비왕(재위 BC 1792－1750년)이 치세 말년(BC 1750년)에 완성한 함무라비 법전(Code of Hammulabi)은 2.25m의 돌기둥에 쐐기문자로 전문·후문을 갖추어 282조에 이르는 일상사의 구체적인 사례들을 중심으로 새겨놓고 있다.

구약에 하느님이 시나이산에서 이스라엘백성에게 주었다는 십계명이 BC 1300여 년이라고 추정되는데, 그 훨씬 이전에 종교상의 사건도 아닌 인간의 아이디어와 노력으로 이렇게 거창한 작업이 이뤄진 것은 믿어지지 않는 일이었다.

그 존재 자체가 실감이 나지 않았던 역사적 사실은 1901년 영국과 프랑스의 고고학자들이 바빌로니아의 수도였을 것으로 추정하던 장소(후의 페르시아의 수도) 수사지역에서 발굴했으며 현재는 루브르 박물관에 보관돼 있다.

함무라비 법전, 돌 기둥 상부에 왕이 샤마슈신(神)에게서 법전을 받는 그림으로 여겨지는 양각(陽刻) 조각이 있어 "법신수사상(法神授思想)"을 엿볼 수 있다. 법문의 배열은 엄밀하진 못해도 대체로 체계적으로 구성되어 있다고 한다.

원래 알려지기는 탈리오의 법칙(同害報復刑)으로 '눈에는 눈 이에는 이' 고대적 특징이

함무라비 법전 그 상층부

나타나 있었으며, 농업활동 이외에 운송·중개 등 상사규정까지 포함돼 있었다. 이전의 수메르법과 아카드법들도 절충하여 주로 실체적 규정(이다. 하여야 한다)이 중심이고 그 처벌·이행절차 등에 부족한 점이 있었다. 그러나 원시적 규정들보다 훨씬 진보적이었다. 후세의 쐐기문자법(바빌론법, 아시리아법)에 큰 영향을 미쳤으며, 또 로마의 십이표법(十二表法)과 히브리법에도 역사적 관련성이 있어서 비교연구에도 중요한 역할을 하였다.

술의 역사; 맥주도 메소포타미아에서 만들어져 전 세계로 퍼졌다

맥주, 와인 동양의 황주 등 문명권마다 다른 술 중에 제일 먼저 만들어진 것은 맥주였다고 합니다. 빵(밀)을 먹기 시작하면서 우연히 발효된 것에다 보리의 맥아를 이용해 맥주가 손쉽게 만들어졌기 때문입니다

역사적인 고증으로도 BC 4000년(6000년 전)경 티그리스, 유프라테스강 유역(뒷페이지 그림 강 사이의 땅) Mesopotamia에서 수메르 민족이 최초로 맥주를 만든 것으로 보고 있습니다. 그 당시 그들의 점토판에 술병과 술잔이 그려져 있어 이 사실을 증명해 주고 있습니다. 메소포타미아 문명을 일으킨 수메르인들은 술을 매우 좋아하는 민족이어서 수확한 보리의 약 40%를 맥주제조에 사용했다니 꽤 높은 비율입니다.아직 맥아를 제대로 활용할 줄 몰라 도수가 낮은 것이 이유였을 것입니다. 또한 메소포타미아에서 신전 건축에 종사하는 노동자들에게 하루 1리터(1000cc) 정도 그리고 신관에게는 그 다섯배의 맥주를 보수로 지급했다고 합니다.

서로 문명의 전수가 빠른 이집트에서도 헥토라는 맥주를 만들었습니다. 맥아를 구운 빵을 짓이겨 물에 녹인 후 길고 가느다란 항아리에 넣어 발효시켜 만들었습니다. 큰 산이 없는 메소포타미아 지역을 수많은 민족이 들어와서 이 맥주는 당시의 다른 문명권으로 퍼져 나

강 사이의 땅 메소포타미아와
주점에서 맥주를 즐기던 멋쟁이들

가 특히 유럽지역, 지금의 독일 체코 지역에서 맥주 제조는 크게 발전하였습니다.

재미있는 것은 메소포타미아에서 맥주 마시기는 술집(현대의 맥주바) 등에서 이루어져 그 지불관계, 과음 등 문제가 발생했습니다. 이에 대해서 함무라비 법전에 지나칠 만큼 자세히 규정하고 있습니다. 예를 들면 맥주대금을 곡물로 받아야 하며 은으로 받거나 폭리를 취하면 그 여주인을 벌을 주고 물 속에 던진다(법 108조)는 것이며, 만일 수배중인 범인을 숨겨주고 당국에 신고하지 않을 경우 맥주집 여주인을 사형에 처할 수 있다(109조) 등등 입니다.

4장

인더스문명

인더스문명의 유적: 2600년 전의 모헨조다로, 하라파

기원전 2600년경부터 오늘날 파키스탄 지역의 비옥한 강기슭에서 청동기시대의 인더스문명이 시작되었다.

당시 글자가 해독되지 않아 유적의 발굴만으로는 부족국가들의 상황을 알 수 없었는데 1922년 영국이 지배하던 인도·파키스탄 지역의 대대적인 발굴(단장 마셜)로 엄청난 도시들이 발견되면서 이집트와 메소포타미아에 버금가는 문명의 존재가 입증되었다.

하라파와 모헨조다로로 명명된 두 고대 도시는 비슷한 크기로 한 변이 1.6㎞, 넓이 2.5㎢의 계획도시 같은 유적·유물들을 발굴하면서 인더스문명을 증명하게 되었다.

이곳은 사막 지역이라 유적·유물들이 대체로 손상되지 않고 수천년을 모래 속에 파묻혀 있다가 세상에 드러나게 된 것이다.

당시 같은 해에 같은 영국의 고고학자인 카터가 이집트에서 투탕카멘의 무덤 유물을 발견한 것과 함께 세계적으로 큰 화제가 되었다.

당시 이 도시들에는 지금의 올림픽경기장 규격에 해당되는 54m, 32m의 정식 실내 수영장이 있고, 하수도 시설이 완벽하게 구비되어 있는 등 수준 높은 문명을 유지하고 있었다.

벽돌이 사용된 건축물과 완벽한 계획으로 세운 바둑판 모양의 도시에는 상하수도까지 완비되어 있었다. 생활용품으로 사용된 것으로 추정되는 도기는 말할 것도 없고, 예술품

모헨조다로 계획도시, 그 상상도

같은 도장(印) 등이 발견된 것으로 보아 활발한 경제활동과 사유재산이 구분되고 있었다는 것을 보여 주고 있다.

그 수준으로 보아 이집트·메소포타미아에 못지않은 문명이 있었다는 것을 추론하게 하는데 이 문명이 갑자기 단절돼 사라져버린 것이 또한 미스터리였다.

1000년 정도 유지되던 문명이 기원전 1500－1700년경에 사라진 것은 홍수·질병·자연재해·전쟁 등 여러 가지를 생각할 수 있는데 아직도 많은 연구가 필요하다.

유럽 3대 인종 중 아리안족-유럽으로 간 아리안족이 게르만족

인더스강 유역의 문명과 별도로 갠지스강 유역에는 기원전 1500년경에 아리안족이 침략하여 기존의 인더스강 쪽의 문명을 철저히 파괴하면서 부족국가를 구축했는데 이들 아리안족은 셈족 계통으로 아프리카의 함족과 함께 3대 유럽인종으로 불리고 있다.

이들은 인도의 중심인 펀자브지방을 점령하고 점차로 갠지스강까지 비옥한 평원지대를 차지하면서 인더스문명권의 주인이 되었다.

인도 아리안족의 계급제도와 종교의식

원래 셈족은 기독교 구약에 나오는 노아의 맏아들인 셈의 자손이라 전해지며 아시리아인, 아라비아인, 바빌로니아인, 페니키아인, 유대인들이 여기에 속한다.

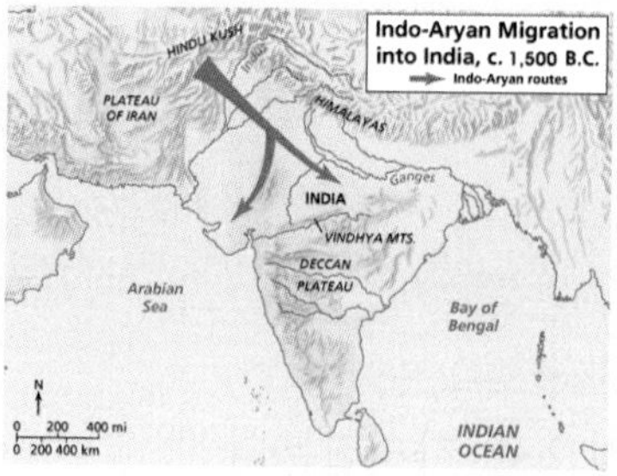

인도로 들어온 아리안족의 칩입경로

함족은 노아의 아들인 함의 자손이라고 전해지는 민족으로 아프리카 동부와 북부에 사는 이집트의 에티오피아인 등이다.

아리안(Aryan) 족은 중앙아시아로부터 인도나 이란에 이주한 고대민족으로 이란인, 그리스인, 로마인, 게르만인이 되어 현재 유럽인의 조상이 되었다.

이들이 중앙아시아의 초원과 메소포타미아지역에서 쓰나미와 외족의 압박으로 세 갈래로 나뉘었는데 한쪽은 인도로 한쪽은 동아시아의 이란, 세 번째는 동, 서유럽으로 진입했다. 유럽쪽으로 간 무리가 겔트족, 게르만족, 슬라브족이었다.

인도로 들어온 아리안인들은 인도의 중심인 펀자브지방을 점령하고 점차로 갠지스강까지 비옥한 평원지대를 차지하면서 인더스문명권의 주인이 되었다.

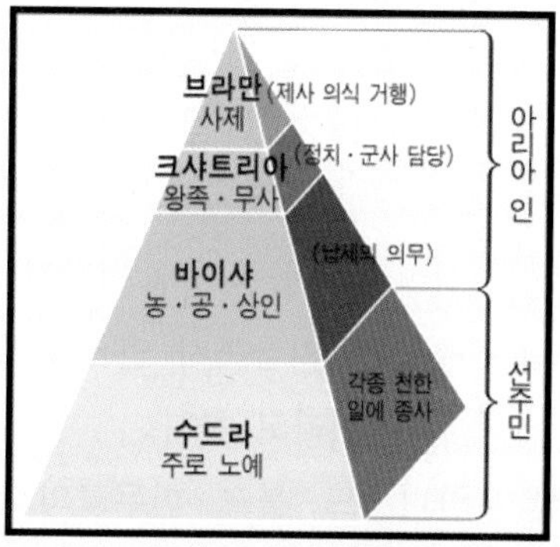

아리안인들의 4계급

이들의 특징은 기존 인도인들을 차별하면서 철저한 계급사회를 구축한 것이다. 이들의 종교인 브라만교의 사제들이 가장 상위 계급을 차지하고 그 밑에 무사와 관리들이 크샤트리아, 점령 시 함께 들어온 아리안 평민이 바이샤, 그 밑에 원주민이 수드라이다.

이는 어느 지역이나 점령자와 피점령자 간의 신분 차이가 있고 그 안에도 귀족과 평민의 구분이 있는 것이 사실이다.

시대적 상황이 바뀌면 신분 계급의 변화가 있기 마련인데 아리안족이 이때부터 형성하기 시작한 계급제도는 그 뿌리가 확고해지고 수천년을 이어오며 현재까지도 인도사회의 특징으로 남아있다.

그것은 그들 종교의 뿌리가 조로아스터교이며, 이를 토대로 브라만교와 힌두교 그리고 불교에 이르기까지 그 내세관(來世觀)이 윤회(輪廻)사상이기 때문이다.

현세에서 낮은 계급으로 태어나 힘들게 살고 있지만, 다음 세상에서는 높은 계급으로 다시 태어나 잘 살 것이라는 희망으로 현재의 상황을 감내(堪耐)하고 계급투쟁이나 갈등 없이 살고 있는 것이다.

더구나 1951년 법령으로도 카스트제도가 뒷받침되고 있어서 이를 숙명으로 받아들이고 있으며, 개인의 능력에 따라서는 이 계급을 뛰어넘는 사례들이 자주 나타나고 있다. 그

예로 현재 인도의 수상 나렌드라 모디가 제일 낮은 수드라보다 더 낮은 불가촉민(不可觸民) 출신이라는 것이다.

아리안족들이 토속신인 브라만을 기초로 하는 그들의 정신적인 토대와 실생활의 기초가 된 카스트제도는 면면히 현재까지 이어오고 있다.

아리안족의 리그베다 등 경전-인도 문명의 특징으로 자리잡는다

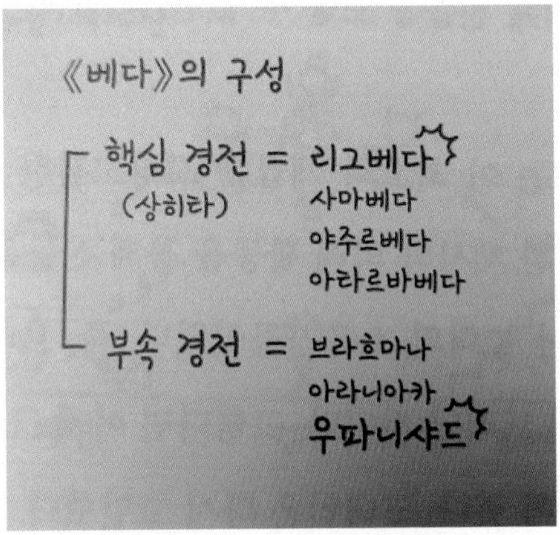

아리아인족의 베다의 구성

인도는 전통적으로 역사의 기록에 대한 관심이 없던 나라였다. 대신 신화와 전설을 담은 고전들이 고대 인도를 이해하는 중요한 자료로 이용되고 있다.

아리안들이 인도의 이주가 시작되었을 때 그들의 한손에는 무기가 있었지만, 또 한 손에는 베다가 있었다. "베다"라는 뜻은 산스크리트어로 지식·지혜·앎을 말하는 것이다.

종교적이고 신화적이며 동시에 철학적인 방대한 양의 문헌으로 지금까지 인류가 발견한 가장 오래된 문서라고 한다.

베다는 시작(始作)도 저자도 없는 경전으로 인도 사상 우파니사드·불교·힌두교의 뿌리가 되었고, 인류에게 광범위한 영향을 미친 문서다.

베다 경전 중에서 신화를 담고 있는 대표적인 작품으로 제사장(브라만)이 읽는 리그베다와 위의 그림과 같이 세 개의 핵심 경전과 부속 경전으로 구성되어 있다.

인도북부의 16개의 소왕국들의 전국시대-마가다(난다) 왕국이 통일

아리안인들은 원래 유목민들이었으나 인도북부를 점령해 자리잡으면서 인도인들에게서 농사를 배우고 농경생활을 시작하였다. 철기 무기로 용맹을 떨치던 아리안인들은 이제 철을 이용한 농기구가 널리 사용되면서 농업생산량이 크게 늘어나고 활기를 띄기 시작했다. 이들의 정착지는 점점 규모가 커졌고 이들 가운데 일부는 도시로 성장하고 이 도시들을 중심으로 수많은 나라가 세워졌다. 기원전 6세기경 석가모니가 불교를 세웠을 때 16개의 도시국가(소왕국)이 세워져 있었다. 16개 나라는 더 많은 땅을 차지하기 위해서 싸웠으며 전쟁을 지휘하는 왕들의 권력이 강해졌다 중국의 전국시대(BC403－221년)와 흡사한 상황이었다.

기원전 6세기 이후 인도의 역사는 한마디로 전쟁의 역사였다. 크고 작은 나라들이 운명을 건 전쟁을 이어간 것이다. 패한 나라들은 역사의 무대에서 사라지고 승리한 나라들은 더욱 큰 나라로 성장해 간 것이다. 이들 가운데 갠지스강 상류, 북부지방의 코살라왕국과 동남쪽 갠지스강 하류 뱅골만에 연해있던 마가다왕국이 결승전에 올랐다. 마가다 왕국은 밤비사라왕이 산으로 둘러싸인 천연의 요새로 옮기고 작은 나라들을 병합하여 나라의 국력을 키웠다

그 아들 파탈리푸트라는 불교와 자이나교를 보호해 나라의 안정을 꾀하고 수도를 교통이 편리한 지역으로 옮겨 경제적으로 더욱 부강해졌다. 가장 강적인 코살라 족이 거센 저항으로 어려움이 적지 않았으나 신무기 돌을 쏘는 큰 활과 쇠몽둥이를 장착한 전차가 힘을 발휘해 마침내 승리를 거두었다. 16년간의 긴 전쟁에 마침표를 찍고 전 인도의 통일은 아니라도 인도역사상 가장 큰 나라로 존재하게 되었다. 그러나 기원전 5세기 아자타사투루왕이 죽자 마가다왕국의 권력이 난다 왕조에 넘어갔다. 이런 상황에서 BC 325년에 알렉산드로스의 인도 원정을 맞이하게 되었다.

난다왕국의 인도 최초 통일의 의미

인도 북부에 16개 소왕국이 200년 가까이 존립하던 상황을 양강(兩强)이 남아서 16년의 전쟁으로 인도 역사상 난다왕국이 최초의 챔피언이 되었습니다. 중국의 경우 이보다 200여년 후에 전국 7웅(나라)이 남았다가 진(秦)나라가 통일하던 전국시대(BC 403-221년)와 비교됩니다. 난다 공화국도 2대에 걸쳐 통일하는 과정에서 아버지 밤비시리왕이 경쟁국 세 나라의 공주와 결혼하는 등 외교술을 발휘하여 그 통일 기반을 구축하고 그 아들 아자타사투루가 통일을 완수하였습니다. 그 과정에서 아버지를 시해하는 권력탈취의 업보인지 통일 후 그 왕조가 지속되지 못했습니다. 또한 중국 통일과 비교하여 인도 대륙 북부의 일부였으며 그 후의 왕조 마우리아와 굽타왕조 그리고 무굴왕조가 더 넓은 인도를 통일하게 됩니다.

인도의 원시종교 브라만교

원래 종교심이 강하고 베다를 장착하고 있던 아리안인들은 브라만 왕 못지 않게 권위가 있었고 권력을 누렸다.

전쟁에 임해서도 제사의식이 중요했고 브라만들이 제사의식을 크고 복잡하게 만들었다. 브라만은 신과 인간을 연결해주는 중재자의 위치에서 신을 마음대로 움직일 수 있는 절대적인 존재로 인식된 것이다. 전쟁에서도 종교의 힘으로 승리할 수 있다고 자신하게 된 것이다. 그래서 자연스레 브라만교가 탄생(기원전 9세기 전후)했다. 그 후 6세기경 브라만교의 엄격한 신분제도와 지나친 형식주의에 반발하여 불교와 자이나 교가 탄생했다. 특히 정치권력(전쟁 등 포함)을 행사하던 크샤트리아와 상공업으로 경제력을 가지고 있는 바이샤의 불만이 컸다. 불교에 대해서는 따로 설명(3막 1장)하고 자이나 교는 "번뇌를 정복한 자의 가르침"이라는 뜻으로 "바르다마"라는 인물이 창설한 종교로 그 후 불교만큼 번성하지 못하고 지금도 인도에서만 약 300만 명의 신도가 존속하는 종교로 남아 있다.

제2막

중국(황하)문명과 그리스 · 로마문명

- 1장: 중국 황하강 유역의 중국문명 시작
  * BC 1600년 은나라 수도 은허에서 갑골문자 발견
  * 주나라 BC 1046년 건국–봉건제
    –춘추시대 BC 770–BC 403년 전국시대
    –유가 · 도가 · 법가 경쟁–BC 221년 진나라통일

- 2장: 동북아(조선)과 일본의 고대문명
  * 한반도에서 고조선이 BC 7–800년, 일본은 나라 없이 신석기(조몬 토기)시대

- 3장: 지중해 그리스, 로마문명
  * 지중해 주변의 문명 BC 1700–1400년 크레타 · 미노아문명
  * BC 800년 아테네 솔론, 페리클레스 민주, 문화국가로
  * 로마의 건국 BC 753–12표법을 만들다

- 4장: 지중해 전쟁시대
  * 그리스–페르시아 3차전쟁(BC 492–479년)–마라톤전쟁 등
  * 그리스 내부전쟁(BC 431–404년) 아테네와 스파르타전쟁
  * 알렉산드로스 재위(BC 336–323년)의 소아시아원정–헬레니즘

1장

황하강 유역의 중국문명

중국의 선사시대(건국 신화)-BC 1600년 이전

지금까지 역사서에서는 인류문명의 발상지로 큰 강을 끼고 이집트·메소포타미아문명·갠지스(인도)문명 그리고 황하문명을 포함하여 4대 문명권으로 설명했는데, 이는 동서양의 지역적 대비 그리고 강을 문명의 연결고리로 파악한 것이다.

그러나 시기상으로 보면 4대 문명권의 하나로 다룬 중국문명은 그 역사적인 근거가 기원전 16－17세기부터 확실한 흔적을 찾아볼 수 있다.

여기에 지중해를 중심으로 한 크레타·미케아 문명에서 발원한 그리스 그리고 조금 늦게 시작된 로마문명도 황하강의 중국문명과 비슷한 시기에 시작되었기 때문에 이 두 개의 문명권을 같은 차원에서 살펴보기로 한다.

황하문명은 이집트·메소포타미아 등 다른 문명에 비해 오랫동안 천천히 발전하고 있었다. 농사를 짓기 시작한 것은 다른 문명권처럼 기원전 8000년 전부터라고 할 수 있는데 오랫동안 신석기시대의 토기를 사용하였다.

기원전 2000년 청동기문명의 초기단계까지는 기록과 유물이 확실하지 않아서 역사의 실재성을 인정하기 어렵다는 것이 역사학계의 일반적인 의견이다.

그래서 이 시기를 '삼황오제(三皇五帝)'라는 선사시대, 건국신화(建國神話)의 시기라고 할 수 있는데 그 오제 중 황하강의 치수·관개사업을 다스리던 요순(堯舜)임금 시절을 중국인들은 최고의 안정기로 인정하고 있다.

순 임금의 뒤를 이어 우임금이 지명되었는데 그 우왕이 나라의 이름을 하(夏)나라로 명명하였으며 이때가 기원전 2070년경이다. 하나라가 존재했는지에 대해 논란이 거듭되는 가운데 1950년부터 허난성(河南省) 얼리터우(二里頭文化) 유적지에서 주목할 만한 유물이 활발하게 발굴되어 그 역사의 일부로 주장하고 있다. 지금까지는 하나라의 존립을 증명하는 당대 역사의 근거는 없으나 그 후의 중국의 "하본기"에 기원전 1600년까지 17대 왕까지 472년을 지속했다고 기록하고 있으나 외부에서는 널리 받아들여지지 않고 있다.

하(夏)나라의 17대 마지막이 "걸(桀)왕"으로 그 후의 왕조 은나라의 마지막 임금 "주(紂)왕"과 같이 중국의 대표적인 폭군(暴君)으로 알려져 있으며, "걸주의 주지육림(酒池肉林)"이라는 사자성어도 있다.

아무튼 하나라는 현재까지 반전설적인 나라로 평가되고 있다.

주지육림(酒池肉林)

주왕과 달기의 주지육림

음란무도(淫亂無道)한 형태를 대표적으로 표현하는 말이 주지육림입니다. 술로 연못을 채우고 고기로 숲을 이루었다는 뜻인데 매우 방탕한 생활을 의미합니다. 그 존재는 분명치 않으니 하나라의 마지막왕 걸(桀)왕과 뒤를 이은 은나라의 마지막 주(紂)왕이 똑같이 이런 방탕하고 혼음무도한 생활을 하여 걸주의 주지육림이라고 후대를 경계하는 사자성어로 유명합니다. 구체적으로 역사성이 있는 주임금이 달기에 빠져서 나라를 망하게 한 사례입니다.

은(상)나라와 주나라의 건국-BC 1600-1046

하나라가 망하고 기원전 1600년경에 "상(商)" 또는 "은(수도로 추정되는 도시 殷墟를

상(은)나라와 주나라의 영역

본떠 殷나라)"이라는 새 나라가 건립되었다. 이 나라의 두 번째 수도였던 은허에서 갑골문자 등이 대량으로 발굴되어 그 역사의 실제성(BC 1600－1046년)이 입증돼 지중해의 그리스 문화권과 동시대를 이루고 있다.

은(殷) 왕조는 번창했지만, 마지막 주(紂)왕이 사치의 최고봉에 이르는 부패와 국정의 문란으로 백성들이 반란을 일으켜서 멸망하고 주(周) 왕조가 건립(BC 1046)되었다. 주나라의 초대 문왕(文王)은 천명사상(天命思想)으로 왕을 천자(天子)라 칭하고 나라 건립의 바탕을 굳건히 하였다.

주나라의 또 다른 특징은 봉건제를 처음으로 시작했다는 것이다.

주나라의 봉건제(封建制) 시작－서양보다 1500년 이전(以前)

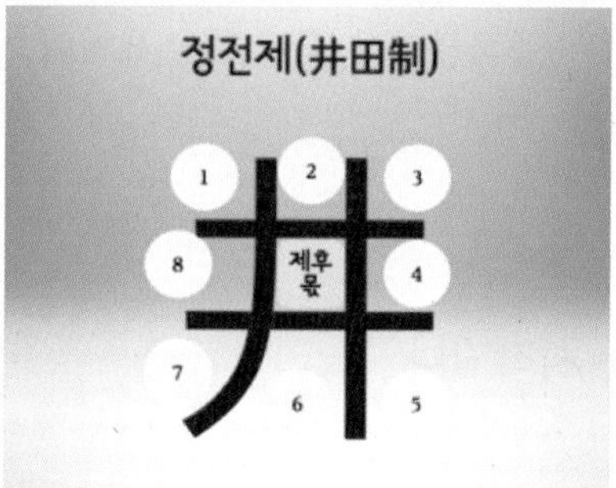

중국의 봉건제도

넓은 국토는 군사 행정력만으로 직접 통치하기 어려우므로 인류 역사상 처음으로 공적(功績)이 있는 왕족, 신하(나중에 諸侯라고 함)들에게 국토의 일부(封土)를 할양(割讓)하고 어느 정도의 자치권을 부여하는 봉건제도(封建制度)를 실시했다. 대부분의 사람이 봉건제는 중세 유럽에서 나온 제도라고 알고 있는데 이미 중국에서 기원전 11세기부터 시작됐으니 유럽보다 무려 1500년 정도 앞선 역사이다. 당시 봉건제도의 기본틀은 정전제(井田制)로서 토지(田)를 정(井)자 모양으로 9등분하며, 가운데를 천자(天子)가 직영하고 주위를 제후들에게 봉건영지(封土)로 나누어 주고, 제후들은 천자에 대하여 조세(租稅)와 군역(軍役)을 제공하는 형태였다.

은나라의 갑골문자(甲骨文字)

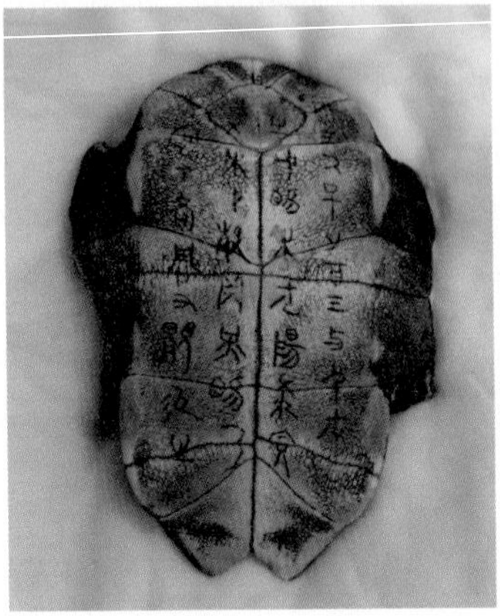

거북이 배 딱지와 소 어깨뼈의 갑골문자

황하문명의 고대 왕국으로 BC 1600년부터 550여년 존재했다는 상(商) 또는 은(殷)나라의 역사성을 입증할 자료는 당시 문자가 없었으므로 오직 발굴된 유물들이 이를 증명할 수 있다.

드디어 1899년 옛 수도였던 은허에서 아주 귀중한 유물들이 무더기로 쏟아져 나왔다. 그것은 거북의 배 딱지와 소의 어깨뼈들이었으며, 이것들 위에 그림과 문자모양이 새겨져 있었는데 이것이 한자의 가장 오래된 원형이라는 것이 증명되었다.

발굴된 3000개 형태 중 학자들의 연구를 통해 반 정도가 해독되면서, 이런 그림과 문자는 당시 운세(運勢)를 보거나 점(占)을 칠 때 사용됐고, 차츰 제사·군사·천문·농사 등을 설명하였다는 것이다. 또한 중요한 것은 왕에 대한 문안 인사와 은왕조 시대의 정치·사회·경제상황이 알려지면서 반(半) 전설상의 왕조였던 은나라가 실존했던 나라로 증명된 것이다. 그래서 이 원시 그림·문자들을 거북이 배딱지(龜甲), 소의 어깨뼈(牛骨)의 문자라 하여 '갑골문자(甲骨文字)' 혹은 '은허문자'라고도 불렀다.

발굴된 20만개의 갑골에서 사용된 모양이나 문자들 3000여 개 중, 현재 사용하는 글자로 증명된 것이 절반에 해당된다고 연구되고 있다. 이는 중국문명이 자랑하는 세계의 대표적인 표의문자(表意文字)의 원형이 드러난 것이다.

주나라시대 춘추 전국시대(BC 770-BC 221) 시작되다

주나라가 초창기 270여년이 지나면서 북방 유목민의 침략 등으로 봉건제도를 기반으로 하는 나라의 기반이 약화되면서 지방의 군웅(群雄)들이 할거(割據)하는 혼란과 분열의 시기로 접어들었다.

BC 770년경 국방문제로 수도를 낙양으로 이전한 때부터 춘추전국시대(春秋戰國時代)라고 부르고, 그 후 다시 BC 403년부터 진나라가 통일된 BC 221년까지를 전국시대(戰國時代)로 구분한다.

춘추시대(春秋時代)는 공자의 역사책 춘추(春秋)에서 기원된 이름으로 이 시대 초기에는 주나라 봉건제의 100－180여 개의 작은 나라(封土)들이 있었고, 차츰 이 나라들이 통합되어 이 과정에서 500회 이상의 전쟁을 치렀다.

이후 5개의 큰 나라로 재편되었는데 이를 춘추5패(春秋五覇), 즉 제(齊)·진(晉)·초(楚)·오(吳)·월(越)이라는 나라들이다.

춘추시대 367년(BC 770－BC403년)이 지나면서 중원이 한(韓)·위(衛)·조(趙)로 나뉘고, 북동쪽에 연(燕)나라가 생겼다. 춘추시대에 치열하게 싸우던 오·월나라가 망해서 원래의 제나라·초나라·진나라와 함께 쟁투(爭鬪)를 벌이는 7개의 나라로 변했는데 이를 '전국칠웅(戰國七雄)'이라고 한다.

이때로부터 진나라의 정(政)왕이 다른 여섯 나라를 멸망시키고 통일할 때까지 182년간(BC 403－BC 221년)의 전국시대(戰國時代)를 합쳐 '춘추전국시대(春秋戰國時代)'라고 한다. 이 기간이 그 당시 중국을 형성하던 시절이라고 할 수 있고 중원이라는 일체감이 뿌리내리는 시대였다고 볼 수 있다. 유럽보다 1500년이나 앞서 시작된 봉건 사회가 무너지는 시기였으며, 이집트문명 등 3대 문명보다 늦게 나타난 황하문명이 그 선발(先發) 문명들을 따라가던 시대라고도 할 수 있다.

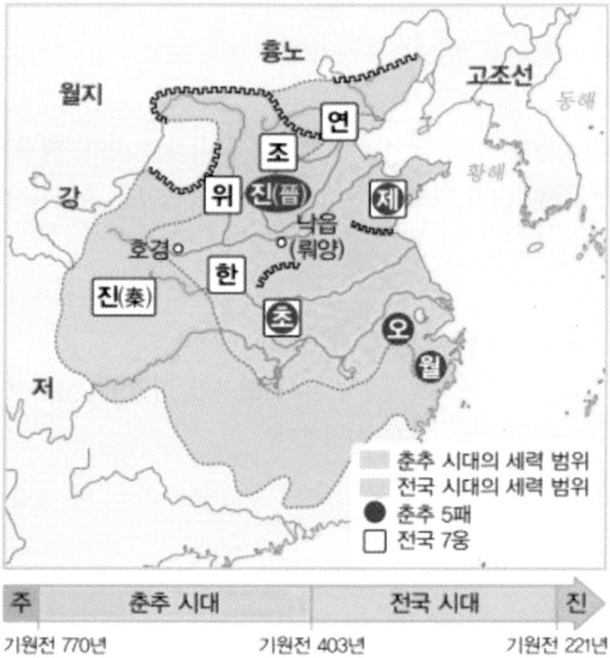

춘추 전국 시대의 나라들

이 시대 각 나라는 강력한 군사력과 효율적인 국가운영체제로 끊임없이 경쟁하던 시기였다. 더구나 이때는 본격적인 철기시대로 진입하면서 무기의 발전과 함께 철제 농기구도 개발돼 농업 생산량이 비약적으로 늘어났다. 또한 유통·소비시장이 활성화되고 화폐가 사용되기 시작하였다.

제후들의 힘이 커지면서 스스로 왕이 되었고, 또한 살아남기 위해 치열한 경쟁(전쟁)과정에서 군사력을 키울 수밖에 없었다.

공자, 맹자, 노자

한편, 국가를 부흥시키기 위한 많은 인재를 발탁했는데 그중에 가장 유명한 인물은 공자·맹자·순자 등 제자백가(諸子百家)로 불리는 천하의 인재들이었다.

봉건제도를 대체하는 새로운 국가운영체제로서 중앙에 탁월한 지휘관을 두고 지방에 관리를 파견하여 부강한 국가를 만들며 경쟁국과의 끊임없는 전쟁에 대비하기 위해 일관되고 효율적인 사상이 필요했던 것이다.

당시 그 사상을 크게 세 가지로 나눌 수 있는데 유가(儒家)·도가(道家)·법가(法家)를 기본적인 사상체제로 구분할 수 있다.

유가는 인간의 근본을 "선(善)과 인(仁)"에 두었는데 대표적인 학자로 공자·맹자·순자가 있다. 두 번째 도가는 형식에 치우치지 않고 "있는 그대로 받아들이는 자연사상"으로 노자, 장자가 대표적이었다.

법가 사상은 인간의 본성은 "악하다"라고 보고 강한 법률과 규율로 규제할 필요가 있다는 입장으로 대표적인 인물은 한비자·관중·상앙이 있다.

서쪽 지역의 진나라에서는 기원전 4세기 법가사상을 깊이 연구한 상앙이 등용되면서 법치주의 체제가 발전되었는데 이에 대해서는 다시 설명한다.

2장

동북아시아(조선)와 일본의 고대

당시 한반도를 중심으로 한 조선 문명

중국의 동북부 만주 조선반도를 비롯한 지역에도 농경문화가 자리잡고 있었는데 기원전 1000년 전후에 청동기 시대가 시작되면서 부족국가 또는 그 연합체들이 강화되고 있었다.

당시 조선의 대표적인 역사, 삼국유사(일연 지음)에 의하면 하느님의 아들 환웅과 웅녀가 결혼하여 그 아들 단군 왕검이 아사달에 도읍, 고조선(古朝鮮)을 건국한 것이 BC 2333년이었다.

원래, '고조선'이란 나라는 따로 없었고 단군조선 · 기자조선 · 위만조선을 구분하기 위해 단군조선에 옛 고자를 붙여 고조선이라고 부르기 시작했다.

고조선은 우리나라 최초의 국가로 청동기 문명을 바탕으로 철기시대까지 약 2000년을 존속했던 나라였다. 고조선에 대한 오래된 기록은 중국 책에만 있다. 중국의 사마천이 쓴 '사기 반고'라고 하는 문학자가 쓴 한서 등에 고조선에 관한 기록이 나온다. 우리나라의 기록으로는 단군과 고조선에 대한 기록이 고려시대 삼국유사가 가장 기본이다. 이 외에 제왕운기 · 동국여지승람 등 몇 가지 고서가 참고되고 있다. 그러나 한반도에 최초 국가라고 하지만 중국의 삼황(三皇)오제(五帝)와 하(夏)나라의 건국처럼 신화적인 요소가 많고 그 시대 역사의 실재성을 밝혀줄 유물 등 증거가 많지 않은 것이 안타깝다.

중국의 자료는 그들의 동북공정의 일환으로 귀한 자료들이 우리에겐 금서(琴書)로 되

단군 왕검의 영정

어 있고 일본의 경우에도 우리나라의 고조선에 대한 자료 등을 비슷한 이유로 금기시하고 있다.

다만 기원전 7세기 춘추전국시대의 연나라(燕國)·정나라(鄭國)와 교류하였다는 흔적이 있고, 강력한 독립국가의 상징인 팔조금법(八條禁法)이 있었다.

함무라비 법전처럼 확실한 기록이 남아 있지는 않지만, 지배와 피지배자와의 관계, 소유권의 관계 등 일부 내용이 남아 있다. 고조선의 건립이 기원전 2000년대까지 소급되는지 그리고 그 후 계속 2000년을 지속했는지는 일부 논란이 있더라도 당시 고조선이 존재했다는 확실한 증거가 되고 있다.

중국 역사책은 '기자'라는 인물이 중국에서 건너가 그 일족이 400년 정도를 조선을 다스렸다는 기록은 타당한 근거가 없는 것으로 보고 있다. 다만 고조선 후반기에 '위만'이라는 사람이 중국의 혼란을 피해 1000여 명의 무리와 고조선에 투항했고, 후에 반란을 일으켜 왕을 몰아내고 100년 이상 조선을 다스렸다. 이 시기를 '위만조선'이라고 부른다. 우리 역사학자들이 위만을 동이족(東夷族)이라고 주장하는 근거는 이들이 상투를 틀고 조선옷을 입었으며 국호를 '조선'이라 이름 그대로 사용하면서 많은 조선인을 국가요직에 등용했다는 것이다.

위만조선 이후 중국 한나라 무제의 침략으로 멸망(BC 108년)하였다. 그 후에도 그 지역에 부여·고구려 같은 나라들이 건국되면서 우리 민족의 정체성을 이어나갔다.

일본문명의 시작

유라시아(Eurasia) 지도를 펴면 제일 우측 끝에 존재하는 4개의 큰 섬(일본 열도)으로 구성된 남북 3000㎞에 이르는 섬나라가 일본이다.

일본열도에 사람이 살기 시작한 것은 수만년 전 구석기시대부터라고 하는데, 남방 해양민족과 북방의 대륙민족이 들어와 오랫동안 피를 섞으며 오늘날의 일본민족을 형성했다.

일본은 대륙과 멀지도 가깝지도 않은 거리에 있기 때문에 외부의 침입은 어려웠지만 대륙의 문물수용에는 별 불편함이 없었다.

그렇지만 일본은 땅의 80% 이상이 산지이기 때문에 농업생산성이 좋지 못해 대륙과 순조로운 교류가 이뤄지지 않으면 노략질을 일삼을 수밖에 없었다.

고대 일본의 조몬토기

최초로 일본에 정착한 사람들은 신석기시대에 무늬가 들어간 토기를 사용했다. 이를 꼰무늬토기, '조몬(繩文)토기'라고 하였다. 이를 사용한 사람들을 '조몬인', 이 시대를 조몬 시대라 하고 길게는 16000년 전부터 전기(前期) · 중기(中期)로 구분하여 BC 5000까지로 구분하였으며 그후 BC 5000년부터 야요이 문명 발생기 AD 250년까지의 5000년 이상을 후기 조몬시대로 구분한다.

현재까지는 이들이 세계에서 제일 오래전부터 토기(좌측 조몬토기)를 사용한 것으로 알려져 있다.

토기의 시기로 보면 더 일찍 문명이 탄생됐어야 하는데 섬나라로서 외적의 침입 위협이 없고, 이집트의 나일강 같은 대역사를 필요로 하는 큰 강이 없었기 때문으로 보기도 한다.

조몬토기 때문인지 후기 조몬시대(기원전 3세기)까지 신석기시대에 살았다.

3장

지중해, 그리스·로마문명 -BC 16세기 이후 강이 아닌 바다 문명

강이 아닌 바다, 지중해 연안에서 발달한 문명

콜럼버스의 신대륙 발견 시기 15세기까지는 태평양·대서양·인도양 등 먼 바다라는 인식이 없었고 지중해(에게해 포함)·흑해 등 내해(內海) 개념이었다. 이 작은 바다에 인접해서 발달한 문명권이 현재 서양·유럽세계에 직접적인 영향을 끼친 그리스·로마 문명이었다.

그 문명의 역사가 지중해와 멀지않은 기존 메소포타미아·이집트문명권보다 1300－1500년 이후에 이뤄진 것은 기원전 2000년부터 시작된 인도·유럽어족의 본격적인 민족이동 이후에 형성된 문명이었기 때문이다.

인도·유럽어족은 유럽, 인도, 이란, 아프가니스탄 등에 이주한 민족이었다.

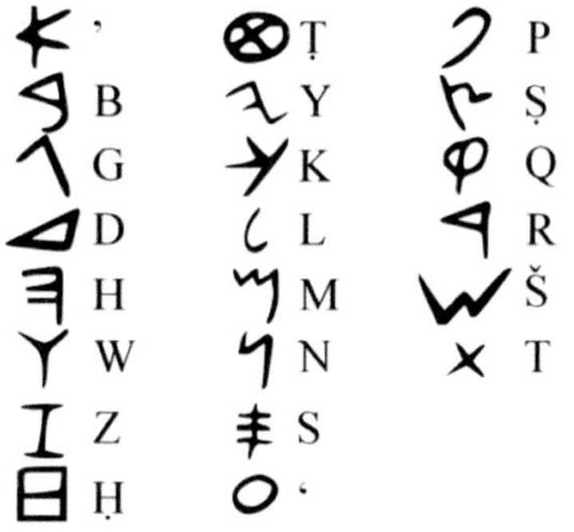

BC900년대 영어의 원형이 된
페니키아와 원시 알파벳

고대 문명권의 문자들, 대표적으로 이집트의 상형문자는 대부분이 표의문자였으며 쐐기문자(설형문자)도 표음문자라고 할 수 없었다. 중국문자는 인류가 만든 대표적인 표의문자이며, 페니키아문자는 여러 민족이 교역을 하면서 쉽게 빠르게 표기할 수 있는 인류가 사용한 최초의 알파벳(표음문자)이었다.

알파벳의 개발이 그리스 문명을 촉진, 중국의 한자 개발도 시작

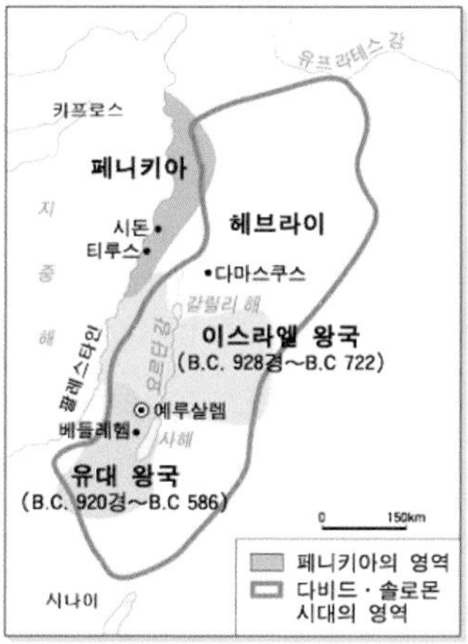

지중해 문명권의 제일 큰 특징은 지중해 주변의 문명을 기록하고 발전시킨 문자가 있었다는 것이다.

메소포타미아 · 이집트문명권의 쐐기문자 · 상형문자보다 한참 뒤인 기원전 10세기경에, 나중에 설명하는 페니키아인들이 현재 가장 많은 인구가 사용하는 알파벳을 만들었다.

기존의 설형문자는 사용이 불편하고 상형문자는 번거로웠기 때문에 해상무역 등 상업 활동에 간편한 표음문자를 개발한 것이다. 이 문자에 그리스인들이 모음을 추가하여 그리스 문자로 자리 잡았으며 또한 로마에서는 라틴 문자로 발전했다.

앞선 문명권보다 늦게 문명이 시작된 이 지역에서 좀 더 체계적인 문자를 본격적으로 개발 · 활용해서 그리스 · 로마의 정신문화 · 철학 · 과학의 밑바탕을 이룬 것이다.

이런 점에서 동양문화권을 대표하는 황하 중국문명이 한자가 개발(BC 1200－1100)되면서 지중해문명권과 비슷한 시기에 발전하였다는 것은 매우 흥미로운 일이다.

크레타 문명과 미케네 문명의 번성과 몰락

인도·유럽어족이 메소포타미아, 이집트를 거쳐 지중해 남단 크레타섬과 주변 지역에 자리잡기 시작했다. 이들이 거쳐 온 지역 메소포타미아 문명의 영향을 받아 새로운 문명이 꽃피기 시작했다.

그리스 문명은 크레타 문명과 이후 그리스 본토에서 시작된 미케네 문명으로 구분할 수 있다. 크레타 문명은 에게해(Aegean Sea. 그리스와 터키 사이의 바다로 지중해 일부)를 중심으로 발전하였다. 그 기원을 BC 3000년부터라고 하는 세계 최초의 해양문명이었다. "에게 문명"이라 불리기도 하는데 기원전 1600－1400년에 청동기 문명이 바탕이 된 미노스(Minos) 왕 시대에 크게 번영하였다. 그 시기 세운 왕궁 크노소스(Palace of Knossos)는 규모가 크고 화려했고, 무엇보다 우리에게 왕궁의 미로가 유명한데 슐레이만이라는 발굴자가 이곳을 발굴하였을 때 큰 관심과 화제가 되었다. 그의 놀라운 발견으로 그리스 문명권의 역사를 1000년 정도 앞당긴 것으로 평가되며 에번스는 이를 '미소아' 문명으로 명명하였다. 이 문명은 지중해 일대의 해상무역으로 크게 발전하였으나 미케네의 공격을 받아 멸망하고 말았다.

그리스 문명권의 중심지역

미케네 문명은 그리스의 미케네라는 고대도시를 중심으로 한 문명으로 크레타 문명권에 참여하여 활발한 해상무역으로 차츰 지중해 해상권의 주도권을 차지하게 되었다.

기원전 1200년경 철기문명으로 중무장한 도리아인들로 추정되는 세력에게 멸망당했다. 이 시대는 멸망의 시대라고 불릴 정도로 메소포타미아, 이집트에서 강력한 세력으로 부상하던 히타이트도 분명치 않은 세력에 멸망당했으니 그 진실이 밝혀지지 않는 미스터리라고 한다.

일리아드 오디세이(Iliad-Odyssei)와 트로이 목마

미케네 문명이 절정을 이루던 기원전 1200년경 트로이 전쟁이 발발한다.

기원전 8세기 그리스 시인, 호메로스(생몰연대 미상)의 서사시 일리아드와 오디세이에

일리아드 오디세이의 트로이 목마

등장하는 스토리로, 스파르타의 왕비 헬레네가 트로이왕자와 눈이 맞아 탈출한 애정사였다. 거기에다 당시 그리스문명의 좌장격인 미케네의 아가멤논왕(Agamemnon)이 동생 스파르타 왕의 원수를 갚기 위해 그리스 연합군을 조직해 트로이를 공격한 이야기였다.

전쟁은 10년을 끌면서도 결판이 나지 않자 지휘관인 오디세우스(Odysseus)가 우리가 잘 아는 트로이 목마를 이용해서 마지막 전투에서 승리를 거두었다.

이 이야기는 호메로스의 서사시 일리아드의 기본 줄거리로 여기에 영웅 아킬레스와 트로이 왕자 헥토르 그리고 트로이목마작전을 지휘한 오디세우스가 등장하여 흥미진진한 전쟁 스토리를 이루었다. 이 서사시와 트로이라는 나라 그리고 트로이 목마 등의 사실 여부가 모두 신비에 묻힌 채 수천년이 지났다.

1870년 정통 고고학자는 아니었지만 집념과 재력이 강했던 하인리히 슐레이만(1822－1890년)은 트로이 도시국가의 위치로 추정되는 터키의 흑해 주변 지역에서 발굴작업을 시작해 겹겹이 쌓인 여러 문명의 흔적을 찾아내는 고고학계의 가장 큰 개가를 올렸다.

역사, 고고학계 학자들 대부분은 이런 사실들에 부정적이었으므로 트로이뿐만 아니라 그 전후의 미지의 도시문명을 차례차례 발굴한 아마추어 슐레이만에 경악과 질시를 했다. 당시의 전쟁 트로이목마의 역사를 눈앞에서 실감나게 보여준 그의 발굴과정(5막 2장 참고)과 그 유물들을 아무도 모르게 외국으로 빼돌린 스토리도 007 작전을 방불케 했다.

트로이 전쟁과 트로이목마

실제 2004년에 "트로이"라는 대작 영화가 만들어져 공전의 히트를 쳤는데 주인공 아킬레스 역을 맡은 브레드 피트의 연기가 아주 인상적이었습니다.

현재까지도 트로이 목마라고 하면 외부의 요인 때문에 내부(조직)가 무너진다든가 아킬레스건(Achilles tendon. 발뒤꿈치 바로 위의 힘줄)은 쉽게 눈에 띄지 않는 결정적인 약점을 상징하는 표현으로 사용되고 있습니다.

이 전쟁의 승리 이후 그리스는 큰 화재(火災)가 지중해 일대를 휩쓸고 아프리카까지 번지는 大재앙(災殃)을 만나 미케네 문명의 흔적까지 사라졌다.

또 BC 1000년경에는 북방의 도리스인(Doris人. 도리아인이라고도 함)들이 침입해 그리스인들에게 생존을 위한 전쟁과 피난이 계속되는 "암흑의 시대"가 도래해 BC 800년까지 전해지는 역사가 없다고 한다.

그리스 폴리스-민주주의 방식의 발전

그리스 아테네 파르테논 신전이 보이는 곳이 그리스문명의 중심지

그리스문명이 동시에 찬란했던 크레타·미케네 문명 그리고 전쟁과 혼란이 지난 기원전 8세기경, 중국에서는 춘추전국시대가 시작되는 비슷한 시기에 지중해 주변 산맥의 기슭, 섬들의 비옥한 평지에 작은 도시국가들이 흩어져 있었다. 고대 그리스는 원래 통일된 하나의 나라를 지칭하는 것이 아니었다.

도시국가들을 총칭하는 것으로서 이들은 주로 언덕 또는 나라의 중심이 되는 곳, 자신들의 생명과 재산을 방어하는 공동의 집단적인 지역을 폴리스라 불렀다.

폴리스의 크기도 지역마다 달라서 가장 큰 폴리스인 아테네는 2500㎢, 시민(선거권을 가진 남성) 4만, 전체 시민은 30만 정도로 제주도(1833㎢)보다 좀 큰 규모였다.

그리스의 시작은 왕정이었으나 테세우스(Theseus) 때, 왕정을 폐지하고 행정관을 둔 민주정으로 이관되어 갔다. 시민 대표자회의인 민회(民會)가 1년에 40여 차례 열렸고, 재판도 수시로 열렸으므로 시민의 정치참여는 적극적이고 인상적이었다. 이런 정치체제는 투쟁과 타협 속에서 왕정, 귀족정, 무력으로 권력을 장악하는 참주정(僭主政)으로 변천되어 갔다.

그리스의 초기 대표적인 정치가로 솔론(Solon. BC 636?－BC 558?)이 있었다. 그리스 7현(七賢 Seven Ancient Sages) 중 한 사람으로 귀족과 농민에게 다 인기가 있어 중재자 역할을 해 솔론 법을 만들어 참신한 지배형태를 만들었다.

아테네 7현(賢)과 그중의 정치가 솔론

이런 제도는 인류 역사상 처음으로 고안되고 자리 잡기 시작한 것으로 이를 데모크라티아(Demokratia 민주주의)라 한다.

그 후에도 독재 위험에 처했을 때 '클레이스테네스(Cleithenes)'라는 현명한 지도자가 나타났고, 시민들은 그를 중심으로 싸워, 기원전 510년에는 시민공동체 10개와 "500인 협의회"를 만들었다.

그 공동체를 "Demos"라고 하며 민주주의(Democracy)에 가까워지고 있었다.

또 한 사람, 유능한 현자는 '페리클레스(Perikles. BC 495－BC 429)'라는 인물이었는데 그는 행정관으로 있으면서 아테네를 최강의 도시국가로 만들었다.

이 세 정치인은 그리스의 민주제도를 한꺼번에 만들어 낸 것이 아니라 수많은 갈등과 곡절을 거쳐서 이루어진 것이다.

그리스인들은 지배형태만 새롭게 바꾼 것이 아니라 그들의 생활방식도 변화시켰는데 적어도 아테네 시민들에는 더 이상 명령과 복종이 아닌 찬반토론이 일상이 되었던 것이다. 시민들은 어떤 문제든 다른 각도에서 분석하는 자유와 토론이 발전하면서 자연스럽게 철학의 필요성을 느끼게 되었다.

이제 인간의 사유는 종교적인 제약에서 벗어나 독자적으로 발전하여 인간과 하늘과 땅에 대한 새로운 사상으로 발전해 나갔다.

오늘날 서양사상의 기본 틀을 다진 세 사람이 철학자인 소크라테스·플라톤·아리스토텔레스(470~320)였다.

이들에 대한 자세한 설명은 따로 한다.

그리스 문명권의 '스파르타'라는 폴리스

그리스의 주요 폴리스 스파르타

스파르타(Sparta)는 지중해의 아프리카 쪽으로 펠로폰네소스 반도에 일찍부터 활발한 도시국가로서 아테네 면적의 3배 이상, 8400㎢로 그리스의 가장 큰 폴리스였다.

스파르타하면 강인·과묵·철저한 절제를 덕목으로 하는 소수정예 시민으로 10배 이상의 노예 등의 인구를 지배하는 국가였다. 폐쇄적 사회체제, 엄격한 군사훈련, 일당백(一當百)의 강력한 군대로 유명한 도시국가였다.

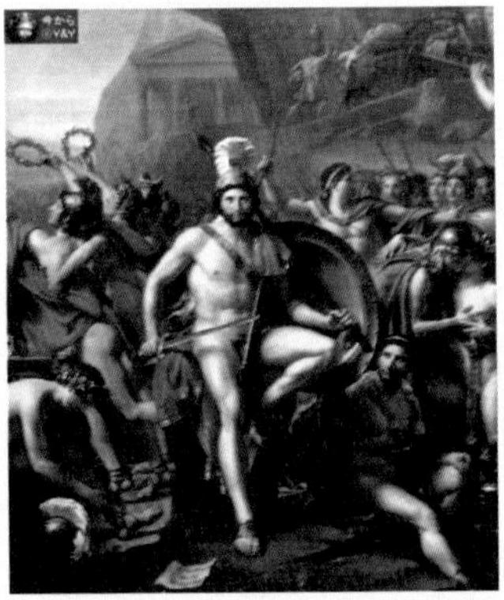

스파르타의 군인들

남자는 7세 아이 때부터 20세까지 철저한 육체 훈련·정신 훈련, 나라는 내가 지킨다는 강인한 군사훈련을 시켰다.

이때 생긴 "스파르타식 교육"이란 말을 지금도 많이 사용한다. 원래 기원전 9세기 선조인 도리아인들로 원주민을 정복하여 나라를 세웠고, 원주민(노예)들이 자주 반란을 일으켜 강하게 이들을 진압해야 했기 때문에 아예 군대국가의 전통을 가지게 된 것이다.

그리스 제국 중에 아테네와 더불어 페르시아 등 외적의 침입을 물리치는 데 앞장서 왔으나 아테네가 과욕으로 나가 차후 전쟁을 벌여 그리스 전체의 패자(覇者)가 되기도 했지만 지속적인 무력유지의 한계, 문화와 지도체재의 부족으로 쇠망하게 된다.

로마의 건국(BC 753년)과 성장

로마는 지중해 바로 옆에서 페르시아 전쟁, 알렉산드르의 동방원정 등 큰 전쟁과 소용돌이가 있거나 말거나 묵묵히 발전해 나갔다.

주위의 강국들은 로마가 아직 큰 나라가 아니어서 신경 쓰지 않았고 또 지정학적인 위치에서도 크게 주목받지 못해, 자신의 저력을 키울 수 있었다는 것이 로마에게는 행운이

로마의 건국신화의 상징

었을지도 모른다.

로마도 그리스의 작은 폴리스 형태처럼 이탈리아반도 중부지방 테베레강가에서 건립된 것이 BC 753년이었다. 이는 중국의 춘추전국시대가 시작(BC 770)된 때와 거의 같은 시기였다.

로마 건국 신화

BC 12세기 트로이전쟁에서 그리스 연합군에 맞서 싸우던 트로이군이 그리스군의 지휘관 오디세우스의 트로이 목마작전으로 트로이 성이 점령당해 왕국이 멸망했습니다. 성이 점령당하는 마지막 순간에 트로이군의 전쟁의 영웅 아이네아스(Aeneas)가 늙은 아버지를 업고 그 일행이 탈출(트로이 영화의 마지막 장면)해 지중해를 건너 이탈리아반도로 옮겨가서 작은 나라로 시작했습니다.

400여 년의 세월이 흘러 13번째 왕위계승을 두고 두 형제가 권력투쟁을 벌여 왕위를 차지한 쪽이 밀려난 형제의 딸이 출산한 쌍둥이 아들을 산에 버렸다고 합니다. 이들은 늑대의 젖을 먹고 자랐는데, 이후 형제들을 발견한 목동들이 이들을 씩씩한 전사들로 키웠습니다. 이들은 권력에서 밀려난 외할버지를 만나 힘을 합쳐 외할아버지의 복수를 하고 새 나라를 세웠습니다. 그 후 이 두 형제도 서로 다투다가 형인 로물루스가 동생 레무스를 죽이고 나라의 주도권을 차지했습니다.

그 후 로물루스는 자기의 이름을 따서 도시 국가의 이름을 '로마'라고 했다는 건국신화입니다.

이것은 신화지만 실재와 혼재된 부분은 쌍둥이의 존재인데 그 중에 실권을 차지한 로물루스가 테베레강의 인근 팔라티노(Palatino. 주변의 7개 구릉지역 포함)언덕 위에 도시를 세우고 그 이름을 로마라고 지었다. 이때가 로마의 건국시기로 보는 BC 753년경이다. 언덕에 자리잡은 것은 방어에 유리하고 강가의 비옥한 평원이 펼쳐져 있었으며 교통의 요충지가 될 수 있었다.

로마는 아이를 낳을 여자가 부족해 이웃나라 사비니로 쳐들어가 처녀들을 납치해와서 인구를 불려 나갔다.

원래 BC 1000년\경부터 이탈리아 반도 북·중부에 이르는 라티움지역에 진출해 자리

에트루리아의 도자기

잡고 있던 에트루리아인·페니키아인들이 바다에 면한 강가에서 염전을 지어 지중해 연안의 활발한 상업활동을 하고 있었다. 이들은 이 지역의 문화를 이전의 그리스 못지 않게 선진화시키고 반도의 강력한 부족국가 연합인 에트루리아(Etruria)로 융성하고 있었다.

한 도시국가였던 로마족이 오랫동안 이 에트루리아 소속으로 선배국가의 지배(지도)를 받으며 건축기법·농업 등 국가운영을 사사받고 존재하였다. 그러다가 BC 510년 반란을 일으켜 에트루리아왕을 추방하고 공화정으로 독립하여 이탈리아 반도를 통일하기 시작했다.

로마의 정치체제-귀족과 평민의 대립

로마의 주요 국가기관 원로원

로마 공화정은 2명의 집정관과 귀족 출신의 종신 의원으로 구성되는 원로원(좌측 사진)을 나라의 골격으로 했다. 그 과정에서 일찍이 평민들의 권익을 보호하는 제도에 대해 갈등과 논란이 거듭되었다. 공화정 초기에 수많은 전쟁을 치르면서 부유한 대도시국가로 성장했지만, 그 과정에서 전쟁의 전리품은 모두 장군과 귀족이 독차지해, 점점 생활이 궁핍해가는 평민들의 반발을 사게 되었다.

결국 그리스 아테네에서 한 수 배운 평민을 위한 호민관(護民官) 제도를 신설해 귀족 중심의 원로원의 결정에 거부권을 행사할 수 있도록 했다.

평민들은 여기서 그치지 않고 더욱 그들의 권익보호를 위한 법의 제정을 요구하여 드디어 동판에 새겨진 법령, 12표법(表法 Laws of 12 Tables BC 451－BS 450)을 광장에 게시(揭示)하게 되었다.

법령의 내용은 귀족과 평민과의 투쟁의 산물, 타협의 결과물이라고 할 수 있었고 그동

12표법 앞에 시민들

안의 관습법과 판례의 일부를 반영한 것이었다.

12개의 동판에 새겨져 광장에 공시된 진보적인 로마법은 어느 정도 권력의 횡포로부터 시민을 보호하고 법적 안정성을 보장해 주었다.

정당한 법적 절차와 증거 제시 없이는 시민의 권익을 침해할 수 없으며 보호받는다는 혁명적인 것이라 할 수 있었으며 차후 "로마법"이라고 부르는 로마 시민의 자부심을 나타내는 존재로 발전하였다.

4장

지중해 전쟁 시대

페르시아 전쟁, 펠로폰네소스 전쟁 알렉산드로스 정복전쟁

신구(新舊) 바빌로니아와 아시리아의 패권 다툼-페르시아의 통일

지중해의 그리스 문명 형성에 직접적인 영향을 미친 것은 선문명(先文明) 메소포타미아 지역의 고왕국들이었다.

원래 메소포타미아 일대에는 고왕국들의 전쟁과 패권다툼이 복잡했다. 이 지역의 대표적인 국가가 고(舊)바빌로니아였는데 스타였던 함무라비왕이 죽은 후 차츰 쇠잔(衰殘)하기 시작하여 아시리아에 의해 멸망(BC 1595년)됐다.

아시리아(Assyria)는 기원전 19세기경부터 수도 아슈르(그래서 나라 이름이 아시리아)를 중심으로 바빌로니아를 정복하는 등 부침을 거듭하다 기원전 911년부터 "신 아시리아(Neo-Assyria)"로 불리면서 전성기를 누렸다.

아시리아는 유대인 왕국이 솔로몬 사후, 양분되었던 국가 중 북쪽의 이스라엘을 멸망시켰다. 또한 이집트와 큰 전쟁에서 승리(BC 671년)를 하고 이집트 본국을 점령(BC 664년)하여 오리엔트를 처음으로 통일했다.

그러나 신 아시리아 제국은 전쟁에서 승리한 후, 그 나라들을 폐허로 만들고 시민을 노예로 만들고 저항하는 시민은 잔인하게 처단을 하는 등 매우 잔혹하게 통치했다. 그러

신 아시리아와 신 바빌로니아의 쟁투

자 다른 민족들의 반발과 증오가 커지면서 틈만 나면 반란을 일으켰다.

게다가 아시리아의 인구가 많지 않다 보니 타국을 점령하고도 제대로 된 통치가 힘든 판국이라 영토 유지가 더욱 버거울 수밖에 없었기에 신 아시리아로 불린 지 300년 만에 신바빌로니아 연합군에 멸망(BC 612년)했다.

이런 아시리아의 통치방식은 차후 통일제국을 이룬 로마와 비교된다. 아시리아에게 망했다가 부활한 신바빌로니아를 비롯한 연합군들이 신 아시리아를 공격하여 수도를 완전히 폐허를 만들고, 신바빌로니아(BC 625－BC 539년)는 다시 메소포타미아의 강국으로 자리 잡았다.

이 지역의 바빌로니아와 아시리아의 전쟁의 역사는 1500년에 가까운 오랜 왕국들이 죽은듯하다 다시 살아나서 쟁투를 벌여 다시 전성기를 맞이하고 신(新)자를 붙여 구분하였으니 자못 복잡했다.

신 바빌로니아의 큰 도시규모

결국 신바빌로니아는 시리아, 페니키아 등 소아시아 지역을 점령하였으며, 유대인의 양분된 국가 중 살아남은 남쪽 유대왕국을 정복(BC 597년)해 이때부터 유대민족은 2500여 년 동안 떠돌이 민족이 되었다.

신 바빌로니아의 전성기에 그 수도 바빌론은 당시의 세계에서 가장 화려하고 큰 도시(성벽 17㎞ 인구 20만)가 되었으며, 바벨탑으로 알려진 90m 높이의 지구라트(일종의 신전－위 그림)와 신비한 공중정원까지 세우는 등 번영을 누렸지만, 소아시아를 통일한 강국 페르시아에 멸망(BC 539년)해 신, 구 바빌로니아는 사라졌다.

숨가쁜 전쟁의 연속이었으며 나라들의 부침이 있던 복잡했던 시기였다.

신바빌로니아의 지구라트

페르시아는 이집트의 마지막 왕조도 무너뜨리고 오리엔트 지역을 재통일하면서 그리스와 대결하게 되었다.

제일 큰 나라로 성장한 페르시아라는 나라

"페르시아"라는 나라는 지금 이란이 위치한 지역에서 아케메네스왕조가 2500년 전에 건국한 나라다. 1955년 "이란"으로 국호를 변경할 때까지 그 나라 이름이 존재했으니, 가장 역사가 오래된 나라 중에 하나다.

키루스 2세가 BC 550년에 메디나라는 고대 왕국을 점령하고 건국한 나라로서 곧이어 신바빌로니아를 멸망(BC 539년)시키고 이집트까지 점령하여 고대문명권 소아시아를 통일한 강력한 왕국이었다.

키루스 2세를 계승한 다리우스 1세의 치세 때, 바빌론으로 포로를 끌고 갔던 유대인들을 석방하고 보호했다.

점령국의 풍습과 문화·종교를 존중하고 어느 정도의 자율권을 주는 관용·유화정책은 그 후 마케도니아의 알렉산드르에게 그리고 이후 로마의 정책으로 계승되었다.

그리스 페르시아와 전쟁(1 · 2차전 BC 492~BC 479)에서 승리

마라톤 전투(1차 전쟁)

그리스의 두 라이벌 아테네와 스파르타는 경쟁관계 속에서도 대외의 강력한 공동의 적인 페르시아를 상대로 합치된 단결로 통쾌한 승리를 거뒀다.

1차 전쟁은 마라톤 평원에서 BC 492년 다리우스 2세의 페르시아와 군 2만명을 상대로 그리스의 테미스토클레스(Themistocles)는 1만명의 병력으로 힘겹게 승리했다.

이때 그 승전보를 전하기 위해서 그리스 병사(페이디피데스)가 전력으로 달려와 "우리가 이겼다"하고 죽었다는 그 유명한 마라톤 전투(BC 490년)였다. 그 병사가 뛰어온 거리(26.4분의 1. 42.195㎞)를 2500년 후인 지금도 마라톤 종목으로 뛰고 있다.

살라미스 해전
(2차 전쟁)

2차 페르시아 전쟁은 유명한 살라미스 해전이었는데 기원전 480년 테미스토클레스의 진두지휘로 그리스 연합 함대가 페르시아 대형 삼단선박 800척을 해협이라는 지리적 이점을 최대한 이용해서 두 배가 넘는 함대 수의 열세를 극적으로 극복하여 승리했다. 이는 2천년 후(1597)에 이순신장군이 일본을 상대로 한 명량해전에서 대승을 거두는 것과 여러 가지로 유사하였다.

세계 4대 해전-살라미스 해전, 조선의 한산대첩 등

제일 오래전 해전이 BC 480년 그리스가 페르시아해군을 물리쳐 그리스문명을 가능케 한 살라미스해전이었습니다. 폭이 좁은 해안을 이용하여 몇배가 넘는 페르시아의 해군을 물리친 것은 2000년이 훨씬 지난 1592년 한산도에서 이순신 장군이 거둔 한산대첩(대승)과 유사합니다. 그 후(1597년) 백의종군을 이겨낸 이순신장군은 남해안 울돌목(명량 해협)에서 최단거리로 진격하는 일본배를 암초가 많고 수심이 낮은 울돌목의 자연의 특성을 이용해 연이어 대승을 거두었습니다.

한산대첩을 세계2대 해전으로 꼽는 것 이외에 영국(엘리자베스1세)이 당시 막강한 스페인의 무적함대를 물리쳐 영국을 1등 국가로 등장시킨 칼레해전이 제3대해전으로 세계역사의 물고를 바꾸었습니다,

4번째 세계해전은 1805년 당시 유럽을 제패한 나폴레옹의 프랑스군을 해상에서 물리친 넬슨제독의 승리였습니다. 당시 태풍의 도움으로 두 배가 넘는 프랑스의 함대가 큰 피해를 입으면서 프랑스는 유럽통일을 이루지 못했습니다.

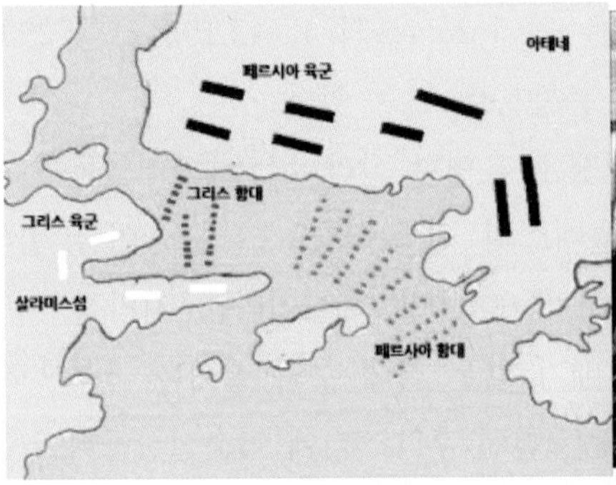

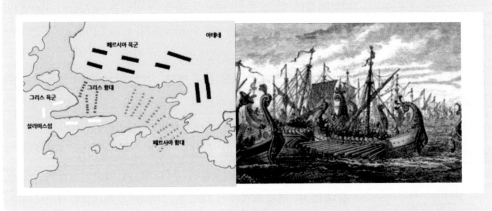

3차 페르시아전쟁(BC 479) 이후 펠로폰네소스전쟁(BC 431-BC 404)

그 후 3차 페르시아 전쟁까지 승리한 그리스 도시 국가들의 평화와 협력은 그리 오래 가지 못했다. 전쟁의 이익을 독차지한 아테네의 탐욕과 오만으로 그리스 공동체는 균열이 생겨 결국 아테네와 스파르타는 전쟁에 돌입하게 되었다. 당시 유능한 정치인으로 평가받던 페리클레스(Pericles. BC 495?~BC 429년)가 그리스 동맹자금을 가지고 아테네에 파르테논 신전을 건립(BC 438년 완공)하고, 아테네 시민들의 복지자금으로 사용하였다.

파르테논신전 건축, 이를 추진한 페리클레스

비록 그 당시 떳떳한 자금은 아니었지만 그 돈으로 건립한 파르테논신전은 아테네 아니 그리스의 상징으로 유네스코의 세계유산을 대표하는 엠블럼(Emblem)이 되고 있다.

마침내 그리스의 대표 국가 아테네와 스파르타간의 내전이 기원전 431년부터 28년 동안 지속돼, 그리스 폴리스들은 아테네와 스파르타 중 한쪽을 지지하며 모두 전쟁에 뛰어들었다.

이 내전(內戰), 펠로폰네소스전쟁으로 그리스 전체가 공황 상태에 휩쓸려 들어가게 되었다. 이번에도 아테네는 마라톤 전투 때처럼 단결해서 총력을 다해 싸웠지만, 이번 전투는 스파르타가 한 수 위였다. 설상가상으로 전염병까지 돌아 페리클레스를 포함한 많은 아테네인이 죽었고 간신히 평화조약을 맺으면서 기원전 421년 1차 전쟁은 아테네의 패전으로 끝났다.

흥미로운 것은 아테네와 스파르타가 불구대천(不俱戴天)의 원수가 된 것은 거의 같은 시기(기원전 5세기 초) 춘추전국시대의 오(吳)나라·월(越)나라의 관계(와신상담(臥薪嘗膽)이 상징적인 표현)와 흡사했다.

오월동주(吳越同舟; 원수가 함께 한다는 뜻)는 있을 수 없다는 아테네와 스파르타가 기어이 끝장을 보겠다고, 기원전 411년 제2차 펠로폰네소스전쟁이 시작됐다. 배후의 큰 세력인 페르시아까지 개입했고 막후 비밀협상까지 결부된 이 전쟁에서 아테네는 무조건 항복을 하면서 BC 404년 전쟁은 끝이 났다.

아테네를 비롯한 그리스의 도시 국가들은 두 차례의 전면적인 전쟁에 참가하는 바람에 국토가 거의 복구 불가능한 상태로 파괴되었으며 전체적으로 힘이 빠진 그리스 사회는 그들이 야만인이라고 멸시한 마케도니아의 필립포스 2세(알렉산드로스의 아버지)에게 BC 338년 대책 없이 점령당하는 비운을 맞이하였다 그리스의 각 도시국가들은 명목상 자치 독립을 보장받고 잠정적으로는 기존 정치체제는 유지할 수 있었다.

그러나 영원한 라이벌이었던 도시 국가, 아테네와 스파르타의 특유의 폴리스체제와 강인한 군사국가의 전통은 역사 속으로 사라지게 됐다.

알렉산드로스의 정복 전쟁(BC 334-BC 323)

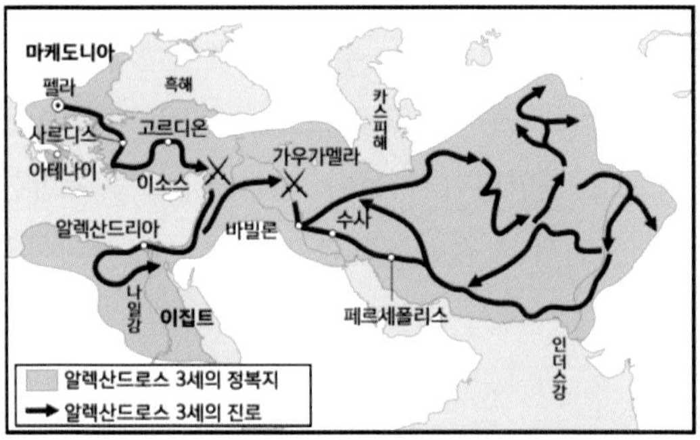

| 알렉산드로스 3세의 동방 원정

알렉산드로스의 원정(BC 334-BC 323년)

마케도니아는 그리스의 외곽, 지금의 마케도니아·불가리아·알바니아 지역에서 알렉산드로스(Alexandros)의 아버지 필립포스 2세(Philippos Ⅱ. 재위 BC 359－BC 336년)가 마케도니아의 강력한 군대를 육성하고 국토를 확장하였다. 결국 BC 338년 이후 그리스 전체의 맹주로서 페르시아와의 전투를 준비하고 있었다.

하지만 자신의 친위대 중 한 사람의 습격으로 죽임을 당하고(사실은 필립포스 2세의 죽음에는 여러 논란이 있다), 어린 알렉산드로스에게 그 야심을 물려주었다. 아버지의 강한 군인정신을 이어받은 알렉산드로스는 13세부터 아리스토텔레스에게 특별교육을 받는 등 이미 준비된 왕으로서, 20세에 왕위를 물려받아 22세(BC 334년)에 동방원정을 떠났다.

잘 훈련된 군대와 탁월한 지휘 능력을 발휘한 알렉산드로스는 파죽지세(破竹之勢)로 페르시아, 시리아, 이집트를 정벌, 드디어 BC 327년 인더스강가에 이르러, 신천지를 보았지만 주변의 반대로 원정을 끝냈다.

특히 알렉산드로스는 원정초기부터 페르시아(다리우스 2세)와 당시 세계의 패권을 결정하는 3번의 전투를 치르어 BC 331년 마지막 전투 가우가멜라 전투에서 페르시아군을

알렉산드로스

결정적으로 괴멸시켰다. 당시 최강국 페르시아의 주요 도시를 점령한 알렉산드로스는 아프리카 소아시아 전역에 걸친 대제국을 건설했다. 당시 중국과 로마는 아직 작은 나라들로서 그 100년 후에나 진나라(진시황)가 중국을 통일(BC 221년)하였으며 로마는 BC 264－BC 146년 3차전(포에니 전쟁)을 승리하여 지중해 세계를 차지하였다.

알렉산드로스의 문화적 통합

알렉산드로스는 점령지마다 직접 통치하지 않고 “알렉산드리아”라는 도시를 세워 문화적인 통합을 목표로 했다.

알렉산드로스는 평소 “내가 사는 것은 아버지 덕분이지만 바르게 살게 된 것은 아리스토텔레스 덕분이다”라고 말하면서 “문(文문화) · 무(武전쟁)의 겸전(兼全)”의 탁월한 기상을 보였다.

페르시아의 다리우스 3세와 두 번의 전투에서 직접 승리하고도 최대의 호의를 베풀며 정복전쟁을 마무리하였고, 30여 개의 도시를 세웠지만, 현재 아프리카 북쪽에 유일하게 그 도시가 남아 있다.

그리스 영향의 헬레니즘문화, 밀러의 비너스상, 라오콘상 등과 인도의 간다라 미술

그런 노력의 일환으로 현지화 정책을 추진하였다. 예를 들면 페르시아 수도 수사에서 대규모 합동결혼식을 거행하였는데 자신은 다리우스 3세의 딸과 결혼하고, 장군 귀족 80명과 일반 장병들 1만명이 현지 여성과 결혼하였다.

아쉬운 것은 알렉산드로스가 BC 331년 페르시아를 점령한 후, 찬란한 문화유산이 넘쳤던 페르세폴리스를 술에 취해 즉흥적인 판단으로 불태워 버린 것이다.

비록 실수들은 있었지만 젊은 나이에도 문화·예술적인 식견이 높았던 그는 그리스문화와 현지 오리엔트문화가 하나가 되는 헬레니즘 문화가 형성되도록 노력했다.

그러니까 BC 324년부터 이집트의 알렉산드리아가 로마의 식민지가 된 AD 30년까지 300년이 넘는 헬레니즘 시대를 꽃피운 것이다. 헬레니즘 문화는 인도·중앙아시아·중국에까지 영향을 미쳤는데, 특히 불교미술과 융합된 간다라 미술이라는 영역이 생겼을 정도였다.

알렉산드로스의 사후-세 왕국으로 분리

하지만 알렉산드로스는 BC 323년 "바빌론"이라는 새 수도에서 열병에 걸려 정복과 헬레니즘 문화의 정착을 보지 못하고 33세에 사망하였다.

갑작스런 그의 죽음으로 정해놓은 후계자가 없었기에 부하 장군들과 친족들의 권력다툼으로 40년의 내전을 거치며 그의 제국은 세 쪽으로 갈라졌다.

그것은 이집트 북부와 남부시리아의 프톨레마이오스 왕국(Ptolemaios 王國. 마지막 왕이 클레오파트라(Cleopatra)·시리아 왕국(Syria王國), 마케도니아와 그리스를 합친 안티고노스 왕국(Antigonus 王國. AD 46년 멸망)으로서 차후 대부분이 로마의 속주(식민지)가 되었다.

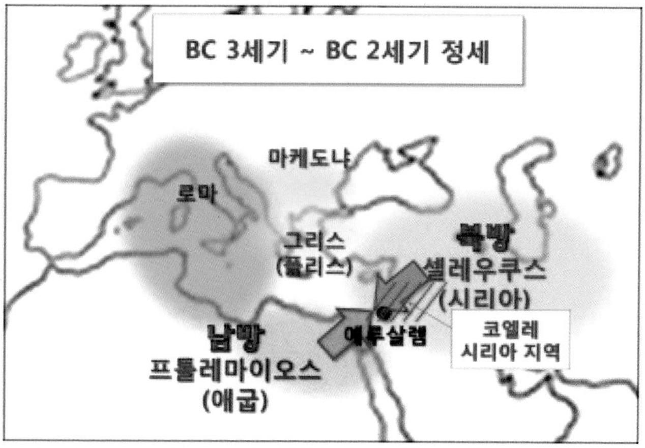

알렉산드로스 사후의 세 나라로 갈라진 세계

제3막

고대 동서양의 종교와 철학

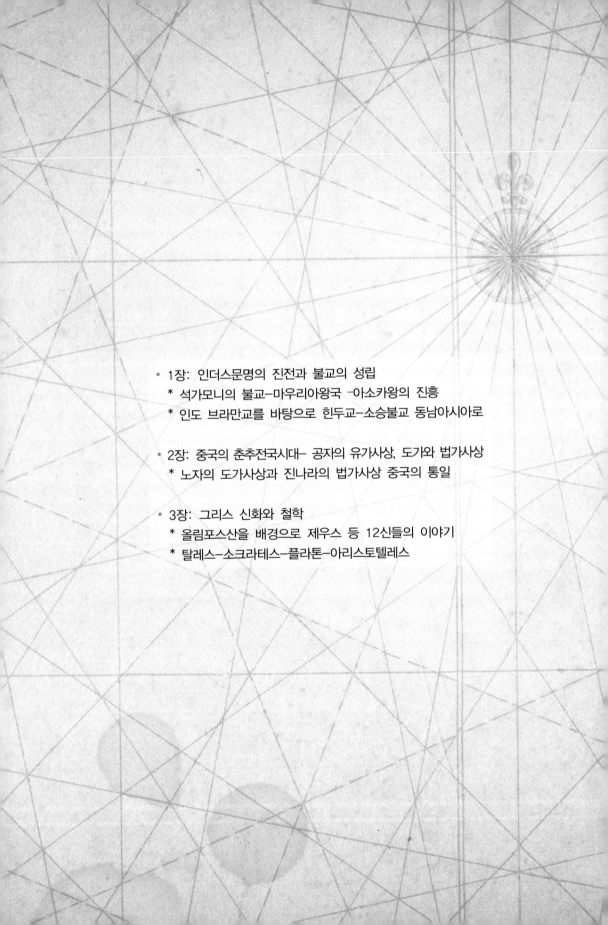

- 1장: 인더스문명의 진전과 불교의 성립
  * 석가모니의 불교-마우리아왕국 -아소카왕의 진흥
  * 인도 브라만교를 바탕으로 힌두교-소승불교 동남아시아로

- 2장: 중국의 춘추전국시대- 공자의 유가사상, 도가와 법가사상
  * 노자의 도가사상과 진나라의 법가사상 중국의 통일

- 3장: 그리스 신화와 철학
  * 올림포스산을 배경으로 제우스 등 12신들의 이야기
  * 탈레스-소크라테스-플라톤-아리스토텔레스

1장

인더스문명의 진전과 불교의 성립

동서양의 종교와 철학

동서양의 고대 문명권에 철학과 종교가 비슷한 시기로써(기원전 5－600년 전후) 한꺼번에 등장했다. 각각의 문명권은 멀고 서로 교류할 교통로도 없었는데 각기 발전해 비슷한 시기에 종교가 발생했고 철학이 융성했다. 동서양의 정신세계가 바로 이 무렵에 골격을 갖춘 것이라 할 수 있다.

기원전 7세기부터 기원전 4세기에는 인도,중국과 그리스는 모두 전쟁의 소용돌이에 휩싸여 있었다. 그래서 동서양 모두가 전쟁과 혼란에서 탈출할 수 있는 새로운 철학과 사상이 필요했고 활발히 토론할 수 있는 장이 필요했던 것이다.

먼저 종교와 사상이 일어난 문명권의 상황을 연대순으로 간단히 살펴본다.

인더스문명의 종교

인더스의 고대문명도시 모헨조다로 이후 1000년간의 역사는 전해지지 않고 있으며 아리안족이 BC 1500년경 인도에 침입하면서 다시 시작된다.

인더스문명에서 고대 인도는 상당한 수준의 문화를 향유하고 있었고, 아리안족도 원래 유목민족이었지만 정신적인 기초가 되는 베다가 있었으며, 이들의 인도 침입은 수백

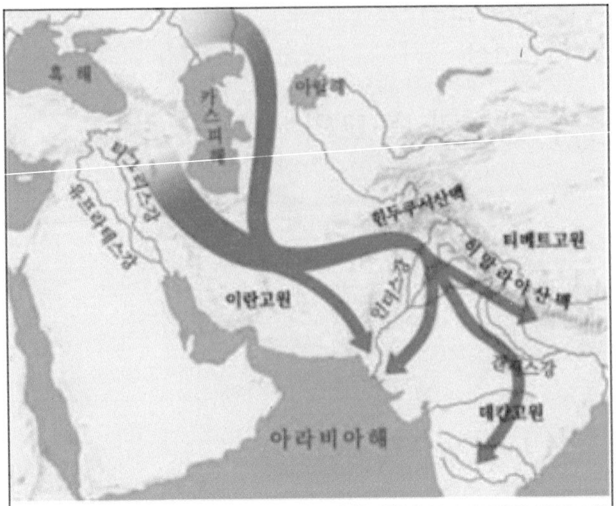

아리아인은 흑해와 카스피해 주변 초원에서 유목 생활을 하다가 기원전 2000년 무렵부터 대대적인 이동을 시작했으며, 기원전 1500년 무렵에 인도로 들어왔다.

아리안의 인도 침입

년 동안 서서히 이루어지고 원주민 드라비다족을 쉽게 정복하였다.

아리안족은 피정복민의 문화를 파괴하고 카스트제도로 노골적인 신분차별정책을 실시하여 완벽한 계급사회를 바탕으로 수많은 도시국가를 이루고 1000년 이상 지속했다.

인도하면 연상되는 것이 종교인데 불교가 탄생된 국가이지만 지금은 힌두교(브라만교를 모태로 한 종교)국가이고 부처님 이전부터 아리안인들은 자연숭배의 형태를 띤 원시적 다신교로서 왕(두번째인 크샤트리아 계급)을 넘어 최상위인 브라만(사제)을 중심으로 이루어져 왔다.

아리안이 인도를 지배하게 된 역사에 대한 기록도 그들이 남긴 '베다(Veda)'라는 일종의 종교경전에 바탕을 두고 있으며, '성스러운 지식'이라는 뜻의 베다(가장 중요한 것은 리그베다)는 인류 최초의 문학적 성전(聖典)이라고 할 수 있다.

불교의 탄생

이런 종교적 분위기의 인도에서 보통은 '부처님'이라 부르는 석가모니(釋迦牟尼)는 '샤카(釋迦)족의 성자(Muni. 牟尼)'라는 뜻으로 기원전 563년 출생해 중국의 공자보다 12년이나 선배격이다.

석가모니의 아버지는 인도 북부의 국경 도시를 통치하고 있던 소왕국의 정반왕이고, 어머니는 마야부인으로 출산을 위해 친정으로 가던 중 급작스레 룸비니 동산에서 석가모니를 낳았다.

석가모니는 태어나자마자 바로 서서 동서남북을 걷고 "天上天下 唯我獨存"이라고 했다는데 종교적 신비를 더하는 전설일 것이다.

부처님의 출생, 그 출생지 룸비니동산의 현재 모습

이 출생지 룸비니동산(좌측 현재의 모습)은 불교의 성지가 되어 세계 신자들의 성소 방문, 룸비니대학 등 교육·수련·기도의 장소로 유명해졌다.

석가모니는 유아 때부터 상류층의 정통교육인 바라문(婆羅門)을 교육받으며 성장했으며 16세에 동갑인 사촌과 결혼해 순탄한 왕가의 생활을 영위했다.

그러다가 생로병사(生老病死)에 대한 회의와 번민이 시작돼 29세에 모든 것을 버리고 출가(出家)한다. 다른 수도자들과 6년간의 고행(苦行)을 했으나 득도에 실패하고 오히려 자연무상의 정상적인 기도, 식사로 돌아와 인간의 본질 문제와 씨름하였다.

그 해결을 위해 명상을 계속하던 어느날 새벽 그 진리를 깨치고 득도의 경지에 이르러 불타(佛陀), 즉 "得道, 解脫한 사람"의 경지에 올랐다.

이때 그의 나이 35세였으며, 그 후의 인생 45년을 북부 인도 구석구석을 다니며 진심으로 그의 말씀을 듣기를 원하는 사람들에게 진리를 전하고 수행법을 가르쳤다. 기원전 483년 80세에 입적(入寂)할 때까지 수천명의 제자·신자들이 그를 따랐다.

부처의 말씀은 바로 글로 남지는 않았지만 그 후 구전으로 "나는 이렇게 들었다"식으로 석가모니 사후 직후부터 BC 5-4세기에 1-2차의 결집(結集)을 통하여 불경으로 만들어졌다. 결집이란 석가무니가 입적(入寂: 죽음)한 후에 제자들이 모여 스승의 가르침을 집대성하여 경전(불경)을 만드는 일을 말하고 있다. 석가모니 부처님의 생전에 말씀하신 내용을 기억하는 제자들이 "나는 이렇게 들었다" 하고 암기하는 식으로 정리한 것이다. 신앙심이 깊고 머리가 좋은 제자들이 죽기 전에 결집을 하였다.

부처 사후의 인도 마우리아왕국의 성립

불교의 탄생 이후 부처님이 입적하고, 그리스에서는 페르시아전쟁(BC 492-BC 448년)이 있었으며, 그 후 펠로폰네소스전쟁(BC 431-BC 404년)이 발발했다. 중국에서는 전국시대(BC 403-BC 221년)가 시작되었고, 인도는 부처의 사후 100년 동안 도시국가(소왕국)의 경쟁 시대가 지속되고 있었다.

마우리아왕조의 성립(BC 371년)

그러다가 알렉산드로스의 원정(BC 332－323년) 중 BC 327년경 인도 서북부까지 이르렀다가 장병들의 반대로 더 이상의 원정을 멈추고 돌아간 일이 있었다. 이때 인도사람들은 알렉산드로스의 어마어마한 군대를 보며 인도에도 강력한 제국이 필요하다는 것을 깨닫게 되었다.

그래서 기원전 317년에 "찬드라 굽타 마우리아"라는 인물이 당시 작은 난다왕조를 몰아내고, 인도 북부 전역으로 영토를 확장해 거대 왕국 마우리아를 세웠는데 이것이 인도 최초의 통일제국(BC 317－BC 180년)이다.

늦게 출발한 인도 통일제국의 성립은 그래도 로마 이탈리아반도 통일(BC 291년)과 중국 진시황의 통일(BC 221년)보다는 오히려 100년쯤 앞선다.

아소카 왕의 불교 진흥과 힌두교

아소카왕 (재위 BC 270-BC 232년)과 불교 포교탑

예수의 사후에 바울과 베드로 등 제자들의 전도로 세계의 종교가 되었듯이 부처의 불교도 마우리아왕조의 3대 아쇼카왕(재위 BC 270－BC 232년)이 불교로 개종하고 왕의 헌신적인 전도 활동을 통해 인도 전역에 그리고 이웃나라에 급속히 펴져 나갔다.

아소카왕 시기는 왕조의 전성기로서 인도 남쪽으로 영토 확장을 하면서 많은 사람을 죽인 냉혹한 정복왕이었음을 참회하고 불교에로 개종하여 불교 진흥을 위한 많은 일을 적극적으로 했다. 불교의 국가로 선포는 아소카 왕이 전국에 세운 불교포교의 상징으로 탑을 세웠다.

인도인들이 가장 좋아하는 세 명의 신. 좌측부터 가네슈, 락슈미, 사라스와티.

인도 힌두교의 여러 신들

기원전 232년 아소카왕이 사망하자 힌두교도들이 반란을 일으키고 인도에서는 불교가 쇠퇴하는 경향을 보였다. 브라만(사제)을 최고의 계급으로 하는 브라만교가 토속신앙으로 자리잡고 있던 인도에서 새 종교(불교)에 심각한 위기를 느끼고 브라만교에 드라비다인들이 섬기던 신을 결합해 새로운 종교 힌두교가 탄생(BC 240년)하였다. 힌두교에서는 브라흐마, 비슈누, 시바를 가장 중요한 신으로 꼽고 이 세 신이 다른 모든 신들의 뿌리가 됨으로써 특별히 높은 위치를 차지한다고 한다. 브라흐마(그림의 가운데)와 비누스는 베다문명에서, 시바는 본래의 인더스문명에서 시작된 신이라고 할 수 있다.

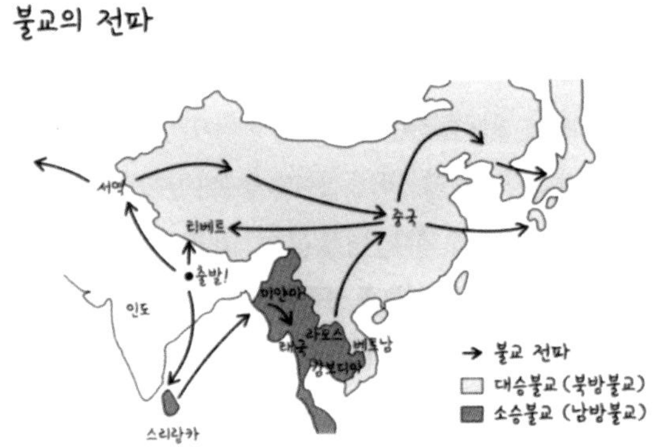

힌두교 성립 이후 불교는 다른 나라로 전파

힌두교가 인도인들의 정서에 부합하여 확대되는 것을 계기로 불교는 인도에서 차츰 시간이 가면서 거의 소멸되고 말았다.

그러나 스리랑카·미얀마·베트남·태국 등 서남아시아에서는 국교수준으로 불교가 확대되었으며 그리고 300여년 후 쿠산 왕조시에 중국을 통해 한반도, 일본으로 전해졌다(8막 2장 참조). 서남아시아 지역으로 퍼진 불교는 소승불교(小乘佛教), 중국·한국은 대승불교(大乘佛教)로 구분되었다.

2장

중국의 춘추전국시대 -공자의 유가사상, 도가와 법가 사상

춘추전국시대 제자백가의 출현

중국의 주나라가 국력이 쇠하기 시작하면서 시작된 춘추전국(春秋戰國)시대(BC 770년 이후)에 '제자백가(諸子百家)'라고 불리는 많은 사상가의 사상과 철학이 있었다. 그리스와 비교하면 중국은 더 정치적이고 실용적이며 현실적인 국가 문제를 해결하는 사상이었다.

그 분위기는 기원전 7세기~3세기까지 주나라의 봉건영주들이 제각기 왕으로 전환되면서 경쟁적으로 나라를 발전시키고자 할 때였다.

수많은 학자·재사들이 한꺼번에 나타나 '백가쟁명(百家爭鳴)시대'라 하는 세계역사상 그 유래를 찾기 힘들만큼 다양한 국가와 문화, 인물과 철학이 활발하던 시대였다. 그 중에 대표적으로 공자의 유가사상, 노자의 도가사상, 그리고 한비자의 법가사상으로 구분될 수 있다.

공자의 일생과 그의 영향

동양사상의 대표적인 인물 공자(BC 551－BC 479년)는 노(魯)나라(지금의 산동성)에서 태어나 인(仁)과 예(禮)를 최고의 덕으로, "수신제가치국평천하(修身齊家治國平天下)"

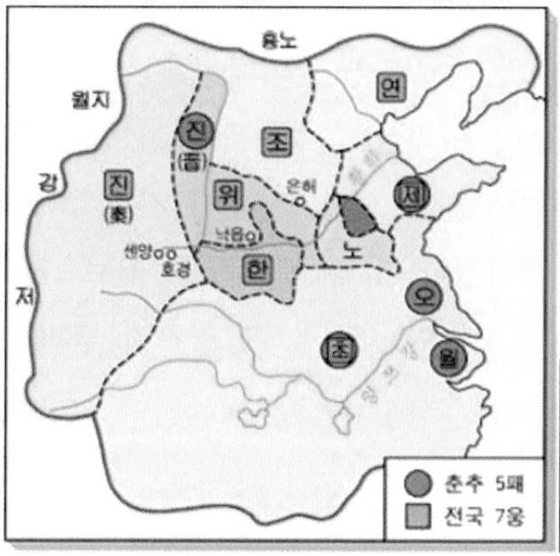

춘추 전국 시대의 영역

유교(유가) 사상의 창시자 공자

를 바탕으로 하는 유교(儒教), 또는 유가 사상을 창시하였다.

원래 노(魯)나라는 주나라의 무왕이 내린 제후국으로 그 역사는 BC 256년까지 이어졌던 비교적 조그만 나라였다. 춘추오패나 전국7웅에도 속하지 않은 작은 나라(위의 지도)였다. 특별히 누구에게 학문을 배운바가 없는 공자는 스스로 노력과 천부적인 예지로 14년의 유랑시대를 제외하고 노나라에서 관직과 잠깐의 정치인과 교육자 생활을 했다.

공자는 아버지 숙량흘(딸 다섯과 장애자인 아들 하나)이 건강한 아들을 갖고 싶어서 60세에 16세의 공자 모친과 야합(野合: 정식부부가 아닌)해 태어났으며 3세 때 부친을, 17세에 모친을 여의어 불우한 환경에서 성장했다.

잠깐 동안의 하급 관리로 일한 것을 제외하면 주나라의 예(禮)에 대해 깊이 연구하며 제자들을 가르쳤다.

그러다가 노나라에 발탁돼 51세부터 54세까지는 공자의 유가사상을 기본으로 하는 치국(治國)의 빛나는 경륜을 핀 황금시기였다. 이후 54세 때 관직에서 밀려나는 아픔을 겪고 천하의 유랑생활(14년)을 시작했다. 춘추시대 후반기에 수많은 나라의 흥망성쇠가 일상이었던 시절, 자신의 이상정치, 예(문)를 실현할 수 있는 나라, 군주(군자)를 찾는 한편 자신의 사상을 설파하는 천하유랑이었다. 공자의 가르침인 춘추(春秋)는 공자가 유랑생활에서 돌아와 중국 춘추시대 주나라, 노나라 등의 242년간의 기록을 수록한 유교 경전의 하나이다.

공자시대 유명한 사상가들

공자의 가르침을 전하는 논어는 유가(儒家)·유교(儒教)의 성전(聖典)이라고 할 수 있는데 공자와 제자들의 문답을 주로 하고 공자의 발언과 행적 등 인생의 교훈이 되는 말들이 간결하고 함축적으로 기재되어 있다.

그리스도교의 성경, 불교의 불경 등 종교의 가르침과 비교한다면 미래세계 · 신(神)적 · 초자연적인 신비적 영역이 아니라, 현세적 합리주의 인문 중심의 내용을 중점으로 하기에 근본적으로 다른 종교와는 다르다. 공자는 제자들을 출신 · 성분 · 사회적 지위에 관계없이 받아들였는데 당연한 듯 하지만 당시에는 혁신적이었다. 유명한 제자들, 자로 · 안연 · 자공 등은 제자백가의 큰 자리를 차지할만 했으며 제자들이 죽었을 때 공자가 슬피 울었다는 것도 유명하다.

인간 공자와 인류에 미친 영향

영화 '공자'가 잘 만들어져 화제가 되었습니다. 자신을 따라 유랑생활을 하는 제자들을 먹일 수 없어서 번민하는 공자의 모습, 눈이 내려 온 천지가 하얀데, 이와 어울리게 분장한 흰머리, 흰 수염의 공자 주윤발이 눈에 선합니다.

그는 인간적으로 키 크고 구수한 목소리에 술 잘마시고, 사람 좋아하는 인간, 솔직담백하고 항상 세상일에 열변을 토하는 사람, 끊임없이 탐구하는 사람이었습니다.

공자의 가르침이 중국은 물론 우리나라 문화 전반에 커다란 영향을 주게 된 것은 한나라(BC 206-AD 220년)가 유가사상을 선택한 때부터라고 할 수 있습니다.

이때부터 국가공무원을 선발하는 기본 과목들이 논어(論語) 맹자(孟子)를 중심으로 사서(四書: 大學, 中庸, 論語, 孟子) 그리고 삼경(三經; 書經, 詩經, 周易)이었습니다.

그 후로 정치 · 가정에 이르기까지 국가통치이념 · 충효사상(忠孝思想) 등 유교사상을 기본으로 하여 2400여 년을 내려왔습니다.

종교의 창시자인 부처, 예수 나중에 무함마드가 세상에 출연했다는 것도 중요하지만 공자가 태어났다는 것은 중국 아니 인류에 큰 영향을 미쳤습니다.

공자의 유가사상을 계승한 맹자와 순자

공자의 사상을 대표한 대표적인 인물로 맹자와 순자가 있다. 맹자는 인간은 원래 선하

맹자(성선설), 순자(성악설)

다는 성선설(性善說)을 주장하고 순자는 인간의 본성은 본래 악하다는 성악설(性惡說)을 주장한 것으로 대비된다.

맹자(孟子 BC 372－BC 289년)는 공자보다 180년 후의 사람으로 출생지도 공자의 고향 곡부 근처에서 출생했고 평소 공자의 제자라고 자처했다. 맹자는 아버지는 일찍 여의고 어머님 슬하에서 자라며 맹모삼천(孟母三遷: 아들의 교육을 위해 3번 이사)으로 유명하다.

공자는 춘추시대에 살았지만 맹자나 순자는 전국시대에 살면서 빈번한 전쟁과 치열한 국가경쟁의 혼란 속에서 "국가는 어떻게 할것인가 국가를 어떻게 구제할 것인가"가 제가백가들의 긴요한 명제였다.

맹자도 스승처럼 천하를 주유하면서 설파(說破)하였지만 유가사상을 바탕으로 한 왕도정치(王道政治)를 어느 나라에서도 채택하지 않았고 그도 50세엔 고향에 돌아와 제자들을 가르쳤다고 한다.

순자(荀子 BC 298－BC 238년)는 맹자보다도 70여 년 후에 태어나 전국시대의 막바지에 더욱 현실적인 유물론에 입각한 유가사상을 소개했다. "군거화일(群居和一)"이라는 천자·제후·사대부·관리·서민이 각자 직분에 따라 일을 하고 지분에 만족하자는 새로운 질서를 주장했다.

당시 전국칠웅의 경쟁 속에 진(秦)나라 중심으로 재편되는 질서에 맞추어 제가(諸家)의 사상을 비판적으로 흡수하여 선진사상(先秦思想)으로 집대성하는 역할을 했다.

도가(道家)는 노자(老子)가 창시

언제 태어나고 죽었는지, 어디에 살던 사람인지 등 구체적인 신상정보는 거의 알려진 게 없다. 신비의 인물인데 최근의 연구는 공자보다 100년 정도 늦게 태어났다고 주장하기도 한다.

다만 노자의 도가사상(道家思想)이 총정리된 책 "도덕경(道德經)"을 통해서만 그 사상을 알 수 있을 뿐이며, 도가사상이 발전한 것은 노자의 시대보다 한참 뒤인 전국시대 중반, 장자(BC 340?－BC 280?년)에 의해서였다.

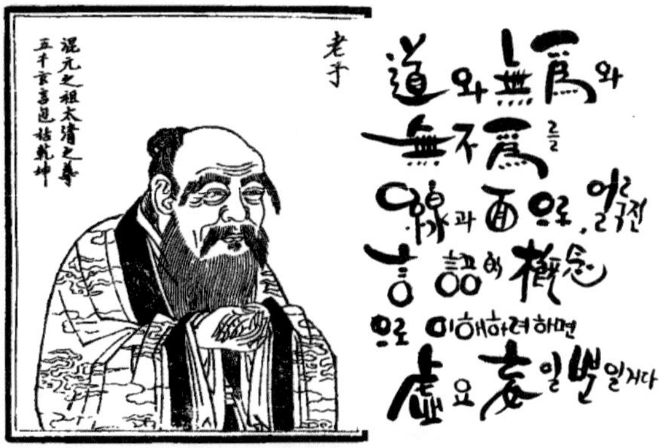

도가의 창시자 노자와 도덕경

장자도 우주만물의 끊임없는 생성과 소멸과정을 관장하는 것이 도(道)이며 별개의 존재가 있는 것이 아니라 도는 스스로 운동하며, 이것이 무위(無爲)이며 자영(自營)이라는 것이다. 도가사상은 춘추시대의 혼란상을 인위적인 것이 지나치게 발달했기 때문이라고 보았으니 경쟁사회에서 뭐라도 해서 발전해야 한다는 국가들이 이런 천하태평한 사상을 국가이념으로 채택될리 만무했고 현실정치에서 실현되지 못했다.

다만 일반 사회에서는 인기를 얻어 공자의 유가사상과 함께 오늘날까지 동양사상의 양대 축을 이루고 있다.

한비자(韓非子)의 법가사상(法家思想)

한비자

당시 한비자(韓非子, BC 280－233년)의 법가사상은 전국시대에 유용했다. 진시황의 중국 통일은 법가사상이 있었기에 가능했다고 할 수 있다.

원래 진왕(秦王)은 중국 통일의 과정에서 천하의 인재를 구하는 데 앞장섰는데 언젠가 한비자의 책을 읽고 크게 공감하여 그가 왕의 참모로 있다는 한(韓)나라에서 어렵게 초빙하였다. 한비자가 법(法)·술(術)·세(勢)를 이용한 제왕학(帝王學)의 대가였는데 한왕이 인제를 제대로 활용하지 못하고 결과적으로 진나라의 통일전략의 제물이 되었다. 진나라는 원래 선대왕이 또 다른 법가사상의 대가(大家) 상앙(商鞅 ?－BC 338년)을 기용해 부국강병을 꾀한 바 있었으며,

막바지 통일작업의 재상을 이사에게 맡기고 있었는바 이사도 한비자와 동문수학(同門修學)하던 인연이 있었다. 그러나 한비자가 진나라에 와서 실력 발휘도 제대로 못한 채 죽임을 당하였다. 이사와의 알력이 있었을 것으로 추측을 하며 아무튼 진나라의 법가사상은 천하를 통일하게 된 주된 사상이었다고 할 수 있다.

3장

그리스 신화와 철학

그리스 · 로마의 신화가 고대 서구사회의 종교를 대신

이 시대에 인디아 문명권에는 토속신앙 브라만교가 있었는데 석가모니가 불교를 창시하였으며 동양권 중국문명에서는 공자의 유교 · 유가사상을 가르쳤다.

그에 반해 그리스 · 로마에는 보편적인 종교가 없었고, 대신 그 지역의 종교 · 문학 · 철학 등 모든 생활분야에 영향을 미친 그리스 · 로마신화가 있었다. 그리스의 다신교 종교의 바탕과 철학의 근저에는 그리스 신화가 있는 것이다.

독특한 민족, 유대인들에게 유대교가 있지만, 전체 문명권의 종교가 아니였으며, 기독교는 AD 4세기 이후 보편적인 종교가 되었다. 그리스 · 로마 신화라고 하듯이 그리스 신화는 로마인에게 고스란히 전해져 흡수되었다.

지중해 바다를 면하고 있는 그리스의 북쪽에는 연중 9개월 동안 눈이 덮여있고 신비한 올림포스산(2917m)에는 제우스를 비롯한 12명의 신, 그의 아내 헤라, 아들 포세이돈, 아테네, 아폴론, 아프로디테 등 가족 신들이 함께 살고 있다고 생각했다. 신들은 사람과 똑같이 생각하고 똑같은 감정을 가지고 생활하지만 사람과 달리 죽지 않으면서 뛰어난 능력을 가지고 있다고 보았으므로 이들에 대한 스토리 텔링이 이루어졌다.

신들마다 담당 부서가 있어서 제우스는 올림포스의 전능하신 가족의 어른으로서 번개를 가지고 다스렸다고 한다. 헤라는 결혼과 가족생활의 수호신이고, 아테네는 지혜와 전쟁, 학문의 신이었다. 또 아들 아폴론은 포세이돈의 형으로 태양빛 · 음악 · 시 · 의술 · 궁

술을 총괄하는 신이고 아폴로디테는 사랑과 미의 여신이었다.

12신의 좌장 제우스-바다의 신 포세이돈

그리스의 철학의 태동, 소피스트들의 활약

그리스 철학의 아버지 탈레스

아테네를 중심으로 한 그리스는 오늘날 서양철학의 기본 뼈대가 만들어진 곳이다.

그리스의 철학자하면 떠오르는 이가 소크라테스지만 그보다 훨씬(150여 년) 선배인 철학자가 있었다. 그는 당시 그리스 철학의 아버지라고 하는 탈레스(BC 624－BC 545년)로 "만물의 근원은 물이다. 그리고 무한한 것의 근원이다."라고 주장했다. 인류 최초의 유물론의 시조였으며, 기하학·천문학에도 정통해 당시의 일식(日蝕)을 최초로 예언한 사람이며 정치활동도 하였다.

유물론 입장의 지적탐구로 사물을 보는 그의 시각은 종교적 설명과는 다른 철학적 세계관을 보여줬다. 철학과 사상이 발전하려면 언론 자유가 보장되고 여건이 마련돼야 하는데 당시 그리스에는 폴리스의 아고라에서 시민들과 활발한 토론이 이루어졌다.

이후 가장 많이 등장하고 활약한 "소피스트(Sophist)"라고 하는 철학자들이었는데 그것은 "지혜로운 자 또는 현명하고 신중한 자"를 뜻하는 그리스어에서 유래됐다. 본래는 현인이나 시인, 장인, 철학자들을 존중해 부르는 말이었다. 웅변술과 상대주의를 가르치는

그리스의 소피스트들

교사로서 인기를 누린 기원전 5세기부터는 부유한 가정의 자녀들의 가정교사 역할과 아고라에서 토론을 이기기 위한 궤변을 늘어놓는 것으로도 유명했다.

소피스트들이 등장한 시기는 그리스가 페르시아 전쟁에서 승리한 후 큰 경제적 번영을 누리는 때이기도 해서 그리스의 중심지에서 확고하게 자리 잡았다. 아테네 상류층은 물질뿐 아니라 정신적인 면에서도 풍요로움을 누리기 위해 소피스트들이 필요했던 것이다.

묘하게도 비슷한 시기 기원전 4－5세기 중국의 춘추전국시대의 수십개의 작은 국가들을 누비며 현실적인 대안을 제시하고 세치 혀를 놀리던 세객(說客)들과 비교할 수 있다.

한편 이 소피스트들을 비판하며 철학의 본연의 위치에서 인간의 사유는 종교적인 제약에서 벗어나 독자적으로 발전해 인간과 신, 하늘과 땅에 대한 새로운 사상을 추구하는 철학자들이 등장했다.

소크라테스 · 플라톤 · 아리스토텔레스 3대(代)의 스승과 제자

당시 그리스 사회의 분위기와 소피스트들을 비판하면서 인간 중심의 철학에 대해 지식과 사상의 본격적인 개막을 알린 사람이 소크라테스(BC 470－BC 399년)였다. 그는 펠로폰네소스전쟁에도 참가했으며 사람들 속에서 문답식으로 대화하기를 즐겼고, 소피스트들을 비판하면서 인간중심 철학의 등장을 알린 사람이며 그리스의 공자 같은 사람이다.

소크라테스는 “너 자신을 알라”고 하는 명언을 남긴 것으로 유명하며 실제로도 델포이신전에서도 이런 점에서 아테네의 가장 현자라는 신탁이 나와 있었다. 또 “악법도 법이다”라고 하면서 독배를 마신 것으로도 유명하다.

51세에 늦은 결혼으로 크산티페라는 부인은 악처의 표상인 것처럼 알려졌는데 이에 대해서 소크라테스는 “결혼은 해도 후회하고, 안 해도 후회한다”는 현명한 답을 했다.

그가 결국은 국가가 인정하는 신을 믿지 않은 것과 젊은이들을 부추겨 헛된 생각을 하게 한다는 죄목으로 재판에 회부돼 500명의 재판관(오늘날의 배심원) 중 280 대 220으로 사형판결을 받았다. 배심원 중 31명만 그의 사형을 반대했다면 죽지 않았으리라는 계산이 나온다.

탈옥을 하자는 플라톤 등 제자들의 권유를 “악법도 법이다”라고 하면서 유유히 독배를 마시고 죽었다고 한다.

아리스토텔레스(BC 384-322)

소크라테스, 플라톤, 아리스토텔레스

소크라테스는 스승이 없었으며 저서도 남기지 않았다고 알려져 있지만 제자는 많았으며 그의 걸출한 제자 플라톤(BC 427－BC 347년)이 스승을 세상에 크게 알렸다. 그는 원래 유망한 희곡작가로서 소크라테스를 만나고 희곡쓰기를 접고 제자가 되었다고 전해진다.

9년 동안 그를 스승으로 모시다가 29세에 독배를 마시는 소크라테스 이야기를 쓰고 지중해 여러 곳으로 공부와 유람을 다니다가 12년만에 아테네로 돌아와 아카데미아를 세우고 제자를 가르쳤다.

그의 저서는 소크라테스의 변명, 향연 등 30권이나 썼으나 대부분의 책이 전해지지 않는다. 그의 제자로 아리스토텔레스(BC 384－BC 322)가 있는데 그가 3년 동안 알렉산드로스를 가정교사로 가르쳤다는 것도 유명하다.

이들 못지않은 유명한 제자, 수학자 유클리드가 있다. 그가 BC 325년에 쓴 기하학원론은 현재까지도 유럽인에게 성경 다음으로 많이 보는 필독서라고 한다. 구체적인 실례는 뉴욕에서 경제대공황(1929년) 이후 후버댐 공사와 같이 유효수요 창출 사업의 하나로 세운 뉴욕의 엠파이어스테이트빌딩(102층)이다. 1년여 동안의 짧은 공사기간에 그들이 세운 철골은 기본적으로 선과 삼각형 4각형으로 1933년 3월 연인원 3만명이 1년 45일만에 완성하였다.

기하학의 아버지 유클리드

난공사임에도 불구하고 신속하게 완공하고 사고나 희생자가 적었다는 등 여러 가지로 놀랄 만한 기록을 남겼다. 그때 이를 가능게 한 것은 유클리드 기하학책 한 권이었다고 하니 2250여 년 전 기하학의 신(神)이 당시 세계에서 제일 높은 건축물을 완공했던 것이다.

코로나19의 스트레스를 달래준 나훈아의 쏘크라 "테스"형

코로나19로 전국민이 방콕(외출을 삼가)하며 예전과 같은 대형 쇼프로그램이 없던 2020년에 대중에 모습을 잘 드러내지 않았던 대형가수 나훈아 씨가 KBS 비대면(ON-LINE) 프로에서 독특한 노래를 했습니다. 그것은 그 해 추석특집프로에서 "테스형"(영어명 TES BROS)이라는 노래였는데 2400여 년 전의 그리스 철학자 소크라테스의 이름, 저 아프리카, 남미의 두메산골 아이까지도 잘 아는 철학자의 이름을 노래 제목으로 삼아 친근하게 대중 곁으로 가져온 것입니다. 대중은 멜로디에 취하고, 가사를 음미하며 열광했으니 코로나 그늘에서 잠시 벗어나 신선한 충격으로 내내 인기와 화제의 중심이 되었습니다. 나훈아는 역시 대중의 스타였습니다.

그 가사 중 일부는 이러합니다. "...아 테스형! 세상이 왜 이래! 왜 이렇게 힘들어!? 테스형, 소크라테스형! 사랑은 또 왜 이래! ... 니 자신을 알라며 툭 내뱉고 간 말을 내가 어찌 알겠소. 모르겠소, 테스형."

소크라테스는 공처가로 소문났습니다. 부인 크산티페가 돈을 안 벌어오고, 맨날 쓸데없는 탁상공론만 한다고 물을 끼얹은 적도 있답니다.

지금처럼 당시에도 젊은이들이 버릇이 없다고 개탄했고, 희노애락의 감정이 우리와 비슷했던 인간이었습니다.

르네상스의 라파엘로 그리스 아테네의 어른들을 한꺼번에 모시다.

르네상스의 3대 천재 라파엘로(1483-1520년)가 26세(1509-1510년)에 그린 "아테네 학당"이라는 걸작입니다. 모두 54명의 존경받는 철학자 여러 분야의 학자들을 그렸는데 이 인물들이 누구인가를 두고 많은 연구들이 있었는데 확실히 확증할 수 있는 것은 라파엘로 본인이지만 그는 이 그림을 완성한 후 10년 만에 요절했습니다.

제4막

유대인의 역사와 예수의 탄생, 그 시대

- 1장: 유대인 출애굽 등 개척, 영광의 시대
  * 아브라함–BC 2165년 시조–요셉–모세–이집트시대 모세의 출애굽(BC 1525)–가나안시대 BC 1390년 이후
  * 유대왕국 사울왕 시대–다윗왕, 솔로몬왕의 전성시대

- 2장: 유대민족의 분열과 수난의 시기
  * 유다, 이스라엘 왕국분열–멸망–바빌론 유수시대
  * 예루살렘 귀환–성전의 재건–구약성서의 완성

- 3장: 예수의 탄생과 동서양 세기가 바뀌다
  * 로마의 속주시대(빌라도 총독)–예수의 탄생과 선교, 부활
  * 유대인들의 무력항쟁–마사다 항쟁(AD 66–AD 73년)–방랑시대

- 4장: 예수의 시대를 전후한 세계는
  * 예수시대(AD 시대)–로마(팍스 로마나) · 중국(후한 시작)
  * 한국 3국시대 시작, 일본–대륙문화의 수입시대

1장

유대인 출애굽 등, 개척 영광의 시대 -아브라함부터 솔로몬까지

유대인 역사의 의미

유대인의 역사는 고대문명으로 분류하지 않아도 인류 문명사에 큰 영향을 미치고 있었던 특별한 문명이라고 할 수 있다. 유대인이라는 한 뿌리에서 시작하여 나온 그리스도교는 전 세계에서 가장 많은 신도를 가진 종교이다. 기독교 역사는 서양의 역사에서 큰 자리를 차지하고 있다.

또한 유대교로 한정시켜 이야기해도 이들은 2000년 가까이 전 세계 특히 유럽 나라에 흩어져 살면서 그 나라의 흥망성쇠를 좌우하는 경우가 많았다.

그리고 현대 역사에서 1948년 자신들의 나라를 만들었으며 전 세계의 명실상부한 G1 국가, 미국에 집중적으로 살면서 정치 · 경제 · 문화 · 예술 · 언론 각 분야에 엄청난 영향력을 행사하고 있다.

또 그들의 신앙의 아버지 아브라함의 작은 댁 소생 이스마엘은 큰집에서 쫓겨나 아라비아 사막을 헤메다가 그 후손들이 610년 이슬람교를 창설하고 지금 전세계의 5분의1 정도를 차지하는 13억 이슬람제국을 형성했다.

세계의 다른 고대 문명은 시간이 지나며 많이 희석되고 변화됐지만 이들의 문명(종교)은 그 초심과 실체를 지키고 있다.

그래서 여기서 그들의 역사(문명)를 소개하고자 한다.

아브라함부터 요셉, 모세의 이집트시대(BC 2165-BC 1525년)

아브라함이 가나안으로

유대인의 역사는 아브라함에서 시작해 메시아 예수로 이어진다. 아담과 노아의 자손 아브라함이 기원전 2165년에 태어났다. 메소포타미아의 문명이 일찍 발전한 우르 지방에 살고 있었는데 하느님이 가나안(팔레스타인)지방으로 가라고 명령했다.

신앙심이 깊은 아브라함은 식솔들을 거느리고 직선거리인 아라비아사막을 피해 유프라테스강을 따라 하란을 거쳐 가나안에 도착했다.

기원전 2080년 아브라함이 86세일 때 하갈과의 사이에 이스마엘이 출생해 아랍인 이슬람교의 선조가 된다. 기원전 2066년에는 아브라함이 100세, 사라 90세에 이삭을 낳아 유대인의 선조 이자 유대교, 그리스도교의 선조가 되었다. 이로써 아브라함(191세 사망)은 유대교·그리스도교·이슬람교의 선조이다. 아브라함이 이삭을 낳고 이삭이 야곱을 낳고 야곱(차후 이스라엘로 개명)이 요셉을 비롯한 12명의 아들을 낳아 이들이 차후 유대인의 12지파를 이룬다.

형제들의 갈등으로 요셉이 기원전 1898년에 이집트에 노예로 팔려가 똑똑한 처세와 성실함으로 이집트의 총리로 취임(BC 1884년)한다.

팔레스타인 지방의 대 기근으로 이스라엘 가족들 모두 이집트로 이주(이집트 신왕국시대 12왕조)해 요셉(110세 사망 BC 1805년)의 도움으로 자리잡게 되는데 이 시기가 바빌로니아의 함무라비 왕 전성시대였다.

그로부터 모세의 출생까지 280여 년의 세월이 흐른다.

모세의 출애굽-가나안에 자리 잡기까지(BC 1525-BC 1390년)

평범한 유대인 가족의 모세(BC 1525년 출생)는 당시 파라오가 "유대인들의 큰아들을 죽이라"는 명령을 피했다. 이를 계기로 파라오 왕녀의 아들이 되어 정치·문화·종교·과

아브라함과 이삭, 요셉의 12형제들 12지파의 원조

학 등 최고 수준으로 교육받으며 성장한다. 이 인물이 유대인의 역사에서의 중시조(中始祖)가 된다. 정의감으로 이집트인을 죽이고 피신하여 먼 지방에서 피신하여 목자로 지나던 모세에게 하느님이 "유대 민족을 구하여 가나안으로 가라"는 임무를 받은 후 출애굽이 시작되었다. 형 아론과 함께 이집트로 돌아가 파라오에 맞서서 10차례의 기적(재앙)을 보이고 특히 마지막 재앙, 이집트인들의 큰아들의 죽음을 본 파라오는 이집트를 떠날 것을 애원했다.

드디어 성인남자 기준 60만명의 히브리인들이 모세를 따라 기원전 1446년 출애굽을 시작하여 팔레스타인, 즉 약속의 땅으로 향했다.

이집트 탈출 바다를 가르는 기적

모세가 바다를 가르는 장면

이때의 장면은 십계라는 영화(1962년 개봉)를 통해 잘 알려졌는데 필자도 고등학교 때 처음으로 70mm 대형화면에서 상영한 영화를 처음 봤습니다. 파라오 군대가 전차로 추격하던 스릴 넘치던 장면, 특히 모세로 나온 찰턴 헤스턴이 홍해 바다를 가르는 장면은 너무도 멋있고 인상적이었습니다.

모세가 받은 10계명

이집트를 출발해 3개월이 지나 도착한 사막 시나이산에서 40일간의 방황과 기도 후에 하느님으로 받은 십계명(Ten Commandments)을 석판에 새겨 받았다.

십계명은 유대교·그리스도교를 망라해 인간이 신 앞에서 지켜야 할 가장 기본이 되는 10가지 행동규범이었다.

이 40일 동안 마음이 급하고 약했던 유대인(히브리인)들이 하느님의 형상이라고 황금으로 송아지를 만들어 예배하고 노래와 춤으로 방탕한 행동을 했다. 이는 하느님과 모세의 진노를 산 대표적인 우상숭배로 그에 대한 징벌은 3천명의 죽음이었다고 한다.

이미 다른 민족들이 차지하고 있는 가나안 지방을 정복하기 위한 정보와 공격방법으로 의견이 분분하여 다시 하느님의 분노로 결국 40년 동안 사막에서 표류하고 헤맨 고난의 역사로 이어졌다.

모세는 요르단강가에서 100세의 나이로 죽자 그 후계자 여호수아가 여리고성부터 기적같이 점령하기 시작해 35개 부족의 왕들과 싸우고 가나안에 입성, 자신들의 왕국을 세우는 영광의 역사가 있었다.

그 후 가나안 땅들을 12지파에게 나눠 주고 정착생활을 시작했지만 워낙 많은 민족의 이해와 생존이 걸려있는 지역이라 끊임없는 공격에 시달리고 자신들끼리도 반목과 타락을 반복했으며 진정한 안식이 없었다.

가나안의 정착을 보고 위대한 지도자 여호수아가 죽은(BC 1390년) 이후 사울이 이스라엘 왕이 될 때(BC 1044년)까지를 사사(司事, Judge)시대라고 한다.

사사시대와 사울왕 시대(BC 1390-BC 1044년)까지

여호수아가 죽은 이후 특정한 지도자 없이 불안과 혼란 그리고 타락에 빠져 이민족에게 다시 지배받을 위험에 빠질 때 최초의 사사 옷나엘이 나타나 이들을 구원했다. 진정한 하느님을 잊어버리고 주위의 잡신(예로 농업의 신 바알 등)을 숭배하니, 하느님의 심판(예로 외적의 침입)이 닥쳤고, 그 위기에서 백성들의 외침이 있어서 이때 사사들이 출현해 구원(위기 극복)하고, 어느 정도 지나면 다시 이런 순환이 반복되었다.

그래서 사울왕 시대, 기원전 1044년까지 350년 동안 각 지파에서 12명의 사사가 출현했으며 그들 중 유명한 인물이 드보라, 기드욘, 그리고 삼손이었다. 우리에게 많이 익숙한 이름은 삼손으로 데릴라(부인)가 적군의 유혹에 빠져 "엄청난 장사였던 삼손의 머리카락(힘의 원천)을 잘라 그 힘을 못 쓰게" 한 안타까운 이야기가 있었다.

모든 이야기는 사필귀정(事必歸正)이기 마련으로, 하느님께 한없이 순종했던 삼손은 장님이 되고 거대한 기둥에 묶여 처절한 순간, 하느님은 마지막으로 준 힘으로 갇혀있던 궁성을 무너뜨렸다.

영화 '삼손과 데릴라'의 감동

삼손과 데릴라(영화)

삼손의 이야기는 여러 차례 영화로 만들어졌는데 우리가 기억하는 영화는 거장 감독 세실 B. 데밀이 만든 영화로 삼손 역에 빅터 마추어, 데릴라 역에 헤디 라마가 주연을 맡았습니다. 원래 영화는 1949년 미국에서 제작되었는데 우리나라에서는 휴전 후 1955년에 상영되었으니 필자는 초등학교 시절이었습니다.

손에 땀을 쥐고 안타까워하며 당시 거대한 왕궁의 기둥을 무너트린 영웅(삼손)에 열광했던 기억이 납니다. 당시 개봉관 입장객이 15,000명으로 이 인원만으로도 공전의 히트작이었다니 그 60여 년 이후에 요즘은 관중 1000만명 넘는 영화가 많은 것을 보면 영화시장의 규모가 비교됩니다. 또 구약성서의 역사라는 깊은 사연은 모른 채 재미있었다는 추억만 남아 있습니다.

삼손이 3000명의 적군과 함께 무너진 성벽에 깔려 죽었다는 성서의 믿기 어려운 이야기는 감동으로 이스라엘 민족이 가장 존경하는 다섯 손가락 인물의 하나로 꼽히고 있다. 그러다가 사사시대의 마지막은 사무엘 예언자였다.

사무엘이 존경은 받았지만 가나안 백성들은 사무엘에게 끊임없이 외적의 침입 등 불안한 상황에서 사사제도가 적합지 않으니 다른 나라들처럼 강력한 왕이 필요하다고 요구하기에 이르렀다. 사무엘은 원래 가나안 이스라엘 민족의 왕은 하느님이시니 필요치 않다고 설득하였으나 결국 왕을 추대하게 되었다.

최초의 왕은 사울이라는 사람으로 왕으로서 중요한 덕목인 겸손함을 가지고 있었고 외적과의 전쟁에서 능력을 보였으나 차츰 하느님에 순종하지 않는 등 그 선택이 잘못이라는 것이 드러나게 되었다.

왕국의 전성기 다윗왕과 솔로몬왕 시대(BC 1004-BC 931년)

미켈란젤로의 다윗상,
다윗의 로맨스 상대 밧사바
(솔로몬의 어머니)

다음 왕의 제목을 탐색하였는데 그가 유다 지파, 이새의 여덟 아들 중 막내인 양치기 다윗이었다. 그가 블레셋이라는 이스라엘의 숙적인 나라와 전투에서 키가 엄청나게 큰 적의 장수 골리앗을 투석기 돌(좌측의 미켈란젤로의 다윗상) 하나로 단번에 쓰러트리고 그의 칼로 목을 베어 단숨에 전쟁을 이긴 이야기는 유명하다.

그 후 질투에 눈이 어두운 사울왕에게 쫓겼으나 오히려 그의 목숨을 두 번이나 구해 주었던 다윗은 우여곡절 끝에 기원전 1004년에 이스라엘의 능력 있는 왕(37세)이 되었다. 다윗왕은 탁월한 정치력을 발휘하여 팔레스타인의 국토를 회복하여 전 이스라엘을 통일하고 예루살렘을 수도로 삼아 다윗왕국을 건설하였다. 여러 가지 능력으로 왕국을 발전시킨 다윗왕도 인간적인 욕망과 약점을 보여 부하장수의 아름다운 아내 밧사바를 간음하고 남편을 사지(死地)에 몰아 죽인 일, 자신의 많은 후궁-자녀들의 가정 기강을 엉망으로 만든 일 등으로 복잡했다. 근친상간, 살인, 배신, 후계자 문제들이 복잡하게 얽혀 삼류소설처럼 되었다. 밧사바를 사랑해서 솔로몬을 낳았다.

공칠과삼의 원조는 3000년전 다윗왕 때부터

유대인들은 이런저런 인간적인 약점과 실수 등을 반복한 다윗왕을 용서하고 유대인의 5대 인물로 존경해 그 역사의 정통성을 의심하지 않습니다.
이로부터 3000년 가까이 지난 중국에서 등소평이란 인물은 공칠과삼(功七過三)이란 말로 비판과 과실이 많았던 모택동을 중공의 건국자로 떠받든 경우와 미국에서 대통령들의 스캔들을 눈감아 주고 그의 능력으로 평가하는 것과 일맥상통합니다. 그러니 공칠과삼은 이미 구약성서에서 다윗왕을 평가한 기준이니 그 원조였습니다.

결국, 밧사바와의 소생, 솔로몬이 어렵게 후계자가 되어 다윗왕국을 크게 발전시킨 것은 불행 중 다행이었다. 솔로몬이 3대왕이 되면서 왕위계승을 둘러싸고 있었던 일들을 정리하고 숙청을 해서 자신의 기반을 다져 나갔다.

솔로몬의 소원은 지혜로운 왕이 되는 것이었으므로 하느님과의 기도에서 "선악을 판단하고 백성을 재판할 수 있는 분별력과 지혜로운 마음을 주십시요"라고 청했다고 한다.

솔로몬의 판결

솔로몬과 두 어머니

두 어머니가 서로 자기 아이라고 주장하는 재판에서 칼을 가져와 아기를 둘로 나누어 두 여인에게 반씩 나누어 주라는 판결을 내렸습니다. 한 여인은 승소했다고 좋아했으나 진짜 엄마는 아이를 살릴 수 있다면 자신의 권리를 포기하겠다고 하였습니다.
바로 이 여인이 진짜 엄마라는 솔로몬의 판결은 유명합니다.

탁월한 왕 솔로몬의 업적

솔로몬은 여러 가지 분야에서 탁월한 능력을 발휘했는데 국제정치에서도 다윗왕으로부터 물려받은 강한 군사력으로 인근 제국에 영향력을 확대해 나갔으며 적극적인 대외무역으로 왕국의 경제력을 키워나갔다.

국내정치에서는 12지파 중심의 분권조직에서 12 행정구역으로 분할개편해 왕권을 키우는 중앙집권국가로 만들었다. 이는 꼭 중국의 봉건제도를 진나라가 통일하면서 군현제를 도입하여 중앙집권체제를 만든 것과 유사하다. 솔로몬의 통치로 번영을 누리게 된 이스라엘 왕국은 그동안 염원하던 성전과 궁전건축에 착수(BC 966년)했는데 이는 이집트를 탈출한 지 480년이 되는 해였다.

유대인들이 꿈에 그리는 솔로몬 성전

건축에 쓰이는 귀한 나무와 돌을 구하고 다듬는 데 18만명이 동원되고 국력을 기울여 7년의 공사 끝에 기원전 960년에 완공이 되어 모세가 받은 10계명의 석관이 들어 있는 언약궤(국보 1호 좌측사진)가 지성소에 모셔졌다.

이스라엘의 국보 1호 언약궤

십여만 마리의 소와 양의 제물과 함께 14일 동안의 축하행사는 왕국의 최고의 순간이었다.

그 규모(폭 10m, 길이 30m, 높이 15m)는 이집트의 피라미드 등과는 비교할 수 없으나 안팎이 금과 은으로 만들어 품위 있게 지어진 성전이었다.

뒤이어 13년 후에 완공된 궁전과 함께 이 시대에 지어진 건축물로 대단한 걸작으로 남았다. 궁전은 그 규모(25×50×15m)는 성전보다 조금 크며 13년에 걸쳐 완공됐으니 성전과 함께 20년 공사였다.

시바의 여왕을 영접하는 솔로몬

시바의 여왕이 2000km나 떨어진 아라비아에서 솔로몬의 왕국을 방문하여 신전, 궁전의 규모와 아름다움 그리고 솔로몬 왕의 지혜에 압도되었다는 소문 등 주변 국가들이 여러 가지로 부러워하는 영광을 누렸다.

그러나 솔로몬도 인간의 욕망의 한계를 드러내 국제외교관계를 결혼으로 활용한다는 미명으로 300명의 아내와 700명의 후궁을 거느렸다고 한다. 그 외국의 여인들이 자기들의 종교를 가지도록 허락하는 등 우상숭배를 조장하고 허영과 사치에 홀렸던 것이다.

말년에 외적의 움직임이 심각해지고 총애하던 신하 여로보암이 이집트에 망명하여 기회를 엿보는 등 솔로몬의 영광이 기울고 있었다.

시바의 여왕(영화)과 하느님의 분노

시바의 여왕이란 영화는 당시의 상황을 극적으로 미화하는 1959년 제작된 영화였는데 율 브리너, 지나 롤로브리지다가 주인공으로 나와 큰 인기를 끌었습니다. 하느님보다 외국여인을 더 사랑하고 십계명을 위반한 솔로몬은 하느님을 실망시켜 "아버지 다윗의 신앙을 보아 당대에는 그냥 넘어가지만 그의 사후에는 솔로몬 왕국이 분열될 것"이라 예언했습니다.

이때까진 로마도 건국되지 않았고 중국도 주나라 초기로서 이런 호화로운 성과 왕궁도 아직 지어지지 않은 시대였으니 훨씬 앞서간 G7 국가였을 것입니다. 아테네의 페리클레스가 지은 파르테논 신전도 그 500년 후의 일이었습니다.

2장

유대민족의 분열과 수난의 시기

솔로몬의 사후, 다윗(이스라엘) 왕국의 분열(BC 931)

남북으로 분열된 유대왕국

기원전 931년, 40년 동안 유대왕국을 통치하던 위대한 왕 솔로몬이 사망했다. 그 후계자(르호보암)의 능력이 솔로몬왕의 재능과 능력의 반도 안 돼 나라가 분열되고 말았다.

새 왕이 장로들을 비롯한 보수층과 자신과 같은 젊은 층에 차후 국정방향을 자문했더니 유화책과 강경책으로 상반된 의견이었는데 강경책을 택한 결과로 나라의 분열을 초래했다.

북쪽 10개 부족이 이집트에 망명 중인 여로보암을 신왕으로 이스라엘을 세웠고 남쪽 2개 부족은 유다왕국으로 남게 되었다.

다윗과 솔로몬이 몇 가지 실수를 저질렀지만, 하느님에 대한 깊은 신앙심으로 이스라엘을 평화와 풍요를 누리는 강국으로 만들었는데 그 두 왕이 다스린 기간이 73년간이었다.

그 후 양분된 두 나라는 묘하게도 20(모두 40명)명씩의 왕이 있었는데 극소수만 정치적 사회적으로 성공하였을 뿐이었다. 대부분의 왕은 하느님을 경시했고 왕 중 암살당한 왕들도 7명 사형, 자살같은 비정상적으로 죽은 왕들이 10명이나 되는 등 이래저래 나라를 피폐하게 만들었다.

분열된 두 나라의 멸망과 유수(포로) 생활

유대인들의 노예 생활(유수 시대)

결국 두 나라는 북쪽의 이스라엘은 아시리아에 멸망(BC 722년)되고 남쪽의 유다왕국은 BC 586년 신 바빌로니아에 멸망했다.

주요 지도층 인사, 군인 등 4만 5천여 명이 바빌론에 포로로 끌려갔다. 그뿐 아니라 유대민족의 자존심, 솔로몬왕의 영광이었던 신전과 왕궁이 철저히 파괴되는 종말을 맞이했다.

페르시아가 신바빌로니아를 점령(BC 539년)하고 풀려난 바빌론 유수(幽守) 생활(BC 605－BC 538년까지 67년 좌측 그림)이 유대역사의 분기점이었다.

그래도 이 굴욕과 치욕스러운 시기에 정신을 차린 유대지도자들은 집회장소를 정해 문제를 토의하고 그동안의 문서들을 수집 연구하였으며 성서(구약)편찬을 준비했다.

오페라 나부코와 노예들의 합창

바빌론 유수생활을 배경으로 한 주세페 베르디(1813-1901년)의 유명한 오페라 나부코(Nabucco, 신 바빌로니아의 왕 이름의 약칭)가 유명합니다.
그중에 유대인 포로들이 유프라테스강가에서 고향 예루살렘을 그리며 부르는 "노예들의 합창"이 애절하면서도 모든 사람이 공유하는 본성(本性)을 울립니다.
이탈리아의 베르디가 장수(88세)하면서 주옥같은 대작들을 남겼는데 이 오페라는 그의 초창기 31세 때 초연된 출세작이었습니다.
노예들의 합창은 합스부르크 왕실의 식민시대를 맞본 이탈리아 국민의 제2의 국가(國歌)로 애창되고 있다고 합니다.

오페라, 나브코에서 노예들의 모습

포로들의 귀환과 성전의 재건

언약의 궤를 성전에 옮기다

이스라엘의 남북 두 나라를 정복한 아시리아와 신 바빌로니아 왕들은 정복국가의 문화를 자신들에 복속시키기 위하여 이스라엘인의 일부를 포로로 끌고왔으나 페르시아의 고메스 왕의 생각은 달랐다.

그는 피정복민들의 문화와 종교를 존중하여 조국으로 돌려보내는 포로석방 귀환 조치를 한 것이다. 이것이 이스라엘 민족의 기회가 되었고 2400여년 후의 오늘날의 이스라엘이 있게 된 발판이었다. 1차 포로시기로부터 67년이 지난 BC 538년 4만명이 4차에 걸쳐 이스라엘로 돌아와 우선 착수한 일이 제단을 쌓고 파괴된 성전을 복구하는 일이었다.

성전의 복구를 방해하는 세력들이 있었지만, 페르시아 왕의 도움도 받아 드디어 BC 515년에 제2성전이 귀환 23년만에 완성되었다. 솔로몬왕의 1차성전 이후 445년만의 일이었다.

제일 중요한 하느님과의 약속의 궤를 재건된 성전에 옮긴 것이다.

그 후 이들 민족과 도시의 재건에 결정적인 도움이 된 것은 페르시아왕이 유대인이었으며 왕의 측근이 있던 느헤미아를 유다의 총독으로 임명하여 이스라엘 민족을 돕게 해준 일이었다.

아주 예전 800여년전 이집트에서 요셉이 총리가 되어 이스라엘 민족을 도왔던 일과 유사한 경우가 되었다. 이런 사려깊은 조치로 느헤미아총독이 여러 가지 도움이 되었지만, 특히 예루살렘의 성벽을 쌓는 일을 완성토록 하였다.

그 후의 유대민족의 역사는 페르시아 지배시대(200년 동안) 그리고 알렉산드로스 대왕의 정벌 이후 시리아의 지배(180년)하에 헬레니즘시대를 지냈다.

성소와 지성소로 구성된 성전은
헤롯이 즉위 18년에 착공하여
46년 동안 건축하였다.

헤롯왕과 그가 완성한 성전

그 시대 시리아의 어떤 왕에게 크게 탄압을 받으면서도 활로를 찾기도 했다. 그 후 로마가 시리아를 정벌하여 로마제국의 영토가 되어 예수 탄생의 시대까지 이어졌다. 이때 로마의 실권자(폼페이우스 등)에게 신임을 받은 헤롯이 유대의 왕(BC 37년 이후)에 올라 3대를 지속했다.

그래도 헤롯왕은 유대인들의 인기를 얻기 위해 솔로몬성전에 못지 않는 헤롯성전을 건설했는데 유대인이 아닌 헤롯왕을 경멸하고 싫어하면서도 그가 건설한 성전을 자랑스러워 했다.

당시 대부분의 유대인들은 이스라엘이 오랫동안 신 아시리아, 신 바빌로니아, 페르시아, 시리아로 이어지는 외국의 지배를 받는 것을 굴욕적으로 받아들여 다윗과 솔로몬시대의 영광이 다시 한번 돌아오기를 희망하고 있었다.

유대인들은 신앙의 힘으로 그 꿈을 실현하기 위해 먼저 성서의 대중화를 착수했다. 이를 위해 번역 요원 70명을 동원, 히브리어를 그 당시 공용어라고 할 수 있는 그리스로 번역해냈다.

포로 귀환 후 완성(BC 400－BC 100년경)한 구약성서에서도 그들을 구원할 메시아가 올 것을 예견하고 있으므로 메시아의 도래를 기다리고 있는 기원은 더욱 강해지고 있었다.

이러한 분위기에서 예수가 탄생했다.

3장

예수의 탄생과 동서양 세기가 바뀌다

예수 그리스도의 탄생과 일생

예수의 탄생

드디어 인류의 역사와 운명을 바꿀 인물 예수가 탄생했다.

갈릴리의 나사렛에 살고 있던 요셉과 마리아는 그곳에서 120㎞ 남쪽에 있는 유대의 베들레헴이라는 작은 마을에서 예수를 낳았다. 그것은 당시 로마의 속령인 이곳의 초대 황제인 아우구스투스(재위 BC 27-AD 14)가 모든 유대인에게 호적등록을 하도록 칙령을 내렸는데 거주지에서 하는 것이 아니라 자신의 선조가 살던 마을에서 하도록 한 것이다.

예수의 아버지 요셉은 나사렛에 사는 가난한 목수에 지나지 않았지만, 선조를 찾아 거슬러 올라가면 900여년 전 이스라엘의 위대한 왕 다윗의 42대 손에 해당되는 훌륭한 혈통이었다.

그 다윗이 태어난 호적등록을 베들레헴에서 해야 했기 때문에 당시 3일이 걸려서 찾아갔고 당시 그 비슷한 일로 너무 많은 여행자가 몰리는 바람에 여관이나 변변한 숙소를 찾을 수 없었다.

그래서 마구간(동굴 속이라고 표현되는)에서 하룻밤을 묵으며 예수가 탄생한 것이다.

천사의 수태고지

원래 요셉과 약혼 중이있던 마라아에게 천사 가브리엘이 나타나서 "네가 성령으로 잉태하여 아들을 낳을 것이며 그 이름을 예수라고 하여라"의 이야기는 너무나 유명하다.

이를 '수태고지(受胎告知)'라고 하여 많은 화가가 작품으로 남겼다. 특히 레오나르도 다빈치의 성화(聖畵)가 있으며, 다만 이를 역사적 사실로 받아들이는지, 종교적 신화로 믿는지는 개인의 문제이다.

당시 결혼 전까지 순수한 관계를 유지해야 했던 요셉 자신도 마리아의 잉태사실에 충격을 받았지만, 역시 천사 가브리엘의 귀뜸을 받고 아버지(生父)의 역할을 충실히 해 존경받는 존재이다.

세 사람의 동방박사가 축복했으며, 당시 이 지역을 위임 통치하던 헤롯왕이 메시아의 출생으로 자신의 위치가 불안해질 것을 우려해 그 시기의 신생아를 다 죽이는 폭거를 피해서 이집트로 피신했다.

그 후 세 식구는 다시 고향 나사렛에 정착해 지내게 된 사실이 이어졌다. 예수의 청소년기 이야기는 자세히 전해지지 않으나 12세 때 이미 성전에서 전문 교사들과 토론을 하는 등 남다르고 비범한 흔적을 보였다.

예수의 산상수훈

비슷한 출생 이력을 가진 세례자 요한을 만나 요단강가에서 세례를 받고 광야로 나가 40일간의 기도와 단식으로 악마들의 유혹을 물리친 이야기는 잘 알려져 있다.

갈릴리에서 본격적인 활동, 선교·교화를 시작하면서 베드로, 안드레아, 요한 등 열두 명을 제자로 삼고 여러 가지 기적과 산상수훈(山上垂訓) 등으로 아주 유명해지기 시작했다. 당시 예수의 활동에 열광하고 많은 호응을 받는 것에 못마땅하고 시기하는 사람들이 유대교를 신봉하고 율법을 철저히 지킨다는 유대인 성직자들과 지도 계층이었다.

그 시대의 유대교에는 유대인 중 중산계급 수공업자로서 일반백성과도 호응을 잘하는 바리사이파라는 그룹과 예루살렘 성전에 기반을 둔 유복한 제사장 계급으로 최고 종교 회의의 다수를 점하고 있는 실세들인 사두가이파가 있었다. 이들은 대체로 안식일 지키기 등 순수 유대인 중심으로 율법을 엄격히 지키는 것을 신조로 해서 예수님이 안식일 구분없이 병자를 고쳐주는 기적 활동, 사마리아인, 세리, 창녀 등 죄인을 똑같이 대하는 일들을 비판했다.

그러나 예수의 가르침과 활동은 모세의 율법처럼 "이것을 해라. 이것은 하지 마라" 하는 방식과는 달라도 그 근본은 같은 것이었다.

3년간의 다양한 활동으로 인간의 몸으로 이 세상에 와서 하느님의 사랑을 구현한 예수가 기존 유대교와 유대 성직자들에게 질시를 받고 모함을 받아 죽음에 이르게 되는 과정을 담담하게 받아들였다.

예수가 십자가에 못 박혀 죽기 하루전인 목요일 오후 유월절(유대인의 중요한 절기) 저녁시간에 12제자들과의 최후의 만찬은 제자들 모두의 발을 씻어주는 등 자신의 사랑을 아낌없이 보여 주는 자리가 되었다.

예수의 최후의 만찬

레오나르도의 최후의 만찬 장면은 모든 인류의 머리 속에 깊이 자리잡은 성스러운 그림입니다. 그의 또 다른 대표작 모나리자는 파리의 루브르박물관에 보관되어 많은 관광객이 편리하게 관람합니다.

최후의 만찬은 이탈리아 밀라노의 그라치에 성당에 보관돼 있는데, 일부러 가기 쉬운 곳이 아니라서 필자도 관람을 못했습니다. 이 그림은 원근법 등 다양한 새로운 기법으로 그려져 제작된 시기로(1495-1497년) 르네상스의 초창기의 대표적인 명작이라고 평가받습니다.

최후의 만찬 다음날, 유대인 최고 성직자들의 재판, 사형 요구 그리고 본디오 빌라도 총독에게 맡겨졌다. 최종선고에서 사형 결정을 하지 않으려는 총독에게 이미 사주돼 흥분한 유대인 청중들이 십자가 죽음으로 몰아갔다.

그런데 여기서 인류에게 커다란 희망과 평화의 소식은 예수의 죽음 사흘만의 부활이었으니 큰 반전이었다.

십자가에서 내려진 예수를 안고 슬퍼하는 마리아
(피에타라고 부름)

제자들도 믿지 못한 부활은 모두(유다를 뺀 11명의 제자+최소한 500명의 가족 청중들)의 눈앞에서 나타나 뚜렷한 현실이 되었고 기독교는 그후 AD 313년에 공인되어 세계적인 종교로 발전했다.

유대인의 무력항쟁(AD 66년)과 마사다 항쟁(AD 70-AD 73년)

예수의 십자가 죽음과 부활은 유대사회에 큰 회오리로 지나가고 예수의 열두 제자와 바울의 전도로 예수교가 소아시아로 로마로 활발하게 전파되고 있는 상황에서 예루살렘의 유대인과 이 지역에 주둔하는 로마군 사이에 무력투쟁이 발생(AD 66년)했다.

마사다 요새가 유대인과 로마의 전쟁마당이 되기 시작한 것은 유대인 중에 과격파라고 할 수 있는 열심당(Zealots. 젤로트당)을 중심으로 로마군의 유대영토 주둔에 반발하는 무력투쟁이었다.

정상적인 전투로서는 로마군의 적수가 되지 못한 열심당원들은 가족과 함께 예루살렘에서 마사다 요새로 피난하여 그곳을 저항의 근거지로 삼았다.

마사다 요새를 근거지로 하는 유대 저항군이 로마 정착촌을 급습하는 등 피해가 커지자 유대 총독은 로마보병군단을 이끌고 마사다, 요새 주변에 진지를 구축한 뒤 공격을 시작했다. 수차례 실패를 거듭한 로마군은 약 6천명의 유대인 노예를 동원하여 공격을 위한 동산(壘壁)을 세웠다.

마사다의 높이(해발 40m)는 주변의 사해가 해수면보다 400m나 낮기에 모두 440m로 가파른 난공불락(難攻不落)의 지형이었다.

요새의 둘레는 1.3㎞, 높이가 평균 3.7m, 내부에는 창고, 병기고, 저수조 등이 있고 식량과 물도 충분히 갖춰져 있어서 장기농성을 할 수 있는 상태였다.

원래 헤롯왕이 마사다를 반란에 대비, 자신들의 요새로 준비한 것이다.

당시 요새 안에는 아이들을 포함하여 960명이 남아서 끝까지 항전의 의욕을 불태우고 있었다.

마사다의 전경

요새의 공격으로 마사다 점령

AD 73년 공격누벽이 완성되고 약 3개월의 공격 끝에 마사다요새의 성벽이 허물어졌다. 성을 완전 점령한 로마군이 발견한 것은 전원이 자결한 시체뿐이었고 어린이 5명 여자 2명이 숨어 있었는데 그 사연이 기가 막혔다.

지휘자 이하 전원이 제비를 뽑아서 다른 사람들을 다 죽이고 마지막 몇 사람은 스스로 자결했다는 것이다. 말하자면 자살로 마지막 옥쇄(玉碎) 작전을 펴서 유대민족의 결연한 의지를 보인 것이다.

이스라엘(유대인)의 자긍심과 일체감을 상징하는 역사적인 사건이었다. 지금도 이스라엘 정부는 군인들의 교육 과정의 일부로 이 마사다요새를 방문해 2000년 이전의 조상의 정신을 실감하는 역사의 현장으로 삼고 있다.

이 사건 훨씬 이전에 바빌론 유수(幽囚: 포로로 이주 BC 602－BC 538) 때에도 깊은 좌절감으로 유대인의 기본 경전이자 역사서인 성경(예수님 이후 신약성경과 구분하여 구약성경)을 완성했다.

이제는 못지않는 절망의 시기에 예수의 새로운 약속, 신약성경을 만들며 또 다시 한 없는 기다림과 인고(忍苦)의 세월로 들어갔다.

유대인들의 언어 히브리어의 수난

유대인들이 전 세계로 흩어져 살면서 그들의 언어 히브리어 기본 철자(좌측 그림)도 잊혀져 갔다고 합니다 BC 11세기 유대왕국의 시대에 일상어로도 활발히 활용하던 언어였으며 바빌론 유수 이후 구약성경을 만들면서 히브리어로 편집되었습니다.

예수 부활 이후 기독교가 활발히 보급되면서 로마제국시절에는 라틴어에 앞서서 선배 언어였던 그리스어와 아랍어로 편집된 것과는 대조적입니다.

그래서 135년 무렵에는 히브리어는 사어(死語)가 되어 생활에서는 자취를 감추었다고 합니다. 그 이후 종교학자 문학자들 사이에서 보존 연구하고 있었습니다. 히브리어가 인류기원의 언어, 아담과 이브도 히브리어를 썼고 신도 인간에게 말할 때에 히브리어를 사용한다고 일깨웠습니다. 이런 자부심과 그동안 방랑하면서 민족의 주체성을 가지고 있던 유대인들은 1947년 이스라엘 국가를 선포되면서 히브리어를 공식언어로 선포하게 되었습니다

4장

예수의 시대를 전후한 세계는

이 시대의 로마와 중국은

중국의 진시황, 로마의 아우구스투스

세계의 시대구분을 만든 예수 그리스도가 탄생할 때 역사는 어떠했을까?

당시 세계의 반쪽이었던 로마는 실질적인 통일의 대업을 완수하고 로마에 개선한 카이사르가 BC 44년 브루투스를 비롯한 반대파에 암살되고, 그 후계자 문제로 안토니우스와 양자였던 옥타비아누스와의 분쟁과 대립(BC 31년)이 끝난 시기였다.

BC 27년 원로원은 그를 아우구스투스(재위 BC 27－AD 14)로 부르는 로마의 초대 카이사르(황제)로 추대했다.

그 영토는 세계 역사상 가장 크고 여러 가지 제국의 토대가 갖춰져 소위 “팍스 로마나” 시대가 시작되고 있었다.

예수가 태어난 팔레스타인 지방도 로마의 속주로서 로마가 신뢰하는 헤롯왕이 예루살렘 지역을 다스리고 있으면서 로마 총독(예수가 십자가에서 죽을 때는 빌라도)이 파견돼 있었다.

또 한쪽의 세계, 중국은 한나라 시대로 그 7대왕 한무제(제위 BC 156－BC 87년)가 중국을 역사상 가장 큰 제국으로 발전시키고 대통일을 마무리했다. 그가 사망한 이후 나라가 쇠약해지고 국정이 문란해졌다. 이런 상황을 이용해서 대신이었던 왕망이 궁정쿠데타로 정권을 탈취해 AD 8년에 한나라를 폐하고 신(新)나라를 세웠다.

명분이 없는 황제로 즉위해 궁지에 몰린 왕망이 15년을 버티다 한나라 황족에게 밀려 죽음을 당하는 역사의 유턴(U－turn)이 있었다.

다시 나라는 한나라로 복귀했는데 이를 후한이라고 하였다. 아직 동서양이 교류하지 않고 있었으나 예수 시대의 동양의 나라는 새로 건국(AD 23년)한 후한이었다.

예수시대, 한반도에서 신라 · 고구려 · 백제의 삼국이 건립

세기가 바뀔 때 한반도 나라 건립은 신라가 먼저

원래 한무제가 만주와 한반도를 정벌(BC 108년)해 위만 조선을 폐하고 사군을 설치했다. 이런 상황에서 어느 정도 세월이 흐른 뒤 새로운 나라들이 세워졌는데 그 성립 시기로 제일 먼저 BC 57년 한반도 남쪽에서 건립된 신라가 첫 국가였다.

원래 서라벌지역에 많은 백성이 6부촌을 이루고 살았다. 촌장들이 가장 어질고 슬기로우며 덕과 용기를 가진 사람을 찾아 왕으로 모시자는 논의를 하던 중에 한줄기 밝은 빛이 비췄다고 한다.

그 빛이 비추는 곳에 큰 알이 하나 있었고 그 알을 깨고 나온 아기(성은 朴, 이름은 세상을 밝게 다스린다는 "赫居世")가 잘 성장했고, 13세에 왕위에 올라 나라 이름을 서라벌(徐羅伐. 나중에 신라)로 한 건국 신화가 있다.

한반도 북쪽에서는 부여라는 나라의 해모수왕이 우연히 유화부인을 만나 인연을 맺고 출산한 알에서 나온 아기가 태어난 주몽이었고, 그가 BC 37년에 세운 나라가 고구려였다. 신라보다 20년 늦게 나라를 세웠으나 그 시조가 모두 알에서 태어난 난생신화(卵生神話)를 가진 것이 공통점이다.

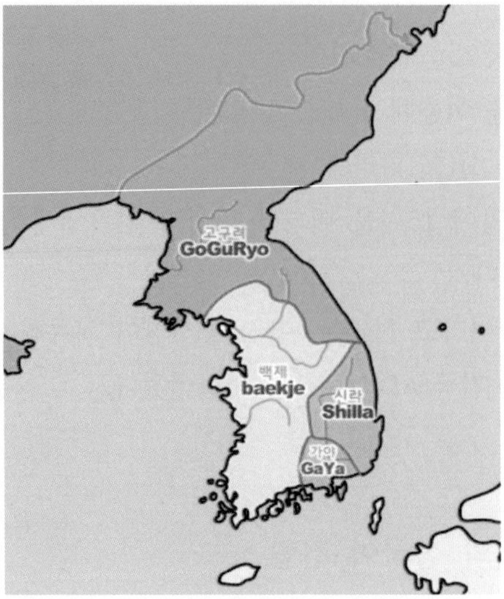

예수가 태어나 활약하던 시대는
한반도 삼국시대 시작

성은 고씨로 고주몽이 북부여에서 왕의 제목으로 성장했는데 왕위를 놓고 다른 형제들과의 갈등을 피하여 무리를 이끌고 남쪽, 졸본 지역으로 내려와 나라를 세웠다. 떠날 때 아직 태어나지 않은 아들 유리에게 반으로 자른 칼을 증표로 주고 왔다는 이야기도 전해진다.

그 후 졸본에서 태어난 주몽의 다른 아들(유리의 이복형제), 비류와 온조가 다시 남쪽으로 떠나 한반도의 남서쪽, 예전 한사군(漢四郡) 중 마한(馬韓)이 있던 고토에 백제를 세웠다.

이렇게 비류와 온조가 하남 위례 지역에 자리잡고 BC 18년 온조를 시조로 하여 국호를 처음엔 "십제"라고 했다가 백제(百濟; 백성들이 즐겨 따랐다는 뜻)로 하였으며, 한반도의 3국 시대가 시작되었다.

일본도 예수시대, 문명국가를 향하여 나가다

수천년 동안 신석기 시대로 유지하며 조몬토기를 사용하던 일본열도가 기원전 3－2세기쯤 청동기 문화가 시작되고 있었다.

섬나라라는 지리적 특성 때문에 대륙이나 해양문화의 전래가 오랫동안 정지 또는 지연되고 있었다고 볼 수 있다.

발전된 대륙문화를 받아들이기 시작한 일본은 그 속도가 급속하게 진전되면서 기원전 1세기쯤부터는 일본 전역에 부족국가들이 나타나고 통일 국가가 성립되는 뼈대가 갖춰지는 시대였다.

대륙에서 일본에 문화를 전수해준 민족은 한반도의 남방지역, 백제의 전신인 마한 사람들이라는 것이 정설이며, 통일국가 설립 후에도 백제와 문화적 접촉이 빈번하였다.

일본에서는 한반도에서 건너온 사람들을 도래인(渡來人)이라 불렀는데 원주민과 함께 발전시킨 철기문화, 벼농사문화인 "아요이(彌生) 문화"가 막 시작되고 있었다.

제5막

고대문명의 흔적을 찾아서

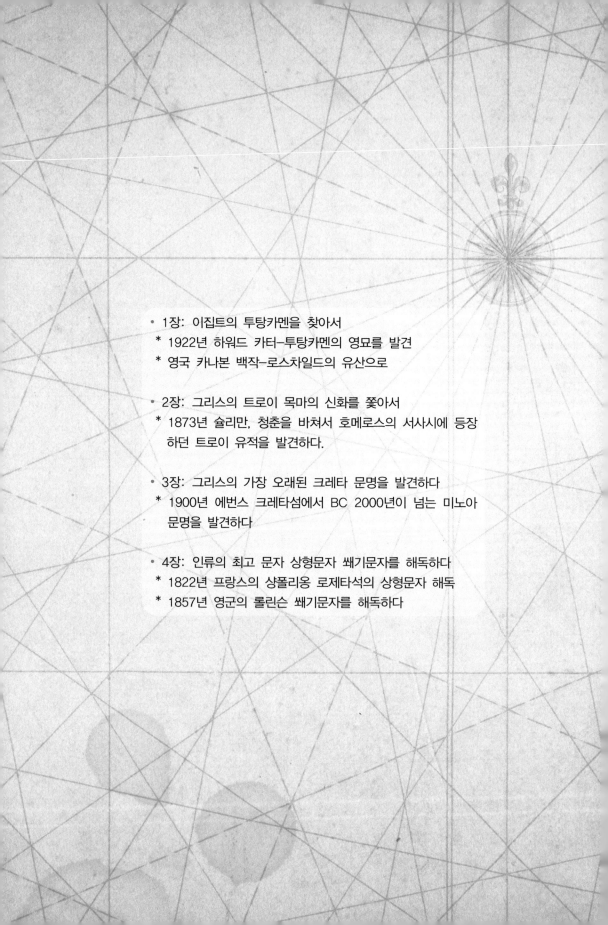

- 1장: 이집트의 투탕카멘을 찾아서
  * 1922년 하워드 카터-투탕카멘의 영묘를 발견
  * 영국 카나본 백작-로스차일드의 유산으로

- 2장: 그리스의 트로이 목마의 신화를 쫓아서
  * 1873년 슐리만, 청춘을 바쳐서 호메로스의 서사시에 등장하던 트로이 유적을 발견하다.

- 3장: 그리스의 가장 오래된 크레타 문명을 발견하다
  * 1900년 에번스 크레타섬에서 BC 2000년이 넘는 미노아 문명을 발견하다

- 4장: 인류의 최고 문자 상형문자 쐐기문자를 해독하다
  * 1822년 프랑스의 샹폴리옹 로제타석의 상형문자 해독
  * 1857년 영군의 롤린슨 쐐기문자를 해독하다

1장

이집트의 투탕카멘을 찾아서

수천년만에 깨어난 파라오 투탕카멘

인류역사상 가장 오래된 문명의 하나인 이집트는 BC 3100년경부터 상·중·하왕조로 나뉘어 2900여 년의 왕조를 지켜왔다.

초기 상왕조를 증명하는 대표적인 흔적(증거)은 말할 것도 없이 피라미드와 스핑크스였다. 중왕조 이후에는 더 이상 피라미드를 짓지 않고 파라오들의 미라와 보물들을 땅 속에 은밀한 곳을 찾아 숨기기 시작했다.

그런데 이집트가 알렉산더의 원정(BC 332년) 이후 독립왕조가 멸망하고 식민지 상태로 2200년을 살아오는 동안 이집트 고유의 유물·유적을 스스로 지키지 못했다. 외세의 도굴 및 밀반출이 일반화되어 대부분의 중요문화재는 영국의 대영박물관과 프랑스의 루브르박물관 등에서 보관하고 있는 실정이다.

이집트 파라오들의 무덤이 집중적으로 소재했던 왕들의 계곡은 19세기 이전에 대부분의 무덤이 2중, 3중으로 파헤쳐지고 도굴되는 실정이었다.

이러한 때 1922년 이 계곡에서 전혀 도굴되지 않은 소위 “No touch” 된 무덤이 발견돼 세계 고고학계에 신선한 충격을 주었고 독립을 앞둔 이집트에 큰 경사가 되었다.

이집트의 중왕조 이후의 총체적인 문명의 전모를 밝혀주는 위대한 발견으로 당시 메소포타미아의 고대도시 모헨조다로의 발견과 함께 세계 고고학계의 대표적이고 위대한 발

하워드 카터-투탕카멘-카나본 백작

견으로 평가된다.

이 발굴의 성공에는 세 사람의 주인공이 있다. 첫 주인공은 3270여 년 전에 죽은 이집트 파라오 투탕카멘이고, 두 번째는 확고한 성공의지를 가지고 20여 년 동안 발굴을 추진한 하워드 카터, 마지막은 이 발굴에 지대한 관심을 가지고 자금지원 등 후원을 아끼지 않은 영국의 카나본 백작이다.

투탕카멘(Tutankhamun)이라는 파라오

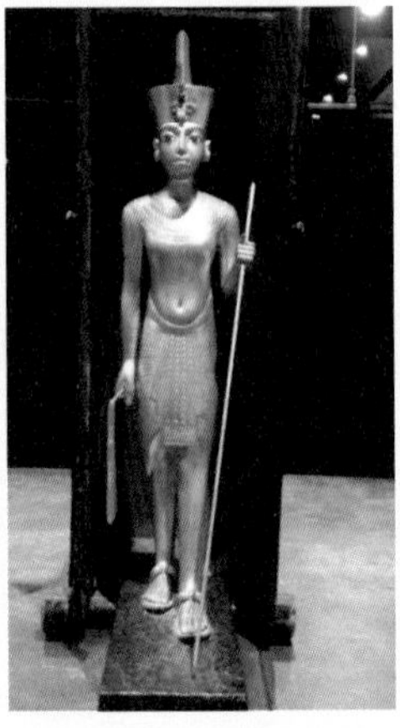

18세에 죽은 파라오 투탕카멘

발굴(견)된 무덤의 주인공은 기원전 1361년 8살에 파라오가 되어 불과 10년 동안 재위(BC 1361－1352년)에 있었던 소년왕이다. 왕권이 불안한 하(下)왕조 18왕조 12대왕으로 출생에 대해서도 잘 알려지지 않았고, 18세에 갑자기 죽은 원인에 대해서도 명백하게 밝혀지지 않았다.

이 시기에 수도를 테베로 옮겼는데, 실권이나 의욕이 보이지 않던 투탕카멘의 입장에선 옮겨졌다고 봐야 할 것이다. 다만 그 왕묘가 테베의 서쪽 교외인 왕가(파라오)의 계곡에 두게 되었고 끝까지 도굴되지 않다가 20세기에 온전한 상태로 발견돼 이집트의 파라오 중에서 유명해졌다.

발굴의 성공자 하워드 카터

카나본과 카터

투탕카멘 왕묘의 발굴 성공은 1922년 하워드 카터(1873－1939년)의 주도로 이뤄졌다. 그는 정식으로 고고학을 전공한 정통파는 아니었다.

영국의 켄싱턴에서 태어나 집안의 가업인 제도, 수채화 제작업을 돕다가 대영박물관에서 3개월 동안 고고학의 경험을 가지게 되었다.

특히 고고학 자료의 보고인 이집트에 매료돼 더 공부를 하기 위해 17세에 무작정 이집트로 떠났다. 이집트에서 당시 최고의 고고학자였던 윌리엄 피트리(영국인) 밑에서 조수로서 일하며 공부했다. 점차 그의 성실함이 알려져서 이집트의 고고국(考古局)의 국장인 가스통 마스페로(프랑스인)의 부서에서 일하게 되는 행운을 얻게 된다.

카터는 이집트왕묘의 벽화를 수채화로 옮겨 그리는 일을 하였다. 그는 전문교육을 받지 못하였지만, 10년 동안의 이런 경험들이 고고학자로서의 자질을 갖추게 하였다. 30세가 된 카터는 1902년부터 본격적으로 "왕가의 계곡"에서 능묘를 발굴하는 일에 종사하게 되어 이집트의 유명한 여왕 하트셉수트, 아텐호테프 1세 등의 왕묘 발굴에 참여하였다.

발굴의 후원자 카나본 백작 조지 허버트(1866-1923년)

문명지에서 유적을 발굴해 고고학의 연구 성과를 내는 작업은 상당한 시간을 필요로 하며 인부 동원·장비의 취득 등에 엄청난 자금이 투입될 수밖에 없다. 특히, 이집트 왕묘를 발견 후 성공적인 유물을 발굴하려면 자금은 물론, 발굴의 순조로운 추진을 위한 정치와 행정적 지원이 필요하다.

원래 이집트 파라오의 계곡에는 도굴꾼들의 발굴이 흔했기 때문에 문화재보호를 위해 발굴허가권을 부여했다.

1902년부터 미국의 변호사이자 백만장자인 테오도르 데이비스가 독점적인 발굴을 추진했다. 이 작업에 하워드 카터가 참여해 중요한 왕묘 발굴에 성공한 것이다. 15여년 동안 왕묘의 발굴로 더 이상의 왕묘는 없을 것이라고 판단한 데이비스는 발굴을 중단하고 발굴허가권을 반납했다. 이때 카터의 권유로 카나본 백작이 발굴허가권을 취득한 것이다.

이 당시 백작은 자동차 사고의 후유증으로 두통과 호흡장애가 있었다. 그래서 겨울에는 이집트에서 지내게 되면서 파라오들의 무덤 발굴 등 고고학에 관심을 갖게 된 것이다.

이미 7년 전에 카나본 백작이 하워드 카터를 추천받아 만나게 된 인연이 본격적으로 투탕카멘 왕묘를 발굴하게 된 것이다.

당시의 분위기는 이집트에 도굴되지 않고 숨어 있는 파라오의 왕묘를 발견하는 것이 모든 고고학자의 꿈이었고, 이를 위해 자금을 지원하는 영국 부자들은 현재 벤처산업(전자, 바이오 산업 등)에서 대박을 치는 것과 같은 상황이었다.

카나본 백작이 투탕카멘 발굴 지원을 할 만큼 부자가 된 사연

카나본 부부, 그들의 영국에 소유하던 캐슬

카나본 백작은 청년시절 집안에 빚이 많았고 백작이라는 가문에 어울리지 않게 가난했습니다. 그는 결국 어려운 경제현실을 결혼으로 단번에 해결하고 부자가 되는 행운을 잡았습니다. 그가 만난 결혼 상대방이 당시 유럽 금융왕의 집안인 알프레드 로스차일드(1842-1918년)의 혼외의 딸이었습니다.

당시 로스차일드 가문이라고 하면 유럽을 넘어 세계에서 가장 부유한 유대인 재벌 가문으로 알프레드는 그 본부격인 영국의 중요 인물이었으며, 자신은 결혼하지 않은 채, 딸 "알미나"만을 두었습니다. 카나본 백작을 사랑하고 그와 결혼하기 위해 "알미나"가 아버지 집안에 친자확인을 했는데, 이것이 신의 한수였다고 합니다. 카나본 백작은 신분상승한 신부가 엄청난 결혼지참금까지 가져와 결혼을 하게 돼 그 자신도 어마어마한 백만장자가 된 것입니다.

로스차일드가문은 마이어 암셸 로스차일드(1744-1812)가 설립한 금융사에 그의 다섯 아들을 런던 · 파리 · 프랑크프르트 · 빈 · 나폴리에 파견해 크게 발전시켰습니다. 이들은 1815년에 나폴레옹이 패전한 워털루전쟁으로 엄청난 부를 챙긴 이래 세계금융시장을 장악한 신화를 이루었습니다.

투탕카멘 묘역을 정조준하고도 허송과 실패의 8년

왕들의 계곡

카터와 카나본 백작이 함께 발굴 작업을 하던 처음 7여년은 왕가의 무덤 근처의 공동묘지와 나일강 삼각주에 자리한 공동묘지에서 수많은 무덤을 고고학적으로 조사했다. 그러던 차에 본바닥 지역, 이미 파라오들의 무덤이 발견된 알짜지역의 발굴권을 미국인 테오도르 데이비스가 포기할 의사를 보이자 카터는 카나본 백작에게 이 발굴권 인수를 권했다. 이왕이면 제대로 발굴하자고 다짐한 두 사람은 고고학자·발굴꾼들 사이에 회자되던 투탕카멘의 묘를 정조준하였다.

발굴권을 인수한 그 해에 1차 세계대전이 발발해 이집트도 그 영향권에 들어가 3년 이상을 허송할 수밖에 없었다. 1917년에 재개한 발굴작업은 넓은 왕가의 계곡 어디에서부터 시작할지 막막했지만, 카터는 예전에 발굴된 무덤 특히, 람세스 6세의 무덤 옆을 깊이 파 내려가기로 했다. 그 작업과정에서 작지만 값진 물건들을 제법 발굴했지만, 이것이 파라오의 무덤이라는 증거는 없었고 시간은 가차없이 흘러갔다.

자리를 바꿔가며 발굴하는 노력을 하는 동안 또 5년의 시간이 흘러 마침내 백작은 회의를 느끼며 심사숙고하기에 이르렀다. 그 동안 백작도 자신이 투입한 자금이 이집트 태양 아래 버터처럼 녹아 사라졌기에 비관적 목소리에 귀가 솔깃해지며 파라오 무덤 찾기를 포기하려 했다. 하지만 카터는 여전히 확신이 있었으므로 이에 설득당한 백작은 마지막이라는 마음으로 자금을 마련해 1922년 제2라운드를 시작했다.

때마침 1918년에 법률상의 장인인 알프레드 로스차일드가 사망했기에 그 유산의 일부를 활용할 수 있었다.

발굴 성공의 1922년의 경과

1922년 두 남자는 5년전 발굴을 시작했던 람세스 6세의 무덤 근처에서 마지막으로 다시 한번 투탕카멘을 찾아보기로 합의하고 영국에서 헤어졌다.

카터는 동물을 사랑해서 이집트 카이로의 시장에서 귀여운 레몬색 카나리아 새를 샀

지하계단의 입구에서

다. 무료한 일상에서 친구로 삼아, 황금빛 새장을 들고 발굴 현장의 숙소에 이르자 원주민 인부들이 반갑게 그를 맞았다. 오랫만에 만나기도 했지만, 그가 데려온 카나리아가 발굴의 좋은 징조라고 입을 모았다.

작업이 개시되자, 그가 내린 첫번째 지시는 이집트의 20왕조 대략 기원전 1100년에 노동자들이 살았던 오두막을 뜯어내라는 것이었다. 작업에 지장을 주기 때문이었는데 철거가 끝나자 그 자리에서 기적이 시작됐다. 그곳에 바위를 깍아 만든 계단이 나타난 것이다. 적어도 무덤 하나를 발견한 것이다

숨을 죽이고 계단(16계단)을 내려간 카터는 다시 회반죽을 한 문을 발견하고 숨이 막혔다. 그 오두막을 보면서 여러 해를 보냈는데... 바로 그 문을 헐어내니 엄청난 발견을 하게 됐다.

그는 즉시 문을 열게 하고 싶었지만 여기서 카터는 작업을 중단하고 모든 것을 덮으라고 지시했다. 8년 동안을 기다린 카나본 백작과 함께 해야한다고 생각했다. 가장 가까운 마을로 가서 아직 런던에 머물고 있는 백작에게 감격에 찬 전보를 쳤다.

"마침내 놀라운 발견, 훼손되지 않은 봉인이 있는 무덤 발견, 오실 때까지 전부 덮어놓음. 축하를!" 백작은 즉시 답신을 보내왔다.

"가능한 빨리 가겠음"

실제로 그는 딸 에브린과 함께 단 18일 만에 테베에 도착했다(보통은 한 달 이상 소요). 카터는 안절부절 못하며 백작을 기다렸다. 두 사람은 드디어 함께 생애 최고의 모험이 기다리고 있는 그 문 앞에 나란히 섰다.

문을 열고 나니 눈 앞에는 9m 정도의 복도가 나타났는데 많은 부분이 흙으로 덮여 있었다. 며칠 후 복도를 깨끗이 치우고 그들은 두 번째 문 앞에 섰다.

이미 여러 상황이 투탕카멘의 묘라는 것이 드러났지만 안에 무엇이 있을까?

두 번째 문을 열었을 때 그들의 눈앞이 번쩍하였다.

3200여년 전 세계에 들어선 것이다. 눈이 부신 가운데 우선 관과 미라가 있는지 찾았지만 보이지 않아 잠깐 실망했는데 방 안 가득 많은 물건(보물)이 있었다. 가구, 궤짝, 의장 마차, 황금신발을 신고 황금 두건을 쓴 실물 크기의 파수꾼 형상이 잔뜩 쌓여 있었지만 관은 없었다.

손전등 속에서 또 하나의 닫힌 문을 발견했다.

저 뒤에는 묘실이 있을까!? 죽은 파라오가 그들을 기다리고 있을까!?

처음 발견한 보물들

그러나 기다려야 했다. 당장 다음 문의 비밀을 확인하고 싶은 마음을 억눌렀다. 고고학 탐사에는 순서가 필요하다. 지금까지 발견한 물건들을 보존하고 기록하고 방들을 측정해야 한다.

모든 것을 기록으로 남겨야 한다.

당시의 사진기술은 지금보다 많이 떨어지지만, 그 모든 것을 사진으로 남겨야 하고 보물은 이집트 박물관의 보호를 받아야 한다. 이전의 도굴꾼들은 이 단계에서 재빠르게 움직여야 했기 때문에 보물이 훼손되고 여러 가지 문제점이 발생했지만 카터팀은 그들과 달라야 했다.

1923년 탐사의 계속-묘실과 미라의 확인

투탕카멘의 묘실과 그의 황금 마스크

이듬해 1923년 2월에야 전실(前室)이 치워지고 비로소 마지막 문을 열 때가 되었다.

드디어 열린 방안에서 순금으로 된 벽과 관이 보였다. 관은 엄청나게 커서 방을 다 채울 만큼의 크기였는데 관의 빗장을 열고 문을 열었다.

그곳에는 훼손되지

않은 관이 하나 더 있었다. 바로 이곳에 정말로 3천 200여 년 전부터 방해받지 않고 잠든 투탕카멘이 있었다.

하워드 카터와 카나본 백작은 마침내 가장 담대한 꿈의 목적지(앞페이지 사진)에 도달한 것이다. 파라오가 손에 잡힐 듯 가까이에 있었다.

그러나 이 단계에서 여러 가지 문제가 발생했다.

엄청난 발견이 있었다는 소식에 전세계의 많은 기자와 평소보다 훨씬 많은 관광객이 순식간에 모여들었다. 이집트 정부도 발굴된 유물들을 어떻게 할 것인지에 문제를 제기하는 등 발굴을 계속할 수 없었다.

또 중요한 것은 이 발굴의 주요 당사자인 카나본 백작이 56세의 나이에 폐렴으로 사망한 것인데, 마지막 관을 열고 투탕카멘과 인사하기 직전이었다.

이로 인해 그 유명한 '투탕카멘의 저주'가 퍼지기 시작했다.

그 후 1926년 3년만에야 당사자들 간에 합의가 이뤄져 카터는 마지막 황금관을 열 수 있게 되었다.

그런데 그 안에는 또 하나의 관이 그리고 다시 또 하나의 관이 있었다. 고고학계에서는 말로 형언할 수 없는 흥분의 순간이었다.

마지막 관이 나오고 이를 열자, 아마포가 싸여 있었고 이를 한 겹씩 벗겨내자 그들이 본 것 중에 가장 아름다운 파라오가 나타났다. 보석의 눈과 황금 얼굴로 그들을 바라보았다. 이것이 이집트의 보물 1호인 투탕카멘의 황금마스크(앞페이지 사진)였던 것이다.

발굴 작업 이후

카터가 왕묘에서 나온 수많은 보물의 내역을 기록하고 조심스레 포장해 카이로로 보내기까지 10년이 소요되었다. 석관·순금관을 포함 세 개의 관·황금마스크 장식품 왕의 표장들 가구·무기·기름·향유용기·악기·투탕카멘의 할머니 티예의 머리카락을 비롯해 무수한 것들이 있었다.

투탕카멘의 왕묘는 전체적으로 봤을 때, 다른 것에 비해 비교적 작았지만, 그 내용은 거의 도난 손실이 없이 고스란히 보관되었다는 것에 대단한 의미가 있다. 또 그 발굴이 19세기에 이뤄졌다면 그 보고나 관리는 발굴 자금을 낸 사람의 처분으로 하는 것이 일반적이었으므로 카나본 백작의 나라 영국의 대영박물관에서 전시 보관할 가능성이 있었다.

그러나 이 시기에 카나본 백작이 죽었고, 당시 이집트(카이로)박물관장이 집요하게 국외 반출을 반대했으며 중요 보물에는 이집트관리들이 개별적으로 감시하도록 하는 등으로 감독을 철저히 했다.

그런 덕분에 투탕카멘의 유물, 황금마스크를 비롯한 3500점은 카이로 박물관에 보관돼 1층 반이나 되는 전시공간을 차지하면서 이집트의 문명수준을 자랑하고 있다. 투탕카멘의 미라는 박물관의 가장 잘 보이는 중앙 유리관 안에서 조용히 잠들어 있다.

하워드 카터는 투탕카멘의 묘와 함께 1932년까지 그곳에 머물렀다. 1890년에 이집트로 날라가 42년을 왕묘들과 함께 지내고 영국으로 돌아와 7년을 살다가 66세로 1939년에 죽었다. 그는 동업자 카나본 백작보다 16년을 더 살면서 투탕카멘의 저주에 휩싸이지 않고 그를 더 사랑하면서 살았다.

투탕카멘 왕묘의 보물들

투탕카멘이 사람들을 놀라게 한 것들-수많은 죽음, 저주

투탕카멘의 쌩얼과 관에 누워서 3270여 년

투탕카멘의 무덤에서 쏟아져 나온 수많은 황금 보물을 보고 사람들은 놀랐습니다. "힘없는 소년왕의 무덤에서도 저렇게 대단한 보물들이 있었다니"라고 했습니다. 그런데 사람들의 화제의 대상은 곧바로 다른 곳으로 옮겨졌습니다.

그것은 투탕카멘왕의 무덤을 발굴했던 관계자들이 차례로 의문의 죽임을 당한 것입니다. 먼저 발굴의 대단한 후원자였던 카나본경(백작)이 발굴개시 5개월이 안 된 1923년 4월 5일에 57세로 사망했습니다. 원인은 왕묘 근처에 몰려온 왕모기에 물려서 생긴 패혈증(敗血症)이었습니다. 공식적 발표는 폐렴(肺炎)이었습니다. 그로부터 반년 후 동생인 허버트가 정신착란으로 갑자기 죽고, 그 다음해에는 카나번경의 숙모인 엘리자베스가 사고로 목숨을 잃었습니다. 그뿐이 아니라 엘리자베스를 돌보던 간호사도 원인불명으로 사망했습니다.

발굴에 참여했던 교수들도 차례로 쓰러졌습니다. 1929년 하워드 카터의 조수였던 리차드 버셋이 원인불명으로 죽었습니다. 아서 에이스 교수는 관이 들어있던 현실(玄室)과 벽 사이의 수직갱을 여는 순간 쓰러져 죽고 말았습니다.

투탕카멘의 미라를 X선으로 검시한 교수, 파라오의 관을 촬영했던 카메라맨, 미라를 직접 만지면서 조사를 한 교수도 원인불명으로 사망했습니다.

투탕카멘의 저주는 여기서 그치지 않고 계속되었는데 일설에 따르면 22명의 관계자가 목숨을 잃었다고 합니다.

저주에 대해서 고대 바이러스설, 미발견 질병설, 미지의 독극물설 등이 제기됐지만, 지금까지 확실하게 밝혀진 것은 아무것도 없습니다.

그러나 더 불가사의한 것은 발굴에 참여했던 현지 인부들은 단 한 사람도 죽지 않았다는 사실입니다. 또한 최고 책임자였던 하워드 카터도 발굴 이후 17년을 더 살고 66세에 자연사했습니다.

투탕카멘의 황금마스크를 포함한 유물들은 카이로 박물관에 잘 소장되었고, 1932년 이후부터는 더 이상 저주가 일어나지 않았습니다.

2장

그리스 트로이 목마의 신비를 찾아서

트로이 목마의 도시를 발견하다

슐리만의 트로이 유적 발굴현장 주변

하인리히 슐리만(1822－1891년)이 지금의 터키 히살리크(Hisarlik) 언덕에서 트로이 목마의 그리스 도시를 찾아서 첫 삽을 뜬 지(1870년 4월) 3년하고도 2개월이나 된 날이었다.

그 날 1873년 6월 어느 더운 날 아침, 인부들은 슐리만이 프리아모스(당시 트로이 왕)의 궁전이라고 믿는 돌 건물의 8.5m 아래에서 흙을 파내고 있었다.

아내와 함께 인부들의 삽질을 지켜보던 슐리만의 눈에 갑자기 번쩍하는 광채를 봤다. 그는 누구도 눈치채지 않게 아내의 팔을 끌어당기며 속삭였다. “여보, 얼른 저 사람들을 돌려보내! 오늘이 내 생일이라고, 나머지 시간은 쉬어도 좋다고 말이야!” 일꾼들은 좋다고 자리를 떠났다.

슐리만은 잠깐의 광채를 보았던 구덩이 속으로 뛰어들어 주머니칼로 어느 한 곳을 미친 듯이 파헤쳤다. 목숨이 위태로울 수도 있는 상황이었다. 구덩이 위에 무거운 성벽이 언제 무너져 내릴지 몰랐지만, 보물덩어리를 놓고 앞뒤를 가릴 경향이 없었다. 슐리만이 아내와 함께 이날 밤까지 찾아낸 보물은 어마어마했다. 팔찌 · 브로치 · 목걸이 · 접시 · 단추 등 금과 보석으로 만든 온갖 유물이 쏟아져 나왔다. 나중에 숫자로 정리해보니 자그마치 8700여점이나 되었고, 그 보물 중에 가장 눈부신 것은 순금조각 1만 6천개로 이루어진 금관이었다.

트로이 성이 트로이 목마작전으로 함락되는 순간 누군가(왕실의 인물)가 이것들을 급히 상자에 넣은 뒤 자물쇠에서 열쇠를 뺄 틈도 없이 숨겨둔 것이 틀림없다고 짐작했다. 이 보물을 발견한 순간 40여년 전 슐리만이 소년 시절부터 트로이를 찾겠다는 꿈을 가지고 준비했던 것이 실현된 것이다.

슐리만이란 인물은?

어린이를 위한 역사책

1822년 독일 북부의 메클렌부르크의 작은 마을 가난한 목사집안에서 태어난 하인리히 슐리만은 어렸을 때부터 아버지에게 "호메로스"의 서사시 "일리아드"에 나오는 영웅들의 이야기를 자주 들었다. 일리야드란, "일리온에 관한 시"라는 뜻인데 일리온은 소아시아의 서북부에 있는 옛 도시 트로이를 말한다. 19세기말에 이르기까지 알렉산드로스대왕을 비롯해 일리야드를 즐겨 읽은 사람들은 이 이야기를 그저 호메로스라는 시인이 전설을 모아 엮은 옛날이야기라고 생각했다.

트로이의 왕자 파리스가 스파르타의 여왕 헬레네를 유혹해 벌어진 트로이와 그리스 연합군의 전쟁상황을 담은 이 서사시의 내용은 실제로 있었던 이야기라고 생각할 수 없었다. 그러나 영리하고 꿈 많은 슐리만은 서사시에 등장하는 아가멤논 · 아킬레우스와 · 헥토르 같은 천하무적 용사들이 실제로 있었던 사람들이며 트로이 성도 어딘가에 있었을 것이라고 믿었다. "어린이를 위한 세계사"를 탐독한 하인리히는 세계의 창조이야기, 노아의 방주, 그리스 희랍신화에 빠져들었다. 특히 고대의 아름다운 건축물과 육중해 보이는 성벽이 트로이 성이라고 믿고 어딘가에 있을 트로이에 매료되었으며 이것이 그의 청년시대를 지배했다.

가난 때문에 하인리히의 학교생활은 열네살에 끝났다. 그는 도시로 나가서 상점의 점원, 상선의 보조선원 등으로 일하며 직업학교 교육을 마쳤다.

트로이 발굴에 준비된
40세의 슐리만

그가 꿈꿔온 트로이의 도시 발굴을 실천하기 위해 두 가지의 목표, 돈을 버는 일과 외국어를 익히는 공부를 계속했다.

운도 따라줘 무역업으로 암스테르담·미국·러시아 등에서 엄청난 돈을 벌었고, 외국어 특기를 발휘해 10여개의 유럽의 언어들을 자유롭게 구사할 수 있었다.

돈과 외국어를 넉넉하게 장착한 슐리만은 3000여년 전의 트로이의 위치를 알아내는데 전력을 기울여 결국 오스만 터키의 영토인 히살리크 언덕이 가장 유력하다는 결론을 내리게 되었다.

발굴 작업 전에 22세 연하의 17세 그리스 미인과 결혼하다

슐리만을 소개한 책자들

슐리만은 원래 기혼자였지만, 발굴 같은 일에 관심없는 부인과는 많은 위자료를 주고 이혼했습니다. 그리고 그리스 시대의 트로이 고대 도시 발굴을 개시하는 조건으로 일리아드 서사시에 등장하는 헬레네 같은 미인을 찾아 나섰습니다. 많은 돈을 내걸고 그를 도와줄 신부를 구하는 광고를 냈습니다.

드디어 17살의 아름다운 소녀를 만나게 되는데 그녀 소피아의 부모는 꽤 많은 돈을 요구했고, 이는 그에게 문제가 되지 않았습니다. 소피아와 교제를 시작하고 40세의 하인리히는 큰 배를 빌려 바다로 나갔습니다.

그날따라 파도가 높아 배가 뒤집힐 듯이 요동치는데 그가 소녀에게 두 가지 질문을 합니다. “소피아양 왜 나와 결혼하려 합니까?” 배멀미 구토증에 시달리며 답을 강요하는 하인리히에게 솔직하게 대답을 합니다. “부모님께서 그렇게 하라고 해서요,” 그는 “그런 대답을 들으니 괴롭군요. 결혼하면 당신도 나와 함께 발굴작업에 참여하고 트로이 도시를 찾겠단 열정도 있어야 합니다. 사랑과 열정을 함께 해야 합니다. 결혼의 또 다른 이유는 없습니까?” 하고 두 번째 질문을 했습니다. 혹시 억지로라도 사랑이라는 이야기를 기대하면서...

슐리만의 부인 소피아

고뇌하는 시간이 흐르고 소피아는 "당신이 부자이기 때문이지요" 라고 다시 솔직한 답변을 했습니다. 크게 실망한 슐리만은 선원들에게 소리쳤습니다.
"항구로 돌아갑시다" 그러나 마침내 둘은 결혼하고 소피아는 평생 그와 함께 발굴에 나섰으며 큰 도움이 되었다고 합니다.
오히려 솔직한 답변이 서로에게 득이 되지 않았을까요!

발굴의 경과

슐리만 부부가 발굴에 매달린 언덕

그가 많은 여행을 하면서 전문가들과의 자문과 토론을 거듭하고 발굴을 시작한 곳은 히살리크 언덕으로 자연이 만든 위대한 성이라고 느꼈다고 했다. 당시 성을 튼튼히 쌓았기에 트로이 벌판을 한눈에 조망할 수 있었고, 그리스 연합군에게 10년을 버틸 수 있었다고 믿었다.

평생을 소망하며 준비해온 일이었기에 슐리만은 온몸을 내던져 트로이를 찾는 일에 매진했다. 꿈속에서 본 아름다운 헬레네같은 아내 소피아는 남편이 바라는 대로 힘든 발굴작업에 가난한 인부들과 함께했으며 헌신적으로 남편을 돕고 서사시 일리아드도 잘 공감했다.

1873년 6월 15일 막대한 보물을 발견하기까지 3년여 동안 일꾼 100여명을 데리고 37m 높이 언덕(위의 사진)에서 1t 트럭 2만5천대 분의 흙을 파냈다. 슐리만 부부는 열병·비위생적인 물·다루기 어려운 일꾼 등 열악한 환경 속에서 발굴작업을 계속했다. 뿐만 아니라 고고학자들은 슐리만을 학자가 아닌 도굴꾼과 다름없는 야바위꾼이라며 비하했다. 처음에는 전설 따위를 믿고 무작정 땅을 판다고 비웃었고 발굴이 진행되면서 뭔가가 나오기 시작하니 비과학적이고 비도덕적으로 트로이 유적을 망가트린다고 비난했다. 그 어떤 비판도 슐리만이 수십년간 품어온 꿈, 인생에서 가장 강렬한 힘을 가지고 있는 어린 시절의 꿈을 꺾을 수 없었다. 그는 신들린 듯이 발굴에 매달렸고 소피아도 남편과 함께 모든 어려움을 함께 했다.

여러 문명의 흔적이 드러난 발굴현장

발굴의 모습은 야금야금 붓으로 흙을 털어내는 전문 고고학자들과 달리 슐레이만은 말 그대로 그 언덕을 엎어 버리듯이 작업을 진행했다. 언덕의 커다란 웅덩이가 드러나고 여러 색의 지층이 드러나기 시작했다.

드디어 그곳에 화려한 도시가 있었다는 증거가 하나둘 나타나고 무기·가재도구·장식물·그릇 등이 나오고 언덕은 마치 거대한 양파의 껍질을 벗기듯 파들어 갈수록 층층이 다른 유적지가 나타났다. 층마다 다른 시대 사람들이 살았던 것처럼 전혀 다른 유물과 집터가 한꺼풀씩 벗겨졌다. 슐리만 부부는 물론 작업에 참여하는 모든 사람이 흥분하지 않을 수 없었다.

아홉 개의 시대, 아홉 도시를 찾아내다

폐허를 파면 그 밑에 또 하나의 폐허, 슐리만은 무려 일곱 개나 되는 도시를 찾아냈다. 거기에 청동기·철기도 쓸 줄 몰랐던 원시 시대의 두 취락지까지 합하면 히살리크 언덕에 층층이 발굴된 옛 도시는 아홉 개나 되었다.

맨 위층은 알렉산드로스대왕이 제물을 바쳤던 2200년 전 도시였고, 그로부터 맨 아래층 도시 가운데 어느 것이 트로이인가? 슐리만은 양파껍질을 벗기듯 온갖 지식과 자료를 끌어내 트로이를 찾으려고 애썼다. 맨 끝에서 두 번째, 세 번째 층에서 그는 불에 탄 자취와 튼튼한 성벽과 성문터를 발굴했다. 그는 이 성벽이야말로 프리아모스왕의 궁전을 둘러싼 벽이며 성문터는 저 유명한 스카에안 문이라고 믿었다.

그리고 3년을 지난 6월의 어느 날 그 성벽 근처에서 그 평생의 꿈 거대한 보물을 발견한 것이다.

007작전 같았던 보물의 해외 유출-수배령을 내리다

슐리만이 트로이 것이라고 믿었던 그 보물들은 18년이 지난 1891년 그가 죽기 얼마

베를린의 선사박물관

전에 트로이보다 수백년이나 앞선 시대의 유물이라는 것을 알았다. 어쨌든 당시 그들 부부는 유물들을 늦은 밤 소피아의 숄에 싸서 집으로 옮긴 뒤 소피아 친척들의 도움과 007 작전 같은 모험을 거쳐 터키 국경선 밖으로 빼돌렸다. 터키 정부와의 계약상, 허가를 내준 터키정부에 50%를 줘야 하고 나머지 반도 터키 내에서 팔아야 하는데 그 가격은 해외에서 처분하는 것과 비교가 되지 않았기 때문이다. 결국 언론에 대서 특필되고 그에게 수배령이 떨어지자 밤 배로 극적으로 터키를 탈출했다. 터키를 탈출한 이후 그는 천신만고 끝에 얻은 보물의 일부만 터키정부에 돌려주고 나머지 대부분은 독일 베를린주에 기증되어 베를린의 선사시대 박물관으로 옮겨졌다. 기증하기에 앞서 슐리만은 아내 소피아에게 가장 귀중한 왕관을 씌워 사진으로 남겼다.

그가 죽고 50여년 후 1945년 5월 베를린이 점령되고 2차 세계대전이 끝나자 독일에 진주한 소련군에게 탈취돼 지금은 러시아가 보관하고 있다.

슐리만의 발굴에 대한 평가-트로이성의 진실은 무엇이었을까

그러나 트로이를 비롯해 후에 미케네 유적을 발굴한 업적에도 불구하고 슐리만은 확실한 결론에 이르지 못하고 사망했다. 히살리크 유적은 여러 층으로 구분되어 있어서 호머의 서사시에 나오는 트로이 전쟁이 정확하게 어디서 전개됐는지 확실하지 않았다. 이를 확정 짓겠다는 일념으로 죽기 2년전에 다시 히살리크에 돌아가 다시 발굴을 시작했다. 이 때에는 고고학의 전문가들과 동행했으며 자신이 찾은 보물들도 트로이 전쟁시의 것이 아닌 그보다 1천년전의 유물들이었음을 알게 됐다.

슐리만은 명예를 회복하기 위해 3차 발굴계획을 세웠으나 1891년 길을 가다가 심장마비로 사망했으니 3차 발굴계획은 무산되고 말았다,

그 후 트로이성이 점령된 것에 대한 정밀한 연구가 이뤄졌다. 발굴된 여섯 번째 도시에 대한 정밀탐사가 이뤄지고 그곳에서 발굴된 벽은 호머의 묘사처럼 안쪽으로 약간 경사가 일치했고 18m나 된다는 탑도 무너진 상태였다. 성은 가로·세로 180m, 135m밖에 되지 않았지만 매우 튼튼하고 인상적이었다.

학자들은 그리스인이 왜 10년 동안 성을 점령 못 했는지 이해할 수 있었다. 산 정상에

트로이 목마

우뚝 솟은 트로이성은 전쟁이 일어났던 시대의 전투기술로는 접근조차 불가능할 정도로 견고했던 것이다. 10여년 동안 트로이를 점령하지 못한 그리스 연합군은 마침내 트로이가 지진으로 파괴되자 그로 인해 승리할 수 있었던 것이다.

그렇다면 3000년 가까이 믿고 있던 또 하나의 호머의 일리아드에서 가장 재밌는 부분, 율리우스가 만들어 승리한 목마는 어찌된 것인가. 그리스인들은 지진의 신 포세이돈의 덕분이라고 감사히 생각했다. 갑자기 나타나 도와주는 포세이돈이 말을 휘몰아 다닌 것으로 상상하고 포세이돈의 지진으로 이긴 전쟁을 목마라는 존재로 둔갑시켜 재미를 만들어 넣었다고 할 수 있다.

이렇게 트로이가 망한 시기는 BC 1200년경이었으며, 고대 사회는 종말을 맞이했다. 그 후 500년 동안은 에게해 그리스 사회는 암흑시대로 들어갔다.

그로부터 500년 후 BC 700년경에 비로소 아테네를 중심으로 한 그리스 문명이 다시 시작됐다. 트로이 멸망 시 탈출했던 왕족의 후손들이 500년이 지난 후 고대 로마가 시작된 건국신화도 비슷한 시기였다.

영화 <트로이> 열풍같은 인기를 모으다

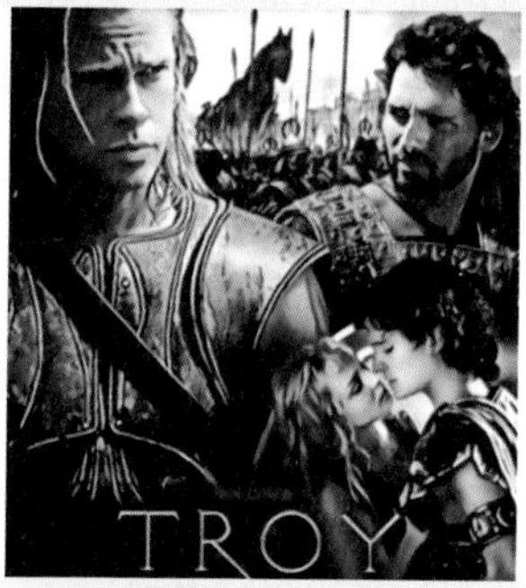

트로이 영화속의 아킬레스와 헥토르

2004년 영화 트로이가 고대의 전쟁영화치고는 아주 거대한 규모로 제작되어 큰 인기를 얻었습니다. 한동안 전쟁영화가 드물었는지 조금은 과장되게 제작되었습니다. 시대는 BC 1200년대로 알렉산드로스 · 페르시아 · 로마의 전쟁 등 유럽의 전쟁이, 중국의 전국 7웅을 통일하는 진시황시대보다 훨씬 앞서는 때니까 실제 전쟁 상황이 이렇게 거대할 수 없습니다. 그리스군의 명장 아킬레스역에 브래드 피트가 그 상대 트로이의 헥토르 왕자역으로는 에릭 바나가 맡았습니다. 미케네왕 아가멤논을 대장으로 한 그리스 연합군이 바다를 메우고 조그만 나라 트로이를 상대로 진격하는 장면이 압권이고 아킬레스가 헥토르와 맞장뜨는 장면이 중심 씬이었습니다. 마지막에 트로이 목마가 등장해 흥미가 고조될 때 영화는 호모의 서사시가 아니고 역사였다고 얘기하는 듯 했습니다.

3장

그리스의 가장 오래된 크레타 문명의 발견

영국의 고고학자 에번스가 나서다

고고학자 에번스 부부

이제 무대가 바뀌어 아서 에번스(1851－1941년)라는 슐리만과는 다른 정통 고고학자의 이야기이다. 그는 영국의 유복한 가정에서 태어났으며 아버지가 고고학자였기에 자연스럽게 고고학을 공부했다. 33세였던 1884년부터 1904년까지 이미 옥스퍼드의 에슈몰린 박물관 관장을 지냈다. 이 시기는 벌써(1870년대) 트로이 목마의 스토리가 신화가 아니라는 것을 슐리만이 밝혀내고 대중의 화제가 되었기에 일반인에게도 고고학이 멀리 있는 학문이 아니었다. 더구나 아버지의 큰 유산을 물려받고 정통 고고학을 공부한 에번스는 무언가 한 건을 보여줘야 할 의무가 있는 듯이 보였다.

그가 박물관장으로 있는 동안 세계 각처의 유물들, 대부분이 도굴꾼들이 루트를 찾아서 가져오는 물건들이 대부분이었는데 유독 그의 호기심을 자극하는 것이 있었다. 그것은 빨간 장식돌로 딱딱한 홍옥석 속에 아주 작은 형상들과 사물들, 동물의 머리, 인간의 팔과 화살, 고고학자에게는 그것이 문자처럼 보였다. 이미 샹폴리옹이 해독(1822년)한 이집트 상형문자도 아니었다.

사실 이 돌의 출처는 이집트가 아니라 그리스 스파르타였다. 박물관에 가져온 골동품상은 기원전 2000년에 나온 그림문자라는 것이다. 그 시대에 그리스 땅에도 문명이 있었던가? 어쩌면 잘 만들어진 모조품일 가능성도 크다. 에번스 관장은 박물관을 위해서 그 물건을 과감히 구입했다.

그리스로 가서 작은 돌들 그 속에 또다른 상형문자들을 만나다

그 후 에번스는 그리스로 가서 큰 골동품 상점들을 돌아다녔다. 어느 상점의 진열품들에 글자가 새겨진 돌이 여러개 있었다. 그가 박물관을 위해 사들인 것과 대단히 유사한 삼각형, 사각형 인장 형태의 돌들이었다. 이 돌들은 크레타에서 나왔다고 했다. 크레타는 그리스의 큰 섬일 뿐 아니라 먼 옛날 무시무시한 이야기의 무대이기도 한 에게해의 전설에 싸인 섬이었다

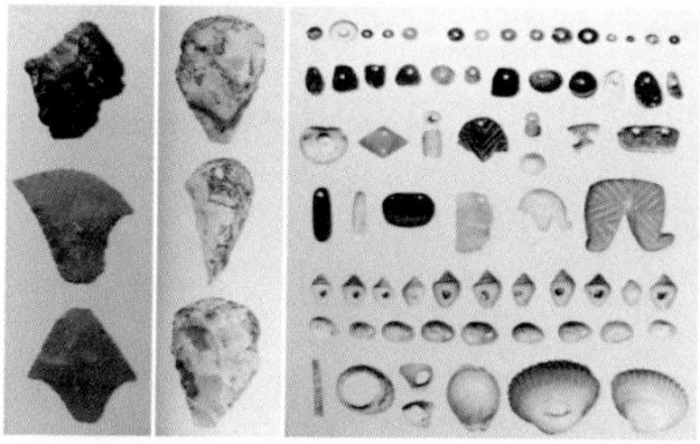

크레타 섬에서 발견됐다는 돌들

에번스는 감전된 듯 온몸에 전율이 흘렀다. 그리고 당연히 그 골동품들을 구입했다. 에번스는 '이 보잘 것 없어 보이는 돌들이 그리스 시대 이전에 크레타섬에 이미 사람이 살았고, 그곳에 아직 알려지지 않은 문명이 존재했음을 시사하는 것이 아닐까'라고 생각했다.

그때까지 크레타섬은 그다지 알려지지 않았다. 당시 슐리만이 불러일으킨 고고학 발굴의 관심 속에 그리스·로마시대의 유적지들이 여러 곳에서 발견됐지만 그때까지 크레타는 확실히 고고학적 관심의 대상이 아니었다.

크레타섬으로 들어가다

자신이 구입한 신비한 돌들이 나왔다는 크레타에 대하여 더 많이 알려면 그곳으로 들어가야 한다. 연구 거리는 충분한 것이 하인리히 슐리만이 트로이의 발견으로 큰 화제를 불러일으켰다. 기원전 8세기에 호메로스의 시, "일리아드"와 "오디세이"가 역사적 사실에 바탕으로 했을 가능성을 보여 주었다. 전설의 인물들, 미케네의 아가멤논이 실제 인물이었으니, 크레타의 지배자 미노스왕도 실제 인물이 아닐 이유가 없다. 혹시 그런 흔적들이

지중해의 그리스와 터키 아래 크레타섬

발견되지 않을까.

1894년 에번스는 크레타섬에 처음 발을 들였다. 그는 크레타섬을 연구했던 아마추어 고고학자가 16년전에 일부 발굴했다는 케팔라의 언덕을 유심히 관찰했다. 또 이곳은 20여년전 슐리만이 트로이 도시의 근거를 발견하면서 이곳 크레타섬의 문명들과 관련성을 알고자 이곳 언덕을 사고 싶었을 때 지주들이 엄청난 액수를 요구해 포기했다는 것이다

당시 그들은 그 언덕의 오렌지 나무수를 기준으로 가격을 매겼는데 아무리 봐도 150그루였는데 500그루 값을 요구했다는 것이다.

더 부자였던 슐리만이 비싸서 안 산 그 언덕을 아서 에번스는 터키인들이 부르는 액수를 망설임 없이 지불하고 게팔라 크노소스 언덕 전체를 구입했다.

발굴 허가를 받아 정부의 방해를 받지 않기 위한 통상적인 방법이었다. 그의 희망은 땅속에서 더 긴 문장이 새겨진 공예품과 만나는 것이었다. 어쩌면 두 가지 언어가 등장하는 돌 조각품도 만나 샹폴리옹이 해득한 이집트 상형문자처럼 크레타의 비밀을 풀 수 있을 것이다.

에번스가 구입한 케팔라의 언덕

에반스의 크레타섬 발굴 경과

점토판(미지의 글자들)

1900년 마침내 아서 에반스는 오랫동안 염원했던 발굴을 시작했다. 30명의 인부와 함께 작업을 시작한 지 7일만에 그토록 바라던 문명의 증거를 손에 쥐었다. 글자와 숫자로 보이는 기호들로 뒤덮여 구운 점토판이었다. 에반스는 타임스 신문에 선사시대 문자체제로 이루어진 미지의 언어로 된 기록에 대해 의기양양하게 보고했고, 독자들은 열광하기 시작했다. 점토판에는 무엇이 기록되어 있을까. 에반스는 점토판에서 두 가지 문자유형을 구분할 수 있었으며, 선형문자A, 선형문자B로 명칭을 부여했다. 그것이 전부는 아니었다. 지면 바로 아래 단 30㎝ 아래서도 인부들은 궁전의 잔해를 발견했고 이제까지 드러난 모든 궁전보다 더 큰 규모였다, 건립자들은 고도로 발전된 미지의 문화에 속한 사람들이었다.

그로부터 10년이 넘는 동안 에반스는 황소가 뛰는 모습이 담긴 놀라운 벽화를 발견했고 작은 입상, 꽃병, 뛰어나게 아름다운 장신구와 청동제품 등을 발견했다. 발견된 벽화들은 그 색채와 모양이 너무나도 현대적이어서 3년전 땅속에 묻었다고 해도 믿을 정도였다. 에반스는 8천㎡, 즉 핸드볼 경기장 10개 크기의 지역을 발굴해 잊혔던 문명의 중심지를 세상에 드러냈다.

11년 전 작은 돌에서 시작되었던 호기심과 추측이 이곳에서 믿기 어려운 확증으로 밝혀진 것이다.

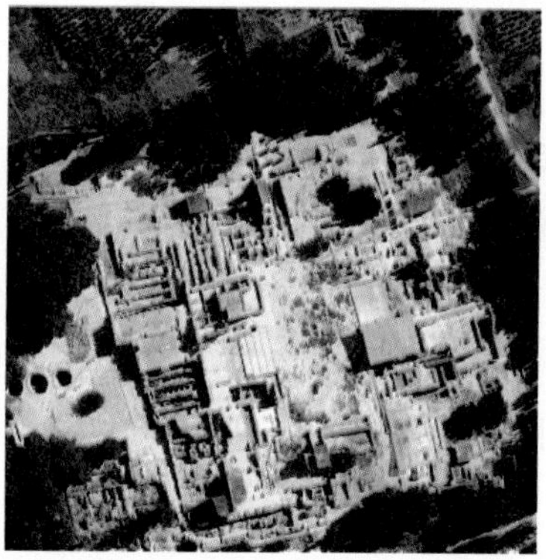

크레타 도시전경과 발견된 도기, 벽화

신문명, 미노아 문명의 발굴

유럽에서 발견된 가장 오래된 미노아문명의 궁전과 도시의 흔적

에번스는 자신이 발견한 모든 결과물을 재구성해서 이주민들이 BC 2800년경 소아시아와 리비아에서 크레타섬으로 왔고 이미 살고 있던 석기시대 인간들을 몰아냈으리라는 이론을 제시하였다.

크레타섬의 크노소스의 발굴은 으리으리한 궁전의 발견을 의미할 뿐만 아니라 유럽의 가장 오래된 고도 문명으로의 진입이라는 의미를 지녔다. 에번스의 공로는 미노스왕의 이름을 따 '미노아문명'으로 그가 지칭하는 문화유적지를 발굴한 것이다.

미노스 문명은 이집트 등 3대 문명 다음으로 유럽에서 가장 고대의 문명이다. 기원전 2800년부터 기원전 900년까지 존재했으며 지중해권 전역에 영향을 미쳤고, 크레타가 그 중심이었다.

미노아인은 유럽 최초의 문자기호를 발명했을 뿐만 아니라 도로·거대한 궁전·건축물·면밀하게 계획된 운하체제·수도시설 역시 유럽에서 처음 만들었다. 그들의 번영은 이집트와 소아시아권과의 활발한 해상무역 덕분이었다.

미노아 사회에서 여자들은 높은 사회적 지위를 누렸다. 미노아문화는 에번스 이전에는 아무도 알지 못했던 문화전체를 혼자 발견하는 행운을 누렸다. 에번스는 그런 의미에서 유일무이하게 묻혔던 문명을 찾아낸 행운의 고고학자였다.

그는 1935년(84세)까지 35년 동안 크레타발굴을 주도했다. 1941년 아흔 살에 사망한 후에도 존경을 받았으며 옥스포드주에서 작위를 받아 아서 에번스경(Sir)이 되었다. 선형문자A와 선형문자B의 해독은 임종을 맞기 전까지 그의 가장 큰 포부였지만 그가 사망한 뒤 일부만 해독됐다.

선형문자A는 미지의 언어로 현재까지 풀지 못했다. 선형문자B는 고대 그리스어로 1952년 언어학자 마이클 밴트리스가 해독하는 데 성공했다.

4장

인류의 최고(最古)문자 상형문자, 쐐기문자를 해독하다

로제타석에서 고대 이집트의 상형문자에 도전하다

스핑크스 앞에 선 나폴레옹

이집트의 고대문명을 찾아내는 과정에서 이집트의 상형문자를 해독하는 것만큼 중요한 일은 없었다. 이는 나폴레옹군이 1798년 이집트를 원정하여 로제타석을 발견한 것과 1790년 프랑스 남부 피자크에서 태어난 "장 프랑스와 샹폴리옹"이라는 언어의 천재 덕분으로 이뤄졌다.

프랑스와 이름도 비슷한 두 프랑스인에 의해 이집트의 문명의 비밀들이 풀린 것이다.

1789년에 터진 프랑스 대혁명의 과정에서 나폴레옹이라는 영웅이 출현했고, 1798년 그가 이집트 원정을 떠날 때 예술가·과학자·역사학자 등 문화원정대 160여명이 동행하였다.

군사적 업적은 나일강 해전에서 나폴레옹의 해군이 영국 넬슨제독에게 대패를 하는 등 성공했다고 할 수 없지만 문화적인 업적이 빛난 것이다.

1799년 8월 뜨거운 날 로제타라는 마을에서 놀라운 일이 벌어졌다. 그곳에 주둔하던 프랑스 병사들이 건축자재를 찾고 있었는데 한 병사가 심하게 훼손된 진회석 석판을 발견했다. 돌의 한편을 덮고 있는 문자들을 보고 놀란 병사들이 장교들에게 보고했고 심상치 않은 이 석판은 즉각 문화원정대에 보냈다.

이렇게 몇 천 년만에 드러난 세계에서 제일 유명해진 검은색 화강암은 로제타석으로 불리게 됐다.

로제타석은 높이 112㎝, 폭 76㎝, 두께 28㎝로 수직으로 서 있던 일종의 벽보였다. 여기에는 세 종류의 고대문자가 쓰여진 로제타석에는 세 가지 문자, 위쪽에 상형문자. 그 아래는 고대 이집트의 공공 기록문자인 민중문자, 그리고 세 번째가 고대 그리스어였다. 상형문자는 사제들의 문자였는데, 이 문자는 일상적으로 사용하기에는 너무 복잡하고 어려웠으므로 축약해서 쓰고 여기서 민중글자가 탄생했다. 그리고 고대 그리스문자는 이집트의 교양있는 시민들이 이해할 수 있었다.

로제타석의 수수께끼, 상형문자의 해독

2개의 고대문자와 이집트의 상형문자

나폴레옹 군대의 학자들은 석판을 조사하면서 이 로제타석이 이집트문명사를 풀어내는 비할데 없이 중요한 유물임을 깨닫고 크게 놀랐다.

그리스어의 내용은 알렉산드로스가 사망한 이후, 이집트 왕국 프톨레마이오스 5세의 공덕을 묘사(BC 196년)하는 내용이었다.

그러나 상형문자는 전혀 이해할 수 없어서 밀납으로 모형을 떠서 복사본을 프랑스로 보냈다. 학자들은 몇 달 동안 매달려 몇몇 기호의 의미를 밝히기는 했지만 전체 글자의 해독이 쉽지 않았다. 그 후 로제타석은 1801년 나일강 전투에서 승리한 영국이 차지해 대영박물관에 보관하고 있다. 이후에도 복사본을 가지고 전 유럽의 내노라 하는 전문가들 사이에 로제타석의 상형문자 해독에 경쟁적으로 매달렸으나 그 연구가 20년 동안이나 미해결의 난제로 남아있었다.

샹폴리옹(Champollion) 로제타석의 상형문자를 풀어내다

샹폴리옹이라는
언어 천재가

그런데 예상치 않은 천재가 등장해 이를 해결했는데 그가 바로 장 프랑수아 샹폴리옹(Jean-François Champollion 1790-1832년)이란 젊은 학자였다.

이집트에 열광적이던 시대에 어린 시절(로제타석은 그가 9세 때 발견)을 보낸 이 언어 천재는 언젠가 자신이 상형문자를 해독할 것이라고 자신했다.

그는 태어날 때 누군가가 그가 큰일을 할 것이며, 자신의 명성은 앞으로 수백년간 이어질 것이라고 했는데 나폴레옹처럼 많은 사람이 현재까지 그의 이름을 기억하고 있다. 어릴 때부터 천재 소리를 들으며 10살에 대학 수준의 학교로 월반해 이미 히브리어·아랍어·그리스 등 12개의 언어를 구사하는 언어의 천재로 알려졌다.

1808년(18세)에 파리의 대학원생이 된 샹폴리옹은 로제타석의 연구를 시작했고, 1년 뒤 로제타석의 이집트의 민중문자의 대부분을 정확하게 해독했다.

그 업적으로 19세에 자신의 모교 그르노블의 고대 역사 교수가 되었으니 유럽에서 최연소 역사교수(좌측 사진)가 된 것이다.

다른 비문의 상형문자

본격적으로 상형문자의 연구에 매진한 그는 상형문자가 그림으로만 이루어진 것이 아니라 음성학적으로 사용되기도 했다는 것을 알아냈다.

이집트에 가 많은 비문의 상형문자를 조사하며 다른 유사 언어인 콥트어 등을 비교해 많은 비문을 해독하는데 성공했다. 토마스 영 같은 다른 학자들의 선행연구와 자신의 10여년의 현지 연구·언어학 연구로 1822년(32세)에 이집트 상형문자를 완벽히 해독해 냈다.

상형문자를 읽을 수 있게 되면서 비로소 고대 이집트의 역사가 체계적으로 연구돼 고대 이집트문명과 소통이 이뤄지고 미지의 이집트역사가 인류 앞으로 다가온 것이다.

영국 군인 헨리 롤린슨이 쐐기문자를 해독하다

메소포타미아의 상징 쐐기문자

메소포타미아 지역은 여러 민족이 번갈아 가며 지배했다. 기원전 3500년 전 그러니까 지금부터는 5500년 전에 이곳에 처음 정착한 민족은 수메르인이었다.

쐐기문자는 일찍부터 수메르인들이 개발하였는데 처음에는 사물의 모양을 단순하게 기록(상형문자와 유사)하였는데 시간이 지나면서 복잡해졌다.

여러 개의 획이 추가되는 등 복잡한 쐐기모양의 문자로 일종의 계약서나 무용담(역사)을 새긴 중요한 점토판을 불에 구운 후 항아리에 보관했다. 문자가 기록되면서 메소포타미아 지역은 선사(先史)시대에서 역사시대가 시작된 것이다.

그 옛날의 수메르인들 가운데는 부자나 특권층 집안의 자녀들만이 문자를 배웠는데 이들이 성인이 되어 사회지도층으로 성장했다. 특권층이 문자를 독점했던 것이다. 이집트인의 상형문자보다 더 어려운 문자여서 오랫동안 해독되지 못했고, 후대 사람들은 메소포타미아 문명에 대해서 잘 알지 못했다. 하지만 많은 언어학자의 필사적인 노력 끝에 마침내 쐐기문자가 해독되기에 이르렀다.

다리우스1세의 비문

덕분에 우리는 수메르인의 종교와 경제, 일상생활까지도 짐작해 볼 수 있게 됐다. 암호보다 풀기 어려운 쐐기문자를 최초로 해독한 사람은 독일의 한 고등학교 라틴어교사 "게오르크 그로테펜트"였다. 그는 고대언어에 관심이 많아서 페르세폴리스(페르시아의 수도)유적지에서 페르시아 왕들의 이름을 해독해 냈다. 그는 1802년 괴팅겐 왕립과학협회에 자신의 성과를 알렸지만 협회는 무명(無名)교사의 보고를 무시했다.

이후 해독작업은 페르시아에 파견된 언어학자 출신의 영국군장교 헨리 롤린슨(Henry C. Rawlinson 1810－1895년)에게 넘어갔다. 페르시아 역사에 관심이 많았던 그는 유적지 베이스툰(Behistun)의 바위 부조에 새겨진 다리우스 1세의 비문에 새겨진 설형문자(楔形文字)에 관심을 가지고 이를 해독하기로 결심했다.

쐐기문자에 있었던 유행어나 사상은 지금과 다르지 않아

설형문자판

점토, BC 19세기, 높이 13cm, 앙카라 고고미술관

이미지 갤러리 >

출처: 미술대사전(용어편)

현재 우리에게 전해지는 수만 점의 쐐기문자 점토판은 수메르인이 살던 4000-3500년 전 당시에 유행하던 이야기들도 전해지고 있습니다. 예를 들면 맥주를 처음 만들어서 단지에 담아 빨대로 마신 수메르인들은 "인생의 기쁨, 그것은 맥주"라고 적고 있습니다. 이웃국가의 정벌에 대해서는 "인생의 슬픔, 그것이 정치"라 했고, 결혼과 이혼에 대해서는 "결혼은 기쁜 것, 그러나 이혼은 더 기쁜 것"이라고 하며 현재 우리의 감정과도 꽤 일치합니다. "인간은 죽는다. 그러니 쓰고 죽자. 한편 금방 죽지는 않으니 저축도 하자"고 하고 있습니다.

내세관에 있어서도 영원불멸의 내세보다 현재 행복을 더 중요시한 수메르인의 인생철학을 엿볼 수 있습니다. 수메르인의 쐐기문자는 이어져 내려와 BC 900년경 페니키아인에 의하여 발전해 오늘날 알파벳의 기초가 되었습니다.

롤린슨은 밧줄에 몸을 맡긴 채 허공에 매달려 비문에 새겨진 글자들을 종이에 똑같이 옮겨 그리는 작업을 시작했다. 비문에는 알 수 없는 그림과 세 가지 문자·고대 페르시아어·엘람어·아카드어가 새겨져 있었던 것은 이집트의 로제타석에 세 가지 언어가 함께 있었던 것과 비슷한 상황이었다. 세 언어 중 고대페르시아어를 먼저 해독해 냈다. 이어서 여러 언어학자와 함께 나머지 두 언어까지 해독했다. 세 가지 언어는 같은 내용으로 "나는 다리우스왕, 위대한 왕 중의 왕 페르시아 왕이다"라는 뜻이었다.

이들의 성과는 왕립 아시아학회에서 1857년 공식적으로 인정됐다. 쐐기문자를 해독하기 위해 애썼던 여러 학자의 노력 덕분에 베일에 싸여있던 메소포타미아 문명이 비로소 모습을 드러냈다. 이집트의 상형문자가 1822년 샹폴리옹에 의해 해독된 것보다 35년이 늦었지만 쐐기문자 자체는 이집트의 상형문자보다 훨씬 오래된 문자였다.

제6막

중국의 통일과 분열

• 1장: 진시황의 중국 최초 통일(BC 221년)
  * 동서양의 대표선수 중국과 로마의 통일과 존속, 분열의 시기가 비슷한 시기–100년의 내외의 차이로 이루어진다
  * 진시황의 중국통일–통일의 바탕, 법가사상–통일의 숨은 공로자 여불위

• 2장: 한나라의 재통일(BC 206년)과 한무제의 통일의 완성
  * 한고조(유방)와 항우와의 천하통일의 쟁투(초한지)
  * 한무제의 통일의 완성–흉노족의 정벌, 한사군의 설치, 실크로드의 개척

• 3장: 후한시대를 지나 삼국시대로
  * 전한(BC 206년)개국–신나라(17년)–후한 광무제 개국
  * 후한 종이의 발명(107년) 인류문명의 3대 발명품
  * 삼국, 위, 촉한, 오나라 정립시대(220–285년)

• 4장: 진나라를 거쳐 5호 16국 분열의 시대
  * 진(晉)나라가 삼국을 통합(286년)–북방의 이민족(오호)
  * 진나라 남쪽으로 동진(316년)–북쪽에는 5호16국이 난립
  * 동진–송–제–양–진–강남 르네상스–문화예술의 발전

1장

진시황의 중국 최초 통일(BC 221년)

중국 통일의 전야

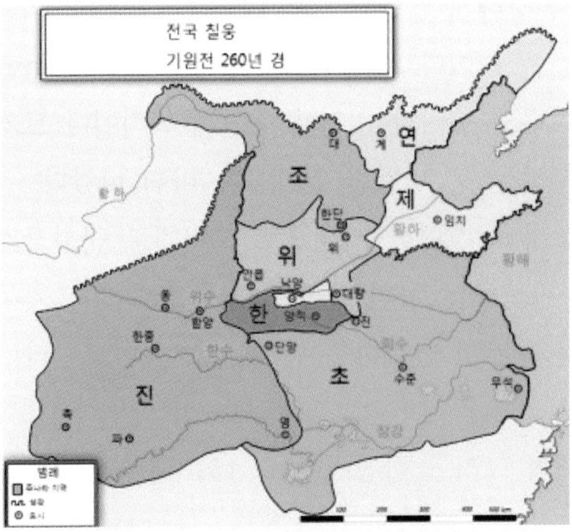

진시황, 전국 칠웅중 6나라 차례로 점령

중국의 전국시대 7개의 나라가 쟁투를 벌이던 중 서부 변방지대에서 국력이 제일 뒤떨어지고 이민족처럼 설움을 느끼던 진나라가 최종 챔피언이 되어 BC 221년 중국대륙을 통일하였다. 유럽의 경우 로마가 이탈리아반도를 통일(BC 272년)하는 소통일보다는 50년이 늦었다.

그러나 알렉산드로스가 BC 334년이후 원정하였던 것과 비교하면 중국의 진시황은 BC 221년에 동양에서 제일 큰 영토를 점령한 것이다.

여건이 제일 취약했던 진나라가 통일을 이룰 수 있었던 원인을 크게 두 가지로 든다면 그 하나는 국가의 지도이념을 법가사상(法家思想)을 채택했다는 것이고 또 하나는 영정(차후 진시황)이라는 걸출한 리더가 존재했다는 사실이다.

법가사상에 대해서 살펴본다

법가사상의 대가 한비자

춘추전국시대의 제자백가 사상을 크게 세 가지로 나누면 공자로 대표하는 유가사상, 노자의 도가사상 그리고 법가사상으로 나눌 수 있다.

전국시대의 초기 진나라는 황무지에서 성장가능성은 있었지만, 지배층은 부패했고 정책이 제대로 가동하지 않아 전국칠웅 중에 허약하고 문제점이 많은 나라였다. 이런 때에 인간을 선으로 보는 유가주의와 악으로 간주하는 법치주의 중 많은 위정자는 법치주의에 따른 통치를 원했다.

이에 따라 진나라는 기원전 4세기 법가사상을 깊이 연구한 상앙을 기용하면서 법치주의에 의한 대대적인 변법(變法. 개혁)으로 부국강병(富國强兵)을 추진했다.

진나라의 개혁가 상앙

진나라는 지리적 위치가 서쪽으로 변방의 나라와 왕래하며 국제 감각이 풍부했다. 다른 나라들처럼 유교 사상만 고집하지 않았으며 우선 나라가 강해져야 했다. 개혁(변법)은 언제나 외롭고 어려운 법이다. 예를 들면 토지에 대한 기득권을 폐지하고 능력과 형편에 근거해 공직이나 토지를 배분하는 등 민감한 문제들을 바꿔 나갔다.

왕의 강력한 지원으로 그런대로 군사국가로서 변신하는 동안에 집요하게 반발하는 기득권층은 결국 상앙을 죽음으로 내몰았다. 갈등과 혼란이 난무하는 난세에서는 자주 나타나는 사례라고 할 수 있다.

비슷한 시기에 로마의 그라쿠스 형제의 개혁 그리고 한참 후(AD 1510년대) 조선 중종시대의 조광조도 비슷했다.

정치에서는 사람의 선의가 승리할 수 없고 실제로 존재하는 것은 인간의 욕망뿐이라는 것을 보여 준다.

그러나 바빌로니아는 함무라비법전(BC 1750년)으로 국가체제를 확고히 하여 메소포타미아의 강국으로 존재하였으며 로마는 12표법을 통해서 계층간의 통합을 이루어 이탈리아반도를 통일했다.

진나라는 상앙의 죽음 이후에 불세출의 진시황이 즉위하면서 법가사상의 이사(李斯 ?－208)를 승상으로 기용하여 중국통일의 길로 나갔다.

진시황의 즉위(BC 247)와 통일전쟁

중국을 통일한 영정(진시황)

영정(瀛政 BC 259－210, 후의 진시황)은 진왕으로 13세에 즉위(BC 247년)한 것은 아주 극적이었다. 전국시대의 전통으로 조나라에 인질로 와 있던 불우한 진나라 왕족이었던 영정의 아버지(子楚)를 눈여겨보고 장기적으로 지원한 여불위(呂不韋 ?－BC 235)라는 당시 큰 상인의 치밀한 계획 덕분이었다.

여불위는 파격적으로 자신의 애인이었던 조희를 자초에게 바쳐 그 사이에서 미래의 진시황이 출생하게 했으며 진나라 본국의 왕세자와 연결하여 자초가 그 후임왕이 되도록 하였다.

여기서 그 진위 여부를 알 수 없지만 흥미로운 것은 진시황이 여불위의 아들일 수도 있었다는 사실이다.

진시황이 어떤 인물이냐에 대해서는 자세한 기록이 나타나지 않고 그 사후 한참 후에 사마천의 사기 등 기록에서 간접적으로 알 수 있을 정도였다.

하여튼 부친인 자초, 장왕이 3년 만에 사망해 영정왕이 13세에 즉위한 후에 여불위는 승상이 되어 실세로서 군림했다. 영정왕이 성년이 돼 친정하면서 왕실의 분위기를 쇄신하기 위해 여불위를 자결하게 했고, 자신의 모친인 태후까지도 유폐시키는 등 강력하게 처분했다.

진왕은 기존의 전통과 관습에서 새로운 제도를 추진했으며 중요한 것은 기존의 법가사상을 더욱 강화하고 기존의 봉건제도를 철폐하였다.

진왕 정(定)은 성격이 명분이나 인정에 치우치지 않고 실리적이며 냉혹하고 통일 군주로서의 덕목으로 신하, 부하들의 공적을 인정, 신상필벌을 공정히 하고 본인의 자제(自制)도 뛰어나 자신의 실수, 단점도 인정하는 한편, 평소에 검소하고 사치하지 않았다고 한다.

여불위가 없으면 진시황도, 진나라의 천하통일도 없었다!?

진시황을 가능하게 한 여불위

중국역사에서 '여불위가 없었다면 진시황도 없었고, 중국통일은 달라졌을 것이다'라는 가정이 성립합니다.

BC 400-200년대의 전국시대에도 정치 · 전쟁만 있었던 것은 아니고, 나라와 나라 사이의 왕래(여행)도 있었고 일반 백성들의 경제활동 그리고 나라 사이의 무역도 있었습니다.

이 시절에 사업적 안목이 있어 떼돈을 번 유명한 상인이 있었으니, 그중 한 사람이 바로 여불위입니다. 그는 처음부터 공적인 인물이 아닌 상인 출신입니다. 그는 족보 · 고향 · 나이가 명확치 않은 여러가지로 미스테리한 인물이었습니다. 그는 돈은 많이 벌었으니, 이제는 미래를 위해 사람에게 투자한 통 큰 사나이였습니다.

전국시대에는 나라끼리 전쟁을 피하고 서로 안전을 목적으로 왕족들을 볼모로 상대국에 거주케 했습니다. 진나라에서 조나라에 인질로 보낸 왕족이 자초(子楚)라는 인물이었습니다. 인물에 대한 투자의 성공은 그 인물이 권력(왕권)을 쥐는 것입니다. 왕족 출신인 자초가 진나라의 왕이 되야 하는데 왕이 될 서열에서 멀었습니다. 가능성이 희박한 것에 성공해야 대박친다는 것은 지금이나 2300년여 년 전이나 마찬가지입니다.

당시 진나라는 소양왕의 태자가 안국군이었고, 그의 정실 화양부인에게는 후계자가 없다는 것에 착안해 자초가 그 양자가 되도록 전력을 다했습니다. 그 주변 인물들을 다 포섭해 목표를 달성하기 위해 벌어둔 돈을 펑펑 썼습니다.

결국 우여곡절 끝에 자초가 안국군의 후계자로 진나라의 장양왕이 되었고, 그 공로로 여불위는 승상(국무총리격)이 되었고, 마음껏 권력을 누리는 성공을 이루었습니다.

여기까지는 여불위의 성공 스토리 1막입니다. 그런데 장양왕이 3년만에 덜컥 죽고(BC 247년) 그의 13살짜리 정(政)이 후계자로 등극하는데 이가 바로 차후에 진시황이 된다는 스토리입니다.

탁월했던 군주, 진시황의 통일정책

13살에 즉위한 진왕 정(政)은 즉위 초에는 승상 여불위의 보필을 받았지만 20세에 친정을 하면서 점차 강한 통치력을 발휘하였다.

중국을 최초로 통일 (BC 221년)한 진시황

진시황은 잔인하기까지 했다는 혹평이 있다. 진시황은 자신의 아버지(여불위 가능성), 어머니도 밀어내면서 권력을 잡고 더 국력이 강했던 나라들을 멸망시켰다. 철저한 군현제도를 추진하면서 부국강병책을 최우선 시책으로 추진했다.

은인자중 힘을 키워 강한 군사력을 구축했고, 즉위 17년 후 한나라를 점령(BC 230년)을 시작으로 마지막 제나라를 멸망시키기까지 10년 동안 여섯 나라를 병합하며 통일을 완성했다.

이렇게 2년에 한 나라씩 점령했는데 상대 나라들이 저항하는 가장 좋은 방법은 소위 '합종(合縱 연합)'이었다. 진나라는 여섯 나라와 각각 평화조약을 맺었지만, 그 나라들끼리는 서로 동맹을 맺지 못하도록 했는데 이게 바로 연횡(連橫)이다. 진나라가 외교 수완을 발휘 연횡론이 우세하게 적용돼 이들 나라 간의 반목 내분을 조장했다.

딱 한번 다섯 나라가 합종책을 폈으나 실패했고 허망하게 멸망하였다.

여불위의 후손 스토리와 그들의 운명

황후를 위해 환관으로 배치된 노애

여불위가 별 볼 일 없는 자초를 진왕으로 만들어 1차 목표는 성공했지만, 그 과정에서 예상치 않은 일이 벌어졌습니다. 여불위가 자초를 위해 마련한 여흥의 자리에서 자초는 여불위의 애첩 초희를 보고 푹 빠져 여불위에게 그 여인을 달라고 요구한 것입니다. 말도 안 되는 요구에 여불위는 화가 났지만, 이미 큰 그림을 그리고 있던 마당인지라 애첩을 자초에게 보낼 수밖에 없었습니다. 문제는 초희가 여불위의 아이를 뱃속에 가진 상태였습니다. 이 뱃속의 아기는 차후 진시황이 됩니다. 타이밍이 묘해서 딱히 누가 생부인지를 밝히기 어려웠지만, 여불위는 분명 자신의 아이라고 판단해 자연스럽게 자초에게 보냈다는 설도 있습니다.

그 후 초희는 황후가 되고 아들 정이 황제가 되는 영광을 누렸지만, 원래 성욕이 강했던지라 과부가 된 후에 여불위와 다시 관계를 갖기 시작했습니다.

이런 위험천만한 접촉에도 상황타개하는 능력이 출중한 여불위는 '노애'라는 인물을 환관으로 만들어 황후궁에 배치합니다.

이런저런 흉흉한 소문을 들은 진왕은 분수를 모르고 날뛰던 노애 일족을 제거하고, 어머니인 황후도 유폐시켰습니다.

이 모든 상황을 만든 여불위도 멀리 촉땅으로 유배를 보냈고, 극한 상황에까지 몰린 여불위는 결국 독배를 마시고 자결했습니다(BC 235년).
일종의 벤처사업을 성공시켜 중국역사의 위대한 황제를 등장시켰고, 중국대륙을 처음으로 통일하는 단초를 만든 여불위도 15여년을 마음껏 권력을 누리며 천하를 주무르다 죽었습니다. 그가 한창때 수천명의 식객을 거느리고 군림했으며 그들의 정보와 작품을 모은 여씨춘추(呂氏春秋)라는 책으로 집대성됐습니다.

통일된 진나라의 거창한 토목공사들-통일 후 진시황의 치적

진시황때 축조 개축된 만리장성

아방궁(모방 건축물)

진시황은 통일 후 예전의 왕이라는 호칭에서 삼황오제의 반열에 오른 것을 상징하는 황제의 칭호를 사용하여 중국역사의 첫 번째 황제라는 "시황제(始皇帝)"라고 불리게 되었다.

전국칠웅(戰國七雄)의 하나였던 진왕(晉王) 정(政)은 중국 최초로 중국을 통일(BC 221년)하고 멸망한 여섯 나라의 군주의 호칭이었던 왕(王)이 맘에 안 들어 신화시대의 삼황오제(三皇五帝)에서 황제라는 호칭을 가져왔다.

시황제 통일 후 짧은 치세 중에도 업적은 아주 많고 거창했다. 우선 북쪽의 흉노족을 막기위해 만리장성을 축조(전체가 신축이 아닌 보수 및 연결)해서 피라미드에 버금가는 인간의 건축물이 된 것이다.

황제의 권위를 보이는 아방궁은 길이 700m, 폭 120m 2층으로 1만명을 수용하는 거대한 규모로 지었지만, 후에 항우가 불살라 버렸으니 아쉬운 일이다.

여삼능(진시황의 능)은 한변이 각각 495m, 315m 높이가 70m라는데 아직 발굴하지 않고 있다. 그가 영생할 것을 믿어 자신을 지킬 병마용도 지하에 만든 것을 보면 그의 능은 어마어마한 규모일 것이다.

세계에 유례없는 병마용

병마용의 모두 다른 얼굴의 병정들

필자가 2003년 병마용을 관람하면서 진시황이 언제 통일 전쟁을 하고 언제 자신만을 위한 그 산같은 황릉과 대단한 병마용을 만들었을까 상상해 보았습니다.
그것을 만든 인부들을 죽이면서까지 이곳에 감추었다는 것과 이를 완벽히 비밀로 지켜졌다는 사실 그리고 1974년에 비로소 발견됐다는 사실이 참으로 대단합니다.
우물을 발견한 농부에게는 어떠한 보상도 없었고, 다만 전시관 앞에 앉아 관광객들과 기념촬영을 해주고 소정의 돈을 받도록 하고 있었습니다.
필자도 한 장 찍었습니다. 지금도 그 농부가 아직 그 자리에 앉아있는지 궁금합니다.

기록에도 없는 것이 그렇게 대단했으니 여삼능 내부에는 궁전과 온갖 보물로 가득 차 있을 것이며, 상상조차 하기 힘든 거대한 지하축조물일 것이다.

병마용은 중국 시안 진시황의 무덤 부장시설로서 지하 갱속에 묻은 약 1만구의 도제품(陶製品) 병마(兵馬)인데 모든 병사들의 옷차림, 자세, 표정이 다 같지 않고 모두 다르다.

진시황릉으로부터 1.5㎞ 떨어져 있던 지점에 1974년 우물을 파던 농부에 의해 우연히 발견됐다.

병마용은 보병(步兵)과 기병등 전투사단 규모로 구색을 다 갖춘 것으로 미래 진시황의 친위부대를 만든 것이었다

통일 후 10년 동안 벌인 그 많은 일들

진시황은 국가를 통일하면서 화폐·도량형·글씨 문자(체)를 통일했다.
이 점에서는 비슷한 시기의 인도의 통일국가 마우리아왕조는 엄두도 내지 못했던 일이었다.

유학서적을 태우고 유학자를 생매장한 진시황과 재상 이사

이 시기에 놀라운 일은 '분서갱유(焚書坑儒)'라고 불리는 사건으로 유학의 서적들을 모두 압수해 불태우고 그 유학자들까지 생매장하는 일을 저질렀다.

진나라의 상앙, 한비자로 이어지는 법가의 우민정치(愚民政治)와 법에 의한 획일적인 사회통제가 그 기본방책이기 때문에 법치노선을 비판할 수 있는 일체의 학문과 사상을 배격한 것이다.

진시황의 통일 후 봉건제도를 철폐하고 군현제를 실시하는 것을 반대하는 유생들을 철저히 억제하고 응징하자는 재상 이사의 주장으로 추진되었다.

진나라에서 만들지 않은 유교 유가사상의 서적을 강제로 신고·제출케 해 불태우고 적극적으로 반대하던 유생들 460여 명을 생매장했다.

진시황의 시책 중에 가장 악명이 높은 이 사건은 시황제가 죽기 3년 전에 벌어진 사건이다. 불로장생(不老長生)을 꿈꾸던 시황제는 전국을 순회하던 도중 돌연 사망(BC 210년)했는데 그때 나이가 51살이었다니 지금 연령으로 환산하면 70세 정도가 될 것이다.

진시황의 천하순행(天下巡行)

진시황의 천하순행은 통일 후 죽을 때까지 5차례나 실시했는데 민심을 살피고 백성을 안정시키기 위해서가 아니라 자신의 위대함과 제국의 무궁함을 과시하는 비석을 세우는데 열심이었다고 합니다.

그래서 진시황은 한때는 현군, 어느 때는 폭군이었다고 합니다.

5번째 순행 때 그 마차에는 진시황이 총애한 비서실장격인 조고(환관)와 재상 이사가 함께 있었다고 하며 조고가 이사를 협박하여 차기 황제를 호해로 바꾸었다고 합니다. 천하의 역사가 바뀌었습니다.

결국 공모자였던 이사도 나중에 조고에 의해서 참혹하게 죽게 됩니다.

진시황 사후 진나라의 멸망

중국역사의 위대한 두 사람 그리고 세계의 랭킹은

중국역사 4000년에서 중국을 만든 가장 위대한 인물, 두 사람을 꼽는다면 진시황과 모택동이라는데 이의가 없습니다만, 누가 더 위대했는가에 대해서는 논란이 있을 수 있습니다. 이에 대해 마이클 하트가 쓴 "세계를 움직인 100인"이라는 꽤나 공감을 얻고 있는 책에서는 마호메트를 1위로 꼽았으며, 예수 등 종교지도자, 과학자, 철학자 등을 상위에 두고 현역 정치인으로 제일 상위로서, 18위 진시황제, 19위 아우구스투스, 20위 모택동, 21위 칭기즈칸의 순으로 평가하고 있습니다.

동서양의 위대한 정치가들

이후 원래의 후계자(부소)를 조고의 간계로 죽게 하고 어리석고 탐욕스러운 막내 아들 호해를 2대 황제로 세웠다가 힘겹게 통일한 진나라는 5년 후 망하게 된다.

통일하는 과정에서 냉정하고 치밀한 전략을 펼친 시황제는 성군(聖君)은 아니어도 현군(賢君)은 되지 않았을까 한다.

그러나 통일 이후의 10년 동안은 그렇지 못했던 것 같다.

엄청난 역사(役事)들을 벌이면서 가혹한 부역과 세금징수로 백성의 불평·불만이 쌓여 기존의 제후국 귀족들까지 BC 210년 시황제의 사망으로 분출되었다. 수백년 분열된 나라를 하나로 통일하면서 무리한 시책이 적지 않았으며, 또한 급진적이고 무자비한 경우도 많았다.

2대 황제는 무능했고 이를 감당할 수 없어 결국 반란이 일어났으며 유방(한고조)과 항우의 쟁투로 한나라의 재통일이 이루어진다.

다만 진시황의 무지막지한 토목공사로 백성은 도탄에 빠졌지만 2200여년이 지난 오늘날 중국은 만리장성과 병마용갱 등 관광자원으로 많은 관광객을 불러 모으고 있다.

또 이때 나라 이름 Chin(진)a(나라)를 얻었다.

우리나라는 한참 후 Kore(고려)a(나라)가 되었다.

2장

한나라의 재통일(BC 206년)과 한무제의 통일의 완성

항우와 유방의 쟁투-초한지(楚漢志)

항우, 유방

진나라의 많은 반란의 경쟁 속에서 가장 두각을 나타낸 것은 항우(項羽)와 유방(劉邦)이었다.

결국, 유방이 항우를 밀어내고 항복를 받아냈고, 진시황이 통일한 지 18년만(BC 203년)에 그 통일의 두 번째 주인공이 됐다.

유방은 농민 출신이지만, 새로운 시대를 열어갈 수 있는 지혜와 덕망이 있었다. 반대로 항우는 왕족의 후예라는 신분과 역발산기개세(力發山氣蓋世)였지만 평소 소통하는 리더

品读《垓下歌》与《和垓下歌》

해하에서의 항우와 우미인

가 아니었고 교만하고 포악한 기질을 숨기지 않았으며 전쟁 후 제후들에 대한 영토·논공행상(論功行賞)에서도 인심을 얻지 못했다.

패전하는 항우의 마지막 장면은 이러했다. 무척이나 아꼈던 장수 범증도 죽고 해하(垓下)에서 한나라의 명장 한신(韓信)에게 포위당하고 말았다. 빠져나갈 길은 보이지 않고 병사들은 줄어들며 군량미도 얼마 남지 않았는데 포위망은 점점 좁혀왔다.

그러던 어느 날 밤 사방에서 구슬픈 노래소리가 들리기 시작했다. 그 노래는 포로로 잡힌 초나라 병사들에게 부르게 하는 초나라의 민속 노래였다.

그 노래는 가뜩이나 고향에 두고온 부모, 아내, 자식 생각에 힘들어하고 있는 항우의 초나라 병사들의 마음을 더욱 동요하게 만들었다. 항우 자신도 "한나라가 이미 초나라를 빼앗었단 말인가? 어찌 저렇게 많은 초나라 사람이 노래를 하는가" 하고 크게 낙담했다.

이는 모두 한나라의 책사(策士) 장량(張良)의 작전이었다.

그날 저녁 항우도 진중에서 마지막 주연을 베풀며 "역발산기개세"라는 시를 지어 자신의 운명을 한탄했고 그가 총애하던 우미인도 그의 시에 화답하고 자결했다.

사면초가(四面楚歌)란, '적에게 둘러싸인 상태에서 누구의 도움을 받을 수 없는 고립된 상태'라는 뜻으로 이때부터 사용됐다. 이런 상황에서 진지를 떠나는 초나라 병사가 부지기수로 많았는데 항우도 막지 않았다고도 한다.

진짜 마지막 날 남아있는 800기의 잔병(殘兵)을 이끌고 오강(烏江)까지 갔다가 결국 건너지 못하고 그곳에서 자결했으니 그의 나이 31세였다.

결국 상대가 되지 않았던 유방이 항우를 뿌리치고 기원전 203년에 새로운 왕조를 건설한 것이 통일된 한나라이다.

이때가 유럽의 포에니 전쟁의 마지막 전투에서 로마의 스키피오 장군이 카르타고의 한니발을 물리치고 로마가 최초로 승리를 거둔 해이기도 하다.

항우와 로마와 싸워 패한 카르타고의 한니발을 비교!

두 영웅은 거의 비슷한 시기 기원전 3세기 후반 진나라와 로마를 상대로 싸운 불세출의 명장들이었습니다. 성공 직전 패전을 하고만 비운의 주인공들입니다. 항우는 진나라에 멸망한 초나라의 귀족으로 그 삼촌이 진나라의 영정(진시황)을 암살하려다 실패하자 어릴 때부터 진나라의 복수심을 가지고 자랐습니다. 그의 출중한 능력으로 진나라를 멸하고 천하를 차지할 수 있었지만, 자신의 성격이 단점이 돼 결국 유방군에 패했습니다.

한편, 한니발도 로마와의 3차에 걸친 전투에서 신출귀몰한 전투능력으로 큰 승리를 거두고 승세를 유지할 수 있었습니다. 하지만 자신의 조국 카르타고는 그를 지원하지 않아 불운하게 떠돌다가 자결하는 비운의 주인공이 됩니다.

두 사람이 전투에서 이기고 전쟁에서는 진 불운한 결과가 어찌 그리 같았을까요!

한고조의 즉위

한고조로 등극한 유방은 군현제(郡縣制) 대신 예전의 봉건제를 절충한 군국제(君國制), 즉 수도 장안을 비롯한 15개 군현은 황실의 직속영지로 하고 나머지 143개 현에는 황실 가족과 공신들을 보내 예전의 제후국의 형태를 취했다.

중요한 것은 진나라의 법 중심의 체제를 버리고 삼강오륜(三綱五倫)의 유교사상을 기본으로 하는 가부장적 사회질서를 세웠다.

한고조는 진나라의 법가사상에 의한 강압 정치, 항우의 포악하고 자기중심적 폭거 등을 봐왔기 때문에 BC 195년 죽을 때까지 관대하고 온유한 황제의 이미지를 유지하려고 노력했다.

한고조(유방)의 승리의 자찬

한고조 유방이 한나라 황제의 자리에 올라 축하연을 벌이는 자리에서 자신의 역량에 대해 이렇게 말했습니다.

"나는 장량처럼 교묘한 책략을 쓸 줄 모른다. 나는 소하(蕭何)처럼 행정을 잘 살피고 군량을 제때 보급할 줄 모른다. 그렇다고 병사들을 이끌고 싸움에서 이기는 일을 잘하느냐 하면

한신을 따를 수 없다. 하지만 나는 이 세 사람을 제대로 기용할 줄 알았다. 그러나 항우는 단 한사람 범증(范增)조차 제대로 기용하지 못했다. 그래서 내가 천하를 얻고 항우는 얻지 못한 것이다."

현대에도 이말이 그대로 적용됩니다. 어떤 회장은 인재 한 사람이 10만명을 먹여 살린다 했고, 어떤 대통령은 측근 참모와도 일년에 한번 식사, 단독면담을 안 했다니 소통부재로 인재들을 활용하지 못해 권력을 잃었습니다.

유방(한고조)와 세 참모

제왕의 스승 장량과 장가계

그러나 황제 자신이 시중 잡배들과 어울려 싸움을 일삼던 백수건달 출신이고 자신의 참모인 한신·번쾌 모두 별 볼일 없는 비슷한 백수집단이었기에 전시가 지난 평시에는 정리할 필요가 있었다.

전쟁 후 초기에는 이들을 제후로 봉하고 대우했지만, 차츰 이들과 거리감을 둬 지위를 격하했다. 종국에는 대표적인 통일전쟁의 공로자 한신을 끓는 물에 삶아 죽였으니 여기서 토사구팽(兎死狗烹; 토끼를 잡은 후에는 그 사냥개는 삶아 먹는다)이란 사자성어가 생겼다.

심지어 항우의 장수였다가 유방 쪽으로 온 천하의 맹장 팽월의 경우는 그 시체를 젓갈로 만들어 제후들에게 돌려 본보기로 삼는 잔혹함도 서슴지 않았다.

이런 조치들은 중국역사의 황후 중에 잔혹하기로 첫째 간다는 유방의 황후, 여후(呂后) 쪽의 영향을 받은 것으로 짐작된다. 제후에 봉해진 장량(張良)도 한신 등이 당하는 것을 보고 현명한 인물이라 어느 때 홀연히 사라져 명산심곡(名山深谷)으로 들어갔다.

그 산이 유명한 장가계(張家界)라는 설이 있다.

이렇게 소위 운칠기삼(運七技三)으로 천하를 잡고 황제에 오른 유방은 대단히 성공적인 삶을 살고 죽었는데, 남겨진 유산은 두 가지 외척(外戚)과 외적(外賊)의 문제였다.

외척은 여후와 그 친족들이 권력을 잡고 설친 것이고 외적은 흉노였으니 유방 자신이 친정(親征)을 나갔다가 포위돼 장기간 고생하고 미인을 주며 겨우 풀려났던 경험이 있었는데 이 문제는 후대의 무제가 시원하게 해결해 줬다.

한나라의 전성시대-한무제의 영토 확장

54년을 한나라 몸집을 키운 무제

한고조가 죽고 권력 투쟁이 벌어졌다. 즉 15년간의 여(한고조 황후)황후의 권력독점과 혼란이 있었지만 다행히 후계 황제들이 그런대로 통일된 한나라의 기초를 잘 닦았다.

고조를 승계한 문제는 검소하고 백성의 부담을 덜어 주는 등 모처럼의 통일왕조의 모범을 보인 황제였다. 그 뒤를 이은 경제는 지방 제후들의 반란을 제압하고 중앙정부의 국방체제를 확고히 해 이 두 황제의 통치기간 38년(BC 179－141년)을 "문경의 치(治)"라고 부른다.

한 나라가 크게 발전한 것은 아무래도 무제(재위 54년 BC 141－87년)이다. "한나라" 하면 "무제"가 떠올릴 만큼 한나라의 대표적인 황제다.

한나라 통일을 완수한 황제, 그래서 로마의 통일 이후 5현제시대 84년(AD 86－180년)과 비교해 200년 이상 차이가 나지만, 한나라 문경의 치부터 3명의 황제의 발전시대 92년(BC 179－87년)과 비교된다.

진시황의 통일 시에도 법령·도량형 등 통일 제국의 필요한 정책이 있었지만, 다시 세워진 한나라에도 새로운 제도들이 필요했다.

예전 제후국들(전국칠웅 등)이 각기 다른 해(年)를 셈하였으므로 '건원(建元: 기원을 세우다)'이라는 연호를 제정하고 역법(曆法)도 통일하여 주변국까지 같이 사용하도록 매년 달력을 만들어 하사했다.

또한 중요한 것은 진시황이 법가를 기본으로 해 중국을 통일했지만, 이제 평화시대의 중국에는 공자의 유가사상을 통치이념으로 선언했다. 새 왕조가 출발하면서 법가처럼 인위적인 제도보다는 충효(忠孝)를 기본으로 하는 공자의 유가사상을 기본으로 삼았다. 황제를 정점으로 하는 수직적 사회질서를 대변하면서도 효를 기본으로 가정의 윤리를 세움으로써 안정된 새 시대의 뼈대가 된다고 보았다.

당시 대학자인 동중서(董仲舒)의 건의를 받아들여 공자의 사상이 350년만에 중화사상으로 뿌리내리게 되고 현재까지 2200여년 동안 유지되고 있다.

한편 소금 · 철 · 술에 대한 전매제도를 실시해 국가 재정을 튼튼히 하는 조치를 취했다. 소금과 철의 유통으로 부유해진 상인으로부터 이익의 일부를 조세로 흡수할 수 있지만 국가가 직접 경영한다면 그 수익은 세금에 비할바가 아니라고 생각했다.

고대 국가가 이런 형태의 전매사업을 하는 것은 세계역사상 처음이었다. 이를 뒷받침하기 위한 균수법(均輸法: 현재의 조달청 업무)과 물가안정을 위한 평준법(平準法)까지 실시해 경제까지 중앙집권화했다.

그러나 이런 경제 조치들이 정권이 안정되고 공직자들이 청렴하고 능율적으로 처리할 때 그 효과가 크지만 나라가 흔들리고 부패, 독직이 심해지면 여러 가지 폐단이 드러나기 마련인데 이에 대해서는 뒤에 설명한다.

한무제의 흉노족 정벌, 한반도의 4군 설치와 실크로드의 개척

중국통일을 완성한 한무제

이제 대외적으로 중요한 것은 흉노족을 대처하는 것이 큰 과제였다. 진시황때부터 만리장성을 쌓아 변두리 북쪽에 가뒀지만 수시로 말썽을 피웠다. 이들은 큰 세력으로 형성돼 한고조도 골치를 썩이고 그들을 달래기에 급급했다.

한무제는 그동안 취했던 화친정책을 버리고 강공으로 나갔다. 고비사막을 거쳐 그들의 본거지인 몽골초원까지 원정하여 동(東)흉노는 완전 정벌하고 서(西)흉노는 서쪽으로 내몰았다.

세계역사를 크게 바꾼 국가나 민족 중에 페르시아 · 마케도니아 · 로마 · 중국 등이 있다. 그러나 크게 주목받진 못했지만 이들 못지않은 강한 유목민족, 흉노(匈奴)족이 있다. 이들은 진시황이 중국을 통일한 BC 221년에 몽골 초원지대에서 국가를 세웠고, 이후 2대왕('선우'라고 했음) 때 남만주 · 중국 북방지역 그리고 월남까지 그 세력을 키웠다.

진시황 때부터 만리장성을 쌓는 등 방비했지만 흉노족의 성장은 한나라에 늘 골칫거리였다. 한고조도 흉노족을 정벌하려고 직접 전투에 나섰다가 오히려 포로가 되는 등 수모를 겪어 누구도 손을 못대고 화친정책으로 일관해 왔다.

중국의 4대 미인(서시 · 왕소군 · 양귀비 · 초선) 중 최고 미인이라는 왕소군(王昭君)을 선우의 알씨(부인)로 보낼 정도로 한나라가 저자세였던 역사가 있었다.

중국의 4대 미인을 흉노족에 보내다

중국의 4대 미인
서시 · 초선, 왕소군 · 양귀비

천하의 미인 왕소군을 이민족 흉노로 보냈다는 것이 이상하지 않습니까?

"서경잡기"에 의하면 황궁에서 환쟁이가 후궁들을 관리하면서, 후궁들의 초상화를 그려 황제에게 바쳤습니다. 그중 왕소군은 건방지고 남들처럼 뇌물도 바치지 않았습니다. 그러자 환쟁이는 왕소군의 얼굴을 평범하게 그려 황제에게 바쳤고, 황제(BC 33년 원제)는 엄청난 미인이 있는지도 몰랐습니다. 그런데 흉노로 떠나던 날 비로소 빼어난 미인임을 알게 되지만 그자리에서 번복할 수도 없었습니다.

그림을 제대로 그리지 않은 환쟁이는 처벌을 받았지만, 천하의 미인을 선물로 받은 흉노의 선우왕은 매우 흡족해 했으므로 두 나라의 평화에는 크게 도움이 됐을 일입니다.

흉노족의 퇴치

BC 110년경 한무제는 흉노족에 공격을 시작해 그들을 몽골 고원지대로 확실히 내몰았다. 한무제의 흉노족 압박정책은 그 후 누구도 생각지 못한 유라시아 전역에 엄청난 변화로 나타났다.

한무제에 밀려난 흉노족은 분열됐다. 동흉노는 차후 중국에 흡수됐지만 서흉노는 중앙아시아로 이동해 그곳의 부족들이 남쪽으로 밀려 내려가 인도에서 새로운 왕조(쿠산왕조)를 열었다. 그들의 일족은 계속 소아시아와 발칸반도 북쪽을 거쳐 중부유럽까지 밀려갔다. 이들은 그곳의 게르만족이 중부유럽으로 밀려 내려가게 하는 민족대이동의 도미노 효과를 일으킨 것이다.

4세기부터 이탈리아의 북부의 게르만족이 로마의 국경을 자주 넘었고 결국 AD 476

년 서로마제국을 멸망시켰다. 또 게르만의 일족은 서유럽의 끝, 이베리아반도까지 진출해 서고트 왕국(후에 스페인, 포르투갈)을 건설했으며 중부 유럽에 눌러 앉은 흉노의 일파인 마자르족은 후에 헝가리를 건설했다. 이들 게르만족은 흉노족을 '훈족'이라 부르며 두려워 했는데 훈족의 지도자 아틸라는 유럽인에게 무시무시한 전설의 마왕으로 전해졌다.

결국, 한무제의 흉노정벌은 중국의 역사만이 아니라 유라시아 세계사의 흐름을 바꾼 셈이었다.

흉노족과의 전투, 흉노족의 분열

고조선의 멸망과 한사군의 설치

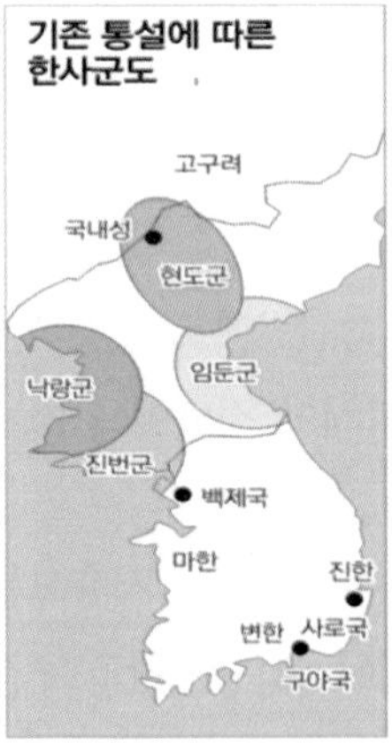

무제의 군사 팽창정책은 여세를 몰아 월남국을 복속시키고, BC 109년 동북방향에서 한반도를 공격했다. 당시 요동 일대까지 차지한 위만조선을 멸망시키고 그 자리에 네 개의 군을 설치했는데 바로 낙랑·임둔·진번·현도의 한사군(漢四郡)이다.

이곳뿐 아니라 당시 무제가 점령한 변방지역에 군(郡)이라는 행정구역을 만들어 놓고 군대를 주둔시키고 농민들을 이주하게 해서 주둔 비용을 자체 조달하도록 했다.

고조선은 멸망했지만, 한(韓)민족의 뿌리는 살아남아 부여·옥저·동예 등 부족국가로 존재했다.

이들 지역을 바탕으로 후에 고구려(BC 37년)가 건국돼 옥저·부여를 통합했으며 부여는 600여년을 존속하다 결국 고구려에 정복됐다.

고조선 유민의 일부는 한나라의 군대를 피해 마한·진한·변한 등 남쪽의 삼한(三韓)지역으로 피신했다가 삼한 중 맏형 노릇을 한 마한은 백제로 발전하고 진한과 변한은 각각 신라와 가야국으로 건국되었다.

실크로드(비단길)의 개척

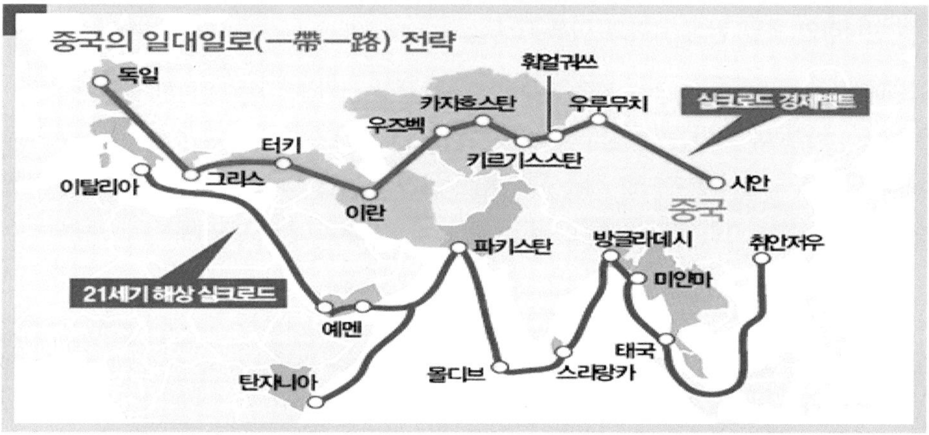

장건이 개척한 실크로드 동서양을 연결하다(적색 육지길 청색 바다길)

무제의 흉노정벌 과정에서 또 하나 망외(望外)의 소득이 된 것이 바로 서역의 개척사업이었다.

장건을 두 차례 파견해 대월지국(지금의 파키스탄)·페르시아까지 서역 국가들의 정보를 수집했다. 개척된 루트는 활용되기 시작해 이후 당나라 때 본격적으로 실크로드라는 무역로가 형성됐다.

동서양 교류의 통로, 실크로드는 크게 세 가지로 구분할 수 있다. 유라시아 중앙을 통과하는 길이 한 무제 때 개척하기 시작한 말 그대로 "실크로드"로서 중국과 서양의 접촉이 시작된 길이다. 그 이름도 중국의 비단과 제지술이 전파됐기에 실크로드로 정해졌다. 반대 방향으로는 헬레니즘·이슬람·불교문화가 전해졌다.

또 하나의 길은 북쪽의 초원길인데 한무제 때 북방으로 밀려난 흉노족이 민족대이동을 한 길이며 13세기 몽골군대가 유럽을 공격할 때 이 길을 이용했다. 남쪽으로 기원전 2세기부터 개척된 바닷길로 중국 남부·동남아시아·인도·지중해·홍해·인도로 연결되는 바닷길이며 처음에는 인도상인이 많이 이용했다.

이 길은 7세기부터 이슬람상인이 이용했고 중국도 중앙의 실크로드가 막히면 이 길로 갔으며, 14세기 명나라 때 정화라는 인물이 이곳으로 아프리카까지 갔다.

최근 중국이 일대일로(一帶一路)정책의 바탕이 되는 역사의 길이다.

한무제의 대외정복사업은 큰 성과를 거둬 주변국들을 점령해 안정을 도모했다. 그리고 동아시아는 물론 서역까지 동양권의 대국이 있다는 위명을 떨치고 진시황의 중국통일을 실질적으로 완성하였다고 할 수 있다.

한나라의 통일 완성-로마의 아우구스투스의 초대황제

54년에 걸쳐 한나라를 부강한 제국으로 키운 한무제가 기원전 87년 사망하면서 한나라의 전성기도 끝났으나 그와 함께 중국의 기틀이 마련됐습니다.
진시황이 최초로 중국을 통일한 때를 1차 통일이라고 한다면 그후, 진나라 멸망 이후의 내전(초한의 쟁투)을 거친 후 한고조가 이룬 재통일이 실제로 한 무제 치세에서 완성되었다고 할 수 있습니다.
로마의 통일과 비교한다면 한무제의 죽음(BC 87년 통일의 완성) 후 60년 후 아우구스투스가 로마의 초대황제 부임(BC 27년, 통일제국의 출발)과 비교됩니다.

3장

중국의 후한시대를 지나 삼국시대로

후한의 발족(AD 25년)과 말년에 삼국시대(AD 220년)

잠깐 나라를 차지한 왕망과 후한의 건립 광무제

한무제(재위 BC 141－87년) 사후 어린 황제들의 즉위로 외척들의 부패와 전횡이 심해지고 나라가 혼란스러운 상황에서 외척 왕망이 권력을 독차지해 새로운 왕조 신(新)이라는 나라를 건립(AD 8년)했다.

그래서 유방 한고조가 건국한 이후 210년 만에 14명의 황제를 거치고 멸망했다.

정권을 찬탈한 신나라는 17년 동안 존속하다 지방 호족들이 한나라의 재건을 외치며 들고 일어났다. 온유했던 유수(광무제)가 왕망의 군대를 격파하고 낙양에서 한나라를 재건(25년)해 이후의 한나라를 후한이라고 구분한다.

중앙집권화하려 했던 왕망(신나라)이 지방호족들의 인심을 잃은 반면 이들의 지지와 후원 속에 점차 지도력을 인정받은 유수가 호족연합군(당시로는 반란군)을 지휘해 24년 곤양전투에서 크게 승리했다.

당시 왕망의 정부군은 42만이었는데 유수의 2만명이 예상치 않은 전술의 승리를 거두었는데 이 승리가 중국전쟁사상 전설적인 전쟁으로 유명하다.

유수는 승리 이후 전국의 형세를 역전시키고 그후에도 지방세력을 통일(10년 소요)하기까지 수많은 전투를 용기와 지략으로 극복하여 중국의 역대 황제 중에서 가장 전투를 많이 한 황제의 한사람으로 손꼽힌다.

광무제(光武帝 유수 재위 25－57년)는 (전)한의 한고조(유방)가 중앙권력을 공고히 하기 위해 일등공신(韓信을 免死狗烹 대표적 사례)들을 숙청한 경우와 달리 공신(功臣)들과 항복한 적군까지도 상당한 지위와 회유(懷柔)를 한 덕장이었다.

국가의 근본을 유가사상에 두고 기본적으로는 중앙집권체제를 갖추었다. 다만 전한시대부터 고질적인 토지문제, 계층분화의 사회문제는 두고두고 후한의 근본을 위태롭게 했다. 후한말로 가면서 지방의 호족들이 갖은 방법을 다해 농민들의 토지를 빼앗는 문란이 계속되고 외척과 환관들의 부패가 심해져 결국 '황건의 난'이라고 부르는 농민 저항이 발발했다.

지방의 호족들이 군대를 가지게 됨으로써 각 지방에서 작은 나라를 세워 경쟁하게 되었다. 그중에 두각을 나타낸 나라가 오나라, 위나라, 촉나라였다. 이제 우리가 알고 있는 삼국시대가 시작된 것이다. 결국 후한도 220년 위나라 왕에게 황제 자리를 넘겨줌으로써 14대 196년 역사를 마감했다.

후한의 문화적 업적-종이의 발명

후한시대 제일 중요하고 대표적인 실적은 107년에 '채륜(蔡倫)'이라는 환관(宦官)이 종이를 발명한 것이다. 종이는 문자와 인쇄술의 발명과 함께 인류의 문화생활의 3대 발명품의 하나다.

문자는 기원전 2500년전 수메르의 쐐기문자, 이집트의 상형문자, 기원전 1200년경부터 중국 은나라 때의 갑골문자(한자) 그리고 기원전 900년경에 페니키아의 알파벳 등이 있다.

인쇄술은 한참 후인 1450년 이탈리아의 구텐베르크가 빠르고 편리한 인쇄술(1377년 고려의 직지심경이 더 선배)을 개발해 문명의 3대 발명을 완성했다.

문자는 만들어졌지만 이를 기록한 것은 대나무·양피지·비단 등이라 이에 따른 불편

종이를 발명한 채륜

함·내구성·보관 등의 문제가 있었으므로 가볍고, 질기고 비용이 싼 종이를 개발한 것은 혁명적인 발명품이었다.

채륜은 원래 환관으로서 신임을 받고 요직에 등용되었지만, 평소 관심을 가진 종이 제조에 몰두했다. 나무껍질(펄프)·삼베조각·헝겊을 잘게 썰어 물에 녹이고 대나무에 펴서 말리는 등 현대 종이 제조법과 유사한 방법을 개발했다.

종이를 발명한 보람과 포상을 충분히 받지 못한 발명품이 인류 문화발전에 엄청나게 기여했음을 알지 못한 채 궁정의 권력다툼에 휘말려 자살했다. 그가 개발한 종이로 그동안 형성된 문화를 보관·전파해 유가사상 등 중국의 학문발전과 문화의 본질을 완성해 후대에 전달되었다.

제지술은 우리나라 삼국시대인 3－4세기 때 전해졌으며, 백제의 왕인·아직기 같은 학자·승려들은 이를 다시 일본에 전해줘 주변국가가 일찍이 혜택을 받았다. 8세기 당나라 때, 이슬람 상인들이 실크로드를 통해 유럽에 전달해 서양문화 발전에도 크게 기여했다.

종이를 발명한 채륜은 세계에 미친 영향력을 감안해 세계의 100대 인물 중 7위에 평가되고 있다.

중국의 삼국시대 60년(220-180년)

후한말 나라가 문란해지자 황건족이 들고 일어나 각 지방을 분할한 세력판도는 한동안 매우 혼란스러웠으나 시간이 지나면서 차츰 정립(鼎立)의 구도가 분명해졌다. 정립(鼎立)의 정(鼎)이란 원래 중국에서 사용하던 세발 달린 솥을 의미한다.

이때 중원에서 선두를 차지한 후한의 무관 출신 조조(曹操 161－220년)의 아들 조비(曹丕 187－226년)가 가장 먼저 등장해 후한의 마지막 황제 헌제를 폐하고(220년) 위나라를 세웠다.

거의 같은 시기에 적벽대전을 틈타 황실의 후예임을 자처하던 유비(劉備161－223년)가 중국 서쪽에 촉나라를 세웠다(221년). 이에 질세라 예전 춘추 전국시대의 강국인 오나라의 재림이라 하면서 손권(孫權 182－252년)이 오나라를 건립(222년)했다.

건국 전부터 세 주인공이 치열하게 전쟁을 시작하는 삼국시대에 들어섰다.

소설 삼국지연의 흥미진진한 전쟁역사, 저자 나관중

이 상황을 소설로 쓴 나관중(羅貫中 미상 1300년대 원말, 명초의 사람)의 삼국지연의는 중국 4대 인기소설(서유기 · 수호지 · 금병매와 함께 '奇書'라고 부름)입니다.

가장 약한 촉한나라의 유비가 관우(關羽, 관운장) · 장비(張飛)와 함께 도원결의(桃園結義)하고 삼고초려(三顧草廬) 끝에 얻은 천하의 명재상 제갈량(諸葛亮)이 주인공이 되어 적벽대전(赤壁大戰)을 계기로 삼국시대를 이끌었습니다. 삼국 정립기는 전란으로 얼룩진 시대지만 그와 동시에 여러 가지 대내외적인 개혁과 쇄신이 일어난 때이기도 합니다. 삼국이 대립하면서 경쟁적으로 부국강병에 힘썼기 때문에 관리임용제도(九品中正制) · 병역제도(兵戶制) · 세금제도(戶調制) 그리고 중요한 둔전제(屯田制)의 골격이 이때 만들어졌고 후세의 여러나라에서 채택돼 자리 잡았습니다.

원래 진수(233-297년)가 쓴 정사(正史) 삼국지(65권)는 조조의 위나라를 중심으로 쓰고 유비나 손권은 일종의 반란세력으로 치부해 별로 호응받지 못했습니다. 그러다가 1000여년쯤 후, 나관중의 삼국지연의에서 영웅들을 부각시키면서 중국 역사를 생동감있게 만들었습니다. 소설에서는 황족인 유비와 장수들, 신출귀몰한 제갈량의 존재, 너무 쉽게 100만, 몇십만 대군이 등장한 과장(誇張, 당시 이곳의 인구는 몇백만에 불과하다는 연구)은 사실 여부를 떠나 흥미있는 역사(소설)입니다.

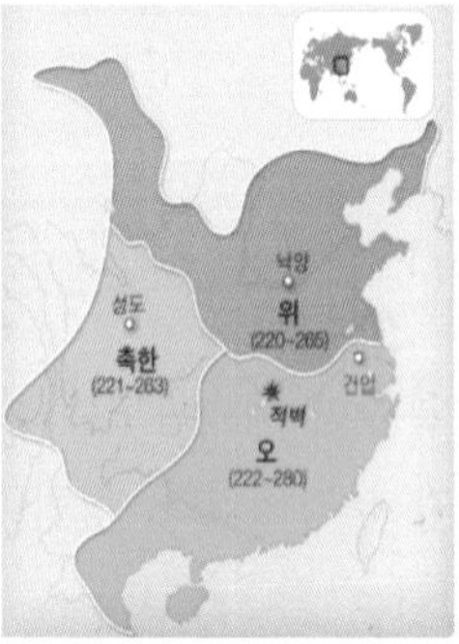

중국의 삼국 시대

오나라가 망하는 280년까지 60여년의 삼국시대가 지속되면서 나라를 세운 조조 · 유비 · 손견(손권)의 시대가 가고 그 후세대, 위나라의 조비가 촉나라의 유선을 제일 먼저 정벌

(263년)했다. 그후 조조의 위나라를 차지(265년)한 사마염시대에 손권의 오나라도 망하니 (280년) 삼국시대도 종말을 고했다.

소설 삼국지는 수많은 전쟁의 과정, 각각의 전략 등이 손에 땀을 쥐게 하는 재미는 있지만 중요한 의미는 그 막후에 있다고 할 수 있다.

삼국지에서 가장 치열하고 재미있던 적벽대전(赤壁大戰)

삼국시대에 화북지역의 강자로서 삼국지의 가장 중요한 인물은 조조입니다. 그가 삼국의 쟁투가 한창이던 시기 적벽대전(208년)에서 오나라와 촉나라의 연합군과 격돌하던 이야기가 영화로 잘 소개되었습니다.

영화는 2008년 북경올림픽이 열린 해에 개봉됐는데, 삼국의 대표선수 역할을 한 세 사람의 중국의 명배우들이 출연했습니다. 주인공들은 조조(배우 장풍의: 사진 가운데), 오나라 손권의 명장 주유(배우 양조위: 사진의 좌측) 촉나라의 제갈량(배우 금성무: 사진의 우측)의 지략싸움과 연기대결이 대단한 인상을 남겼습니다. 이 영화에서 제갈량이 동남풍을 부르는 장면, 촉나라와 오나라 연합군 10만이 위나라의 100만대군을 화공으로 물리치는 장면이 멋있었습니다. 이때까지 조조의 위나라가 일방적이었던 삼국의 상황이 이 전투를 계기로 촉나라(유비)와 오나라도 당당한 3국으로 정립해 55년-70여년의 삼국시대가 이어졌습니다.

4장

진(晉)나라를 거쳐 5호16국-분열의 시대

삼국시대통일-진(晉)나라의 건국(286년)

삼국을 정리한 사마의

위나라를 건립한 것은 적백대전 후 조조가 사망하던(59세) 해로 아들 조비가 왕(황제)으로 즉위했다.

그 후 다시 차세대에서 위나라가 촉나라를 정벌해 통일의 분위기가 무르익었을 때 유력한 호족이었던 사마의 집안의 손자 사마염(236－290)에게 양위하는 형식으로 진나라가 건립됐다.

왕조 역사에서 힘들게 창업하는 세력이 따로 있고, 전한 말기에 왕망(신)처럼 쉽게 가로채는 세력이 따로 있다. 원래 조조가 사마의의 능력과 야심을 미리 알고 경계했지만 결국 조씨 왕조(위나라)가 단명이 된 것이다. 물론 애당초 조조가 후한을 폐하고 위나라를 세운 명분도 정통성은 없었다.

이 시기 각 나라의 이름이 비슷한 경우가 많은데 첫 번 통일시 진(秦)나라와 다른 진(晉)나라였으며, 또 같은 이름을 사용하면 앞에 접두사 前·後·東·西·南·北을 사용했다.

일찍이 중국역사에서 자신들은 한족이라고 규정하고, 북방민족과 구분하기 위해 만리장성을 쌓아 경계선을 설정해 이들을 오랑캐라 부르며 영원한 이방인 취급을 했다. 한무제에게 호되게 당한 북방민족은 수백 년 동안 힘을 키웠고, 삼국시대의 전쟁 때에도 지켜보다가 차츰 만리장성을 넘어 들어왔다.

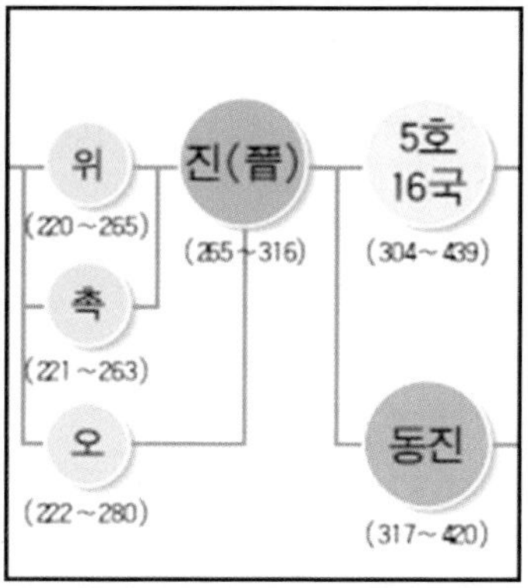

이 시기에 강성했던 흉노(匈奴)·선비(鮮卑) 등 다섯 민족을 오호(五胡 다섯 오랑케)라 불렀는데 이들은 새로 건립된 진나라가 통일된 중국을 통제하지 못하는 약점을 이용해 자신들의 나라를 세우기 시작했다.

더구나 진나라가 사마염(무제)이 죽고 나약한 후계자(혜제)가 즉위하자 황제의 자리를 노리는 8왕의 난(291－306년)이 발발하고 무질서한 상황에서 황실 일족이 북방의 서흉노족을 초청 형식으로 불렀다. 말하자면 이이제이(以夷制夷 오랑캐로서 오랑캐를 친다) 정책이었지만, 서흉노족은 좋은 기회라고 보고 입성하자마자 진나라를 접수하고 한(후한)나라를 계승한다고 선포했다. 진(晉)나라는 속절없이 무릎을 꿇었고 316년, 건국 30여년만에 강남지역으로 피난해 예전 오나라의 수도였던 건업(지금의 남경)으로 건너가 새나라 동진(東晋)을 건립(이전을 西晉으로 구분)하고 420년까지 100여년을 존속했다.

이로써 북방의 이민족에게 중원(中原 중국의 한복판)을 내준 최초의 역사지만 이런 역사의 흐름은 이제 시작에 불과했다.

중국의 북쪽(중원)과 남쪽의 분리(316년 이후)-南北朝時代

진나라가 중원에서 쫓겨나자 중원(화북지역)에는 흉노를 비롯한 5호라고 불리는 북방유목민족들이 들어와 각기 나라를 세우고 서로 치열한 항쟁을 벌였다.

이때 이들은 한족의 황실을 계승한다고 주장하며 저마다 예전의 나라명칭 조(趙)·연(燕)·진(秦) 등을 사용하면서 16개의 나라가 흥망을 계속했다.

그러다 선비족이 세운 나라 북위(北魏)가 두각을 나타내기 시작해 439년에 나머지 작은 나라들을 평정하고 화북지역을 통일했다.

진나라가 강남지역으로 밀려난 316년부터 북위가 이 지역을 통일한 때까지 120여년

을 "5胡16國시대"라고 부른다.

이후 북위는 얼마 후 동위(東魏)·서위(西魏)로 갈라지고 다시 이 나라를 잇는 북제(北齊)·북주(北周)까지 5나라가 화북지역에서 581년 수나라가 통일할 때까지 140여년동안 존재했다. 이 전체 260여년(316－581년)을 북조(北朝: 화북지역의 나라들)시대라 불렀다.

동진 등 강남지역의 나라들

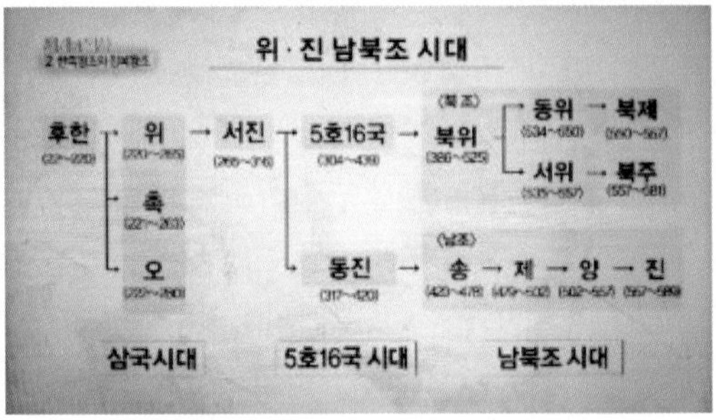

한편 강남지역으로 내려온 동진(東晋)은 삼국시대의 오나라가 닦아 놓은 터전을 바탕으로 본격적으로 강남지역(양자강 지역으로 서울 같은 현대도시에서 말하는 도심 확대 지역보다 규모가 구가형태)을 개발해 비옥한 옥토를 이루고 비약적인 발전을 이루었다.

살만하니 다시 권력투쟁이 시작됐고 살기 좋은 영토를 탐하는 북쪽 이민족의 외침이 잦아졌다. 420년 북쪽에서 온 실력있는 군벌이 왕위를 선양받아 송(宋 나중 960년에 중국을 통일한 더 큰 송나라와 구분)나라를 세움으로써 진나라는 동서의 진나라를 합하여 160년만에 그 운명을 다했다.

이로부터 중국의 강남지역에도 송나라 이후 역시 수나라에 통일될 때까지 260여년 동안 송(宋)·제(祭)·양(梁)·진(陳)나라가 교대하는 식으로 평균 40여년 동안 존재했다.

그래서 북쪽에는 북위가 통일한 이후 5나라, 남쪽은 송이 통일하여 4나라의 시대를 합쳐 남북조(南北朝)시대라고 하며, 북쪽의 5호16국을 합치면 260여년(316－581년)의 "5호16국, 남북조시대"였다.

삼국시대부터 기산하면 360여년(220－581년) 만의 분열시대가 종료되고 수·당나라의 통일시대로 들어섰다.

분열된 중국의 5호16국 남북조 시대 문화의 르네상스

강남지역의 생활풍습도

북부 중국, 화북에 들어온 이민족 정권들은 5호16국 시대부터 기본적으로 한화(漢化), 즉 중국화 정책을 추구했다. 사실 자신들은 전쟁에 앞설 뿐이지만 문화적으로는 중원의 한족문화에 미치지 못한다는 것을 잘 알고 철저히 중국화 했다. 현지인과의 결혼도 일반화해 혼혈인종과 생활 습관으로 300여년이 지나서는 특별히 이민족으로 구분할 수 없었다.

이민족 국가는 최고 권력을 손에 쥐고 관료적 행정은 한족의 인재들을 등용해 복식(服飾)·의식(儀式)·율령(律令)을 입안해 집행토록 했다. 토지제도도 균전제(均田制)·둔전제(屯田制)를 추진해 오히려 이민족 국가가 앞장서 개혁했다.

남쪽 중국 강남에서는 이민족의 지배를 피해 남하하면서 이 지역의 귀족문화가 중원을 능가해 화려하게 꽃폈다.

삼국시대 오나라(222－280년), 남쪽으로 내려온 진나라(317－440년) 그리고 남조(南朝)의 네 나라를 합쳐 360년간을 6조(六朝)시대라고 부른다. 이 6조시대에 남중국에서 발달한 귀족문화는 동양의 르네상스로 불릴만큼 다채롭고 화려했다. 차후 남송시대(南宋1120－1276년)를 거치며 르네상스보다 몇백년을 앞서면서 동양문화의 진수를 보여주었다.

강남지역의 따듯한 기후와 아름다운 풍광에 취한 전인미답 예술의 경지로 발전했다. 서성(書聖)으로 불린 왕희지(王羲之 동진시대 307－365), 무릉도원(武陵桃源) 시인 도연명(陶淵明 365－427년 추정)은 이 시대에 활약했다.

이 시기의 문화현상 중 주목할 것은 사상과 철학의 발달이다. 한나라 이래 중국의 유가사상은 크게 발전하고 뿌리내렸지만 지나치게 형식적이고 의식적인 측면이 부각되는 부작용이 있었다.

강남지역에서는 유가사상에 대해 도가, 즉 노장사상(老莊思想)이 육조시대 귀족들의 기질에 부합했다.

유가의 국가 중심의 사상에서 개인 위주로 어지러운 현실에서 도피하는 수단으로 도가

도연명과 죽림칠현

사상에 의지하는 경향이 많았다. 이를 청담(淸談)사상이라 불렀는데 그 유명한 예가 죽림칠현(竹林七賢), 동진시대 죽림(竹林)에서 청담을 나누며 지내던 일곱선비다.

분열시대에 더 발전하는 문화, 중세가 시작되다

나라가 통일됐을 때 제도나 문화가 발전하기도 하지만, 이렇게 나라들이 작고 분열돼 있어도, 서로 경쟁과 노력하는 분위기에서 나름대로 성장할 수 있습니다.
이 시대 5호16국 남북조시대에도 민족과 지역이 소통하고 융합하며 문화와 제도를 발전시킨 시대라고 긍정적으로 평가할 수 있습니다.
같은 시기 서양의 로마는 분열의 막바지였고, 여기에 게르만 훈족이 침입으로 통일제국의 한 부분(서로마)이 멸망(476년)하고 혼란스러운 시기였으며, 새 질서를 잡아가야 할 때였습니다. 이제 동서양 모두 고대사회가 끝나고 중세(5세기-16세기)로 들어서는 시기가 됐습니다.

제7막

로마의 통일과 분열

- 1장: 로마의 통일-카르타고와 전쟁까지(BC 146년)
  * 로마의 반도통일(소통일 BC 272년)-카르타고와의 4차전쟁(대통일) 110년
  * 카르타고의 한니발 코끼리를 몰고 알프스-전투는 이겼지만 전쟁은 졌다

- 2장: 카이사르와 옥타비아누스 로마통일의 완성
  * 카이사르-폼페이우스-카이사르의 영광과 암살-안토니우스-옥타비아누스의 쟁투-악티움해전-클레오파트라 자살

- 3장: 로마의 아우구스투스 이후 황제열전
  * 로마통일의 완성 BC 27년-오현제시대-군인황제 26명-로마의 혼란 분열-디아클레티아누스황제 분할통치

- 4장: 로마의 재통합-기독교공인-로마의 분할(395년)
  * 디오클레티아누스 황제-4명의 황제가 분할통치
  * 콘스탄티누스황제-제통합-기독교 공인 AD 313년

1장

로마의 통일-카르타고 전쟁까지(BC 146년)

로마의 반도 통일(BC 272년)-소통일의 완성

로마 반도 통일 당시

그리스 문명권 아테네의 전통을 이어받은 로마인들은 1인의 왕이 다스리는 나라를 애당초 원치 않았다. 그들이 생각한 공화정은 두 명의 집정관을 두고 이를 견제하는 귀족들의 원로원을 두는 국가 체제로 시작했다. 그리고 12동판법(BC 450년) 등 개혁 조치로 귀족과 평민의 조화가 어느 정도 이뤄졌고 로마는 점차 이탈리아반도를 통일하는 분위기가 무르익었다.

로마가 착실하게 국내기반을 다지고 있을 무렵 세계대제국을 건설하려던 마케도니아의 알렉산드로스가 10년 원정을 마치고 BC 323년 말라리아로 갑자기 사망했다. 그와 함께 제국은 급격히 분열하기 시작했고, 주변의 정세 변화는 로마에게 이탈리아 반도통일의 기회를 가져왔다.

이탈리아반도 통일전쟁

로마는 BC 290년경 이탈리아반도의 기존 중요한 세력이었던 에트루리아와 삼니움을 차례로 정복해 티베르강을 중심으로 중부 이탈리아를 차지하게 되었다. 로마는 그 여세를 몰아 그리스의 식민도시들이 지배하고 있던 남부 이탈리아를 몰아붙이자 이들은 그리스 본토의 피로스왕에게 원정을 청했다.

로마인을 하찮게 생각한 피로스는 대군을 끌고 이탈리아반도에 상륙했다. 이들은 당시 최고의 문명을 누리고 있어서 군대에는 장창부대뿐만 아니라 요즘 말하면 기갑(탱크)부대라 할 코끼리가 있는 막강한 군대였다.

코끼리를 상대로 싸운 적이 없는 로마인은 이를 큰 황소 정도로 오해해 어찌할 바를 몰라하는 사이 피로스군에 대패했다. 많은 로마군 포로까지 잡은 피로스는 기고만장했으나 로마는 남쪽의 카르타고와 공수동맹을 맺고 기민하게 외교전략도 구사하는 등 일진일퇴하는 전황이 되었다.

로마의 이탈리아반도 통일을 향한 마지막 전투는 남부 그리스인의 도시국가(피로스왕)와의 전투에서 코끼리부대를 앞세운 피로스 군에 승리한 것이다.

피로스군

일시 물러갔다가 다시 상륙한 피로스군과의 2차 전쟁 시에는 그동안 피로스군의 전략을 파악해 코끼리군에게 빗발치는 화살 공격을 퍼붓고 불타는 마차를 들여보냈다. 화살과 불을 견디지 못한 코끼리들은 우왕좌왕(右往左往)하다 오히려 피로스군을 짓밟았다. 장창부대에 대해서도 측면에서 협공하는 방법으로 대항해 승리를 거뒀다. 이리하여 티베르 강변의 작은 도시국가에서 시작한 로마는 500년만에 이탈리아반도 대부분을 정복하기에 이르렀다.

마침내 기원전 272년경 로마는 인구 약 300만 정도의 이탈리아 대부분을 통일했다. 중국의 전국시대에 주변의 나라들과 계속 전쟁을 벌인 것처럼 로마는 계속해서 작은 도시국가들을 점령했고, 점령한 도시들은 고유한 관습과 종교를 인정하면서 어느 정도 자치권을 허용했다. 다만 이제 로마에 세금을 내고 국방에 참여토록 하는 것이 그들의 의무였다. 이때까지 이탈리아반도의 통일은 소통일(小統一)이며 로마는 승전의 기쁨도 잠시였다.

로마 대통일의 여정

로마는 남쪽 바다 건너 카르타고와 전쟁을 시작으로 지중해 연안의 대통일(大統一)의 장도에 들어섰다. 이탈리아반도 밖으로 북아프리카의 무역 대국인 카르타고와의 110년의 전쟁이 벌어진다. 이 과정에서부터 로마가 실력을 발휘하며 통일의 전쟁 역사가 흥미진진하게 벌어지고, 주인공이라 할 인물로 전반부에 한니발, 스키피오가 등장한다.

이 시기가 바로 중국이 전국시대를 마무리하고 중국을 통일하는 시황제의 통일시대에 해당된다.

그 후 7-80년의 공백 기간 후에 로마 통일의 완성 단계에서는 유명한 카이사르, 폼페이우스, 안토니우스, 클레오파트라 그리고 이를 마무리하는 옥타비아누스(아우구스투스)가 등장해 호화로운 영웅들의 무대로 서양사에서 가장 재미있는 부분이 진행되었다.

로마통일의 전국(戰國)시대-카르타고와의 전쟁(110년의 포에니 전쟁)

로마는 일단 카르타고와 피할 수 없는 전쟁을 시작해야 했다. 원래 카르타고는 해상무역으로 소아시아 지중해에서 활동하던 페니키아인이 튀니지에 식민국가 도시로 세운(BC 860년경) 나라였다.

로마보다 역사도 깊고 지중해의 중심에 자리 잡고 해상무역을 활발히 하던 훨씬 부강한 국가였다. 그들은 시칠리아섬의 코르시카, 이베리아반도 에스파냐의 일부, 그리고 북아프리카의 서북부지역을 차지하고 있었다. 천년자원으로 청동의 주원료인 주석과 코끼리 상아를 채취하는 등 지중해의 여왕이라고 불리는 그런 부유한 나라였다.

오랫동안 농업국가로서 로마와 무역국가인 카르타고와는 이해관계의 충돌이 없었다. 그러나 이제 이탈리아반도를 통일한 로마가 그리스의 도시국가들과 동맹을 맺으며 지중해 남쪽으로 그 세력을 넓혀 나가면서 부딪쳐야 할 큰 나라였다.

결국, 지중해의 가장 요충지라 할 시칠리아섬을 둘러싸고 BC 256년 1차 포에니 전쟁이 시작됐다. 이를 시작으로 로마와 카르타고는 BC 146년까지 3차에 걸쳐서 110년의 전쟁을 계속했다.

1차 포에니 전쟁(BC 256년)

이 전투는 해전으로 지속됐는데 원래 지상전에 강한 로마가 해상무역으로 많은 선박을 보유한 카르타고에 매우 불리했다.

그러나 로마는 새로운 해상전술을 개발했는데 그것은 적의 함대가 나타나면 우선 쇠갈고리를 던져 끌어당기고 배앞에 설치해 놓은 배다리를 내려 재빨리 적선에 건너가서 육박전을 하는 전술이었다.

그 전투는 우리가 해전이 등장하는 영화에서 자주 보는 익숙한 장면으로 이 전쟁에서 로마해군이 처음 개발한 이후 널리 보급된 작전이다.

격투기에서도 우선 붙잡고 상대방이 원거리 가격을 못하게 하는 레슬링과 비슷할지 모른다.

아무튼 전쟁의 승기를 잡은 로마가 아프리카 카르타고 본국에서 지상전까지 벌였지만, 결국 선박의 쪽수가 부족해 위기에 몰리게 되었다.

로마의 주특기인 국가 총력체제로 로마시민은 재빠르게 국방헌금을 모아 함대 200여 척을 만들어 지원한 덕분에 결국 승리할 수 있었다.

이 전쟁에 이기면서 로마는 카르타고로부터 엄청난 배상을 받았고 시칠리아라는 금쪽같은 영토를 얻었다. 또한 그 주변의 영토들도 획득한 로마는 이탈리아반도를 넘어서 대제국으로서 위용을 드러내기 시작한 것이 이 전쟁에서 얻은 중요한 결과였다.

2차 포에니 전쟁-한니발의 등장(BC 221-BC 204년)

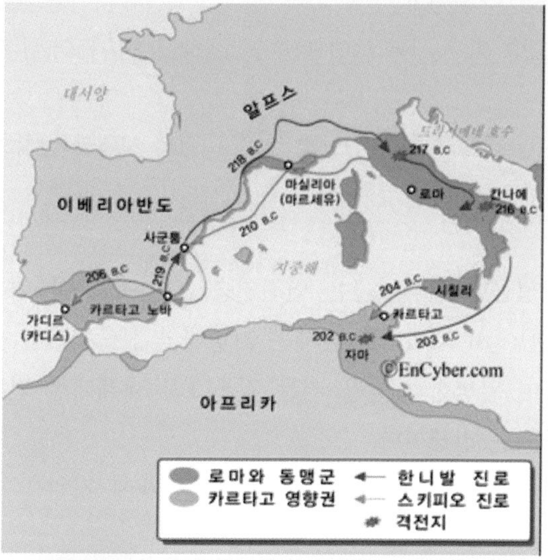

코끼리 군단을 몰고 알프스를 넘는 한니발

어느 정도 소강상태를 보낸 로마와 카르타고는 다시 2차 포에니 전쟁의 전운이 무르익었다.

당시 카르타고의 명장이었던 한니발의 아버지가 중심이 되어 에스파냐의 은광을 개발해 쇠잔해진 카르타고의 국력을 회복하고 로마에 대한 복수의 칼을 갈고 있었다. 은광의 개발에 성공하여 전쟁배상금도 다 갚고 뭔가 해보려 할 때 아깝게도 로마의 사주를 받은 야만족들의 습격으로 아버지 한니발은 죽임을 당하고 말았다.

그의 세 아들 중에 장남 한니발은 평소 아버지의 꿈과 야망을 고스란히 전수받고 있었다. 그는 일반 병사들과 같이 군사훈련을 받으면서 명장의 기질을 발휘해 26세의 나이에 총사령관으로 임명(BC 221년)됐다.

이때가 공교롭게도 중국의 진시황이 중국을 통일한 해이니, 로마 통일의 과정에서도 중요한 등장인물이 나타난 것이다.

한니발은 원정군 8만(기병 1만 포함)의 군대와 코끼리 37마리를 몰고 피레네산맥과 알프스산맥을 넘어서 이탈리아 북부로 침공했다. 카르타고군이 바다를 건너올 것으로 예측한 로마군은 혼비백산해 우왕좌왕한 것은 말할 것도 없었다.

알프스산맥을 보고 "저렇게 높은 산을, 이 추위에" 하며 겁먹은 장병들을 격려하여 알프스를 넘었지만(14일 소요), 병력은 이래저래 6만으로 줄어 있었다.

제세계 역사상 기발한 세 가지 전투

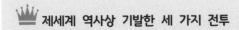

세계의 전쟁 역사상 적의 의표를 찌른 3개의 전투가 있습니다.
첫째 한니발이 코끼리와 함께 피레네, 알프스를 넘었고,
둘째는 1453년 오스만투르크가 배를 끌고 인근 산을 넘어 보스포로스해협으로 들어가 공격한 것이고,
셋째는 1797년 나폴레옹이 대포를 끌고 알프스산을 넘었으니 2000여년의 시대상 간격으로 대단한 전투입니다.

이렇게 로마 북부로 직접 침공에 성공한 한니발군은 연전연승, 드디어 로마 대군과 정면으로 맞붙은 칸나에 전투(BC 216년)에서 코끼리를 앞세운 기병대와 신출귀몰한 작전으로 로마군 8만명 중 5만명을 사살하며 완벽한 대승을 거둔 것은 1차 세계대전 전까지 세계전쟁역사상 포위섬멸의 대명사로 불린 전쟁이다.

이런 대승에도 불구하고 카르타고 본국은 부패와 권력투쟁으로 전쟁에 지원을 충분히 하지 못했으니 한니발에게는 로마같은 훌륭한 조국이 없었다.

2차 포에니 전쟁은 카르타고의 한니발의 승리인 것처럼 되었지만 차후 로마가 역전해 지중해 서부의 패권을 차지했다.

결국 한니발의 분전에도 본국의 사정으로 깔끔하게 마무리되지 않았다.

한니발과 이순신의 유사한 작전과 승리 이후의 처지

육상 전투진영(한니발) 선박의 배치, 이순신 초생달모양

특히 칸나에 전투는 그 이후 1700여년 후에 이순신 장군의 한산도 해전에서 대승을 거둔 것과 여러 가지 유사한 점이 많습니다.

중요한 것은 한니발의 전투대형이 초승달작전으로 꼭 이순신장군의 학익진(鶴翼陣)전법과 닮았습니다.
학이 날개를 펴듯 전투선을 가로로 넓게 벌려 적군을 포위해 섬멸하는 전법과 한니발의 육상전투진영이 초승달 모양이었던 기본전략이 매우 같습니다. 또 중요한 것은 이순신이 빛나는 승리로 백척간두에서 나라를 구한 것에 시기하는 신하들의 모함이 많았던 것과 한니발이 젊은 나이에 큰 승리를 거둬 영웅이 되는 것을 달가워하지 않는 카르타고 본국의 정치인들이 있었다는 것이 너무도 상황이 비슷합니다.

그래서 적지에 나가서 싸우는 한니발의 군대에 인력이나 양식 등 보급 지원을 제대로 하지 않아 종국에는 3차 전쟁 이후 카르타고가 패전하게 된다.

3차 포에니 전쟁(BC 203-BC 183년)

3차 포에니 전쟁은 로마의 33세의 젊은 장군 스키피오가 역시 의중을 찌른 작전, 즉 바다를 건너 카르타고의 본국을 기습(BC 203년)함으로써 승리의 기틀을 마련했다.

한니발이 아직 로마에서 마지막 결전을 준비하는 중에 본국의 지시로 회군을 하게 되었을 때 한니발은 "아, 지금까지 피땀 어린 고생이 모두 헛일이 됐구나"하며 한탄했다고 한다.

로마와 끝까지 항전할 것인가도 국론이 통일되지 않은 카르타고는 돌아온 한니발을 중심으로 다시 결전의 방향으로 가닥이 잡혔다. 한니발과 스키피오의 마지막 평화협상도 결렬되고 당시 45세가 된 한니발이 최후의 일전을 치렀지만 이번에는 카르타고군의 패전이었다.

중국에서 유방이 항우에게 승리해서 한나라를 건립한 해(BC 203년)이니 한나라와 로마가 통일 과정에서 숙적(宿敵) 항우와 한니발에 승리한 순간이 묘하게 같은 시기였다.

훌륭한 전략을 가진 세계 역사상 명장의 한사람이었던 한니발은 중국의 한나라나 로마 같은 훌륭한 조국이 없었다.

전쟁 이후 한니발은 10여년간 주변의 도시국가로 전전하며 동맹군을 조직해 또 다른 복수를 꿈꿨지만 결국 64세(BC 183년)에 독배를 마시고 찬란한 그의 생을 마쳤다고 한다.

항우가 마지막 전투에서 한나라 장수 10여명을 죽이는 등 처절한 전투 끝에 자결을 택했던 것과 같은 운명이었다.

4차(마지막) 포에니 전쟁-카르타고의 멸망(BC 146년)

카르타고성에 마지막 공격을 퍼붓는 로마군

그 후 카르타고는 모든 식민지를 로마에 양보하고 많은 배상금을 신속하게 갚았지만 오히려 그런 카르타고의 저력을 두려워한 로마는 마지막 목줄(멸망)을 죄기로 했다. 괜히 엉뚱한 전투에 가담하게 유도한 로마의 술책으로 다시 트집잡혀 카르타고에 전쟁을 선포했다.

카르타고의 쓸쓸한 유적지

이번에는 한니발 없이 전국민이 일심단결해 마지막 국가 수성을 위한 전투(BC 149－146년)에서 4년이나 버텼지만 결국 멸망했다. 뒤늦게 정신차려 하루에 창을 500개, 화살을 1000개씩 만들고 남녀노소 모든 국민이 총력전을 벌였다.

전쟁이 장기화되고 본국의 독려가 심해지자 로마 사령관 스키피오(소)는 마지막 화공(火攻)을 명했고 결국 성은 점령됐다. 전쟁 시작 시 50만명으로 추산되던 카르타고 군민은 온 나라가 불타고 완전 소화됐을 때 포로가 된 인구수는 5만명(모두 노예가 됨)에 불과했으니 그 전쟁의 참상은 참으로 대단했다.

그 후 카르타고는 로마의 속국이 돼 다시는 재기할 수 없었으니 나라의 운명이 이렇게 허망했다.

카르타고와 전쟁 이후-로마의 귀족과 평민의 갈등

개혁에 앞장선 크라쿠스 형제

카르타고와의 끊임없는 전쟁과 정복에서 이익, 노예같은 전리품을 얻는 것은 원로원을 중심으로 한 세습귀족들과 장군들이었다. 그래서 전쟁에서 돌아와 농업같은 생업에 다시 돌아가지 못하는 일반인과의 갈등이 깊어갔다.

로마의 통일 과정에서 가장 큰 숙적이었던 카르타고와의 전쟁 후 70여년 동안 갈등과 내전이 로마의 정치 일상이 되었다.

이러한 때에 크라쿠스형제가 토지개혁과 곡물법을 둘러싸고 개혁에 앞장섰다.

크라쿠스형제는 원래 카르타고와 한니발을 무찌른 로마의 영웅이었던 두 스키피오 장군의 가문이고, 차례로 호민관(평민들의 대변인)이 돼 민회를 중심으로 원로원, 귀족과 대지주를 상대로 개혁을 추진했다.

그러나 기득계층의 완강한 저항에 부딪쳐 형 크라쿠스는 BC 133년에 300명의 동조자와 함께 죽임을 당했다. 형의 유업을 계승한 동생은 BC 121년에 이번에는 3천명의 개혁세력과 함께 죽임을 당했고 개혁은 티베르강에 내던져진 시신들과 함께 물거품이 되었다. 그 후에도 속주에서의 반란, 검투사 스파르타쿠스를 지도자로 한 노예들의 반란 등이 터질 때마다 이를 진압하고 수습하는 마리우스, 술라 등 군사 지도자 간의 쟁투로 로마는 한시도 평화로운 시간 없이 혼란과 내란이 이어지는 난세였다. 이 상황에서 주목받는 지도자는 폼페이우스, 노련한 정치가 키케로 그리고 젊은 신인 카이사르였는데 결국 카이사르가 이 난국을 해결하고 로마를 구했으며 대통일을 완성하게 된다.

영화 <스파르타쿠스>는 이 시대 검투사 노예들의 자유를 향한 여정

영화 스파르타쿠스의 한 장면

1960년대 제작된 역사영화로서 당시 벤허와 같이 대작입니다. 상영시간은 2시간 40분. 주인공은 커크 더글라스와 로렌스 올리비에이며, 내용은 목숨을 살려 준 대가로 죽을 때까지 검투사로 살아야 하는 스파르타쿠스가 지도자가 되어 반란을 일으킵니다. 카이사르(시저)가 본격적으로 활동하기 이전 BC 70년경에 발생한 실화로 노예 검투사들은 스파르타쿠스의 영도 아래 남으로 남으로 내려가 바다를 통해 고국으로 돌아가려 했지만, 진압과정에서 죽고, 살아서는 포로가 되어 로마대로의 십자가에 매달려 죽습니다.

2장

카이사르(BC 100-44년)와 옥타비아누스, 로마통일의 완성

영웅 카이사르의 등장-로마통일의 기반을 다지다

로마통일의 영웅 카이사르

고대 유럽의 고질적인 혼란과 전쟁 등 정치 문제를 가장 현실적인 방법으로 해결한 나라가 바로 로마였다고 할 수 있다.

그리고 이 과정에서 결정적인 역할을 한 인물이 바로 카이사르(영어식 발음 시저)였으니 유럽의 어느 정치지도자도 카이사르에 견줄만한 사람이 없다고 평가받고 있다.

영국의 대문호 세익스피어의 표현대로 "전세계의 가장 탁월한 지도자"로 영원히 남을 인물이라는 것이다.

로마는 가장 심각한 상황에서 카이사르가 출현한 것이며 그가 있었다는 것이 로마와 로마시민에게 최대의 행운이었다. 카이사르는 당시 로마를 휩쓸던 각종 편견과 당파싸움을 초월해 날카로운 안목으로 미래를 내다보는 인물이었다.

로마 최초의 삼두정치 카이사르 등

그는 기원전 100년 오랜 전통을 가진 귀족가문에서 출생했지만, 그가 16세에 부친이 사망하고 당시 로마의 가장 강력한 군사지도자인 슐라의 미움을 받아 로마의 아시아 속주에서 군복무에 종사하며 때를 기다렸다.

슐라가 죽은 후 로마에 돌아온 카이사르는 폼페이우스를 적극 지지하면서 39세에 에스파냐 총독으로 부임하는 등으로 명성과 함께 개인의 재산도 축적하여 군사지도자로서 기반을 쌓았다.

카이사르는 당시의 귀족들이 해외원정을 투자에 활용해, 해외 전쟁의 승리 후 전쟁전리품을 적절히 배분했다. 이와 함께 군인들을 우대해 가장 성공적이고 인기있는 신세력의 중심으로 부상했다.

드디어 원로원의 반대에도 불구하고, 로마시민과 군부의 지원으로 집정관에 당선(BC 60년)됐고 로마의 개혁과 발전을 위해 많은 일을 했다.

원로원의 귀족과 정치인 키케로의 견제를 극복하기 위해 BC 60년에 폼페이우스, 크라수스와 1차 삼두정치(三頭政治)를 펴나갔다. 집정관을 마친 카이사르는 로마가 해결하여야 할 어려운 지역 갈리아(현재 프랑스 지방)를 원정하면서 10년 동안 모든 정력과 노력으로 중앙 유럽의 핵심지역을 평정해 로마 그리고 유럽의 미래를 위해 큰 성과를 올렸다.

카이사르 주사위는 던져졌다

한때는 그 지역 이민족 연합군 24만명에 포위돼 매우 위험한 상황에서 용기와 능력을 발휘해 문무겸전의 영웅으로 부상되었다. 이 과정에서 삼두정치(크라쿠스는 전사)는 결렬되고 그 한 축인 폼페이우스와의 권력투쟁이 시작됐다.

그 원로원을 장악한 폼페이우스가 비무장 단기 필마로 로마로 귀환하라는 명령에 카이사르는 4개 군단을 이끌고 로마북부의 루비콘강을 건너며 "주사위는 던져졌다."라고 한 말은 유명하다.

'주사위는 던져졌다'와 이성계의 위화도 회군

카이사르의 루비콘강, 이성계의 위화도 회군

우리나라에서 고려말 당시 장군 이성계가 위화도에서 회군(1388년) 할 때와 상황이 비슷합니다. 이때가 기원전 49년 1월 10일입니다. 이때 국민의 인기와 병력 등에서 모든 상황이 불리했던 경쟁자 폼페이우스는 그리스로 도망갔습니다.

카이사르의 영광과 개선

클레오파트라역으로 유명한 엘리자베스 테일러

로마에 입성한 카이사르는 말하자면 무혈혁명으로 권력을 장악했다. 그때까지 폼페이우스 편이었던 원로원이나 반대파를 모두 포용하고 로마를 안정시킨 후 그리스로 도망한 폼페이우스를 추격했다.

만만치 않은 폼페이우스의 10만 병력과의 전투에서 멋있게 승리하자 폼페이우스는 다시 이집트로 피신해 그곳 프톨레마이오스 왕(알렉산드로스 사후 시작된 왕조)에게 도움을 청했는데 카이사르를 두려워한 왕이 그를 환영하는 잔치를 열어주면서 그를 암살했다.

이곳에도 무혈입성한 카이사르를 아직 왕이 아닌 클레오파트라가 그를 유혹을 하며 카이사르의 도움(반대세력 진압)으로 왕조의 마지막 왕이 되었다.

두 사람은 1년여의 시간을 밀월여행(아들까지 낳음)을 했다. 그러는 동안 본국에서는 "카이사르가 클레오파트라에게 빠져 허우적거린다"는 소문과 함께 반대파들의 움직임이 심상치 않았다.

"미인 앞에선 영웅호걸(英雄豪傑)도 꼼짝 못한다"는 말이 이때 생겼다.

때마침 중요한 속주 중 시리아에서 반란이 발생하자 카이사르가 달려가 불과 5일 만에 반란을 진압했다.

로마의 개선문(상) 파리의 개선문(하)

개선하는 카이사르의 행진

이때 카이사르가 이 승리를 로마에 알린 문구가 "왔노라 보았노라 이겼노라"로 영웅본색을 드러내는 간결하고 명료한 표현으로 널리 유명하다.

그 후 카이사르는 아프리카에서 발발한 반란을 모두 진압하고 BC 46년에 성대한 개선식을 벌이며 3년 만에 로마에 돌아왔다.

온갖 금은보화로 장식한 수십대의 꽃마차가 앞에 서고 그 뒤로 옥에 갇혀있던 각국 반란의 주역들이 끌려 행진했다.

이때 최초의 개선문이 만들어졌고, 그후 1850여년 후에 나폴레옹이 파리에 그 유사한 개선문을 만들었다.

로마에서 아니 세계에서 그때까지 이처럼 성대한 개선식은 최초였다. 이제는 로마가 지중해(그때까지의 서양세계)를 통일했다는 것을 만방에 알리며 카이사르의 위엄을 사해에 떨치는 축하의 순간이 되었다.

그 후 6만여명의 로마시민들이 초대된 대규모의 파티가 이어졌다.

카이사르의 정치-전성기를 구가했지만

카이사르는 개선장군에게만 주어지는 "임페타토르"라는 칭호를 선호했다. 집정관에는 아끼는 부하 안토니우스를 임명하고 상왕같은 입장에서 대규모 토목공사, 문예장려사업, 빈민들에 대한 복지정책 등으로 인기를 끌었다.

로마와 그의 대외 정책은 로마제국의 우산 속에 다양한 민족이 고유한 관습, 풍속을 유지하는 대신 로마의 법(세금 포함)과 화폐를 따르게 했다.

이 시점이 카이사르에게는 인생에 더할 수 없는 황금시기였다.

그러나 한편에서는 하늘 높은 줄 모르고 높아가는 그의 인기와 더불어 더 커가는 권력을 시기하는 원로원의 귀족들이 있었다. 그들은 그 옛날 450년 이전 상태, 로마의 군주제로 돌아갈 수도 있다는 우려로 비밀작전을 꾸민다.

카이사르의 암살, 부르투스 너마저

그들의 D데이 아침, 원로원에 중요한 연설을 위해 출근 준비를 하던 카이사르에게 부인은 꿈자리가 아주 나쁘다고 출근을 만류했지만, 이를 무릅쓰고 집을 나선다. 원로원에 들어서는 카이사르를 막아서서 중요한 사항이라고 쪽지를 준 청년이 있었는데 카이사르는 읽지 못한 채 최후의 운명을 맞았다.

원로원 의원을 비롯한 일당 무리가 카이사르를 둘러싸고 숨겨놓았던 칼을 휘둘러, 비무장이었던 이 영웅은 일방적으로 당해 쓰러졌다. 이렇게 BC 46년 4월 4일 로마 역사의 한 페이지가 넘어갔다.

영웅 카이사르 최후의 독백

수많은 칼에 쓰러지며 카이사르의 마지막 한마디는 "부르투스 너마저"였습니다. 이 말은 그 후 많은 작품에서 유명한 대사가 되었으며 살면서 매우 신뢰했던 사람에게 배반당할 때 하는 말이 "니가 부르투스였구나"입니다.

옥타비아누스의 등장 그리고 안토니우스와의 대결

카이사르의 장례식날 브르투스가 등장해 '암살의 불가피성, 로마를 위해 이렇게 했노라 그러나 그의 공적을 생각하며 애도한다'는 그럴듯한 추도연설은 로마시민의 마음을 사로잡은 듯했다.

그러나 뒤이어 이제 그 역할이 중요해진 안토니우스가 죽은 카이사르의 암살 당시 핏자국이 선연한 망토를 보이면서 명연설을 해서 로마시민의 마음을 반전시켰다. 이에 감동받은 로마시민들은 흥분하여 부르투스 일당을 추궁하여 현장에서도 많은 사람이 죽고 암살파들이 일망타진 된다.

뒤이어 공개된 카이사르의 유언에 등장한 인물이 양자 옥타비아누스(BC 63–AD 27년)다.

원래 카이사르 누이의 외손자인 옥타비아누스를 평상시 눈여겨봐 둔 카이사르는 정상적인 아들이 없었으므로 그를 양자로 삼았는데 유서에서 그를 후계자로 지명한 것이다.

카이사르의 유언이 공개되자 모든 사람이 충격을 받았는데 그것은 평생 카이사르가 신임한 부관 안토니우스가 제외된 사실이었다.

이때부터 젊은(19세) 옥타비아누스와 말 그대로 산전수전(山戰水戰)을 겪은 안토니우스(38세)와의 대결이 시작됐다.

로마시민에게 전혀 알려지지 않았던 옥타비아누스는 당시 외국에서 유학하고 귀국해 거칠 것 없이 자신을 중심으로 양아버지의 세력을 결집해 카이사르의 유언을 왜곡한 안토니우스에게 당당히 맞섰다.

안토니우스에게 당당히 대결했던 옥타비아누스

악티움해전에서 로마군과 클레오파트라군의 대결

후계자답게 '카이사르(황제라는 뜻)'라는 이름을 물려받고 원로원의 귀족들에게 예의 바르게 처신하며 자신의 세력을 키워나갔다.

옥타비아누스에게 천군만마(千君輓馬)가 된 것은 양아버지 카이사르의 정적이었던 로마의 실세 정치인 키케로였다.

키케로는 안토니우스가 제2의 카이사르가 되는 것을 막기 위해 한 결정이었지만 젊은 옥타비아누스가 그에 못지 않은 야심을 품고 있는지는 몰랐다.

만만치 않은 상대라는 것을 감지한 안토니우스는 예전 카이사르가 했던 삼두정치('레피두스'라는 인물을 포함시켜)를 시작했다. 우선 3인은 로마제국의 담당을 나눴다.

옥타비아누스는 로마와 서방지역을 맡고, 안토니우스는 경제 상황이 좋은 이집트와 동방지역을 맡아 외견상으로는 유리한 듯했으나 이를 통하여 "진정한 로마의 지도자"라는 이미지는 옥타비아누스가 차지했다.

더구나 이집트에서 클레오파트라를 만난 안토니우스는 순식간에 애인이 되어 그녀에게 공적으로도 여러 가지 혜택을 줘 로마시민에게 나쁜 이미지를 주게 됐으니 이미 반은 승부가 난 셈이었다.

결국 안토니우스는 로마를 배신했다는 추궁을 받게 돼 옥타비아누스 중심의 로마는 이집트(안토니우스 포함)에 선전포고를 하기에 이르러 양자가 결판을 짓게 됐다.

바로 이 전투, 악티움해전(BC 31년)에서 폼페이우스 로마군이 안토니우스, 클레오파트라 연합군에 승전하자 궁지에 몰린 두 인물은 극적으로 자결했다.

옥타비아누스 로마의 통일을 완성하다

아우구스투스로 황제가 된 옥타비아누스

안토니우스는 전쟁 경험도 부족한 애송이였던 옥타비아누스에게 전쟁만큼은 자신이 있었다. 하지만 옥타비아누스는 지략이 풍부했고 또 카이사르가 일찍이 불세출의 장군감이었던 “아그리파”라는 전투지휘관를 친구처럼 배치하는 바람에 이들이 승리할 수 있었다. 내부의 큰 문제를 해결한 로마 원로원은 자진해서 옥타비아누스에게 아우구스투스(‘존엄자’라는 최상의 칭호)를 내리며 엎드렸고 로마는 국내외로 통일이 마무리(BC 27년)된 것이다.

36세에 실질적인 로마황제가 된 아우구스투스는 2대 황제부터 자신이 지명하는 체제로 이어 갔으며 이후 200년간은 큰 영토를 거느린 로마제국의 전성기 “팍스 로마나(Pax Romana)” 시대를 누리기 시작했다.

클레오파트라 (영화)-로마의 두 영웅과 함께한 여인

1967년에 개봉한 영화로 상영시간이 4시간에 이르는 대작입니다. 영화에서 남주인공이 카이사르가 아닌 안토니우스(리처드 버튼)였습니다. 클레오파트라 역에 엘리자베스 테일러가 출연해 고혹적이고 농염한 연기로 영화를 성공작으로 만들었고 전세계에서 누가 제일 미녀인지를 확실하게 각인시켰습니다.

이 미녀와 인연을 맺은 두 영웅은 모두 죽음으로 몰려 결국 파국을 맞았습니다. 2000여년의 로마역사에서 가장 유명하고 재미있는 부분이기에 4시간이 길게 느껴지지 않았습니다.

3장

아우구스투스 이후의 황제열전

네로를 비롯한 초창기 황제들(AD 14-96년)

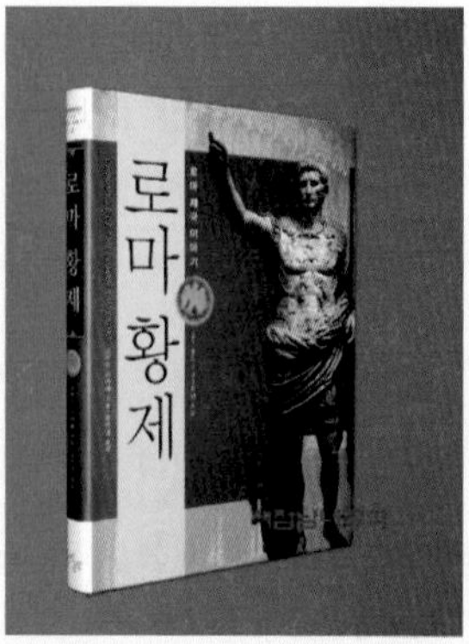

로마제국의 대통일을 완수한 아우구스투스(재위 BC 27－AD 14년)는 바람기 많은 딸 때문에 속이 많이 썩었다고 한다. 그가 황제로서 41년을 재임하고 서기 14년 76세의 나이로 세상을 떠나면서 양자 티베리우스가 2대 황제에 올랐다.

2대 황제 티베리우스(재위 AD 14－37년)는 통치능력도 출중했고 군인으로서 부족함이 없었지만 까칠하고 짜증을 잘 내는 성격에 너그럽지 못했다. 예수의 성장 시기에 황제였는데 대과 없이 황제를 끝내고 그의 가문에서 칼리굴라가 3대 황제가 되었다.

3대 황제 칼리굴라(Caligula 재위 37－41)는 즉위한 지 7개월 만에 중병을 앓았고, 병이 나은 후 정신이상이 되어 잔혹·극악무도한 행동을 하기 시작했다.

결국 근위대 장교에게 가족과 함께 죽임을 당했으며 티베리우스 전임 황제의 작은 아버지가 4대 황제가 되었다.

남편도 죽인
그 어머니와 네로황제

제4대 황제 클라우디우스(재위 41－54)는 원래는 병약하고 말을 더듬는 등으로 허수아비 황제로 세웠으나 황제 취임 이후로는 능력있는 황제로 변신했다. 다시 공화정으로 회귀하려는 원로원을 제압하고 노예 중에서도 능력있는 자를 인재로 등용하는 등 파격적인 조치를 취했다.

클라우디우스 황제는 당시 브리타니아(영국)를 정복하고 속주들의 반란도 진압하는 등 능력을 보였다. 하지만 정치적 야심이 큰 그의 네 번째 부인이 자신의 아들 네로(전 남편소생)를 황제로 만들기 위해 독살했다.

5대 황제 네로(재위 54－68년)는 17세에 즉위하였는데 초기에는 철학자 세네카와 근위장군 부루스의 보좌를 받아 선정을 베풀었다. 또한 로마의 문화를 발전시켰고 시·노래·건축 등의 예술에 지원해 지금도 네로시대에 지어진 화려한 건축물이 남아있다.

즉위 5년차부터 어머니와 아내를 죽이고 AD 64년에는 기름창고사고가 원인이 돼 로마 대화재가 발생했다. 민심이 혼란스러워지자 기독교신자에게 화재에 대한 책임을 전가해 수많은 기독교도를 잡아 처형하는 등 정신이상자, 폭군이 돼 갔다.

원로원 의원들도 죄를 뒤집어씌워 스승인 세네카까지도 자살하게 하는 네로의 폭거를 더이상 묵과할 수 없는 원로원이 그를 국가의 적으로 선언했다.

불타는 로마
네로-방화죄를 뒤집어 씌워 기독교인 학살

결국 친위대의 반란으로 쫓겨난 그는 마지막까지 그를 돕던 해방노예와 로마를 탈출해서 그의 집에서 자살하였다.

재위 11년 31세에 죽음으로서 팍스로마나를 구가하는 당시 로마의 이단아로 기록되었다. 네로 이후의 혼란기의 6, 7, 8대 황제들은 재임기간이 짧아(합계 2년) 특별한 것이 없으며 이 시기를 수습할 9대 황제는 군사령관이 위촉되었다.

9－11대 황제 베스파시아누스 3부자(夫子)의 황제시대(기간: 17－96년)는 유대전쟁(66－73년)의 현지 사령관인 아버지 베시파시아우스가 네로황제 자살 이후의

무질서를 수습하기 위하여 9대 황제로 지명(68년)을 받았다.

그는 갈리아 유대의 반란을 수습하고 원로원과 힘을 합쳐 국가재정을 튼튼히 하고 네로시대의 악정을 바로 잡아 로마의 질서와 번영을 되찾았다.

10대 황제 티누스(재임 79－81년)는 베시파시아누스의 큰아들로서 예루살렘을 공격해 점령하는 큰 공을 세워 인기가 좋았는데 황제에 오른 지 2년 만에 열병에 걸려 죽었다. 그가 즉위한 79년에 베수비오화산의 대폭발로 나폴리 근교의 폼페이가 순식간에 화산재에 덮여 사라졌다. 이때 폼페이 인구의 10%인 약 2000명이 도시와 운명을 같이했다.

티누스 황제는 짧은 재임 기간 중에 아버지 황제가 시작한 콜로세움 건설을 마무리 지었다. 그는 2년의 재임기간 동안 거대한 도시 폼페이가 사라지고 도로를 대표하는 콜로세움이 BC 80년에 완공되었다.

화산재에 사라진 도시 폼페이

현재의 폼페이의 유적지

베수비오산의 폭발로 79년에 사라진 폼페이가 다시 역사에 등장한 것은 1592년(조선에 임진왜란 시)이었습니다. 폼페이 위를 가로지르는 운하를 건설하는 과정에서 건물의 잔해와 회화작품들이 발견됐습니다. 그러나 이때는 본격적인 발굴을 할 수 없었습니다.

그 후 이 지역을 지배하던 프랑스의 부르봉왕조가 1748년 발굴을 시작해 아름다운 출토품을 약탈하는 등으로 도시를 파괴했습니다.

1861년부터 이탈리아가 통일의 분위기가 무르익어가면서 고고학자들이 중심이 돼 본격적인 발굴을 진행해 고대도시의 보존을 도모했습니다.

순식간에 묻혀버린 이 고대도시를 그후 100년이 넘도록 발굴을 계속해 현재는 도시의 80%가 그 모습을 보여주고 있습니다.

그래서 이탈리아의 로마를 중심으로 한 관광과 함께 1900여년 전의 인류의 주거 모습을 보여주는 중요한 관광자원입니다.

당시 많은 음식을 먹고 즐기기 위해 토했던 장소, 냉 · 온탕이 구비된 대온천 사우나 시설까지 갖춘 부유하고 사치스런 모습을 보면서 놀랐던 기억이 있습니다.

로마의 랜드마크 콜로세움의 건립

현재 로마의 이정표라 할 콜로세움

폼페이 도시가 사라진 이듬해 80년에 로마 시내에는 대단한 건물이 완공됐습니다. 10대 황제 티누스가 아버지 베니파시아누스가 시작한 로마를 대표하는 건물을 완공했습니다. 온천침전물 대리석으로 건축된 이 커다란 원형건물은 검투사들이 벌이는 경기를 보러 찾아오는 5만명 가량의 관객을 수용할 수 있는 콜로세움이라는 대형 건물이었습니다.

검투사들은 보통 노예나 전쟁포로 중에서 운동 실력이 출중하고 용맹하게 잘 싸우는 프로들로 이뤄졌는데 서로 결투를 벌이거나 호랑이 사자 등 용맹한 동물들과 대결하면서 관중을 즐겁게 해주었습니다.

〈스파르타쿠스〉라는 영화에 검투사로 출연했던 명배우 커크 더글라스(1916-2020)가 떠오릅니다.

OK 목장의 결투 같은 전통의 서부영화에서도 버드랑 카스타와 함께 대결한 그가 104살로 2020년 2월에 타계했다는 소식을 들었습니다.

콜로세움에서 대결이 끝나면 패배한 검투사를 죽여야 할지 살려야 할지를, 관람하던 황제가 또는 관중들이 결정하는 장면이 나옵니다.

엄지손가락을 올리거나 내리는 제스처를 통해 이런 결정을 내렸습니다.

11대 황제 도미티아누스는 티누스의 동생으로 가문에서 세번째 황제가 되었는데 아버지 형과는 달리 폭군이었다. 자신에 반항하는 원로원의원들·철학자 및 기독교 신자들을 죽이고 내쫓고 탄압했다.

결국 그가 암살당하고 3부자의 황제시대는 28년 만에 종료됐다.

아우구스투스 이후 10명의 황제 중 그중 7명이 황제가 피살되거나 자살을 하고 제명에 죽은 황제가 3명에 그쳤다.

그러나 이 기간 82년 동안 로마는 기초가 튼튼해 잘 버틸 수 있었으며 이제 오현제 시대로 넘어가게 된 것은 로마로서는 큰 다행이었다.

원로원은 인품과 능력이 가장 높은 네르바를 후임 황제로 추대하였는바 이로부터 소위 오현제(五賢帝)시대가 시작되었다.

로마의 오현제시대(AD 96-180년)

로마의 오현제시대 85년- 팍스로마나 200년의 핵심이었다.

원로원에서 선임된 네르바황제(12대)부터는 아들들에게 세습하지 않고 가장 청렴하고 유능한 인물을 양자로 삼아 원로원의 승인을 받아 황제에 취임토록했다. 이렇게 로마에 오현제, 즉 다섯황제가 나타나게 되었는데 이것도 세계역사상 처음 시도된 제도였다.

13대 트리아누스는 군을 잘 통제하고 원로원과 잘 협조하여 로마제국의 영토를 많이 확장했다.

14대 하드리아누스는 확장된 로마영토를 잘 관리하여 브리타니아(영국)지역에 긴 성벽(천리장성)을 쌓아 북쪽의 방비를 잘했으며 늘 골치를 썩이는 파르티아와는 화친을 맺었다.

15대 안토니우스 피우스도 존경받는 황제였는데 특이하게 두 명의 양자를 두어 두 사람의 황제가 공동으로 나라를 다스렸다. 다행히 그중 1명이 8년 만에 죽는 바람에 마르쿠스 아우렐리우스 1인의 황제체제로 복귀했다.

16대 마르쿠스 아우렐리우스황제는 당시부터 민족이동의 우려가 있었던 게르만과 파르티마의 침입을 잘 막았으며 황제 자신이 스토아 학파의 철학자로서 "명상록" 13권을 남겼다.

오현제시대에는 육지뿐만 아니라 바다에서도 로마에 평화가 이뤄졌다. 수도 로마를

마르쿠스
아우렐리우스 황제

중심으로 사통팔달(四通八達)의 포장(두께 2m)된 도로(총 길이 5000㎞)들이 뻗어나갔다. "모든 길은 로마로 통한다"라고 했으며 많은 속주(屬州: 식민지)를 포함해 당시 전세계의 중심이 로마라는 뜻이었다.

이 당시 중국은 후한의 시대로서 사절단을 실크로드를 통해 중국으로 파견하려는 시도를 했다.

오현제시대에 정치안정을 이뤘고 경제는 번영했으며 영토확장으로 이 시기에 로마의 영토(지중해·영국·스코틀랜드·북아프리카)가 제일 넓었다.

아우구스황제의 취임(BC 27년)부터 오현제 시대 85년이 끝난 AD 180년까지 200여년을 팍스로마나(로마의 전성기)를 구가했다. 마르쿠스 아우렐리우스 황제가 아쉽게도 자신의 아들 코모두스를 황제로 지명하는 바람에 오현제의 마지막이 되었다,

혼란 시대 다섯 황제의 재위(AD 180-235년)

Alabaster bust of Septimius Severus at Musei

세베루스왕조를 이룬 세베루스황제

'그 아버지의 그 아들'이라는 말이 있다. 훌륭한 아버지를 닮아 그 아들도 훌륭하다는 뜻인데 마르쿠스 아우렐리우스 황제의 아들 코모두스는 완전히 반대였다. 코모두스황제는 머리가 아둔하고 퇴폐적이었으며 정치는 간신배들에 맡겨놓고 사치와 향락에 빠져 폭군 네로처럼 엉망진창이었다. 로마제국사상 최악의 황제 중 한 사람으로 언급돼 "포악제(暴惡帝)"라고 불리며 아버지의 명예를 더럽혔다. 재위 기간 내내 정사는 돌보지 않고 콜로세움에서 검투사 경기에만 심취했다. 탐욕스런 인물로 지위를 이용해 재산을 축적하고 원로원을 무시하는 정치를 일삼다가 그의 첩과 근위대 사령관이 짠 음모에 무참하게 암살(AD 192년)당하고 말았다.

네로가 죽은 뒤에 무질서보다 더 심한 내전 끝에 두 명의 황제가 즉위했다가 근위병에게 살해되는 악순환 끝에 엉뚱하게도 셉티미우스 세베루스라는 속주 북아프리카 트리폴리 출신의 군단장이 20대 로마황제가 되었다. 세베루스의 족보를 따져보면 기원전 146년, 그러니까 약 330년전 로마에게 철저히 망가진 카르타고의 후손이었다. 로마의 원로원

을 비롯한 귀족들의 충격은 어땠을까?

이때(AD 193년)부터 아들 등 그 집안의 4명의 황제가 등장해 42년 동안 집권하였으므로 세베루스왕조라고도 불렸다.

로마 출신이 아닌 황제들은 원로원을 중심으로 한 기존세력과 마찰로 혼란만 더했으며 세베루스를 승계한 아들·손자까지 세 명의 황제가 피살됐다.

아버지 세베루스는 나름대로의 개혁으로 기존 근위대를 부패했다며 없애버리고 자신의 친위세력인 비로마인들로 새로운 근위대를 만들었다. 또 국경 방위에 중점을 둬 군인들의 대우를 잘해줬다.

1800년 전의 목욕탕의 흔적

또 하나 재미있는 것은 규모가 엄청난 목욕탕을 지었는데 한꺼번에 1500명이 함께 목욕을 할 수 있으며 냉·온탕, 한증탕, 홀, 도서관 등 요즘 같은 최고급의 헬스클럽시설을 다 갖추었다. 로마 유적 중에 그 목욕탕의 일부가 남아있다.

오현제 시대(96-180년)의 84년과 엉터리 다섯 황제가 재임했던 55년이 크게 대비된다.

그러나 로마통일제국은 더 암담한 군인황제시대로 이어진다.

군인황제시대(235-284년)-50년 동안 26명의 황제

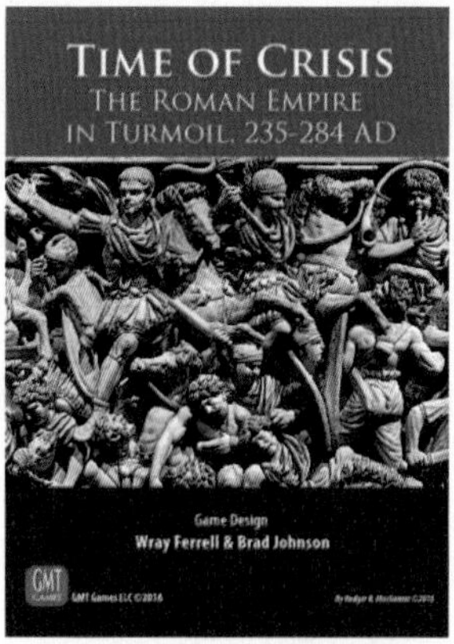

혼란의 군인황제시대

군대에 의해 황제가 정해지는 상황, 군대가 자기들의 대장(사령관)을 황제로 떠받들어 50년 동안 26명이 즉위하고 비명(천수를 누린 예외는 1명)으로 죽는 악순환을 반복했다.

속주(식민지) 출신으로 황제(세베루스 황제)가 되어 일가가 나름대로 55년 동안 권세를 누리는 선례를 본 로마제국의 흩어져 있는 속주의 군인들이 모두 황제가 될 수 있다는 망상을 품었다.

이런 황제들은 자신을 떠받드는 군대를 위해 부자들의 재산을 제멋대로 강탈하기도 하는 등 비정상적인 행태가 비일비재했으니 국가나 황제의 체면도 없고 얼마나 혼란스러운 시대였는지 짐작이 가고도 남는다.

그때까지 번영을 누리던 로마 등 도시들은 혹독한 상황에서 점점 쇠퇴해 갔다.

이런 위기를 해결하고 다시 로마를 일으키려고 나선 사람(영웅)이 군인황제시대의 막을 내린 "디오클레티아누스 황제"였다.

중국 삼국시대 60년과 그렇게 비슷한 군인황제시대 50년

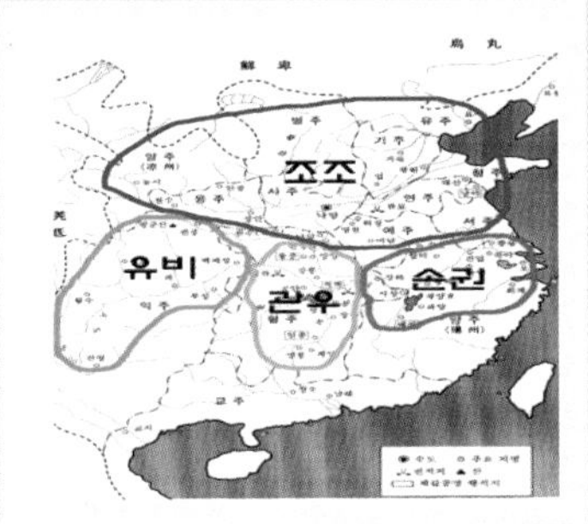

중국 후한시대 말기에 유비 · 조조 · 손권이 쟁투를 벌이던 삼국시대(三國志220-280년)와 로마의 군인황제시대(235-284년)가 비슷한 시기였습니다. 묘하게도 천하 통일(황제)를 다투던 위나라 · 오나라 · 촉한나라의 삼국시대(220-280년)와 그 시기와 그 상황이 매우 흡사했습니다.

똑같이 칼과 창으로 집단이 승리하면 황제가 되고, 그 짧은 집권(평균 2년) 후 피살되는 상황이 로마였습니다. 집단(나라)이 이기면 성(城) · 영토를 차지하고 지면 죽는 중국의 삼국쟁투시대가 그렇게 대비됩니다.

4장

로마의 재통합-기독교 공인-로마의 분할(AD 395년)

디오클레티아누스 황제-4명의 황제가 분할통치

디오클레티아누스황제
(재위 284-305년)

통일된 중국이 3국 시대(AD 220－280년)를 거쳐 남북으로 분열된 것과 같이 로마도 전성시대 팍스로마나 200년(BC 27－AD 180년)을 지내고 극심한 혼란의 군인황제(AD 235－AD 284년)시대를 거치고 분열된다.

재밌게도 중국과 로마가 비슷한 시기에 비슷한 상황으로 분열을 맞게 되는데 남북(南北)과 동서(東西)의 분열인지가 다를 뿐이었다.

중국은 화북과 강남으로 분열됐고, 동서로 영토가 광활했던 로마는 서유럽과 소아시아로 분할되었는데 그 큰 변화의 주역은 디오클레티아누스 황제(재위 284－305년)였다.

그 자신도 말단 병사에서 출발해 황제의 친위대장이 되었다가 황제가 암살되자 군대의 추대로 황제가 됐다.

디오클레티아누스황제는 전임 황제의 암살 관련자들을 처형하고 군인황제들처럼 암살당하는 신세가 되지 않으려면 로마를 어떻게 개혁해야 하는가를 심사숙고했다.

그가 내린 결론은 로마제국의 영토가 너무 넓기 때문에 반란도 많고 황제가 늘 암살의

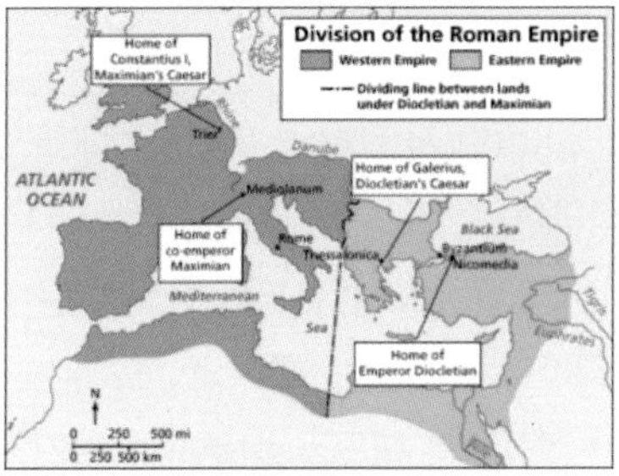

동서로마를 구분하고
정제(正帝) 부재(副帝)로

위험에 처해있다는 것이었다.

그가 즉시 취한 조치는 로마를 동서로 나누고, 정제(正帝)와 부재(副帝)로 나눠 통치하게 하는 것이다. 결국 권력을 나눠 네 명의 황제가 로마제국을 다스리는 것이었다.

역사상 전무후무한 한 제국의 4분치제도(四分治制度)가 286년에 성립되면서 자신은 동방 로마의 정제로서 군사 경제상 중요한 지역을 직할하면서 전제국(全帝國)을 직 · 간접적으로 통치했다.

재정상으로도 중요한 개혁을 단행하고 화폐의 혼란과 물가관리도 효과를 거두어 오현제시대 이후 100여년 만에 로마제국의 질서를 되찾았다.

그동안 로마제국에 유일신을 믿는 기독교가 너무 빨리 퍼지고 있었고 기존의 로마의 다신교와 충돌이 심해지자 로마황제로서는 마지막으로 기독교를 탄압했다. 기독교의 모든 집회를 금지하고 많은 교회를 파괴하였으며 많은 신자가 죽임을 당했다.

디오클레티아누스는 좋은 머리로 분치제도를 성공시켜 군인황제의 악순환을 끊고 로마를 안정시켰으며 노후에는 후임 황제를 추대하고 본인은 개인궁전을 짓고 편한 여생을 즐겼다.

다만 이 분치제도는 영속적으로 할 수 없는 취약성이 있어서 다음 황제부터 내전을 치러야 했으며 종국에는 동서로마 분할의 단초가 되었다.

로마와 중국의 분열에 공통점이 많다.

거의 같은 시기, 280년에 중국의 삼국(위 · 초 · 오나라)시대를 종결시킨 것은 위나라의 사마의라고 하는데 284년에 로마황제로 부임한 디오클레티아누스 황제와 비슷한 역할로 좋은 비교가 됩니다.

사마의는 직접 황제가 되지는 않았지만 뒤에서 삼국을 통일하는 위업을 지휘하고 나중에 손자 사마염이 위나라를 무너트리고 나라를 창업하게 됩니다. 둘 다 군인 출신이고 머리가 용의주도했던 것도 비슷했으며 노후에 만족스러운 상황(狀況)과 상왕(上王)을 즐겼다는 점도 비슷했으니 동서양의 공통점이 재미있습니다.

황제의 도시, 크로아티아의 스프리트 방문

디오클레티아누스 황제가 자신이 머문 궁전은 바로 이탈리아반도(서로마)와 아드리아해를 사이에 두고 있던 동로마 지역(앞면의 지도 참조)이었습니다.
이곳이 현재는 크로아티아의 스프리트라는 아드리아해에 위치하는 도시입니다. 이 지역은 현재는 발칸반도의 일부로서 그 반도의 끝에는 유명한 두보르브니크라는 로마의 도시가 있는 아름다운 해변으로 연결됩니다. 우리는 발칸반도의 여행팀에서 이곳을 방문하며 여기도 로마제국의 일부였구나 하는 것을 확인하며 보람이 있었습니다

스프리트시, 황제가 세운 궁전, 아드리아해의 아름다운 도시 두보르브니크 전경

콘스탄티누스 황제-기독교의 공인과 동 서로마의 분할

콘스탄티누스황제 로마재통합시 개선문

디오클레티아누스의 뒤를 이은 콘스탄티누스황제(재위 306－337년)는 로마역사에서 아우구스투스황제와 함께 위대한 황제로 추앙받고 있다. 디오클레티아누스의 아들로 아버지의 사후(306년), 4명의 황제와 쟁탈전에 나서서 6년 후 서로마제국을 통합(312년)했고 다시 324년에 로마 전체의 황제가 되었다. 그는 로마의 재통합 등 군사적 업적 이외에도 병역제도, 조세제도 등 로마제국의 기본 틀을 더욱 발전시켰다. 그 중에 가장 중요한 것은 313년에 밀라노칙령으로 기독교를 공인(公認)한 것이다.

선왕(先王)도 탄압한 기독교를 인정한 것은 어머니 헬레나의 영향, 꿈에 현몽한 하느

313년의 밀라노칙령으로 기독교공인

님의 계시(啓示)에 따라 전쟁에 승리하는 등 개인의 체험도 특별했다.

325년 콘스탄티누스황제는 니케아에서 역사적으로도 중요한 종교회의를 열었다. 300여명의 성직자들과 토론을 벌인 끝에 삼위일체(三位一體; 성부·성자·성령의 일체론)을 정론(定論)으로 결정하는 등 기독교의 기본을 확립하였다.

기독교의 기본교리를 마무리 지은 황제는 보스포로스해협에 있는 비잔티움으로 로마의 수도를 옮겼다. 콘스탄티누스의 도시라는 뜻으로 콘스탄티노플로 불린 새 수도는 자연적으로 이루어진 천혜의 항구이며 동서양을 연결하는 요충지에 자리잡아 무역으로도 군사적으로 더할 수 없는 최적지였다.

337년 콘스탄티누스 황제의 사후, 아들이 콘스탄티누스 2세로 즉위했으며 그 다음 우여곡절 끝에 황제가 된 율리아누스 황제는 363년 티그리스 강변에서 페르시아군과 싸우다 전사했다. 이런 과정을 거처 즉위한 테오도시우스 1세는 두 가지 중요한 일을 완수한 황제로 기억된다. 그 첫 번째는 392년 기독교를 로마 제국의 국교로 공식 선포한 것이고 395년에는 제국을 동서로 나눠 두 아들에게 물려주었다.

그 후 동서 로마는 서로 각기 독립국가처럼 다른 길을 갔으며 마침내 서로마가 476년에 멸망하고 말았다.

이 시기 중국은 두 번의 분열

동서로마가 분열되는 시기(395년)에 중국도 두 번이나 분열되는 복잡한 역사를 지내고 있었습니다. 첫 번째 분열은 로마의 군인황제시대와 비슷한 220년부터 시작된 삼국시대였는데 조조가 세운 위나라(그 후대에선 "사마의"의 진나라)로 통일(280년)됐습니다.
그러나 얼마 되지 않아 316년에 다시 남북으로 분열돼 250년 동안 남북조 시대로 지내다가 수나라로 다시 통일(581년)되는 반복의 역사가 진행됐습니다.

제8막

인도 고대 왕국의 부침

- 1장: 마우리아왕국(BC 321-BC 185년)과 아소카왕
  * 알렉산드로스의 BC 327년 인도원정을 계기로 통일국가 마우리아왕국 건국
  * 초대 왕 찬드라 굽타-3대왕 아소카왕 영토를 크게 확장 불교를 크게 진흥

- 2장: 쿠산, 굽타왕국와 힌두 르네상스
  * 마우리아왕조 이후 200여 년 후 쿠산왕조(AD 50-AD 240)-굽타왕조(320-550년)-수학, 과학 등 힌두 르네상스
  * 아잔타, 엘로라석굴 간다라 미술, 산스크리트문화 성행

- 3장 인도의 중세-평화 속의 분열
  * 무기력한 인도에 메기효과는 북부는 라지프트 부족 5세기 -13세기-차후 이슬람제국으로
  * 국토 남쪽 촐라왕국이 군사, 무역강국으로 존재 -바이야나가르왕국-무굴(1526년)제국으로

1장

마우리아왕국(BC 321-185년)과 아소카왕

알렉산드로스 인도 원정(BC 327년)이 인도에 미친 영향

기원전 334년 스물 두살의 알렉산드로스가 그의 병사들과 함께 고향인 마케도니아를 떠나 소아시아와 이집트를 평정하고 페르시아의 아카이메네스(Achaimenes)왕조까지 무너뜨렸다.

아리아(Aria)와 아라코시아(Arachosia)를 정벌하고 박트리아(Bactria)와 소그디아(Sogdia)를 제압한 뒤 힌두쿠시산맥을 넘어 BC 327년 서북부 인더스강 유역에 당도하였다.

하지만 병사들 사이에 심상치 않은 동요가 일어났다. 장기간에 걸친 반복된 행군과 전투로 몹시 지쳐 있었고, 혹독한 인도의 몬순기후에 독사와 해충에 시달렸다.

게다가 자신들이 알던 것보다 인도는 훨씬 넓은 땅이었고, 코끼리와 전차부대를 거느

알렉산드로스의 인도 원정

린 사람들이 살고 있다는 정보는 알렉산드로스군의 사기를 꺾어 놓았다. 어쩔 수 없이 알렉산드로스는 후일을 기약하며 발길을 돌려 회군하였다. 그 후 BC 323년 바빌론에서 열병에 걸려 33세에 생을 마감했다.

알렉산드로스의 인도 원정은 인도의 서부 국경지대에 불과했고 점령기간도 짧았지만, 인도로서는 외부의 대규모 군대를 처음 접했으며, 그 충격이 컸고 이후의 영향이 엄청났다. 정치적으로는 2700년전의 모헨조다로 고대도시를 이룬 오랜 문명이 있지만, 큰 통일이 없이 작은 도시국가들로 2000년 가까이 지낸 타성을 깨부순 것이다. 인도인도 힘을 합쳐 큰 나라를 만들어야 알렉산드로스 같은 대규모 군대에 대항하는 흉내라도 낼 수 있다. 그들이 스스로 물러갔지만, 우리도 장래에 대비해야 한다는 민족의식이 싹트기 시작했다. 또 하나 알렉산드로스의 원정이 가져온 커다란 문화사적 영향은 간다라 예술의 태동이었다. 간다라는 인도 서북부(펀잡) 지방의 이름인데 이 3−4년의 짧은 원정으로 헬레니즘 문화가 유입돼 고대 그리스의 발달된 조각기술이 인도 예술에 원용된 것이 이 시기였다. 먼저 통일왕국의 성립에 대해 살펴보고 간다라미술에 대해서는 2장에서 설명한다.

간다라 양식의 불상

마우리아 왕국의 성립(BC 321년)

마우리아왕조의
시조 찬드라 굽타

알렉산드로스의 군대의 인도 원정시(BC 327년)시 인도 서북부의 중심(겐지스강 유역)의 마가다의 영토는 난다왕조가 차지하고 있었다..

그러나 실력을 키우고 있던 크샤트리아(무사) 계급출신의 찬드라 굽타(재위 BC 321−298년, 왼쪽 사진)가 난다 왕조를 무너뜨리고 왕위를 빼앗았다.

알렉산드로스의 침공으로 일반백성의 민족적 자긍심이 형성됐고, 원정군의 철수로 마가다지역의 힘의 공백이 생긴 것을 이용해 권력을 장악할 수 있었다.

찬드라 굽타는 인도역사상 최대 60만명의 대규모 군대로 북인도의 작은 왕국들을 통일하고 마우리아 제국을 세웠다.

인도 역사상 최초의 강력한 제국인 마우리아는 곧 아프가니스탄에서 동쪽의 뱅골만에 이르는 대제국으로 발전했다. 이때부터 인도의 역사가 세계사의 일부로 제대로 등장하게 되었다.

인도가 2000년 가까이 통일국가를 세우지 못한 이유는 인도의 지리적 요건이 컸다. 중국대륙에는 중원이라는 넓디넓은 평원이 있었고, 이집트는 나일강 유역의 옥토가 있었다. 또한 정치적인 이유로는 이런 큰 평원의 문명권은 농업을 위해 큰강의 수리·관개 시설같은 대단위 공사가 필요하고 이를 위한 강력한 통일국가가 필요했지만 인도는 그렇지 않았다.

인도는 국토의 중앙에 거대한 데칸고원(한반도의 2배 이상 광대한 용암지대)에 자리잡아 동서남북의 교통(소통)을 방해하고 또 동서남북의 여러 갈래의 산맥이 문명의 발상지 서북부의 평원과 격리되어 있었다. 이런 조건하에서 마우리아왕조는 인도 역사 전체를 통털어 가장 넓은 영토를 가진 국가였다. 이것은 마우리아왕국이 그 전신이라 할 마가다 왕국시절에 축적했던 문물제도를 바탕으로 활발한 정복활동을 펼쳤기에 가능했다.

찬드라 굽타의 마우리아왕조 통일은 이집트, 메소포타미아의 역사에 비해 늦었지만, 진시황의 중국통일(BC 221년)보다 꼭 100년이 빨랐으며 로마의 이탈리아반도 통일(BC 272년)보다 50여년이 빨랐다.

마우리아왕국 3대왕 아소카의 전성시대

마우리아 왕국의
3대왕 아소카

마우리아의 건국자인 찬드라굽타에 이어 손자인 아소카(Asoka, BC 273?－BC 232년)왕의 치세 때 마우리아는 최고 전성기를 맞이했다.

인도 역사에서 무굴제국의 3대왕 악바르(재위 1556－1605년)와 함께 가장 걸출한 군주로 꼽히는 아소카는 젊은 시절 군사력을 앞세운 정복전쟁을 많이 했다.

BC 268년 아소카왕이 마우리아왕국의 왕이 되었을 때 아직 인도는 완전한 통일이 돼 있지 않았다

아주 경쟁적인 칼링카국이 인도의 뱅골만 지역(현재 오리샤주 지역)에 자리잡고 있었다. 농산물과 철광석 등 다양한 자원

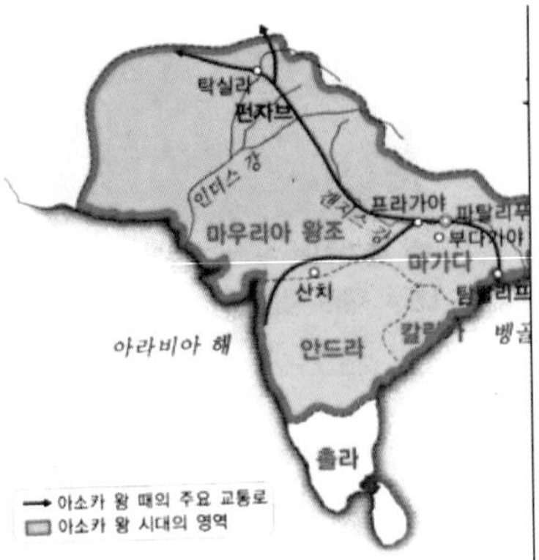

마우리아 왕조의 영역

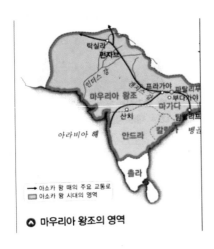

이 풍부하고 해양 무역이 발전해 막강한 국력으로 마우리왕국에 대치하고 있었다.

또한 정치적으로도 사제계급인 브라만과 무사계급인 크샤트리아가 공동으로 통치하고 있는 공화국이기도 했다. 드디어 BC 262년 아소카왕이 40만 보병과 3만명의 기병 9000명의 코끼리 부대를 이끌고 "이제 준비는 끝났다. 칼링카를 향하여 진군하라"며 전쟁을 시작했다.

칼링카도 만만치 않았다. 이 전쟁을 예상하고 준비해 훈련된 보병 10만, 기병1만 그리고 코끼리 부대 700마리로 자신들의 지형을 활용하며 부딪쳤다. 용호상박의 전투는 이듬해 BC 261년까지 지속됐고 전투가 끝나자 10만명 이상의 사망자가 생겼고, 수만명이 포로가 되었다. 인도 역사상 가장 치열한 전투가 끝났고 인도의 대부분을 차지한 통일제국이 탄생하는 순간이었다.

이 시기를 전후한 BC 200년대 로마가 카르타고를 이기고, 진시황이 전국의 6개국을 점령하여 동서양에서 천하통일을 이뤘을 때 중간지역 인도에서도 통일이 이루어진 것이다.

아소카왕 통일 이후 불교의 진흥, 국민의 정신계몽

아소카왕의 기둥

아소카왕은 큰 전쟁의 승리는 했지만, 크게 번민하다가 불교에 깊이 귀의하게 된다. 특히 최대의 전투였던 칼링가전투에서 10만명이 넘는 살상을 목격했다.

진정한 정복은 무력이 아니라 법(佛法 Dharma)에 의해 가능하다는 것을 깨닫고 그 후 30년에 이르는 재위 기간에 살상은 물론 일체 전쟁에 의한 정복은 중단했다.

이후 그는 군대지휘관들을 종교사절단으로 임무를 바꿨으며 비폭력과 자비에 의한 정치를 실천했다. 또한 그 자신부터 불경을 열심히 공부했으며 수많은 불탑과 성지순례를 위한 숙박시설 등을 만들었다. 피비린내 나는 정복왕의 이미지에서 불교를 믿고 육성한 덕분에 마음의 평화를 얻고 불교를 세계종교로 확립한 군주로 길이 남아 있다. 통일한 제국의 곳곳에 자비심으로 서로를 대할 것 등 불교에 바탕을 둔 통치이념을 새긴 기둥(아소카의 기둥)을 세웠다.이 기둥의 모양은 현재 인도의 화폐와 국기에 응용되고 있다

마우리아 왕국의 3대에 걸쳐, 초대 할아버지 찬드라굽타는 자니교를, 아버지는 힌두교를 숭상하였는데 아소카는 불교를 국교로 삼은 것이다.

그는 불경편집(結集이라함)에 앞장서고 선교 특히 해외(동남아시아 등)로 선교사들을 파견해 동남아시아에는 소승불교가 한국·중국·일본에서는 대승불교가 자리잡게 되었다. 아소카 왕은 기독교에서 바울의 역할 그리고 로마의 콘스탄티누스황제의 역할을 한 것이다. 그러나 그의 사후, 워낙 뿌리 깊은 힌두사상으로 인도에서 불교는 쇠퇴해졌다.

마우리아 왕조의 통치형태와 아소카 왕 이후의 쇠망

전국에 세워저 있는 통일국가로서의 상징 아소카의 기둥

마우리아왕조의 영토는 넓었지만, 인도의 지리적인 특성과 왕권의 특성상 제국전역을 왕(황제)이 직접 통치할 수 없었다. 그 통치방식은 기존 마가다지역 황제의 직할지처럼 운영하고 나머지 영토는 4개의 구역(동·서로마 분열 직전의 분할 통치와 비슷)으로 나눠 총독에게 통치를 맡기는 형식이었다. 각 지방에는 정기적으로 순회 감사관을 파견해 관리·감독했다.

일종의 황제와 총독간의 종주국이나 속국같은 형태의 봉건제라고 할 수 있다. 강력한 상비군과 재판권, 중요 관리임면권, 조세제도 등을 중앙에서 황제가 관리한 점에서는 분명히 제국이었다. 비슷한 시기 중국의 진·한제국과 같은 중앙집권체제와는 거리가 멀었다. 또한 중국이나 로마의 통일제국과는 달리 문자와 화폐의 전국적인 통일도 이뤄지지 못했다.

이렇게 중앙집권체제가 미흡했으므로 황제의 카리스마나 능력에 따라 통일제국의 상황이 달라질 수밖에 없었다. 결국 아소카왕이 죽고 얼마 지나지 않아 마우리아 제국은 여러개의 나라로 분열되어 해체되고 말았다. 아소카왕의 후계자들은 더 이상 통일제국을 통치할 능력이 없었다.

결국 마우라아의 군사령관이었던 퓨사미트라가 마지막 황제를 살해하고 숭가왕조를 여는 것으로 인도 최초의 통일제국은 겨우 136년(BC 321－BC 185년)을 지내고 허망하게 끝나고 말았다.

아소카왕의 100명의 이복형제가 다 죽임을 당했다?

아소카왕의 어머니

인도에도 일부다처제가 허용되고 특히 동양 왕실에서는 이런 경향이 많고, 많은 이복형제가 치열한 권력 투쟁을 하는 경우가 적지 않았습니다.

아소카왕의 부왕(마우리아 2대왕)도 후궁이 많아서 아소카왕까지 포함해 101명의 자녀가 있었습니다.

원래 좋은 집안 출신(브라만)으로 아소카왕의 모친도 꿈에 현몽하길 제왕의 어머니가 될 운명이라고 해서 왕실에 입궁했습니다.

브라만 출신에 인물도 범상치 않아 기존 후궁들의 시샘이 대단해 이들은 새로 들어온 경쟁자를 왕의 이발소에서 일하게 일을 꾸몄다고 합니다.

실의(失意) 속에 지내던 어느 날 낮 왕이 이발소에 와서 면도를 하고 휴식을 취하면서 곤히 잠에 들었습니다. 깨어나니 눈앞에 선녀같이 예쁜 여인(면도사)이 있었습니다. 왕은 기분이 좋아져 "네가 갖고 싶은 것이 무엇이냐, 마음에 둔 것이 있으면 말해라"고 했는데 이발사는 "다른 건 필요없고 왕과 노는 것이 소원입니다."라고 했다. 왕은 "면도사 신분으로 감히..." 했지만, 눈물의 사연을 듣고 나서 후궁으로 낙점했습니다. 그리고 아들 둘을 낳았는데 큰아들이 아소카 왕이고, 동생은 후에 큰 스님(종교 지도자)이 되었습니다.

왕은 모두 101명의 자녀 중에 후계자(후임 왕)를 정하는 것이 골치 아파 당시 유명한 관상가들에게 짚어 보라 했습니다. 그의 전문적인 안목에 따라 아소카 왕(왕자)이 왕기(王氣)가 있음을 보았지만 이를 숨기고 서열이 높은 왕자 "수사마"가 태자가 되었습니다.

아소카의 목숨을 염려해 이 사실을 감췄습니다. 그러면서 점점 관상가와 대신들 중 아소카의 지지층이 생겼으며 은밀하게 이들과 함께 행동해 많은 우여곡절 끝에 아소카가 왕권을 차지하게 됐습니다.

왕이 된 후, 결국 경쟁자였던 수사마와 그 일가를 죽이는 것은 당연했지만 차츰 범위가 넓어져 의심스러운 이복형제들을 죽이기 시작했고, 왕실은 바야흐로 잔혹사로 뒤덮이게 됩니다. 나중에는 킬러까지 고용해 결국 아소카의 친동생을 제외하고 99명의 형제(공주 포함)를 모두 죽였다는 설이 있습니다.

이 비슷한 시기(두 나라 BC 200년대) 중국의 진시황이 죽자 호해를 후계자로 조작하고 진짜 후계자부터 그 많은 왕실가족을 길거리까지 끌어내어 죽였던 경우와 비교됩니다.

부왕이 유명한 관상가에게 어느 왕자가 왕기가 있는지 자문하다

중국은 진시황이 후계자를 잘못 선택함으로 인해 모처럼 통일된 나라가 10여년만에 망했지만, 인도 마우리아왕국의 아소카는 다행히 명군이 되어 나라를 부강하게 했습니다. 아소카왕이 나라를 확장하는 전쟁에서 많은 사람을 죽였지만, 왕이 되는 과정에서 피를 나눈 형제 친족들을 죽인 것을 크게 참회하여 불교를 숭상하고 백성을 위한 복지 선정을 폈던 것입니다.

2장

쿠산, 굽타왕국과 힌두 르네상스

마우리아왕조 이후의 고대 왕국들-쿠산왕조

고대문명의 발생지 인도는 통일국가의 형성이 비교적 늦어져 최초 통일국가는 마우리아 왕조(BC 321년 건립)였다. 그 왕조의 3대 아소카왕(재위 BC 273－BC 232년) 시대에 전성기를 이뤘고 그가 불교에 귀의해 적극적으로 포교한 역사는 이미 살펴보았다.

아소카왕의 사후 마우리아 왕국은 급격히 쇠퇴해 BC 180년 지방의 군사령관 푸샤미트라에게 멸망당했다.

그 후 통일왕조로 이어지지 못하고 200년 가까이 여러 부족들이 전쟁을 일으켰지만 절대 강자가 없어 아프가니스탄 계열의 민족이 쿠샨 왕조(Kushan)를 세웠다. 쿠샨 왕조에서도 3대 왕인 카니슈카왕 때 전성기를 누리면서 대승불교를 탄생시켰다.

300여년 전, 아소카왕이 소승불교를 발전시켰던 것과 대조적이다.

쿠산왕조에서 발달한 간다라 미술

소승불교는 서남아시아 쪽으로 전파됐고, 이때 대승불교가 중국을 거쳐 한반도와 일본에 전파됐다(제3막 1장 참조).

또 중요한 문화적사건은 쿠샨 왕조에서 발달한 불교미술이 간다라(Gandhara) 미술이다.

인도 전통 미술에 헬레니즘 문화가 합쳐져 탄생한 새로운 양식이었다. 이런 양식이 탄생한 배경에는 이곳에 원정왔던 알렉산드로스가 있다.

알렉산드로스는 이곳에 잠깐 있었을 뿐이고, 그것도 400년 가까이 시간이 흘렀는데 간다라 미술양식이 탄생했다는 사실은 놀라울 따름이다.

마우리아의 아소카왕 때와 비슷한 상황으로 카니슈카(Kanishka) 왕이 세상을 떠나자 쿠샨왕조도 쇠퇴했다.

인접 지역 페르시아왕조의 부활

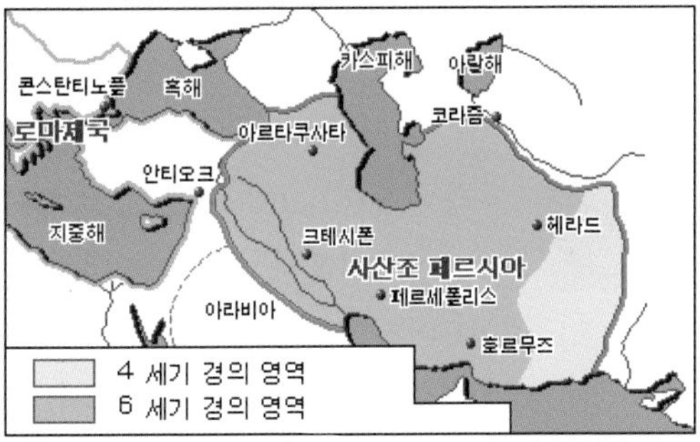

이 시기 AD 226년, 알렉산드로스에게 550여년전 멸망한 페르시아의 아케메네스(Achaemenes) 왕조(AD 226－651년)가 이란과 아프가니스탄 지역에서 부활했다. 페르시아가 인도 문명의 왕조는 아니지만, 인접 지역에서 인도의 왕국에 큰 영향을 미쳤다.

페르시아는 파르티아(Parthia) 왕조도 무너트리고 쿠샨 왕조도 이 페르시아의 속국이 되었다가 240년경 멸망했다.

사산조 페르시아의 샤푸르(Shapur) 1세는 로마 황제를 굴복시킨 왕이었다. 260년 에데사 부근의 전투에서 로마의 군인황제 한사람이었던 발레리아누스를 사로잡고 이 승리를 나크시 에 로스탐(Naqsh－e Rostam(이란 남부의 유적지))의 암벽에 조각했다.

페르시아의 장병들

샤푸르 1세는 조로아스터교·불교·기독교의 교리를 통합한 마니교를 신봉했지만, 다시 조로아스터교를 국교로 삼았다.

인도 쿠샨 왕조(AD 50－240년)가 사라지자 다시 혼란스러운 시기가 찾아왔다.

굽타 왕조의 건국(320-550년)과 발전 그 문화

굽타왕조(찬드라 굽타 1세의 무력시위)

AD 320년 갠지스(Ganges) 강 유역의 마가다 지방의 작은 왕국이었던 굽타(Gupta) 왕조가 등장해 주변의 작은 나라들을 점령하면서 새로운 역사를 만들었다.

굽타 왕조의 창시자 찬드라굽타 1세(Chandragupta)는 북동부 바이샤리에서 세력을 떨치던 리차비家의 쿠마라데비를 왕비로 맞아 왕가의 기초를 공고히 하고, 점차로 주위를 정복해 세력을 확대했다.

320년을 원년으로 하는 '굽타 기원(紀元)'은 그에게서 비롯됐다.

찬드라 굽타 1세가 죽을 무렵 인도 북동부의 대부분을 차지했다. 찬드라 굽타 1세는 마가다의 소왕국의 아들로 태어나 더 큰 왕국에서 왕비를 맞아 세력을 키우고 큰 왕국 굽타를 세운 "왕중왕"이라는 의미로 찬드라 굽타 1세가 된 것이다.

찬드라 굽타는 동명이인(同名異人)?

인도 역사에서 최초의 왕국 마우리아를 세운 왕이 찬드라 굽타(BC 321-298년)입니다. 600여년이 지나고 통일국가 굽타왕조를 세운 왕도 찬드라 굽타 1세(AD 320-335년)입니다. 이름이 같고 왕조의 설립연도도 BC 320, AD 321년으로 비슷해서 헷갈립니다. 우선 찬드라 굽타는 고유명사로 인도의 최초의 마우리아왕조를 설립한 존경하고 기억해야 할 인물입니다. 그 후 소왕국들로 통일을 못하던 인도에서 오랫만에 전 지역을 망라한 왕국을 세우면서 예전의 최초의 통일왕의 이름으로 왕국(조)의 이름을 정하고 찬드라 1세, 2세로 이어져 나간 것입니다. 그래서 최초의 황제를 "찬드라 굽타 마우리아"라고 불러서 그후 찬드라 굽타 1, 2세와 구분합니다. 왕조도 BC 321년은 알렉산드로스 대왕이 인도 원정 BC 327년 이후 인도의 자각에 의해 왕국이 설립된 것입니다. 굽타왕조의 설립은 AD 320년이니 그 차이는 641년이나 되는 긴 세월의 차이입니다.

굽타왕국의 발전-힌두 르네상스와 힌두교의 확립(350년)

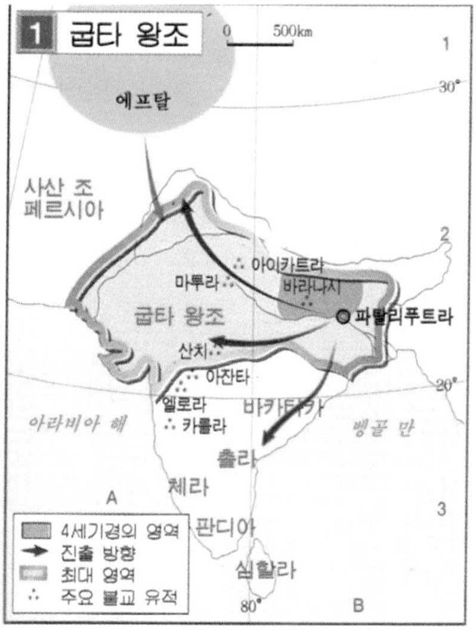

굽타왕조(찬드라 굽타 1세)의 전성시대

그의 후계자 찬드라굽타 2세는 영토 확장을 계속했고, 3대 왕(손자)도 남쪽으로는 데칸고원에서 북쪽 히말라야산맥까지 최대의 전성기를 이루었다. 농업과 상업도 발전해 대도시들이 생겨났는데 오늘날 "파트나(Patna)"로 불리는 도시는 성문이 64개 망루 시설만 570개에 달하는 엄청난 규모였다.

굽타 왕조시대에는 과학도 놀랄 만큼 발전했는데 알렉산드로스가 동방원정 때 그리스의 자연과학도 들어와 발전했다.

특히 수학에서 숫자 "0"을 발견한 것은 큰 업적으로 이로 인해 10진법이 가능해졌고, 모든 문화권의 수학 수준을 앞당길 수 있었다. 이런 인도의 전통이 현재에도 두 자릿수 구구단을 19단까지 외워 중진국으로 발돋움하는 기초가 됐다. 또 인도의 천문학자들은 일찍이 지구의 공전(空轉)과 자전(自轉)을 발견해 "지동설(地動說)"을 주창한 것은 코페르니쿠스나 갈릴레오보다 몇 백년을 앞선 선지자들이었다.

그들은 인도의 주체 의식을 고취하기 위해 그들의 전통 종교 브라만교를 기본으로 한 힌두교(240년경 창건)의 체제를 350년 이후 더욱 그 체제를 확립하고 차후 인도의 보편적인 종교가 되도록 했다. 고대로부터 전해오던 바라문(브라만과 같은 의미의 산스크리트어)교가 복잡한 민간신앙을 받아들여 발전시킨 것으로 특정한 위인 등에 의한 창시자가 없다는 것이 특색이다. 불교와 유사하게 윤회(輪回)와 업(業) 해탈(解脫) 및 도덕적 행위가 중시되며 근본경전은 베다와 우파니사드이다.

아잔타 석굴 등 간다라 미술과 산스크리트 문화

석굴들 전경과 벽화 불상들

힌두교는 다른 종교에 대해 관용과 포용성이 있다. 그 결과 다른 종교도 인도에 정착하고 그 종교의 내용이나 의식이 힌두 사상 안에 포함되게 되었다. 다른 종교의 신(神)도 힌두의 신으로 인정받아 힌두교 안에 포함된 것이다.

힌두교의 발전으로 미술 양식도 바뀌었는데 쿠샨 왕조 때 인도 전통 미술양식이 가미된 간다라 미술이 탄생했다.

이들의 불교·힌두교의 신앙심에 미술이 고스란히 스며든 것이 아잔타 석굴 유적으로 1819년 아잔타 지방 아고라 강가 절벽에서 발견됐다.

기원전 1세기부터 5세기까지 간헐적으로 만들어진 30개의 석굴 내부에 불화 벽화와 부처의 불상 등 1300여년의 세월이 지났음에도 비교적 좋은 상태로 발견됐다.

인근 100㎞ 근처의 엘로라 석굴에도 힌두교 신상 등 아잔타 못지않은 유물이 발견돼 모두 유네스코 문화유산으로 지정됐다. 수많은 불상과 힌두 신상(神像)이 이 시기에 제작되었고, 동서양의 양식과 기법이 혼합되어 독특한 예술이 찬란하게 만개했다.

안타깝게도 그 상당 부분은 흉노의 침입과 이슬람 지배시에 파괴되었다. 다행히 아잔타와 엘로라의 석굴사원은 오늘날까지 잘 전해지고 있다.

실크로드의 돈황 석굴도 굽타 시대 인도의 영향을 받아 만들어진 것이다.

힌두 르네상스를 이루다

산스크리트어

또한, 굽타 시대는 “산스크리트” 문학의 전성기였다.

산스크리트어는 인도아리아어(語)보다 먼저 생성된 언어로 고대 인도의 표준어였고, 중국이나 한국에서는 “범어(梵語)”라고 불렀다. 산스크리트어는 BC 5－4세기부터 개발돼 인도의 지식인·지배 계급이 쓰던 언어였으며, 불교 경전도 BC 200년 전후 이 언어로 기록되기 시작했다. 인도 아리안 이외에 크게 슬라브어, 이탈리아어(그리스 라틴어), 게르만어(영어, 독일어 포함)로 구분하고 있다.

인도의 성문화 발전

그동안 오랜 이민족의 침입으로부터 인도의 고유한 문화가 잘 보존되도록 굽타 왕국의 왕실이 앞장서서 산스크리트어로 된 시와 산문을 적극 장려했다. 고대 인도의 2대 서사시인 <라마야나(Ramayana)>와 <마하바라타(Mahabharata)>는 이 시기에 정리된 문학의 정수다.

굽타 시대는 한마디로 말해서 인도의 종교·문화·생활양식 등을 총정리하여 종합한 시대라고 할 수 있다. 인도의 고유문화를 확립하고 되찾으려는 노력이 강했기 때문에 이 시대를 “힌두 르네상스”라고 불렀다.

우리나라 석굴암과 아잔타 석굴의 비교

필자가 초등학교 교과서에서 본 아잔타 석굴, 간다라 미술을 보기 위해 10여년 전 불편한 교통(뭄바이에서 7-9시간의 기차와 버스)을 무릅쓰고 가서 감동스럽게 보았던 추억이 있습니다. 경주 석굴암과 아잔타의 석굴 하나씩을 비교하면 우리 석굴암(石窟庵)이 빼어나지만, 아잔타는 석굴이 30여개나 돼 외국관광객이 석굴암을 보고 실망한다면 그것은 굴(窟)이 하나밖에 없기 때문일 것입니다.

인도의 굽타왕조 이후 혼란의 시기-인도의 왕국들은 단명

공포의 훈족

한편 굽타 시대의 정치는 이전 왕조들과 마찬가지로 크게 발전하지 못했다.

당시의 도로 및 교통수단이 발전하지 못해 지방까지 효과적인 직접 지배가 불가능했기 때문이다. 느슨한 중앙집권체제로 강적을 만나 장기전을 치르는 것은 버거운 일이었다. 물론 굽타 2세 때 중앙과 지방의 행정조직이 정비되기는 했지만 여전히 지방 세력(국가)을 인정하고 그들의 힘을 빌려서 통치하는 형태를 취해야 했다.

이 시기에는 아시아 북쪽에서 훈족의 침입, 뒤이은 게르만족의 대이동으로 서로마가 멸망(476)했다. 이 훈족은 굽타 왕국에도 쳐들어왔다. 굽타 왕조는 힘겹게 방어했지만, 시간이 흐르면서 한계에 다다르고 내부 권력투쟁까지 겹쳐 인도의 상황은 다시 혼란에 빠지면서 왕조의 운명이 다하고 있었다.

인도 고왕국들 마우리아, 쿠샨 왕조가 130－170년으로 단명한 것처럼 굽타 왕조도 전성기를 지나 200여년만에 550년경 원래 마가다 지방의 작은 왕국으로 작아졌다. 이제 인도의 고대왕국시대가 끝났다.

인도 불교와 그 문화, 동남아시아로 확산

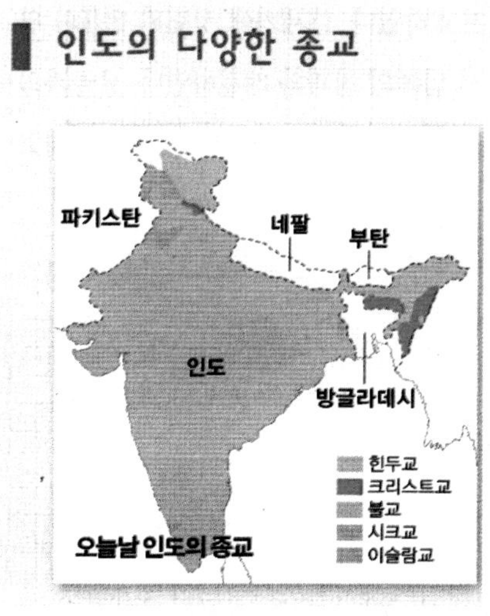

공포의 훈족

인도에서 발원된 불교가 본국에서는 쇠퇴하고 태국, 스리랑카 등 동남아시아의 소승불교와 한국·중국·일본의 대승불교로 나뉘어 번성하여 현재 세계 3대 종교(기독교, 이슬람교와 함께)로 되었다. 인도에서는 마우리아왕국의 아소카왕이 불교에 깊이 귀의하여 당시에는 국교로 삼아 국내외로 포교해 크게 융성했다. 아소카왕의 사망 이후 인도의 불교는 교세가 급격히 꺾여 당시 융성하던 힌두교와 다를 것이 없는 상태로 변질됐다. 더구나 인도에 진출한 이슬람교의 박해를 받아 소멸할 정도였다. 그러나 인도 근방의 네팔이니 티베트와 일부 지방에 불교 신자가 소수 남아있다. 현재 인도의 종교 현황을 보면 힌두교 신자가 전인구의 80%가 넘고, 다음 이슬람교 13.4% 그리고 자이나교·시크교·불교는 전인구의 2%에 불과하다.

세계 3대 불교유적지 및 불교의 확산 현황은 제11장 불교 유적지를 찾아서로!

인도의 조용한 중세의 시작

중국과 인도 역사를 비교하면 중국은 통일제국시대가 기본이고 분열기는 사이사이에 잠깐씩 존재했습니다. 반대로 인도는 특별한 중심이 없는 분열기가 기본이며 가끔씩 통일 왕조가 들어섰습니다. 이때 게르만족, 훈족에 시달리던 서로마가 멸망(476)하고 중국은 5호16국 남북조시대가 끝나가는 때였습니다.
이제 인도도 고대왕국시대가 끝나고 특징 없는 정체, 전쟁없는 평화시대의 중세가 시작됐습니다.

3장

인도의 중세-평화 속의 분열

인도의 중세 평화 속에 분열-메기효과-라지푸트시대

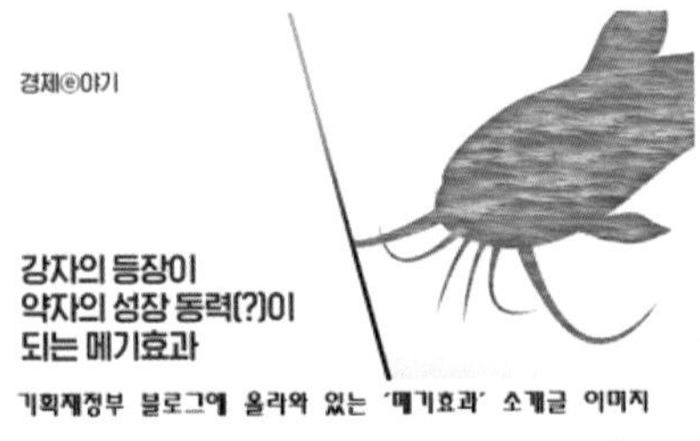
경제ⓔ야기
강자의 등장이
약자의 성장 동력(?)이
되는 메기효과

기획재정부 블로그에 올라와 있는 '메기효과' 소개글 이미지

인도의 정체 속에서
메기-라지푸트 부족

굽타왕조의 붕괴 이후 12세기까지 약 500여년 동안은 다시 특별한 중심세력 없이 소국들이 공존하는 분열의 시대를 지냈다. 다행스러운 것은 이 시대는 이민족의 침입이 없고 비교적 태평성대였다. 소국가들 간의 충돌과 분쟁이 없던 것은 아니었지만, 전체적으로 큰 전쟁 없는 평화로운 시대였다.

평화란 좋은 것만이 아닌 것이 성장을 위해서는 태평, 평화보다는 적절한 자극이 필요할 때도 있다. 마치, 개울에 미꾸라지들만 사는 것보다는 메기도 몇 마리 풀어놔야 미꾸라지가 더 생명력이 있는 것처럼...

이 시기에 메기같은 존재를 꼽는다면 "라지푸트(Rajput)" 부족으로 5-6세기경 인더스 하류 지방에 들어온 것으로 추정된다.

수백년이 지나면서 인도 문화에 동화되고 그 자체도 큰 나라로 통합되지 못해 여러 소국으로 분리되어 있다가 인도의 중심세력으로 부상됐으므로 8-13세기를 북인도 지역에서는 "라지푸트의 시대"라고 부르기도 한다.

평화와 안정에 지나치게 익숙해지면 변화에 무뎌지고 정체기에 머문다면 대가를 톡톡히 치르게 된다. 이때 여느 이민족보다 더 강하고 무자비한 이민족이 쳐들어왔는데 바로 이슬람 세력이었다

남인도의 작은 왕국들-그 중의 촐라왕국

힌두 교의 시바 신. 파괴, 죽음, 열병을 주관하여 공포의 대상이 되는 신이지만, 무용을 관장하고 자비를 베푸는 신으로도 통한다.

촐라왕국의 사원과 힌두교의 시바 신

인도 중부지방의 데칸고원이 남북의 교통을 막고 있었기 때문에 예전 마우리아왕조 때는 물론 그 한참 후 굽타왕조의 정복왕 아소카 왕 시절까지 남인도 전체의 통일은 불가능했다.

그래서 수많은 소왕국으로 수백년을 지내 온 남인도에서 모처럼 촐라(Chola) 왕조가 주목받을 만했다. 1세기경부터 조그만 부족으로 출발한 촐라왕조는 5－6세기 굽타왕조시대에 본격적으로 성장했으며 10－12세기까지 300년 동안 여러 속국을 거느리면서 일약 남인도의 중심세력이 되었다.

특히 촐라의 걸출한 군주 라젠드라 1세(?－1044년)는 데칸의 패자였던 찰루키아를 정복하고 중부인도까지 세력을 떨쳤다. 그 이후에도 북진을 계속해 갠지스강 유역까지 진출했다.

인도 전체의 역사를 한 눈으로 본다면 이때가 남쪽에서부터 인도를 대통합할 수 있는 기회였지만, 성사되지 못했다. 통일 대신 라젠드라1세는 남서쪽으로 해상활동에 주력했다.

남인도의 종교와 문화가 북인도와 달리 나름대로의 특색을 가지고 발전했다.

촐라의 왕들은 힌두교도로 주로 시바 신을 받들었는데 브라만을 적극적으로 후원해 여러지역에 힌두사원을 세웠다. 이에 힌두교는 왕실의 보호 아래 널리 퍼져나갔고 힌두사원들은 백성의 교육장소로 사용되었다.

이 무렵 힌두 문학가와 예술가들이 이슬람세력을 피해 촐라왕국으로 몰려들어 북부의 힌두예술에 남부의 특징들이 더해져 더 멋있는 건축과 예술품이 많이 탄생했다.

힌두교가 왕성해지자 카스트간의 차별도 심해져 갔다.

그러나 북부만큼은 엄격하지 않아서 계급상호간의 결혼이 가능했고 남녀차별 역시 심각하지 않아 여성의 사회 활동이 이루어졌다.

11세기 중반, 라젠드라왕이 죽자 여러 왕국이 촐라왕국으로 쳐들어왔고 데 칸 지역의 여러나라도 독립을 주장하면서 자주 반란을 일으켰다. 촐라왕국의 국력이 서서히 약해지더니 13세기 말에 멸망하고 말았다.

원래 남인도는 지리적 여건을 이용해 일찍부터 해상무역이 활발하던 지역이었다. 서쪽으로 아라비아의 지중해권, 동쪽으로는 동남아시아와 중국에 이르는 세계적인 규모의 해상로가 개척되고 있었다.

그 후 15세기 유럽의 에스파니아와 포르투갈이 동남아시아의 후추 및 향신료시장에 나섰다. 바스코 다 가마가 아프리카 남단의 희망봉을 돌아 인도양의 신항로를 발견(1598년)하면서 대항해 시대에 남인도가 중요한 역할을 담당하게 된다.

이슬람왕국의 지배와 남인도의 비자야나가르 왕국

아프가니스탄에 자리잡은 "가즈니(Ghazni)" 왕국의 마흐무드(Mahmud) 왕은 11세기 펀자브(Punjab)의 비옥한 영토를 노리고 10여 차례 인도를 침입해 파괴와 약탈을 일삼았다. 인도의 유서 깊은 불교사원과 힌두사원이 이슬람군의 말발굽 아래 무참히 짓밟혔다. 이들은 인도를 지배하려고 한 것이 아닌 노략질을 했을 뿐이지만 가즈니 왕국을 무너뜨린 구르 왕조(Ghor. 샨사브 Shansabānī라고도 함)의 무함마드는 13세기 초반 마침내 라지푸트를 격파하고 북인도를 점령하고 지배했다. 이후 후계자들은 델리를 수도로 삼고 정복국가를 선포하여 100년(1206－1290) 가까이 존속했다. 이때 유럽에서는 십자군 전쟁이 끝나고, 중앙아시아에서는 몽골제국의 정복 전쟁이 한창이었다.

이 시대가 분열기는 아니었지만 통일국가가 지배한 시대라고 보기도 어려웠다. 북인도의 패자가 된 델리 술탄국은 내킨 김에 중부의 데칸고원과 남인도까지 진출하려고 했지만, 당시 남인도의 힌두왕조인 "비자야나가르"(Vijayanagar)가 사력을 다해 저지했기에 남인도 진출은 성공하지 못하였다.

남인도의 중세 마지막 국가
비자야나가르의 수도의 유적

비자야나가르는 이 과정에서 100만명이 넘는 군사대국으로 성장했다.

강력한 군사력을 유지할 수 있었던 것은 질 좋은 면직물과 향신료를 다른 나라에 팔아 국가재정이 풍족했기 때문이었다. 북인도의 무굴제국이 건립된 시기까지도 비자야나가르는 수로시설을 완비해 백성이 가뭄 걱정없이 면화와 곡물을 재배할 수 있도록 안정되게 발전하는 나라를 운영했다. 그러던 16세기 왕국의 부를 노린 데칸지방의 바마니 등 이슬람 왕국들이 연합해 침략했다. 격렬하게 맞섰지만 5개월 동안 계속된 전쟁으로 왕국의 터전은 폐허가 됐다. 결국 비자야나가르왕국은 17세기초에 멸망했고 이후 이슬람 및 무굴제국의 영향력이 데칸고원을 넘어 남부까지 미치게 되었다. 백성에 대한 종교적인 지배는 의외로 느슨해 상류층에는 이슬람이 천천히 전파됐지만, 다수의 백성은 개종하지 않았다. 이슬람이 델리 술탄국으로 인도를 처음 지배한 역사는 후대의 인도 역사에 두 가지 커다란 변화를 가져왔다. 하나는 16세기 르네상스 종교개혁의 시기에 인도에 강력한 무굴제국이 들어선 것이고, 또 하나는 20세기에 드디어 인도가 힌두 세력과 이슬람 세력으로 아예 나라가 갈라졌다.

제9막

중세 전반기(1000년까지)의 세계

동 · 서로마의 흥망과 서유럽의 형성

- 1장: 서로마제국 멸망(476년) 전야–서유럽은 중세(中世)로
  * 게르만 민족(서고트 · 동고트 · 반달족)의 대이동–제일 큰 세력 훈족 아틸라왕(493–453)가 서유럽을 휩쓸다
  * 반달족의 로마침입–서로마제국 멸망(476)–게르만족의 서유럽 중세의 시작

- 2장: 동로마제국의 부흥(AD 527년 이후)
  * 동로마제국의 발전–유스티니아누스황제(재위 527–565) 영토의 확장, 성소피아성전, 로마법대전

- 3장: 서유럽의 프랑크왕국의 성립과 발전
  * 프랑크제국의 건립(496년)–마르텔(이슬람 격퇴)–피핀(카롤링거 왕조)–샤를 마뉴(신성로마제국 황제) 3대의 100년이 유럽을 형성
  * 843년 베르딩조약 프랑스, 이탈리아, 독일의 발족–바이킹 등 이민족의 침입

- 4장: 서유럽에 형성되는 프랑스 · 독일 · 스페인 등
  * 프랑스 위그카페왕조(967년) 루이세–필립4세–노틀담성당, 아비뇽 유수
  * 독일 작센왕조(911년)–오토1세(936년) 신성로마제국의 황제–프리드리히 1, 2세
  * 서고트족(수도 톨레도)–이슬람(711년 그라나다)–국토회복운동

1장

서로마제국 멸망(476년) 전야-서유럽은 중세(中世)로

중세(1000년)의 구분-다른 문화권과 시대의 구분

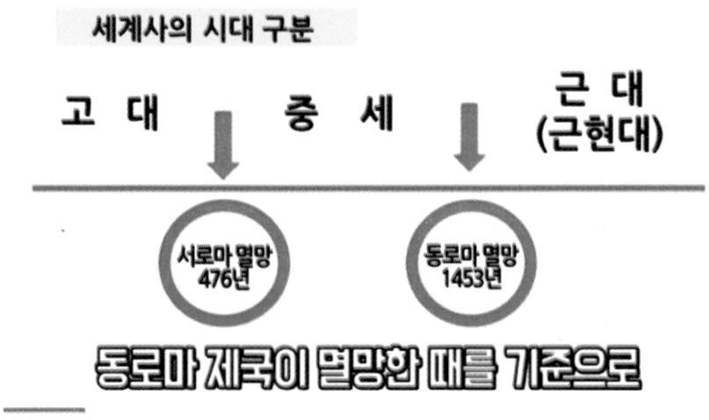

유럽 중심의 서양사에서는 서로마제국 멸망(476년)까지를 고대로 보고 이때부터 중세의 시작으로 하여 동로마제국의 멸망(1453년)때까지를 중세라고 본다. 로마의 비중을 그만큼 중요하게 보아 그 시작과 끝, 그러니까 서, 동로마제국이 멸망한 시기를 기준으로 약 1000년을 중세로 분류하는 것이다. 이러한 유럽의 천년 동안의 중세는 지역 및 문명권로 아시아(중국) 인도 그리고 이슬람제국의 중세와는 잘 맞지 않는다.

중국의 역사에서 그 단락이 지어지는 것은 수·당의 통일시대(581년)로부터 동양의 새로운 에너지 칭기즈칸의 몽골제국을 지나 중원을 회복한 명나라(1368건국－1644년)시대까지를 기준으로 구분할 수 있다.

러시아도 로마노프왕조가 시작된 1614년부터 근세라고 할 수 있으며 인도의 경우도 무굴제국이 건립된 1526년을 근세라 할 수 있으니 유럽 기준의 근세보다는 100－150년 이상 늦는 셈이다.

그러므로 고대, 중세, 근세(근대)의 경계가 큰 의미를 가지는 것이 아니고 시대를 비교하는 편의상의 분류라고 본다면 다른 문명권이 언제부터 중세가 끝나고 근세가 시작되는지 큰 의미가 없다. 그래서 오스만 투르크가 서로마를 멸망시킨 1453년 이후부터 이슬람 제국도 중세가 끝나고 근세가 시작됐다고 하지 않는다. 더구나 이슬람은 고대문명시대에서 연결되지 않은 새로운 역사이기 때문이다. 아예 고대/중세의 역사에 관계없이 유럽의 문화권이 그대로 신대륙에 연결된 미국, 캐나다 그리고 중남미의 역사에서 고대 중세의 역사는 따로 존재하지 않는다고 할 수 있다.

그래도 유럽 중심의 1000년 중세만은 이해의 편의상 시대별로 3개의 시기로 구분해 보기로 한다.

게르만민족이 정신없이 이동하고 서유럽국가들이 자리잡는 중세 전기(AD 500년부터 AD 1000년까지 500년간을 중세 전기로 본다. 그 다음 이슬람제국이 자리잡고 교황의 권력이 강해지는 십자군 전쟁의 종교시대, 동양에서 휘몰아친 칭기즈칸의 충격이 있었으며 이제 봉건체제가 무너지고 절대왕정으로 향하는 시기를 중세 후기(後期 1000－1500년)로 나눌 수 있다.

중세의 전기: 게르만의 대이동과 훈족의 왕 아틸라와의 대결

게르만족의 이동 · 훈족

아시아지역에서 이주한 훈족(흉노)은 375년에 볼가강을 건너면서 그 지역에 살고 있던 게르만인의 한 부족인 서코트족을 몰아내기 시작했다.

삶의 터전에서 쫓겨난 서고트족이 갈 곳이라고는 로마제국밖에 없으므로 이주(移住)를 신청하면서 로마와 여러 차례 협상이 실패하자 폭동을 일으키고 로마(서로마)제국의 영토로 침입했다. 이들 게르만족의 대이동, 그 전투를 막기 위해

게르만족의 침공과 전투

로마의 발렌스황제는 378년에 그들과 전투에서 전사하고 그의 군대도 전멸당했다.

로마군을 무찌른 서고트족이 남쪽으로 밀려 내려오자 382년 다음 황제 테오도시우스 1세는 서고트족에게 도나우강 남쪽에 황무지를 내주고 자치를 허락하는 대신 로마의 병역의무를 부과하였다.

이후 게르만의 반달족과 프랑크족에게도 같은 조치를 베풀어 로마제국의 여러 곳에 자치정부를 세웠다. 게르만에 시달린 테오도시우스 1세는 죽을 때(395년) 제국을 동서로 나누어 두 아들에게 물려줘 동서 로마가 분할되었다.

그 후 410년에는 라인강의 방어선이 허술한 틈을 타 다시 게르만(동고트)족이 밀물처럼 동, 서로마 제국으로 쳐들어왔다.

훈족의 왕 아틸라의 공격

훈족의 왕 아틸라와 훈족의 날쌘 군대

뿐만 아니라 이 무렵 유럽을 공포로 몰아 놓은 훈족이 대군을 이끌고 쳐들어오자 서로마제국은 크게 흔들렸다. "신의 채찍"이라 불린 훈족은 날쌘 기동력과 용맹을 떨치며 싸울 때마다 승리를 거두었다.

훈족은 이 당시 트란실바니아(현재의 루마니아)를 본거지로 해 주변의 게르만족과 동고트족을 굴복시켜 동쪽은 카스피해에서 서쪽은 라인강에 이르는 지역을 지배하는 대제국을 건설했다.

아틸라왕이 동로마의 콘스탄티노플을 점령하기 직전, 협상(당시 황제 테오도시우스 2세)으로 물러나면서 동로마제국에서 조공(朝貢)을 바치게 했으니 위세를 짐작할 만했다. 그 왕 아틸라(393－453년)는 40세에 왕에 등극해 연전연승으로 훈족의 용맹을 날린 왕으로 지금까지도 포악하고 무서운 존재의 상징으로 유럽인에게 알려져 있다.

그러나 아틸라왕은 강국의 왕(지도자)으로서 덕목과 리더십도 갖춰 서로마 공격시에

도 로마교황 레오 1세의 설득을 받아들여 철군했으며 로마의 빛나는 문화와 전통을 존중했다.

그의 이름은 "니벨룽겐의 노래" 등 전승문학(傳承文學)에도 에첼, 아틀리 등으로 등장한다.

니벨룽겐의 전설과 독일민족의 정체성

니벨룽겐의 반지와 바그너

게르만 민족의 신화와 전설이 담긴 중세시대의 영웅서사시로 19세기 독일민족의 서사시로 유명합니다. 작가미상으로 2부로 구성돼있는데 1부는 주인공 크림힐트와 지크프리트의 결혼과 지크프리트의 죽음, 2부는 훈족 왕의 아내가 된 크림힐트의 복수극입니다.

1804년 프랑스 혁명의 여파로 황제로 즉위한 나폴레옹이 유럽을 휩쓸 때 아직 통일되지 않은 독일의 원조 국가 프러시아가 점령(1806년)당한 것은 독립민족의 자존심에 큰 상처였습니다. 이때 촉발된 독일민족(정통 게르만)의 감정이 독일민족의 기원과 신화가 담긴 니벨룽겐의 노래에 깔린 분노, 슬픔, 복수가 당시 현실에 비유된 것입니다.

그래서 니벨룽겐의 전설은 바그너(1813-1883년)에 의해 4부작 오페라 "니벨룽겐의 반지"로 탄생됐습니다.

독일인은 열광했으며, 19세기 후반 독일민족의 정체성과 민족주의를 형성하는데 중요한 모멘트가 되었습니다.

결국 빌헬름 1세와 비스마르크가 중심이 돼 1871년 독일 통일을 이뤘습니다. 프랑스 파리를 점령해 베르사이유궁전에서 황제 즉위식을 올리고 유럽의 강자로 등장했습니다.

니벨룽겐은 오페라 · 영화 · 음악 등으로 너무도 잘 알려졌을 뿐만 아니라 전세계에서 유명한 예술작품이 되었습니다. 참고로 '니벨룽겐'은 세계에서 두 번째로 긴 오페라이며, 순수 공연 시간만 18시간입니다.

로마와 아틸라군의 대전투

아틸라왕의 훈족과 로마제국의 아에티우스 장군이 이끄는 서고트족과 프랑크족을 중심으로 한 혼성부대가 격렬하게 싸운 “카탈라우눔전투(451년 좌측 그림)”는 전쟁사에 남아 있다.

이 전투는 양쪽에서 16만명의 전사자를 남긴 무승부였다는데 이후 아틸라는 본국에 돌아와 재차 동로마공격을 준비했다. 그러나 아틸라는 453년 60세에 급사(急死)해 세계역사는 이렇게 한 페이지가 넘어갔다.

서로마제국의 멸망

이번에는 반대로 455년 아프리카의 반달족이 서로마제국에 침입했는데 용병 덕으로 겨우 지탱할 수 있었다. 서로마는 황제가 자주 바뀌는 등 계속 혼란 속에 헤매다가 내부에서 믿었던 게르만족의 용병대장 오도아케르가 반란을 일으켰다.

476년 마지막 서로마황제 로물루스를 폐하고 스스로 이탈리아왕을 자처했으니 이로써 서로마제국은 아우구스투스 황제 이후 503년만에 멸망하고 말았다.

남의 군대를 빌린 나라들의 운명

용병을 앞세운 전투

이 시기 중국은 이보다 약 200년전인 삼국(위 · 촉 · 오)을 통일한 진(晋)나라도 북쪽의 흉노족(유럽 훈족의 선배)같은 이민족의 도움으로 나라를 지탱하려던 정책, 이이제이(以夷制夷)로 나라를 잃고 강남으로 쫓겨갔듯이, 그 옛날 애국심이 투철했던 로마병정은 어디로 갔는지, 이민족과 용병들에게 국방을 의지했던 서로마의 운명이었습니다.

이제 동로마제국은 로마제국으로 살아남았으나 그 옛날 로마의 영광은 지나갔습니다.

서로마 멸망 후 서유럽의 게르만족과 그 언어들

다만 로마제국를 정복한 게르만족은 문화면에서는 로마에 정복당했다고 할 수 있다.

이탈리아의 라틴인이 기원전 8세기에 이탈리아반도에 정착한 이후에 세운 로마(서로마)제국에 1200여년이 지난 후 게르만이 등장한 것이다.

유럽인은 크게 세 가지 계열인 라틴 · 게르만 · 슬라브로 분류할 수 있다. 모두 인도 · 유럽계 백인으로 혈통은 같아서 생김새로 그들을 분류할 수 없으며 또 많은 혼혈이 이뤄졌다. 그들이 사용하는 언어의 문법 등 그 형태의 차이를 고려해 세 가지 계열로 분류한다.

서로마에 자리 잡기 시작한 게르만인은 로마인이 사용하던 라틴어와 자기네의 게르만어를 섞어서 이탈리아어가 되었다. 또 에스파냐로 건너간 게르만도 라틴어와 게르만어가 어우러져 독특한 스페인어가 만들어졌으며 프랑스어도 그렇게 만들어졌다.

그러나 영국(당시 서로마식민지)으로 건너간 앵글로족과 색슨족은 순수한 그들의 말(해상무역을 하던 페니키아 알파벳)을 썼기 때문에 그것이 오늘날 영어가 되었다.

2장

동로마제국의 부흥(AD 527년 이후)

유스티니아누스황제(즉위 527년) 동로마를 튼튼하게

유스티니아누스황제

395년 테오도시우스 황제의 동서 로마의 분리 이후 서로마는 476년에 멸망했지만, 동로마는 게르만 민족의 침입, 훈족왕 아틸라에게 조공을 바치는 등 어려움을 겪으면서도 잘 버티고 나름대로 자리를 잡아가고 있었다.

보스포로스 해협에 위치한 수도 콘스탄티노플은 유럽과 아시아를 이어주는 교통의 요지였기에 무역으로 부를 축적하고 527년 황제 유스티니아누스(Jstinianus 483생 재위 527－565년)가 등장하면서 전성기를 맞이했다.

로마의 황제 중 200여년 전의 콘스탄티누스황제(재위 306－337년)이후 로마를 부흥시킨 유능한 황제였다.

원래 유스티니아누스황제의 직전 황제(유스티누스 1세)가 그의 삼촌으로 돼지를 키우다 군 지휘관을 거쳐 황제가 되었다. 삼촌인 황제가 문맹(文盲)으로 유스티니아누스 황제는 그를 수족(手足)처럼 보좌하면서 황제수업을 받으며 황제가 되었다. 본인도 농가 출신으로 소심하고 평범한 모범생이었는데 운이 좋았는지 삼촌 덕분에 황제가 되었고 부인도 잘 만났다.

또 인재를 알아보는 안목이 있어서 벨리사리우스라는 명장을 만나 위대한 황제의 반열에 올랐다.

원래 부인은 좋은 집안 출신이거나 요조숙녀가 아닌 당시 로마시민들에게 인기가 좋았던 연극배우고, 여러 남자와 추문도 끊이지 않았던 여인이었다.

유스티니아누스 황제와는 잘 어울리지 않는 타입이었지만 황후가 된 후부터는 품행을 단정히 했고 판단력이 빨라 결정적인 순간에 조언을 잘했다.

유스티니아누스 황제는 "잠을 자지 않는 황제"라는 별명을 얻을 정도로 동로마제국을 위하여 몸을 아끼지 않았고, 그 중요한 업적은 다방면에 이르렀다.

국방력을 키우고 정복사업을 성공적으로 추진해 영토를 예전 로마시절 못지않게 확장했으며 국내적으로도 로마법대전을 완성해 질서와 전통을 세웠고 국내 산업과 경제를 크게 진흥시켰다.

동로마제국의 영토 확장

당시의 동로마제국

유스티니아누스 황제는 게르만에 짓밟힌 로마제국의 명예를 되찾기 위해 벨리사리우스 장군을 앞세워 군대를 일으켜 큰 성과를 거두었다.

먼저 533－534년 아프리카에 진출해 있던 반달 왕국을 무너뜨렸고 535－540년에 로마를 지배하고 있던 동고트 왕국의 내분을 틈타 나폴리와 로마를 점령했으며 결국은 동코트왕국의 수도까지 점령하여 손을 보았다. 그리고 559년에는 다시 훈족을 쳐 100여년전 선대 황제들이 훈족의 왕 아틸라에게 조공을 바치며 평화를 빌었던 치욕을 되갚았다. 이렇게 유스티아니누스 황제는 재위 38년, 82세까지 장수하면서 예전 로마 전성기의 영토를 거의 회복했다.

능력 있는 장군을 시기 경계하는 군주들

대부분의 영토확장 전투에서 연전연승한 벨리사리우스 장군을 영국의 역사가들은 나폴레옹을 이긴 웰링턴, 2차 세계대전의 몽고메리와 비슷한 능력을 갖춘 것으로 비교했습니다. 이런 명장을 두었기에 황제로서도 든든했지만 원래 유스티아니우스 황제의 성격은 의심과 질투가 많았습니다. 그래서 빛나는 치적을 쌓은 장군이라 언젠가 황제자리를 노릴거라 우려해 때때로 견제하고 심지어 자택격리를 시키기도 했습니다.

꼭 1000여년 후에 조선의 선조가 임진왜란 때 해전에서 연전연승하는 이순신장군을 시기하여 그를 투옥하고 백의종군을 시키던 사례와 비슷했습니다.

로마법의 완성(534년)으로 나라의 기틀을 세우다

로마대법전 그 공포

원래 로마는 그리스의 문화와 전통을 이어받아 "그리스 · 로마"라는 표현을 많이 쓰지만, 로마는 실용적이고 현실적인 측면이 강해서 발전하고 집중하는 분야가 그리스와 달랐다. 그리스가 신화 · 철학이 발전하였다면 로마는 군사 · 건설 · 법률분야가 대단했다.

그리스가 기초과학 · 물리 · 수학 · 천문분야가 발전했다면 로마는 기술(토목) · 건설이 특별했으며 그리스가 문학이 발전했으며 로마는 기술(토목), 연극, 대중문화가 활발했다.

법률이라고 하면 이미 기원전 5세기에 로마 최고의 성문법 12표법을 만들어 국가질서를 확립했고 시민들의 권익을 보호하여 이탈리아 통일의 밑바탕이 되었다. 1000년이 경과하는 동안 여러 가지 법률이 제정되고 발전했으며 판례 등도 많아졌다.

황제의 집념으로 이를 집대성하여 529년 동로마제국의 기본이라 할 법률대전을 만들었는데 이를 "유스티니아누스 법전", "로마 대법전"이라 부른다. 제국 안에서 보편적으로 통용되는 최고권위의 법률·예규·학설을 체계적으로 정리한 법전이었다. 이 법률체계는 현재에도 영국, 미국을 중심으로 영미법 체제, 즉 판례법체제에 대비되는 성문법체제로 이 로마대법전이 활용되고 영향을 미치고 있었다.

성 소피아성전의 건립(532-537년)

불후의 걸작 소피아성전

유스티니아누스황제는 토목사업도 많이 벌였다. 옛 로마의 영광을 건축, 문화시설로도 재현하고자 했던 황제는 초기에 성 소피아성전을 착수해 완공했다. 이 성전의 특징은 예전의 기둥을 세워 떠받치는 건물이 아니라 돔(Dome) 형식으로 무게를 분산하면서 지은 첫 번째 대형 건축물(로마 바티칸에 성 베드로 성당 이전에는 세계 최대 성전)로 5년 10개월 공사기간에 기술자 100여명, 연인원 1만명을 투입해 완성했다.

당시로는 불가사의로 일컬었으며 이후 비잔틴 건물들의 효시가 됐고 현대까지도 돔 형식의 대형 체육관의 선조가 되는 역사적인 건축물이다.

1000여 년 이후 오스만 투르크가 성전을 능가하는 블루모스크를 바로 옆에 건립했고, 두 성전의 역사적 가치나 우열은 따지기 어렵다.

젊은 오스만제국의 술탄 "노터치"를 명하다

900여년 후 1453년 동로마제국의 멸망 시 오스만 터키의 젊은 술탄이 역사적인 안목을 가지고 이 성전이 승리에 취한 군대의 약탈대상이 되지 않게 이 성전만은 "노 터치"를 명하였습니다. 소피아 성전을 보호(모스크로 변형 사용, 현재는 박물관으로 사용)한 것은 탁월한 조치였으며 현재 블루모스크와 함께 나란히 서 있는 정경은 세계에서 손가락에 꼽히는 랜드마크로 빛나고 있습니다. 필자는 이스탄불을 세 차례나 다녀온 경험이 있으며 그때마다 새로운 마음으로 이 건축물을 둘러보았습니다.

유스티니아누스의 황제-업적의 명암(明暗)

유스티니아누스 시대의 동로마 제국

황제는 동로마 제국 특히 콘스탄티노플의 지정학적 위치를 잘 활용하여 동서양의 통상 무역의 거점으로 나라가 경제적으로도 발전하도록 했다.

아직 실크로드는 본격적으로 활용되지는 못하였으나 중국에 사절단을 파견해 누에고치를 비밀리에 들여와 실크 제조에도 심혈을 기울였다.

넓은 영토를 확장해 로마의 영광을 재현하는 것은 황제의 소망이었지만, 그 많은 전쟁에 따른 비용, 이 영토를 유지하는 어려움, 국민은 전비 조달을 위해 무거운 세금, 병역 의무의 부담 등으로 고통이 매우 컸다. 또 소피아 성전 등 문화사업, 토목공사로 인한 재정지출로 국고는 텅텅 비고 공채발행으로 국가재정은 점점 어려워졌다.

황제가 사망할 때까지 노년의 스트레스가 엄청났으며 정통 후계자도 없이 누이의 아들이 유스티아니누스 2세로 승계했을 때 이미 제국의 그늘이 드리우기 시작했다.

3장

서유럽의 프랑크왕국의 성립과 발전

프랑크 왕국 성립(496년)과 로마주교(교황)

3 게르만 왕국(493년경)

5세기에 본격적으로 시작된 대대적인 민족이동으로 인한 혼란과 무질서로 200－300년 동안은 암흑시대로 불리기도 한다.

451년 다시 로마로 쳐들어온 훈족은 그들이 지도자 아틸라가 사망(453년) 후 물러갔으며 이때 훈족으로부터 해방된 동고트족이 이탈리아로 들어가 로마를 차지했다.

그 이후 서로마제국의 멸망(476년)으로 이어졌으며 이때 무주공산이 된 후 유럽으로 밀려든 게르만족, 즉 유럽 아리안 인들은 각지역마다 맹주 노릇을 했다. 예전 카이사르가 지배했던 갈릴리 지방에도 프랑크족이 라인강에서 피레네산맥까지 넓은 평야지역에 걸쳐 자리잡고 차후 유럽의 중심세력으로 부상할 기반을 갖췄다. 원래 부족에서 발전하여 점차 게르만 제부족을 통합하였다. 이제 서유럽의 대부분을 포함하는 대제국의 틀을 갖추었으며 민족이동 후의 혼란을 수습함으로써 유럽의 정치적 문화적 통합을 추진하였다. 특히 왕국의 설립과 크로비스가 기독교로 개종하여 게르만 민족의 기독교화를 실현한 계기가 되었다.

이들은 기독교를 신봉해서 게르만 문화와 로마 문화 그리고 기독교를 융합하면서 새로운 시대, 즉 중세 유럽의 문화와 사회의 기반을 닦아 나갈 수 있게 되었다. 이런 상황에서 유럽을 주도해 나간 세력이 로마 기독교 교회였고 그 정신적 지도자는 로마주교(교황)였다.

원래 서로마제국이 붕괴되면서 서로마 황제는 폐위됐지만, 기독교 지도자인 주교의 지위는 유지된 것이다. 유럽의 혼란과 암흑의 시대에도 교황은 유럽의 최고 권위자로서 이탈리아반도를 거점으로 새로운 유럽인들의 구심점이 되었기 때문이다. 게르만 민족 중에 유력한 집단으로 자리 잡은 프랑크족은 로마 교황과 제휴·협조하는 한편 자신의 세력, 게르만 부족을 통합하여 486년 클로비스(제위 481－511년)가 유럽에서 최초로 프랑크왕국을 세웠다,

프랑크왕국의 삼대(三代) 마르텔-피핀-샤를 마뉴, 서로마 황제로 즉위

<10> 732년 프랑크 왕국의 카를 마르텔은 왜 프랑스 남서부로 출동했을까?(下)

카를 마르텔이 이슬람세력을 물리치다

프랑크왕국의 창업주라고 할 클로비스의 사후(511년), 그 아들 사형제가 나누어 다스리다가 막내 클로타르 1세가 558년에 왕국을 하나로 통일했다.

클로타르 1세가 죽자 왕국은 남은 삼형제 간의 쟁투가 벌어지고 음모와 모략이 그치지 않았다. 게르만족의 전통은 장자 상속이 아니라 형제들이 나누는 것이었기 때문이다.

왕권이 확립되지 않자 7세기 말에는 왕국의 실권은 귀족들의 지원을 받는 재상들에게 넘어가고 왕은 유명무실한 존재가 됐다.

이때 이슬람교가 탄생해(632년) 맹렬하게 확대되고 있던 세력이 에스파냐를 점령하고 피레네산맥을 넘어 유럽 그 당시 프랑크 왕국을 침공(732년)했을 때 이를 물리친 이가 당시 재상격인 궁제 샤를 마르텔(690생 재직 717－741년)이었다.

지금의 유럽에 이슬람 세력이 침투하지 못한 것은 바로 투르 푸아티전투에서 승승장구

(乘勝長驅)하던 이슬람세력을 마르텔이 격파했기 때문이며 유럽의 독자적인 왕권을 확립하는 결정적인 계기가 되었다.

샤를 마뉴의 서유럽 통합

기골도 장대한 샤를 마뉴

마르텔 궁제의 사후, 아들 피핀(714생 재위 751－768년)이 궁제가 되어 무능한 왕을 쫓아내고 왕이 되면서 751년 "카롤링거" 왕조가 시작되었다.

이어 마르텔의 손자 "샤를 마뉴(742생 재위 768~814년)"의 시대에 이르러서는 그 세력이 절정에 달해 혼란의 시기를 끝내고 있었다.

샤를 마뉴는 기골부터 장대(190cm)해 전사의 기질을 타고나 평생을 전쟁터에서 살면서 서로마 이후 유럽의 가장 위대한 왕으로 존경받았다. 그의 영토도 피레네산맥에서 엘베강에 이르는 서유럽 대부분을 차지하는 대제국으로 올라서고 있었다. 서유럽에서 영국, 이베리아반도, 이탈리아 남부를 제외한 전부가 그의 지배하에 들어갔다. 또한 8년이나 계속된 훈족과의 전쟁으로 헝가리지역이 정복됐다.

서로마제국의 멸망 이후 이민족의 침입으로 불안을 느끼던 교황(로마 주교)은 안정된 교권을 위해 샤를 마뉴와의 제휴가 필요했다.

이에 당시 교황 레오 3세는 성탄절을 맞아 특별 선물을 준비하는데 그것이 바로 로마제국 황제의 대관식(800년)이다. 이것은 서로의 이해관계가 기가 막히게 맞아떨어진 것으로 엄청난 의미를 내포하는데, 바로 300여년 전 멸망한 서로마제국의 부활이자 새로운 체제의 탄생을 의미하는 것이었다.

동로마에서는 야만인(게르만)이 황제가 될 수 없다고 항의했지만, 소용없었고 교황이나 서로마 고토(古土)가 비잔틴의 동로마제국의 그늘에서 벗어나는 계기가 되었다.

샤를 마뉴 대제(황제)는 서로마제국을 계승한다는 명분으로 자신의 세력을 다지게 되었고 로마를 중심으로 한 영토(차후 바티칸 교황청의 성지)를 교황에게 바침으로써 보답했다.

신성(神聖:하느님 대리자 교황이 인정하는) 로마제국의 성립과 그 황제의 즉위는 차후에 전개되는 교권과 왕권 분쟁의 씨앗이 되었다.

서유럽은 원조 카를 마르텔, 카롤링거 왕조를 세운 피핀(초대 프랑크 국왕) 그리고

서로마 이후 유럽의 왕권이 성립한 것은 중국의 당 현종시대

유럽이 동서 로마제국의 분열, 서로마제국의 멸망(476년) 이후 혼란시대가 지나고 마르텔 3대(717-814년)는 왕조 또는 봉건 사회로 가는 시작이기도 했습니다. 이때 중국은 당나라(618년 건국)의 현종이 나라의 번영을 이끌던 시기였는데, 양귀비에 빠져 국정을 돌보지 않아 안사의 난(755년)이 발발했고 나라가 쇠퇴하기 시작한 때였습니다.

그 아들 샤를 마뉴(2대왕)까지 이르는 3대 100년(717－814년) 동안 확고한 왕권이 확립되어 유럽의 형태가 이뤄지기 시작했다.

샤를 마뉴 대제는 의젓하면서도 건장한 체격에 사냥과 운동에도 뛰어났으며 문맹이었지만 문화를 사랑했던 인물이다. 영웅호색(英雄好色)으로 결혼을 다섯 번이나 하고 황후를 포함하여 부인이 모두 9명이나 됐다.

대제는 영토확장과 포교에도 힘을 기울여 이탈리아반도에 있던 롬바르드왕국을 정벌하고 주위에 정복한 국가에 기독교신앙을 강요했다.

유럽의 문예부흥이 일어나 학자들은 로마제국의 고전을 연구하고 각지에 수도원과 학교를 세워 중세문화 발전의 바탕을 이루게 하였다.

유럽의 분할(843년)-프랑스, 독일, 이탈리아

삼국으로 분할된 서유럽

그러나 샤를 마뉴 대제(황제)가 죽고(814년), 뒤를 이은 셋째아들 3대왕 루이(루드비히 재위 814－840년)가 신앙심만 깊었을 뿐 아버지의 능력에 크게 미치지 못하여 형제들과 영토를 둘러싸고 내전만 되풀이하다 사망했다.

결국 그 아들들(샤를 마뉴의 손자들)이 843년 베르딩조약에 따라 강력했던 프랑코 왕국은 셋으로 분열되었다.

샤를 마뉴의 죽음 이후, 30년만에 제국은 다시 분열되고 서유럽은 그 이후 다시 통일되지 않았다. 나폴레옹과 히틀러에 의한 일시적 점령 그리고 현재 EC에 의한 경제적인 통합은 별개의 것이다. 샤를 마뉴의 3대(아들까지 4대)에의 130년 가까운 유럽의 재통일은 그리스·로마의 전통과 기독교 그리고 게르만이 하나로 통합되었다. 또한 샤를 마뉴가 기초를 놓은 봉건제도는 중세 유럽의 기본 틀을 구성하며 이어졌다.

이 시기 유럽에서 시작(840년대)된 봉건제도는 중국이 주나라 건국(BC 1046년)부터 시작한 것과 비교하면 1800여년이 뒤진 것이다.

유럽의 바이킹 등 이민족의 침입과 노르망디 그리고 오토대제

바이킹들의 침입

분열돼 약해진 프랑크제국을 비롯한 유럽 전체가 9세기 후반부터 다시 한번 이민족의 침입으로 크게 시달린다.

서프랑크 왕국은 '바이킹'이라 불리는 노르만족의 침입을 받았고 동쪽에서는 마자르족이, 남쪽은 이슬람군이 물밀듯이 쳐들어왔는데 그중 가장 피해를 준 세역은 바로 바이킹이었다.

바이킹의 고향은 노르웨이의 피요르드만으로 알려져 있다. 바다를 휘젓고 다니는 해적으로 성격이 매우 거칠고 난폭하여 이들이 지나간 후에는 농작물과 가축, 주민들이 큰 피해를 입었다.

바이킹이란 용어는 만(灣)에 연결된 좁은 강(vik) 성채화된 숙영지(wik), 해적(viking)에서 유래했다고 한다.

바이킹의 약탈행위가 심해지자 911년 서프랑크(프랑스)의 왕은 바이킹 두목 롤로에게 세느강 하류의 땅을 주기로 하고 굴욕적인 평화조약을 맺어 롤로는 노르망디공으로 봉해지고 그에 의해 노르망디공국이 태어나게 되었다.

바이킹은 1066년 다시 영국으로 쳐들어가 앵글로 색슨족을 무찌르고 노르만 왕조를 세웠다.

바이킹은 온 유럽을 예전의 훈족처럼 공포로 몰아넣으며 1492년 콜럼버스 이전에 아메리카대륙을 처음 발견한 것도 바이킹이었다고 한다. 동프랑크로 침입한 마자르족은 오

바이킹들의 배

늘날 헝가리족의 조상으로 그들도 바이킹 못지않게 잔인했는데 이탈리아와 에스파냐까지 침공했지만, 기독교 유럽의 지배자들은 너무 약하고 분열돼 있어서 이들을 막지 못했다. 955년 작센 공작이자 독일왕인 오토 1세는 상당한 규모의 군대를 모아 바이킹과 여러 전투에서 이겨냄으로써 서유럽을 구했다

바이킹·마자르족 등은 중국의 진·한나라 시대 이래 지속적으로 국경을 넘어 중원을 침공하던 돌궐·흉노족과 같은 존재였는데 유럽은 북쪽에 산맥이 없이 평원이고 서쪽의 바다를 면하고 있어서 이들이 쉽게 국경을 넘어왔다.

이 당시 영웅 오토(대제) 1세에 대해서는 제4장에서 구체적으로 설명한다.

4장

서유럽에 형성되는 프랑스 · 독일 · 스페인

프랑스 독자적 역사의 시작(987년)

위그카페 왕

서프랑크 제국은 프랑스, 동프랑크는 현재의 독일지역 그리고 중간지역은 이탈리아로 나뉘면서 843년 베르됭 조약에 의한 유럽의 기본 골격이 이뤄졌다. 이 삼국 중 프랑스는 "위그카페"라는 왕조가 창설되면서 일찍이 중앙의 왕국을 중심으로 한 봉건 중세 국가의 정형을 이루었다.

프랑크왕국에서 시작된 카롤링거 왕조가 끝난 것은 987년이다. 프랑스(서 프랑크제국) 루이 5세가 직계 후손 없이 사망하자 당시 실력자였던 위그카페(재위 987－996년)가 왕이 되어 그 후로부터 341년이나 지속되는 위그 카페 왕조가 그 문을 열었고 이것이 진정한 의미의 프랑스왕조(역사)의 시작이었다.

신성로마제국의 오토 1세를 외삼촌으로 둔 위그 카페는 사방의 정적들을 견제하면서 왕가의 안정과 계속성을 확보하기 위해 자신의 아들 로베르를 공동 국왕으로 삼았다. 카페왕조의 초기에는 왕권이 그리 강하지 못했고 왕의 통치범위는 파리와 오를레앙 정도에 머물렀고 나머지는 귀족들이 다스리는 영지(봉건사회)였다. 이런 상황에서 카페 왕조가 통치범위를 넓히고 왕권을 강화하는 데는 적잖은 시간과 노력이 필요했다. 위그 카페왕의 즉위 987년부터 네 번째 왕 필립 1세(1108년)까지는 큰 변화없이 시간이 흘러갔다.

이후 프랑스의 공작국(일종의 제후국)의 기윰이 1066년 영국의 앵글로 색슨의 왕위 계승권을 주장하며 1만명의 군대를 이끌고 잉글랜드를 점령했다.

윌리엄 1세가 영국을 지배하기 시작하자 프랑스의 위그 카페 왕조도 긴장하고 영국과 대치관계가 형성되기 시작했다. 영국이 형식상으로는 프랑스의 신하(제후)국이면서도 실질적으로는 프랑스에도 영토를 많이 가진 독립국으로 행세했기 때문이었다.

프랑스와 영국왕과의 영토를 둘러싼 신경전

루이라는 이름의 왕들의
시초 루이 7세

제후들의 광대한 영토(주황색)

프랑스의 루이 6세(1108년 즉위)부터 루이 7세, 중간의 필립 2세를 거쳐 루이 8세, 9세(1270년)까지 160여년은 아주 중요한 시기였다. 먼저 프랑스에 있는 노르망디를 비롯한 영국의 소유 영토를 되찾았고, 십자군 전쟁에서 이슬람 제국과 싸우는 가톨릭 왕국으로 활약했다. 이 당시 프랑스왕들은 절대군주가 아니고 영지가 많은 제후(귀족)의 눈치를 보며 결혼과 이혼을 되풀이했다. 대표적으로 루이 7세가 보르도지방의 영토(좌측 지도 아키텐)를 가진 왕비와 불가피하게 이혼했다.

바람기 많은 이 왕비와 결혼한 11살이나 어린 영국의 헨리 2세는 결혼하면서 프랑스의 아키텐(보로도 와인 산지) 지방의 영지를 지참금으로 받은 것이다.

그러나 나중에 이 재산을 둘러싸고 헨리 2세의 자녀들이 피 터지게 싸워 그후 존왕시절에는 프랑스의 필립 2세에게 대부분 빼앗겼다. 이 당시 프랑스라고 불리는 지역 내에는 자신의 큰 땅을 가지는 제후들이 영국과 관련(예: 노르망디 앙주, 아키텐 등)되면 영국과 영토분쟁이 생겼다. 이를 계기로 영국에서는 1215년 마그나 카르타가 인정됐고 영국의 프랑스 내 영토를 차지한 프랑스는 점차 유럽의 강국으로 성장했다. 또한 루이 7

세, 필립 2세, 루이 9세는 십자군전쟁에 참가했고, 특히 루이 9세는 포로가 되어 큰 곤욕을 치르기도 했다.

노트르담 성당을 건립하다

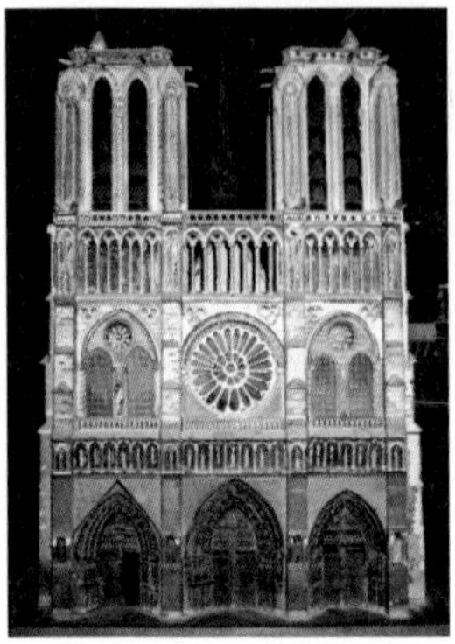

이 시대의 프랑스의 문화와 예술은 가톨릭을 중심으로 크게 발전하고 있었는데 대표적으로 프랑스의 노트르담 성당(왼쪽 사진)이 80여년(1163－1245년)의 건축 기간으로 세느강가 섬에 프랑스 아니 유럽을 대표할 고딕양식의 성당으로 완공됐다. 이는 영광스러운 역사(役事)였으나 이와 함께 가톨릭역사에 오명을 남긴 흑역사(黑歷史)로 두 개의 교황과 교황청이 존재했던 아비뇽유수(1303－1377년)였다.

프랑스의 가톨릭 역사인 노트르담 성당

불타는 노트르담 성당(2015년), 노틀담의 꼽추(영화)

노트르담 성당에서는 프랑스의 역사적 행사가 많이 열렸는데 대표적인 것이 1804년 나폴레옹의 대관식입니다. 하지만 2019년에 안타까운 사고가 발생했습니다. 성당 내부의 보수공사 중에 대형화재가 발생해 상당 부분이 불에 타 850여년의 프랑스 가톨릭문화에 크나큰 손실이었습니다. 96m의 중앙 첨탑은 무너졌지만 양쪽의 쌍둥이 탑은 보존 가능성이 있다고 합니다. 진화 노력 덕분에 제일 중요한 예수님의 "황금 가시 면류관"은 잃지 않았고, 유명한 장미창도 무사했으며 다른 예술품들도 보존된 것은 천만다행이었습니다.

성당이 일반인에게 유명해진 것은 영화 〈노트르담의 꼽추〉 때문입니다. 주인공 콰지모도는 출생이 베일에 싸인 채 버림받았고, 노트르담 성당 중앙탑에서 종을 치는 일을 합니다. 그는 세상으로부터 격리돼 살던 중 가장행렬이 열리는 만우제날 용기를 내 축제에 몰래 참가합니다. 그곳에서 아름다운 집시 무희 에스메랄다를 만나게 됩니다. 여기에 그녀를 사랑하는 신부와 그녀가 사랑하는 장군 등 애정이 교차하는 내용들로 복잡합니다. 프랑스의 대문호 빅토르 위고의 원작으로 여러번 영화로 만들어진 고전이지만 안소니 퀸과 지나 롤로브리지다가 출연한 영화가 제일 유명합니다.

필립 4세와 아비뇽 유수

프랑스의 강력한 왕 필립4세

프랑스왕 중 나중에 루이 14세처럼 힘을 쓰던 필립 4세(1265생 재위 1285－1314년)가 세금문제로 교황 보니파시오 8세(좌측 사진) 사이에 힘겨루기에서 1303년 승리했다.

이후 교황은 로마가 아닌 프랑스 아비뇽에 머물면서 프랑스왕에 종속되었다. 이후 1377년 교황 그레고리우스 11세가 로마로 복귀할 때까지 7대의 교황이 계속 아비뇽에 머물렀다. 교황권이 프랑스 왕권에 굴복한 것을 포로로 갇히는 것에 비유해 "아비뇽(좌측 임시 교황청) 유수(幽囚")라고 한다.

신비의 템플 기사단과 아비뇽유수

이 시기 필립 4세는 교황의 지지를 얻어 십자군 전쟁 중에 재산과 조직을 키운 탬플

(성전)기사단을 13일 금요일에 전국에서 동시에 체포해 왕권을 강화하고 프랑스 왕정의 재산을 증식한 것으로도 유명하다.

이래저래 많은 족적을 남긴 필립 4세가 1314년에 죽으면서 그의 아들들 루이 10세, 필립 5세, 샤를 4세가 차례로 왕위에 올랐으나 모두 단명해(1328년 3명의 왕이 모두 14년) 그 후사가 없었으므로 왕조가 끊이게 되었다.

필립 5세의 아들 3형제가 모두 왕이 되었다가 죽고, 영국의 에드워드 2세에게 시집간 딸이 왕위 계승권은 있었지만 프랑스 귀족들은 여자가 왕이 되는 것은 금기(禁忌)로 했다. 그래서 그 딸이 낳은 영국의 에드워드 3세가 프랑스 왕위 계승을 주장해 발생한 전쟁이 100년 전쟁(1337－1453년, 116년간)이었다.

독일의 독자적 역사(왕조)의 시작

삼국형태의 분할로 동프랑크가 후에 독일왕국이 되었다. 동프랑크의 초대왕은 루트비히 2세(재위 843－876년) 이후 이어 오는 중 여러 부족(제후)의 독립성이 강해 왕은 관리형 군주에 불과했다. 이 동안 서프랑크(프랑스)와 연합해 바이킹의 일족인 노르만과 싸워 일퇴일진(一退一進)하였다. 4대 루드비히(재위 899－911년)의 요절(夭折)로 프랑크왕조의 카롤링거 왕조와 혈통이 단절되었다.

귀족 제후 주교들이 자체적으로 선출한 콘라드 1세(재위 911－918년)가 작센왕조의 문을 열고 이때부터 독일왕으로 부른다. 그 후 그의 후계자 아들 하인리히 1세(919－936년)가 노르망족과 마자르족의 침입을 막아냈고 그 후 그의 아들 오토 1세(재위 936－973년)가 귀족과 제후들의 권한을 제압하고 중앙집권화를 추구했다. 작센왕조의 콘라드 1세부터 오토 1세까지 60여년 동안 독일왕조의 시작이라고 할 수 있다.

오토 1세는 당시 교황 요한 12세와 협력하며 영토 확보를 추진하여 예전의 샤를 마뉴와 같은 위상을 인정받았다. 프랑크왕국이 삼국 형태로 분할된 이후에 962년 교황은 가장 강력한 왕권을 유지하고 있던 동프랑크(현 독일)의 국왕인 오토 1세를 서로마의 후계자로 임명한 것이다. 이렇게 탄생한 것이 신성(神聖)로마제국이다. 오토 1세에게 황제의 관을 수여하고 서로마제국을 부활시킬 사명을 부여했다.

신성로마제국의 전통은 오토 1세를 초대황제로 나폴레옹이 폐위되는 1806년까지 이어졌다. 그러나 영토가 고정된 제국이 아니고 말 그대로 신성이라는 권위가 부여되는 것이었다. 독일왕국은 신성로마제국의 범위에 포함되고 그후 오스트리아 합스부르크왕조에서도 신성로마제국의 황제들이 다수 배출됐기 때문에 독일만의 역사가 아니었으며 큰집

(BIG TENT)을 이루는 것이었다.

독일 역사상 첫 번째 위대한 왕 오토대제

일찍부터 오토대제는 부왕(父王) 하인리히 1세를 전쟁터에서 수행하면서 전투에 능력을 보인 준비된 왕이었습니다. 일찍이(17세) 전쟁에서 이민족의 포로로 잡힌 왕녀를 접해 사생아 빌헬름을 낳았는데 나중에 대주교로 크게 활약합니다.

936년(24세)에 왕이 되었을 때 부왕이 게르만족의 전통인 형제들 간의 분할상속에 많은 폐단이 있는 것을 알고 이를 무시하고 마음에 둔 큰아들 오토에게 일괄상속을 했습니다. 그의 사후 오토는 상속과 관련해 많은 형제자매와 논쟁과 반란까지 생겨 이를 제압하고 평정하는데 10년이나 걸렸습니다. 오토왕은 그 옛날의 샤를 마뉴를 연상시키는 정복군주의 역할로 영토확장을 추진했습니다. 게르만족 중심으로 자리잡은 서유럽을 지키기 위해 노르만족 · 마자르족 · 슬라브족을 공격했습니다. 분할된 중 프랑크(이탈리아)에도 출병해 평정한 덕분으로 이탈리아왕까지 겸했으며 962년 신성로마제국의 황제가 되는 영광을 얻었습니다.

신성로마제국과 독일왕국

오토 1세의 신성로마제국 발족과 함께 독일왕국은 소멸한 것이 아니라 그 제국의 일부로서 계속 존속됐다. 명목상 독일왕국은 이탈리아왕국, 부르군트왕국, 보헤미아왕국과 함께 신성로마국을 구성하는 왕국 중 하나였다. 독일왕국은 다른 왕국들과 차별적인 위상을 가졌다. 그것은 독일왕국의 국왕으로 선출된 사람이 신성로마제국의 황제가 된다는 점이었다. 특히 독일왕이 신성로마제국의 황제에 오르면 이탈리아왕까지 자동적으로 겸했다. 독일왕, 신성로마제국의 황제가 이탈리아왕까지 겸하는 전통은 프랑스 혁명에 이은 나폴레옹 전쟁까지 지속됐다.

독일왕, 신성로마제국의 황제가 선임되는 것은 5명 내지 7명의 유력 제후(선제후)에 의해 이뤄져 그 출신 왕조 가문, 지역으로 복잡해 난립되기도 했다. 대체로 보면 최초의

오토 대제의
신성로마제국(962-1806년)의 영역

작센왕조(오토 1세 포함, 919－1024년), 잘리에르왕조(하인리히 3, 4, 5세 포함 1024－1125년), 호엔슈타우펜왕조(프리드리히 1, 2세 포함 1138－1254년), 합스부르크왕조 및 기타(1273－1806년)로 대분할 수 있다.

독일의 프리드리히 1, 2세 및 황제의 가문

프리드리히 1세
(재위 1152-1190년)

오토 1세 사후 100여년 후, 1096년 십자군 전쟁이 터졌고 이 시기 주목할 신성로마제국의 황제는 프리드리히 1세였다. 그는 독일 남서부의 슈바벤공국에 기반을 둔 호엔슈타우펜 왕조 출신의 두 번째 황제로 강한 군주를 열망했던 그는 덴마크, 헝가리 폴란드 등 주변의 작은 공국들을 점령해 나갔다.

카톨릭교단과 갈등으로 카놋사의 굴욕(1077년), 보름스협약(1122년)으로 높아진 교황의 기세를 견제할 필요성을 느낀 프리드리히 1세는 새로 선출된 교황과 대립해 파문을 당하자 뜻이 맞는 새 교황을 세워 제2의 카놋사 사태가 발생할 뻔했다. 여러가지 왕권을 과시하는 정력적인 활동을 하던 그는 3차 십자군 전쟁에 참여해 강을 건너던 중 심장마비로 사망(1190년)했다. 그의 사후 그의 아들(하인리히 6세)을 거쳐 손자 프리드리히 2세(재위 1212－1250년)가 신성로마제국황제가 돼 할아버지 못지않은 강력한 군주로 활약했다.

그는 1227년 제6차 십자군 전쟁에 참가해 한때 예루살렘을 탈환하기도 했지만 여의치 않아 철수했다. 당시 교황이 자신의 동의 없이 전쟁을 끝냈다고 프리드리히 2세를 파문했다. 할아버지가 대립교황을 세워 맞섰다면 프리드리히 2세는 무력을 통한 이탈리아 점령

번창한 합스부르크가문

으로 응수했다. 이탈리아 중부지방을 정복하고 남쪽의 시칠리아까지 접수하고 한 나라(공국)으로 만들었다. 그가 죽고 4년 후, 후임 황제도 단명하자 호엔슈타우펜왕조의 대는 끊겼다.

그 후 20년 동안 무주공산의 독일은 공국들이 각각 군대를 양성하며 재정도 독립적으로 운영했다. 제국이 혼란을 거듭하자 오히려 교황에게는 좋은 기회가 되었다. 이런 상황을 타개하기 위해 1273년 일곱명의 선제후들이 모여 신성로마제국의 황제를 선임했는데 새로 등장한 새 황제는 합스부르크가문의 루돌프 백작이었다. 합스부르크는 "매의 성"이란 뜻의 지방에서 유래하며 독일 남부의 슈바벤공국에 기반을 두었다. 이때부터 합스부르크가문은 오스트리아, 에스파냐, 네델란드 등 광범위한 지역을 다스리는 유럽 최대의 왕가로 성장해 나갔다. 이런 성장의 동력은 무력을 통한 정벌이 아니라 여러 나라와 맺은 혼맥(婚脈)이었다.

합스부르크 왕조의 첫 황제인 루돌프 1세는 오스트리아를 공국으로 격상시키고 자신의 영지로 삼았다. 이때부터 독일의 프러시아와 대등한 수준의 공국으로 발전해 나가고 서유럽의 중요한 나라로 등장하는 계기가 되었다.

합스부르크 왕조는 초창기 잠깐 중단됐다가 영지를 넓히면서 1438년 알프레히트 2세가 즉위했다. 이후 독일 근대의 시기에 왕들과 신성로마제국의 황제들은 모두 합스부르크가문에서 배출됐다.

스페인의 역사

태고의 역사는 생략하고 기원전 2세기부터 로마는 이베리아반도(스페인, 포르투갈)의 풍부한 광물을 노리고 600년간 이곳을 지배했다. 5세기 서로마제국이 망하고 이 지역에 밀려든 게르만족 중에 서고트족이 침략해 왕국을 건설했다. 그런데 생각지도 않은 이슬람제국이 급격히 세력을 키우고 711년 이베리아반도를 점령했다. 이곳에 세력을 확장한 이슬람제국은 그라나다를 중심으로 한때 이베리아반도 3분의 2를 지배했다. 이 시기에 수학·과학·건축·예술이 고도로 발달해 스페인의 경제와 문화는 크게 발전하였다.

이슬람의 스페인점령(711년) 이후의
그라나다와 대표적인 공국
카스티야와 아라곤

이후 에스파냐 북부를 중심으로 에스파냐의 민족주의 가톨릭교도들은 국토회복운동(레콩키스타)을 시작해 카스타야, 아라곤(좌측 지도 참조) 등 왕국을 탄생시켰다.

다민족 문화가 융합된 똘레도

서고트 제국의 수도

스페인의 역사는 가톨릭의 역사라고 할 수 있기 때문에 그중에 정신적인 수도이며 성지이기도 한 똘레도와 그 대성당은 스페인을 대표하고 있다.

로마제국에 이어 게르만의 서고트족이 이베리아를 지배할 당시 똘레도는 서고트왕국의 수도였다. 마드리드에서 70㎞정도 떨어진 똘레도는 자연스레 이베리아반도의 종교·정치·경제·문화의 중심지였다.

서고트제국은 200여년의 짧은 역사를 뒤로하고 711년부터 이슬람교도로 주인이 바뀌면서 똘레도 성당은 회교사원으로 사용됐다. 1085년 알폰소 6세 때 가톨릭세력이 이슬람교도로부터 똘레도를 되찾으면서 다시 주인이 바뀌어 가톨릭성당으로 개조되는 변화의 역사가 깃들여 있다. 또한 똘레도는 오랫동안 거주해온 유대인들에게 "서양의 예루살렘"이라 불릴 정도로 유대인의 문화가 번성한 곳이기도 하다. 그래서 똘레도는 가톨릭문화 뿐만 아니라 이슬람문화·유대문화가 공존하는 "샐러드 보울(Bowl)"이라 불렸다.

똘레도를 배경으로 한 영화 엘시드(El Cid)

영화 엘시드, 남녀 주인공

이 시기 똘레도를 배경으로 가톨릭교도와 무어인(이슬람)과의 투쟁을 그린 영화, 엘 시드가 유명합니다. 50년이나 된 1971년에 개봉된 이 영화는 역사적 영웅 엘 시디를 소재로 거장 감독 안소니 만이 만들었는데 찰턴 헤스턴이 주인공을 맡았고, 여자 주인공으로 소피아 로렌이 출연한 대작이었습니다.

스페인 제일의 영웅인 엘 시드는 종교적 적대감을 버리고 기독교와 회교도가 손을 잡고 외적의 침입을 막자고 호소했습니다. 여러 이해관계자와 합의가 이뤄지지 않은 상태에서 약혼자인 소피아 로렌의 아버지와 대결해 그가 죽자 로렌은 배신감에 복수를 결심합니다.

이렇듯 전투와 애정이 뒤엉켜 복잡하게 진행됩니다. 당시 아라곤, 카스티야 등의 나라가 개입하고 실재 인물 알폰소 6세도 등장하여 형 산쵸 2세의 죽음과의 의욕을 해명하는 등 역사와 픽션이 섞인 흥미진진한 영화라 그 후에도 여러차례 영화와 드라마로 만들어졌습니다.

1085년 똘레도를 점령한 알폰소 6세(1065–1109년)와 그 과정에서 눈부신 활약을 한 영웅 엘 시드가 톨레도를 이슬람 군대에 맞서는 전초기지로 삼았다. 이를 계기로 이슬람 세력은 점차 줄어 13세기 중엽에는 남부의 고원지대 그라나다를 제외한 이베리아반도 전체가 기독교 지역으로 회복되었다.

그리고 최후의 이슬람지역으로 남아 있던 그라나다의 알람브라 궁전을 아라곤 왕국과 카스티야왕국의 연합세력이 1492년 점령함으로써 국토회복운동(레콩키스타)이 완성되면서 이베리아지역의 국토회복이 마무리됐다.

제10막

한반도의 삼국시대-
작은 전쟁과 큰 전쟁들

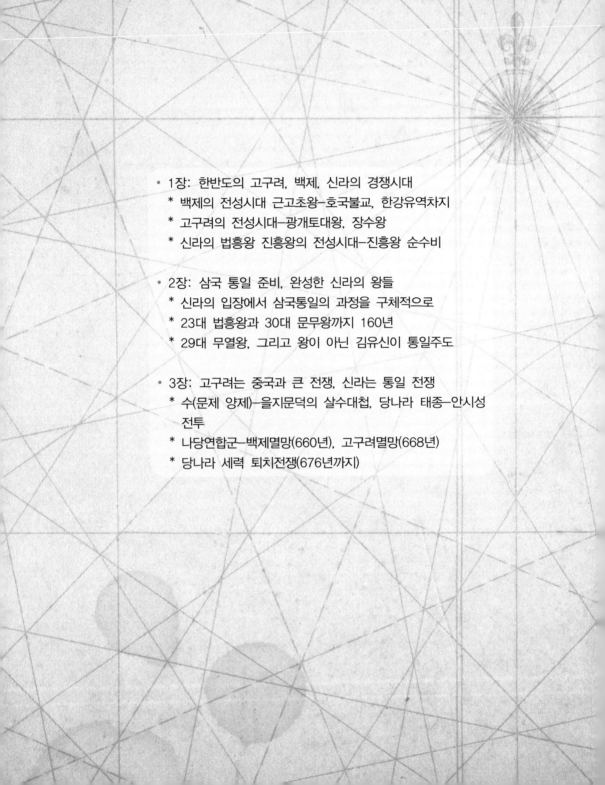

- 1장: 한반도의 고구려, 백제, 신라의 경쟁시대
  * 백제의 전성시대 근고초왕-호국불교, 한강유역차지
  * 고구려의 전성시대-광개토대왕, 장수왕
  * 신라의 법흥왕 진흥왕의 전성시대-진흥왕 순수비

- 2장: 삼국 통일 준비, 완성한 신라의 왕들
  * 신라의 입장에서 삼국통일의 과정을 구체적으로
  * 23대 법흥왕과 30대 문무왕까지 160년
  * 29대 무열왕, 그리고 왕이 아닌 김유신이 통일주도

- 3장: 고구려는 중국과 큰 전쟁, 신라는 통일 전쟁
  * 수(문제 양제)-을지문덕의 살수대첩, 당나라 태종-안시성 전투
  * 나당연합군-백제멸망(660년), 고구려멸망(668년)
  * 당나라 세력 퇴치전쟁(676년까지)

1장

한반도의 고구려 · 백제 · 신라의 경쟁(전쟁)시대

한반도의 삼국시대-경쟁, 전쟁시대를 맞이하다

4세기 한반도 중심 3국의 정립(鼎立)시대

중국 대륙이 5호16국 · 남북조시대 등 분열의 시대 AD 300년 600년시기에 들어섰을 때 만주와 한반도 지역의 고구려 · 백제 · 신라 삼국은 이제 본격적인 경쟁(전쟁)시대를 맞았다.

중국의 삼국시대(위 · 촉 · 오나라)를 진나라가 통일하고(280년), 317년 북쪽의 이민족(오호)에게 쫓겨 남쪽으로 내려갈 때 한반도의 삼국시대는 경쟁과 전쟁을 본격적으로 벌이던 시기였다. 삼국이라지만 초반의 신라는 많이 허약했고, 고구려와 백제가 다투는 양강(兩强)시대로 치열하게 치고받았다. 신라는 5세기 후반이 될 때까지 사실상 고구려의 지배를 받았다.

일찍이 한무제가 한나라 4군을 설치하였던 것이 삼국에게 족쇄가 되었다. 고구려가 먼저 치고 나가 25대 미천왕이 313년 한사군 중 북쪽에 있던 현도, 낙랑을 한반도에서 완전히 몰아냈다. 그리고 남쪽으로 영토를 확장하기 시작해 백제와 충돌이 불가피해졌다.

백제의 전성기(317-371년)

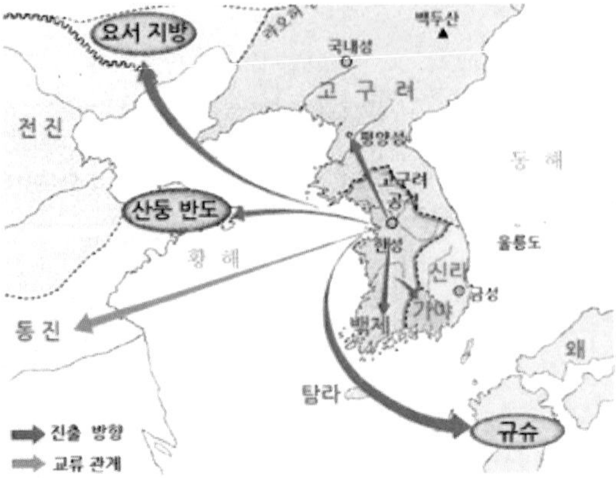

백제의 전성시대 사통팔달로 교역

백제의 근고초왕은 317년에 즉위한 이후 강력한 중앙집권제를 구축했고, 정복활동을 개시해 한사군 중 마한과 가야를 평정했다. 그리고 목표를 북쪽으로 돌려 고구려를 향했다.

로마에서 게르만족이 로마 국경을 넘어갈 무렵인 371년 고구려와 백제가 평양성에서 한판 붙었다. 이 전쟁은 모처럼 백제가 승리하고 고구려의 고국원왕은 전사했다. 또한 백제는 한강유역으로 진출에 성공하고 한반도의 중앙을 차지하면서 삼국 중 가장 왕성한 전성시대를 구가했다.

근초고왕은 이 무렵(4세기 중반) 일본(야마토왕국)에 문화를 수출하기 시작하는 등 백제의 최고 전성시대였다. 학자인 왕인과 아직기를 파견해 그곳의 태자의 스승이 되었다. 또한 백제는 남북조시대의 동진과 교류하고 일본의 규슈지방을 통해 대륙의 문물을 전수하는 역할을 했다.

이때 신라는 조용히 내실을 다져 내물왕 때, 형님으로 모시던 고구려의 도움을 받아 중국과 교류하면서 선진문명을 받아들이고 중앙집권체제를 구축하고 있었다. 국력을 강화하기 위해 그 이전까지 박, 석, 김 세 부족(가문)에서 번갈아 맡고 있던 왕을 이제부터 김씨만 맡기로 해 김씨 왕국이 되었다.

고구려의 전성기(371-491년)

고구려는 백제와의 전투에서 고국원왕이 전사하자 그의 아들이 18대 소수림왕(재위 371－391년)이 이어받았다. 왕에 오른 후 먼저 전쟁으로 어지러워진 나라를 추스르고 강국을 만드는 데 주력했다.

중요한 것은 372년 5호16국의 하나인 전진(前秦)으로부터 불상과 경전을 수입해 불교

북방의 영토를 확대한 광개토대왕

를 기반으로 호국불교(護國佛敎)사상을 고취하고 삼국에서는 최초로 대학교인 태학(太學)을 세웠고 율령(律令)도 반포했다.

소수림왕의 노력으로 고구려는 성장할 수 있는 탄탄한 기반을 갖췄고 다음 왕으로 당시 동북아시아의 최대 정복자인 광개토대왕(廣開土大王 재위 391－412년)이 등장했다.

18세에 왕위에 오른 광개토대왕은 그때 강국인 백제와 첫 번 전투에서 승리해 선대 왕의 구원을 갚고 북쪽으로 눈을 돌렸다.

중국과의 전투에서 400년 5호16국의 하나인 후연을 대파하고 그 기세를 이어 고조선의 옛 영토를 모두 회복했다.

혼란기 중국의 작은 국가들이 상대하기에 버거운 고구려는 연전연승했다. 회복한 고토(古土)에 광개토대왕비를 세워 "고구려는 독립된 대제국이다"라고 선언했고 중국 황제만 쓰는 "영락"이라는 연호를 사용한 것도 대단한 일이었다.

고구려를 동북아시아의 최대 강국으로 만들어 놓고 412년 40세에 세상을 떠난 것은 조금 아쉬웠다. 40년이라는 짧은 생애 동안 그가 이룩한 공적은 서양의 정복왕 알렉산드로스와 비견되는 우리 민족의 자랑이다. 다음을 이은 장수왕(412－491년)은 아버지 광개토대왕과 달리 광활한 북쪽이 아닌 남쪽으로 정복의 방향을 돌렸다.

삼국이 좁은 한반도 내에서 치고받는 것은 역사의 아쉬운 대목이었다.

백제와의 대표적인 전투는 475년 백제(개로왕)를 공격해 백제가 남쪽으로 천도를 하게 하는 등 한반도 내에서 호랑이 노릇을 한 것이다.

장수왕의 이름처럼 믿을 수 없이 80년을 재위하면서 아버지의 영광을 유지하며 꼭 100년(391－491년) 동안의 고구려 최전성기를 누렸다.

그가 한 공적 중에는 아버지의 치적을 웅장한 비석에 담아 만주 땅 한가운데에 세운 것이다.

가장 자랑스러운 광개토대왕비

이 시대 왕이라고 다 같은 왕은 아닙니다. 왕 중에 왕이 있습니다. 우리나라 고대 역사에서 그 왕이 고구려 19대 광개토대왕(廣開土大王)입니다. 이름처럼 당시 주변의 온 천하를 점령 개척한 뜻을 그대로 담고 있습니다. 그의 공적과 생애를 기록한 비석이 널리 알려져 있습니다. 삼국사기 같은 역사서에 남은 내용보다 더 풍부하고 내용이 웅혼(雄渾)합니다. 현재 중국 집안(集安)에 서있는 광개토왕릉비입니다. 오늘날 학자들은 고구려 당대 최고의 문장가들이 지었을 것으로 추정되며, 그 아들 장수왕 2년(414년)에 세웠습니다. 비석의 높이는 자그마치 6.4m, 글자는 모두 1775자 정도 추산되는데 이 가운데 세월이 1600여년이 지나 비바람에 탁마(琢磨)되어 150여 글자는 판독되지 않고 있습니다. 역사학자들은 "무서운 문장력이다, 한 구절한구절 전후사방 그 역학관계가 치밀하게 계산되지 않은 구석이 없다"고 칭송했습니다. 광개토대왕은 18세에 왕위에 올라 그 위엄이 온 세상에 떨쳤다고 비문은 한껏 칭송하고 있습니다.

나제동맹(羅濟同盟)-주도권이 신라로 넘어가다

427년 평양으로 천도해 강력한 압박을 가하는 고구려를 상대하기 위해 433년 백제와 신라는 양자동맹을 체결했는데 이것이 나제동맹(羅濟同盟)이다. 이를 통해 근근이 버티던 두 나라에 대해 장수왕은 475년 대군을 이끌고 백제를 공격해 백제 수도 한성이 무너지고 응전하던 개로왕이 전사했다.

미인계가 아닌 바둑 고수 승려를 침투시킨 사례

고구려의 백제침공

미인계를 써서 상대편 나라를 망하게 한 사례는 흔히 있습니다. 대표적인 사례로 중국 춘추전국시대 오나라와 월나라는 대를 이어 철천지원수국가였습니다. 오왕 부차(BC 495-BC 473년)에게 굴욕적인 패배와 포로생활을 한 월나라 구천은 와신상담(臥薪嘗膽)하며 복수를 준비했습니다. 군사력도 키우며 전국에서 가장 아름다운 미녀 서시(西施: 중국 4대 미녀 중 제일 고참)를 오왕 부차에게 보냅니다. 서시에게 홀딱 빠진 오나라 왕은 나라 정사를 돌보지 않고 나라를 결단내서 월왕 구천에게 멸망(BC 473년)하고 말았습니다.

미인계로 나라가 망한 동서양의 대표적인 사례였습니다. 이번에는 고구려 장수왕이 백제와 전쟁을 벌이기 전에 미인계가 아닌 첩자를 침투시켜 크게 승리한 사례가 있습니다.

원래 백제는 신라보다는 훨씬 국력이 강해 고구려와 군사력에서 결코 뒤지지 않는 나라였습니다. 백제의 21대 개로왕(455-475년)은 선왕 비유왕 때부터 오랫동안 고구려에 눌려 지낸 세월이 서러워 472년부터 당시 중국의 남북조시대 북위와 연합해 고구려에게 한 수 보여주려 벌였습니다. 그러나 그 외교가 실패해 북위는 오히려 고구려 편이 되었습니다. 고구려 장수왕은 즉시 공격하지 않고, 천하제일의 바둑 고수인 승려 도림이 죄를 짓고 망명하는 것처럼 꾸며 백제로 보내 개로왕을 바둑으로 유혹했습니다. 개로왕이 바둑에 빠져 도끼자루 썩는 것도 모른 채 도림의 여러 가지 감언이설에 빠져 쓸데없는 대형공사를 벌여 나라를 토탄(土炭)에 빠지게 했습니다. 때를 기다리던 고구려 장수왕은 3만의 강군으로 백제를 제압해 개로왕을 잡아 처형하고 한강유역의 백제의 옥토를 차지했습니다.

백제는 눈물을 머금고 475년 수도를 한참 남쪽인 웅진(지금의 공주)으로 옮겼다. 이후 백제는 그중 어느 영토도 회복하지 못하고 3류(3등) 국가로 전락했다. 로마는 이때보다 1년 후 서로마가 멸망했으며 중국은 남북조시대가 한창이었다.

법흥왕, 진흥왕의 신라 전성시대(514-576년)

원래 신라통일의 기초를 놓은 왕은 법흥왕(재위 514－540)이다. 520년 율령을 발표해 중앙집권체제를 구축했고, 527년에는 불교를 공인해 호국불교로 삼았다. 고구려가 372년에 불교를 받아들인 것보다 신라가 150여년 늦은 이유는 신라 귀족들이 민간신앙에 집착했기 때문이다. 하지만 왕권을 강화하기 위해 불교를 받아들이는 것이 필요하다고 판단했다.

불교를 공인하기 위해 왕의 조카 이차돈(異次頓 506－527)을 희생(순교)시킬 수밖에 없었다. 불과 21세에 율령위반으로 참수형을 당하는데, 기록에 의하면 이차돈의 목을 베는 순간 잿빛 피가 솟구쳤다고 한다. 이차돈의 순교가 계기가 되어 귀족들이 솔선해 불교를 공인하게 되었으니 값진 죽음이었다고 하겠다. 종교문제로 희생당한 우리나라 최초의 신부 김대건(1821－1846)도 국가가 인정하지 않는 종교(신)를 믿어 국법을 어겼기에 참수를 당한 것과 비슷한 사례가 되었다.

법흥왕 이후 진흥왕(재위 540－576)은 국정과업을 물려받아 신라로서는 처음 한강유역 북쪽으로 진출해 진흥왕 순수비(巡狩碑)를 세우는 등 신라 역사상 대표적으로 문무를 겸비한 왕이다. 7세에 즉위해 11년간 준비를 한 왕(18세)에 친정(親政)을 시작했다. 한강유역으로 진출해 고구려와 백제의 접경을 차지해 지정학적인 우위를 점했으며 해로(海路)로 다시 남북조시대의 중국과 활발하게 외교 무역교류를 했다.

551년부터 568년에 걸쳐 영토확장을 한 기념으로 북한산 등 4곳에 순수비를 세워 자신감을 대외에 나타냈으며 가야국의 반란을 구실로 가야를 정복했다. 한편 화랑제도(花郎制度)를 실시해 귀족의 자제들로 구성된 수양단체를 만들어 차후 통일전쟁에 대비한 인재를 양성했다. 문무를 겸비한 명군(名君)으로 불교진흥시켜 황룡사 같은 대사찰을 건립했고 가야의 우륵을 우대했다. 음악에도 큰관심을 가져 국사편찬 등 문화 진흥사업에도 큰 업적을 쌓았다.

인재양성 화랑도

신라 진흥왕이 백제 성왕을 배신하다

백제의 두 번째 수도 이전

백제의 성왕(재위 523－554년)은 막강한 고구려를 대적하면서 수도를 사비성으로 환도(538년)하고 여러 가지 개혁으로 왕권을 강화하면서 백제의 국력을 증강하도록 노력했다. 성왕은 고구려에 대한 복수와 170여년 전 근고초왕시대의 영광을 되살리려고 노력했다.

538년 수도를 다시 한번 사비(현재 부여)로 옮기고, 고구려에 빼앗긴 요지 한강유역을 되찾으려 551년 나제동맹군을 이끌고 고구려를 공격해 승리했다.

그러나 서서히 욕심을 드러낸 신라 진흥왕의 배신(553년)으로 120년 동안 유지되던 나제동맹도 깨지고 신라는 고구려와 밀약을 맺고 백제를 공격했다.

신라의 중흥을 이룬 진흥왕

554년 백제가 절치부심하여 벌인 전쟁에서 성왕도 전사하여 삼국 중 제일 약해지고 말았다. 전투를 좋아하는 진흥왕(540년－576년)이 즉위해 원래 고구려의 장수왕의 남진정책에 대항하는 나제동맹(433년)에 따라 고구려를 공격하려는 분위기가 달아올랐다.

결국 551년에 나제연합군은 평양성을 공격해 승리했고 한강유역의 16개군을 차지하게 됐다. 그런데 이 대목에서 553년 신라의 진흥왕이 고구려와 밀약을 맺고 백제군을 공격해 한강유역을 차지한 것이다. 말하자면 신라 진흥왕 이 자국의 이익을 위하여 백제 성왕을 배신한 것이다.

분기탱천한 성왕은 신라와 최후의 전쟁 관산성전투를 벌이게 된다. 이때 백제 성왕은 기병 50명의 결사대를 이끌고 진흥왕 본대를 기습했는데 이게 구천(狗川)이라는 곳에서 매복하고 있던 신라군에게 공격을 받아 성왕이 전사하고 말았다. 이 이후 백제군은 본 전투에서 3만명이 전사하는 대참패를 당했고 사기가 떨어진 백제는 이후 힘을 쓰지 못했다.

이웃인 신라와 백제의 경쟁관계, 진흥왕의 배신, 백제 성왕의 사무친 원한 등을 보면서 중국의 춘추시대 이웃나라 오나라 월나라의 경쟁관계가 떠올랐다. 더구나 당시 월나라 왕이 구천(句踐)이었고, 성왕이 죽은 장소도 구천이었으니 더욱 연상된다. 2500여년 전의 고사(故事)로 오월동주(吳越同舟), 와신상담(臥薪嘗膽)이라는 사자성어가 유명하다.

진흥왕 순수비(巡狩碑)는 신라도 강국이라는 과시

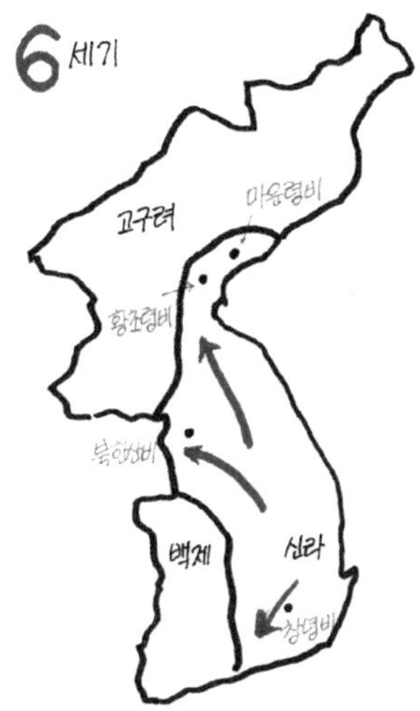

국보 3호 북한산 신라 진흥왕 순수비

진흥왕의 확장영토와 4곳의 순수비

불교를 진흥하는 등 신라발전의 기초를 놓은 법흥왕의 유지를 받들어 진흥왕이 부임 초에는 전투·정복사업을 활발히 한 왕이었다. 특히 그토록 차지하고자 했던 한강유역을 차지했으니 대단한 업적이다. 백제와 나제동맹을 맺어 같이 승리했지만, 신라 진흥왕이 술수(術數)를 써서 독차지했다. 이런 것이 승자의 역사다.

진흥왕은 551년부터 10년 동안 서울 북한산(비봉)에 순수비(국보 3호) 등 전국에 4곳(좌측 지도)에 비석을 남겨 확실히 신라의 영토임을 천명했다. 순수비는 높이 154㎝, 폭 69㎝로 광개토대왕비보다는 작았으므로 후손들은 그 가치를 알지 못했고, 세월이 흐른 뒤 1871년 추사 김정희의 확인으로 밝혀졌다. 그 내용은 왕이 이곳을 직접 왔다간(순수, 巡狩) 목적·이유와 이 땅은 분명히 우리 것임을 확인하는 사실을 새겨 넣었다.

그리고 왕이 다녀가면서 여러 대신과 승려들까지 이름이 드러나 모든 사람이 확인한다는 12행 32자(438자)의 해서체로 새겨 있다. 대단한 역사적 유물이 확인된 것이다.

2장

삼국통일을 준비, 완성한 신라의 왕들

가장 허약했던 신라가 강해지고 통일한 8명의 왕들의 160여 년

신라의 서라벌 왕궁

삼국이 비슷한 시기에 건국했지만 신라는 부족연합국가 형태로 300여년을 지내와서 명함을 내지 못하고 나라의 유지에 만족해 왔다.

4세기부터 치열한 3국의 경쟁, 전쟁시대에 고구려를 상국(上國)으로 받들고 지내는 동안 백제도 근초고왕(317년)시대에 고구려와 맞붙어 승리하고 5－60년동안 최전성기를 누렸다. 그러나 고구려의 광개토대왕(재위 391－412년), 장수왕(재임 412－491년)까지 100년 동안에는 그 위세에 눌려 백제 신라는 숨죽여 지냈다. 더구나 장수왕의 한반도 남진정책 위세에 두 나라는 나제동맹(433년)을 맺고 동생(同生)을 모색해 왔다. 그런데 신라도 나라의 정체성을 자각하고 나라의 기초를 튼튼히 하는 자강(自强)의 노력을 시작했다.

23대 법흥왕(재위 514－540년)부터 3국 통일을 완성한 30대 문무왕(재위 661－681년)까지 160여년의 8명의 제왕열전(諸王列傳)을 소개한다.

법흥왕 시대부터 시작된 신라의 중흥시대

신라 23대 법흥왕(法興王 재위 514－540년)은 율령을 반포하고 불교를 공인해 나라의 틀을 세운 왕이다. 고구려의 경우 소수림왕(즉위 372년) 때 법령을 세우고 불교를 받아들인 것으로 보면 150년(백제보다는 200년) 이상이나 늦었던 것으로 이때나마 이를 벤치마킹해 나라다운 신라를 시작했다고 할 수 있다. 그러나 후발주자로서 장점은 있는 것으로 두 나라의 상황을 예의 관찰하여 그 허점을 버리고 장점을 채택할 기회를 가졌다는 점이었다. 불교도 이차돈의 죽음을 계기로 522년에 공인하였고 율령을 집행하고 감독하는 상대등(국무총리 격)을 신설하여 능율적인 국정운영을 도모하고 신라왕들과 후궁들의 복식을 격상시켰다.

신라왕들과 후궁들의 복식

또한 가야를 병합하고 연호를 처음 사용해 신라는 삼국의 하나로 기초를 확실히 했다. 이를 토대로 차기 왕인 진흥왕이 능력을 발휘할 수 있도록 했다. 신라의 왕 중에 제일 유명하고 문무에 걸쳐 능력이 출중했던 이는 24대 진흥왕(眞興王 534년생 재위 540－576년)이었다. 이미 준비된 왕으로서 신라가 처음으로 한강유역을 차지해 3국 정립(鼎立) 상태에서 처음으로 두각을 나타냈다. 수단 방법을 가리지 않고 이 땅들을 차지한 것은 그 나이 20살인 554년이었고 백제의 성왕과 관산성에서 당시로서의 최대의 전투를 치러 승리했다. 김부식의 삼국사기에서 "한 필의 말도 돌아간 것이 없다"라고 할 만큼 백제군의 비참한 패배였다.

진흥왕은 법흥왕의 아들이 아닌 법흥왕의 동생과 법흥왕의 딸 사이의 소생으로 조카이자 외손자(뒤의 왕실의 족보 참조)다. 자신에게 자식이 없을 때 혈통(聖骨)을 유지하기 위해 친족간의 결혼은 왕실에서 일상적이었다. 진흥왕은 법흥왕이 공인한 불교를 장려하였고 화랑제도를 통해 삼국통일의 원동력이 되는 인재를 양성하기 시작했다.

진흥왕이 점령 확대한 지역은 한반도 땅의 절반 이상을 장악했다는 의미가 있다. 신라 최대의 영토였으며 이는 삼국통일을 위한 물적 인적 토대가 되었다.

진흥왕은 음악에 관심을 보여 가야 출신의 우륵을 발탁해 가야금의 대가로 만들고 백성에게 보급하게 하는 등 문화·예술에도 관심을 보이다 43세라는 아까운 나이에 세상을 떠났다. 할아버지이자 큰아버지인 법흥왕과 진흥왕이 신라의 국격과 능력을 키운 신라의 초창기 번영시대(514－576년) 64년이었다.

신라의 골품(眞骨)을 중시하는 전통으로 왕손의 근친결혼(近親結婚) 성행

이런 상황에서 신라의 중흥을 이끈 왕들의 족보(왕통)를 알아본다

신라의 중흥을 시작한 23대 법흥왕이 아들이 없었고 딸 뿐이었다.

당시(법흥왕 재위 514－576년)까지는 아직 아직 여왕이 즉위했던 역사가 없었고 딸이 왕위를 잇는다는 것은 생각할 수 없는 시절이었다.

23대 법흥왕은 그 자신의 딸(지소부인)을 동생(갈문왕)에게 출가시켜 간신히 진골인 후손을 얻은 것이 24대 진흥왕(534년생)이었다. 그러니까 진흥왕은 법흥왕의 외손주 이면서 조카아들이기도 했던 것이다. 늦게 얻은 왕손은 6살에 왕위에 올라 10년후부터는 실력을 발휘하기 시작하여 20살에 한강유역의 반도의 허리를 치지하는 등 신라를 진흥(振興)시켰으니 신라의 행운이었다.

24대 진흥왕은 자식복이 없고 건강이 좋지 않았다.

진흥왕이 재임(540－576년) 중에 큰 아들 태자 동흥이 죽었으니 똑똑한 아들을 잃은 진흥왕은 슬픔 속에 몇 년 후 지병이 악화되어 43세에 죽었다.

둘째 아들이 왕위를 이었다.

25대 진지왕(재위 476－479년)으로 아버지와 형과는 딴판으로 신하들에개 정사를 맡기고 주색에 빠져 음란하였다.

여러 가지로 정사를 어지렵혀 왕족과 신하들이 그를 폐위시키고 그는 비운의 죽음을 맞이했다. 진지왕은 폐위 당하면서 진골의 신분도 잃게 된다.

여기서 다음 후계자는 진흥왕의 죽은 큰아들 동흥의 아들 진평왕이었다.

26대 진평왕(재위 579－632년)은 53년이나 왕위(신라 최장기록)에 있었으며 선대에서 기틀을 세운 신라를 힘겹게 지킨 왕이었다. 그런데 그도 역시 아들이 없이 딸만 둘을 낳았다, 이 당시 신라왕들의 후궁에서 출생한 자손들은 골품제도의 틀에 묶여 왕이 될 수 없었다. 결국 진평왕의 큰딸 덕만공주가 우회곡절 끝에 신라역사상 처음으로 여왕으로 탄생하였다.

27대 선덕여왕(재위 632－657년)으로 즉위하였다.

선덕여왕 덕만공주에 대해서는 뒤에 드라마에서 구체적으로 소개된다.

28대 진덕여왕(재위 648－654년)은 진평왕의 동생의 소생이었으니 선덕여왕의 4촌이었다.

선덕여왕의 쌍둥이 여동생 천명공주도 근친결혼을 하게 된다.

그 상대방은 그 예전 폐위당한 25대 진지왕의 아들 김영춘(진골이 아님)이었는데 이는 아버지(진평왕)의 사촌이었으니 오촌 아저씨와 결혼한 것이었다.

그들 사이에 출생(603년)한 김춘추는 계보상 진골이 아니었다.

29대 무열왕(재위 654－661년)으로 김춘추가 즉위한 것은 그 선대왕 28대 진덕여왕이 후계가 없었고 신라통일과정에서 공이 많아서 왕으로 발탁된 것이다.

이렇게 23대 법흥왕부터 29대 무열왕 까지 7대왕의 족보가 복잡한 듯 한데 다행스럽게 잘 진행되어 신라의 통일까지 이르른 신라 중흥의 역사를 이뤘다.

신라 왕실의 족보(23대–29대왕)

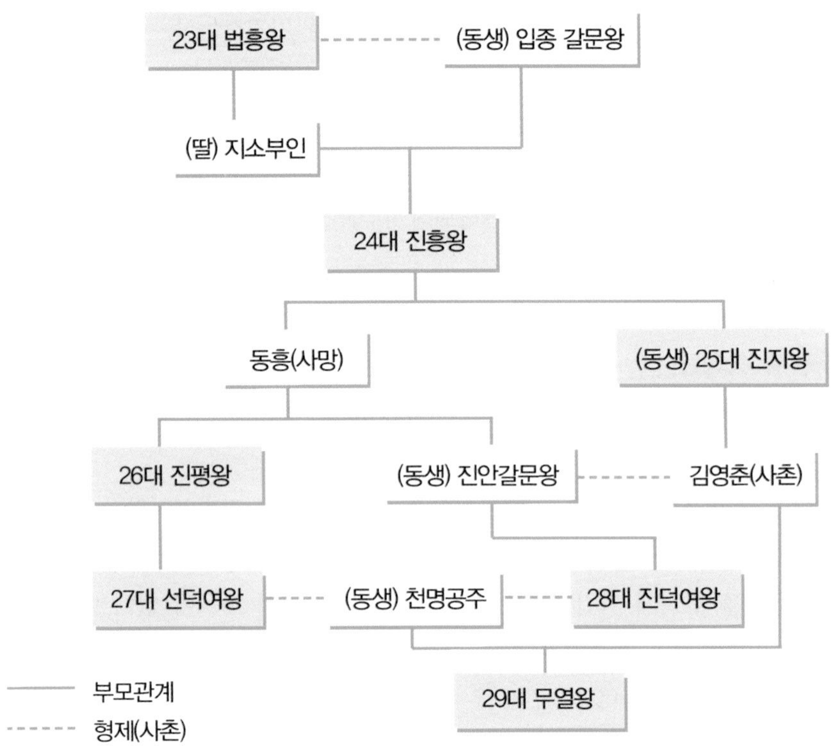

신라(우리나라) 최초 선덕여왕의 즉위

드라마 선덕여왕

극중의 덕만과 미실(아래)

우리나라 역사에서 첫 여왕인 선덕여왕의 일대기를 그린 드라마로 MBC에서 2009년 하반기 6개월 동안 62부작으로 제작돼 장안의 화제를 모으고 43.6%의 최고시청률을 기록했습니다. 제목이 선덕여왕이라 아무래도 여자가 주인공으로 나와 극을 이끌어 갔습니다. 쌍둥이 자매인 선덕여왕(극 중의 덕만공주) 역을 이요원이, 동생인 천명공주(나중에 무열왕 김춘추의 어머니) 역에 박예진이 맡았습니다.

의외의 인물로 미실이라는 여인을 설정했는데 역사에 그 존재가 확실치 않았던 인물이지만 드라마에 흥미와 활력을 불어 넣었습니다. 그때 한창 연기가 무르익었던 고현정이 미실역을 맡은 것이 드라마의 성공 요인의 하나라고 합니다. 남자 출연자로는 김유신(엄태웅)이 있었고, 악역에는 비담(김남길)이라는 역사상의 인물(선덕여왕 시절 난을 일으켜 죽임을 당함) 등 무수한 인물들이 출연했습니다. 미실이라는 여인은 애인(남편)이 몇인지 아들이 몇인지 모르는 복잡한 여인, 잔인하면서도 부드럽고 입체적이고 다중인격자였던 권력추구형이었습니다. 덕만공주를 지도하면서도 그 자신이 여왕이 되려했던 알 수 없는 권력의 주인공으로 드라마를 이끌어 갔습니다.

공주이면서 험난한 인생을 살며 자아를 찾아가던 덕만은 동정과 격려를 받으며 미실과 대결하고 권력싸움에서 승부를 내심 즐겼습니다. 차라리 김유신과 사랑의 도피라도 했다면 낭만적인 인생이 됐을 수도 있었지만, 결국 여왕이 되고 역사에서는 또 다시 고전하며 병마에 시달렸습니다. 김유신은 어땠나요, 충직하게 덕만을 돕고 후에 여왕으로 모시고 신라를 지키는 충성스런 인물로서 감동입니다.

모든 등장인물의 복잡한 관계, 한치 앞을 예측 못하는 스토리 전개가 인기의 비결이었습니다. 당시 화랑세기는 역사서로서 치밀하지 못했고 몇백년 지나 편찬된 삼국사기는 확실한 역사의 고증이 못돼 중요 인물들의 나이도 확실치 않습니다. 역사서의 조금의 언급만 있어도 이를 흥미롭게 상상력을 발휘해 인물을 설정하는 작가들의 솜씨가 대단합니다. 역사의 고증을 기대하긴 어렵지만 1400년 전후의 역사를 우리 곁으로 친근하게 끌어온 공적은 인정해야 한다는 평가를 내려봅니다.

신라역사상 가장 흥미로운 부분은 삼국시대 이후 조선 왕조까지 통틀어 2000년의 역사 중 여성이 왕이 되는 최초의 사례였고, 그것도 우여곡절을 겪으며 이뤄졌기 때문이다.

일찍이 남존여비의 사상이 뿌리 깊었던 신라에서 6부 촌장의 골품사회에서 왕족의 피(聖骨)가 아니면 왕이 될 수 없는 전통이 있었다. 남자가 없으면 여자라도 혈통이 우선이었기에 여자 왕이 탄생된 것이다.

신라 27대 선덕여왕(善德女王 재위 632－647년)은 아호가 덕만(德蔓), 아버지가 진평왕이었다. 딸 둘 이외에 아들이 없었고 그것도 유례없이 쌍둥이라는 점에서 여러 가지로 일이 복잡해졌다. 그럼에도 그때까지 성골 계승의 원칙이 강력해서 아들은 아니지만 덕만이 천성이 밝고 지혜로워 첫 여왕이라는 영예를 안았다. 이 과정에서 "선덕여왕"이란 드라마가 2009년 MBC에서 제작돼 공전의 대박을 쳤다. 시청률이 사상 드물게도 43%를 넘은 것이다. 역사책에 몇 줄의 역사적 근거만 가지고 부풀린 흥미있는 요소(Fiction)를 가미해 1400여년 전후의 역사를 우리 가까이 끌어들였다.

선덕여왕이 정확하게 몇 살에 왕위에 올랐는지의 기록이 없어, 20여년 후 즉위하는 조카 무열왕이 603년생으로 50대에 즉위한 것을 추산해서 여왕의 생년을 580년대로 추정, 50세 이후였을 것으로 본다. 이 밖에도 삼국사기의 출판 총책임자인 김부식이 선덕여왕을 "늙은 할미"로 묘사했으므로 50세 이후였으리라고 본다. 이 점에서도 드라마 선덕여왕에서 김유신(595년생)과 사랑의 관계로 묘사한 것도 나이 차이(덕만이 한참 연상)로 무리가 있는 스토리였다.

선덕여왕의 즉위 후 아무래도 여자라 왕권의 권위가 약해지고 노령으로 병치레가 많아서 고구려, 백제와의 국경에서 전투가 비일비재해 신라의 위치가 늘 위태로웠다.

당시 고구려에는 연개소문(594－664년)이 활약했고, 백제는 잘 나가던 신라 진흥왕의 배신으로 자국의 성왕이 죽임을 당한 복수의 칼로 자주 침범해 적지 않은 성을 빼앗겼다.

그래도 나라를 지탱한 것은 김춘추와 김유신의 활약과 분전이었으며 당나라와의 외교관계가 활발했지만 우여곡절도 많았다.

27대 선덕여왕과 28대 진덕여왕

선덕여왕은 내우외환의 위기 속에서도 강도 높은 숭불정책(崇佛政策)을 고수해 분황사 건립, 황룡사 9층 목탑건립 등 불교사찰을 많이 지었다.

여왕의 재위 말년(645년)에는 상대등으로 임명했던 비담(드라마 선덕여왕 에서 김유신의 연적)을 중심으로 난이 발생해 마지막으로 고전했는데 이를 진압한 김춘추, 김유신이 국가의 권력을 장악했다. 이 난의 중요한 공성전(攻城戰)에서 김유신이 연을 띄우는 기지를 발휘하여 전세를 뒤집었다는 것은 재미있는 실화다. 결국 선덕여왕은 이 난이 완전히 진압되기 직전에 세상을 떠나고 조카딸인 진덕여왕이 28대여왕으로 즉위한다.

진덕여왕(眞德女王, 재위 647－654년)은 성골 출신의 마지막 왕으로 아버지는 26대 진평왕의 동생인 진안 갈문왕이다. 그러니까 선덕여왕의 작은아버지 소생으로 사촌 동생인 셈이다. 삼국사기에 따르면 진덕여왕은 자태가 풍만하고 아름다웠다고 한다. 키가 매우 커 여자 거인처럼 남자들을 압도하는 분위기였다고 한다.

즉위하자 상대등(上大等 국무총리격)을 비롯한 고급관리를 바꾸고 직제도 변경해 자신의 중앙집권체제를 강화했다. 진덕여왕의 재위 기간에도 백제와 고구려의 압박을 동시에 받아야 했다.

즉위 초 647－9년까지 줄기차게 백제의 공격에 시달렸는데 모두 김유신장군이 출전해 막아냈다. 신라는 고립을 피하기 위해 김춘추가 앞장서서 당나라와의 외교관계를 더욱 강화했으나 진덕여왕은 부임 7년만인 654년에 사망했다.

선덕여왕의 쌍둥이 형제 천명공주와 예전에 폐위된 25대 진지왕의 아들이 결혼해 태어난 김춘추가 29대 무열왕으로 등극했다. 신라 역사상 처음으로 성골이 아닌 진골 출신의 왕이 등장한 것이다. 진지왕이 폐위돼 신분을 잃었고, 더 이상의 성골 출신이 없어 이때부터 진골도 왕이 될 수 있었다.

29대 무열왕(武烈王 603生 재위 654-661년)과 30대 문무왕(文武王 661-681년)

신라통일을 시작한 29대 무열왕과 완성한 30대 문무왕

이들 두 부자(父子) 왕의 재위 기간 27년 동안 삼국통일, 한반도의 통일을 완성했다. 무열왕은 어머니가 선덕여왕의 쌍둥이 형제인 천명공주(天明公主)이고 그 아버지는 25대 진지왕의 아들인 김영춘이었다.

천명공주가 아버지의 사촌(오촌 아저씨)과 결혼했으니 이번에도 근친혼이지만 아들 김춘추(무열왕), 그 아들(손자) 김인문(문무왕)이 다 영민했으며 국정을 잘 이끌어간 명군들이었다. 성골 출신의 폐위된 진지왕 이후, 성골 신분이 아닌 진골 출신의 김춘추가 첫번째 왕이 되었다. 그는 일찍이 김유신의 누이동생 문희와 결혼함으로써 두 가문은 이미 공고한 세력을 구축해 통일사업을 펼치는데 큰 힘이 됐다. 김춘추는 즉위와 함께 대아성에서 그의 사위가 백제와의 전투에서 전사하는 불행을 겪었다.

무열왕은 백제와 고구려를 상대로 밀리지 않고 승리하기 위해 당나라와 외교관계를 공고히 하면서 왕권을 강화해 나갔다. 655년 고구려가 백제·말갈과 연합해 신라 북방지방의 33개 성을 공격해 빼앗았다. 신라는 이를 생존권의 심각한 위협으로 인식해 당나라에 군사를 요청해 본격적인 백제 정벌을 추진했다.

660년 당나라의 소정방이 이끄는 지원군과 함께 13만명이 수륙으로 백제를 공격했다. 결국 백제의 사비성을 함락시키고 웅진성으로 피난했던 의자왕과 왕자 부여 융의 항복을 받아냄으로써 마침내 백제를 멸망시켰다.

신라의 숙원이던 백제를 병합해 반도통일의 계기를 만든 무열왕은 재위한 지 8년 만에 59세로 죽었다. 뒤를 이은 아들 문무왕(재위661－681년)은 이미 아버지 생전에도 큰 일을 맡았었다. 이제 문무왕은 선왕(아버지) 무렬왕이 떠나고 또 한 사람의 큰 기둥이었던 김유신(595－673년)은 이미 70세가 넘은 당시로서 고령이므로 전투에 참여할 수 없으므로 이제 오롯이 혼자 남아 강적 고구려와 당나라를 상대하여야 했다. 아버지 김춘추가 시작한 삼국통일의 대업을 완수하여야 했는데, 이제 통일의 전반부만 끝난 것이다. 그 통일의 후반부는 제3장에서 살펴본다.

3장

고구려는 중국과 큰 전쟁, 신라는 통일 전쟁

고구려 을지문덕이 수나라 양제를 이기다(598년)

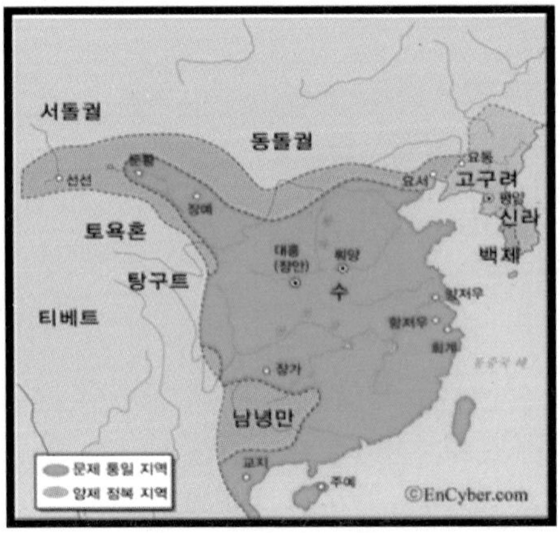

수나라(문제 양제가 통일한 중국

만주와 한반도에서 삼국이 본격적인 쟁투를 벌이고 나름대로 발전하던 4－6세기는 바로 5호16국 시대(317년부터 581년) 260여년 같은 시기였다.

중국 북쪽에 있던 전진(前秦)이 372년 고구려 소수림왕 때 불교를 전수했으며 서해(황해)를 통해 강남지역의 선진문화들이 활발하게 왕래됐다. 가장 늦게 시작한 신라의 진흥왕시대(540－576)에도 외교 · 무역으로 교류했다.

중국의 남북조시대는 581년 북위의 양견(차후 문제)이라는 장수가 수나라를 세우면서 통일이 되었다. 오랫만에 통일한 수나라는 중국 뿐만 아니라 동북아시아 쪽으로 골칫거리가 있었는데 바로 중국 분열기에 강성해진 북방의 이민족들이었다.

한무제 이후 흉노가 사라지자 대신 투르크(Turk) 계열의 돌궐(突厥 중국식 발음)이 자리잡고 있었다. 그러나 돌궐보다 더 막강한 상대가 있었으니, 바로 한반도와 만주에 세력을 떨치고 있는 고구려였다.

수문제의 고구려에 대한 1차 공격은 598년 고구려의 요소(遙西) 공격을 방어하기 위한 수륙양로를 통한 공격(다음 페이지 지도 참조)이었는데 실패했다. 대운하와 고구려 정벌 등 통일의 숙원사업을 이루지 못하고 604년 수문제가 사망했다.

그의 뒤를 이어 즉위한 그의 아들 양제(재위 604－618년)는 야심차게 고구려를 복속시켜 명실상부한 아시아의 맹주가 되고자 마음을 먹었다. 완공(610년)된 대운하를 통해 병력과 군수물자의 이동이 용이해지자 고구려와 건곤일척(乾坤一擲)의 승부를 겨룬다.

612년(고구려 영양왕 23년) 수양제는 대규모 침략을 결정해 육로 침공군은 탁군(지금의 북경)에서 12군, 113만의 대군을 편성해 출정(40일 소요)했다.

수나라 문제, 양제의 침입과 을지문덕

결정적인 전투는 30만의 별동대를 편성(지휘관 우중문, 우문술)해 압록강을 건너 고구려 수도인 평양성을 공격하기로 했다.

당나라 원정군의 약점을 파악한 을지문덕(乙支文德)은 교묘한 유인 작전으로 이들이 살수(薩水 지금의 청천강)를 건너고 있을 때 이들을 집중공격해 30만 병력 중 살아간 인원이 3000명에 불과한 대승을 거두었다. 이를 살수대첩이라 하고 33년 후(645년)의 당나라와의 안시성 승리와 함께 우리나라 역사상 가장 큰 전쟁의 승리였다. 비유하자면 권투의 미들급 선구가 헤비급 선수에 KO승(살수)또는 판정승(안시성)을 거둔 것이라 할 수 있다.

수나라는 이 전쟁의 후유증으로 빨리 망하게 되는 원인이 되었다. 수나라의 통일사업(581–618)이 짧은 기간 내 급하게 몰아친 개혁사업, 특히 토지문제에 있어서 균전제(均田制)라는 당시로는 진보적인 제도는 귀족들을 비롯한 기득계층을 자극했다.

수양제가 지방출장으로 자리를 비운 618년에 이연과 이세연 부자가 반란(일종의 쿠데타)을 일으켜 나라를 빼앗기고 국호도 당(唐)나라로 바뀌게 되었다.

연개소문과 양만춘이 당나라 태종을 이기다(645년)

고구려 연개소문(?–665)은 장군이었던 아버지 이상으로 강경파이어서 왕과 대신들이 꺼리는 존재였다.

아버지 사후 간신히 그 자리를 유지하였는데, 영류왕을 비롯한 문관 대신들이 당시 당 태종에 대한 유화정책이란 미명아래 포로를 풀어주고 조공을 바치는 등의 굴욕외교를 하자 이에 대한 반감을 가지고 있었다.

드디어 642년 연개소문은 내부 쿠데타를 일으켜 문관 100여명을 죽이고 영류왕까지 살해하면서 권력을 잡았다. 고구려의 정변 소식을 들은 당태종은 이를 성토한다는 구실로 수나라가 이기지 못한 고구려의 정벌을 추진했다. 중국 중심의 천하를 꿈꾼 당 태종이 동궐족은 이미 손을 보았으므로 이제 고구려가 제압하여야 할 상대였고 여기에 반발하는 연개소문은 피할 수 없는 대결상대였다.

안시성(영화)의 혈투

2018년 영화 〈안시성〉이 개봉됐는데 전투 장면이 실감났으며 양만춘 역을 맡은 조인성의 연기도 좋았다는 평을 받았습니다. “우리는 물러서는 법을 배우지 못했다! 우리는 무릎 꿇는 법을 배우지 못했다! 우리는 항복이라는 걸 배우지 못했다!” 천하를 손에 넣으려는 당태종(영화 속 박성웅의 역할)이 피눈물을 흘리며 돌아선 유일한 전장이었습니다.

이런 상황에서 644년 예고된 고당(高唐) 전쟁은 초반에는 당군이 고구려의 백암성, 요동성 등 10개의 성을 점령해 당나라의 승리가 목전에 있는 듯했다.

그러나 전쟁의 관건은 안시성(安市城, 당시 요하 지금 요령성에 있던 성으로 요동성과 함께 전략적으로 주요한 성) 점령이었다. 온갖 공성장비(攻城裝備)를 동원하고도 실패를 거듭하고 그 성 옆에 두 달에 걸쳐 쌓은 토성이 무너지는 등 실패를 거듭했다.

예기치 않은 고전으로 차츰 시간이 흐르며 장기전이 되어 혹독한 겨울이 다가오자 당태종은 퇴각하고 말았다. 장장 5개월에 걸친 안시성 전투에서 5천의 고구려군이 20만명의 당나라 군사에 승리(645년)한 것이다.

고립무원(孤立無援)의 상태에서 끈질긴 수성(守成)의 공을 세운 성주(城主)는 양만춘(楊萬春)이었으며, 당태종은 그가 쏜 화살에 눈이 맞아 퇴각했으며 그 후 실명 등 병이 나 3년 후 사망했다. 당태종이 죽은 것이 눈병이 원인인지 화병인지의 사실 여부는 확인하기 어렵다.

신라가 백제를 멸망(660년)시키다

황산벌 전투 영웅 계백장군과 화랑 관창

신라에는 강력한 무열왕(김춘추 재위 654－661)이 즉위해 그 아들 문무왕(재위 661－681년) 그리고 김유신(593－673) 장군과 함께 삼국통일을 주도했다.

660년 나당연합군은 만만한 백제부터 침공해 멸망시켰다. 그 과정에서 백제의 마지막 영웅 계백(桂魄)장군이 있었다.

그는 마지막 전투에 나가는 날, "어차피 적들 손에 죽을 거 내 손에 죽어라"하면서 부인을 비롯한 가족을 죽이고 결연하게 5천 결사대를 이끌고 황산(黃山 지금의 충청남도 연산)벌에서 신라군(김유신이 소정방의 당군과 함께한 5만명)과 대치했다.

"옛날 춘추시대 월왕 구천이 5천명으로 오왕 부차의 7만 대군을 무찔렀다."하면서 군사들을 독려하였다. 초창기에는 군사 수가 월등한 나당연합군을 네 차례나 물리치면서 마지막 투혼을 불살랐다. 그러나 신라는 전투에 앞장선 화랑들의 용감한 전투로 승리한다.

낙화암에서 투신하는 궁녀들

이때 단기필마로 분전한 화랑관창의 이야기가 유명하게 전해진다.

황산벌에서 승리한 나당연합군은 부소산성이 있는 백마강으로 향했고 여기서 삼천궁녀가 등장하는데 의자왕이 왕자를 많이 둔 것을 보면 궁녀가 적어도 50-60명 정도였을 것이다.

삼천궁녀는 후에 백마강의 멋있는 경치를 보면서 문인들이 그럴듯하게 과장한 것이며 우리나라 대중가요에 많이 등장해 역사적 사실처럼 인식이 됐었다. 필자도 이곳을 보며 궁녀들의 넋을 위로했다는 고란사와 함께 그 풍광은 아름답지만 3천 궁녀는 허구라고 믿게 됐다. 백제의 마지막 왕인 의자왕을 삼천궁녀와 함께 이야기하면서 정사를 돌보지 않고 사치와 낭비를 일삼은 왕으로 묘사한 것은 역사는 승자(勝者)의 입장에서 쓰여지기 때문에 과장도 심하고 왜곡이 적지 않다.

의자왕은 임기 초 국방에 힘써 영토를 넓히고 특히 신라의 대야성을 공격는 등 강력한 왕으로 군림했으나 말년에 시도했던 개혁이 실패하는 등 결국 망국의 왕이 되고 말았다.

의자왕은 이곳에서 방어에 용이한 웅진성으로 가서 최후의 응전을 대비했는데 무슨 사연으로 본격적인 전투도 시작하기 전에 항복했으니 안타깝다. 나당연합군이 보급의 취약점이 있어서 강력한 의지로 수성을 했다면 삼국통일의 결과가 달라질 수도 있었다는 분석이 있다.

김춘추와 김유신의 콤비 플레이로 삼국통일을 이루다

김유신(595-673년)은 지금의 김해를 중심으로 500년 가까이 작은 나라로 보존했던 금관가야의 왕족 출신으로 태어났다. 금관가야는 지리적 위치가 낙동강 하류의 해안지대이므로 중국과 일본의 무역선과 교류하며 경제·문화적으로는 상당히 발전됐지만 532년 신라(법흥왕 19년)에게 멸망했다.

증조할아버지가 금관가야의 마지막 왕이었는데 신라에 귀화해 관산성전투를 승리로 이끌어 상당한 벼슬을 받고 신라에 자리잡았다. 김유신의 아버지 김서현은 신라 왕실의 딸인 만명에 반하였으나 신분사회였던 신라에서 가야계였던 김서현과 혼인은 용납되지

삼국통일의 양대 축인 무열왕과 김유신장군

않았다.

집안에 갇혀 지내던 만명은 어느 날 갑자기 벼락이 친 틈에 집을 빠져나가 만노군(지금의 충청도 진천 지방)의 태수로 부임한 김서현을 따라갔다. 김유신은 이곳 만노군에서 태어나고 자랐다.

열다섯 살이 되던 해 화랑이 된 김유신은 2년 뒤 신라를 위해 장군이 될 결심으로 석굴에 들어가 수련했다. 이때 난승이라는 도인을 만나 무술의 비법을 전수받고 그 후 그가 참가하는 전투에서는 패전하는 일이 없는 명장이 되었다. 김유신이 전공을 세워 이름을 떨치기 시작한 것은 629년(진평왕 51년) 신라가 고구려의 낭비성을 공격할 때였다. 신라가 패전의 위기에 처했을 때 김유신은 단기필마(單旗匹馬)로 적진에 뛰어들어 적장을 베며 승리로 이끌었다. 별이 김유신의 칼에 내려 앉았다는 전설이 시작된 것이다.

그러나 33살의 김유신은 그 신분 때문에 아직 부장군 정도에 머물러 있었지만 신라 왕족 진골(眞骨)인 김춘추(604－661년)와의 인연으로 신분 상승을 할 수 있었다. 김춘추는 진지왕의 아들과 진평왕의 딸 사이에 태어나 선덕여왕시절부터 당나라 등과의 외교를 담당하면서 신라통일의 기초를 쌓았다. 김유신은 김춘추를 집으로 초대해 공차기를 하던 중 일부러 김춘추의 옷고름을 떨어지게 했다. 그리고 여동생 문희를 불러 옷고름을 달아주게 했다.

이를 계기로 동생 문희가 김춘추의 아이를 가졌지만 김춘추는 결혼을 주저했다. 집안이 가야계라는 것이 걸림돌이었다. 김유신은 왕(선덕여왕)이 경주 남산에 행차한 시간에 맞춰 여동생 문희를 행실이 방정하지 못해 태워 죽인다고 연기(演技)를 피웠다. 이렇게 왕의 주의를 끌어 결국 결혼을 성사시켰다.

이후 뛰어난 정치적 수완의 김춘추 가문과 김유신이 가진 군사력의 결합으로 삼국통일의 위업을 달성한 것이다. 무열왕은 29대 태종 무열왕(재위 654－661년)에 등극해 김유신과 콤비를 이뤄 660년 백제를 멸망시키고 이듬해에 사망했다. 김유신은 더 오래 살아 여동생 문희의 혼전 임신으로 뱃속에 있던 문무왕을 도와서 삼국통일의 과정을 지켜보고 78세로 편안하게 눈을 감았다.

고구려의 멸망(668년)

신라와 당의 고구려 공격로

연개소문의 아들들의 후계다툼이 나라의 멸망을 초래했다

삼국을 호령하고 당나라에서도 쉽게 건드리지 못했던 연개소문이 죽자(665년) 그 아들과 가족들이 후계를 두고 다투어 큰아들 남생은 당나라에 투항했고, 나중에 당군을 인도해 고구려를 망하게 하는데 일조를 했다. 문무왕은 666년부터 고구려 정벌에 나섰다. 이세적이 이끄는 당나라 군대와 연합해 평양성을 668년에 함락시켰다.

연개소문의 동생도 백제를 멸망시키고 고구려를 다음 목표에 두고 있는 신라에 투항했다니 참으로 모양새가 부끄럽게 되었다.

고구려는 국제정세에서 고립되었으며 후계자를 확실히 키우지 못한 탓으로 700년의 찬란한 역사가 허망하게 무너졌고 만주·요동에 걸치는 웅대한 토지를 두고 멸망했다.

신라, 당과의 전쟁(675-676년)

백제가 망하고 신라와 동맹군이었던 당나라는 한반도 전체를 지배하려는 야욕을 드러냈다. 당시 당나라는 태종의 뒤를 명종이 이었지만, 그 배후에 측천무후가 권력을 쥐고 있었다.

당나라는 대놓고 속내를 드러내 한반도에 계림도독부를 설치해 신라 문무왕을 총독으로 임명한다고 통보하자, 신라는 발끈하고 온 백성이 총단결해 당나라 군대를 몰아내자고 했다. 신라는 자국의 통일전쟁 후 백제, 고구려의 유민들을 달래 이들이 당나라와의 전쟁에서 함께 싸우도록 독려했다.

고구려가 망한 이후에는 당나라는 평양에 안동도호부를 중심으로 고구려와 백제의 영토를 통치하려 하였다. 이때부터 신라와 당나라 간의 새로운 전쟁이 시작됐다. 문무왕은 고구려 부흥운동과 연결해 당나라와 결탁한 부여 융의 백제군과 새로운 전투를 벌였다.

670년부터 본격적으로 시작된 전투는 675년까지 지속됐는데 당나라의 설인귀와 기벌포전투에서는 1400명을 죽이고 병선·말 등을 전리품으로 취해 전세를 유리하게 이끌었다. 이때 김유신의 아들 원술이 당나라의 주요 보급로를 차단하며 크게 활약했다. 신라군 그리고 백제, 고구려 유민들은 끈질기게 당과 싸워 승리해 당의 군대를 한반도에서 완전히 몰아내고 마침내 삼국통일을 이뤘다. 결국 당나라도 더이상 전쟁을 지속하기 어려워 안동도호부를 평양에서 요동으로 옮겨갔다. 통일은 했지만 신라의 3국 통일은 많은 아쉬움을 남겼다.

대동강으로부터 원산에 이르는 이남을 영토로 한 것은 더 위의 북쪽에 있는 고구려 영토에 대한 아쉬움을 남게 했다. 그러나 이 정도로나마 한반도를 통일한 것은 한민족의 정체성을 만들어 가는데 획기적인 역사적 사건이라 할 수 있었다. 한반도 일부의 통일이지만 당을 물리친 것은 불행 중 다행이었다.

제11막

수, 당, 송나라와 이 시대 일본은

- 1장: 중국 수나라 통일, 당나라의 전반기
  * 수나라 문제 581년, 위진남북조시대 통일 2대 37년 존속
  * 당나라 건립(618)–태종 나라의 기초세우다–측천무후의 등장 –여황제(690–705)–현종(685–756)과 양귀비, 안사의 난

- 2장: 당나라의 후반기와 문화의 발전
  * 당나라 후반기–환관들 100년 11명의 황제 선임, 절도사들, 황소의 난
  * 당나라 문화–현장법사 불교문화 이백, 두보 등 예술 진흥
  * 5대10국의 시대 70여년

- 3장: 송나라의 건국과 문화주의의 멸망
  * 5대10국–송나라 조광윤 통일(960)–문치주의–주자학발전
  * 국방허약, 요 · 서하 · 금나라에 시달려 남송으로 존재–원나라에 멸망 1279년

- 4장: 일본의 고대국가–귀족문화–무사의 등장
  * 일본 최초의 통일국가 야마토, 성덕태자–백제, 중국 문화
  * 소가씨 등 귀족문화–나라시대–헤이안시대
  * 국풍운동–문자(가나)의 개발–무사의 등장

1장

중국 수나라 통일(581년), 당나라의 전반기

남북조시대(南北朝時代)의 분열 수나라가 통일(581년)하다

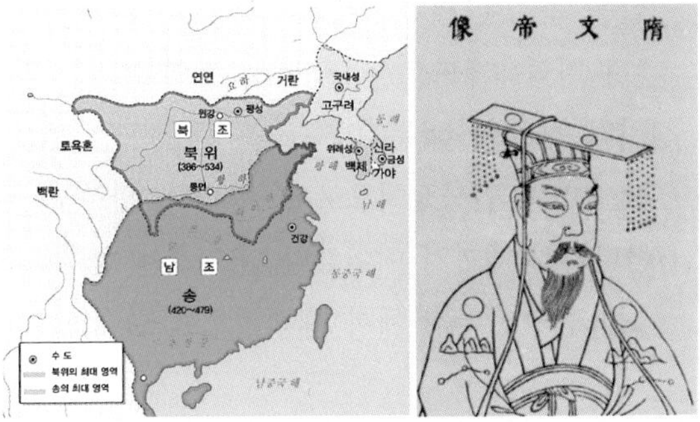

남북조시대 수문제는 북조의 귀족이고
남조의 송은 500년후의 송나라와 다름

한반도에서 고구려, 신라, 백제가 본격적인 쟁투를 벌이고 나름대로 발전하고 있던 4－6세기에는 중국에서는 바로 5호16국 남북조시대(317－581년) 260여년과 같은 시기였다.

북쪽에 있던 전진(前秦)이 372년 고구려에 불교를 전수했고 서해(황해)를 통해 백제가 중국 강남지역과 선진문화를 활발하게 왕래했으며 가장 늦게 신라도 진흥왕시대(540－576년) 이후에는 외교 무역 등으로 교류했다. 그러다가 중국의 남북 분열시대는 581년 북위의 양견이라는 장수가 수나라를 세우면서 통일되었다.

중국에서 역대 왕조가 망할 무렵이면 내부에서 외척이나 환관의 부패, 외부에서는 이민족의 침입이나 농민의 반란 같은 말기적 증세가 있었다.

그 당시 북조(北朝)의 마지막 왕조 북주(北周)의 귀족 양견(楊堅 541－604년)이 자신의 딸을 태자비로 간택하도록 해 외척(外戚)으로서 권력을 장악했다.

그 후 반대파를 제거한 뒤 제위를 선양(禪讓) 받아 581년에 쉽게 수(隋)나라를 세웠다.

그리고 589년에 강남지역, 남조(南朝)의 송－제－양－진의 순으로 존속해온 마지막 나라 진(陳)을 함락시켜 마침내 370여년(후한이 220년에 망한 후) 만에 중국을 재통일했다.

수나라 새 나라의 건설 개혁사업-37년만에 당나라에 망하다.

수의 대운하

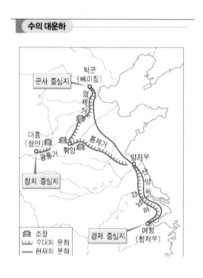

옛날 810년 전(BC 221년) 진시황이 중국을 처음 통일할 때보다는 덜 하지만 오랜만에 대륙을 통일한 수나라도 맨땅에서 시작하는 자세로 모든 제도를 재정비하거나 새로 갖추어야 했다. 새 술은 새 부대에 담아야 하듯이 수문제(文帝) 양견은 진(秦)·한(漢)나라의 중앙집권제도를 능률적으로 바꾸고 지방조직은 감축해 지방관리의 권한을 축소했다.

관리임용제도로 과거제를 도입했는데 이는 정치적 배경이 없는 인재들을 등용하는 전진적(前進的)인 인사정책으로서 이후의 왕조들, 청(淸)나라 시대까지 이어졌다. 과거제는 한국과 일본 등 동양권 국가에서 채택됐으며 현재도 각종 시험제도가 그 전통을 잇고 있다.

또한 남북조시대부터 채택해온 균전제(均田制)와 부병제(府兵制)는 수나라를 거쳐 당제국까지 이어졌다. 행정적으로는 율령제(律令制)를 실시해 중앙집권제를 뒷받침하고 효율적인 제국의 관리와 경제발전을 도모했다.

중요한 것은 수문제가 진시황의 만리장성을 연상시키는 대운하사업(좌측 대운하)을 시작한 것이다. 그것은 중국의 황하, 양자강이 모두 서쪽에서 동쪽으로 흐르므로 남북방향의 운송로가 필요했기 때문이다.

수자원을 이용하는 한편 농업과 운송사업을 원활히 함으로써 지난 300여년 이상의 남북 단절 시대를 정치적으로 경제적으로 소통하는 의미가 있었다.

만리장성이 남북을 단절하는 구조물을 쌓았다면 남북대운하는 남북을 연결하는 수로를 만들어 명실상부한 통일을 이룬 것인데 수문제시절에 완공하지 못하고 그가 암살된 후 아들 양제시대에 완공(610년)되었다.

수나라 통일사업(581－618년)이 짧은 기간 내에 급하게 몰아친 개혁사업, 특히 토지문제에 있어서 균전제(均田制)라는 당시로는 진보적인 제도는 귀족들을 비롯한 기득계층을 자극했다. 이에 수양제가 국내의 내란 등으로 장안을 떠난 사이에, 618년에 이연과 이세연 부자가 반란(일종의 쿠데타)을 일으켜 나라를 빼앗고 국호도 당(唐)나라로 변경했다.

당나라의 건립(618년)-수나라를 대체

진시황에 의해 최초로 중국 통일제국(BC 221년) 진나라가 15년 만에 유방에 의해 한나라로 다시 건국(BC 206년)됐고 남북조시대를 통일한 수나라(581년)도 37년 만에 당나라로 건국(618년)된 것이 닮은꼴로 되풀이되는 듯했다.

수명이 짧았던 수나라 두 명의 황제시대에도 의욕을 앞세운 토지개혁, 남북 대운하의 건설과 고구려 원정 등으로 백성에게 과중한 부담이 됐다. 나라는 다시 각지에서 일어난 내란 등으로 혼란스러워졌다. 이런 와중에 변방의 방어를 담당하던 이연(566－635년)이 수도 장안을 점령하고 당 제국을 건설했다.

이렇게 618년에 시작된 당나라는 수나라 대부분의 제도를 답습하면서 비교적 안정운영을 시작해 중국역사에서 빛나는 시대를 이루게 됐다. 이전의 진·한나라는 봉건적 질서에 의지한 고대 역사라고 한다면 수·당제국은 처음으로 율령(律令 현대(現代) 헌법과 주요 법률)에 기초한 통치를 했고 전문관료들에 의해 국가의 질서가 이뤄졌다. 국가 체제 질서가 달라졌으니 이제 중국의 중세역사가 시작되었다고 할 수 있다.

당 태종의 치세(AD 626-649년)

당 고조(이연)의 뒤를 이은 당 태종(이세민)이 중국역사상 손꼽히는 훌륭한 성군으로 평가된다. 그의 재임기간 23년(626－649년)을 "정관(貞觀:그의 연호)의 치(治)로" 불리는 당의 토대를 확고히 하는 번영기였다. 당 태종은 즉위 초부터 율령(律令政治)이 정치나 행정, 백성을 보호하는 기본 틀이라고 보고 10년 동안 이를 확정하는데 정성을 쏟았고 대외적으로 영토를 넓혔고 나라를 안정시켰다. 이때 만들어진 율령은 "당율(唐律)"이라고 해서 이후 신라와 일본 등 동양문화권의 정치제도의 근간이 되었다.

당 태종시대의 정관의 치

동로마제국을 번영시킨 유스티니아누스황제가 약100년전(534년)에 로마법대전을 제정한 것과 비교할 수 있다. 동서양의 대표적인 두 나라의 황제들이 나라의 기초는 법령을 바르게 세우는데 있다고 판단한 것이다.

당 태종은 북방정책은 만리장성 북쪽에 세력을 떨치던 돌궐족을 분열이 되도록 유도해 서돌궐은 중앙아시아쪽으로 밀어내고 힘이 약해진 동돌궐을 복속시켜서 후환을 없앴다.

제국의 동서에 있던 이민족 국가들을 정복해 서쪽으로는 중앙아시아 파미르고원 일대(현재의 파키스탄 지역)까지 그 영향력을 확대했다.

700여년전 한무제가 서역에 장건을 파견해 알려진 비단길을 당 태종부터 본격적인 교류에 기여했다.

이 시대 당의 전성기를 성세당조(盛世唐朝)라 불렀다.

성세당조-당나라의 태평성대

이 시대 당나라 수도 장안(현재 시안)은 색목인(色目人)으로 불린 서역인들이 무수히 드나들어 비잔틴제국의 콘스탄티노플과 더불어 대표적인 국제도시였다. 외래종교인 불교도 활발하게 소개돼 달마의 선종(禪宗) 등 여러 종파가 발전했으며 당시 한반도의 통일신라와 일본에까지 전수됐다.

그러나 당 태종에게 풀지 못한 숙원은 수나라 때부터 패전을 거듭해온 숙적(宿敵) 고구려를 정벌하지 못한 것이었다. 644년 당태종이 직접 대군을 이끌고 원정갔을 때 안시성주 양만춘(楊萬春)의 완강한 저항에 물러날 수밖에 없었다. 게다가 당태종이 화살에 눈을 맞아 한쪽 눈이 실명한 원한까지 있었다.

고구려에 대한 원한은 그의 아들 3대 고종(高宗 재위 649－683년)이 신라와 손을 잡고 지원한 삼국통일 과정에서 마침내 668년 고구려를 정벌하는 데 큰 기여를 했다. 그의 사후 고구려가 무너짐으로써 당제국은 명실상부한 동북아시아에서 패자가 됐다.

당나라의 태종(2대)과 조선의 태종(3대) 비교

중국의 태종과 조선의 태종

당 태종(사진)은 760여년 후에 한반도에서 조선이 건국됐을 때 이성계의 아들 이방원(3대 국왕 태종)과 비슷한 점이 많습니다. 이 부자(父子)들이 나라의 신하(장군)가 반란으로 나라(수나라, 고려)를 뒤엎고 아버지가 새나라의 창업자가 되게 했습니다. 그들은 장자가 아니었으므로 당 태종은 형(이자성)과 동생을 죽였고, 조선의 이방원은 동생 둘을 죽이고 왕자의 난을 일으켜 왕이 된 것이 똑같습니다. 또 아버지가 살아 있을 때 왕위에 올랐으며 왕이 되어서는 둘 다 뛰어난 업적을 쌓은 것도 비슷합니다. 게다가 태종(太宗)이라는 호칭도 같으니 여러 가지로 닮은 꼴입니다.

“두 번째”가 많이 등장한 당나라 이면사(裏面史) 그리고 측천무후

태종이 당나라의 기초를 닦고 영토를 넓혔으며 백성에게 오랜만의 민생의 안전을 가져다준 “정관의 치”를 이룬 후 세상을 떠났다. 당나라 역사에는 두 번이 많이 등장한다.

우선 당나라의 번성기는 첫 번째가 당태종의 “정관의 치(626－649년)” 23년이고, 두 번째가 양귀비 때문에 유명해진 6대 당현종의 “개원의 치(712－756년)” 44년이라고 한다.

그 중간시기에 무황후(武皇后 또는 무측전)가 등장하는데 그가 두 사람의 황제에 두 번 후궁으로 들어와 중국 역사상 최초의 여황제가 돼 15년간 중국을 통치했다.

무황후는 스스로 황제가 되기 전에 두 아들을 황제(4대 중종, 5대 예종)로 만들었으며 이 둘은 무황제가 죽고 다시 한번씩 더 황제에 즉위했고, 그 후에 6대 현종이 황제가 됐다.

이렇게 복잡하고 흥미진진한 소설같은 사건이 벌어진 이 후에 당나라는 안사의 난이 발생해 크게 혼란스러웠지만 나라는 망하지 않았고 110년 후에 두 번째로 황소의 난이 발발해 결국 당나라가 망했다.

반란이 일어나서 나라가 쇠약해지고 망하는 근본적인 이유도 두 가지로 토지의 문제로서 균전제(均田制)가 유명무실해졌으며, 또 하나는 병역제도가 문란해진 것이다. 당나라는 두 가지, 두 번째가 되풀이로 진행되면서 907년에 망했으니 300년에서 10년이 부족한 역사였다. 이상이 당나라 역사의 윤곽이었고 그 세부적인 역사를 살펴본다.

측천무후의 파란만장한 일대기(624-705년)

유약해서 무황후가 마음대로 했던 4대 고종

젊은 시절 무황후

측천무후(則天武后 624－705년)는 무황후(武皇后)라고도 불리는데 당나라 건국공신이었던 아버지 무사확의 둘째 딸로 태어났다. 637년 13세에 당태종의 후궁으로 입궁해 태종에게 사랑받아 4품까지 올라갔다. 그러나 당태종이 사망하자 황실의 관습(은퇴)에 따라 은퇴해 사찰에 칩거했다.

황태자 시절의 고종(3대 황제 재위 649－683)에게도 눈에 띄어 651년(27세) 다시 입궁(좀처럼 없는 일)해 총애를 받고 이듬해 2품에 오르며 4남2녀의 자녀를 두었다.

두 번째 입궁 4년 후(31세)엔 황후를 내쫓고 황후가 되어 유약한 고종을 대신해서 정무를 보았다. 그로부터 태종 때부터 봉직한 원로대신 장손무기(長孫無忌) 등을 내몰고 신진세력들을 등용해 권력을 장악했다.

656년 원래 황태자도 밀어내고 자신의 장남(당시 4세)을 황태자로 세우고 675년(51세)에는 병세가 깊어진 고종을 대신해 수렴청정을 하며 당나라의 강력한 실권자가 되었다.

683년 고종이 죽자 큰아들(사망) 둘째 아들(폐위)을 거쳐 황태자로 있던 셋째아들(27세)을 4대 황제 중종(656년 출생 재위 683－684)으로 즉위시켰다.

중종의 황후(며느리)가 그 아버지와 함께 시어머니 무황후에게 저항하자 1년 후 중종을 폐위시키고 막내아들(22세)을 황제로 세웠는데 그가 5대 예종(662년 출생, 재위 684－690년)이다.

무황후가 두 번째 입궁한 이래 54년 동안 국정을 마음대로 주무르며 자신의 자녀들까지 권력의 도구로 삼자 무황후에 저항하는 세력들의 반란이 여러차례 일어났다. 무황후는 이를 진압하고 690년(66세)에는 예종도 폐위시키고 자신이 직접 황제가 되면서 나라이름을 예전의 주(周)나라로 바꾸고 수도도 장안에서 낙양으로 옮겼다.

나라이름이 헷갈리므로 그 후 무주(武周)라고 구분하여 부르는데 이미 66세가 된 할머니의 노욕(老慾)이었지만 원래 머리가 총명하고 치밀해 중국의 웬만한 황제보다도 정치를 잘했다.

우선 권력행사 과정에서 자기 친인척을 앞세운 것이 아니라 과거제도를 정비해 적인걸, 송경같은 능력있는 인재를 발탁해 활용했으며 행정체제도 개선 발전시켰다. 신분에 관계없이 능력과 충성도를 기준으로 인재를 등용하여 귀족정치를 약화시키고 행정적 효율성과 통일성을 높였다.

무황후는 반대파를 엄격히 감시하고 통제하는 공포정치를 했지만 상대적으로 백성의 생활은 안정되었다. 그녀의 통치기간은 태종이 통치하던 "정관의 치"에 버금간다는 평가를 받으며 "무주(武周)의 치(治)"라고도 불렸다.

무주의 통치기 15년이 지나자 그녀는 노환으로 병이 들었고, 대신들이 양위를 압박해 그녀는 태상황(太上皇)으로 물러나고 4대 황제였던 중종(두번째 재위는 705－710년)이 복위되어 당왕조가 부활했다.

측천무후는 그 해 연말에 죽음을 앞두고 장례를 황제가 아닌 황후로서 치러달라고, 묘비에는 한 글자도 새기지 말라고 유언했다. 자신에 대한 평가를 역사에 남기지 않고 스스로 측천무후보다는 무황후로 만족한 것으로 보인다.

당 현종의 오르막(현군) 내리막(양귀비)의 일대기

정치를 잘하던 시절의 현종

6대 황제 당 현종(이융기 685년 출생, 재위 712－756년)은 백부(伯父) 4대 중종황제가 두 번째로 즉위했을 때 큰 활약을 했다. 원래 권력지향(15년 전에도 무황후에 저항)형이었던 위 황후(중종의 황후)와 그 일족이 중종과 예종(이융기의 아버지)까지 폐(제거)하고 그 아들을 황제로 즉위시키려 하는 음모를 알게 됐다.

이융기는 자신의 심복인 장병을 인솔해 위황후 일당을 제거한 뒤 황태자가 되어 실권을 장악했다. 2년후 두 번째로 즉위한 아버지 예종(두번째 재위 710－712)의 양위로 712년 28세에 6대 황제에 즉위하며 제 세상을 만났다.

현종은 개인적으로 존경하던 할머니 무황후의 사후 7년 만에 황제에 올라 전임 황제들부터 명성이 있던 송경 등을 활용했다. 안으로는 민생안정을 꾀하고 둔전(屯田) 개발로 경제를 충실히 하는 한편 부병제(府兵制)의 붕괴에 대비하여 신병제를 정비했다. 당태종 때부터의 영토방비에 힘써 동돌궐, 거란족에 대한 국방을 튼튼히 해 40여년의 "개원(開元)의 치(治)"를 이뤘다.

이렇게 통치를 잘하던 현종이 망가지기 시작한 것은 치세 30년 무렵 나이도 60세를 앞두고 아내 무혜비가 죽어 허전한 상황에서 양귀비를 만나고 부터다.

양귀비와 사랑에 빠진 이후의 현종,
현종과 양귀비와 즐기던 화청지, 양귀비상

양귀비(楊貴妃 양옥환 719－756년)는 일찍 부모를 여의고 쓰촨(四川)성 숙부의 집에서 자랐다. 양옥환은 노래와 춤에 능하고 미모가 출중해 17세에 당현종의 18번째 아들인 수왕의 비가 됐다. 당시 현종이 가장 사랑했던 무혜비가 죽은 후 허전함을 달래고 있었다. 이를 보고 현종이 무척이나 신임했던 환관 고력사가 전국에 미인을 탐색했고, 그 중 황제의 며느리(아들의 후처)인 양귀비와 만남을 주선했다. 며느리임에도 현종은 첫눈에 반해 역사가 꼬이기 시작했다.

당시 58세의 현종은 23살의 양옥환에게 푹 빠져 정사는 뒷전이고 따로 둘만의 별장 화청지(華淸池, 장학량이 1936년 서안사건 때 장개석을 구금하던 곳)를 지어 10여년 간 꿈같은 시간을 보냈다.

중국의 4대 미인

서시(西施)는 춘추전국시대 오나라의 왕 부차가 반한 미인이며, 왕소군(王昭君)은 전한시대 흉노왕에게 바친 미인이었고, 초선(貂嬋) 삼국지의 왕윤이 여포에게 미인계을 쓴 미인이었습니다. 다음으로 네 번째 미인 양귀비가 등장했습니다.

인사(安史)의 난

안록산

권력자가 여색에 빠지면 동서고금에 권력과 부패가 따르기 마련이다. 대표적으로 양귀비의 6촌 오빠 양국충(楊國忠)이 문제였고, 여기에 절도사 안녹산이 반란을 일으켜 결국은 "안사(安史)의 난"이 발발했다. 원래 원인이야 당나라의 고질적인 토지·세금·군대 문제였지만 호사가들은 양귀비에 초점을 맞췄다. 755년 유주, 하동의 절도사(현재 중요 지역의 군사령관과 행정책임자)를 맡고 있던 돌궐 출신의 실세 안녹산(安祿山)(703－757)과 그 2인자 사사명(史思明)이 일으킨 내란(755－763년)이다. 이들은 거병 즉시 제2의 수도 낙양을 점령해 기세를 올리고 이듬해에 정부 토벌군과 전투 끝에 승리하고 장안에 입성했다. 이때 현종과 양귀비, 황실 가족, 일부 정부군이 쓰촨(四川)쪽으로 몽진(蒙塵)할 때 처량한 장면들이 발생했다.

반란군은 모든 문제의 중심이며, 타깃인 양국충과 양귀비를 자결하도록 요구했다. 이 과정에서 장병들은 양국충을 살해했고 현종은 자신의 안전을 위해 상황을 바꾸지 못했다. 진정 그녀를 사랑했다면 같이 죽겠다고 했어야 할텐데, 현종은 비서실장인 고력사(환관) 손에 울며 이끌려 가던 양귀비를 괴롭게 쳐다보기만 했다. 이는 역사드라마나 영화 속에서 많이 등장한 마지막 장면이었다.

끌려나가는 양귀비

양귀비가 스스로 목을 맸는지 타살됐는지는 분명치 않다. 이제 심신이 완전히 탈진된 현종은 아들, 7대 숙종(재위 756－762) 황제에게 양위했고 태상왕(太上王)으로 양귀비와 함께 죽지 못한 것을 후회하면서 77세(762년)까지 살았다.

당나라의 말기현상(末期現像)

안사의 난을 일으킨 안녹산과 사사명은 순차적으로 그 아들들에게 죽임을 당했고 9년의 안사의 난은 이민족 위구르족을 끌어들임으로써 마무리됐다. 내란은 끝났지만 그 후유증은 너무나 참혹했다. 이민족을 중심으로 한 반란군과 위구르 원군에 의하여 영광을 자랑하던 두 수도 낙양과 장안의 건축물과 문화재는 대부분 잿더미가 되어 버렸다.

내란의 평정을 위해 지방에 파견된 절도사가 병권을 장악하자 종래의 중앙집권적 지배체제는 무너지고 지방분권화현상이 강화되면서 특히 화북지방은 반독립적 상태가 지속되었다. 중앙집권체제의 약화로 중앙의 귀족 상인들은 타격을 받고 무력세력과 결합하는 상황이 돼 당나라 초반의 율령체제와 이에 수반되는 건전한 문화는 근본적으로 변질돼 갔다. 이제 당나라의 후반기, 당 현종 사후 760년대 이후 당나라의 운명이 심각해졌다.

2장

당나라 후반기와 문화의 발전

현종 퇴위(756년) 이후-환관들의 나라로

전형적인 환관의 모습

안사의 난 후유증으로 사회경제가 무너지고 율령제도는 운영이 점점 어려워지며 유명무실해졌고 정치는 더욱 혼탁해졌다.

정치질서를 좌우하는 것은 황제의 측근에 있는 환관과 외척들이었으며 중국역사에서 전통적인 정치불안요소가 재현됐다. 측천무후와 그 며느리 위씨 황후의 몰락을 계기로 한숨 돌렸다 싶었는데 이번에는 환관들이 당나라의 후반기를 망쳐 놓았다.

원래 환관은 개국초부터 황실의 대소사를 맡아 처리하던 직책이었는데 현종 때 고력사를 계기로 직접 정치에도 개입하기 시작했다. 안사의 난에서 교훈을 얻은 후임 황제들은 지방의 절도사들을 견제하기 위해서 감군사(監軍使)를 보내 그들을 감독하기 시작했는데 환관들이 주로 그 일을 맡았다.

이래저래 환관들의 위세는 하늘을 찌를 듯 높아져 당 말기인 9세기에 이르러서는 환관들의 힘은 이제 황제도 건드리지 못할 정도까지 됐다. 심지어 환관들은 자신들을 견제하는 황제 두 명을 살해하기까지 했다. 하나의 세력이 권력의 정점에 오르면 다음부터는 다투고 분열되기 마련이다.

환관들의 천하

이윽고 환관들은 자기들끼리 편을 갈라 당쟁을 벌여 어느 인물이 자기들에 유리한 황제인가를 두고 경쟁했다. 9세기 초반의 덕종 이후 당나라가 문을 닫는 907년까지 100년 동안 11명의 황제 중 1명을 제하고는 전부 환관들이 옹립했다.

환관들의 시험(낙점)을 통해 황제가 됐다고 해서 황제를 "문생천자(門生天子 문생은 과거에 갓 급제한 사람)"라고 부를 정도였다.

과거에 급제한 문생(天子門生)과 글자를 바꿔 환관들의 문하생이 된 황제들의 신세를 비꼬아 부르는 말이었다. 이러니 무슨 령(令)이 서고 정치를 제대로 했을까! 힘이 센 환관에게 문전성시(門前成市)를 이루는 것은 당연했다.

당나라의 기본적 제도-토지 · 조세 · 병역

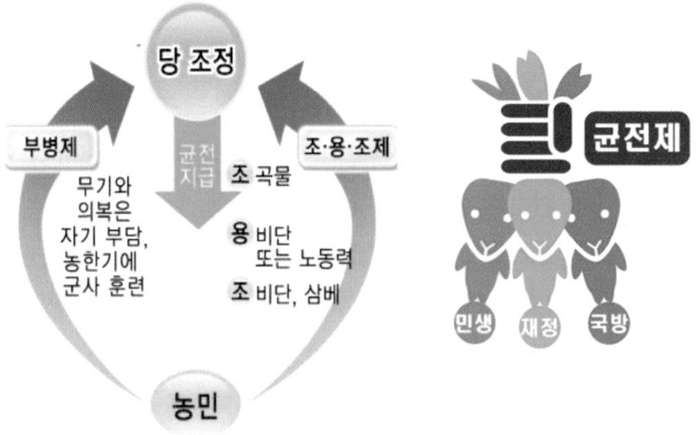

당나라의 기본적인 체제-균전제의 모든 것이 달려 있었음

토지제도인 균전제(均田制)는 농민에게 토지를 분급(分給)하고 국가에서 조세를 받는 방식이다. 농민들이 제대로 농사를 지어야 농민들의 생활도 나아지고 국가재정도 튼튼해진다.

그런데 인구가 늘면서 국가에서 주는 토지가 너무 작아서 생활이 어려워진 농민들이 농사를 팽개치고 이탈해 버리면 모든 게 어긋날 수밖에 없다.

균전제는 토지와 농민을 하나로 묶어 조세와 병역도 부담시키는 것이므로 조세제도인 조용조(租庸調)나 병역제도인 부병제(府兵制)와 긴밀한 관계가 있다.

그런데 농민들이 토지를 버리고 도망쳐 국가에서 조용조를 제대로 거둘 수 없고 당장의 큰일은 나라를 지킬 병력이 크게 부족해지는 것이다.

일반화된 용병 군인들

균전제를 온전한 상태로 되돌리기가 불가능해지자 고육지책으로 정부는 조세나 병역제도를 개선해 보려고 했다.

조세에 대해서는 조용조를 버리고 양세법(兩稅法)을 실시하기로 했는데 이것은 토지가 대토지소유자들에게 집중돼 있고 상업에 종사하는 인구도 늘어났기 때문에 이들을 대상으로 일년에 두 번 받는 세금으로 변경했다.

이 조세제도는 농민 이외에 납부능력이 큰 백성에게 받는다는 장점이 있지만 이는 정확한 조세의 표준이 파악되어야 하는데 이게 쉽지 않고 부정이 개입될 여지가 많아졌다. 이래서 새로운 세금제도도 성공 못하고 좌초돼 버렸으며 병역제도, 부병제(징병제)도 농민이 이탈하면 방법이 없으니 이제 모병제와 직업군인제로 바꾸었다.

이들은 용병이므로 자신의 급여를 주는 고용주에게 충성을 다했다. 예전에는 변방에 도호부를 두었지만 이민족의 침입이 잦아지자 강력한 절도사들을 두었는데 이들은 군사권 만이 아닌 행정, 재정권도 가지고 있어서 그 지역의 왕이나 다름없었다. 모병된 병사들은 그들의 사병이나 다름없었다.

바로 안사의 난에서 처럼 안록산이 바로 낙양을 점령하는 것이 가능했다.

변방에 둔 절도사를 국내 요지에 배치하고 이들을 감군사 등이 감독하도록 했는데 이것이 폐단이 되고 이 절도사들은 오히려 군벌로 성장한 것이다.

토지, 조세, 병역제도의 문란으로 나라가 기우는데 여기에 절도사들의 전횡과 황제를 마음대로 주무르는 환관들의 부패로 당나라는 멸망을 눈앞에 두게 되었다.

황소의 난-당나라의 멸망

여러 가지 조짐으로 당나라는 100년쯤 전에 망했어야 했는데 그나마 양세법과 환관이 황제를 선임하면서 당쟁을 벌인 덕(?)에 역설적으로 비틀비틀 지탱하였다고 할 수 있다.

시간이 지나며 믿었던 양세법의 약효가 떨어지는데 재정을 조달해야 하니 소금의 전매를 강화하는 조치를 취했다. 소금전매는 한무제가 실시한 정책으로 이미 1000년 전의 낡은 미봉책(彌縫策)인데도 이를 꺼냈고, 이 정책이 결국 당나라의 명을 재촉했다. 소금을 전매한다는 방침에 전국의 소금상인들이 반란을 일으켰는데 가장 규모가 큰 것은 황소(黃

권력을 잡은 주전충

巢)라는 소금 밀매조직의 두목이 일으킨 반란이었다.

과거시험에서 떨어지고 돈을 벌겠다고 시작한 사업을 나라에서 방해하니 자신의 전국 비밀조직을 활용해 저항한 것이다. 875년 발생한 황소의 난은 농민들의 지지를 얻어 순식간에 맹위를 떨치고 반란군은 황소처럼 수도 장안으로 밀고 들어갔다.

그러나 손이 근질근질했던 절도사들이 이 상황을 가만히 두고 보지 않았다. 난리를 피해 달아난 황제가 도움을 요청하자 절도사 이극용이 군사를 동원해 황소의 세력을 진압했는데 그 과정에서 황소 휘하에 있다가 투항한 주전충(朱全忠)이 큰 공을 세웠다.

공을 세웠다고 오만해진 이극용을 견제하기 위해 황제(僖宗)는 주전충을 절도사로 임명해 이용했는데 이 두 절도사가 대결을 해 주전충이 승리했다. 승리한 주전충이 내친김에 황궁으로 쳐들어가 그동안 암적 존재였던 환관들을 모조리 잡아 죽였다.

그 후 화북지역의 제일의 실력자로 부상해 황제 소종을 죽이고 당의 마지막 황제 애제(哀帝)를 세웠다가 제위를 선양 받았다. 환관의 문하생인 허수아비 황제는 907년 주전충에게 제위를 선양할 수밖에 없었다.

이 일련의 과정이 각본없는 드라마처럼 펼쳐졌고 당나라는 이렇게 망했다. 당(唐)은 허망하게 망했지만, 짧게 존속한 진(秦) · 수(隋)를 제외하면 한(前, 後漢)과 함께 역사상 300년 가까이 지속된 중화민족의 제국이었다.

당나라는 첫 번째 제국인 한(漢)나라를 상당히 격을 높였다고 할 수 있다. 한(漢)제국이 동북아시아 고대 질서의 주춧돌을 놓았다면 당 제국은 그 위에 기둥을 올리고 벽을 세운 후 지붕을 얹어서 웅장한 건축물로 완성했다.

한나라가 영토와 정치적으로 동북아시아를 지배했다면 당나라는 거기에 정신적 문화적 지배를 추가했다. 중국을 동북아시아의 중심으로 만든 당나라가 망함으로써 이제 동양의 중세의 절반이 지나갔다.

당나라의 빛나는 문화

장안의 상징 대안탑과 현장법사(동상)

당나라의 초기 태종(626-649) 그리고 현종(712-756) 시대의 현군정치로 이뤄진 사회 및 경제의 발전은 문화가 발전할 수 있는 조건과 환경을 제공했다.

도시와 교통의 발달도 그런 조건의 하나였는데 당시 수도 장안(현재 시안)은 인구 100만명이 넘는 아마도 세계에서 가장 큰 국제도시였다.

외국인이 많이 들어왔고 중국 문화와 외국에서 들어온 문화가 어우러져 색다른 문화가 조성됐다.

대도시에는 일자리와 윤택한 생활이 보장됐기 때문에 일반 백성부터 지식인들 각계각층의 사람들이 도시에 거주했다. 비교적 윤택한 도시생활을 바탕으로 문학 · 음악 · 회화 · 건축 등 각종 분야에서 당나라의 문화수준을 높였다.

당 문화는 한나라시대에 이룩한 중국고전 문화를 바탕으로 남북조시대에 발전한 귀족문화, 불교문화였다. 이 시기에 유입된 서역의 문화가 고루 수용 혼합됨으로써 국제적인 문화가 형성됐다.

당대에는 불교와 도교가 크게 융성했다. 참선과 자기수양을 중시하는 불교의 선종(禪宗)이 환영받았다. 또한 도교도 귀족층을 중심으로 크게 발전했다.

당나라 사람들도 이 무렵에 여행을 했는데 특히 629년 현장 법사는 장안을 떠나 인도로 갔다.

16년 만인 645년에 불교경전을 가지고 돌아와 동료 스님들과 중국어로 번역해 당나라 이후의 불교에 큰 영향을 끼쳤다.

또한 현장법사는 인도, 중앙아시아를 여행하면서 각지의 불교 제도 · 풍습 · 지세 등과 석가모니에 대한 전설도 기록해 646년 12권의 "대당서역기(大唐西域記)"를 편찬했다.

당나라의 다양하고 독특하며 귀족적이면서 국제적인 문화는 인접 국가에 큰 영향을 미쳤다. 신라 · 발해 · 베트남 · 일본 등에 전해져 동아시아 일대에 당의 제도와 문화의 내용을 공유해 이를 동아시아문화권으로 불렸다.

한편 당나라에는 훌륭한 시인들이 많았다. 그중에 시선(詩仙)으로 불리는 이백(李白

현장법사의 서역기, 바울의 여행기 등 세계 3대 여행기

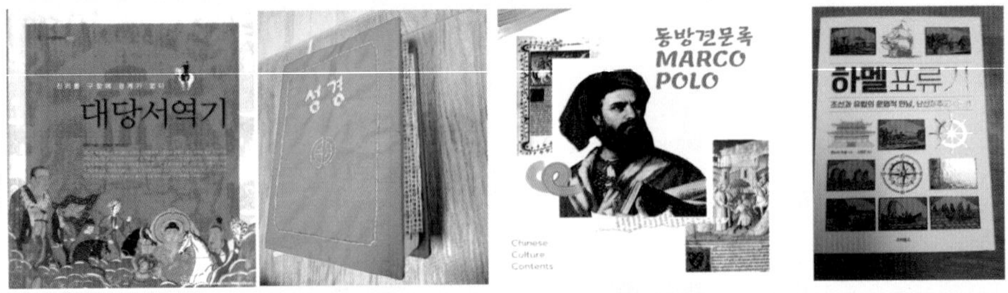

세계 3대 여행기가 있습니다. 물론 현장법사의 대당서역기가 첫 번째인데 7세기에 말 그대로 당시 신비한 지역 서역(西域)의 지리 · 기후 · 풍습 · 인물 등을 상세히 전하는 서역기를 바탕으로 손오공을 등장시켜 재미있게 엮은 소설 "서유기(西遊記)"는 중국 4대 기서로 꼽습니다. 이를 바탕으로 수많은 영화 드라마 등이 나와 언제나 재미있고 즐거운 소재를 제공합니다. 여기에 두 번째(아니 첫 번째로)는 의외로 성경입니다. 신 · 구약성경의 역사성은 다른 서적과 비교되지 않습니다. 구약성경은 유대민족의 형성 및 정착 과정을 그린 아브라함의 여행기로 시작합니다.

그 후 모세가 앞장서 이집트를 탈출한 유대민족이 가나안 땅을 향해 나가는 40년의 광야의 여정은 성경여행기의 중심입니다. 그리고 신약성경 27권 중 13권을 차지하는 바울의 서신(로마서 등)은 전도여행지 소아시아 지역의 소상한 여행기입니다.

물론 단순한 여행기는 아니고 신과 인간의 관계가 기본이지만 그 속엔 사랑과 전쟁, 인간의 갈등과 화해 그리고 희노애락애오욕(喜怒哀樂愛惡欲) 인간사 모든 것이 녹아 있다고 합니다. 성경이 특정 종교의 경전이면서 인류 최고의 베스트 셀러인 이유입니다.

또 다른 유명여행기는 12세기 중국 원나라를 다녀갔던 이탈리아사람 마르코 폴로의 "동방견문록(東方見聞錄)"이 있으며 14세기 모로코사람 이븐 바투타의 여행기가 있습니다.

또 14년 동안 표류, 억류됐던 네덜란드인 하멜이 1668년에 펴낸 "하멜 표류기"가 있습니다. 그때까지 잘 알려지지 않았던 동방의 신비한 나라 조선의 지리 · 풍속 · 정치 등을 소개해 큰 인기를 끌었던 조선견문록이 있습니다.

701－762)은 타고난 호탕한 성격과 술을 좋아해 낭만적인 시를 많이(1100편) 남겨 중국역사상 최고의 시인이다. 이백과 같은 시기에 두보(杜甫 712－770)가 있다. 안록산의 내난과 관련하여 장년기에 불우한 생을 보냈으며 이백보다는 우리나라에 크게 영향을 미친 시성(詩聖)이다.

중국의 시성 이백(701-762년)과 두보(712-770년)

오대십국(五代十國)-군사정권이 세운 나라들(907-979년)

오대(강북) 십국(강남)의 영토

당제국이 주전충에게 망한 다음 송나라가 건국되어 재통일될 때까지의 70여년을 5대10국시대이라고 한다. 5대는 대체로 황하 유역일대에서 흥망성쇠했던 후량(後粱)·후진(後晋)·후당(後唐)·후한(後漢)·후주(後周)의 5개 왕조를 말한다. 이는 주전충이 명목상으로 당의 마지막 황제로부터 제위를 물려받아 후량을 설립했으므로 그 후에 차례로 건립된 4개의 왕조가 모두 정통성을 가지게 되어 오대(五代)로 표현되고 있다.

10국은 주로 강남지역에 자리 잡은 10개 왕조를 말하는데 대체로 당 말기에 지역의 군권을 가지고 있던 절도사들과 황소의 난을 일으켰던 집단에서 분리돼 나온 세력들에 의해 건국되었기 때문에 북방의 5대보다 한 등급 낮게 10국으로 구분된다. 그 후 송나라가 건립된 것은 960년이었지만 송나라가 강남의 나라(10국)들을 한 나라씩 모두 통합한 것이 979년으로 5대10국이 존립한 것은 70여년이다. 5대10국 시대는 중국 역사에서 보면 극히 짧은 기간인 70여년에 불과하지만 그 짧은 시간에도 불구하고 이전 4－6세기 남북조시대 이후 400여년 동안 지배계급으로 군림해온 문벌귀족을 일시에 제거해 버렸다. 이를 통해 그 이후 송나라의 관료정치의 중심이 된 새로운 신진 사대부들이 등장할 수 있는 기틀을 마련했다고 볼 수 있다.

5대10국의 건국자인 이민족 출신의 절도사들이 문벌귀족들을 좋아하지 않아서 그들이 소유한 막대한 재산과 토지를 몰수해 문벌귀족들은 소멸됐다. 대신 지역 내의 상공업을 적극 장려해 새롭게 형성되는 지주들과 부유한 상인들을 우호세력으로 했다.

한편 무인정권은 자국의 발전을 위해 전 시대부터 진행되어온 경제에 더욱더 박차를 가하여 송나라의 비약적인 경제발전의 바탕을 마련했다.

이런 의미에서 5대10국은 기존의 질서를 무너뜨리고 새로운 질서를 마련하면서 결과적으로는 송나라가 탄생할 수 있는 기반이 마련된 시대라고 할 수 있다.

3장

송나라의 건국과 문치주의의 명암

송나라의 5대 10국 통일(960년)

송나라 설립자 조광윤

당나라의 멸망(907) 후, 불과 70여년 동안 수많은 나라가 난립한 것을 보면 5代10國 시대의 나라들은 거의(梁나라 제외) 정식 국가라기보다 당 말기의 지방의 번진(藩鎮)에 가깝고 군벌(절도사)이 지배하는 체제였다.

5호16국 남북조시대 260여년보다는 훨씬 짧았지만, 점차 강한 군벌 휘하로 작은 군벌들이 모여들어 최대 규모의 나라였던 후주의 절도사 조광윤(927–976)이 주위 귀족들에게 황제로 추대되어 960년 송(宋) 제국을 세우게 된다. 이후 강남의 10국을 한나라씩 점령 또는 복속을 시켜 979년 통일을 완성했다. 송태조 조광윤은 재통일되는 대제국이므로 중앙집권제를 추진해야 했고, 지방 조직이 군사력을 가지고 중앙정부를 흔드는 일이 없도록 국가체제를 정비하는 일에 몰두했다. 그 해결은 문치(文治)를 기본으로 황제 중심의 중앙집권체제를 만드는 것이었다.

작은 국가들을 이민족이나 하층민 출신 절도사(군인)들이 다스리면서 전통적인 문벌귀족이 모두 사라졌으므로 그 자리를 새로운 사대부 세력이 채우게 됐다.

50년 동안의 단절로 당나라 때 문벌귀족의 전통적 질서에서 이제 새로운 전문관료들이 새 질서를 만들어 가게 되었다.

그중 대표적인 것이 당나라 때부터 실시한 과거제도를 개혁해 귀족 출신이 아니라도 실력 위주의 인재들을 선발하는 제도였다.

이들이 새로운 사대부로 성장해 새 질서가 정착되기 시작했다.

이들은 황제의 최종 면접으로 합격된 "천자문생(門生)"이라 불리는 엘리트 집단인데 당(唐)말기에 환관들이 옹립한 황제 "문생천자(天子)"와 앞뒤만 바뀐 표현이었다. 개선된 과거제도를 통해 채용된 관리들은 역사상 최초로 "문치정치(文治政治)"를 표방해 송나라 정치에 결정적인 기여를 했다.

송나라의 예술과 유학의 발전

송나라 문학의 정수

문치주의를 실시한 덕분에 송나라는 찬란한 문화제국이 되었고, 예술은 중국역사상 가장 번성했다. 회화는 예전 초상화·종교·장식용이었는데 이제는 회화 자체가 독창적인 영역으로 발전했으며, 12세기 초반의 휘종 황제는 화가로 유명했다.

회화와 함께 음다풍속(飮茶風俗)이 발전하여 다기를 비롯한 도자기 관련 산업과 예술이 발전하여 동시대의 고려청자에 많은 영향을 주었다.

문학에서도 송은 독보적인 경지에 올랐는데 시문학(時文學)은 당나라(이백, 두보 등)만큼은 아니지만 산문문학이 발전해 후대에 이른바 당송팔대가(唐宋八大家)로 알려진 문장가 중 송의 문인이 구양수 등 여섯 명이나 됐다.

송나라의 문치주의에 가장 어울리는 문학적 현상은 학문의 발달이며 그중에 특히 유학이 크게 발전했다. 유학(儒學)은 원리부터 현실 참여적인 사상이다.

춘추전국시대에 공자가 창안하고 제자들이 기본골격을 형성했으며, 한나라 때 국가의 공식 지도이념이었다. 그러나 당나라 시대까지도 현실적으로 뿌리내리지 못했다. 당 시절에 오히려 도교와 불교에 밀려 퇴보했을 정도였다.

주자학의 주희

유교의 근본정신이 충효사상(忠孝思想)이므로 국정논리인 황제 중심의 "忠"에 대해 기존 귀족층은 공감하지 않았다. 그러나 이제 그들이 크게 약화된 상황이므로 발전할 수 있는 토양이 마련됐다.

송나라 유학은 그 전까지의 유학과 달리 단순한 통치이념일 뿐 아니라 철학적 체계성까지 확보했다. 기존 공자시대의 유학에 북송(北宋) 유학대가들이 수립한 음양오행설(陰陽五行說)까지 포함해 남송의 주희(朱熹 1130－1200)가 집대성(集大成)했다. 태극(太極)을 이(理)로 음양(陰陽)과 오행(五行)을 기(氣)로 보는 유명한 이기론(理氣論)과 수양론(修養論)이 융합된 성리론(性理論)으로 정립되었다. 이것이 바로 성리학 또는 주자학(朱子學)이라 불리는 송나라판 유학으로 조선시대, 이황(退溪 1501－1570), 이이(栗谷 1536－1584)를 거쳐 송시열(尤庵 1607－1689)에 와서 본래의 주자학 이상으로 발전했다.

조선 왕조는 주자학을 국가지도이념으로 삼아 가부장적 제도와 윤리규범을 강조하고 이를 토대로 사회적 신분 질서를 세웠다.

송나라 문민정부의 취약점

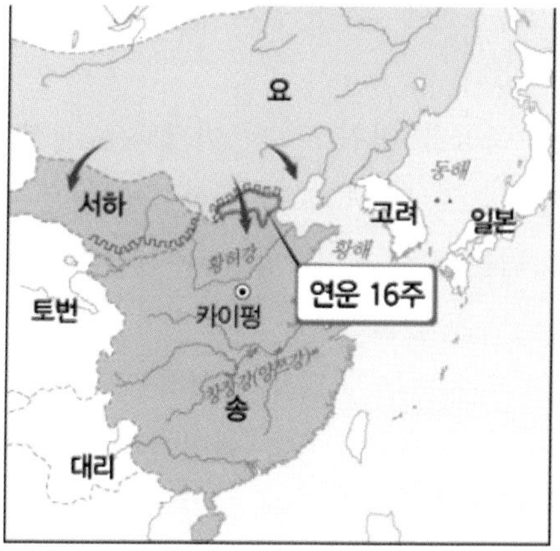

동네북처럼 국방이 약했던 송나라

송대(宋代)에 와서 학문과 예술만 발전한 것이 아니라 도시가 성장하면서 백성들의 생활 수준도 높아지고, 해외무역도 활발해 항주(杭州)같은 항구도시들이 번창했다.

여러 분야에서 세계적인 수준이었으며 동양의 4대 발명품 중 종이(전한 107년)를 제외하고 화약·나침판·활판·인쇄술이 모두 송대에서 발명됐으며 지폐를 사용한 것도 세계 최초였다.

송나라는 학문·문화·예술에서는 세계 최고였지만, 군사력에 있어서는 매우 허약한 국가였다.

송나라가 건국될 당시 북방에는 거란족이 세운 요(遼)나라와 티베트 계통의 서하(西夏)로 양분돼 존재했다. 원래 요나라는 돌궐과 위구르에 눌려 지내다 당나라가 돌궐, 위구르를 서쪽으로 쫓아내자 요의 세력이 커졌다.

916년에 대거란국(나중에 요나라)으로 건국했다가 10년 후 발해까지 멸망시키고 가장 강력한 북방국가가 됐다. 신생국가인 송은 평화를 위해 조심스러운 관계를 유지하려 했지만, 3대왕 태종(어느 왕조든 태종이 진취적임)이 두 차례나 요나라에 도전했다가 패했다. 특히 북쪽 국경지역 연운 16주는 지금의 북경 지역을 중심으로 하북성 산서성에 속한 중요 주(州)를 통칭한다. 이런 중요 지역을 포함하여 괜히 긁어 부스럼을 만든 꼴로 요나라에 조공을 바치는 신세가 되고 말았다. 송은 수준 높은 문명국가지만 군사력이 약한 탓에 요나라를 "上國"으로 대접하였으며, 차후 요나라를 접수한 금나라에는 금나라가 망할 때(1125－1234년) 신하국으로서 100년 이상 막대한 조공을 바쳤다. 첫 단추를 잘못 낀 송나라의 대외관계는 서하(1038년 건국)와의 관계에서도 요나라의 경우처럼 조공을 바치게 돼 대륙을 차지하고 있는 한족(漢族) 체면이 말이 아니게 됐다.

왕안석의 개혁-실패는 당쟁으로

개혁에 앞장섰던 왕안석

'이래서는 안 된다'는 자성(自省)으로 왕안석(王安石 1021－1086)의 개혁방안인 신법(新法)이 나왔고, 스무 살의 황제 신종(재위 1067－1085)도 적극 지원했다. 신법은 전에 없던 공격적인 부국강병책(富國强兵策)이었다.

두 나라에 조공을 바침으로써 야기되는 재정난은 부국(富國)책으로 보충하고 부족한 군사력은 강병(强兵)으로 막는다는 개혁방향을 추진하기 위해 여러 가지 관련법을 만들었다.

이와 같은 개혁은 누가 봐도 당연하고도 필요한 조치였으나 당시 상황에선 가히 혁명이라 할 만큼 급진적이었으니 추진하기가 쉽지 않았다.

특히 개혁 신법은 기존 대지주와 기득권층은 물론 송나라에 들어와서 크게 성장한 사대부들도 반발하였다.

그래도 개혁의 취지 자체를 모두 부인할 수 없으므로 반발 세력은 개혁파(신법당)와 보수파(구법당)로 나뉘어 당쟁으로 비약하게 되었다.

구법당(舊法黨)은 "정치란 사대부(국가 엘리트)들을 위한 것이지 서민들의 이익을 대변하는 것이 아니다"라는 주장까지 나와 팽팽히 맞섰다.

왕안석의 든든한 후원자였던 신종이 죽자 부국강병도 사라지고 정쟁만 남아 송나라의 정치를 후퇴시켰다.

개혁은 안되는 것이야-송나라는 과거제도 때문에 실패

조선의 개혁기수 조광조 (1482-1519년)

개혁이 실패하고 당쟁이 치열해진 데는 도입 초기에 장점으로 부각된 과거제도 때문이었습니다. 과거급제자들이 중견 이상의 공직자가 되자 자신들을 지원해주는 당시 서당의 동기들과 후배들이 생겼습니다. 또한 지역 등에 새로운 이해관계들이 얽히고 설켜 여러 당파를 형성해 이전투구(泥田鬪狗)하게 되었습니다. 문치왕조의 귀족 · 학자 · 선비들의 싸움은 실리(實利)보다는 명분(名分)으로 치닫는 모양새가 조선시대 주자학을 배운 선비들이 벌이는 당파싸움의 선례들이요 선배들이었습니다.

430년 뒤 조선에서도 자신들의 기득권을 잃을까 조광조의 개혁을 반대하고 깔아뭉갠 선비들의 당쟁, 임진왜란 같은 국가 위기 속에서도 자기 당파의 입장만 앞세운 그 타성을 이때 송나라에서 그대로 배운 것입니다. 동서고금의 어느 나라가 개혁에 성공한 적이 있습니까? 왕안석의 개혁도 이렇게 엉뚱한 결과를 낳았습니다.

송(북송)나라 남송으로 도생(圖生)하여 또다시 남북조시대로

송나라가 이런 소모적인 당쟁을 하는 동안 북쪽에서는 새로운 강적이 출현해 힘을 키우고 있었다. 그들은 여진족으로 한동안 거란(요)에 복속해 있다가 13세기 초, 요나라의 국력이 약해진 틈을 타 족장 안완 아골타(阿骨打)가 여러 부족을 통합해 1115년에 금(金)나라를 세웠다.

이에 송나라는 금나라에 사신을 보내 "요나라를 같이 칩시다."라고 요청했고, 이 결과 1121년 요나라는 멸망했다. 그러나 1127년, 과거 송나라와 요나라가 금나라를 공격하기 위해 밀약을 맺은 게 들통났다. 금나라는 송나라를 대대적으로 침공해 요충지 개봉(開封)을 점령하고 당시 송 황제 흠종을 비롯해 황실사람들을 잡아갔다.

이를 "정강(靖康)의 변(變)"이라고 한다. 전쟁에서 진 송나라는 금나라와 화친조약을 맺고 황하강 이북의 땅을 양보했고, 매년 25만냥의 은과 25만필의 비단을 조공바치기로 했다. 이 사건으로 송(북송)은 망했다.

중국 역사에서 한족이 이렇게 이민족에게 철저히 당하고 망한 경우는 처음이었다.

송은 금(여진족)나라에 철저히 당하다

흠종의 동생 고종(高宗)은 강남으로 도피해 이듬해 임안(臨按. 현 杭州)을 수도로 남송을 세우는데 이전의 북송과 구분된다.

이후 남송은 두 차례에 걸쳐 금나라와 싸워 실지(失地)를 회복하려 했지만, 번번이 대패하고 굴욕적인 조약을 맺었다.

북송 때 두 나라(요와 서역)에 바쳤던 조공보다 더 많은 조공품을 바쳐야 했고, 남송은 금나라에 신하국의 예의를 취하라는 굴욕적인 요구까지 들어줘야 했다.

남송은 이후 북송(168년)과 비슷한 153년 존속하면서 북송의 체제와 문화적 전통을 유지했다.

1279년까지 중국은 회화(淮河)를 경계로 북쪽의 금나라와 공존해 600여년만에 다시 남북조시대가 재현된 셈이었다. 남송은 영토와 함께 한족의 민족적 자부심도 땅에 떨어진 채 세월을 보냈다. 북송·남송에 걸친 한족 왕조는 320년 동안 이민족과의 전쟁에서 한차례도 승리한 적이 없으니 시대를 앞서간 문치주의의 대가는 혹독했다.

4장

일본의 고대국가-귀족문화-무사의 등장

미작농사가 시작되면서 작은 왕, 국가(倭) 등장-기원전 3세기 이후

뚜렷한 고대문명권이 아니었던 일본 열도에서 조몬토기의 사용은 그 역사가 깊으며 이대로 신석기 문명이 오랫동안 지속되고 있었다.

그러다가 기원전 3세기경 커다란 변화가 일기 시작했다. 그것은 대륙 한반도와 가까운 큐슈지방에서 벼농사가 시작된 것이다. 벼농사는 다른 작물보다 수확은 많지만 작물을 추수할 때까지 노동 집약적이고 많은 이의 협동이 필요한 작물이다. 이를 위해서는 사람들이 함께 모여 살고(群居) 거기에 지도자, 씨족 어른이나 족장이 필요하다. 이 지도자들은 벼농사에 필수인 물(수자원)을 배분하고 효율적인 협동을 감독하는 권력자로서 변해갔다. 인류의 대표적인 고대문명국가 이집트와 중국문명이 이러했다

또한 더 많은 생산량을 얻기 위한 청동·철기 도구의 개발로 지도자들은 그 권한도 커지고 차츰 지역별 공동체, 즉 작은 국가들이 형성되기 시작했다.

더욱이 벼농사 기술과 도구의 발달은 한반도에서 온 사람들을 도래인(渡來人)이라고 불렀고 이들을 잘 활용하는 나라가 더 부강해졌다.

각각의 부족(작은 국가)들은 경쟁하고 통합되면서 기원전 1세기경에는 일본 열도에 100여개 독립적인 부족국가가 생겨났다. 이들은 한반도(삼국시대)와 중국(후한)과 교섭을 하고 조공을 바치는 등 왕래가 활발해지고 대륙에서는 이들을 작다는 뜻으로 통칭 "왜(倭)"라 불렀다.

일본 통일국가 야마토의 등장(4세기 중반)

한반도에서 삼국이 엎치락뒤치락하며 주도권 다툼을 하고 있을 때 일본에서도 첫 통일국가가 탄생했다.

한반도는 삼국시대, 중국은 남북조 시대에 일본은 대륙에 비해 1500년 이상 늦게 첫 통일국가가 탄생했다. 엄밀한 의미에서 일본은 고대국가 시기 없이 중세에 국가가 출현한 것이다.

4세기 중반경 야마토(大和)라는 나라인데 부족국가들의 연합체 중에 가장 컸던 야마타이가 발전해 야마토가 된 것으로 추정된다. 일본에서 소규모 부족국가의 왕이나 족장을 "키미"라고 불렀는데 야마토의 왕은 "오오키미"라고 불렀으니 우리 말로 큰 키미(왕)가 된다. 일본 역사에서 천황(天皇)의 기원을 오오키미에 두고 있다.

오오키미는 이때까지 중앙집권체제를 갖추지 못했기 때문에 권력도 강하지 못했다. 그것은 지방호족들이 토지와 군대를 갖고 있어서 중앙정부의 통제를 받지 않았기 때문이다.

후한 말기의 호족들과 매우 비슷했는데 중국은 삼국시대로 진전됐고 일본은 무사들이 권력을 잡는 사무라이 정치로 이어졌다.

시내 한복판에 큰 녹지 공원같은 1500년 전의 고분

그러나 의외인 것은 당시 야마토 정권의 힘이 어느 정도였는가를 가늠해 볼 수 있는 것이 당시 만들어진 거대한 고분이었다. 길이가 486m인 다잇센 고분은 하루에 1000여명이 동원되고도 15년 이상이 소요된 대규모 공사였으니 이는 당시 강력한 권력자, 새로운 지배계급이 출현했다는 것을 짐작할 수 있다.

'야마토'라는 나라이름도 이와 유사한 대형 고분들이 집중적으로 출토된 지역이 야마토(지금의 나라현)와 그 인근지역이었기 때문이다

일본의 중세시대 시작-성덕태자의 활약

일본 최초의 국가 야마토(大和)국이 건국되고 중앙집권체제가 시작됐다. 이 과정은 일본역사에서 가장 유명한 사람의 하나인 성덕태자(聖德太子 574–622년)가 주도했다.

성덕태자가 등장한 것은 일본에 불교가 들어가 국교로 만든 상황과 관련이 있다. 원래 야마토 국가는 작은 국가 또는 대지주인 귀족들의 연합정권이었기 때문에 그 영향력은 소유 토지의 규모, 군사능력에 따라 오오키미의 선출과 국가운영을 좌우하는 상황이었다.

중요한 종교문제인 불교가 일본서기(日本書紀)에 의하면 538년에 백제로부터 대승불교가 전래돼 공인됐지만 토착종교인 신도(神道)가 성행했고 유교도 전래돼 생활규범으로 자리 잡아 가고 있었다. 그래서 야마토 정부에서는 불교의 국교로서 수용여부를 두고 당시 정권의 실세 소가씨는 일찍이 도라이진(渡來人 백제인)과 손을 잡고 적극적으로 찬성했다. 반대파들은 이를 계기로 소가씨쪽의 세력이 더 커져 자신들이 압박받을 것을 두려워해 반대했다.

성덕태자와 소가가문과의 관계

불교수용을 둘러싼 갈등은 작은 전쟁으로까지 비화해 결국 소가씨가 승리했습니다. 소가씨는 전쟁이 끝나자 자신의 조카딸을 명목상 오키미로 내세워 능력있고 조정 내에서 신망받던 성덕태자(소가씨의 외손자)에게 섭정을 맡게 합니다. 이 시대의 중요한 치적은 성덕태자(그도 왕족이었음)의 이름으로 알려지게 됩니다. 소가씨가 직접 정치 전면에 나서지 않은 것은 한반도와 중국의 정치상황을 감안했기 때문입니다.

특히 백제가 당시 진흥왕의 신라에게 한강유역을 빼앗겨 백제와 친밀했던 소가씨가 미래의 상황을 예측할 수 없었기 때문입니다.

그러나 성덕태자가 일본의 장래를 위해 소가씨를 견제하고 결국 소가씨가 일본정계에서 밀려나게 됩니다.

결국 백성의 정신적 통일을 이루기 위한 명분으로 고구려와 백제로부터 불교를 수입해 국교로 삼았다.

이때 성덕태자는 일본에서 제일 오래된 사찰 법륭사(금당벽화 보존)를 세웠으며 큰 문화사업을 벌여 국가의 위상을 높였다.

정치개혁에 나선 소토쿠(성덕)태자의 목표는 중국의 황제처럼 강력한 오오키미가 통치하는 나라를 만드는 것이었다. 그동안 고질적으로 야마토 시대의 실세로 권력을 행사해 왔던 소가가문을 견제하며, "모든 신하는 왕에게만 충성한다"는 법(법률17조라는 이름의 현대 헌법)까지 만들고 관위(官位, 중국 9품제) 12계(階)를 만들었다.

오오키미의 역할을 한 성덕태자와 그 후계자들의 상징적임 모습

성덕태자의 업적을 너무 강조해 일부 학자들은 이를 비판하고 과장이 되어 있다든가 심지어는 그 존재여부 자체에 대해 의문을 제기하는 연구도 있다.

그러나 최소한 그만한 역할을 한 인물이 존재했다는 것이다. 성덕태자가 자살인지 전염병인지 갑자기 죽자(622년), 일본은 다시 혼란 속으로 빠졌고, 권력을 잃은 소가가 내란을 일으켜 권력을 되찾아 왕실(천황)을 지배했다.

일본사람들은 고대 일본의 주체성을 확립하고 왕실의 전통을 이어준 성덕태자를 가장 존경해 60여년(1926－1984년) 간 일본 지폐에 모셨다.

일본 지폐 속의 성덕태자

고구려의 담징이 법륭사에 금당벽화를 그리다.

쇼토쿠(聖德)태자의 스승이었던 고구려 승려 담징이 그린 것으로 알려진 금당벽화는 불행하게도 1949년 실화(失火)로 불에 그슬려 원래의 모습을 보기 어렵게 되었습니다.
제작 시기는 7세기 후반부터 8세기 초인 것으로 추정하고 있습니다. 다행히 1935년에 일본정부가 촬영해 유리 원판으로 보존했으며 2015년부터 일본의 중요문화재로 보관돼 있습니다.
전문가들은 현재 세계에 알려진 동양의 벽화 중 가장 우수한 작품의 하나로 인정하고 있습니다. 벽화의 구성은 12면으로 되었고, 중앙에 근엄하게 정좌하고 있는 아미타불 좌우에

연꽃을 가진 두 보살이 시립(侍立)하고 있습니다. 두 보살은 흰 피부에 빨간색 입술 그리고 배꼽까지 노출한 육감적인 모습과 화려한 의상을 갖추고 있습니다. 우리나라 삼국시대의 불상, 불화 중에서 가장 미인으로 묘사됐고 그 기법이나 화풍이 독특해 담징의 작품이 아니라는 의심을 제기하는 의견도 있지만 그 시대에 다른 가능성이 없다는 것입니다.

이에 대해 소설가 정한숙(1922-1997년)이 금당벽화라는 이름으로 단편소설을 1955년 7월 사상계에 발표했습니다. 이 작품은 고구려의 승려 담징이 법륭사의 금당벽화를 그리면서 느끼는 번민과 갈등을 묘사하고 있습니다. 담징은 당시 고구려와 전쟁 중인 적국에서 벽화를 그리게 되는 묘한 인연과 위기에 처한 조국을 훌쩍 떠나온 죄책감에 괴로워 합니다. 마지막에 담징은 욕망과 갈등을 물리치고 종교적 예술혼인 금당벽화를 완성했다는 이야기입니다.

당의 제도로 일본을 개혁-나라시대(710년부터 74년)

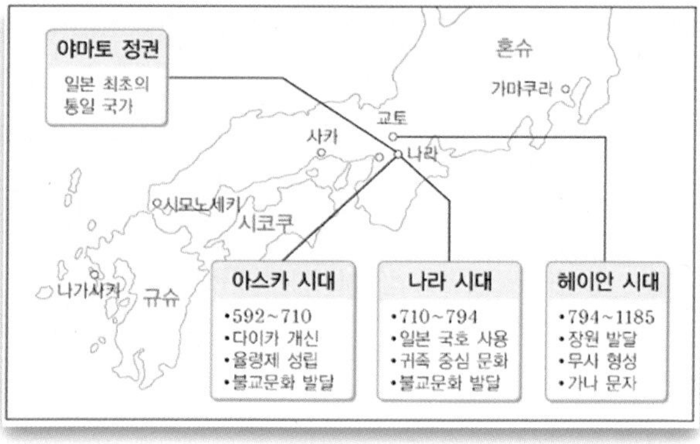

일본의 고대국가(아스카 시대)부터 헤이안 시대까지 약 500년

그러나 성덕태자의 사후 그가 추구했던 개혁의 성과가 희석되자, 645년 왕실세력은 당나라 유학파를 중심으로 힘을 합쳐 소가파를 다시 몰아냈다. 당의 제도를 모방해 개혁을 추진하면서 모든 토지의 왕실 소유라 선언하고 모든 백성은 왕의 지배를 받는다고 선포했다.

이때부터 일본이라는 국

호와 천황이라는 명칭을 공식적으로 사용하기 시작했는데 이 역사적 개혁을 "다이카 개신(大化改新)"이라 한다.

일본 최초의 쿠데타라고 할 다이카개신을 겪은 710년까지를 "아스카시대"라고 한다.

한반도에서는 신라가 주도해 백제(660년), 고구려(668년)가 망하고 삼국시대가 마무리된 시기였다.

일본 최초의 왕정 복고 친위쿠데타 다이카개신

대귀족 기득계층을 제거한 다이카개신

쇼토쿠 태자가 일찍이 합리적인 개혁 방향으로 제시한 "이이토코토리"가 있습니다. 즉 좋은 것은 남의 것이라도 기꺼이 받아들인다는 뜻으로 이는 일본인의 사고방식을 크게 바꾸고 1250년 후의 명치유신까지 이어졌다고 합니다. 그러나 당시 이를 완전히 추진하지 못하고 태자가 죽어 다시 소가가문과 기득권자에 의해 저항을 받아 혼란에 빠졌습니다. 소가파는 황위 계승이 유력했던 쇼토쿠태자의 아들까지 죽이고 다시 권력을 차지했습니다. 당시 대륙에서는 당나라(태종)와 고구려의 전쟁이 임박했고 그 후 일본도 침공을 당할 수 있다는 소문이 공공연히 나돌아 하루빨리 천황 중심으로 중앙집권화해 대비해야 한다는 설득력있는 의견이 있었습니다.

이에 천황측의 나카도오에 황자와 반 소가파의 가마타리가 제휴해 소가가문을 제거하기로 밀약했습니다. 드디어 645년 궁전에서 백제사신을 영접하는 잔칫날을 디데이로 해 소가씨를 죽이고 그 일당을 처단했습니다. 이렇게 소가씨 중심의 귀족정치는 몰락하고 권력은 다시 천황에게 돌아갔습니다. 이 친위대의 쿠데타를 성공으로 이끈 것은 당나라 유학생, 유학승(留學僧) 등 신진세력이 뒷받침되었기 때문입니다.

나라시대 80여년(710-794년)

710년 일본은 당나라 수도 장안(시안)을 모방한 도시를 나라지역에 건설했다. 당나라를 따라한다고 했지만, 그 이전 성덕태자 때부터 백제를 중심으로 한반도에서 문물을 받아들였다는 대표적인 흔적이 "나라(國家)"라는 용어였다.

도시의 외관만 본뜬 것이 아니라 율령을 비롯해 모든 제도를 당나라와 비슷하게 고쳐 문화도 당 왕조의 영향을 받아 귀족적으로 변했다. 이때부터 70여년 동안의 일본을 "나라시대"라고 한다.

동서양 모든 나라의 기본은 토지를 어떻게 소유하느냐인데 나라시대도 토지를 천왕의 소유라고 시작했지만, 세월이 흐르면서 모든 토지에 사실상의 소유자가 나타나기 시작했다. 토지의 진짜 소유자가 늘어나자 국가가 이를 인정하고 이들에게 조세를 부과하는 것이 현실적이므로 점점 유력가문이나 지방호족들이 토지 소유가 일반적인 상황이 되었다.

천황 중심의 율령제도는 다시 유명무실해지고 대토지를 소유한 유력 귀족계급들이 중심이 됐다. 그 대표적인 가문으로 등장한 것이 후지하라 가문으로 이들은 그 후 헤이안시대 300여년을 복잡하게 권력을 이어 나갔다. 이들은 허울뿐인 천황을 등에 업고 서로 치열하게 권력다툼을 하면서 자기들에게 유리한 쪽으로 수도를 옮겼다.

헤이안시대(1192년까지)-간바쿠(關白), 국풍(國風)시대

후지하라가문 어른이 관백(셋칸)으로 천황을 좌지우지

794년 칸무천황은 헤이안으로 수도를 옮겨 헤이안시대라고 하는데 가마쿠라 바쿠후(幕府 1192－1332년)가 만들어질 때까지 390여년을 말한다.

일본의 천황은 일반적으로 권력을 혼자 갖지 못하고 누군가 그 뒤에서 권력을 행사하는 존재 섭정(攝政)이 있었다. 명목뿐이던 여성 스이코(592－628년) 천황 때 성덕태자가 일본역사상 처음으로 그런 역할을 했다고 한다.

황족이어야 섭정을 할 수 있는데 858년, 후지와라가문에서 권력을 잡자 황족이 아니어도 힘으로 예외를 만들어 섭정했다.

섭정은 천황이 어른(성년)이 되면 권력을 넘겨주어야 하므로 섭정의 자리는 물러나지만 자문이나 고문에 해당하는 "간바쿠(關白)"라는 새로운 직책을 만들었다.

셋칸(고문)으로 물러앉아 권력을 행사하던 형태를 "셋칸(攝關 섭관)정치"라고 했다.

이때 후지와라 가문은 딸들을 천황에게 시집보내 황태자를 낳게 한 다음 손자가 천황이 된 다음 섭정을 하고 손자가 성년이 되면 관백(셋칸)으로서 통치를 계속한 것이다.

대륙 문화배우기를 중단-國風運動

자체문화 가지기 국풍운동과 글자의 개발

이런 일본 황실의 권력구조는 지금까지 문화를 배우고 모방해왔던 중국(당나라)이 안사의 난 이후 기강이 흐트러지고 통치의 바탕이었던 당나라의 율령이 무너졌다. 9세기 중반에 일본도 율령제가 유명무실해지면서 그때까지 10여 차례나 보내던 견당사(遣唐使)를 보내지 않아 당나라와의 교류가 현저히 줄었다. 200년 전까지 일본이 한 수 배우던 백제가 망하자 더 배울게 없다며 바로 한반도와의 교류를 중단한 경우와 비슷했다.

그에 따라 그동안 당나라 제도를 모방하던 시대(당풍(唐風))에서 벗어나 일본의 독자적인 것을 찾기 시작했다. 일본의 전통복 등 여러 문화 풍습이 이 시기에 만들어지는데 이런 문화운동을 국풍문화(國風文化)라고 한다.

이 시기 더 중요한 것은 현재 일본에서 쓰고 있는 가나문자를 개발한 것이다. 한자를 간소화해 일본어를 표기하는 표음문자(表音文字)를 처음 사용한 것은 5세기부터였는데 수백년 동안 조금씩 발전해오던 가나가 총 정리돼 정식으로 일본어를 표기하는 문자로 사용되기 시작했다.

가나는 처음부터 일정한 체제를 가지고 있었던 것은 아니고 한동안 여러 가지 표기방법이 사용되다가 점차 하나의 발음에 하나의 문자와 대응하게 되었다. 하지만 가나문자는 여전히 중국풍에 물들어 있던 귀족들에게는 환영받지 못하고 공문서를 작성할 때도 사용되지 못했다. 그러나 한자를 배우지 못한 하층민과 여자들이 사용하면서 가나는 점차 일본인들의 생활속에 자리 잡았다. 이 점은 한글의 경우와 많이 비슷하다.

일본의 국제관계-왜구의 출몰

한반도, 중국 서해, 대만, 필리핀까지 출몰한 왜구들

9세기부터 일본역사에서 공식적인 국제관계가 사라졌다. 이때부터 일본은 중국과 비공식적으로 무역을 했고 중국이나 한국(통일신라, 고려)에 왜구(倭寇 해적)로서 등장했을 뿐 일본이라는 나라는 무대 뒤에서 독자적인 역사를 전개했다.

13세기 몽골의 침략을 두 차례 받을 때 이외에는 국내에서 치열한 내전의 시대를 거치면서 통일을 이루고 자체의 힘을 키워 16세기 후반 국제무대에 다시 등장했다. 이때도 정상적인 국제관계를 도모한 게 아니라 그동안 키운 무력을 바탕으로 전쟁(임진침공)을 일으킨 것이다. 이 시대 일본의 무력집단의 대외적인 모습은 왜구(倭寇)로 나타냈고 일본 내에서는 사무라이로 등장했다.

사무라이의 탄생

이런 상황은 1068년 후지와라 가문과 관계없는 천황들이 연이어 즉위했다. 그 천황들이 이런 셋칸 체제를 무너뜨리기 위한 고육지책이 성공해 후지와라 가문의 전제정치에서 벗어나 잠시나마 실권이 천황 세력으로 돌아왔다.

그러자 이를 뒷받침하는 힘의 세력이 누가 되느냐 하는 결전이 벌어진다. 원래 후지와라 가문이 자신들의 권력에 대해 다른 가문의 도전을 막기 위해 무장을 했었는데 이 무사집단이 일본 사무라이들의 원조(元祖)였다.

혼란의 와중에 후지와라 무사단(사무라이)이었던 미나모토(源)家와 천황측의 사병조직인 다이라(平)家의 대결구조가 되었다.

드디어 1156－1159년 두 집단이 왕위 계승권을 놓고 진검승부(眞劍勝負)를 벌였는데 두 번 다 다이라家가 승리하고 미나모토家는 풍비박산이 났다.

일본 최초의 무사 사무라이들

그 중심 인물이 타이라노 키요모리(平淸盛 1118-1181년)였다.

이 두 번의 전투 중 첫 번째 호겐의 난(保元의 乱)은 귀족들의 대리전이었으나 두 번째는 무사들이 귀족을 제치고 일약 정치무대의 전면에 나서는 주인공이 되었다.

일본 역사에서 순수한 무장세력이 정권을 차지한 경우는 이것이 최초였고, 이후 일본의 역사는 사무라이의 역사로 흘러가기 시작했다.

제12막

이슬람교와 이슬람제국의 성립과 팽창

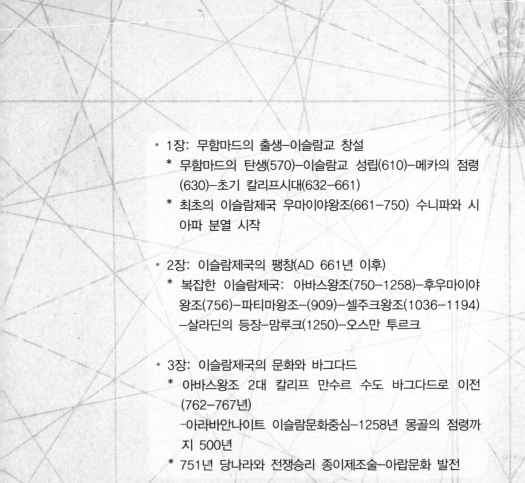

- 1장: 무함마드의 출생-이슬람교 창설
  * 무함마드의 탄생(570)-이슬람교 성립(610)-메카의 점령(630)-초기 칼리프시대(632-661)
  * 최초의 이슬람제국 우마이야왕조(661-750) 수니파와 시아파 분열 시작

- 2장: 이슬람제국의 팽창(AD 661년 이후)
  * 복잡한 이슬람제국: 아바스왕조(750-1258)-후우마이야왕조(756)-파티마왕조-(909)-셀주크왕조(1036-1194)-살라딘의 등장-맘루크(1250)-오스만 투르크

- 3장: 이슬람제국의 문화와 바그다드
  * 아바스왕조 2대 칼리프 만수르 수도 바그다드로 이전(762-767년)
    -아라비안나이트 이슬람문화중심-1258년 몽골의 점령까지 500년
  * 751년 당나라와 전쟁승리 종이제조술-아랍문화 발전

1장

무함마드의 출생과 이슬람교 창설

무함마드의 탄생, 성장

이슬람교의 창시자 무함마드

인류의 역사상 예수, 석가, 공자와 함께 위대한 성인의 한 사람인 무함마드(570－632년)가 이들 중에 한참 늦게 570년 아라비아의 메카라는 도시에서 태어났다. 종교의 창시자·예언자·지도자 그리고 정치인이며 또 군대의 용감한 지휘관이었으니 다른 성인들과 달리 현실적으로 더 큰 역할과 영향력으로 인류의 종교·정신·정치사에서 매우 큰 족적을 남긴 인물이다.

그의 부친이 여행 중 아라비아 사막에서 사망해 유복자로 태어났으며 모친도 6세에 세상을 떠나 조부의 손에 자랐다. 그 시절에 그렇듯 무함마드도 소년 때 목동이었는데 구약성경(이슬람도 구약성경은 공동)의 예언자 모세와 다윗도 목동이었음을 긍지로 여기며 인내와 사랑을 배웠다.

할아버지 손에 이끌려 메카의 성지에서 교육을 받았고 8세에 할아버지가 사망하자 가난한 삼촌 아부 탈리부의 보호 아래 자라면서 많은 영향을 받았다.

무함마드는 삼촌과 함께 무역상인들에 끼어 예루살렘, 다마스커스 같은 먼 거리를 왕래하며 기독교와 유대교에 대해 해박한 지식을 쌓았다.

그래서 메카에 만연한 우상숭배와 차별대우 등의 사회병폐에 불만을 가지게 되었다.

무함마드가 성인(成人)이 되었을 때 삼촌의 소개로 '카디자'라는 부유한 여(女)상인 밑에서 대상생활을 했다. 그 부유한 여(女)상인은 유능하며 성실한 무함마드에 반해 많은 차이(15세)에도 불구하고 결혼을 했다. 이때가 595년 무함마드의 나이 25세였다.

적지않은 나이차이 때문에 자연스럽지 않은 부부처럼 보이지만 부인은 무함마드의 생애에 적지 않은 영향을 준 정신적인 지원자였고 많은 재산으로 초창기 전도활동에 큰 도움이 되었다.

무함마드 출생과 직계자손

우리가 흔히 마호멧 또는 마호메트(Mahomet)라고 부르는 이름은 영어식으로 발음하는 것이며 유럽사람들이 이슬람교와 그 이슬람을 비하하고 경멸하거나 또는 공포의 대상으로 부르던 명칭입니다. 오늘날 아랍어 원어를 존중하는 의미에서 "무함마드(Muhammad)"라고 합니다. 무함마드의 생년이 불확실해 당시 코끼리해 서기 570년이라고 보지만 1-2년 오차가 있을 수 있으며 사망년도는 632년이 분명합니다. 이 부부가 자녀를 6명이나 두었다고 알려져 있습니다. 당시 여성(카디자)이 40세에 여섯 명의 아이를 낳는 것이 불가능한 일은 아니었지만 매우 힘들었을 것입니다. 무함마드의 부인은 이 결혼이 초혼이 아니었으므로 전남편 자녀가 포함될 수도 있었을 것입니다. 그 자녀들은 일찍 죽어 파티마라는 딸만 남았습니다. 유일한 아들도 죽은 무함마드는 생활이 곤궁한 삼촌의 아들 알리(사촌)를 입양했으며 나중에 딸 파티마와 결혼해 예언자의 유일한 혈육이 되었습니다. 이들이 또한 칼리파는 이들이 예언자의 직계자손이 돼야 한다는 시아파 주장의 근거가 됐습니다. 카디자가 25년의 결혼생활 이후 죽은 후 11명의 부인이 있었지만, 그 이후 더 이상의 자식은 없었습니다.

무함마드의 득도, 종교지도자로 변신

무함마드는 부유한 생활을 누리면서도 "세상이 불공평하다" 여겼고, 또 사람들이 메카의 카바 신전에 검은 돌을 놓고, 여러 잡신을 숭배하는 것을 보고 회의에 빠졌다. 40세(610년) 되던 해에 경제적 여유를 얻고 일상생활에서 떠나 종교적 이상을 추구하기 위해 사막으로 떠났다. 메카의 히라산 동굴에서 명상에 감겨 있던 중 가브리엘천사로부터 계시

가브리엘 천사에게 계시받는 무함마드

를 받고 "코란(읽어라)"이라는 반복된 하느님의 음성을 들으며 명상을 계속하다 마침내 진리를 깨달았다. 부인 카디자는 신과의 접신(接神) 체험을 하고 혼란스러워 하는 무함마드를 격려하고 확신을 갖게 해 첫번째 제자이자 신자가 되었다.

무함마드는 3년 뒤인 613년부터 비로소 공개적으로 부인, 두 양아들 그리고 친구 아부바르크 등 가까운 사람부터 포교를 시작했다.

포교활동은 부자, 가난한 자 등 대상을 가리지 않았지만, 노력에 비해 성과는 미미했다. 처음 자신이 깨달은 유일신 알라를 전도할 때마다 다신교를 믿는 대중에게서 미치광이 소리를 들으며 돌팔매질을 당하기도 했다. 메카의 주류세력인 쿠라이시는 노골적으로 무함마드의 주장 "만인이 평등하다"는 것을 거부하고 배척해 포교를 그만두면 돈을 주겠다고 제안할 정도였다.

그는 "선지자는 고향에서 환영받지 못한다"는 예수님의 말씀을 공감하며 갈등을 겪었다. 개인적으로도 무함마드의 포교활동으로 잘 나가던 가업인 무역(대상)이 파산해 619년 무함마드가 50세 때 아내 카디자가 65세로 사망했다. 이틀 후 숙부 아부 탈리브가 죽었으니 무함마드는 3일 동안에 강력한 후원자 2명을 잃고 자신 씨족의 보호도 받지 못하고 고립무원의 상태가 됐다. 이때 다시 가브리엘 천사가 나타나 힘을 실어 주었고 메카의 목숨을 건 투쟁을 이겨내게 되었다.

이슬람교단 움마의 모임

결국 12명의 제자(예수와 동일)와 함께 핍박받는 메카를 떠나 메디나(원래 야스립이라는 작은 마을)로 피신하기로 결정했다. 이를 이슬람교 역사에서는 "헤지라(Hegira)", 성천(聖遷)이라 한다.

이곳 메디나에서는 신도수도 크게 늘었고 신흥종교로서 큰 성공을 거두면서 이해 622년을 이슬람 원년으로 삼고 있다.

메디나에서 역경을 극복하며 부족 중심 그리고 민족과 혈연을 뛰어넘는 이슬람 교단으로서 "움마"라는 작은 국가 같은 공동체를 이루기 시작했다.

지하드, 성전(聖戰)의 진정한 의미

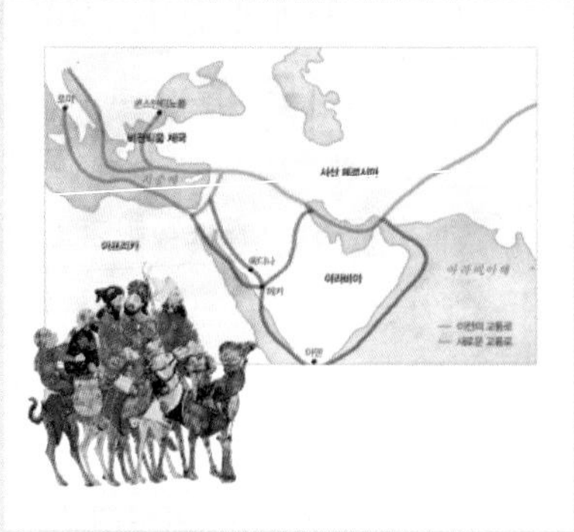

지하드, 성전의 시작

이런 어려운 시기를 겪으며 포교와 생존의 목적으로 불가피한 지하드 성전(聖戰)의 개념이 생기기 시작하였는데 그 진정한 의미는 무엇이었을까요? 무함마드와 최초의 신자들이 메카에서 쫓겨 나올 때 이들은 당연히 돌아올 야심이 있었습니다. 복수하려는 마음이 있었던 것입니다. 그러나 다른 부족들이 메카를 지배하고 있는 큰 집격인 쿠라이시부족을 공격하는 것을 패륜행위라 생각해 손잡기를 거부했기에 무함마드는 결국 사막의 도둑떼와 손을 잡고 동맹관계를 맺었다고 합니다.

이에 대해 이슬람역사에서는 뜻을 같이한 부족들로 미화하지만 세력이 약한 무함마드의 입장에서는 찬밥 더운 밥을 가릴 형편이 아니었습니다. 또한 메카를 탈출해 메디나에 자리를 잡기 시작했으나 원주민(주로 유대인들)에게는 갑자기 인구가 증가해 식량부터 부족해져 부담이 되고 있었습니다. 결국 선지자 무함마드는 메카를 출입하는 대상들에 대한 약탈 명령을 내렸습니다. 이것이 그 명칭도 거룩한 지하드 성전(聖戰)의 시작입니다. 곧 메카인들의 반격이 시작되었습니다.

625년 메카의 쿠라이시부족을 중심으로 병력 3천여명을 이끌고 원정을 왔습니다. 메디나 근처에서 벌어진 최초의 전투에서 무함마드는 1천명으로 버텼는데 초전에는 기세를 올렸지만 결국 쪽수에서 밀려 패전했습니다. 결국 메디나에서의 입지까지 위험해졌습니다. 유대인 이민족들이 적대감을 보이고 심지어는 무함마드의 목을 팔자는 논의까지 나오는 형편이었습니다. 627년에는 메카에서 1만명이 쳐들어오자 무함마드는 참호를 파고 3천여명의 병력으로 대치했는데 우연한 모래바람 덕분에 예상 밖의 승전을 했습니다.

바람 덕분에 전쟁의 물꼬를 튼 유명한 전투들

바람으로 승패가 난 대표적인 전투는 중국의 삼국시대 위나라의 조조가 이끈 100만 대군이 적벽대전에서 촉한나라와 오나라 연합군에게 제갈량이 일으킨 동남풍(東南風)으로 대패한 것입니다. 두 번째는 몽골군이 유럽까지 질풍노도처럼 승리를 휩쓸었지만 1280년대 일본열도를 침공하는 전투에서 소위 신풍(神風 가미가제)이 두 차례나 불어 크게 패했습니다. 이 바람들 동남풍, 신풍 그리고 사풍(砂風, 모래바람)이 전쟁의 결과를 바꾸어 전세가 약한 쪽에 승리를 안겨줘 역사가 달라졌습니다.

이슬람교의 성경 "코란"

전세(戰勢)가 약한 무함마드군이 승리한 것은 모두 알라신이 도와준 것이라 판단한 무함마드는 자신을 갖게 되었다. 이 전쟁으로 이슬람교가 종교로서 자리잡게 됐으며 이슬람제국이 시작되는 계기가 됐다. 그야말로 성전에 승리한 것이다. 이 전쟁은 이슬람 역사의 최초의 성전(이긴 전쟁)이었고 무함무드 측은 두 배가 넘는 상대편을 이겨 크게 고무됐다.

전쟁의 승리 이후 무함마드는 적대(敵對)세력의 청소에 들어갔다. 전투 중 적군 메카 편을 든 유대인 1천여명과 메카에 항복하자고 한 사람들까지 철저히 제거했다. 이전에는 축출하는 정도로 끝냈지만 이번에는 확실히 남자의 목을 베고 여자들은 노예로 삼았다. 이슬람 역사에서 잔인한 보복이 시작된 첫 번째 사례였다.

이 전투의 승리로 많은 부족장(귀족들)은 무함마드가 위대한 지도자라는 것을 인정하고 이슬람교를 유일종교로 받아들이게 되었다. "신 앞에 모든 사람이 평등하다"는 간단한 진리에서 출발해 죽을 때까지 22년 동안 하느님(알라신)에게 들었던 내용을 기록한 것이 "코란"이다.

무함마드는 630년 무혈입성으로 중심도시 메카를 접수했다. 메카(Mecca) 신전에는 원래 수백개의 신이 존재했지만 무함마드는 잡신들을 모두 제거해 유일신 알라를 모시는 신성화(神聖化)를 이루게 되었다.

630년 무함마드가 점령한 메카, 현대의 메카 성전

이것은 600여년전 예수가 예수살렘성전에서 잡상인들을 몰아내고 정화(淨化)했던 역사와 같은 것이다. 메카는 모든 중요한 것의 핵심이라는 의미가 강조되고 영원한 이슬람의 성지가 되었다.

메카에서 남은 생, 2년 동안의 전도와 성전을 통해 이슬람 교단(국가)을 탄탄히 하고 어린 부인 아이샤의 무릎 위에서 평화롭게 죽음(632년)을 맞았다.

그는 마지막 예언자이며, 신이 아니기 때문에 부활은 없었지만, 현재까지 전세계 10억이 넘는 무슬림의 마음속에서 부활하고 있다고 한다.

예언자 무함마드는 11명의 부인이 있었다!?

10명의 아내 그리고 아이샤와 무함마드

무함마드는 25세 되던 해에 15세 연상의 카디자(555-619년)의 세 번째 남편이 됐습니다. 이 결혼으로 경제적 여유를 얻고 안정을 얻어서 종교적 이상을 추구할 수 있었습니다. 그 후 25년간 그가 50세가 되는 해까지 일부일처의 결혼생활을 유지했습니다. 하지만 카디자의 사망 이후 11명의 아내를 두었습니다.

코란은 특수한 환경과 조건(전제 조건이 많음)에 따라 아내를 4명까지

둘 수 있다고 했지만 예언자 무함마드의 경우는 예외였습니다. 10명의 아내는 모두 미망인으로서 사회구제적 차원과 부족과 지역적인 안분과 평화를 도모하려는 의도가 있었습니다. 다른 10명의 미망인 배우자들과 달리 가장 어린 처녀 아이샤는 친구이자 가장 신뢰하는 참모의 딸이었습니다. 그들이 결혼할 때 신부가 6살, 신랑이 53세라는 것으로 서유럽의 비판자들이 미성년자 추행, 변태 등으로 비판했지만 결혼에서 연령차이가 많은 것은 당시 풍습이었습니다. 무함마드는 이 어린 부인 아이샤의 무릎 위에서 죽었으며 아이샤의 아버지 아브 바르크가 예언자의 초대 칼리파로 추대돼 이슬람제국의 수장이 되었습니다.

무함마드 사후의 정통 칼리파시대 40년(AD 632-661년)

제1대 카리파의 등장

무함마드가 세상을 떠나고 공동체의 원로(제자 포함)들은 그 후계자로 무함마드의 동료이자 장인(임종을 지킨 부인의 아버지)인 아부 바르크를 새로운 지도자를 선출했다.

이슬람 교단(공동체)에서는 무함마드의 대리인이자 지도자를 "칼리파"라 부르는데 1대 칼리파가 선출된 것이다. 칼리파는 뒤따르는 자라는 뜻의 아랍어로 무함마드가 죽은 후 움마(이슬람 공동체), 이슬람 국가의 지도자 최고 종교권위자의 칭호이다. 제정일치의 이슬람국가의 지배자로서 정치적인 군주와 종교적인 대제사장의 역할을 동시에 가지고 있다. 칼리프라고도 한다.

카톨릭의 최고지위인 교황과 비슷하지만 교황은 기독교 국가 전체에 대표성을 가지지만 정치적인 권력은 가지고 있지 않다는 점에서 차이가 있다.

그 후 후계자들은 교단의 원로들이 지명하는 방식으로 이어졌는데 2대까지는 순조롭게 선임되었으며 이때를 정통칼리프시대(632－661년)로 구분한다.

칼리프는 종교와 정치지도자를 겸하는 제정일치(祭政一致)사회라는 독특한 지배구조로서 원시부족국가에서 부족장이 이와 유사했으며, 고대 문명국가에서는 이집트가 대표적이었고 현대에서는 이란의 경우가 전형적인 제정일치라고 할 수 있다.

1대 칼리프 아부 바르크(재위 632－634년)는 이슬람 사회의 초석을 세우고 이슬람교 영역을 확장하기 시작해 634년 아라비아반도에 북상해 동로마제국의 속주 중에 지중해 연안의 다마스커스를 점령했다. 아부 바르크 1대 칼리파는 예언자 무함마드의 가장 절친한 친구로서 이슬람교의 초기 포교와 성전의 어려운 시기를 같이 하고 그 딸 아이샤가 예언자의 부인이 된 측근이다.

제대로 이슬람제국의 기초를 세우는 과정에서 그도 당시에는 고령(573년생 61세)이라 2년 후 병으로 사망했다.

2대 칼리파-이슬람 제국의 영토를 크게 확장

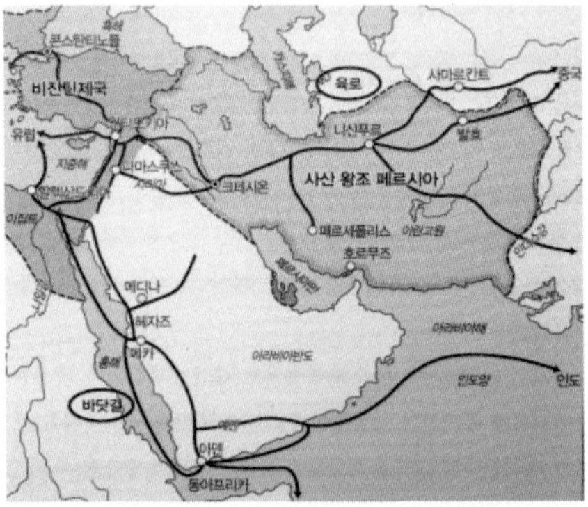

전통의 강대국 페르시아 이슬람에 밀리다

2대 칼리파 우마르(재위 634－644년)는 지중해와 소아시아로 진출하여 시리아, 이라크, 이집트 등을 정복하고 이슬람제국의 통치 방침을 세웠다. 1000년 가까운 기간 이 지역을 호령하던 동로마제국으로서는 보도 듣도 못한 나라에 일격을 당해 충격이 컸다.

바야흐로 제3세계의 이슬람이 기존의 유럽 세계에 첫 번째 충돌이 시작된 것이다.

정신 차린 동로마제국이 군대를 보내면 쉽게 퇴치할 줄 알았는데 로마군이 이슬람 군대에 처참하게 깨졌고 시리아는 첫 번째 이슬람 국가가 됐다.

이것이 시작이었다. 이슬람군은 동쪽으로 왕년의 강대국 사산조 페르시아로 향했다. 그동안 동로마제국과 계속 싸우면서 힘이 빠진 페르시아는 641년 니하반드 전투에서 이슬람 제국에 패했고, 이슬람 제국은 메소포타미아 일대를 차지했다.

2대 칼리파는 이슬람의 건설자로서 신생 제국의 기본을 세웠다. 그는 정복한 지역에서 기존 지배층과 군대를 몰아내고 도시와 농촌에 자치를 허용하는 한편 그들부터 세금을 거둬들이는 것을 원칙으로 했다. 이슬람 군대의 체제를 세우고 이슬람력(歷)을 확립하는 등 기독교의 바울, 인도의 아소카왕에 비할 만큼 이슬람교 확립에 공헌했다.

길지 않은 10년 동안 많은 일을 한 그도 원한을 산 페르시아인 노예에 의해 암살당했다.

3대 칼리파 우스만(644-656년)과 4대 칼리파 알리(656-661년)

4대 칼리파 알리의 초상

3대 칼리프시대도 성전을 계속하여 이슬람 제국은 동로마의 중요한 속주(식민지)였던 아프리카의 알렉산드리아를 점령하고, 651년에는 페르시아를 다시 공격해 사산왕조, 페르시아가 완전히 멸망했다. 이때 지금의 이란 땅이 이슬람권에 포함돼 현재에 이르고 있다.

이슬람제국의 대외 정복전쟁인 지하드(聖戰 :이슬람 교도에게 부과된 종교적 의무)는 계속돼 655년 동로마와 다시 전투를 벌여 가뿐히 이기고 아프리카 북부지역의 대부분을 차지했다.

그러나 그도 전쟁의 혼전 속에서 암살되고 제4대 칼리프는 유명한 예언자의 사위 알리가 되었다.

이렇게 잘 나가던 이슬람제국의 지배층이 칼리파 자리를 놓고 분열하기 시작했다. 제3대 칼리프, 우스만의 재임 때 우스만의 반대파들이 쿠데타를 일으켜 무함마드의 사위인 알리를 4대 칼리프로 추대했다.

그렇게 혼란이 이어지다가 이미 시리아지방에서 힘을 키운 총독 우야미아의 묵계(黙契) 속에 알리가 암살되고 말았다. 이것은 이슬람제국에 중대한 영향을 미쳤으며 그 후유증은 2000년대까지 이어지고 있다.

이 암살 이후 무아위아 왕국(661－750년)의 세습왕조 시대가 시작됐으며 이제 정통 칼리프시대가 끝나고 경쟁의 시대로 바뀌었다.

이슬람제국의 지하드(聖戰)의 전진 기지를 시리아에 두고 수십만에 이르는 정예군을 지휘하는 총독 무아위야는 예언자 무함마드의 경쟁적인 관계에 있던 쿠라이시 부족의 중심 인물이자 큰 부자였던 아부 수피안의 아들이었다. 비교적 온화하고 독실한 성격으로 우스만 갈리프를 비롯한 고위관리들의 신뢰를 받고 있던 실력자였으며 이들은 능력에 따라 칼리프가 결정될 수 있다는 수니파의 창설자였다.

이에 반해 암살당한 4대 칼리프 알리를 추종하고 예언자의 정통 핏줄(알리와 파티마(예언자의 딸)의 두 아들(하산과 후세인)이 칼리파가 돼야 한다는 이슬람은 시아파로 불리면서 수니파와의 격돌의 역사가 시작됐다.

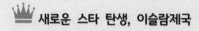

새로운 스타 탄생, 이슬람제국

이 시대가 지금까지 역사의 주인공이었던 동로마가 혼나는 중이고 서유럽(예전 서로마) 쪽은 프랑크 왕국으로서 한참 혼란스러운 시절이었습니다. 한참 떨어져 있는 중국은 당나라 시대 초기로써 여걸 측천무후가 한참 권력을 행사하던 때였습니다.
이제 전세계는 이슬람이라는 새로운 스타 탄생을 인정해야 했습니다.

2장

이슬람제국의 팽창(AD 661년 이후)

우마이야왕조의 성립(661년)과 분열

우마이야 왕조의 창건자와 그들의 성전(聖戰)

이슬람의 전진기지 시리아의 총독 무아위야는 661년 우마이야 왕조를 세웠다. 정통 칼리프 시대(1-4대 30년)에는 칼리프를 중심으로 이슬람 종교지도자들이 칼리프를 선정하는 등 강력한 권한이 있었다.

하지만 그 분위기가 바뀌어 독자적인 왕조에서 14대에 이르는 칼리프를 세습했기 때문에 이들을 수니파라고 불렀다.

지금까지 다른 지역의 왕조들처럼 우마이야(가문의 이름)왕조로 불렀다. 이 왕조의 전성기는 8세기 초반으로 이들은 인도 북부지역에서 시작해 아프리카를 거쳐 이베리아반도에 이르는 넓은 지역을 정복했다.

그 영토는 로마제국의 전성기에 비교해도 못지 않았는데, 로마제국은 수백년에 걸쳐 조금씩 확장했지만 이슬람제국은 100년도 되지 않는 기간에 이루어냈다.

이들이 이런 영토확장 등으로 잘 나가는 과정에서 이슬람의 초기 전통을 소홀히 하는 것을 비판하고 이들을 무너트리려는 세력이 준비하고 있었다

이슬람제국의 분열-시아파와 수니파

시아파가 주장하는 전통 칼리프

무함마드의 이슬람교에서 출발한 이슬람제국이지만 지연(地緣)은 무시할 수 없어 우마이야왕조가 시리아, 다마스커스에 기반을 두었으므로 자연스럽게 그 지역에 중요 요직들이 돌아갔기에 다른 지역, 특히 예전 아라비아의 메카, 메디나 출신들의 반발이 거세졌다. "우마이야 왕조는 정통성이 없다"고 비판하면서 예언자 무함마드의 혈통만이 진정한 칼리프가 될 수 있다고 주장하는 파벌이 "시아파(Shia 종파라는 어원)"라고 불리기 시작했다.

우마이야왕조를 비롯해 지금까지 이슬람을 지배했던 파벌은 "수니파(Sunnah 교훈, 정통이란 뜻)"로 구분했다.

시아파는 수니파보다는 훨씬 더 이슬람 전통 교리에 충실할 것을 강조하며 칼리프가 선출, 계승하는 것이 아니라 무함마드의 혈통을 따라가야 한다는 것이었다. 그래서 그들은 정통칼리프시대의 4대 칼리프였던 알리를 섬겼다. 그가 유일하게 혈통이 계승된 무함마드의 딸 파티마의 남편(사위)이었기 때문이다. 그래서 굴러 들어온 돌격인 우마이야왕조를 반대하는 아바스가문, 시아파를 비롯한 모든 세력이 힘을 합쳤다. "타도 우마이야"의 기치 아래 우아미야왕조의 마지막 칼리프를 제거하고 새로운 아바스왕조(750－1258년)를 세우는 데 성공했다.

피 터지는 우마이야와 아바스 왕국의 쟁투

아바스의 전사들

호라산지방을 근거로 힘을 키우던 아바스가문과 무함마드의 삼촌의 고손자를 중심으로 한 하삼가문이 손을 잡았습니다. 이들은 우마이야왕조 수니파에 대항하는 정통 원리주의, 칼리프 선정을 무함마드의 혈통을 중심으로 해야 한다고 주장하는 시아파의 반란이라고 할 수 있습니다. 747년부터 750년에 이르는 과정에서 군사력을 가진 아바스가문과 혈통과 자금을 앞세운 하삼가문이 우마이야왕조의 마지막 칼리프 마르완2세를 처형한 뒤 아바스가 새로운 칼리프로 등극했습니다. 여기까지는 공식적인 전투에 의한 승패였습니다. 그러나 승리한 아바스 쪽은 친교를 맺는다는 구실로 패전한 우마이야인 모두를 초대한 후 그들을 몰살시킨 것이 큰 후유증으로 남았습니다.

우마이야왕조의 후손들이 에스파냐에 새로운 이슬람 왕국을 세우다

그라나다의 아름다운 아람브라궁전

아바스왕조 사람들의 수상한 초대에 응하지 않고 미리 도망쳐 살아남은 10대 칼리프 하삼의 손자(알 라후만 1세)가 아바스의 추격을 피해 에스파냐(스페인)로 도망쳐 후(後)우마이야(756－1031)를 건립했다. 이들은 에스파냐 남부 코르도바를 수도로 에스파냐의 지배권을 확립했다. 북쪽으로부터 노르만의 침입을 격퇴하고 프랑크왕국의 압력을 봉쇄하면서 국력을 확장했지만 내부 반란으로 혼란을 겪었다. 그 후손 8대 알 라흐만3세가 코르도바대학을 설립하는 등 왕조의 황금시대를 구가했지만, 그가 죽은 후 왕조가 쇠퇴하기 시작해 군소군주의 난립시대가 되었다. 그 후 모로코의 함무드가(家)가 코르도바를 점령, 후우마이야는 1031년 멸망했다. 결국 이슬람 제국의 본가 아바스왕조에는 한번도 힘을 써보지 못하고 쓰러졌다. 원래 이슬람인들은 711년 이래 스페인에 교두보를 마련하고 있었는데 그 후 에스파냐의 국토회복운동에 밀려서 그 대표적인 왕국이 그라나다를 수도로 한 나스르 왕조가 아름다운 아람브라궁전(앞페이지 사진)을 세우고 1492년까지 존속했다.

새로 성립된 아바스왕조는 수도를 바그다드에 세웠고, 우마이야왕조는 코르도바에 뒀기 때문에 각각 동(東)칼리프 왕조, 서(西)칼리프 왕조로 부르기도 했다. 그 후 시아파의 일부가 이집트 카이로에 세운 파티마왕조(909－1171)는 중간 지대에 있기 때문에 중(中)칼리프왕조라 불렀다. 그러나 새로운 세력 아바스왕국이 바그다드를 중심으로 이슬람제국의 중심이 되었다.

이슬람의군의 패전 사례: 프랑크왕국과의 전투-궁제 마르텔의 승리

궁제 마르텔의 푸아티에 전투 승리

이슬람(우아미야왕조) 승리의 기세를 몰아 유럽의 중심으로 진군하기 시작했다. 피레네산맥을 넘고 프랑스 보르도 지방을 거쳐 루르지방까지 갔을 때 서로마제국의 영토를 차지하고 있던 나라 중에 대표적인 프랑크왕국과 전투가 벌어졌다. 732년 프랑크왕국의 궁제(국무총리격) 마르텔이 지휘하는 군대와 "푸아티에" 평원에서 치열한 전투를 벌여 이슬람군대가 패배했다.

이 전투가 유럽의 역사에서도 중요한 이유는 이슬람 세력이 유럽의 중심부로 진입을 막았다는 의미가 있으며, 이 전투의 승리로 마르텔 가문의 위치가 급상승해 카롤링거왕조가 시작(751년)되고 그 손자 샤를 마뉴가 배출됐다.

푸아티에전투에서 패하면서 이슬람제국의 기세는 한풀 꺾였지만, 동로마제국을 비롯한 지중해 일대의 나라들이 이슬람을 가장 강대국으로 인식하게 됐으며 실크로드 등 동서무역을 독차지하고 있는 이슬람제국의 눈치를 보게 되었다.

아바스왕조(750-1258년)의 흥망

아바스왕조의 영토는 초기에 동쪽 아무다리야강 이북에서 서쪽 마그리브에 이르는 광대한 지역이었다. 제2대 칼리프에서 제5대 하룬 알 라시드까지 전성기를 누렸으나 다른 왕조 파티마의 독립으로 영토를 잃으며 중앙집권화가 진행됐다. 칼리프는 수니파의 신념을 가지고 칼리프의 권위는 신으로부터 받았다는 관념이 확립돼 있었다. 바그다드를 중심으로 문화·과학·산업경제가 발전했다. 다만 대규모 정복활동이 줄어들고 평화의 시기가 찾아왔다. 그렇게 국제무역과 산업이 크게 발전하고 예술과 문화가 진흥됐다. 제국의 여러 도시들은 바다와 육지를 잇는 교통로를 통해 서로 연결되었다.

맘루크 군벌이 칼리프의 자리를 좌우한 때부터 쇠퇴하기 시작해 900년대 중반부터 셀주크 투르크가문이 사실상의 지배권을 갖게 되었다. 근근이 왕조를 유지한 것은 아라비아 이슬람왕조의 정통성이 있었기 때문인데 1258년 몽골족이 바그다드를 점령해 멸망했다.

중국 송나라와 흡사하게 지탱-몽골에 망한 아바스 왕조

송나라의 회화와 아바스시대의 양탄자

중국의 송나라가 5대 10국을 통일(960년)했지만 문치주의를 기본으로 했기에 군사력이 약해 이민족의 침입에 시달렸습니다. 거란(요나라)과 서하에 밀려서 조공을 바치며 나라의 명맥을 겨우 유지하다가 여진족(금나라)가 강해지자 이들의 힘을 빌려 요나라를 밀어내고 활로를 찾으려 했습니다. 그러다 1127년에 금나라의 침공을 받아 남쪽으로 밀려내려가 남송(南宋)으로 살아남았습니다. 금나라에 더 큰 조공을 바치며 신하나라로 중화민족의 자존심을 구기며 살았습니다.
결국 유라시아를 휩쓴 몽골의 예상했던 중국 통일과정에서 1279년 멸망했으니 정통 이슬람제국 아바스왕조가 20여년 전 1258년에 망한 것과 매우 비슷한 과정이었습니다. 더욱 비슷한 것은 아바스가 제국의 영토를 여러 민족 특히 투르크의 독립 왕국들에 거의 먹혔으면 서도 바그다드를 중심으로 빛나는 이슬람문화가 빛나게 발전했으며 이슬람제국의 상속자로서 500여년을 지속했다는 것입니다. 송나라는 300년 가깝게 북과 남으로 이주하면서 버티는 동안에 중국 역사상 가장 발전한 문화 예술을 꽃피웠습니다.
특히 남송시절(150여년)에 현재 황조를 중심으로 농업, 해외무역 등이 발전해 강남 르네상스를 구가했으며 인구도 2배 이상 증가한 매우 잘 나가던 시절의 이슬람의 아바스제국과 같은 상황이었던 것이 아주 흥미롭습니다.

파티마왕조(909-1171년)

파티마왕조의 수도 카이로

파티마는 무함마드의 사위인 알리의 후손이라고 주장하고 그 후손만이 칼리프가 될 수 있다는 이스마일파(시아파의 일파)가 북아프리카에 세운 왕조였다.

이들은 아바스왕조에서 독립한 소왕국으로 왕조의 이름을 무함마드 예언자의 딸이자 4대 칼리프 알리의 부인이었던 파티마의 이름으로 정했다. 강력한 군사력을 바탕으로 급격히 성장한 파티마왕조는 921년 모로코의 비(非)이슬람 왕조를 무너뜨리고 북아프리카의 대부분을 장악했다. 수니파인 아바스왕조를 인정하지 않고 자신들이 이슬람 공동체의 지도자라고 주장했다.

그래서 파티마왕조는 아바스 제국의 영토를 공격하고 특히 그중 중요한 이집트를 차지할 만큼 강국이 되었다. 독자적인 칼리프제도를 운영해 이슬람제국은 서부의 파티마왕조 동쪽의 아바스왕조로 양분되었다. 이때 이집트에 중요 도시를 세웠는데 이곳이 오늘날 카이로로 발전했다. 도시의 인구가 당시 2-30만에 달했으며 이슬람 도시 중 바그다드와 비슷한 규모에 이르렀다.

결국 셀주크 터키에게 힘에 밀려 내부 분열 등으로 쇠퇴하고 12세기 이후에 계속된 십자군전쟁에서 주도적인 역할을 하지 못했다. 결국 십자군 전쟁의 영웅 살라딘 등에 의해 1168년에 왕국이 분해되고 1171년 마지막 칼리프가 사망하며 왕조의 운명을 다했다.

셀주크(Seljuk)왕조(1018-1194년)의 등장

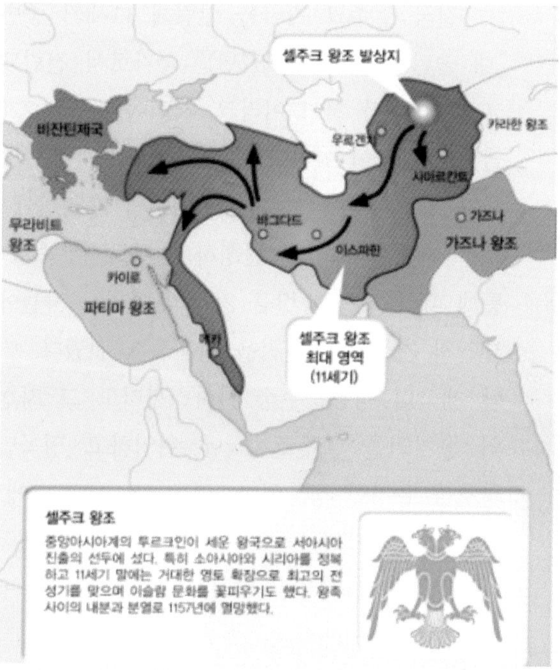

셀주크 투르크족(왕조)의 발전

아바스왕조가 몽골에 망하기 한참전 11세기에 들어서면서부터 제국 전체의 통제가 느슨해지면서 독립적인 수많은 지방 군주국으로 분열되었다. 이슬람 국가의 권력은 군대를 배경으로 군부 실권자들에게 넘어갔으며 아바스왕조의 통제와 권위는 바그다드 주변에서조차 약화되었다. 이슬람제국의 판도에 큰 변화가 나타나기 시작했다. 예언자 무함마드 이후 칼리프시대, 우마이야, 아바스 왕조를 거치며 아라비아 아랍민족의 왕조가 400여년을 지속하다 북방의 민족 투르크의 수중으로 넘어가기 시작했다. 무슬림이 처음 투르크와 접촉하게 된 것이 아바스 제국의 동쪽 변경에서였다. 변경에서 옥서스강을 따라 정착한 몇몇 투르크부족이 수니파 이슬람을 받아들이면서 이슬람제국으로 자연스레 이주했다.

그들 중 일부는 맘루크라는 노예로 이슬람제국에 들어왔고 아바스왕조 지배자들이 이들을 이용하면서, 이들의 역할이 중요시돼 이때까지 아랍인, 페르시아인들 대신 군사적·정치적 헤게모니를 장악하게 되었다.

투르크 맘루크들은 이슬람 소왕국을 세우기 시작했고 가장 규모가 큰 터키계 가즈나 왕조를 건국하게 됐다. 이와 함께 투르크 부족들의 민족 이동이 더 활발해졌는데 그중 유력한 가문으로 셀주크가 아바스왕조의 경내로 이주한 것이 중요한 역사적 사건이었다.

이들은 이전의 투르크종족과 달리 군대에서 직업군인으로 복무하던 것을 선호하지 않고 그들의 정체성을 보존하고 자신들의 가축을 기르기 위한 목초지를 확보하려던 부족집단이었다. 이들은 이란 북부로 남하해 곧바로 수니파 이슬람으로 개종하고 페르시아의 언어와 문화를 받아들여 페르시아에 동화됐다. 그런 과정에서 일부의 셀주크 부족들은 이슬람 왕조의 용병으로 참여하면서 세력을 키워나가고 차츰 그들의 용맹성이 새로운 분위기를 조성해 나갔다.

셀주크의 전사들

결국 셀주크 왕국을 설립해 11세기 중반에 "대 술탄제(1037-1157년)" 국가로서 건립되고 그 분가로 각 지역 이라크, 시리아 등 6-7개의 셀주크 왕국이 있었다. 원래 셀주크가문의 두 형제가 창립자로 이들은 페르시아와 후라산에 이르는 거대한 제국을 완성하고 투르크부족의 전통에 따라 정복한 땅을 가문의 여러 공자들에게 본건적 가부장적 원칙을 적용해 나눠줬다. 이슬람 제국의 정통군주국 아바스까지도 그 자신들의 통치권을 셀주크제국에 위임하고 명목만의 왕조를 유지할 정도였다. 셀주크는 1096년에 발발한 십자군전쟁 1-2차 전쟁에서 이슬람제국의 대표선수로서 십자군 원정대를 패퇴시켜 용맹을 떨쳤다.

그러나 1157년 유능한 술탄 산자르가 죽자 내분으로 세력이 위축되기 시작했다. 갑자기 지는 해와 같았던 셀주크 왕조 대신 이슬람 세계에 새로운 강자로 떠오른 아이유 왕조에 밀려서 역사의 뒤안길로 사라졌다.

직접적인 연관성은 없지만 그 후 150년 후에 투르크족의 대표적인 이슬람 제국으로 건국되는 오스만 투르크가 등장하게 된다.

살라딘의 아이유브 왕국(1169-1252년)

아이유브는 살라딘이 파타마왕국의 수도 카이로를 점령하면서 세운 왕조이다. 이슬람제국의 새로운 강자로 등장해 셀주크 터키를 대신했다. 이슬람제국의 대표선수로 3차 십자군전쟁에서 이스라엘을 탈환(1187년)하는 선봉장이 되었다.

살라딘이 1193년에 갑자기 사망한 이후에 영토는 일족들에 의해 분할됐지만 십자군전쟁 4차에서 7차(1217－54년)까지의 전쟁을 이슬람제국의 대표로서 감당했다. 그런대로 십자군전쟁을 지속한 덕분에 십자군 전쟁의 주된 지역 팔레스타인이 제1차 세계대전 직후(1918년) 영국에 점령되기 전까지 700년 가까이 이슬람 세력의 영토로 남을 수 있었다.

1250년 그동안 힘을 키운 맘루크군대가 용병으로 참가해 전쟁을 하다가 이들이 왕조를 인수해 아이유브왕조의 운명이 다했다.

이슬람 제국 최대의 영웅 살라딘

십자군전쟁의
이슬람대표선수 살라딘

살라딘은 탁월한 군사 지도자이기도 했지만 동시에 뛰어난 정치가이기도 했습니다. 당시의 전제군주로서 불가피한 처리를 하기도 했지만 살라딘은 상당히 관대하고 합리적인 면모를 보였습니다. 술탄으로서 개인 재산도 넉넉지 않아 사후에 자신의 장례도 준비도 못했다는 후일담은 그의 검소함과 청렴함을 보여 주는 사례입니다. 살라딘은 이슬람세계보다 오히려 유럽에서 더욱 인기를 얻고 오래 기억되었습니다. 독일의 저명한 작가 고트홀트 레싱의 희곡 "현자 나탄"은 살라딘을 지혜와 관용을 겸비한 전제군주의 모범으로 여긴 서양의 인식을 보여 준다고 했습니다. 살라딘은 1137년 현재 이라크 티그리트에서 쿠르드족 귀족의 아들로 태어나 당시 이슬람세계의 정치 및 문화의 중심지의 하나였던 다마스커스에서 성장했습니다. 지금 이라크, 이란의 북부지대에서 소수민족으로 설움을 받고 어렵게 거주하고 있는 쿠르드족으로서는 큰 영웅의 출현이었습니다. 숙부를 따라 이집트 원정(1163-1169년)에 따라나서 전투를 배우고 정치를 배우다가 왕조를 창건하고 술탄이 되었습니다.

맘루크왕조(1250-1517년)

맘루크의 전사들, 맘루크의 용감한 전투

맘루크왕조는 파티마 왕조가 망하고 아바스왕조도 쇠퇴하고 있을 때 이집트지역에 260여년 존재하던 왕조였다. 맘루크(Mamluk)는 사전적 의미로 남자노예를 뜻한다.

이슬람사회는 노예도 능력이 있으면 높은 교양을 가지고 국가와 사회의 높은 요직에도 등용될 수 있었다. 또한 아버지가 인정하면 어머니가 노예라도 자유인이 될 수 있어서 여자 노예의 아들이 제국의 왕위를 잇는 경우도 적지 않았다. 그래서 이슬람 사회에는 노예가 세운 왕조가 존재할 수 있었다. 9세기 중엽 이후 아바스제국이 서서히 약화되며 군부의 영향력이 강화되자 군사력이 있던 맘루크의 역할도 커지게 되었다.

또한 십자군 전쟁, 몽골 침입 등에서 필수불가결한 군사집단으로 존재하게 됐다. 십자군전쟁에 참여한 이슬람제국의 술탄이 터키계 맘루크병사들 부대를 이용해 예루살렘을 탈환했다. 이 과정에서 공을 세운 맘루크들이 정권을 장악해 맘루크의 영웅이 술탄을 차지하게 되었는데 이것이 맘루크왕조의 시작이다.

이렇게 시작한 왕조가 그 특유한 술탄 승계제도, 실력있는 사람이 술탄이 되는 전통이 확립돼 260년간 지속됐다. 맘루크왕조는 1492년 치명적인 페스트의 창궐, 몇 년 후 바스코다 가마가 인도양 해상루트를 개척해 맘루크왕조의 중계무역 이권의 퇴색, 왕실의 부패같은 요인이 누적되어 멸망하게 되었다.

1516년 오스만 투르크의 술탄 셀림1세의 공격을 받아 마지막까지 치열하게 버텼던 맘루크의 술탄이 포로로 잡혀 처형됨으로써 왕조는 공식적으로 끝났다.

이로써 오스만 투르크의 400년여의 이집트 지배가 시작되었다.

이슬람제국의 문화와 바그다드

당나라를 이긴 아바스왕조(750-1258년)의 전성기는 이슬람 르네상스

이슬람 제국과 중국의 전투

중앙아시아를 사이에 두고 한참 번창하던 아바스 왕조와 중국(당나라) 양국의 충돌은 아주 자연스러운 상황이었다. 751년 아바스 군대의 이븐 살리히장군과 당(唐)나라의 고선지장군이 탈라스(지금의 키르키스탄)에서 처음으로 격돌했는데 5일 동안의 전투에서 아바스군이 승리했다.

당나라는 태종(재위 627－649)이 100여년전 영토 확장을 하면서 중앙아시아 특히 부하라, 사마르칸트, 타시켄트 등 지금의 우주베키스탄, 키르키스탄을 차지하고 있었다. 그 후 현종(재위 712－759)시대 고구려 출신의 명장 고선지장군이 지역의 전투에서 우위를 차지하고 있었지만, 이 전투에서 당나라군은 아랍군보다 병력이 반정도의 열세였다. 또 당군의 일부인 돌궐족이 배신을 했으며 더 중요한 것은 본국의 현종이 재위 말기에 양귀비에 빠져 충분한 지원을 못한 것이 패전의 원인이었다.

중국 채륜 종이 제조(AD 107년)

당나라가 이 전쟁에서 패전한 후유증은 무척이나 컸다. 중앙아시아와 실크로드의 주도권을 아랍의 아바스왕조(이슬람)가 차지하게 됐고 더 중요한 것은 한나라 시대 채륜이 발명(AD 107년)한 제지술이 전쟁의 포로로 잡힌 제지기술자들을 통해 아바스왕국, 즉 아랍제국으로 넘어간 것이다.

이슬람의 문화를 검토하면서 아바스왕조의 수도이전을 검토해야 한다. 762년 아바스왕조의 2대 칼리프 알 만수르가 수도를 아랍 중심의 다마스커스(시리아)에서 페르시아 문화의 바탕인 바그다드로 옮기고 아랍계와 비아랍계의 조화로운 융합을 도모했다.

이 과정에서 아바스왕조는 비아랍인들의 아랍화(化)를 활발히 추진해 인종과 민족을 초월한 범 이슬람제국으로 발전했다.

9세기 전반에 아바스왕조는 번성기를 맞았다. 수도 바그다드는 실크로드의 개척으로 동서 문물이 물밀듯이 유입되고 학문연구도 활발해 중국 당(唐)나라의 장안과 함께 무역과 문화의 중심지가 되었다.

종이를 제조하는 아랍인들

이슬람제국에 제지술이 보급된 후 많은 책이 저술되고 학문 연구가 활발해졌다.

수많은 전쟁에서 아랍인이 챙긴 전리품 중에는 그리스·로마·중국의 고전·이집트·인도의 과학 의학서적까지 있었다. 이를 번역해 예전보다 훨씬 쉽게 책을 경제적으로 보급할 수 있어서 아랍이 세계 최고의 학문, 문화 수준으로 도약하기 시작했다.

이슬람제국의 수도 바그다드

현재와 그때 바그다드의 전경

이슬람하면 바그다드가 연상되고 바그다드 하면 아라비안나이트 그리고 이슬람제국이 연상되는 친숙한 도시다. 바그다드는 티그리스강을 따라 펼쳐진 이라크평원의 중앙에 위치해 있으며 고대 바빌로니아왕국의 수도 바빌론에서 북쪽으로 약 90km 떨어진 곳에 있다.

이라크의 대부분 지역은 여름이 섭씨 50도에 가까운 사막기후지만 바그다드를 포함한 티그리스강가는 대형 오아시스로서 사와드라고 불린 비옥한 충적평야였다.

고대 메소포타미아사막에서 유목이나 상업활동에 종사한 아랍인들이 BC 8세기경부터 집단적으로 거주하기 시작했고, AD 3-7세기 300여년 동안 중동을 지배한 사산조 페르시아의 농산물 집산지가 되었다. 바그다드라는 지명은 당시 페르시아어로 신에 의해 건설된 도시를 의미하였다. 시리아를 중심으로 한 우마이야왕조가 무너지고 750년에 탄생한 아바스왕조는 당초 유프라테스강가의 쿠파를 수도로 삼았다.

그러나 같은 지역을 거점으로 한 시아파와의 정쟁이 발생하자 아바스왕조 2대 칼리프인 만수르는 티그리스강을 끼고 있는 바그다드를 새로운 수도로 천도를 결정했다. 하천을 통한 물류 유통이 편리하고 군사주둔지로 적합하다고 판단했기 때문이다.

새 수도의 건설은 762년부터 시작해 모두 약 10만명의 노동력이 동원돼 767년에 마무리됐다. 도시는 삼중으로 된 직경 2.35km의 원형 성벽으로 중심 벽의 높이가 34m나 되었다. 직경 1.8km의 중앙광장에는 궁전과 모스크(이슬람 성전)를 건설했는데 이후부터 이슬람 도시에는 중앙에 모스크를 배치하고 그 주위에 시장이 펼쳐지는 구조가 일반화되었다.

다만 바그다드에서는 치안 유지를 고려하여 성내에는 왕족이나 고위 군인들만 거주하고 시장이나 일반 백성들의 거주지는 성 밖에 두도록 했다.

아바스왕조와 바그다드가 세계의 중심이 되다

바그다드의 복원된 성문

바그다드 성안에 4등분으로 나눈 지역에서 성 밖으로 나가는 4대 문의 방향은 각각 페르시아, 중국, 이슬람의 성지 메카, 인도양, 그리스, 아프리카로 나가도록 설계돼 전세계로 향한 사통팔달(四通八達)의 의미를 부여했다. 또 바그다드 성 밖으로는 티그리스강과 유프라테스강을 잇는 운하를 만들어 선박을 이용한 물자 수송과 농업 용수로 활용했다. 이렇게 건설된 바그다드는 서양의 동로마제국과 동양의 당나라를 연결하는 실크로드의 요충지가 되었다.

이른바 세계의 십자로로 불리며 세 가지, 즉 동서양의 인종과 물자와 정보가 모여드는 중심지였다. 아랍인은 물론 유대인·로마인·페르시아인 및 멀리 동양인까지 여러 인종과 민족이 드나드는 국제도시가 되었고 동양의 도자기, 실크 등 인도의 유리 제품, 유럽의 모피 노예, 아프리카의 상아 등 다양한 상품이 흘러드는 허브가 되었다. 칼리프 만수르는 영토 내의 주요 도시를 파발 형식의 연락망으로 묶어 각지에서 중앙에 전하는 정보 네트워크를 구축하여 전세계의 온갖 정보가 모였다. 이것이 훗날 "천일야화"(아라비안나이트)의 다양한 스토리의 원형이 되었다.

당시 세계에서 제일 큰 바그다드 도서관

8세기 말경 최성기의 바그다드의 인구는 100만－200만에 달했다는데 같은 시기 동로마제국의 수도 콘스탄티노플의 인구가 30만에 불과했다는 사실을 비교하면 그 규모를 짐작할 만하다. 바그다드는 당나라의 장안과 함께 당대 세계 최대의 도시였다.

이슬람교에서는 신체를 청결히 하는 것을 의무화해 바그다드같은 대도시의 하맘(공중목욕탕)이 시민들의 사교장이 되었다. 또한 5대 하룬을 포함한 칼리프들은 문화 예술의 진흥에 힘써서 이집트의 알렉산드리아 도서관에서 천문학·수학·철학·의학 등 동로마제국의 문헌을 수집해 바그다드의 대규모 도서관을 세웠다. 당시 당나라로부터 종이 제조술을 배운 것이 이들 문헌을 복사 집필해 바그다드 도서관을 지혜의 전당으로 만든 밑천이 됐다.

10세기에 들어서면서 아바스왕국의 세력이 약해지고 각지에서 작은 이슬람국가들이 잇따라 독립해 대표적으로 카이로를 중심으로 파티마왕조가 자리 잡았다. 결국 1258년 동양의 큰 정복자 몽골제국의 칭기즈칸의 침략을 받아 바그다드가 철저히 파괴돼 아바스왕조의 성벽과 도로 건축물들이 남아 있는 것이 없을 정도였다.

그 후 1500년대에 투르크계 오스만투르크가 중동 이슬람 세계의 대표선수가 되어 바그다드를 재건했다.

16세기에는 사파비왕조(1501–1736년)가 자주 침공했지만 오스만 터키 왕조가 그들을 물리쳐 끝까지 바그다드를 지켜냈다.

이슬람제국의 종교정책

종교도 관대했던 다문화정책

흔히 이슬람제국은 "한 손에 코란, 다른 손에 칼"이라고 알려졌지만 종교에 대해서는 정복지 민족들의 개종을 강요하지 않았고 서서히 이슬람화하는 정책을 폈다. 이슬람교로 개종한 사람은 "해방노예"라는 호칭으로 불려도 지배층인 아라비아인들과 동등한 신분을 가지고 정치적 발언권도 주어졌다. 개종을 하지 않은 이교도들은 정치적으로 아무런 권리를 행사할 수 없었지만, 그들도 세금(인두세 등)을 또박또박 납부하면 그들 고유의 신앙을 지키면서 제국에서 살아갈 수 있었다. 이런 점은 1480–90년대 에스파냐(스페인)의 이사벨라 여왕처럼 가톨릭으로 개종하지 않은 유대인 이슬람교도들을 강제 출국시킨 경우와 대비된다.

750년 우마이야 왕조를 무너뜨리고 아바스왕조가 칼리프 자리에 오르게 된 혁명은 시리아의 이란계 개종자들이 정통파 아라비아반도 지도자들을 물리치고 이루어진 것이다. 이에 따라 아바스왕조의 통치가 시작되고부터 이슬람제국을 횡적으로 연결하고 있던 제국의 연대의식이 악화되고 비 아라비아계의 이슬람세력이 상대적으로 강해졌다.

제13막

한국의 통일신라–후삼국–고려의 전반기

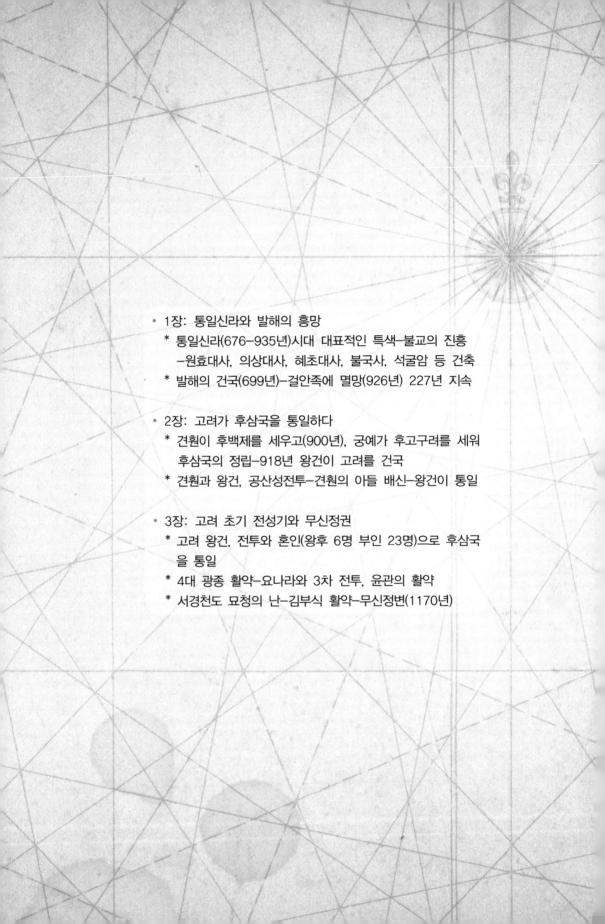

- 1장: 통일신라와 발해의 흥망
  * 통일신라(676-935년)시대 대표적인 특색-불교의 진흥 -원효대사, 의상대사, 혜초대사, 불국사, 석굴암 등 건축
  * 발해의 건국(699년)-걸안족에 멸망(926년) 227년 지속

- 2장: 고려가 후삼국을 통일하다
  * 견훤이 후백제를 세우고(900년), 궁예가 후고구려를 세워 후삼국의 정립-918년 왕건이 고려를 건국
  * 견훤과 왕건, 공산성전투-견훤의 아들 배신-왕건이 통일

- 3장: 고려 초기 전성기와 무신정권
  * 고려 왕건, 전투와 혼인(왕후 6명 부인 23명)으로 후삼국을 통일
  * 4대 광종 활약-요나라와 3차 전투, 윤관의 활약
  * 서경천도 묘청의 난-김부식 활약-무신정변(1170년)

1장

통일신라와 발해의 흥망

통일신라시대(676-936년까지) 불교의 진흥

원효대사, 의상대사, 혜초대사

신라가 당나라 군대를 물리친 676년부터 936년까지 260여년 동안은 우리나라에서 고조선 이후 통일국가로서 통일신라라고 부르는 왕조시대이다.

통일신라의 특징은 한마디로 불교의 나라라고 할 수 있는데 왕족과 귀족이 불교를 보호해 승려들의 활동도 활발했다.

신라의 대표적인 승려로 원효대사(元曉大師 617－687)와 의상대사(義湘 625－702) 그리고 혜초대사(慧超大師 704－787)를 들 수 있다. 원효는 의상과 인도로 유학을 가던 중 해골에 고여있던 물을 마시고, "一體唯心造"라고 득도(得道)했으며, 파계(破戒)하여 요석공주와의 사이에 설총(薛聰)을 낳았다는 이야기는 유명하다. 의상은 뜻한대로 중국에 들어가 화엄종의 대가 지엄대사 밑에서 득도(得道)하였다. 10년만에 돌아와 화엄종을 설파하고 한국불교사에서 원효와 함께 양대 산맥으로 존경받고 있다. 두 스님은 경쟁적인 관계에 있으면서 지향하는 목표는 같았으며 한국의 웬만한 사찰에 가면 두 인물 중 한분이 창건했다고 할 정도로 한국 불교계를 대표하는 걸출한 고승들이다.

의상이 귀국하여 머물던 부석사(浮石寺) 관음보살을 만났다는 동해안의 의상대(義湘臺)와 바위 위에 절을 지은 낙산사(落山寺), 화엄사, 범어사 등 화엄십찰(華嚴十刹)이 대표적이다.

혜초는 정통 스님으로 10년간 인도 전역을 구도여행하고 돌아와 그 유명한 "왕오천축국전(往五天竺國傳)"을 저술했다.

불국사·석굴암·성덕여왕신종이 만들어졌으며 우리나라 역사상 불교의 최대의 전성기를 누렸다.

신라의 대표적인 사찰 불국사, 불교예술의 걸작 석굴암

신라시대의 대표적인 사찰 불국사는 법흥왕의 어머니 영제부인이 창건하고 통일신라시대 경덕왕 10년(751년)에 김대건이 중창했다. 석굴암과 함께 신라예술의 귀중한 유적이다. 석굴암도 751년에 김대성이 창건한 사찰로 건립 당시 석불사라고 했다가 석굴암이 되었다.

통일신라의 대표적 문화, 거대한 불사를 김대성이 완성하다

일연의 삼국유사에 의하면 김대성은 현세의 부모를 위해 불국사를 세우고 전생(前生)을 위해 석굴암을 세웠다고 합니다. 특히 석굴암은 신라인의 믿음과 슬기로 만들어진 찬란한 문화의 금자탑(金字塔)입니다. 불국사와 함께 석굴암은 신라인 신앙의 소산이며 위정자와 백성이 혼연일체가 된 민족정신의 응결체입니다. 또한 석굴암은 단지 김대성의 개인적인 발원에 의해 창건됐다기 보다 거족적인 민족의 발원이었습니다. 김대성선현(先賢 700-774년)은 지금의 장관급에 해당하는 중시(中侍)를 지낸 인물로서 국가건축사업을 기획 · 총괄해 세계적문화유산인 불국사와 석굴암의 창건을 주도했습니다.

통일신라가 100여년이 지나면서 왕권이 점점 약해지고 귀족의 힘이 강해지면서 나라의 법도(法道)가 무너지기 시작했고, 호국불교의 불도(佛道)는 이를 막지 못했다. 37대 선덕왕이 즉위한 780년부터 47대 헌안왕이 즉위한 861년까지 82년간 11명의 왕이 바뀌었다. 왕 한 명이 겨우 7년을 통치했으니 왕의 힘이 얼마나 약했을지, 주위에서 얼마나 흔들었는지 짐작이 가고도 남는다.

로마 군인황제시대(234－284년) 50년 동안 26명의 황제의 경우보다는 양호했지만, 중국 당나라 말기 800년대에 100년 동안 환관이 무려 11명의 황제를 선임한 시기와도 비교된다.

이런 상황으로 나라는 잘 돌아가지 못했고, 서해안에는 해적들이 자주 출몰해 약탈을 하고 신라인을 당나라로 끌고 가 노예로 팔았다.

통일신라시대의 인물들-장보고, 최치원

다행히 828년 장보고(張保皐 ?－846년)라는 용맹스러운 장수가 나타나 청해진의 대사로 임명돼 해적들을 소탕했다. 그는 서해안의 해상권을 장악하고 당나라 · 일본 · 신라를 연결하는 삼각무역으로 청해진을 번창하는 해상무역의 중심지로 만들었다.

모처럼 등장한 신선한 인물, 장보고는 이미 대장이 돼 신망과 인기가 대단했는데 안타깝게도 본국의 권력다툼의 소용돌이에 휩싸여 846년 암살되고 말았다. 아까운 인물이 희생되고 청해진도 폐쇄됐으니 신라가 해상제국으로 도약할 수 있는 기회를 스스로 잃고 말았다.

신라의 3대 천재(최치원, 최언위, 최승우) 중 한 사람인 최치원(崔致遠 857－?)은 문인, 시인이자 행정가로 이름을 떨쳤다. 12살에 당나라에 유학해 17년 동안 체류하며 유불선(儒彿仙)에 두루 능한 대학자로 인정받았다.

당나라에서 발생한 황소의 난(875−884년)에 "토황소격문(討黃巢檄文)"을 지어 더 유명해졌다.

신라로 귀국한 후에도 많은 글을 쓰고 문집을 만들어서 후학들의 교육에도 크게 기여했다. 진성여왕의 하명을 받아 6두품의 신분으로 신라의 조야(朝野)를 개혁하기 위한 "시무10조(時務10條)"를 올렸다.

그러나 그 개혁안은 귀족들이 반대해 위기를 극복할 수 있는 기회를 잃었고, 신라는 백성들의 민란 등으로 휘청거렸다.

최치원은 자신의 깊은 학문과 애국심으로도 나라를 바로 잡을 수 없음을 한탄하며 각지를 유랑하다 행적이 묘연해졌다. 이 시기에 학식과 천재적인 재능을 가진 세 사람의 최씨인 최치원 이외에 최승우, 최언위가 있었다. '삼최(三崔)'라고 불리던 이들은 난세를 만나 재능을 발휘하지 못하고 스러졌던 것이다.

통일신라 말기에 나라를 구하고자 하는 자칭 영웅들이 각지에서 나타났는데 이제 후삼국시대가 시작되었다.

장보고

큰 일을 하고 사라진 최치원

발해의 건국(699년)과 멸망

신라가 통일한 후의 대동강 이북은 당나라의 지배 속으로 들어갔다. 가장 약소국이었고 반도 일부에 치우친 신라가 통일을 하겠다고 대국의 힘을 빌려 차지한 영토는 백제의 땅뿐이었으니 이로써 삼국시대의 종말은 쪼그라진 모양이 되었다. 한민족의 입장에서 개탄스러운 역사가 아닐 수 없다.

그나마 한반도 북부 만주지역에서는 고구려의 부흥운동이 시작되었다.

고구려 때 무장의 집안이었던 아버지 걸걸중상과 함께 그 아들 대조영(大祚榮 재위 699－719년)이 당나라대군을 물리치고 동모산 근처에 새로운 나라 발해를 세웠다. 이때가 고구려가 망한 지 꼭 30년만의 일이었다.

발해는 중요지역에 5경을 두고 나라의 체제를 갖추었다.

719년 대조영(高王)이 죽은 후 뒤를 이은 왕들이 영토를 넓혀 옛고구려의 영토를 회복하는 과정에서 당나라와 많이 싸웠다.

발해의 지배층은 고구려의 후예들이었지만 일반 백성은 말갈·고구려·백제 유민들로 다양한 문화를 이루었다.

발해는 해외 국가들 멀리 중앙아시아와 페르시아와 무역을 하고 그들의 다양한 문화도 받아들여 헬레니즘 문화같은 독창적인 발해문화가 형성돼 갔다.

남쪽의 통일신라와 북쪽의 발해가 국경을 맞대고 있던 때를 남북국(南北國)시대라고 부른다. 발해가 건국된 지 120년 지난 818년 성왕이 즉위한 시기에 옛고구려의 영토를 거의 회복하고 행정구역도 정비해 상경·중경·서경·남경·동경의 오경은 눈부시게 발전하여 이때가 발해의 전성기라고 할 수 있다.

발해의 건국자 대조영

중국도 이런 발해를 "해동성국(海東盛國)"이라고 부르며 부러워했다.

이랬던 발해가 100여년이 더 지난 926년 거란족의 침입으로 멸망했다. 물론 발해가 하루 아침에 망한 것은 아니다. 거란족의 영웅 아율아보기(872－926년)가 민족을 통일하고 907년에 거란(나중에 요)을 세워 발해와 20년 동안 전쟁을 했다. 잘 버티던 발해가 내부의 분열과 갈등으로 국력이 점점 약해졌고 중요한 영토 부여가 거란에 함락되면서 망하고 말았다.

우리 민족으로서는 발해의 멸망으로 만주지역에 대한 연결고리가 끊어지고 한반도로 국한된 것이 무척 아쉬운 대목이다.

이런 발해의 흥망사를 중국 정부에서 '중국의 국경 안에서 전개된 모든 역사를 중국의 역사로 편입하려는 연구 프로젝트'인 "동북공정(東北工程)"을 만들어 중국역사의 일부라고 주장하고 있다. '건국자와 중앙의 인물이 고구려의 유민이라도 지방의 백성은 대부분 말갈인이다.' 라는 등의 이유로 당연히 중국의 변방국가로서 발해가 있었다는 것이 그들의 주장이다. 우리나라 일부 역사가들이 저들 주장에 동조하는지, 1997년까지 '발해는 한국역사다'라고 적극적으로 주장하지 않았다. 이것이 현대 역사학계의 남겨진 과제의 하나라고 한다.

2장

고려가 후삼국을 통일하다

후삼국시대-한국의 전국시대 30여년

후삼국 시대 30년

후삼국시대를 연 견훤(867-936 재위 892-935)은 백제땅에서 배출한 마지막 왕인데 고려를 세운 왕건과 대적했던 인물이기 때문에 승자(勝者) 기준으로 편파적으로 기록되는 경우가 많다. 그래서 가능한 중도적인 입장에서 전해지는 그의 족적을 살펴본다.

견훤이 어렸을 때 호랑이 젖을 먹고 자랐다는 이야기, 어려서부터 체격도 크고 남다른 기백이 있었으며 통일신라의 장군으로 입신하여 해적을 토벌하는 임무를 수행하며 공을 세우기도 했다. 뜻하는 바가 있어 892(25세)년에 거병하여 무진주(지금 광주광역시)를 점령해 군사적 근거를 마련했다.

900년(34세)에 비로소 그곳 백성의 호응에 따라 완산주(지금의 전주시)에 도읍을 정하고, 240년전에 멸망한 백제의 부활을 선포했다. 이때 견훤이 재건한 백제는 예전의 백제와 구분하기 위해 후백제로 부르니 이제 후삼국 시대가 시작됐다.

후백제의 견훤, 후고구려의 궁예, 후고구려를 승계한 왕건

한편 호족인 양길의 수하에 있던 궁예(弓裔 ?－918)가 마침내 고구려를 계승하겠다며 왕건(王建 877－943)의 가문의 도움을 받아 송악 일대에서 901년에 후고구려를 건국했다. 건국하고 전쟁을 시작했는데 공격의 대상이 통일신라가 아닌 후백제였다.

903년에는 왕건이 지휘하는 후고구려가 수군을 이끌고 후백제의 배후를 공격하여 나주 일대의 10여 군현을 탈취하는 등 큰 타격을 주었다.

그 후 왕건이 활약한 후고구려가 덕진포 전투에서 계속 승리해 기반을 확고히 한 궁예는 911년 엉뚱하게 국호를 태봉으로 고치고 철원으로 천도했다.

그러나 궁예는 미륵의 화신으로 자처하면서 점점 포악해지고 공동으로 건국한 왕건을 비롯한 신하들과 백성들로부터 멀어졌다.

918년 왕건은 신숭겸, 복지겸과 함께 쿠데타를 일으켜 궁예를 몰아내고 국호를 고려로 하여 새 왕조를 세웠다.

상황이 급변함에 따라 고려의 왕건과 화친하면서 기회를 보던 견훤은 920년, 925년 신라의 대아성 등을 공격함으로써 고려와 경쟁적인 구도를 형성했다.

견훤과 왕건의 공산전투

927년 견훤과 왕건이 친히 대전을 벌이는데 견훤은 예상치 않게 신라의 수도 경주를 급습했다. 포석정에서 연회를 베풀어 놀고 있던 경애왕과 왕비를 사로잡아 신라 55대 경애왕을 자결케 하고 견훤은 왕비를 겁탈했고, 경애왕의 동생 박효렴(孝廉) 등 귀족들을 포로로 끌고갔다.

그 정도로 견훤은 신라조정의 친고려정책에 분노했던 것이다.

고려 개국공신 신숭겸

신라는 멸망 직전까지 갔지만 왕건이 구원을 위하여 오는 다급한 상황에서도 견훤은 마지막 왕으로 경순왕을 세우고 퇴진했다.

왕건이 친히 5천명 정예기병부대를 이끌고 경주로 달려오는 고려군과 견훤의 후백제군은 매복과 기습을 되풀이했다. 결국 견훤의 후백제군이 승기를 잡아 왕건을 비롯한 고려군을 집중 공격해 왕건도 죽음의 직전까지 가는 위기의 순간을 맞았다.

이때 신숭겸이 목숨을 걸고 왕건의 복장을 하고 후백제군을 유인해 왕건은 구사일생으로 목숨을 건질 수 있었고, 자신은 장렬히 전사했다. 이 전투가 바로 공산전투다. 이 전투에서 승리한 후 견훤의 후백제군은 잃었던 영토를 회복하며 승승장구했지만 929년 고창전투에서 크게 패전해 기세가 꺾였다.

고려의 개국공신 신숭겸

신숭겸 장군과 애마

원래 후고구려(차후 태봉) 궁예의 산하 장군으로 918년 궁예를 폐하고 왕건을 추대해 고려 개국의 대업을 이루는데 크게 기여했습니다. 927년 공산전투에서는 후백제 견훤의 군대에 포위돼 왕건이 위기에 처하자 신숭겸은 왕처럼 보이기 위해 왕건의 옷을 입고 김락 등과 함께 견훤의 군대를 유인해 싸우다 장렬하게 사망했습니다. 간신히 위기를 벗어난 왕건은 신숭겸의 죽음을 매우 슬퍼해 '장절(章節)'이라는 시호를 내렸고 태조의 사당에 배향해 그의 희생에 크게 감사했습니다. 신숭겸과 김락을 위해 연 팔관회에 얽힌 이야기도 있는데 왕건은 두 장수가 없음을 슬퍼하여 허수아비에 그들의 관복을 입히고 자리에 앉혔다고 합니다. 그러자 신숭겸과 김락의 허수아비가 일어나 술을 마시고 춤을 추었다고 합니다. 그후 고려 예종은 이 이야기를 듣고 감동해 신숭겸과 김락을 추모하며 지었다는 향가 "도이장가(悼二將歌)"가 전해지고 있습니다.

또 그의 애마(愛馬)에 얽힌 이야기도 있습니다. 귀한 인연으로 얻은 말로 신숭겸은 수많은 전투에서 공을 세웠습니다. 그가 공산전투에서 전사하자 그의 애마는 고향 근처 태안사 뒤쪽으로 가서 3일간 울다 죽었다고 합니다. 지금도 제삿날이 돌아오면 애마(愛馬)도 함께 제사를 지내고 신숭겸장군의 동상에 이 용마(龍馬)가 언제나 함께 등장합니다.

왕건의 삼국통일

⊙ 후삼국의 통일

일진일퇴를 거듭하던 양군은 견훤이 이미 63세로 노쇄해 그 아들 신검까지 나선 운주전투에서 후백제는 치명적으로 패전했다. 그동안 차지했던 영토의 대부분을 뺏기고 호족들도 고려군에 투항하는 등 완전히 기울었다.

운주전투에서 패전한 후 후계자를 정하는 과정에서 견훤은 넷째 아들 금강을 마음에 두었는데 이를 안 큰아들 신검은 자신을 따르는 신하들과 은밀하게 쿠데타를 일으켜 견훤을 금산사에 감금하고 금강은 죽였다.

이때가 935년이며 처음 군사를 일으킨 892년으로부터 43년이고 후백제를 건국한 지 35년만에 아들에게 왕위를 빼앗겼다.

그 후 간신히 탈출한 견훤은 적국 고려에 망명해 왕건과 나란히 아들 신검의 후백제를 무찌르고 고려가 통일(1936년)을 이룰 수 있게 도왔다.

드라마 <태조 왕건>

태조 왕건(드라마)

2001년 200(2년)부작으로 제작된 KBS 대하역사드라마 〈태조왕건〉이 큰 인기를 끌었습니다. 왕건 역에 최수종, 궁예 역에 김영철, 견훤 역에 서인석이 맡았던 연기가 무척이나 실감났습니다. 극 중 비교적 악역을 맡은 외눈의 사나이 궁예의 연기가 인상적이었고, 서인석의 연기도 훌륭했지만 역시 역사에서나 드라마에서나 주인공은 왕건이며 이 역을 맡은 최수종의 연기가 돋보였습니다.

고구려 건국(918년)-통일(936년)

왕건의 고려왕 즉위

발해의 멸망과 통일신라의 3국 분열은 고려 왕건의 통일로 막을 내렸다. 이는 분열과 전쟁의 끝으로 평화의 시대가 도래했다는 의미다.

왕건은 해상세력의 주체로 성장해 국제적 식견이 탁월했으며 원만한 성품과 포용력으로 반 궁예전선을 형성하는데 성공했다. 평화통일정책으로 신라의 마지막 왕 경순왕과 연착륙을 유도했으며 인재 등용의 균형감각으로 지역차별을 해소하고 전국적인 지지기반을 만들어 냈다.

왕건의 고려 건국은 고구려 계승의 명분을 국호에서부터 상징하고 있었고 발해 유민을 적극적으로 포용했다.

또한 50여년에 걸친 분열을 끝내고 내부적으로 갈등이나 분열이 없는 평화의 시대를 열었으며 외적으로는 고구려의 고토를 향한 북방정책으로 거란·여진·몽골 등 여러 북방 기마 민족과의 투쟁을 예고하고 있었다.

3장

고려의 초기의 전성기와 무신정권

왕건의 호족연합정책과 왕권 강화정책

전투와 혼인으로 나라를 세운 왕건

918년 왕건(877생. 재위 918－943년)이 궁예를 몰아내고 고려를 세웠다. 동시에 적극적으로 전국의 호족을 회유, 자신의 세력을 강화하고 후삼국 통일에 협조를 얻는 정책과 동시에 중앙집권화를 이루는 왕권강화 정책을 동시에 추진하였다.

두 가지 정책이 양면성이 있어 성공하기 쉽지 않았지만 왕건은 무난하게 후삼국을 통일하고 고려의 기초를 튼튼히 했다고 평가받는다.

호족연합의 핵심은 각지의 영향력 있는 호족들과 친인척을 맺는 혼인관계였다. 이로써 6명의 왕후(정주·나주·충주·황주·경주·목포)와 23명의 부인을 둬 혈통 좋은 왕실가족을 늘리는 한편 지방호족을 왕씨의 보호막으로 삼았다.

또 사성정책(賜姓政策)으로 호족이나 전공을 세운 장군들에게 왕씨 성을 내려 그들의 사회적 직위의 인정을 노린 것이다. 또 지방의 관리를 그 지역 출신 사람으로 임명해 지방에서 반역이 일어났을 때 관리에게도 연대 책임을 지게 하는 사심관(事審官) 제도를 실시했다. 사심관 제도는 신라의 마지막 왕인 경순왕을 경주의 사심관으로 임명한 데에서 시작되었다.

이 외에도 호족 세력을 통제하기 위해 지방 호족의 자제를 수도에 머물게 하는 기인제도(其人制度)를 실시했는데 이는 실질적인 인질정책의 수단으로 호족들의 반란이나 이탈을 막고자 한 것이다.

이런 정책들은 기본적으로 경제력과 군사력이 약한 고려 왕실을 보호하고 건국 초기의 불안정한 권력기반을 안정시키려는 현명한 조치였다.

한편, 중앙집권적인 왕권강화정책의 일환으로 신라 세력을 흡수하기 위해 노력했고, 북진정책을 추진해 서경에 군사기지를 전진배치해 고구려 계승을 강화했다. 또 발해 유민을 적극 수용해 일통삼한(一統三韓: 한반도와 고구려 발해의 영토 주민을 흡수 통일) 하는 정책을 수립했다. 이렇게 장기적으로 추진한 왕권강화책은 후계자 혜종과 정종의 시대를 지나 4대왕 광종(재위 949－975년)에 이르러 결실을 보았다.

태조 왕건이 후삼국 통일 7년 동안 장기 정책을 세우고 943년(66세)에 명을 다하면서 왕실의 안녕과 후세 왕들이 대대로 귀감으로 삼도록 훈요십조(訓要十條)를 남겼다. 주된 내용이 불교를 진흥시키되 지나치지 마라. 적자로 왕통을 잇지 말고 덕망있는 왕자를 추대하라. 중국·거란 등 이민족의 풍속을 따르지 마라. 서경을 중시하고 100일 이상 머물러라 등을 당부했지만, 지켜지지 못하는 사례들이 발생했다.

고려 4대 광종(재위 949-975년)의 개혁

왕건은 29명의 정빈(첩은 제외)에게서 25명의 아들을 둬 왕위를 두고 2대 왕 혜종(재위 2년) 이후부터는 정변으로 이어졌다. 왕자 등 300명이 죽고 3대 정종이 즉위했지만 4년 만에 죽었다. 정종의 뒤를 이어 4대 왕이 된 광종(26년 재임)은 초대 태종 사후 불과 6년 후의 일이었다.

그래도 3대 정종 때 고려침공을 준비하는 거란(요나라 926년에 발해를 멸망시킨 나라)에 대비해 30만에 이르는 관군을 양성한 대단한 업적을 남겼다. 그 640여년 후 조선 선조 때 왜군에 대비해 10만명도 양성하지 못했던 것과 너무도 비교되는 역사다.

광종 때 들어서 아버지 태조 왕건의 훈요 10조를 잘 받들어 왕권강화를 추진하고 과거제도를 잘 운영해 나라의 인재를 키우기 시작했다. 또한 건국 시부터 우대하고 있는 호족들을 안심시키는 허허실실(虛虛實實) 작전을 썼다. 그들의 명단을 작성해 적당히 예우

(禮遇)를 해주다 후에는 이를 살생부(殺生簿)로 활용했다.

고려 4대왕 광종

다음은 과거제를 도입해 공신들의 입지를 줄이고 왕실의 친위세력을 양성했는데, 중국에서 실시하던 과거제를 도입해 실력있는 인재들을 왕실의 개혁에 앞장서는 일꾼으로 삼았다. 그러면서 공신들의 음서제(淫書制 추천제)는 차츰 줄여나갔다.

셋째로 혜민(慧民)을 위해 과감하게 토지정책, 사노비(私奴婢)를 해방시켜 호족들의 경제력과 군사력을 약화시켰다. 궁극적으로는 호족들을 숙청하고 왕실의 권위를 높이는 시책이었다.

고려 초기 동북아시아의 정세와 군사강국

중국 송나라, 남송시대의 상황

광종의 재위 중인 960년에 5대 10국 나라들의 혼란기(50년)를 극복하고 송나라가 건국되었다. 송나라 태조(조광윤)는 당나라가 멸망한 이유는 지방의 절도사들이 행정 군사권을 가지고 전횡을 했기 때문이라고 보고 지역의 군권을 중앙으로 귀속시켰다. 이 조치로 지역방어 능력이 약해져 주변의 북방 이민족들이 쉽게 송나라의 국경을 유린하며 성장하고 결국은 이들에게 조공을 바치고 겨우 명목을 유지하는 형편으로 전락했다.

이렇게 힘을 쓰던 북방민족의 대표주자는 우선 거란족으로 요나라를 건립(916－1126년)했고, 서쪽으로 서하(西夏 1032－1227년)가 있었으며, 요나라가 망하고 여진족의 금(金 1125－1234년)나라가 순차적으로 송나라를 괴롭혔다. 제일 먼저 요나라에 3차례 전투(979－1004년)에서 패했고, 서하에게는 4차례 전투(1034－1042)에 패하는 등 송나라는 한번도 전쟁에 이겨보지 못하고 두 나라에 적지 않은 조공을 바치게 되었다.

그런데 여진족의 금나라가 나타나자 송나라는 금나라의 힘을 빌려 요나라를 멸망시키는데 성공하지만, 금나라는 안면을 바꿔 송나라를 공격했다. 1127년 금나라에 쫓긴 송나라는 남쪽에 정착했으며, 나라 이름은 남송이 됐다.

그래서 북송·남송으로 구분되며 남송(1127－1229년)은 북송 때보다 금나라에 더 많은 조공을 바쳤고, 결국 몽골제국(원나라)에 망했다. 그 후 금나라도 원나라에 망하고 중국은 원나라 천하가 되었다.

이런 상황에서 고려는 서하와 멀어서인지 전쟁이 없었고 요나라와 3차례(993, 1010, 1018년) 전쟁을 해 3전 1무 2승을 했으니 중국 송나라와는 상대가 안 되고 나중에 몽골한테는 끝까지 해보다가 결국 무릎을 꿇었다.

고려와 요나라의 3차전(993-1019년, 26년)

요나라는 불원간 송(북송)나라와 고려가 연합해 자신들을 공격하리라고 예상해 사전 탐색전으로 993년 고려를 침공했다. 첫 전투부터 고려의 반격에 막혀 고전하던 중 고려의 서희(徐熙)와 담판하여 요나라가 북송(남송 이전)과 전쟁하는 경우 관여하지 않겠다는 조건과 요나라는 고려에 강동 6주를 할양한다는 조건으로 강화조약을 맺었다. 이렇게 외교술로 거란족(요)을 철수시켰으니 고려의 판정승(判定勝)이라고 할 수 있다.

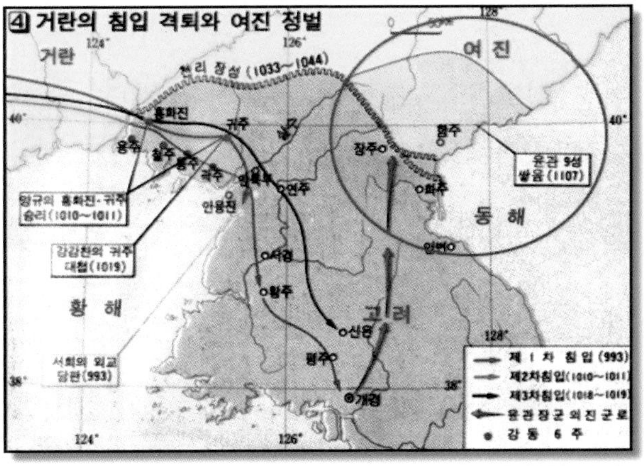

그 후 요나라는 1004년 송나라를 침공해 완전히 복속시키고 꽤 많은 조공을 받는 형제국이 됐지만 고려로서 별 부담이 없는 일이었다.

2차전은 고려 왕실의 7대 임금(목종)의 폐위사건을 트집삼아 1010년 요의 성종이 친히 40만 대군을 이끌고 침입했다. 거란의 속내는 송나라와의 교류를 완전히 차단해 고려와 거란 간의 관계를 재차 확인시키고, 강동 6주를 되찾으려는 데 있었다. 이에 고려는

20만 군대로 대적했지만 곽산·안주 등의 성을 빼앗기고 개경까지 함락되자 현종은 나주(羅州)로 피난했다. 고려는 다시 강화조약을 맺고 요나라는 철수했는데 이 전쟁은 일진일퇴로 무승부라 할 수 있다.

3차전은 1018년 현종 때이다. 거란이 두 번째로 처들어왔을 때, 맺은 약조(1차전에서 양도해준 강동 6주의 반환 등)를 지키지 않자 마침내 거란 장수 소배압은 10만 대군을 이끌고 고려에 침입했다. 이에 고려에서는 강감찬을 상원수로, 대장군 강민첨을 부원수로 삼아 20만 대군으로 거란군에 맞서 싸웠다.

여러 차례 공격에도 개경 함략이 쉽지 않다고 판단하고 철수하는 요나라 군대를 강감찬은 귀주에서 포위·섬멸했다. 주력군이 완전히 괴멸되어 참담한 패배를 맛본 요나라는 다시는 고려를 넘보지 못하게 되었다.

고려는 강했다-동북아의 3강

귀주대첩은 중국 수나라 문제 때 을지문덕의 살수대첩, 당 태종을 상대로 수성에 성공한 안시성전투와 함께 이때까지의 3대 대첩(大捷) 중 하나입니다. 이렇게 3차전을 한 번도 패전하지 않은 고려는 이 동북아시아에서 요나라, 서하와 더불어 3강(强)이라고 할 만했으니 이 경우 북송은 잘해야 "중(中)"이라 할 수 있었습니다.

다시 고려의 중흥기-고려의 여진 정벌(1104-1109-윤관의 활약)

요나라와 세 차례 전쟁 이후 고려의 10대왕 정종(재위 1034－1046년)은 거란과 여진에 대비하기 위해 서쪽의 압록강에서 동쪽의 도련포까지 천리장성(전 페이지 지도)을 축조했다. 1044년에 완공한 천리장성은 고려의 북방한계선이 되었다. 그후 안정기에 접어들어 대내외 제도정비 등 조용한 발전을 거듭했다.

11대 문종(재위 1046－1083)의 부흥정책기는 고려시대에서 가장 찬란한 문화부흥을 이루었다. 15대 숙종(10년), 16대 예종(17년), 17대 인종(1122－1146년) 조부손(祖父孫) 3대에 이르는 60년은 잠깐의 중흥기를 누렸다.

이때 북방에서는 여진족이 11세기 중반부터 통일과 부흥을 이뤄 중원의 북송과 고려에게 위협이 되고 있었다. 여진족은 1104년 이미 함경도 쪽의 영주성까지 진출해 고려의 반응을 살피고 있었고, 전쟁은 피할 수 없는 흐름이었다.

고려는 숙종 때 군대를 보내 여진 공격(여진정벌전쟁 1104－1109년)에 나섰다. 그러나

여진정벌의 영웅 윤관

보병 위주의 고려군은 기병 위주의 여진족에 초전에 대패했다. 정신이 번쩍 든 고려 조정은 윤관(尹瓘 ?－1111)을 사령관으로 파견해 전투를 벌였지만 일진일퇴를 거듭했다.

윤관은 군대를 개편하고 17만명의 정벌군을 조직하고 여진정벌에 나섰다. 1107년 정주성전투에서 대승을 거두고 두만강 북쪽으로 총공세를 펼쳐 여진족을 물리쳤다. 윤관은 점령한 두만강 이북지역에 9성을 설치해 여진족의 재침을 막도록 했다.

17만명이 3년여에 걸쳐 개척한 9성에 대하여 조정의 문신들은 지키기 어렵고, 많은 비용이 든다는 이유로 예종 때(1109년)에 여진족에 다시 돌려주고 말았다.

이는 건국 초기 왕건의 "훈요 10조"를 어기는 조치이고 이로써 고구려 발해의 옛 고토의 회복이라는 북방정책이 퇴색되기 시작했다. 이는 국내 경제력으로 자신들의 영화와 권세를 누리려는 문신들의 주장대로 정책이 좌우되기 시작한 것이며 나중에 무신 반란을 잉태한 씨앗이 되었다.

묘청의 난(서경천도)과 김부식 등 문신의 대두

묘청(妙淸 ?－1135년)은 서경(西京 지금의 평양)의 승려로 풍수지리와 도참설의 대가(大家)였다. 북방으로의 진출과 국운이 발전할 수 있는 요지로 서경천도(西京遷都)를 주창하고 임금인 인종도 이를 받아들여 새로 궁을 짓는 등 상당한 진전을 이루고 있었다.

이에 개경을 중심으로 김부식(金富軾 1075－1151) 등 문신(文臣) 그룹이 서경 중심의 일부 무신들의 권력다툼으로 몰아 극렬하게 반대해 결국 천도는 중단됐다.

이에 묘청과 천도를 주장한 인물들이 서경을 중심으로 1135년 새로운 왕조를 창건하고 반란을 일으켰다. 김부식은 토벌사령관으로 임명돼 힘들게 반란군을 토벌하여 서경천도도 무산됐다.

민족사학자 단재 신채호는 묘청의 서경천도운동을 사대파(개경파)와 자주파(서경파)의 대결로 인식해 이 운동의 좌절로 고려는 북방으로의 뻗어나가는 웅대한 기상을 잃고 반도내에서 귀착되고 말았다고 평가하고 있다.

원래 김부식은 선조 때부터 경주에서 거주하여 신라 위주로 통일된 고려라는 인식과

문화(유교)가 발전하고 거대한 영토를 가진 중화사상에 경도돼 있었다. 그가 중국에 사신으로 갔을 때 송나라의 희종으로부터 유학자로의 칭찬과 선물을 받아 이에 감격한 바 있었다.

김부식은 학자로서의 자긍심과 당대 최고봉인 문장실력은 관직에서 은퇴 후 편찬한 "삼국사기(三國史記)"에서 발휘했다. 삼국사기에 대한 평가는 일부 편향적인 시각도 있지만 우리나라 대표적인 역사서(보물 723호 50권 9책)로 꼽는다.

반란을 진압한 김부식의 위상이 높아졌을 뿐 아니라 고려조정의 분위기가 지금까지의 무신 중심에서 신라계 문신 등이 압도하게 됐고, 중앙정계에 두드러지게 진출하게 됐다. 더욱이 무신들은 문신의 지휘를 받는 직제편성으로 이어져 얼마 후 무신정변의 단초가 이때 싹트기 시작했다.

고려의 북방정책 중단

아무튼 건국 초기에 만든 왕건의 훈요십조에도 서경 중심의 지시가 지켜지지 않았으며 거란(요나라)과의 3차에 걸친 전쟁에 승리한 혁혁한 기상이 무색해졌습니다. 여진(금) 나라 정벌로 어렵게 북방 9성을 확보하고도 다시 이를 돌려주는 등으로 북방정책이 크게 굴절된 것은 아쉽습니다.

무신정변(1170년)으로 88년의 무신정권

무시당한 무신들의 분노

묘청의 난이 진압되고 문신의 세상이 된 후 35년(한 세대) 이상이 지나자 무신들은 임금의 호위와 중요 행사에서 문신들을 보조하는 신세로 전락했다. 무신의 입장에서 설움의 세월을 더 참을 수 없는 사건이 발생하면서 또 무신의 세상으로 돌아갔다.

1170년 18대 의종(1146－1170) 때 주요 군신이 수박회(태권도와 유사한 무예 일종)에 모두 참가해 시합을 벌였다. 시합 중 나이 많은 대장군(3품)이 젊은 문신을 당하지 못해 도망가려 하자 한 문신이 그 대장군의 뺨을 쳤고, 댓돌 아래로 굴러떨어졌다. 이 해프닝에 무신들은 심한 수치심과 분노를 느꼈다.

문인들을 휩쓸어 버린 무신들의 정변

그날 밤 무신들은 정변을 일으켜 문신을 모두 죽이고 의종을 폐위한 후 그 동생 19대 명종(1170－1197)을 추대해 무신정권을 세웠다. 그후 100여년 동안 지속된 무신정권은 전국을 공포로 몰아넣고 무신들 내부에서도 피비린내 나는 권력투쟁이 벌어졌다. 첫 정권을 차지한 정중부부터 권력을 차지하기 위해 줄줄이 죽이고 죽이는 일을 계속하다 1196년 조직적인 최충현파가 권력을 잡아 그 가문이 1258년까지 지속됐다.

무신들의 명분없는 패거리 정치가 지속되는 100여년 동안 개성 노비 만적의 난(1198

년) 등 9건의 농민의 반란이 꼬리를 물고 계속 터졌다. 고려는 이제 더 이상 백성에게 희망을 줄 수 있는 나라가 아니었다.

그러나 더 큰 전쟁은 몽골초원을 통일한 몽골제국(원)의 침입이었다.

고려 무신의 난-일본 사무라이 내란

무신의 난이 벌어진 시기는 묘하게도 일본 사무라이들의 내란이 시작된 시기와 일치하니 대단한 우연이 아닐 수 없습니다. 일본에서 천황은 권력없는 존재이고 어떤 가문이 권력을 행사하는 실세인가를 가리던 내전이었으며 그 승자가 1192년 처음으로 막부(幕府)체제를 수립한 것입니다.

이것이 가마쿠라 막부이며 200년 정도를 지속하고 그후 막부의 이름이 바뀌면서(왕조 이름이 바뀌듯) 명치유신(1868년)까지 약 700년을 지속합니다.

제14막

소승불교의 나라들과 세계 3대 불교 유적지

- 1장: 크메르와 앙코르 와트
  * 앙리 무오가 1861년 발견한 세계 최대 불교 유적지
  * 12세기 앙코르국의 전성기에 설립한 불교사원
  * 크메르 루즈군 내전-앙코르와트 심한 피해-킬링필드

- 2장: 인도네시아의 보로부두르 불교유적지
  * AD 825년 사일랜드 왕국에서 보로부두르(언덕의 승방)
  * 스투파(탑)형식 작은 불상 400여 개의 거대한 동산

- 3장: 미얀마의 바간 불교 사원 유적지
  * 미얀마(버마)최초의 통일 왕조(1044-1287년)의 바간
  * 1983년 아웅산장군 국립묘지 폭파사건-현재 아웅산 수치 민주화운동

- 4장: 인도차이나 반도의 중심 불교국가
  * 최초의 통일국가-수코타이왕국(1238년)-전성시대-현재왕조(1782년 이후): 1-9대 라마왕 열전 현재 10대-동남아의 식민지가 안된 국가

1장

크메르와 앙코르 와트

인도의 문화(불교) 동남아시아(인도차이나 반도)로 퍼져나가다

인도는 나라의 통일과 관계없이 일찍부터 동남아시아 지역과 활발하게 교류했다. 마우리아 제국의 3대 아소카 왕(재위 BC 273－BC 232년) 때 불교를 진흥시키고 소승불교를 동남아시아에 전파했다. 그 후 인도에서 불교가 쇠퇴했지만 인도차이나반도, 동남아시아 나라(좌측 지도)에서는 토속 종교와 불교가 민간 신앙으로 자리 잡아갔다. 인도의 마우리아왕조가 망하고 수백년 후에 북부 인도를 통일한 굽타왕조(AD 320－550년) 때에는 힌두교가 전래돼 불교와 혼합되면서 발전했다.

세계 3대 불교 유적지

캄보디아(크메르)의 대표적인 불교 유적지, 앙코르 와트는 불교와 힌두교의 특성이 잘 녹아 있다. 인도차이나반도는 그 이름에서도 드러나듯이 "인도와 차이나"라는 큰 문명권의 사이에 존재하면서 9세기 이후 강력한 왕국들이 출현했다. 인도차이나반도의 끝 말레이시아 건너편의 인도네시아(인도의 섬이라는 뜻)도 인도 문명권에서 불교가 융성했다.

7세기 이후 성립한 소왕국 스리위자야 왕국과 사일랜드왕조는 불교의 중심지로 알려져 아시아 각국의 승려들이 찾아왔다. 특히 사일랜드 왕조 때 불교사원(유적지)이 세워졌는데 높이 9층으로 5㎞에 이르는 회랑에 2천개의 부조가 있고 4백여개의 작은 불상들이 돌로 만든 덮개로 씌어 있다.

이렇게 놀라운 유적지는 인도네시아에 급작스레 이슬람세력이 밀려와 이슬람교가 늘어나면서 황폐화 돼 수백년 동안 화산재에 묻혀 있었다.

현재 앙코르 와트와 인도네시아의 보로부두르와 함께 미얀마(예전 버마)의 바간 불교 유적지(사원 群)는 세계의 대표적인 3대 불교 유적지로 유네스코에 등재되어 있다.

또한 중국에 전해진 인도 불교(대승불교)는 차츰 민간에 전래됐으며 4세기경에는 조선(삼국시대)과 일본으로 전해졌다. 그 중국과 인도를 거쳐 이스탄불로 연결되는 실크로드의 중요한 경유지 돈황에 형성된 막고굴은 3대 유적지와 별도로 엄청난 불교 유적이자 귀중한 인류종교문화의 산실인데 다른 기회에 설명한다.

앙코르 와트 누가 언제 발견했나?

앙코르 와트 전경

프랑스의 자연과학자이자 탐사여행자였던 알렉산드르 앙리 무오(1826－1861년)가 캄보디아(크메르) 밀림 속에서 앙코르와트를 발견했다. 그는 오랜 시간 밀림 속에 숨어 있던 거대 유적 앙코르 와트를 그림으로 그리고 기록해 유럽에 알렸다.

그런 그가 1861년 35세의 나이에 말라리아로 사망했다.

앙리 무오가 작성한 스케치와 기행문은

화제를 일으켜 짧은 시일 내에 엄청나게 팔렸다. 당시는 아직 사진기가 대중화되기 (1880－1900년) 전이라 그림으로 전달될 수밖에 없었다.

머나먼 동남아시아의 깊은 정글에서 그런 보물을 찾으리라고 누가 알기나 했을까? 그의 기행문을 읽은 많은 사람이 이곳을 탐사하러 찾아들었다.

이들의 대부분은 호기심이었고, 그러면서 하나하나 비밀들이 밝혀지기 시작했다. 앙코르 와트는 크메르라는 동남아시아에서 가장 영향력있는 고대문명권에서 만들어졌다. 앙코르(지명)는 당시에는 세계에서 가장 큰 도시 중에 하나였다는 사실이 드러났다. 앙코르 와트(사원)는 고고학적으로 세계적인 평가를 받으며 지금까지 계속 연구되고 있다. 그렇지만 그곳이 왜 몰락했으며 어떤 연유로 방치됐는지의 수수께끼는 아직도 풀리지 않고 있다. 1992년 세계에서 가장 큰 종교적 건축물로 유네스코 세계문화 유산에 등재됐다.

우연히 마주친 앙코르 와트

무오가 마주한 기이한 조각들

앙리 무오는 크메르에 도착 오기 전 이미 라오스와 태국(당시 샴)같은 먼 동쪽 나라를 여행했고, 그 나라들에서 신기한 것을 수없이 접했다. 그가 길고 고되고 어려운 여행을 하는 목적은 미지의 것, 처음 보는 딱정벌레, 파리, 나비 같은 곤충들 수백 수천의 종(種)을 찾아내는 즐거움이 더 컸기 때문이었다.

당시 현지인들에게 이런 이유로 여행하는 그가 이해되지 않았다. 그러면서 무오는 주목받는 인물이 됐다. 당시의 왕 노로돔왕(나중에 유명해지는 시아누크왕의 선조)이 그를 왕궁으로 초대했다. 왕궁에서 만난 왕(알현(謁見)이라 함)은 독특했다. “뭐 도와줄 일이 없는가”하고 물어 통행허가서를 내줬고, 짐도 운반하면서 타고 다니라고 코끼리도 한 마리 하사했다. 동남아의 날씨가 그렇듯 무척 덥고 비도 계속 내려 인부들도 걷기를 싫어하는 악조건에서 코끼리는 큰 도움이 됐다.

왕에게 하사받은 코끼리 덕분으로 비가 오는 악천후 속의 밀림을 겨우겨우 빠져나오게 됐는데 그때 눈 앞에 펼쳐진 건축물이 앙코르 와트였다. 빽빽한 산림 속에 윤곽이 흐릿했던 기이한 조각품들을 마주한 것이다. 이 건축물들은 하나하나가 예술품이었으며 그가 지금껏 본 것 가운데 가장 아름다운 작품이었다. 무오는 정글 속에 숨어 있는 세계에서 가장 큰 사원 도시의 폐허 앞에 서 있었다.

그는 일기장에 "그리스인과 로마인이 남긴 모든 것보다 위대한 거인의 작품이다"라고 썼다.

당시 유럽에서는 파르테논신전이나 로마의 원형경기장보다 더 굉장한 건축물은 상상하기 힘들었기 때문이다. 이렇게 캄보디아의 깊은 정글에서 그들을 압도하는 건축물이 어떻게 생긴 것일가?

앙코르 와트는 어떤 건축물?

앙코르 와트의 1300-1500미터에 이르는 전경

이 밀림 속의 걸작품은 앙코르 톰(Angkor Tom 왕궁)에서 남쪽으로 약 1.5㎞ 떨어진 곳에 있으며 12세기 초에 건립되었다. 앙코르는 왕도(王都) 와트(Wat)는 사원을 뜻한다. 당시 크메르족은 왕과 왕족이 죽으면 그들이 믿던 신과 합일(合一)한다는 신앙을 가졌기 때문에 왕은 자기와 합일하게 될 사원을 건립하는 풍습이 있었다. 그래서 앙코르 제국의 전성기를 이끈 수리야바르만 2세가 바라문교 주신의 하나인 "비슈누"와 합일하기 위해 건립한 바라문교의 사원이다. 그 규모는 웅대해서 바깥벽은 1,500m 남북 1300m의 직사각형으로 정면은 서쪽을 향하고 있다. 바깥벽 안쪽에서 너비 190m의 해자(垓字)를 지나면 3기의 탑과 긴 익랑(翼廊)이 있고 여기서 돌을 깔아 놓은 참배로를 따라 480m를 가면 중앙사원에 다다르는 구조이다.

이 사원의 뛰어난 미술적 건축양식은 인도의 영향을 받았지만, 건물의 석조장식(石造裝飾) 등 여러면에서 앙코르왕조의 독자적인 양식이다.

이런 건축물을 완성한 앙코르 왕조는 100여년을 버티고 13세기말부터 기울기 시작, 15세기경부터 앙코르 와트는 400여년 동안 정글속에 묻혀 버린 것이다.

앙코르 와트의 수난

1861년 정글 속에 있던 앙코르 와트가 앙리 무오에 의해 발견돼 외부세계에 알려진 후 100여년 동안 많은 외국인이 방문했다.

그러다가 1972년부터 외적의 침입, 내전으로 전화(戰禍)에 휘말려 외부에 폐쇄됐다. 낮이면 베트남군이 밤이면 크메르 루즈 게릴라군이 번갈아 가며 장악했다. 이들은 무자비한 파괴와 약탈을 자행해 수많은 불상이 파괴되고 훼손돼 여기저기 나뒹굴었다. 또한 상당 부분이 외국으로 유출돼 완전한 복구가 어려운 상태이다.

1982년 집계를 보면 앙코르 와트의 중요 유물 300점 이상이 없어졌고 전체 유적의 70%가 복원 불능의 상태로 파괴됐으며, 앙코르 톰의 유물 역시 1천점 이상이 도난·유실됐다. 유네스코에서 1983년 이후 이곳의 최소한의 복원을 위해 조사단을 캄보디아에 파견하고 있다.

세계 최대 종교유적지를 설립한 조상과 얼빠진 후손들

1100년대 거대하고 아름다운 종교유적지를 만든 선조와 현재 국민소득 1천달러도 안되는 최빈국 캄보디아(크메르)와 극명하게 대비됩니다.
그래서 그 옛날 선조들의 우수성에 자부심도 잃고 아마도 거인들이 하늘에서 내려와 빛나는 건축물을 지어놓고 사라졌다고 인정하는 정도입니다.
1980년 이후 앙코르 와트를 밥벌이(관광이 제1산업)로 살아가는 시절에 필자도 앙코르 와트를 방문했습니다.

시엠립 공항에 내려 관광버스를 타고 호텔로 1시간여 가는 밤 시간에 창밖은 전깃불 하나 없어 칠흙같이 어두웠고, 겨우 호텔에 도착하니 불야성을 이루는 천국이었습니다.
앙코르 와트 관광을 위한 호텔(아래 사진)같은 곳만 인프라가 돼 있어 밤에도 호텔의 야외 풀장에 물이 넘쳤습니다. 어느 외국 못지 않은 시설들이 호텔 밖의 모습과 극명하게 대비되는 것을 보고 깜짝 놀랐던 기억이 있습니다.
다음날부터 시작된 구경 중에 빈민들이 사는 허름한 수상가옥 자체도 관광상품이었습니다. 이곳에 사는 옷을 하나(런닝과 팬티)만 입은 아이들이 구걸하러 달려오면 그 모습이 불쌍해 1달러를 주는 관광객이 많았습니다. 그러면 가이드는 되도록이면 주지 말라 했습니다. 왜냐하면 이런 애들이 구걸하거나 혹은 아르바이트로 하루 2, 3달러를 벌어 집에 가면 하루 일당이 3달러 정도인 애들의 부모는 일을 안 하고 계속해서 애들만 돈벌이를 시킨다고 합니다. 그렇게 벌어온 돈으로 도박을 하거나 마약을 할 수 있으니 더더군다나 자신의 아이들을 학교에 보내지 않고 구걸만 시킨다고 합니다. 앙코르 와트를 가진 후손들의 천국과 지옥이여!

현세 인간의 잔혹사-캄보디아의 킬링필드

베트남에서 벌어진 전쟁(1965－1972년)이 이곳까지 번졌고, 중립국이었던 캄보디아는 전쟁에 휩쓸려 완전히 망가졌다.

월남전 당시 상황을 보면서 1970년 친미쿠데타가 일어나고 다시 시아누크 국왕을 밀어내고 론 놀이 잠깐 정권을 잡아 5년간(1970－1975년) 크메르 공화국으로 존재했다. 크메르는 이 나라를 구성하는 주요 민족이면서 9세기부터 15세기까지 왕국의 이름이다.

킬링필드의 흔적들과 살인광 폴 포트

전쟁 후 혼란스러운 상황을 이용한 그 악명 높은 크메르 루즈가 1975년 론 놀정권을 밀어내고 정권을 차지했고, 그 후 그 유명한 집단 학살극이 시작됐다. 국내 경제가 극도로 악화된 상황에서 비극적인 사건이 벌어졌고, 그것은 악몽이었다. 크메르 루즈의 지도자 폴 포트는 중국 마오이즘(Maoism)에 심취됐고, 더 나가 극단주의로 흘렀다. 모택동은 안경을 쓴 비생산적인 엘리트를 문화혁명으로 집단농장으로 하방(下放)했지만 폴포트는 집단으로 죽여 버렸다.

폴 포트의 정부청사

10대 초의 아이들을 앞장세워 아이들의 부모, 친척, 선생님들까지 때려죽이다 못해 비닐을 씌워 질식사(窒息死)시키는 등 캄보디아 전역이 사지(死地), 즉 Killing Field로 변해 버렸다. 크메르 루즈 정권에서 얼마나 많은 사람이 죽어갔는지는 분명치 않다. 베트남에서는 300만 명으로 발표하고 외국의 연구기관들이 120만−170만 명으로 추산했다. 비슷한 시기 문화대혁명 과정에서 희생자 150만과 비교해도 적은 수가 아니지만 8억 중국 인구와 700만의 캄보디아 인구와 비교하면 엄청난 인적자원의 손실이었다.

결국 크메르 루즈는 미국과의 전쟁을 승전으로 끝낸 베트남군이 1979년 프놈펜을 점령해 이들을 박살냈고 폴 포트 일행은 밀림으로 쫓겨가 일단 이 킬링필드의 참상은 막을 내렸다.

2장

인도네시아의 보로부두르 불교유적지

보로부두르 사원은

보로부두르(Borobudur), 발음하기도 어려운 이말은 인도네시아 산스크리트어로 승방(僧房)을 뜻하는 boro와 "높게 쌓아 올린 곳" 또는 언덕이라는 budur의 합성어로 "언덕 위에 세워진 승방"을 뜻한다. 그렇게 거대한 건축물의 세워진 시기가 분명치 않아 당시 무척 혼란스럽고 복잡한 사연이 있는 약 1000년 이상 된 사원이다. 위치는 인도네시아 욕야카르타(yogyakarta) 북서쪽으로 40㎞ 떨어진 곳에 있다. 발굴된 유물이나 비문으로 추정했을 때 중부 자바에 있던 "마타람" 왕조의 사일랜드왕국이 번성하던 약 8세기 무렵, AD 750－840년 사이에 건설됐을 것으로 본다.

이 시기는 캄보디아의 앙코르 와트보다 300년 앞서고, 유럽의 거대한 성당들이 세워진 때보다 약 400년이 앞선다.

보로부두르 예술은 양식면에서 인도 굽타왕조의 영향을 받았다. 얇은 돌을 새김(陽刻)으로 조각된 부조화랑의 길이가 6㎞ 이상 뻗어 있다. 이는 세계에서 가장 크고 완전한 불교 유적으로 알려져 있다. 세

72기의 작은 탑들

계 3대 불교건축물은 미얀마의 바간사찰군을 포함해 800－1200년 사이의 비슷한 시기였다. 동남아시아는 서로 왕래한 흔적도 보이지 않는데 같은 시기에 어마어마한 작업을 해낸 것이다.

유럽에서도 이와 비슷한 시기에 1100년을 맞아 어떤 변화조차 없고 무료해 십자군전쟁이나 일으킨 것으로 보는 자조스러운 평가도 있다. 보로부두르가 건설된 이후 사일렌드 왕조가 몰락하는 등 자바섬의 복잡한 환경 속에서 보로부두르를 포함해 많은 유적과 사원들이 버려짐에 따라 이곳 역시 사람들의 기억에서 사라졌다.

그로부터 1000여 년이 지난 1814년 자바섬을 통치하던 영국의 총독 토머스 스텐포드, 레플스가 현지인들에게 보로부두르에 관한 이야기를 전해 듣고 참모에게 이 지역에 대한 조사를 지시했다. 그러나 유적이 오랜 기간 방치돼 거대한 밀림과 화산재에 덮여 있었기 때문에 조사가 쉽지 않았지만 약 20여년 간의 발굴작업 끝인 1835년에야 현재의 모습이 드러났다.

발견 당시 보존상태가 좋지 않아 언제 무너질지 모르는 상황이 되자 유네스코를 중심으로 복구하자는 의견이 나왔고, 1973년 8월에 복구공사를 시작해 1983년 2월에 완료했다.

보로부두르 유적의 구성

이 유적도 온통 미스터리로 둘러싸인 이 건축물은 건설시기, 건설자, 건설목적 등을 알 수 있는 단서가 발견되지 않았다. 또한 왜 버려졌는지도 알 수가 없다. 또한 건축물의 높이나 폭은 제각각인데 돌들의 높이는 23cm로 통일돼 있고 접착물질도 사용하지 않고 쌓아 올렸다는 점에서 당시 건축기술에 놀라움을 표하기도 한다.

전체적으로 세 부분으로 구성돼 있다. 높이는 모두 9단(층)으로 그 하나가 5단의 정사각형 층이 있는 피라미드 기단이 볼만한 것은 아래 기단부터 4단으로 이루어진 각각의 화랑에 새겨진 부조이다. 모두 5㎞에 달하는 회랑에 시계방향으로 부처의 탄생을 비롯한 그의 일생과 행적과 가르침이 2천개의 부조에 정교히 그려 있다. 또 하나 궁금한 것은 제일 아래쪽 기단이 아직까지 숨겨져 있는데 미래를 예언하는 부조들이 새겨져 있다고 한다.

400기의 부처님들

다음은 3단의 원형 받침돌로 이루어진 원뿔형 본체로서 맨 꼭대기에 기념비적인 스투파(Stupa. 탑)로 이뤄져 있다.

원뿔형 본체 주변에 72기의 탑이 있으며 각 투조(透彫) 탑 안에는 400개의 작은 불상이 안치돼 있다. 부처님 오신 날(와이삭 축제)에는 등불을 든 불교신자들의 행렬이 있고 보로부두르 사원을 야간 개장하면서 전세계 불교도가 모여서 회랑돌기를 한다.

동쪽으로 약 30㎞ 정도의 거리에 지구상에서 가장 위험한 활화산 중 하나인 메라피(Merapi)산이 있다. 이 산은 최근 2010년 10월에도 크게 활동한 적이 있어서 당시 사원 인근까지 화산재가 날라와 일시적으로 폐쇄된 적도 있었다.

인도네시아의 중세 역사

인도네시아는 영토 191만㎢, 인구 2억 7천만으로 인구로는 세계 4위의 큰 국가다. 종교 구성은 인구의 87%가 이슬람교, 기독교는 10%에 이르는데 불교는 불과 1%라는 점이다. 그런데 1200년 전에 보로부두르 같은 큰 불교유적지를 만들었다는 것이 경이롭다.

인도네시아의 고대 역사는 생략하고 중세에 스리위자야왕국이 인도네시아의 대표적인 국가였으며 이 시대까지 인도의 영향으로 힌두교와 불교가 성행했다.

스리위자야는 2－13세기까지 1000년 이상이나 말레이반도 남부와 인도네시아의 수마트라, 자바섬을 거점으로 존재한 해상국가였다. 건국과 멸망의 시기는 분명치 않지만 여러 자료에서 당시 스리위자야(뒤의 지도 노란색) 중앙에 앙코르왕국 등 그 흔적이 확실했던 나라들이었다. 왕족들은 중부 자바의 사이렌드라왕국과 혼인을 통해 동맹관계를 구축했다.

특히 크메르왕국을 건국한 자야바르만 2세가 볼모로 잡혀 유년시절을 스리위자야왕국에서 유년기를 보냈다고 할 만큼 이 지역의 국가들은 밀접한 관계가 있었다.

3대 왕인 사마라퉁가(재위 792－835)시대에 자바섬의 사일렌드라 왕국에서 보로부두르사원이 완성(825년)됐다. 이 시기에 당나라가 스리위자야를 인정, 양국의 조공관계가 성립됨으로써 스리위자야왕국은 해상국가의 거점국가로 발전했다. 스리위자야는 해상무

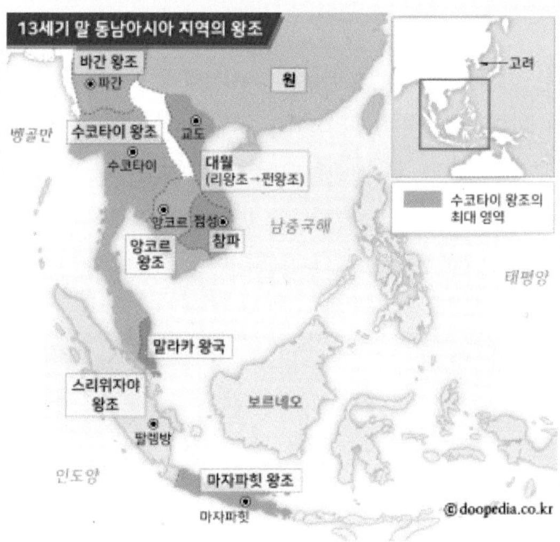

당시 스리위자야(노란색) 뒤쪽의 앙코르 왕국

역에서 점차로 농업으로 경제구조를 전환하면서 왕국의 위상이 흔들리기 시작했다.

13세기 후반 자바섬을 거점으로 이슬람상인들과 인도인들이 도래하면서 이슬람교를 전파시켰다. 기존의 힌두 불교 세계관이 삽시간에 붕괴되면서 결국 스리위자야왕국은 크메르왕국과 태국의 수코타이왕국의 조공국으로 전락하고 말았다. 결국 1402년 스리위자야 왕국은 역사에서 사라졌다.

그 후 이슬람교는 빠르게 전파돼 수마트라, 자바 등의 해안 지역에 이슬람제국이 성립됐다.

보로부두르 쓸쓸한 유적지, 혼자 차지하다

대학 동창이 이곳은 가볼 만하다고 추천해 인도를 여행하는 기회가 있었던 2006년에 방문했습니다. 비행기편이 한국에서 출발해도 자카르타나 인도 뭄바이를 경유하니 마침 잘됐다 생각했습니다.

더구나 초등학교 교과서에 나오는 인도 아잔타석굴을 다녀온 참이라 불교 유적지 방문코스가 되었습니다. 인도여행 일행 중에 희망하는 이가 없어 우리 부부만 뭄바이에서 1박을 하고 족자가르타를 가는 비행기 편으로 떠났습니다. 인도권 관광지라 국제선이 아닌 국내선이며 비행기도 아주 작았습니다. 보로부두르가 관광지로 인기가 없는지 비수기인지 모르겠지만 족자가르타 호텔에서도 따로 택시를 불러 다녀와야 한다는 것입니다.

결국 한국어를 조금 한다는 현지인이 가이드가 운전하는 차를 대절해 다녀오게 됐습니다. 시내에서 30분 정도 거리인 보로부두르에 도착하고 놀란 것은 우리 외에는 관광객이 거의 보이지 않았다는 사실입니다. 평일이었어도 날씨도 좋은 6월인데 이렇게 관광객이 없다니 코로나 같은 특별사정도 없는데...

가이드 말에 의하면 옆의 섬 발리로 많이 몰려갔을 것이라 했습니다. 이곳 교통이 외지고 이곳 외엔 이어지는 다른 관광지가 없다고 합니다.

아무튼 우리는 이 넓고 거대한 보로부두르를 전세낸 듯 구경했습니다. 나중에 한두 쌍의 커플을 봤지만 매우 한산했습니다. 또 한가지 불편했던 점은 한국말이 가능하다는 가이드의 설명은 거의 알아듣지 못했고 필자가 하는 영어는 그가 못 알아들으니 영어 팜플렛을 보며 주마간산 격이었지만 그 많은 부조들, 특이하게 모셔져 있는 불상들을 감탄하며 둘러봤습니다. 결국 관광기념품 가게에서 설명 책자를 산 후에 제대로 공부했습니다.

보로부두르 전경, 석양의 부처님들

3장

미얀마의 바간 불교 사원 유적지

1000년전 바간왕국의 불교 사원들

1105년에 세운 아난다 사원

전국민의 90%가 불교 신자인 미얀마에는 캄보디아의 앙코르와트, 인도네시아의 보로부두르사원과 함께 세계3대 불교유적지로 유네스코에 등재된 바간(Bagan)유적지가 있다.

바간은 미얀마의 불교 유적지로 1000년 전에 건축된 사원과 탑이 2천 5백개 이상 보존된 가장 유명하고 아름다운 유적지다.

바간의 역사는 AD 107년 버마족의 타무다리왕이 주변 19개 부족마을을 통합하면서 시작됐다. 본격적인 통일왕조 모습을 갖춘 것은 1044년 즉위한 아노 라타왕시대부터였다. 미얀마의 서남부지역을 평정해 미얀마 전역으로 세력을 넓혀 11-13세기까지 바간왕조(1044-1287년)의 수도였다.

순차적으로 세워진 사원 중에 유명한 것은 1105년 짠지타왕이 세운 아난다 사원으로

아난다 사원의 황금탑

옥수수 모양의 황금탑이 아름답다. 또한 약 9.5m의 각각 다른 모양의 불상 4개가 눈부시고 거룩하다. 그 밖에도 부처님의 전생을 그린 도판과 부처의 생애를 묘사한 불상 등 사원 안에는 보물이 가득하다. 아난다사원은 동굴 속처럼 고요하고 경건함을 살리려 어둡게 지은 것으로도 유명하다.

우산의 뜻대로 라는 틸로민로 사원

1218년에 지은 틸로민로 사원이 바간에서 두 번째로 크고 아름답습니다. 틸로민로의 명칭이 재밌는 것은 왕이 베란다에서 왕을 상징하는 흰 우산을 날려서 그 우산 꼭지가 가리키는 왕자가 왕위 계승자가 됐다고 합니다. 왕의 마음속에 둔 왕자에게로 우산 끝을 향하게 하면서 다른 왕자들의 불만을 없애려는 의도였던 것입니다. 그 사연은 전쟁에서 크게 부상당한 바간왕국의 7대 왕이 한 후궁의 극진한 보살핌으로 살아났고 그래서 그 소원을 들어주려고 했습니다. 그 후궁의 소원은 자신의 아들을 후임 왕이 되게 해 달라는 것이고, 왕이 그 소원을 들어 주기 위해 그런 아이디어를 냈다는 것입니다. 이렇게 왕이 된 막내 왕자 난타웅마왕자는 바간왕국을 더 발전시키기 위해 유능한 치세를 함과 동시에 자신에게 영광을 가져다준 사원을 더 크고 수려하게 건축한 것입니다.

2016년 지진, 바간 사원 중의 파괴-그 중에서 빛난 쉐난도 파고다

그러나 2016년 8월 미얀마 중부 미케주(州)에 진도 6.8의 강진이 발생해 인근 도시 바간의 불교 유적들이 직격탄을 맞았다.

지금까지 집계된 불교 유적 붕괴 및 파손 피해는 230여건이다.

일부 건축물은 형체를 알 수 없을 정도로 완전히 무너져 내렸고 불탑들은 가장 약한 첨탑이 붕괴하면서 마치 폭격을 당한 전쟁터의 모습처럼 변했다.

바간의 불교유적이 지진에 허무하게 무너진 이유는 건축재료로 쓰인 벽돌이 오랜 세월 부식되고 깨지면서 이미 외부 충격에 취약한 상태였기 때문이었다.

쉐난도 사원 등 아름다운 바간

이 지진이 나기 전에는 그저 수많은 파고다 중에서 하나였던 쉐난도(황금의 수도원의 일부) 파고다가 지진 후 일약 유명해졌다. 바간의 통일을 기념해 세운 최초의 기념탑의 하나이자 사원인 파고다(탑)로서 황금의 모래언덕에 있는 사원이라고 한다. 지진으로 많은 파고다가 붕괴돼 올라갈 수 없었지만(출입금지), 그 구조가 튼튼해선지 행운이었던지 이 파고다만 무사했다.

1085년에 지은 사원은 전체가 황금빛으로 문양이 화려하고 아름다운 5층탑을 중심으로 2000여개의 바간의 불교유적은 주변 경관과 어우러져 신비스러운 분위기를 자아낸다. 특히 불교건축물과 어우러진 일몰과 일출은 아름다움 때문에 미얀마에서 가장 인기있는 사원이다. 이름도 미국의 서부영화 세난도(Shenandoah 버지니아주의 국립공원이름)와 비슷하게 들리는 이 탑(파고다)은 일당백으로 관광객을 맞이해 섭섭함을 달래주었다.

지진으로 인해 안타깝게도 주로 10－14세기에 지어져 천년 이상의 역사를 자랑하는 불교 건축물의 대부분이 보강공사가 필요하지만, 예산부족으로 제때 공사가 이뤄지지 못했다. 최근 유네스코의 지원으로 건축물 보강공사가 진행 중이지만 수백개의 불교유적가운데 혜택을 본 건물은 극히 일부에 불과해 안타깝다.

수도 양곤(YANGON)의 쉐다곤 사원

양곤의 황금탑 사원 쉐다곤

바간에만 아름다운 불교 유적이 있는 것이 아니며 수도 양곤에도 사원이 많다. 그 중 쉐다곤 사원은 미얀마 국민의 불교정토(佛教淨土)를 이루려는 열망을 한 눈에 보여주는 수도 양곤의 사원이다. 부처님의 머리카락과 사리를 모셔 놓았다 해서 더 유명하다. 높이 99m 약 60톤의 금과 다이아몬드 등 보석으로 장식해 그 화려함과 웅대함이 보는 이들을 압도한다. 양곤 시내 중심의 구릉에 자리잡고 있으며 크고 작은 불탑 80여개가 황금물결을 이룬다. 낮에는 햇빛에 밤에는 조명에 금빛으로 빛나며 최첨단 탑에는 다이아몬드 1100개가 박혀있다고 한다.

기원전 403년 인도 승려 부다고사가 미얀마 남쪽지방

따톤에 경전을 들여오면서 소승불교가 동남아시아에 전래되는 계기가 되었다.

미얀마(연방공화국)라는 나라

동남아시아의 인도차이나반도에 있는 7개 나라 중에서 가장 북서쪽에 위치해있고 북서쪽에 인도, 방글라데시와 접하고, 북동쪽으로는 중국 남동쪽으로는 태국이 그 사이에 라오스가 있으니 5개국과 국경을 접하고 있다.

면적은 67만㎢(한반도의 3배), 인구도 6천만에 가깝고 불교 신자가 90%에 이르는 나라다. 현재 미얀마에서 제일 유명한 인물이 아웅산(수치) 부녀이고 또한 미얀마 군부가 민주화 투쟁을 심각하게 억압하고 있다.

민족 구성이 버마족 68%로 다수를 점하지만, 산족(8%), 카랜족(7%)을 포함한 135개 소수민족으로 구성된 복잡한 나라다.

나라이름부터 복잡해 대외적으로 버마로 알려졌지만, 1989년 군부의 주도로 미얀마로 변경해 지금도 논란이 있다.

미얀마의 역사

미얀마의 역사는 길고도 복잡하다. 소수민족도 많고, 많은 나라와 국경을 접하고 국경의 전출입이 복잡했기 때문이다. 이를 모두 생략하고 바간 불교유적과 관계있는 바간왕조(1044－1287년)부터 본다.

미얀마의 주류인 버마족이 중국 윈난성 쪽에서 이 나라의 남북으로 흐르는 이리와디강, 계곡으로 이주를 시작해 몇 개의 작은 왕국을 세웠다.

아나우라타왕(1044－1077년)이 초대 왕으로 바간왕국의 영향력이 미얀마 전체로 확장됐다. 짠치타 왕(1084－1112년)시대에 버마문자가 만들어지고 이때부터 나라 곳곳에 웅장한 사원과 탑을 세우기 시작했다.

바간은 13세기 점차 약해졌고 몽골의 쿠빌라이칸이 1287년 바간시를 점령해 약탈했다. 이로써 미얀마의 제대로 된 나라 바간이 233년만에 멸망했다.

그 후 미얀마는 소왕국으로 서로 전쟁으로 치고받으며 소통일과 분열을 되풀이했다. 마인나옹(1551－1581년)이 미얀마 대통일을 추진하다가 죽음으로 무산되고 처음으로 포르투갈의 침입을 받았다.

독립투사 아웅산장군

그 후 영국과 프랑스가 각각 인도와 라오스를 식민지화할 때 미얀마는 영국과 1824년부터 1885년까지 3차 전쟁을 치르며 버텼다.

결국 1886년부터 1948년까지 영국 식민지로 지냈다. 2차 세계대전 시 일본이 미얀마의 독립투사 아웅산의 독립운동을 지원, 이들이 1942년 양곤을 점령 1945년까지 자치정부를 운영했다. 1945년 일본의 항복 후 기득권자인 영국과 아웅산-에틀리(영국 수상) 간의 합의(1947년)로 버마독립의 기반을 마련했다.

아웅산(수치)와 미얀마의 현대사

아웅산장군의 유일한 딸 수치, 군부의 지배를 벗어나려는 아웅산 수치 여사의 민주화 투쟁

버마의 현대사는 아웅산이란 이름으로 진행됐습니다. 아웅산장군이 독립 막바지에서 암살(1947년)되고 결국 1948년 버마연방으로 독립(1948년)했습니다. 독립 초기의 혼란 속에서 1962년 네윈 장군이 쿠데타로 집권했습니다. 마르크스사회주의와 불교적가치의 합성, 소위 버마식 사회주의로 1988년까지 26년 동안 지속했습니다. 1988년 소위 신 군부가 나서서 군부 입맛에 딱 맞는 25% 군부 의원을 임명, 국가위기 관리체제라는 희한한 헌법을 만들고 현재까지 나라를 지배하고 있습니다.

민주화의 유일한 희망은 아웅산 장군의 딸 아웅산 수치(1945-)입니다.

그녀는 옥스퍼드에서 정치학과 경제학 박사학위를 받고 1988년 귀국한 이래 민주화 투쟁을 시작했습니다. 1989년부터 되풀이된 가택연금이라는 군부의 압제 속에서 1991년 노벨평화상으로 평가받았습니다. 2008년 자유선거에서 승리했지만 소용없었고 2015년 선거에서 다시 승리, 정치 일선에 나섰습니다. 외국 국적자라는 이유로 대통령은 될 수 없었고 국가고문, 외무부장관으로 봉직했지만 2021년 국민들의 격렬한 민주화 투쟁이 계속되고 있습니다.

대한민국과의 악연-1983년 아웅산 사태

아웅산 묘지에서 폭탄테러 직전

우리나라와 비교하면 1948년 정부수립, 1962년 군부 쿠데타, 1988년(우리나라는 1987년) 헌법개정, 얼핏 보면 연도와 제목은 비슷해 보인다.

우리나라 전두환 대통령 때 1983년 버마(당시)에 국빈 방문을 했다. 2일째 미얀마의 독립영웅 아웅산 장군의 묘소를 참배하는 일정이 있었다.

바로 이곳에서 수행원 중 서석준 기획원 장관, 이범석 외무장관, 김재익 경제수석 등 17명이 치밀하게 계획된 북한의 폭탄테러로 사망했다. 현대 정치사에서 이런 사고는 전례가 없는 사건이었다. 약간의 일정 지연과 테러범들의 대통령 도착 오인 등으로 전두환 대통령은 천만다행으로 무사했다.

이렇게 아웅산(수치) 부녀는 버마의 현대사에 밀접하게 연결돼 있으며 우리나라도 그의 무덤에서 이런 폭탄 공격을 당하는 악연을 갖게 되었다.

4장

인도차이나 반도의 중심 불교 국가 태국

타이족 최초의 통일국가 수코타이 왕국(1238년 설립)

기원전 2세기경부터 중국 남서부 운남지역에 거주하던 타이족이 부족국가를 이루고 살다가 차츰 여러 개의 소왕국으로 나뉘었다.

그 왕국들이 중부의 수코타이 왕국(1238년 설립), 북부 치앙마이 지역의 란나왕국(1292년 설립) 등이었다.

이전까지 태국 영토의 대부분이 크메르 영토였고 타이족은 조공을 바쳤다가 1238년에 수코타이 왕국을 건설하며 속국의 지위에서 벗어났다. 타이족의 주체성을 자각하면서 독립왕국을 건설한 수코타이를 타이역사상 정통왕조로 본다.

이 시대 3대왕 람캉행왕(재위 1277－1317년)은 영토를 넓히고 크메르문자를 개량해 타이문자 표기법을 만들었다.

이 시기 스리랑카에서 소승불교를 받아들였으며 중국과 문물교류를 시작했다. 또한 조각·건축·문화·미술 등 태국 문화를 형성하기 위한 기반을 마련했다.

아유타야 왕조(1350-1767년)-차크리 왕조(1782-현재)

15-16세기의 인도차이나의 왕조들

수코타이 왕조는 1300년경 쇠퇴일로를 걸었고, 결국 아유타야가 신흥왕국으로 떠오르며 수코타이는 아유타야의 종속국이 됐다. 1350년 우텅왕이 왕국을 설립하고 1767년 버마의 침략을 받기까지 태국의 중심 역할을 했다. 비교적 길게 417년간 33명의 왕이 통치한 아유타야 왕국은 치앙마이, 캄보디아, 말레이반도까지 세력을 확장했다.

크메르의 영향에서 벗어나 15–16세기에는 무역항으로 번창해 왕실의 독점 무역체제를 갖추고 아라비아·인도·중국·유럽과 관계를 맺을 정도로 활발한 교역을 추진했다. 또한 각종 제도를 정비해 강력한 중앙집권체제를 구축했다. 16세기 후반부터 두 차례나 미얀마에 점령당했지만 나레수엔 왕(재위 1590–1605년)이 나라를 부흥시켰으며, 그 후 유명한 무장 프라야 탁신이 미얀마를 격파하고 톤부리 왕조를 세웠다.

그러나 톤부리 왕조는 단명(1대)으로 끝나고 1782년 방콕에서 새 왕조 차크리왕조가 창건됐는데 현재에 이르는 방콕왕조이다.

차크리 왕조(1782년)의 초대 왕 라마1세

차크리 왕조를 세운 라마1세(재위 1782–1809년)는 아유타야 왕조의 귀족 집안에서 1736년 태어났다. 어릴 때 이름은 "통두엉"이다.

당시는 동남아시아 왕조로는 드물게 400년에 걸쳐 인도차이나반도에서 최강국이었던 아유타야 왕국의 국력이 급속도로 약화된 시기였다. 1767년 당시 경쟁국이었던 버마(미얀마)의 침략으로 수도 아유타야가 점령당했다. 왕조는 망했지만 타이(태국)인들은 탁신

차크리왕조 건립자 라마1세

장군을 중심으로 계속 싸워 결국 버마군을 물리치고 잠깐 새 왕조 톤부리(탁신 국왕)가 설립됐다. 이 시기에 통두엉은 탁신의 오른팔로 15년 동안 정복전쟁을 11차례나 참가해 나라를 세우는 데 큰 역할을 했다. 탁신이 왕위에 오른 뒤 사람을 믿지 못해 잔혹한 정치를 했다. 자신의 아내와 아들까지 채찍질했다는 기록이 있을 정도였다. 그 신하 중에 2인자였던 통두엉이 신하들의 지지를 받아 1782년 새로운 왕으로 추대됐으니 바로 라마1세(재위1782－1809년)이다.

왕위에 오른 라마1세는 즉위하자 이웃 국가들과 전투를 계속해 영토를 확장했다. 그는 먼저 지금의 방콕으로 수도를 옮기고 전 왕조 아유타야의 폐허에서 옮겨온 자재로 도시를 건설해 방콕이 아유타야를 계승한다는 것을 상징적으로 보여줬다. 이 당시 라오스와 캄보디아 지역을 속국으로 삼아 지배했고 베트남 일부까지도 정복해 영토로 삼았으니 이 시기 태국의 영토는 지금보다 두 배나 더 컸다. 또한 국격(國格)을 높이기 위해 법령을 정비하고 새롭게 편찬해 내정을 바로 잡았다.

태국 차크리 왕국의 라마1세는 고려의 왕건과 비슷

라마1세 이전의 왕 탁신이 정신이상으로 정치를 잘못해 왕위에서 쫓겨나고 귀족과 백성들의 추대를 받아 1782년 새나라 차크리를 세웠습니다.

이것은 한반도의 후삼국 시대 궁예(후 고구려 태봉의 왕)가 쫓겨나고 왕건이 918년 고려(후 고구려)를 세운 것과 비슷합니다. 그 후 왕건의 고려는 반도를 통일한 것도 비슷하게 진행됐으니 지역도 멀고 세월도 860여년의 차이가 있지만 그 원인과 상황은 그렇게 같을 수가 없습니다. 동서고금의 인과응보는 같은 모양이고 세계 역사는 같은 진리가 있는 듯 합니다. 태국은 근대 왕조 차크리를 시작한 왕이 “라마”라는 이름으로 현재까지 10세까지 이어졌습니다. 조금 다르긴 해도 프랑스의 “루이”, 영국의 “헨리”, 러시아의 “이반”처럼 돌림자가 있는 것도 흥미롭습니다.

라마1세의 불교 개혁

왕궁의 "왓 프라깨우" 사원

라마1세는 흉흉한 민심을 달래기 위해 불교개혁과 진흥에 착수했다. 태국은 일찍부터 불교신앙이 들어가 불교국가로 자리잡았다. 이렇게 불교가 대세를 이뤘지만, 승려들은 타락했다. 전 왕조인 아유타야 왕조 말기부터 불교승려들이 계율을 어기는 등 백성으로부터 멀어지기 시작했다. 라마1세는 계율을 어긴 승려를 강력하게 처벌하고 경건한 승려를 불교지도자로 임명했다. 한편 승려 218명과 불교학자 32명(합계 250명)으로 불경연구회를 설치하고 불경을 다듬었다.

왕궁에도 "왓 프라깨우" 사원을 새로 지었다. 라마1세는 탁신왕 시절, 라오스와 전쟁을 하면서 14세기 태국에서 제작된 것으로 알려진 에메랄드 불상을 되찾아(라오스에서는 탈취당했다고 주장) 왔는데 그 불상을 이 왕궁 사원에서 보관하고 있다.

라마2세-4세의 문화 르네상스와 실용 외교

라마1세가 나라의 기틀을 확실히 잡았다면, 뒤를 이어 즉위한 라마왕들은 모두 현군으로서 중국과 무역을 활성화해 나라의 경제를 부강하게 하면서 신생국의 주체성을 확보하여 독립국의 기초를 확실히 했다.

특히 라마3세는 영국과 관계에서 타이 역사상 최초 조약인 버니조약을 체결했다. 그 후 미국 등 친선통상조약을 체결하는 등 국제관계를 활발히 추진했다. 또 타이지역의 많은 불교사원을 건축·보수했고 대표적으로 방콕에 왓 란차난다(Wat Ratchanadda)사원을 건립했다. 그가 죽은 후 라마4세(재위 1851-68년)가 즉위했다. 라마4세는 즉위 전에 전

태국의 현군 라마4세

통에 따라 승려생활을 하며 불교신앙에 심취했고 사원 내에서 라틴어 · 영어 등 외국어와 서양학문을 배우고 그리스도 선교사들의 설교를 허용하는 등 서양문물을 수용했다.

라마4세가 즉위하자 전형적인 온고지신(溫故知新)의 자세로 나라를 쇄신해갔다. 적극적으로 나라를 개방해 서양의 신문물을 받아들였다. 태국은 아시아 국가 중에서 일본과 함께 식민지 지배 역사가 없는 나라로 잘 알려졌다.

태국이 중립국가로 남을 수 있었던 것은 라마4세와 그후 라마5세의 외교력 덕분이었다. 그런 점에서 라마4세의 제일 중요한 업적 중 하나가 영국과 맺은 "바우링조약"이다. 당시 영국은 중국과 아편전쟁(1840년)에서 이겨 난징조약을 체결하고 중국을 옥죄고 있던 때였다. 이런 상황에서 라마4세의 외교술을 발휘했다. 당시 태국을 욕심내던 영국과 프랑스를 모두 적으로 돌리는 건 약소국인 태국 입장에서 할 수 없는 일이므로 영국을 통해 프랑스를 견제하자는 정책이었다. 영국도 믿을 수 있는 나라는 아니지만 라마4세는 제국주의국가들의 전형적인 패턴을 완전히 분석하고 있었기에 그들의 힘을 역이용하기로 한 것이다. 괜히 제국주의 국가의 심기를 건드려 전쟁의 빌미를 준다면 태국같은 약소국은 당할 수 없었기 때문이다.

그래서 당시 서유럽국가와 미국같은 국가들이 중국 · 일본 · 조선에게 디민 불평등조약을 원칙적으로 수용하는 소위 바우링 조약을 1855년에 체결했다. 이를 시작으로 프랑스 · 미국 · 덴마크 · 포르투갈 · 네덜란드와 체결해 어떤 특정 국가에 기울지 않고 다양한 국가들과 경제적 네트워크를 넓혀갔다.

"왕과 나"라는 소설, 뮤지컬, 영화가 태국을 알리다.

영화 속 두 주인공과 왕자와 공주들

라마4세가 주인공으로 묘사된 유명한 작품이 마가렛 랜든(Margaret Landon)의 1944년 소설 "안나와 시암의 왕"이었습니다. 태국왕 라마4세의 자녀들의 가정교사인 "안나 레오노웬스의 로맨스를 다뤘습니다. 1951년 뮤지컬로 초연됐고 브로드웨이에서 호평을 받아 그 후 세 차례 영화로 만들어졌습니다. 그중에 1956년 두 번째로 제작된 "왕과 나"는 율 브리너가 라마4세, 데보라 카가 안나역을 맡아 흥행에 크게 성공했습니다.

필자 세대에서도 이 영화에 푹 빠졌으며 50년대에 영화를 제작한 20세기 폭스사는 영화 제작비로 450만 달러를 들여 2300만 달러를 번 대단히 성공한 작품입니다. 정작 태국에서는 이 작품들 소설 · 뮤지컬 · 영화가 모두 금지됐습니다. 그 이유는 태국이 당시 아편전쟁 이후 서구열강에 시달려 망해가는 전철을 밟지 않으려고 치열하게 노력하는 라마4세를 외국 여자와 사랑이나 하는 무책임하고 한가한 인물로 묘사했기 때문이라고 했습니다.

그러나 영화에서 눈을 뗄 수 없을 만큼 화려한 궁정 내부와 인물 좋은 유명배우들의 열연은 충분히 그런 로맨스가 생길 수도 있는 것입니다. 아무튼 비밀의 커튼에 가려진 태국왕실의 내면의 일단을 보여 주었고 외부세계에 태국왕실과 태국을 친근하게 여기는 계기가 된 점은 오히려 태국이 고마워해야 할지 모르는 일입니다.

라마5세의 근대화-쫄랄롱꼰대왕으로 불리다

태국의 실질적인 통일을 이룬 라마5세

1868년 라마4세가 말라리아로 사망하자 그의 아들 "쫄랄롱꼰"이 라마5세(1853생 재위 1868-1910년)로 10세에 즉위했다.

친정(親政)을 하기까지 왕자교육과 해외문물을 넓게 견학한 라마5세는 정치·사회·경제개혁에 주력했다. 20개의 소왕국으로 분산된 왕국을 중앙집권 체제로 바꿔 실질적인 통일을 이루었다. 바트(Baht)화를 발행하고 토지개혁을 했으며, 1905년에는 신분제가 공식적으로 폐지됐다. 또한 국민의 교육을 장려해 근대적 학제를 도입하고 태국 최초의 현대 병원을 세웠으며 대외적으로는 외국의 치외법권 철폐와 불평등조약의 개정에 노력했다.

라마5세는 여느 아시아의 군주와는 다르게 자국의 근대화를 진행해 성공했다. 특정 국가에 치우치지 않고 다국적 철도부설 프로젝트를 받아들여 중요한 도시 곳곳을 잇는 철도를 부설했다. 무엇보다 그리고 라마1세 때의 그 넓은 영토의 상당 부분을 영국과 프랑스에 뺏겼지만, 주권을 잃지 않으면서 실리를 취하는 균형외교를 펼쳤다.

태국 왕궁의 전경

영국과 프랑스의 대립을 이용해 인도차이나반도의 나라 중에서 유일하게 식민지화의 위기를 벗어난 현실적이면서 능력있는 군주였다. 라마5세는 여러가지 근대화 정책을 적극적으로 추진해 태국의 실질적인 발전을 이룩한 왕으로 칭송받는다. 태국국민이 존경하는 첫 번째 왕으로 꼽히는 이가 바로 라마5세다. 그는 42년을 왕위에 있었고, 57세에 아깝게 사망해 그가 서거한 10월 23일을 현재까지 쫄랄롱꼰의 날로 기념하고 있다.

라마5세의 아들 손자 3명(라마6세-8세) 계승(1910-1946년)

비교적 짧은 처세를 한 3명의 라마왕 중 특기할 사항은 라마7세(1893－1941, 재위 1925－1935년)는 계몽주의적 군주였다. 1932년 소정파 관리와 혁신군인에 의한 쿠데타가 시작돼 헌법제정을 추진하고 입헌군주제가 실시됐다. 어느 정도 혼란이 지속되던 1935년 라마7세는 퇴위(당)해 영국으로 망명해 1941년에 사망했다.

1935년 9세의 나이에 라마 8세가 즉위했지만 즉위 후에도 스위스에서 학업을 계속해 왕위는 다른 왕족이 섭정했다.

외국유학 후 귀국해
암살당한 라마8세

1938년 군주로서 귀국했지만 2차 대전이 발발했다. 다시 중립국인 스위스에 머물다가 1945년 12월에 귀국했다. 20세가 된 그가 귀국하자 국민은 환호했고 인기에 힘입어 다시 절대 왕정으로 부흥하는 듯 보였으나 1946년 박사학위를 받고 귀국한 지 나흘만에 침실에서 총상으로 사망했다.

왕으로 즉위한 지 11년이나 됐지만 미성년으로 외국에서 공부하고 2차 세계대전으로 어수선한 시기에 제대로 왕노릇도 못한 채 전도유망한 젊은 왕이 암살된 것이다.

그의 죽음은 가해자가 누구인지 지금까지 밝혀지지 않았으나 그에 대한 국민들의 지지로 절대왕정으로 돌아가는 것을 두려워한 군부 세력의 소행으로 추정한다. 이 돌연사로 19세인 동생 푸미폰이 라마9세(1927出 재위 1946－2016년)에 올라 70년을 재위했으니 형이 못한 군주로서의 책무를 동생이 다한 셈이다.

라마9세-푸미폰 70년 동안 존경받은 국왕

라마9세(1927生 재위 1946－2016)는 태국 역사상 가장 장수(70년)한 왕이었고 국민으로부터 존경받은 군주였다. 현재 영국여왕 엘리자베스2세(1950년 즉위)보다 오래 재위에 있던 기록을 가지고 있다.

그는 형 라마8세(1925生 재위 1935－1946년)가 총상으로 갑자기 사망하자 1946년 19살에 즉위했다. 라마 6세와 7세는 라마5세의 아들이고, 라마 8, 9세는 라마5세의 손자이다.

국민의 존경을 받은 푸미폰 라마9세

그러니까 라마 5세(1868년 즉위)로부터 라마9세(2016년)까지 조·부·손 3대 5명의 왕이 148년 동안 태국을 다스린 진귀한 기록을 남겼다.

국왕으로서 푸미폰은 태국의 여러 곳을 시찰하며 민생을 살폈으며 지방도시 발전을 위해 왕실의 많은 재산을 과감하게 내놓았다.

1950년대에는 한 해에 200일 이상을 시골에서 머물렀으며 카메라를 메고 산간벽지를 다니며 가난할 수밖에 없는 국민의 실상을 찍어 이를 널리 알려 공감하고 해결하려 애쓰는 모습은 국민들에게 감동을 주었다.

이런 실태파악과 국민의 소리를 바탕으로 "로얄 프로젝트"를 기획해 농업수자원환경고용복지 등을 망라해 크고 작은 4천여건의 사업이 있다고 한다. 이런 과정을 거쳐 인도차이나반도에서는 드물게 태국을 중진국 반열에 올렸다.

그렇게 국민과 두터운 신뢰를 쌓은 라마9세는 군부의 잦은(재위 중 19차례) 쿠데타를 중재하며 태국 민주주의의 발전을 위해 언제나 국민의 구심점이 돼 존경을 받았다.

1973년에는 군부가 시위에 나선 학생들을 향해 발포하자 학생들에게 궁전문을 개방한 것은 유명한 실화다. 그런 그의 노력을 인정받아 1988년에는 아시아의 노벨상이라는 막사이사이상(Magsaysay Award)을 받았다. 모든 면에서 동서양의 입헌군주국의 국왕으로서 모범을 보인 라마9세는 2009년(82세) 이후 여러번 왕립병원에 입원했으며 2016년 10월 서거했다.

1932년 라마7세 때 절대 왕정이 폐지되고 입헌군주제가 도입되면서 추락하던 왕실의 위상이 라마9세의 치세에서 회복됐다. 라마9세는 태국 국민으로부터 높은 존경을 받았으며 일부 국민은 라마9세를 신과 같은 존재로 여긴다.

군부의 집권욕 등 불안한 정국 속에서도 태국이 동남아시아에서 비교적 높은 지위와 안정을 누리고 있는 것은 라마9세가 사회 구심점으로서 큰 역할을 했기 때문이라고 국내외에서 인정하고 있다.

군부와 야권 정치인을 질책하던 라마9세

1992년 민주화 시위 와중에 정권을 잡은 수찐다 당시 총리와 야권을 대표하는 잠롱 전 방콕시장이 대립하면서 정치적 상황이 극에 달하자 라마9세는 두 사람을 왕궁에 불러 무릎을 꿇게 하고 준엄하게 질책했습니다. "국가는 모든 사람에게 속하며, 또는 두 명의 특정인에게 속하지 않습니다. 문제는 서로 이야기하고 함께 해결하지 않기 때문에 갈등과 투쟁이 존재하는 것입니다. 그래서 무고한 시민이 피를 흘렸습니다. 폭력에만 의지하고 마음을 잃고 무엇이 문제인지조차 모르고 상대방을 일방적으로 이기려 하고 있습니다. (중략) 승자는 없고 패자만 있을 것이며 폭력에 의지하는 사람이 패자가 될 것입니다. 결국 우리는 패자의 국가가 돼 있을 것입니다." 이러한 라마9세의 모습은 모든 신민(臣民)에게 깊이 각인(刻印)됐고 끝장날 것 같았던 정국은 조용히 가라앉았습니다. 수찐다 전 총리는 결국 해외로 망명길에 올랐습니다.

240년의 9명의 라마왕들-동남아시아의 모범적인 왕조

왕조의 1대(앉은 사람)왕부터 얼마 전에 죽은 푸미볼 9대 왕(우측)까지

240년 동안 라마1-9세 왕을 배출한 차크리 왕조가 1782부터 시작된 이후 9명의 라마왕이 재위했습니다. 동남아시아의 전제군주국으로 왕들의 면면히 큰 문제없이 240년을 보냈습니다. 외국의 식민지배도 받지 않았고 큰 전쟁도 없이 이어져 온 것을 높게 평가 받고 있습니다. 특히 라마1세(정중앙), 라마5세(제1열 우측3번째) 그리고 얼마전 서거한 라마9세(1열 우측 첫번째)는 나라를 세우고, 근대화를 성공했고 그리고 70년 동안 현대화를 완성한 왕으로 존경받습니다. 세계역사상 아주 드문 성공사례인 왕실이요, 시대였습니다.

라마9세 푸미폰 국왕의 사후 라마10세는

현 국왕 라마10세

2016년 10월 13일에 태국 국민이 가장 사랑하는 왕 라마9세가 서거했다. 라마9세는 1남 4녀를 두었는데 그중 왕세자로 45년간 왕자로 있던 아들, 마하 와치랄롱꼰이 라마10세(1952生)로 2016년 5월 67세에 즉위했다.

선왕에 대해 1년의 애도기간을 보낸 후 2017년 10월 25일부터 5일간 장례행사를 치렀다.

국왕 라마10세는 아버지처럼 국민에게 존경받고 있을까? 그렇지 않은 것 같으며 오히려 많은 국민이 그의 인품과 행보에 의심을 품고 있으며 앞으로의 태국왕실과 태국의 미래에 대해 크게 걱정하고 있는 것 같다. 이미 좋지 않은 이유로 세 번 이혼을 했고, 2019년 대관식 때 참석한 부인은 4번째로 비행기 승무원 출신의 유부녀였다고 한다.

태국의 현황과 태국불교

태국의 승려들

태국의 면적은 51만㎢로 한반도의 2.3배 남한의 5배이며, 인구는 약 7천만이다. 개인별 국민소득은 약 8천달러를 넘는 중진국으로 인도차이나반도에서 그리고 ASEAN 국가 중에 상위 그룹에 속해있다

종교는 인구의 95%가 불교로서 전세계 국가 중 가장 전형적인 불교국가다.

태국불교는 인도 최초의 통일왕조인 마우리아 왕조(BC 317－180년)의 3대왕 아소카(Asoka)대왕이 불교옹호정책을 펴 북인도에만 퍼져있던 불교를 세계 종교로 바꿔 놓았다. 아소카대왕은 인도 밖의 여러나라 실론(스리랑카), 시암(태국), 이집트, 시리아 등으로 전법사절단을 파견했다.

특히 아소카대왕의 아들 마힌다(Mahinda)는 실론에 상좌부불교(上座部佛教)를 전파해 동남아 불교의 모태(母胎)가 되게 했다. 이후 실론의 불교는 인도대륙의 불교교단과

아유타야왕국사대(15세기)왓 프란시산펫

관계없이 독자적으로 발전했으며 여기서 미얀마, 시암(태국), 캄보디아, 라오스 등 각국에 불교(상좌부 불교)가 전파됐다.

태국에서는 수코타이왕국의 3대왕인 람캄행왕(재위 1279－1298년)이 그 지역을 지배하던 크메르 색채의 대승불교를 지우기 위해 당시 상좌부(소승)불교의 중심지였던 남부 태국에서 고승을 초빙해 교리를 전파하게 했다.

상좌부 불교는 왕권을 정당화하는 동시에 민중의 신앙대상으로서 태국사회에 뿌리를 내리게 되었다. 그 후 여러 소왕국에서도 상좌부불교의 교세가 확대됐고 아유타야왕국(1350－1767년)으로 통일될 때는 확실한 불교국가가 되었다.

아유타야 왕국의 여러 중심지역에 학교·병원, 회합의 장소였던 수많은 사원과 파고다가 만들어졌다. 불교는 국민의 정신에 큰 영향을 끼쳤으며 건축과 불상 건립 등 불교예술도 번창했다.

특히 이 시대 보롬뜨라이록까낫(재위 1448－1488년)왕은 원래 사용하던 왕궁을 사원으로 바꾸고 왕궁을 톱부리로 옮겼다. 이 사원이 왓 프라시산펫(Wat Phra Si Sanphet)이다. 그는 3년에 걸쳐 500개의 보살상을 신축하고 수많은 사원을 복원했다.

보롬뜨라이록까낫 왕은 복원된 사원들 중 제일 큰 사원에서 왕족과 귀족 2388명의 수계식(受戒式)을 거행해 국민에게 깊은 인상을 주었으며 스스로 사원에서 지내면서 시범을 보였다. 그 후 아유타야왕국의 역대 왕들은 보롬뜨라이록카낫 왕의 불교진흥을 위해 솔선수범을 보이며 많은 불교 정책을 추진해 불교가 국민의 생활에 밀착되고 불교보국의 정신을 뿌리내리도록 하였다.

제15막

중세 후반기(1000년 이후)의 세계
유럽의 늦게 출발한 왕조들
-영국, 러시아, 스웨덴, 덴마크

- 1장: 영국 왕조 (1)-정복왕 윌리암(1066년) 왕조
  * BC 50년경 로마의 식민지-500년경 앵글로 색슨의 나라
  * 900년경 바이킹, 덴마크의 영국 점령-1066년 프랑스의 노르망디국 윌리암1세 정복-헨리1세-4대(88)년 왕실의 기초

- 2장: 영국 왕조 (2)-두 번째의 왕조(1154-1377년)의 정착
  * 플랜태저넷왕조 헨리2세부터-그의 유명한 아들들
  * 1215년 마그나 카르타 억지로 승인-에드워드1세, 에드워드3세 영국의 통합, 프랑스와 100년 전쟁

- 3장: 러시아 왕조 (1)-기예프 공국, 모스크바 공국의 정착
  * 루리크 왕조(862년) 시작-노부고로드왕국
  * 기예프 루스공국(882-1240년)-모스코바 대공국 건립(1283년)-이반3세 독립(1480년)

- 4장: 러시아 (2)-이반 4세의 선정과 악정
  * 이반4세 전반기13년-영토의 확장, 개혁정치, 바실리성당
  * 후반기 24년-폭정 뇌제로 불림-공포정치

- 5장: 북유럽 바이킹의 나라들-스웨덴, 덴마크
  * 바이킹의 프랑스(세느강) 공격-911년 바이킹 족장 롤로 노르만 공국 허용
  * 스웨덴 최초의 왕조(1250년) -독립국가(1523년) 스톡홀름 수도-계속 발전
  * 덴마크 바이킹의 원조-영국지배-칼마르 동맹주도

1장

영국 왕조(1), 정복왕 윌리암 왕조 시작(1066년)

태고적 영국은

신비한 유적 스톤 헨지

영국은 서로마 멸망 이후 게르만이 세운 프랑크왕국에서 갈라져 나온 프랑스, 독일, 이탈리아보다 왕실의 역사가 200년 이상은 늦었다. 공식적인 영국의 왕가는 프랑스 노르망디에서 온 윌리엄이 1066년 잉글랜드 정복 후 1154년 플랜태저넷(Plantagenet) 왕가 이전까지의 첫 번째 영국왕실 가문이다. 십자군 전쟁에 출정했던 리처드 1세의 나라 영국이 대륙으로부터 떨어져 있으면서 어떻게 건국되고 발전했는지 본다.

영국은 역사가 깊은 고대 문명국은 아니지만 신비한 부분이 있다.

런던의 서남쪽으로 130㎞를 가면 솔즈베리(Salisbury) 평원에 "스톤헨지(Stonehenge)"라는 거석(巨石)들이 웅장한 자태로 서 있다. 누가, 어떻게, 왜 만들었는지 알 수 없지만, 방사선 연도측정 결과, 기원전 2300년전에 세워진 것으로 추정된다고 한다.

우리나라 고조선의 건립이 기원전 2333년인데, 한반도에도 스톤헨지보다는 적지만, 고

앵글로 색슨족의 영국 침공

인돌이 많이 산재하고 있다는 것은 뭔가 공통점을 연구해 볼만하다.

그보다는 훨씬 후대에 영국은 BC 55년 카이사르가 영토 확장을 하면서 브리타니아(Britannia)에 상륙한 것이 공식적인 역사의 시작이었다.

영국에 살던 원주민, 게르만의 일족인 켈트(Celts)족이 거주했으며 이들은 그 후 400여년 로마의 속주가 되었다. 그러다 476년 서로마가 멸망하면서 게르만의 앵글로 색슨족이 브리타니아로 쳐들어와 나라를 접수했다.

그전에 로마 총독, 아르투루스(Arturus)가 그곳을 통치하면서 신화적인 인물이 되는데 그가 바로 "아서왕(Arthyr)"이다. 그에 대한 신화는 많지만 역사성은 의심된다. 서로마 제국 멸망 후, 침입한 앵글로 색슨족과 싸웠다는 이야기와 연결되는 실존 인물이 아닐까 생각된다.

노르만족 바이킹과 영국왕실의 유래

4세기 서로마를 괴롭혔던 게르만 민족의 이동 후로 또 한번의 대규모 민족이동이 9세기경에 펼쳐졌다. 덴마크와 스칸디나비아지역에 살고 있던 노르만족이 남하하기 시작한 것이다. 북방인이라는 뜻을 가진 노르만족은 다른 말로는 "바이킹(Viking)"이라 불렀다.

북쪽에서 힘이 더 센 부족(귀족)들이 왕국을 만들면서 밀려난 무리가 춥고 척박한 지역을 벗어나 남쪽으로 이동했다. 처음에는 약탈 위주의 이동이었으나 나중에는 정착을 위한 이주로 성격이 변해갔다.

이미 영국에는 게르만족의 선조인 앵글로 색슨족이 주인노릇을 하며 웨식스(Westseaxna) 왕국을 건설하고 있었다. 그러나 바이킹족의 남하와 함께 1015년 덴마크왕자 크누트의 노르만(바이킹) 군대가 건너와 잉글랜드를 점령하였다

1035년 크누트왕이 죽자 왕위를 이은 인물은 덴마크 출신이 아닌 기존 웨식스 가문의 에드워드왕이었다. 에드워드는 프랑스의 노르망디(바이킹의 나라) 공국에 살다가 영국 귀족들의 추대로 왕이 된 것이다.

에드워드는 웨스트 민스터성당(1052년 착공)을 건립해 영국 교회사에 획기적인 업적

영국왕조 이전에 바이킹의 에드워드왕이 웨스트민스터를 착공

을 남겼다. 1066년 아들이 없는 에드워드가 죽으면서 후계 문제로 논란이 발생했는데 영국 귀족들이 헤럴드 2세를 후임왕으로 추대했다. 그러자 프랑스에 있던 노르망디공인 윌리엄이 에드워드의 후계자를 자처하고 나섰다. 죽은 왕이 생전에 자신을 후계자로 삼았다고 약속한 사실을 공표하고 헤럴드2세의 즉위를 반대하며 이에 윌리엄은 교황 알렉산드르 2세의 지지를 확보한 후 군사를 이끌고 잉글랜드로 쳐들어갔다.

웨스트민스터라는 이름

영국의 심장이 된 웨스트민스터의 낮과 밤

웨스트민스터(Westminster)라고 하면 우선 웨스트민스터성당으로 1052년에 착공해 장기간의 공사로 증축, 완공된 영국성공회의 대표 성당(교회)입니다.

처음 1200년대에는 잉글랜드 정부청사로 사용했으며 현재까지 국왕의 즉위식 또는 영국을 대표하는 인물의 장례식, 그리고 왕실직계가족의 결혼식을 올립니다. 영국정치에서 '웨스트민스터'하면 영국의회를 가리키는 경우가 많습니다. 영국의회가 국회의사당으로 쓰는 웨스트민스터 궁전이 자리하고 있기 때문입니다. 또 이 지역은 영국의 중심 지역으로 템스강의 북쪽 강둑 금융 중심지인 씨티 오브 런던(City of London)을 포함하는 런던시의 서쪽 지역 자치구 의미로도 사용되고 있습니다.

노르만의 잉글랜드 점령(1066년) -영국 왕실의 시작

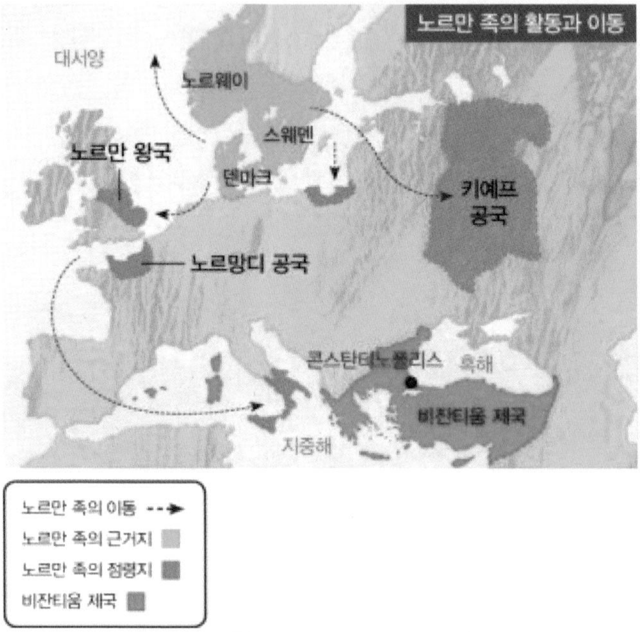

프랑스 해안에 있던 노르망디(Normandie)공국의 윌리엄(William) 왕이 브리튼(영국)을 점령했다.

윌리엄은 1066년 군대를 이끌고 영국에 상륙, 헤럴드2세의 군대와 싸워 대승을 거두었고 노르만 왕조(Norman dynasty. 1066－1154)를 세웠다.

윌리엄은 “정복왕”이란 별명으로 불렸고 이것이 영국 왕조의 공식적인 출발이었다. 원래 노르만인들은 911년 프랑스의 샤를 3세로부터 노르망디 공작령 영토를 할양받아 11세기까지 엄격한 질서를 통해 유지되고 있었다.

노르망디(Normande)는 프랑스의 북서부에 있는 지방이다. 북쪽으로 모래해안(2차대전 말기 1944년 유명한 연합군 상륙지점)을 이루며 영국해협에 면해 있다. 바이킹의 후예인 노르만인이 노르망디 공국을 세워서 노르만인의 땅이라는 의미로 지명이 붙여졌다. 노르망디가 봉토를 받은 제후처럼 프랑스왕에게 맹세를 한 공작이 지배하는 공국이었기 때문에 이들이 1066년 영국을 점령한 이후에도 프랑스 정치의 영향을 직간접적으로 받았고 프랑스와의 관계도 더욱더 깊어졌다.

영국은 유럽대륙에서 그리스·로마 문명의 역사가 시작된 기원전 8세기 이후 1800년 가까이 흐른 후에야 유럽의 한 나라로서 역사가 시작되었다.

이슬람교가 성립하고 이슬람제국이 형성되고도 3－4백년 후의 일이었고, 중국의 역사와 비교해도 당나라가 망하고 5대10국의 남북조 시대가 한창일 때 영국은 유럽의 한 나라로서 세계역사에 등장한 것이다.

그러나 정복왕 윌리엄의 영국 정복은 잉글랜드인(그 주류가 게르만인 앵글로 색슨)에게는 약탈적이고 파괴적인 명백한 재난이었다.

노르만 왕조 시대의 영국-3대왕 88년

정복왕 윌리엄1세

앵글로색슨족은 침략자를 자신들의 왕으로 고분고분 받아들이지 않았다. 여기저기서 봉기했고, 윌리암1세는 반란세력을 모조리 진압하고 귀족들의 땅을 빼앗아 충성스런 기사들에게 봉토로 나눠 줬다. 윌리암은 그와 함께 온 1만명의 귀족, 기사들과 함께 150만에서 200만명에 이르는 앵글로 색슨족을 지배했다. 이들은 1066년부터 잉글랜드 정복이라는 거창한 사업의 동업자들이었다.

노르만족은 앵글로색슨족(특히 귀족)의 방대한 토지를 몰수함으로써 그들의 경제체제에 충격을 주었다. 노르만 왕조의 초기 세 명의 군주(정복왕 윌리엄, 윌리엄 2세, 헨리1세) 시대(1066－1135년)는 질서를 확립했고 교회와도 균형을 유지하고자 했으며 국가재정의 조직과 사법제도의 개혁을 완수했다. 결과적으로 잉글랜드인들은 노르만인들로부터 나름대로 혜택을 입었고 중앙정부체제의 토대가 마련 된 것이다. 윌리엄의 아들 윌리엄 2세(재위 1087－1100년)가 사냥 중에 사망한 후 바로 왕위에 오른 그의 동생 헨리1세(1100－1135년)는 학식이 풍부하고 법률의 조예도 깊었다. 헨리1세의 치세는 평화로웠으며 이 태평시대에 왕국을 정비했다. 노르만 왕조의 세 왕은 질서를 확립했고 교회와 군주 양쪽이 만족할 만한 균형을 유지하고자 했으며 국가재정의 조직화와 사법제도의 개혁을 완수했다.

헨리1세의 아들이 노르망디에서 돌아오다가 난파사고로 사망하자 비탄에 빠진 헨리1

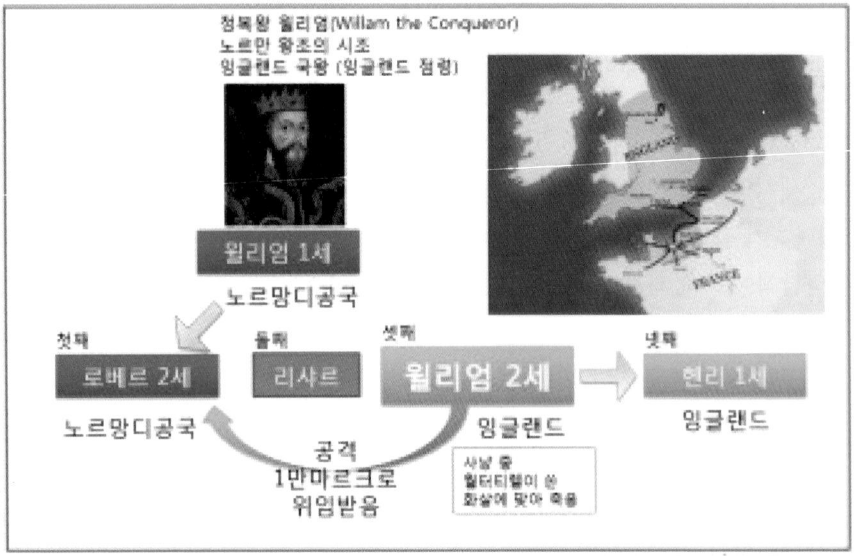

노르만 왕조 윌리엄 1, 2세 그리고 헨리 1세

세는 고심 끝에 딸인 마틸다를 후계자로 지명했다.

영국 귀족들이 이를 받아들이려는 분위기가 조성됐는데 헨리1세가 마틸다를 본국(프랑스)의 앙주(Anjou 프랑스 서부지역)백작 14살짜리 제프리와 정략결혼을 시키자 분위기가 바뀌어서 윌리엄(정복자)의 외손자 스티븐이 차기 왕(1135－1154년)으로 즉위했다. 스티븐의 즉위 이후에도 이 왕실의 싸움은 19년이나 계속되었다. 헨리1세의 딸 마틸다와 스티븐왕과 왕위계승을 둘러싸고 무정부 상태를 겪게 되었다. 이때 잉글랜드인들은 강력하고 공정한 정부의 중요성을 깨닫는 계기가 됐다. 스티븐은 선량했지만 과감한 행동을 못하는 유약한 군주였다.

1154년 스티븐이 죽자 결국 마틸다의 아들 헨리2세가 왕위를 계승하게 되고 헨리2세의 아버지 앙주 백작 "플랜태저넷"의 이름이 새로 시작되는 왕가의 명칭이 되었다. 이로써 노르망디 왕조는 결과적으로 88년(1066－1154년) 동안 4명의 군주가 재위했으며 이제 영국으로서는 두 번째로 플랜태저넷 왕가가 245년(1154－1399년) 동안 지속된다.

2장

영국 왕조(2), 두 번째의 왕조(1154-1399년까지)의 정착

플랜태저넷(Plantagenet) 왕조 시대(1154-1399년) 시작

새로운 왕조의 시작 헨리 2세

영국 왕실은 원래 노르만 왕조부터 프랑스의 제후같은 한 단계 낮은 상태에서 출발했는데 이제는 본격적으로 프랑스와 같은 서열로 맞장 뜨는 상황이 시작됐다.

이 시기 새 왕가의 첫 왕으로 등극한 헨리 2세(1133生, 재위 1154-1189년)는 인격도 종잡을 수 없는 파란만장(波瀾萬丈)한 인생을 보낸 왕으로 묘사된다. 영국왕들 이름에서 이 시기에 헨리라는 이름이 유명했다.

헨리 2세 말기에 아들들과의 갈등은 내란 수준으로 발전했다. 대표적으로 두 아들 리처드 1세(재위 1189-1199년)와 존왕(재위 1199-1216년)도 왕위에 올랐는데 이들 3부자의 관계가 모두 유별났다.

리처드 1세는 십자군전쟁의 용맹한 영웅으로 유명했으며 존왕은 마그나 카르타(Magna Carta. 대헌장)를 받아들인 왕이다. 그들의 왕위계승의 역사적 진실은 어떠했는지 먼저 이 왕조를 개창한 헨리 2세를 알아본다.

프랑스의 루이 7세

그는 어머니 마틸다(헨리 1세의 딸)가 노르망디왕가 마지막 왕, 스티븐과 왕위 쟁탈전을 벌이는 가운데 아버지 앙리의 백작과 제프리의 프랑스 영지에서 성장해 다분히 프랑스풍으로 인생을 살았다.

헨리 2세는 어머니 때문에 1154년(21세) 영국왕이 되기 전에 예상치 못한 여인과 결혼하게 돼 굴곡이 있는 인생을 시작한다. 그는 프랑스에서 최대의 영토 아키텐을 가진 프랑스 루이 7세의 왕비(미망인) 엘레아노르와 결혼했다. 루이 7세가 사랑한 왕비지만 루이 7세가 십자군 전쟁에 출정했을 때 어느 영주와 바람을 펴 이혼으로 이어졌다. 이 결혼은 헨리 2세에게 결혼지참금으로 프랑스 내 큰 영토를 받아 행운이 온 것 같았지만 그 반면에 영국과 프랑스의 불행한 역사의 서막이었다. 왕비가 바람을 폈으면 빈손으로 불명예스럽게 빈손으로 쫓겨나는건데 이 시대는 달라도 너무 달랐다.

이 유명한 11살 연상의 여인을 왕비로 두고 잉글랜드왕에 즉위한 헨리 2세는 처음에는 유능하고 부지런한 왕이었다. 또한 외할아버지(헨리 1세)처럼 군주교육을 잘 받고 모든 유럽 언어를 구사할 수 있을 만큼 총명했다. 잉글랜드에 보통법을 정착시키고 재판제도를 발전시키는데 크게 기여했다.

그는 또 아일랜드를 정복하려는 큰 포부를 가졌고 창의적인 왕으로도 평가받았으며 1167년 영국의 장래 인재를 키울 옥스포드대학을 설립했다.

옥스포드 대학교의 설립

헨리 2세가 1167년 런던 근교 옥스퍼드 시내에 분산돼 있던 학교를 통합해 옥스포드 대학교를 설립했습니다. 1249년에는 파리대학을 모방해 최초의 학료(學寮; 기숙사)를 설립했습니다. 과학 · 도덕 · 철학 · 형이상학의 교육을 강조했고, 아리스토텔레스의 사상을 기본으로 삼았습니다. 대학 설립 초기 대학생들과 시민들이 자주 충돌했는데, 1354년 에드워드 3세가 학생들을 지지하여 특허장을 줌으로써 대학의 지위가 확고해졌습니다.

영국 대학의 쌍벽을 이루는 캠브리지 대학교는 옥스포드보다 100년 이상 뒤인 1284년에 설립됐는데, 옥스포드가 분규에 시달릴 때 많은 학생이 옥스포드에서 넘어와 캠브리지의 명성이 앞서게 되었다고 합니다.

옥스포드대학교(설립 1167년)

옥스포드의 설립연도 3년 후에 우리나라 고려는 문신들을 억압하는 무신의 난이 일어난 것과 아주 대조적입니다. 우리나라 국립대학의 효시라 할 국자감(國子監)이 고려 6대 임금 성종 때 992년에 설립돼 조선시대 성균관(成均館)으로 발전한 모습을 봐도 우리가 훨씬 앞선 역사가 있는데 무신정변으로 학문의 발전과 인재의 양성이 뒤처진 것이 아쉽습니다. 또 466년 후 미국에서 하버드대학이 설립(1636년)될 때 조선은 병자호란이 발생한 것과 비교됩니다.

헨리 2세의 왕실 분규가 마그나 카르타까지 유도

십자군전쟁의 영웅 리처드 1세

헨리 2세 부부는 나이 차가 11살이지만, 사이가 좋았는지 아들 다섯과 딸 둘을 낳아 왕실을 번성시켰다. 헨리 2세는 영토보존과 왕권강화에도 적극적이었으나 켄터베리 대주교와의 불화는 여러 가지 문제를 양산했다. 결국 이 사건으로 베게트 대주교는 암살당하고 순교자로 존경받아 초서의 "켄터베리 이야기"가 유명하다.

그를 괴롭히던 켄터베리 베네트 주교 말고도 더 심각한 것은 왕실 내부의 문제였다. 권력과 재산을 둘러싼 아들들의 다툼에 왕비까지 가세해 복잡하게 엉켰으며, 몇 차례 반란(왕비를 감금시킴)이 일어나 콩가루 집안이 되었다.

결국 큰아들이 분란 중에 죽고 사자왕 리처드 1세와 막내 존 왕은 끝까지 치열하게 싸웠다.

특히 왕비가 지참금으로 가져 온 유럽에서도 유명한 아키텐을 둘러싸고 리처드 1세의 반란에 아버지 헨리 2세가 패전하고 1189년 쓸쓸하게 죽었으며 리처드 1세(1189－1199년)가 이 왕조의 두 번째 왕이 되었다.

리처드 1세는 왕이 되기 전부터 십자군전쟁에 출전해 이슬람의 살라딘과 용맹을 날렸으나, 귀국 중에 프랑스왕 필립 2세와 동생 존 왕이 모의해 오스트리아에 포로가 되어 국민에게 많은 부담이 됐다. 그의 활약으로 영국왕실을 대외에 크게 알렸는데 전체적으로 과장되기도 했고 십자군 전쟁비용이 엄청났다. 동생 존왕은 마그나 카르타와 함께 역사에 남았지만, 아버지, 어머니의 아키텐 등 많은 재산을 교황과 프랑스의 필립 2세에게 바치게 되는 큰 손실을 가져왔다.

존왕과 마그나 카르타(Magna Carta)

문서화된 최초의 민주주의 대헌장 마그나 카르타

마그나 카르타는 세계에서 가장 유명한 문서 중 하나이다. 1215년 정치적 위기를 맞은 존왕(재위 1199－1216)이 해결책으로 수용하고 공포한 것으로서 왕 자신을 포함한 모든 영국인은 법을 준수해야 한다는 원칙을 최초로 확립했다는 점에 그 의의가 있다.

존왕이 수락했던 63개 조항은 그 후 많은 변천이 있었지만, 마그나 카르타는 영국헌법의 토대로 남아 있다. 예를 들면 39조는 모든 자유민에게 사법적 판단과 공정한 재판을 받을 권리를 부여하고 있다.

마그나 카르타는 1215년 영국의 존왕과 왕에게 반기를 든 영주들 간의 평화협정이었다. 이 규정들의 정신은 미국헌법의 권리장전(1791년) 및 세계인권선언(1948년)에도 구현되어 있다.

제일 민감한 조세에 대해서도 왕국의 일반적인 동의, 주요 영주와 성직자들의 동의(당시는 아직 의회가 없음) 없이는 부과할 수 없음을 선언하고 있다.

이 권리장전은 벌써 프랑스와의 전투에서 프랑스군에 패배한 존왕의 용병부대 봉급 등

마지못해 마그나 카르타에 사인하는 존왕

비용과 관련돼 있으니 100여년 후의 100년 전쟁과도 관련이 있다. 아무튼 영국은 이런 민주적 전통을 일찍부터 축적해 1628년 권리청원, 1688년의 명예혁명으로 발전시킨 나라다.

존왕이 마그나 카르타와는 깊은 사연들이 있다. 존왕은 우여곡절 끝에 왕위에 올랐을 때, 프랑스 내에 넓은 땅을 가지고 있었다. 그러나 존은 왕이 된 후 프랑스의 필립 2세에게 영토를 거의 다 빼앗겼다. 그 후 존왕은 복수하기 위해 군비를 늘리고 세금을 엄청나게 부과했다. 귀족들의 봉토를 자신의 재산처럼 사용해 당연히 귀족과 백성은 불만이 쌓여갔다. 1214년 존왕은 프랑스를 재침공했는데 부빈전투에서 참패해 잃어버린 영토를 찾으려 했던 목적도 물거품이 돼버렸다.

1215년 캔터베리 대주교의 지지를 얻은 귀족들은 존 왕에게 공개적으로 반기를 들기 시작했다. 이 해 여름 반란세력들은 왕의 거처인 윈저성을 포위한 채 압박했으며 왕을 지켜줄 용병들이 도망쳐 버려 왕은 휴전을 요청하게 된다. 귀족들은 존왕의 목을 베고 새로운 왕을 세울 수도 있었지만 강령의 성격이 있는 문서, 마그나 카르타에 왕의 서명을 받음으로써 권리를 되찾기로 했다. 이때 강경파들의 주장대로 했으면 한참 후 크롬웰이 430여년 후에 찰스 1세를 처형(1649년)한 역사를 앞당길 뻔했다.

1215년 6월 15일 템즈강변에서 존왕은 마그나 카르타에 서명했다. 마그나 카르타에 귀족들은 새로운 요구사항을 넣지 않았다. 선조 때부터 전해오는 왕과 귀족들의 관계를 기록한 문서였을 뿐이었다.

이로써 영국의 존왕과 왕에게 반기를 든 영주들 간의 평화협정이 이뤄졌다.

존왕은 마그나 카르타에 서명을 했지만 실제로는 한번도 마그나 카르타를 인정하지 않았다. 그저 억울하다고 투덜대며 화를 삭이지 못해 이듬해 1216년에 병사했다.

다음은 겨우 9살의 헨리 3세(1207－1272년 재위 1216－1272년)가 왕위에 올라 비교적 장기(56년)간 재위했다. 그러나 헨리 3세는 지금까지 조상 헨리 1, 2세보다도 아둔하고 변덕이 심했으며 군사, 정치적으로 무능해 엎치락뒤치락 정국이 지속된 시기였다.

이 시기 동양은 칭기즈칸이 몽골을 통일하고 중앙아시아를 정벌하기 시작했으며 십자군 전쟁이 큰 소득 없이 마무리되는 상황이었다.

존왕의 진면목은 어땠을까?

우표로 본 존 왕과 마그나 카르타

존왕은 헨리 2세의 다섯 아들 중 막내로 아버지의 사랑을 듬뿍 받았지만 왕위를 물려받을 기회는 거의 없었습니다. 그런데 형들이 일찍 죽고 마지막에 남은 형은 리처드 1세였는데 프랑스에 있는 어머니의 큰 유산을 두고 형들과 특히 리처드와 싸웠습니다. 그리고 마지막에는 자신을 그토록 사랑하고 보호해 준 아버지 헨리 2세를 배반하고 아버지를 쓸쓸하게 죽게 한 장본인입니다. 전쟁을 좋아한 형 리처드가 왕이 된 후 궁을 자주 비우는 기회를 이용해 나쁜 짓을 많이 했습니다. 결국 형이 전쟁터에서 전사하는 바람에 팔자에 없던 왕이 된 것입니다. 그렇게 왕이 된 존은 프랑스의 필리프 2세와의 전쟁에서 노르망디 공국을 비롯한 프랑스 내 영토를 대부분 잃어 큰 손해를 봤습니다.

이에 복수를 하겠다고 엄청난 전비를 요구하다가 마그나 카르타라는 족쇄를 차게되고 결국 영국의 민주주의가 발전하는 계기를 만든 역할을 했습니다.

에드워드 1세(재위 1272-1307년, 존왕의 손자) 영국통합을 추진

헨리 3세(재위 1216－1272년)는 아버지 마그나 카르타의 존왕이 죽자 왕위에 올라 운좋게 긴 시간(56년) 영국을 다스린 것처럼 보인다. 그러나 그는 무능한 왕으로 외척과 왕실단속에 실패하고 외적으로는 영주 귀족들과 갈등으로 마찰이 심해 그의 치세에는 정국이 늘 시끄러웠다. 특히 노후에는 엉뚱한 실수가 많았는데 아들 에드워드 1세(재위 1272－1307년)가 세자로서 부왕을 돕고 지탱했다.

에드워드 1세는 오랜만에 등장한 유능한 군주로서 할아버지(존 왕), 아버지(헨리 3세) 때 흐트러진 영국 사법제도 행정제도를 정비해 나라가 장기적으로 발전하는 기틀을 마련한 왕으로 평가받는다.

왕위에 오른 에드워드 1세는 지금까지 프랑스와 다투던 시각을 국내 잉글랜드 왕국

통합(통일과 다름)을 위해 웨일스와 스코틀랜드 정벌을 시도했다. 또한 법령을 정비하고 사법체제를 확립했으며 의회제도를 발전시켰다. 할아버지(존왕)와 아버지(헨리 3세) 관계가 안 좋았던 의회를 광범위한 시민을 포함하게 하고 자주 소집해 활성화한 왕으로 평가받는다. 이런 의회제도는 에드워드 1세에게 재정적 지원뿐만 아니라 정치적으로도 유용했다. 유목민에 가까운 웨일스였으나 두 차례의 침공으로도 완전히 굴복시키지 못했다. 다만, 영국의 왕세자가 웨일스 공으로 임명되는 관례를 만들어서 정치적으로는 잉글랜드에 예속시켰으나 사회·문화적으로는 그들의 것을 유지토록 했다.

영국 내 통합을 추구한 에드워드 1세

스코틀랜드는 웨일스와 달리 자체의 왕을 세우고 강력한 군대를 유지하고 있어서 오랫동안 마찰과 전쟁이 지속됐다. 역대 왕이 그랬던 것처럼 영국왕이 스코틀랜드의 종주왕으로 역할을 자임했으나 공교롭게도 두 나라는 에드워드 1세때 더욱 악화됐다. 그래서 1296년 에드워드 1세는 3만5천의 병력을 이끌고 북진해 그들의 수도를 점령했다. 주민을 무차별 학살하고 지도자(왕)를 퇴위시켜 스스로 스코틀랜드의 왕이 된 후 영주들의 충성맹세를 받았다. 영국역사상 큰 전쟁과 통일을 추진했으나 성공하지 못했고 그 후 계속된 반란과 진압 전쟁으로 이어졌다. 결국 10년전쟁의 장기적 마찰이 계속되다가 1307년 에드워드 1세가 다시 군대를 이끌로 북진하는 도중, 죽었다. 그 실패와 원한의 유산이 그 후임 왕들(에드워드 2세, 3세)에게 넘겨졌다.

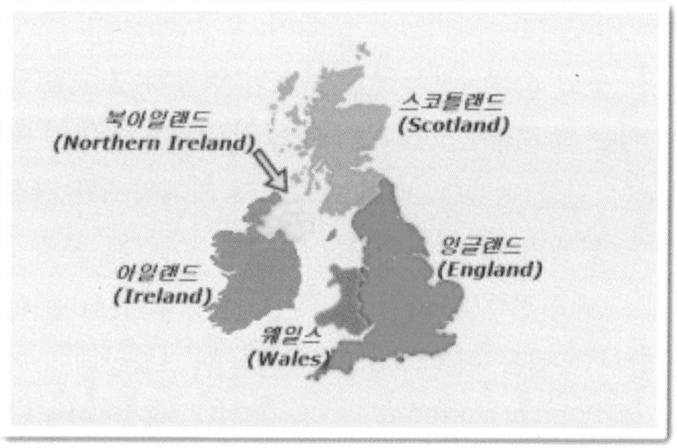

영국(United Kingdom)을 구성하는 영토(아일랜드 제외)

에드워드 2세, 3세 그리고 프랑스와 100년 전쟁

영국의 에드워드3세 백년전쟁의 명장

왕들은 총명함과 업적이 되풀이되는지 뒤이어 왕이 된 아들 에드워드 2세(1307－1327년 20년)는 스코틀랜드를 침공하고 실패한 후 왕비의 반란으로 폐위됐고 옥중에서 죽임을 당했다. 그 후임 에드워드 3세(재위 1327－1377년 50년)는 야심차고 유능해 프랑스와 본격적으로 맞장뜨는 100년 전쟁을 일으킨 군주였다. 전대(前代)에 헨리 3세는 무능했지만, 그 아들 에드워드 1세가 유능해 영국의 체면을 다시 세우고 영국을 통합하려다 죽은 야심많은 왕이었다

에드워드 2세를 건너뛰고 에드워드 3세가 다시 영국을 강국으로 만든 에드워드 1세 같은 왕이었다. 그는 조부 에드워드 1세의 유언, 스코틀랜드를 치라는 유언을 이행하고, 아버지가 섣불리 스코틀랜드와 전쟁을 벌여 패전한 것을 설욕하기로 다짐한다. 우선 스코틀랜드군을 무찔러 영국의 종주권(宗主權)을 인정하게 했다. 이와 함께 골치 아픈 스코틀랜드를 뒤에서 조정하고 지원하는 프랑스가 문제라고 판단해 프랑스를 공격하는 길을 택했다. 당시 프랑스의 카페왕조가 단절됨을 계기로 왕위계승권을 주장하는 것도 전쟁의 명분이 된다고 보았다. 이렇게 프랑스와 100년 전쟁이 시작됐고, 전쟁 초반에 크레시전투(1346년)와 푸아티에전투(1356년)에서 큰 승리를 거둬 기세를 올렸다. 다만 당시 유럽을 휩쓴 흑사병은 전쟁을 교착상태에 빠트리고 그 후 전쟁에서 황태자 흑기사 에드워드의 활약으로 프랑스를 곤궁에 몰아넣었다. 에드워드 1, 2, 3세가 합계 100년(1272－1377년) 이상을 재위하고 왕가의 마지막 왕 에드워드 3세의 손자 리처드 2세(재위 1377－1400년)가 경쟁자 동갑내기 헨리 4세에게 폐위되면서 왕가가 랭커스타왕가로 바뀌게 되었다.

리처드 2세와 세익스피어

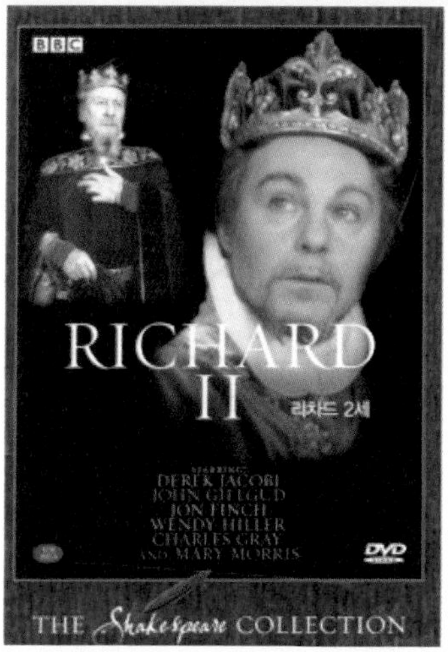

세익스피어의 리처드 2세 희곡

리처드 2세(1367生 재위 1377－1400년)는 "100년 전쟁"의 유명한 흑기사 에드워드(왕위에 오르기 전에 사망)의 아들로서 아버지가 전쟁의 피로감과 지병으로 1376년에 죽어 할아버지 에드워드 3세에 이어 9세에 왕이 됐다.

당시 한참이었던 100년 전쟁 중의 왕으로는 유약하고 결단력이 부족한 왕으로 나라를 제대로 추스르지 못했다.

처음에는 삼촌 존(흑기사 에드워드의 동생)이 섭정했지만, 친정(親政)을 시작하면서도 능력 발휘를 못했다. 특히 삼촌 존의 아들과 동갑인 헨리 4세(사촌 간)와 경쟁관계가 돼 결국 왕위를 찬탈당해 폐위되었다가 감옥에서 죽임을 당했다. 이때(1400년), 왕조가 랭커스터왕조로 바뀌었다.

세익스피어는 이때 왕실의 복잡한 알력과 투쟁을 그린 "리처드 2세"라는 작품을 써서 당시의 리처드 2세의 인간적인 고뇌와 우유부단한 왕의 행보를 그려냈다. 헨리 4세(1367生, 재위 1399－1413년)는 평생 왕위 찬탈자라는 오명을 가지고 살았는데 그 아들 헨리 5세는 랭커스터 왕가를 안정적으로 정착시키는데 주력했다.

또한 영국은 계속해서 대륙으로의 십자군전쟁에 참여, 프랑스와의 영토 및 왕위계승권 문제 등으로 복잡한 전쟁과 갈등에 휘말리는 역사를 지냈다. 이때 헨리 4세는 대규모 전투를 치르지 않고도 협상과 타협이라는 방식으로 국내외 도전을 무난히 헤쳐나가 유럽의 일등 국가로 도약하는 저력을 키웠다.

헨리 5세부터 헨리 7세까지 영국 중세 역사의 마무리는 영국의 장미전쟁(다음 17막 3장)과 함께 설명한다.

3장

러시아 왕조(1), 키예프 공국, 모스크바 공국의 정착

중세 러시아의 시작-루리크 왕조(862-1598년)

바이킹의 지도자 루리크 삼형제

루리크는 러시아 최초의 국가를 세운 지도자로서 862년부터 879년까지 러시아의 "노브고로드"를 통치했다. 루리크 왕조의 개창자이면서 동시에 러시아 최초의 통치자였다.

루리크라는 인물은 바이킹 세력의 한 지도자로 동슬라브인들이 나라의 기틀을 세워 달라는 초청을 받고 그 삼형제가 무리를 이끌고 노브고로도에 도착해 나라를 세워 왕조가 시작되었다. 러시아 왕조는 비교적 간단해 이때부터 시작된 루리크 왕조가 꾸준히 이어져 13세기 몽골의 침공시대를 버텨냈다. 러시아는 이때 시작된 루리크왕조가 1598년 이반 4세의 아들 표트르 1세가 죽었을 때까지 직계·방계로 700여년을 지속됐다. 루리크가 세운 가장 대표적인 노브고로드 공국은 오늘날 유럽쪽 러시아의 북서부에 위치해 지리적으로 볼 때 모스크바와 상트페테르부르크를 연결하는 중간지역에 있었다. 키예프공국의 멸망 이후 세워진 모스크바 대공국과 계속 패권을 다투며 경쟁하다가 1478년

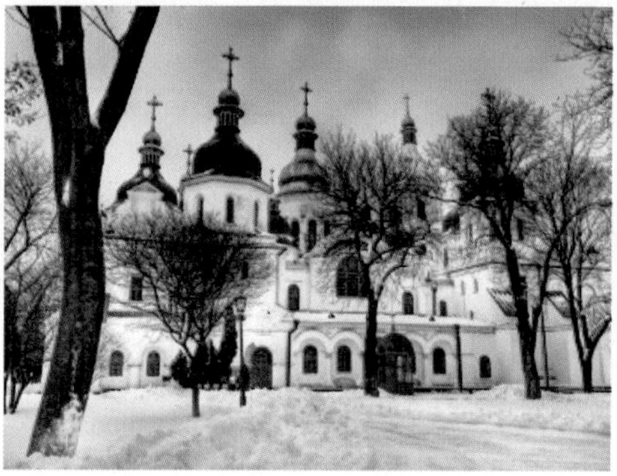

노브고로드 공국의 일부

중앙집권체제를 강화한 이반 3세에 의해서 모스크바 공국에 합병됐다.

노브고로드 시는 러시아 연방에서 가장 오래된 도시의 하나로서 고풍스런 모습을 간직하였으나 2차 세계대전 중에 시의 대부분이 파괴되었다. 전쟁 후 재건되어 러시아의 성 소피아 사원 등 역사적인 유적이 남아 있어 유네스코 세계 유산 목록에 들어 있다.

키예프 루스 공국(882-1240년) 몽골에 멸망

11세기의 동유럽

러시아, 벨라루스, 우크라이나의 원조인 키예프 루스(나라)는 루리크가 노브고로드에 나라를 세운 이래 남쪽으로 내려와 건설(882년)한 나라다. 루리크가 속하는 부족 루스인의 이름을 따서 차후에 "Rusi+a(나라)" 러시아가 되었다.

루리크의 아들 이고르(2대 대공 위쪽 사진)때 나라의 기틀이 세워졌으며 점차 동슬라브인들에게 흡수돼 988년 블라디미르 1세가 동로마(비잔틴)제국으로부터 동방정교회와 비잔틴 문화를 수용했다. 이 중세 러시아의 수도가 키예프였으며 11세기에 키예프를 중심으로 10여개 소공국들을 통일하면서 나라가 발전해 전성기를 맞았다.

그러나 키예프 왕실의 정치적 분쟁, 상업유통 중심지로서 역할의 저하 그리고 주변 국가들과의 빈번한 전쟁 등으로 12세기 후반 쇠퇴하기 시작했다. 그러다 키예프 루스는 내부분열과 몽골의 침략으로 멸망(1240년)했다.

최초 외적과의 전투에서 승리한 알렉산드르 넵스키

페이프스 호수의 대전투

알렉산드르 넵스키는 노브고로드, 키예프, 블리디미르를 통치한 러시아 역사상 가장 존경받는 왕(지도자)이다. 십자군 전쟁의 일환으로 치러진 유명한 1242년 네바강전투, 페이프스호수 전투를 승리로 이끌며 외세로부터 러시아의 영토를 지켜낸 영웅이다.

알렉산드르 넵스키
(1221-1263년)

바로 직전 몽골군의 침공으로 키예프공국이 점령된 이후의 전투였으므로 러시아의 존폐가 결정되는 중대한 전투였다. 유럽의 4차 십자군 전투 이후 로마교황청이 노브고로드 공국에 가톨릭 의식을 따르도록 지시한 바 있었다. 이후 독일의 튜튼기사단 등 4－5천명의 십자군이 침공해 러시아 역사상 최초로 외부 세력의 침공을 이겨낸 전투였다. 이 전투 이후에도 넵스키대공은 당시 강력했던 몽골 타타르와는 군사적 충돌을 피해 유화정책으로 슬기롭게 대처해 백성의 안전을 지켜냈다. 이같은 업적으로 사후에 “기적을 행한 자”로 러시아정교회의 성인으로 시성됐으며 그를 기리는 성당이 많다.

모스크바 대공국의 건립(1283년)

원래 모스크바는 중세의 러시아에서 그다지 비중있는 도시가 아니었다. 몽골의 침공(1240년)으로 키예프 루스공국이 붕괴된 이후 많은 루스 난민이 오카강과 볼가강 사이의 지역으로 이주하기 시작했다. 숲이 우거진 오지(모스크바 주변)는 우크라이나 평야지대보다는 타타르인들로부터 안전했다. 키예프 루스가 몽골에 패망하고도 존재하던 그 원래의 왕국 노브고도르 공국의 대공(왕) 알렉산드로 네프스키는 스웨덴과 독일기사단의 침공을 물리쳤다. 이렇게 큰 활동을 하던 네프스키가 1263년 사망하고 그의 동생 야로슬라프 3세가 왕위를 계승했다. 그는 눈에 거슬리는 네프스키의 아들 다날 1세에게 가장 거친 모스크바 주변의 땅을 주면서 내쫓았다.

그 이전에 키예프 루스의 왕족이 모스크바강의 삼각주에 울타리와 해자로 둘러싸고 도성의 원형 즉 "크렘린"을 만들었다. 그래서 산림 속에 미개발 도시에 내쳐진 다날 1세가 이곳에 자리 잡으며 자연스레 1283년 모스크바 공국이 수립되었다.

크렘린의 유래

1156년 유리 돌고스키라는 키예프공국의 왕족이 숲속의 모스크바에 쌓은 성채에서부터 유래됐습니다. 크기는 축구경기장의 1.5배 정도라고 하는데 이것이 나중에 모스크바에 있는 크렘린의 기원이 됐습니다. 크렘린은 러시아어로 "성채"라는 뜻이며 다른 지역의 성채(도시)도 크렘린이라 불렀는데 나중에 모스크바의 크렘린이라는 고유명사처럼 사용하게 됐습니다. 또한 그 의미도 러시아 혁명(1917년) 이후 공산당 수뇌부를 의미하고 그 내부의 미스터리(mystery)같이 그 사정을 알 수 없는 대상을 의미하는 말처럼 쓰이게 됐습니다.

키예프 왕족 덕분에 모스크바 공국이 성립되고 다닐 1세가 통치하는 동안 모스크바에는 주변의 농민, 상인들이 모여 들어 인구는 늘어났지만, 몽골군의 약탈로 국가살림은 곤궁 속에 어려움을 겪고 있었습니다. 다닐 1세의 사후 아들 유리가 모스크바 통치권을 계승한 이후 모스크바가 조금씩 힘을 키우기 시작했습니다. 모스크바가 지리적으로 주변이 울창한 숲으로 둘러싸여 외적의 침입으로부터 방어하기 쉬웠고 오카강, 볼가강 등 주변의 여러 강으로 연결할 수 있는 유리한 중간 지대에 위치해 교역로의 중심지로 부상할 수 있었습니다. 새로운 모스크바의 지도자 유리는 몽골의 킵차크 칸국과 대외적인 관계에 집중하면서 주변의 루시 왕국(제후)들의 대표격인 입지를 갖게 됐습니다.

그 후 유리의 아들 이반 1세가 즉위해 몽골 칸에게 바칠 루시공국들의 세금징수를 대행하는 과정에서 실리를 취해 모스크바 공국의 발전을 도모했습니다.

예전 숲으로 둘러싸인 모스크바(그림), 현재의 모습

몽골과 타타르의 멍에 시대(1240-1480년)

몽골-타타르의 멍에라고 부르는 시대는 1240년부터 1480년까지 루스(러시아)지역이 몽골이 세운 나라 킵차크 칸국의 지배를 받던 기간을 말한다.

루스지역을 정복하고 착취한 주인공은 몽골인인데 러시아(루스)의 입장에서는 실제 통치계급(귀족 계급)이라고 할 수 있는 타타르인들이 훨씬 무서운 존재였다. 지금 타타르인은 인구가 줄어 중국의 55개 소수민족 중 52번째로 수천명밖에 안되지만 당시는 몽골인에 붙어서 나쁜 짓을 도맡아 했다.

몽골인들이 본국에서 떨어져 있는 동안 2, 3세들은 문화적으로 이슬람화, 투루크화되

몽골군의 침공으로 킵차크 칸국 수립되다.
킵차크 시대 러시아 대공들의 충성경쟁

고 인종적으로도 완전히 섞이면서 나중에 킵차크 칸국은 사실상 투르크 타타르(좌측 타타르족 사진) 국가처럼 된 것이다.

몽골의 지배가 시작된 상황은 원조(元祖) 칭기즈칸이 죽고 셋째아들 오고타이가 2대 칸이 되었을 때 그의 조카 바투(칭기즈칸의 큰아들 주치의 아들)가 1236년부터 감행한 유럽원정에서 루스 지역에 자리잡고 있던 공국들이 필사적으로 저항했지만, 역부족이었다.

결국 1240년에 수도 키예프가 몽골제국(좌측 몽골 침략)의 손아귀에 떨어졌다. 1243년 오고타이칸이 서거하자 바투는 정복활동을 멈추고 루스 지방 등을 아우르는 킵차크 칸국을 수립했다.

모든 루스지역이 몽골의 직할통치를 받는 것이 아니라 고브고르드 공국 같은 나라는 고려의 원나라와 비슷하게 간접지배하면서 일정한 자치권을 주는 형식으로 타타르족이 몽골의 동업자였다. 몽골의 지배기간에는 거의 모든 루스의 대공들은 킵차크 칸국의 수도 사라이를 의무적으로 왕래해야 했고 몽골이 다스리는 지역의 대공직(작은 왕 또는 제후)을 인정하는 윤허장을 받아야 했다. 중요지역, 예를 들면 블라드미르 대공의 직위는 늘 치열한 경쟁상태에 있어서 모스크바 대공과 치열하게 다퉜다.

충성경쟁은 칸에 대한 종속을 더 강하게 하고 루스의 백성들은 그 지배층의 권력투쟁경쟁에 환멸을 느껴 정신적으로 더욱 교회에 의지하는 계기가 됐다. 이런 치졸한 대공들의 경쟁으로 잦은 전쟁이 지속되고 결국 1380년에 이 경쟁에 직접 개입한 대칸의 군대와 강력한 대공 국가 드미트리와 맞붙었다. 의외로 드미트리군이 승리해 몽골 타타르의 멍에를 벗어날 수 있다는 자신감을 가지는 계기가 됐다. 게다가 킵차크 칸국이 중앙아시아의 강자로 등장하는 티무르제국에 밀리자 모스크바 대공국을 계승한 바

한때는 몽골을 하대하는 대공들

실리 1세(재위 1389－1425년)가 몽골 칸에게 바칠 세금까지 중간에 가로채기 시작하면서 모스크바공국의 발언권도 강화됐다.

그러나 몽골에서 새로운 칸이 오면서 이런 상황을 문제 삼고 모스크바를 침공해 철저히 복수와 응징을 했다. 이때 1445년 모스크바의 대공은 바실리 2세(재위 1425－1462)였는데 전투 중에 포로가 돼 막대한 보석금을 내고 석방이 됐다. 바실리라는 이름의 대공(1－2세)들이 험난한 상황을 극복하고 70여년 모스크바 공국의 위치를 공고히 했다.

이반 3세-몽골로부터 독립 그리고 모스크바 중심의 종교 문화의 진흥

| 이반 3세

원본보기 >

러시아 역사상 표트르대제와
함께 존경받는 이반3세

바실리 2세를 계승한 모스크바 대공은 이반 3세(1440生 재위 1462－1505년)로서 러시아 역사상 표트르대제에 버금가는 유능한 군주의 한 사람이다.

루스지역을 통합하고 절대주의 체제를 확립했으며 앞장서서 킵차크 칸국으로부터 주권을 회복했다. 이때가 러시아가 근대 국가로 나가는 시작이었다. 이반 3세는 1471년 6월 쉐론 강에서 숙적(宿敵) 노브고로드 대군과 큰 전쟁을 벌여 승리함으로써 러시아를 실질적으로 통일했다.

1478년 결국 이반 3세의 주도로 모스크바 공국이 노브고로드와 병합(흡수 합병)함으로써 지도상으로 러시아가 통일된 것이다.

그리고 또 중요한 것은 이반 3세가 1453년 멸망한 비잔틴제국의 마지막 황제(콘스탄틴 11세)의 조카와 결혼함으로써 비잔틴제국의 종교를 계승한 것 외에 혈연으로도 비잔틴제국과 연결된 것이다. 또 통합된 나라의 기초를 세우고 나라의 체통을 세우는데 긴요한 이반 3세의 법전을 완성(1497년)했다. 이 내용 중에 농민의 거주 이전의 자유를 제한한 것은 이후 로마노프 왕조의 농노사회의 법적 수단이 마련된 것으로 두고두고 논란이 됐고 이후 러시아의 농노해방과 국가개혁의 발목을 잡았다.

러시아정교회의 정착

러시아의 동방정교회 총주교의 종교의식

드디어 모스크바 공국은 탁월한 능력을 발휘한 이반 3세가 등장하면서 다른 러시아 공국들을 통합하고 몽골 타타르와의 예속관계를 완전히 청산했다. 여기에 종교적으로도 통일을 이뤄 모스크바를 중심으로 러시아라는 국가를 출발시켰다.

러시아 정교회는 988년 키예프 러스 시대 블라디미르 대공 때 비잔틴(동로마)제국의 교회(동방정교회)를 통해 전파됐다. 따라서 러시아 정교회의 문화는 동로마제국의 동방정교회의 문화가 근간을 이룬다. 그러나 13세기초 몽골의 침입으로 남부러시아는 황폐화되고 14세기 러시아 중심지는 북방 모스크바로 옮겨졌다. 다행히 몽골이 기독교에 비교적 관대해 러시아 정교회는 수도원 중심으로 명맥을 이어갈 수 있었다. 그 후 러시아 정교회는 1453년 비잔틴 제국의 멸망과 함께 전통을 이어받아 독자적인 독립교회가 형성되기 시작했다.

17세기 로마노프 왕조시대에는 니콘이 이전 동방교회와 달라 문제가 된 것을 바로잡는 개혁을 단행했다. 표트르 1세 때인 18세기에 러시아 전반의 개혁을 추진하면서 러시아 정교의 총주교(서방 카토릭의 교황)의 선출을 금지하는 대신 시노드(종무원)을 설치했다. 종무원 총감은 황제가 임명하는 관리가 의장이 됨으로써 교회도 국가의 한 기관으로 전락했다.

1917년 공산주의 혁명으로 제정러시아가 붕괴하자 러시아 정교회는 약 2세기만에 총주교제를 부활시키고 제자리를 찾아가려는 노력을 했다. 그러나 소비에트정권(특히 스탈린의 통제)의 철저한 탄압으로 교회는 존망의 위기로 내몰리게 되었다. 그 후 제2차 세계대전을 계기로 정부와 교회의 타협이 이뤄져 외교정책 등에서 정부 정책에 협조한다는 조건으로 사회주의 체제하에서 나름대로 활동의 자유를 얻게 됐다. 오늘날 러시아 정교회는 제정러시아 시대와는 비교할 수 없을 정도로 교세가 축소됐지만, 그래도 외적으로는 동방정교회 중에서 최대의 교세를 유지하고 있다.

4장

러시아 왕조(2), 이반 4세의 선정과 악정

바실리 3세(1479년 즉위)-이반 4세(1533년 즉위)-중세의 역사에 포함

러시아는 서유럽제국들과 비교해 영국과 함께 늦게 출발한 왕실역사이므로 연대만으로 중세와 근대를 구분하기 적당하지 않은 면이 있다. 일반적으로는 동로마제국이 멸망(1453년)하고 구텐베르크가 인쇄혁명(1450년)을 시작한 때부터 중세가 마무리된 것으로 본다.

그러나 러시아는 1613년 로마노프왕조가 시작될 때까지 루리크 왕조가 지속됐고 족적이 뚜렷한 이반 4세가 존재했으므로 바실리 3세와 이반 4세의 시기를 중세 역사의 마무리로 설명한다.

영국에서는 장미전쟁이 끝나고 1485년 헨리 7세(재위 1485－1509년)부터 튜더왕조가 시작되었으므로 이때까지를 중세 역사로 다룬다.

바실리 3세 이후 강력하고 악명높은 이반 4세의 등장

러시아의 가장 유명, 악명높은 이반 4세

러시아의 중세에서 가장 유명한 이반 3세와 이반 4세(손자) 사이에 바실리 3세(1479년생 재위 1505－1533년)가 있다. 그는 이반 3세와 비잔틴제국의 마지막 황녀 사이에 차남으로 태어나 1505년(26세)부터 1533년(64세)까지 통치했다. 그의 유명한 부친(이반 3세)은 첫 번째 부인 마리아가 낳은 장남을 후계자로 생각해 교육을 시켰지만 일찍 죽었다. 대타로 비잔틴의 피를 받은 바실리 3세가 아버지의 정책을 계승해 모스크바공국의 위상강화와 중앙집권화를 지향했다. 바실리 3세도 첫째 부인에게 자식이 없어 이혼하고 재혼한 두번째 부인에게서 51세에 아들 이반 4세를 낳고 3년 후 폐혈증으로 사망했다.

늙은 부모에게서 태어난 이반 4세(1530년생 재위 1547－1584년)는 아버지 바실리 3세가 세 살때 서거하고 어머니도 8세에 사망한(독살 가능성) 바람에 힘겨운 어린 시절을 보내야 했다.

간신히 대공 지위는 계승했지만 아들을 낳지 못해 폐위된 바실리 3세의 큰 부인의 세력(보야르)이 권력을 쥐고 이반 4세는 언제 폐위될지 모르는 공포 속에 살아야 했다. 묘한 정치적 역학관계(力學關係) 덕분에 이반 4세는 끝내 살아남았다.

그는 이때까지 동물같은 생존본능을 키웠으며 끈질긴 투쟁능력이 발휘되기 시작했다. 1546년 12월 말에 "내년(17세)에는 결혼할 것이며 또한 차르로서 전 러시아의 지배자로서 즉위하겠다"고 선언했고 이는 곧 실현됐다.

영국 엘리자베스 1세와 왕이 되는 사연이 그렇게도 비슷한 이반 4세

여러 가지가 비슷했던 엘리자베스1세와 젊은 이반4세

영국의 엘리자베스 1세는 아들을 낳기 위해 6번 결혼한 아버지 헨리 8세가 두 번째 부인 앤 블린에게서 얻은 딸이었습니다. 1533년 출생이니 그보다 3년 먼저 출생(1530년)한 이반 4세와 동시대 인물이며 둘 다 아들 낳기를 원하던 아버지들이 늦게 낳은 자녀였습니다. 이반 4세는 바실리 3세가 51세에, 엘리자베스는 아버지 헨리 8세가 42세에 출생했으며 이반 4세는 출생 3년 후 부모가 모두 사망해 일찍 고아가 됐습니다. 엘리자베스 1세도 3살 때 어머니 앤 블린이 런던탑에 갇혔다가 참수돼 고립무원 속에 성장했다는 것이 공통점입니다.

더욱 비슷한 것은 두 나라 모두 냉정한 권력다툼의 아수라장에서 두 사람 다 내재돼 있던 생존 본능으로 살아남아 끝내 권좌에 올라 자신의 권력욕구를 지나칠 만큼 성취했습니다. 특히 엘리자베스 1세는 아버지 헨리 8세조차 간통한 부인(년)의 자식이라는 사생아 취급을 받았습니다. 게다가 배다른 형제 에드워드와 메리가 다음 왕이 되는 것을 지켜보면서 11년이나 인고의 세월을 보내고 끝내 영국을 1등 국가로 격상시킨 여왕이 되었습니다. 이반 4세도 유명과 악명을 동시에 떨치며 러시아를 유럽의 번듯한 나라로 등장시켰습니다.

러시아역사상 가장 선악이 공존했던 이반 4세

이반 4세는 1547년 러시아 정교회에서 대관식을 치르고 전(全) 러시아의 차르로 등극했다. 이전의 모스크바 대공들은 말 그대로 대공에 불과했고 능력을 발휘한 할아버지 이

이반 4세의 부인 아나스타시아

반 3세도 스스로 차르로 불렀을 뿐이었다. 그러나 이반 4세는 대공이 아니고 국왕을 의미하는 차르 칭호를 공식적으로 사용했다. 그의 권위를 만천하에 알리고 새로운 시대가 열렸다는 것을 보여주기 위한 것이었다. 차르로 등극한 그해 이반 4세는 명망있는 가문 로마노프 집안의 아나스타시아를 아내로 맞았다. 원래 선조 독일 기사단이 러시아에 왔을 때 자리잡은 집안의 처녀를 맞이한 것은 이반 4세와 러시아 역사에 미친 영향이 심대했다.

이런 즉위와 결혼이 가능했던 것은 그동안 섭정하며 권력을 농단했던 보야인들의 내부에 파벌과 다툼이 생겼으며 이들 세력의 횡포를 견제해줄 강력한 왕권을 기대하는 상인들이 있었다. 특히 신진세력 "드보랸"들이 이반 4세의 즉위를 지지했기 때문이었다.

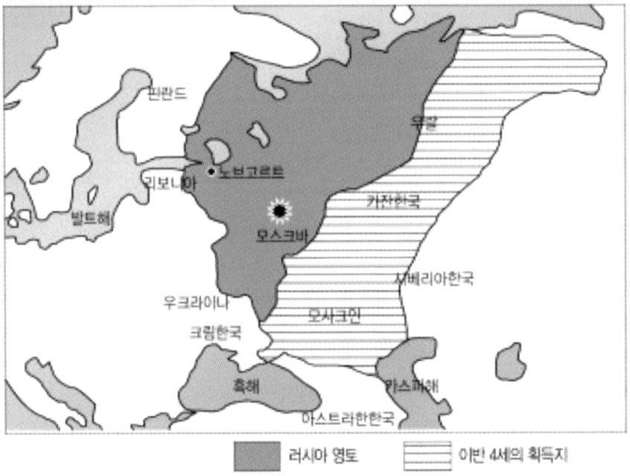

이반 4세의 영토 확장

정확한 상황파악을 한 이반 4세는 즉위식을 올리고 황제로서 자신의 세력을 규합했으며 귀족회의(듀마)를 역이용해 기선을 제압했다. 개혁입법을 통해 지방정부의 자치권을 중앙으로 이관하고 상비군을 창설하였으며 토지제도를 개편해 "귀족의 토지세습권"을 원칙적으로 인정하지 않고 그 봉토는 황제에 대한 충성의 대가로 승인된다는 원칙을 제시했다.

이렇게 이반 4세는 재빠르게 전제군주로서의 권력을 장악하고 있었다.

이반 4세는 외교, 군사부문에서 업적을 쌓아 강한 러시아를 만들기 위해 오랫동안 모스크바 공국을 위협해온 카잔 칸국정벌에 나서 1556년에는 아스트라한 칸국을 정복했다. 또한 대외적으로 영국을 비롯한 서유럽국가들과 교역 루트를 개발하여 동방정교의 수장이라는 호칭에 걸맞도록 추진했다.

이런 초창기 통치는 일부 보야인을 제외하면 러시아 대부분의 백성들에게 할아버지(이반 3세) 못지 않는 훌륭한 군주가 등장했다고 환호를 받았다.

역사가들도 이반 4세의 37년 치적 중에 전반기는 나무랄 데가 없다고 기록하고 있다.

러시아, 모스크바의 이정표 크렘린 광장과 바실리 사원

러시아의 제1의 랜드마크 바실리성당

누구나 크렘린 광장을 가면 감탄하고 그 앞에서 사진을 찍는 아름다운 사원이 바로 바실리 사원(성당)입니다. 다른 나라의 이정표는 어떨까요? 프랑스는 두말할 것 없이 에펠탑, 중국은 천안문 광장, 이곳은 2-3백만 관중을 동원할 수 있는 역사를 만드는 광장으로 유명합니다. 청나라의 황궁의 대문격으로 천안문(天安門)광장으로 불리며 현판에 모택동의 사진이 걸려 그 자체가 중국의 이정표가 아닐까요. 미국 워싱턴의 이정표는 무엇일까? 국회의사당(Capitol), 워싱턴기념관(Tower)과 링컨기념관을 일직선으로 잇는 내셔널 몰(Nation Moll)입니다. 러시아의 바실리성당은 바로 60m의 중앙 첨탑을 중심으로 총 8개의 양파 모양의 지붕들과 높이가 다른 4개의 다각탑 그리고 그사이 4개의 원형탑을 포함 9개의 탑이 있습니다. 무질서하게 배치된 것 같지만 그 속의 조화로움이 돋보이며 색의 조화가 아름다운 더 말할 것 없는 건축물이라고 평가받습니다. 이 건물이 바로 이반 4세가 카잔 칸국의 병합을 기념하려 러시아 정교회에서 깊이 존경하는 성인의 이름(이반 4세의 아버지도 바실리 3세)으로 건립된 사원(성당)입니다. 전해 오는 이야기는 건축가가 이보다 더 아름다운 건물을 짓지 못하게 눈을 멀게 했다는... 이것은 이 성당 완공(1555-1560년) 후 88년 후에 인도의 이정표라 할 타지마할(1648년 완공)에서도 들은 이야기가 아닌가요? 그러나 이 건축가는 이반 4세의 사후에도 활동했습니다.

이반 4세의 후반기 악명높은 치세가 문제

이반 4세의 후반기는 전반기와 확연히 달라졌다. 이 후반기를 구분하는 시점은 1560년 개혁의 동반자이자 최측근인 젊고 아름다운 부인 아나스타시아가 사망한 때였다. 10여 년 동안 옆에서 차르를 도와준 부인이자 동지의 돌발스러운 죽음에 이반 4세는 말로 표현할 수 없는 극심한 정신적 고통을 겪었다.

분노에 찬 이반뇌제

아내의 죽음이 귀족들의 작당에 의한 독살이라고 믿은 이반 4세가 복수를 시작했다. 암살에 가담했다고 생각한 옛 동지 두 사람을 체포·구금해 한 사람은 수도원으로 또 한 사람은 고문을 받다가 옥사한 것을 시작으로 많은 측근이 죽임을 당했다.

이때가 즉위한 지 13년째로 영토를 확장하고 많은 개혁사업을 해 대단한 현군으로 존경받았으나 왕비의 죽음을 계기로 완전히 바뀌었다. 1584년 사망할 때까지 24년의 후반기는 말 그대로 공포정치의 연속으로 이반 뇌제(雷帝)라고 불리는 극단적으로 상반된 평가를 받고 있다.

차르의 돌반적인 행동은 1564년부터 정점에 이르렀다. 차르의 친위대인 "오프리치니키"를 창설하고 차르의 반대파를 제거하고 재산까지 몰수할 수 있는 권한까지 확보한 이반 4세는 무소불위(無所不爲)의 숙청의 칼을 휘둘렀다. 이후 1565년부터 1572년까지의 약 7년간 러시아에는 암흑과 공포의 시대가 전개됐다. 수많은 이가 차르의 반대파로 몰려 죽임을 당해 사촌 형제 종교계의 대주교까지 차르의 정책에 반대했다는 이유로 처형되고 그들의 가족, 친척, 친구들이 함께 목숨을 잃었다.

이때 폭정에 앞장서 행동대 역할을 했던 기구가 친위대 오프리치니키로 흔히 러시아 비밀경찰의 효시라고 부르는데 이들은 한때 6천명의 규모였다. 이들은 사람들에게 공포감을 주기 위해 검은 옷과 검은 말을 타고 다녔다. 또 개머리와 빗자루를 달고 다녔다는데 차르에 반대하는 적들을 개처럼 물어뜯고 빗자루로 쓸어 버린다는 의미였다고 한다. 공식적으로 이 비밀경찰은 1572년에 종결됐다고 하지만 이반 4세의 정서 불안과 폭정은 그가 죽을 때까지 지속됐다.

폭정의 종지부를 찍은 사건은 1581년 11월 16일에 일어났다. 이날은 아들이자 후계

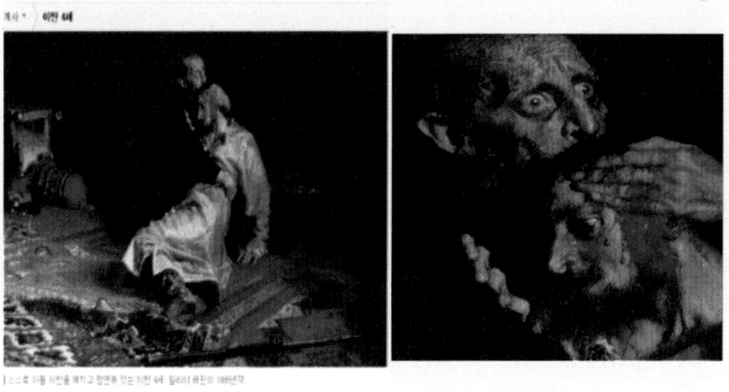

죽은 아들을 안고 오열하는 이반 4세

자인 이반의 부인 며느리의 옷차림이 탐탁지 않았던 이반 4세가 그녀를 꾸짖자 이를 말리던 아들 이반을 쇠몽둥이로 내리쳐 죽인 것이다. 이 사건을 러시아의 유명한 화가 이리야 레핀이 그림으로 그렸다. 아들을 죽이고 절망감에 빠진 이반 4세의 모습이 잘 묘사돼 있어 역사적 사건을 알린 유명한 그림이 되었다.

이반 4세는 유능한 아들을 죽인 살인자로 보기는 어렵고 현대적 법률용어로는 과실치사(過失致死)에 해당될 것이다. 이반 4세는 이후 처절한 회한(悔恨)과 적막감으로 3년간 죽지못해 살다가 사망했다.

사랑하는 부인이 죽었을 때, 이반 4세, 고려의 공민왕, 인도의 타지마할

러시아의 이반 4세가 사랑하면서 정신적으로 의지한 부인, 아나스타시아가 독살됐다 믿고 정서적으로 이상해져 명군으로 국내외 정치를 잘한 개혁군주가 완전히 돌변했습니다.
이와 비슷한 사례가 우리나라의 고려 31대 공민왕(1330生 재위 1351-1374년)입니다. 원나라의 노국공주와 1349년 결혼했고, 2년 후 1351년 고려왕에 등극했습니다. 노국공주는 사랑하는 아내이자 개혁정치의 동지였습니다. 그러다가 1365년(결혼 16년) 노국공주가 난산으로 죽자 심신이 완전히 무너져 그때까지 잘 돌본 정사를 손 놓고 그 처신까지 황폐해졌습니다. 재위 기간 24년 중 전반기 15년은 잘했지만, 후반기 9년은 신돈이라는 요승을 만나 지나치게 성적인 것에 탐닉했습니다. 결국 처참한 죽음을 맞았습니다.
이반 4세도 어려운 유년시절을 보냈지만, 아내를 잘 만나 정서적으로 안정되고 개혁정치도 함께 한 동지가 독살됐습니다. 그때까지 13년(1547-1560년) 동안 국내외 정치를 잘했지만 부인이 죽은 후반기(1561-1584년) 24년은 공포와 독재정치로 측근은 물론 수많은 사람을 고문 · 처형하는 괴물군주로 변했습니다. 결국 후계자인 아들까지 죽이고 고뇌의 노후를 보냈습니다.

공민왕보다 정확히 200년(출생연도) 후에 태어난 이반 4세의 운명이 어쩜 그렇게도 비슷할까요? 또 다른 숭고한 사랑의 사례는 이반 4세보다 60여 년 후에 태어난 인도 무굴제국의 5대왕 샤자한(1592-1666년 재위 1627-1658년)입니다. 사랑하는 아내가 결혼 19년 만에 14번째 자녀를 출산하던 중에 죽었습니다. 세상이 무너진 것 같은 슬픔에 잠긴 샤자한은 그해(1631년)부터 아내를 위한 묘지(영묘) 타지마할을 짓기 시작해 23년만인 1653년에 완공했습니다. 위의 두 사례처럼 사람이 변해 정사를 엉망으로 하지는 않았지만, 국가 재정의 부담이 된다고 생각한 아들(6대왕 아브랑 제브)이 쿠데타를 일으켜 아버지를 가두고 자신이 왕이 됐습니다. 샤자한은 아들에게 왕위를 뺏기고 아내의 영묘 타지마할이 보이는 방에서 8년 동안 갇혀 있다가 죽습니다.
사랑하는 아내를 일찍 먼저 보낸 왕들은 모두 정상적인 생활을 하기 어려웠나 봅니다. 또한 이반 4세와 인도의 샤 자한 왕은 각각 러시아와 인도를 대표하는 아름다운 바실리 성당과 타지마할 영묘를 남겼다는 공통점이 있습니다.

고려 31대 공민왕과 노국대장공주, 인도 무굴제국의 샤 자한이 죽은 부인의 영묘 타지마할을 세우다

이반 4세 이후 왕조의 몰락

왕권을 계승할 후계자의 죽음으로 러시아왕조는 급격한 붕괴의 위기를 맞게 되었다. 어느날 갑자기 뇌졸증으로 죽음을 맞은 이반 4세의 후계자(똑똑한 아들은 자신이 죽였으니)는 육체적으로도 정신적으로도 건강하지 못한 약한 막내아들인 표도르 1세(1584－1598년)가 뒤를 이었다. 이때는 조선의 임진왜란(1592－1597년)과 일치한다.

실권은 차르의 처남 보리스 고두노프가 쥐었는데 그나마 표도르 1세가 죽자 고두노프(재위 1598－1605년)가 직접 차르가 됐다. 이로써 9세기 중반부터 이어진 루리크(이반, 바실리라는 이름의 대공들이 주류)왕조는 붕괴되고 말았다.

이후 로마노프 왕조가 시작되는 1613년까지 러시아는 극심한 정치적·경제적·사회적 위기에 빠졌다. 이 시기에 폴란드가 침입하는 등 절체절명(絕體絕命)의 혼란에 휩싸였다. 이런 까닭에 러시아의 역사에서 이 시기를 혼란의 시기(1598－1613년)라고 부른다.

이반(4세)대제와 일본의 노부나가 비슷한 시기에 그렇게도 닮았다.

이반 4세가 살았던 시기는 일본의 전국시대를 통일한 오다 노부나가와 거의 겹칩니다. 이반은 1530년에 태어나 1584년(54세)에 죽었고, 노부나가는 1534년에 태어나 1582년(48세)에 먼저 죽었으니 비슷한 시기를 살았습니다. 러시아도 일본도 여러 조각으로 나뉜 시기에 태어나 뛰어난 실력과 정치수완을 발휘해 군웅할거의 어지러운 국면을 타개하고 나라의 통일을 이뤘습니다.

이반 4세는 스웨덴 등 막강한 외세에 위협받던 소국에 불과했지만 모스크바대공에서 출발해 황제 자리에 올랐습니다.

노부나가(위 사진 우측)도 애초에 오와리의 번주(藩主)에 불과했으나 대가족과 다른 번주들과 싸워 최고 자리까지 올랐습니다. 둘은 강력한 중앙집권화를 목표로 삼아 이반 4세는 러시아정교회와 수도원을 탄압했고 오다도 일본의 불교 천태종의 본산인 엔라쿠사를 불태워 종교세력을 개편한 것도 같습니다.

두 사람은 성격도 닮았는데, 성질이 급하고 시기와 의심이 많았으며 교양은 조금 있었지만 행동이 상스럽고 인정 사정없이 적을 제압하고 상대에게 공포심을 안겨 준 것 등이 같습니다.

그들의 사후 320여년 후 그들의 후배 군인들이 처음으로 한판(러일전쟁) 붙었는데 좀더 교활한 노부나가의 조국이 이겼습니다.

러시아(소련 포함) 역사상 전제주의 독재자라 스탈린은 그와 비슷한 선배 독재자로 이반 뇌제와 그후의 표트르대제를 존경한다고 했습니다. 특히 이반 뇌제를 "외세 침입으로부터 국가를 보호하고 러시아 통합을 위해 애쓴 위대하고 현명한 통치자였다"라고 평가했습니다.

5장

북유럽 바이킹의 나라들-스웨덴, 덴마크

유럽 왕실의 시작이 늦었던 영국과 러시아와 함께 이들과 밀접한 관련을 맺고 있던 북유럽 바이킹의 나라 중 대표적으로 스웨덴과 덴마크를 소개한다.

스웨덴의 바이킹시대(800-1050년)-서프랑크(프랑스) 파리를 공격하다

북유럽의 바이킹의 배(박물관에 복원)

선사시대 이전의 역사는 생략하고 주변의 나라에 많은 영향을 끼친 바이킹 시대부터 설명한다. 9－11세기 덴마크, 노르웨이 바이킹들이 영국, 프랑스 북부, 스페인 등으로 진출했다. 동쪽으로는 발트해를 거쳐 러시아로 진출해 식민교역활동을 했다. 862년에는 슬라브인이 초청해 러시아 북서쪽 노르고로드(Norgorod) 지방으로 진출해 왕조를 세웠다.

바이킹이 성공할 수 있었던 이유 중의 하나는 수심이 낮은 해역을 운항할 수 있는 기동성 좋은 선박을 이용했다는 점이다. 바이킹의 어원은 Vik(스웨덴어로 만 彎)에서 유래된 바와 같이 얕은 해역을 운항하는 사람들을 의미했다고 한다.

바이킹하면, 난폭하고 거칠며 약탈을 일삼는 사람들이라는 인상이 강했다. 대표적인

파리 세느강을 침투한 바이킹들, 지금의 세느강 그리고 다리들

사례가 바이킹의 파리공격이다. 845년 3월 100척의 바이킹 배가 세느강을 따라 가는 곳마다 살인과 파괴를 일삼았다.

당시 서로마가 게르만족의 침입으로 476년에 망하고 프랑크족이 발족돼 나라가 발전하자 프랑스(서프랑크), 독일(동프랑크), 이탈리아(중프랑크) 3국의 형태로 분할된 시절이었다.

바이킹은 해안에서 침입해 프랑스(서프랑크)를 주목표로 파리로 진격했다. 이 당시 서프랑크 샤를 왕은 바이킹을 거의 방어하지 못했으며 그들은 거침없이 파리를 점령했다. 파리에 도착하자마자 바이킹 침략자들은 도시를 약탈했고 많은 교회가 신성모독을 당하거나 파괴되었다. 파리의 시련은 국왕 샤를이 막대한 보상을 약속하고 나서야 끝났다.

바이킹은 전리품과 몇백명의 포로를 싣고, 해안지방으로 갔으며 그곳에서도 약탈하고 노략질하고 불태웠다.

노르망디 공국 프랑스 · 영국 역사에 큰 영향을 주다.

그 후에도 파리는 860년대 세 차례나 공격당했고 바이킹의 습격이 되풀이되자 대규모의 기병대를 창설하고 바이킹의 배(롱쉽)가 지나갈 수 없도록 여러개의 다리를 건조했다.

결국 카롤링거왕조가 밀려나게 된 것은 이렇게 반복되는 바이킹의 재난을 막지 못한 탓이었다. 당시 프랑스 샤롤3세는 수차례에 걸쳐 파리와 해안을 공격한 바이킹 부족장 Rollo에게 봉토를 제공하기로 해 노르망디(Normandie)공국을 건설하게 했다..

스웨덴의 바이킹이 러시아로 진출, 루리크 왕조를 세우다.

루리크(바이킹) 왕조 창시자

최초로 기록된 러시아의 "네스토르 연대기"에 따르면 슬라브족 스스로가 스웨덴의 스베아족을 자신들의 지도자로 초대하여 루리크(Rurlk ?-879년) 3형제가 이들의 초청을 수락하여 860년대 노브고로드에 정착하여 러시아의 첫 번째 루리크왕조가 발족됐다.

그후 루리크의 후계자 올레그는 키예프 지방을 정복해 1240년 몽골족에게 멸망할 때까지 키예프공국이 지속됐다. 그 외에도 많은 소공국이 생겨나고 무역을 하면서 생존하고 Rus(나중에 +ia가 붙어 러시아가 됨)로 불린 지역에서 인구가 늘어나고 러시아의 기초가 형성됐다.

덴마크의 바이킹이 영국을 점령하고 프랑스와 독일로 향하다

1000년경에는 덴마크 왕들의 진두지휘하에 약탈 원정을 자행해 스벤 트벤스케그왕(재위 985-1014년)과 크누트대왕(재위 1018-1035년) 때는 마침내 영국전체를 정복했다. 그러나 크누트대왕이 사망한 후에는 덴마크의 영국 지배는 종식됐다. 이 시대까지 덴마크 등 북 유럽인(바이킹)이 영국에 장기간 거주하면서 영국 북동부의 인구가 크게 증가해 도시들의 이름이 북유럽의 지명을 따서 붙였다. 예를 들면 -by로 끝나는 도시명(Derby, Gimsby) 또는 'dale' 이나 '-toft'로 끝나는 지명은 원래 북유럽에 근거를 두고 있다. 덴마크 바이킹의 원정은 현재의 독일, 프랑스 해안으로 향했으며 일부는 피레네산맥과 지중해까지 이르렀다.

스웨덴의 중세-칼마르동맹

쿠스타브 바사왕의 동상

시간이 흐르면서 그 분위기 크게 바뀌어, 스웨덴의 바이킹은 식민도시(정착지)의 개척, 농업발전의 영향으로 점차 활력이 넘쳤으며 생활수준이 향상됐다. 스웨덴은 서유럽과 동양 간 무역의 중심역할도 하게 됐다.

중세의 초기에는 기독교를 새로운 종교로 인정하고 교회가 스웨덴인들의 일상생활을 좌우했다. 많은 교회가 설립되고 인원이 증가되자 성직자들에 봉헌 등 증대되는 재정부담을 이기지 못하는 농민들이 반란을 일으켜 새로운 국왕으로 에릭 에드바드손을 추대했다.

에릭(Erik)은 로마교황으로부터 스웨덴 교회의 독립, 농민의 권익보장을 위해 노력했지만, 1160년 암살(에릭왕은 스웨덴의 성인으로 추대)됐다. 100년쯤 지나 최초의 왕조 창시자로 알려진 비르예르 얄(재위 1250－1266년)이 법률을 정비 왕국의 기초를 확립하고 초대 왕으로 즉위했다. 교회와의 협력하에 강력한 중앙집권국가의 형성을 도모하는 한편 스톡홀름을 건설했다.

그후 130여년의 왕정이 지나면서 1389년 스웨덴 귀족들은 덴마크 마르그레테(Margareta)여왕과 연합해 말썽이 있었던 당시 스웨덴 왕을 폐위시켰다. 덴마크의 마르그레테여왕은 스웨덴, 덴마크, 노르웨이를 실질적으로 지배하면서 칼마르(Kalmar)동맹(1397－1523년)을 결성했다.

칼마르 동맹은 당시 한자동맹이 발트해에서 차지하는 독점적 지위를 종식시키기 위해서는 노르딕(3개국)국가간 연합이 필요하다는 인식에서 결성됐다.

칼마르동맹 폐기를 주장, 피바다 사건

마르그레테 여왕지배하에서는 평화가 유지됐지만 여왕 사후(1412년), 후계자들의 실정과 과중한 세금, 스웨덴 국민의 독립에 대한 열망 등으로 칼마르동맹이 붕괴됐다.

칼마르 동맹의 붕괴는 스웨덴 독립왕국 건설의 계기로 작용됐다. 이 동맹이 깨지는 1520년 스웨덴과 전쟁이 벌어져 스톡홀름 피바다 사건이라는 흑역사를 남겼다. 당시 덴마크의 국왕 크리스티안 2세가 스웨덴의 스톡홀름에 입성해 칼마르동맹에서 탈퇴해 독립을 원하던 스웨덴 민족주의자들과 일부 성직자들을 제거(살해)한 사건을 말한다. 그러나 스웨덴은 쿠스타브 바사(당시 24세)를 중심으로 다시 봉기해 독립전쟁이 이어졌으며 결국, 칼마르동맹이 해체됐다.

동맹의 주도권을 가진 덴마크와의 독립전쟁으로 연맹에서 탈퇴하고 수년간의 전쟁을 승리로 이끈 쿠스타브 바사가 1523년 스웨덴 독립왕국의 초대 국왕이 돼 근대 스웨덴의 기초를 이루었다. 이때부터 스웨덴의 바사시대(1500－1700)로 유럽 특히 스칸디나비아반도 등 북유럽에서 전성시대를 열었다. 바사국왕의 즉위일인 6월 6일이 국경일로 지정되어 있다.

그 후 강력한 해군력으로 무장하고 절대왕정의 시대를 열었다. 하지만 1800년대 국토의 변동이 있었으며 1905년 이후 현재의 영토로 정리됐다.

2차세계대전 이후 국민노후연금제도 등 복지정책이 확대되면서 경제는 매년 6% 이상 눈부신 성장을 이뤄 스웨덴은 북유럽경제의 선두 주자이며 전세계 가장 모범적인 복지국가의 하나로 자리잡았다.

스웨덴을 유명하게 만든 사람들

알프레드 노벨

스웨덴은 경제복지국가로 발돋움하면서 20세기에 각 분야별로 빛나는 인물이 많다. 대표적인 이가 노벨상을 만든 알프레드 노벨(1833－1896년)이다. 스웨덴의 발명가 화학자, 노벨상의 창설자로 다이너마이트라는 고형 폭약을 발명해 이로 인해 노벨은 엄청난 거부가 되었다. 노벨이 과학의 진보와 세계의 평화를 염원하며 스웨덴 과학아카데미에 기부한 유산을 기금으로 1901년부터 노벨상제도가 실시되고 있다. 평화·물리·화학·의학·경제 분야로 나누어 매년 시상하는데 세계에서 단연 가장 권위있는 상이 되었다.

영화배우 그레타 가르보(1905－1990년)는 춘희, 마타 하리 등에서 내면적 아름다움과 관능적 매력으로 다양한 이미지를 보여준 배우다. 잉글리드 버그만(1915－1982년)은 카사블랑카, 가스등으로 신비한 매력이 있는 배우다. 이들은 1930－40년대에 헐리우드에서 활약한 만인의 연인, 불멸의 여배우들이다.

영화 스포츠 분야에서 명성을 날린 인물로는 그레타 가르보와 잉글리드 버그만, 애니카 소랜스탐과 비외른 보리

골프의 여제로 1990년대를 호령한 아니카 소랜스탐(1970－)이 있다.

그녀는 1993년부터 2008년까지 15년 동안 72회의 세계대회(LPGA)에서 우승했다. 공식대회에서 최저타인 59타를 기록한 최초의 여자선수였으며, 우리나라 박세리가 그녀 후반기의 라이벌이었다.

아바(Abba)

비에른 보리(1956－)는 1976년에서 1980년까지 5회 연속 윔블던 대회 제패(制霸)를 비롯해 총 11번의 그랜드슬램 타이틀을 획득해 테니스 역사상 가장 위대한 선수로 불린다.

스웨덴의 ABBA는 세계에서 가장 성공한 혼성 보컬그룹이고 해체 후에도 “체스”, “맘마미아”를 통해 그 전설을 잇고 있다. 1970년대 중반부터 1980년대 초반까지 전세계 대중음악계를 주름잡은 전설이다.

스웨덴이 자랑하는 네 가지가 있다. 비에른 보리, 볼보(승용차), 스카니아(트럭), ABBA라고 한다.

덴마크의 중세역사

스웨덴보다 일찍 바이킹의 원시 국가를 형성(6－10세기)해 강력한 정복활동으로 9세기경에는 영국의 북부지방을 점령하기도 했다. 1016년에 크누드 1세가 잉글란드왕위에 올랐고 1018년에 덴마크왕을 겸했으며 1028년에는 노르웨이왕으로 추대돼 북해제국을

덴마크와 스웨덴은 지정학적으로도 우리나라와 일본의 관계와 비슷

구축하기에 이르렀다.

크누드가 세상을 떠나자 북해제국은 와해되고 덴마크는 스칸디나비아의 한 세력으로 전락했다.

그 후 100여년 동안 교회와 국가의 분열, 국내분쟁이 지속되다가 1157년 발테마르 1세(재위 1157－1182년)가 국내를 통일하고 발테마르왕조를 세웠다.

발테마르 1세는 군사력을 재편성해 독일에 대항하고 발트해의 슬라브세력과 싸웠는데 그때 슬라브인의 침입에 대비해 셀란섬에 구축한 성채가 오늘날 코펜하겐의 기원이 되었다.

그 왕조의 발테마르 4세가 죽은 후 딸 마르그레테 1세와 그녀의 남편 노르웨이의 왕이자 스웨덴의 왕위 계승자들이 한 집안이라 이를 계기로 1389년의 칼마르동맹이 이뤄졌다. 이 120여년 동안 노르웨이, 스웨덴을 거느린 덴마크가 패권(甲국가)를 누리다가 크리스티안 2세의 폭정으로 스웨덴의 독립운동이 개시되었다.

이 과정에서 스톡홀름에서 피바다사건이 발생해 수백명의 스웨덴의 민족(독립)주의 지도자들이 희생되면서 본격적인 독립전쟁이 발발했다. 피바다사건에서 아버지가 희생된 쿠스타브 바사를 중심으로 한 독립전쟁에서 덴마크에 승리해 칼마르 동맹은 자연 해체되고 1523년 스웨덴 독립왕조가 시작됐다.

이때 노르웨이도 독립의 기운이 있었지만 봉쇄된 채 1814년 나폴레옹 시대까지 덴마크의 사실상의 속국으로 남았다.

그 후에도 역사적인 앙금이 남아있는 덴마크와 스웨덴은 16－17세기에 걸쳐 북방전쟁에서 덴마크가 스웨덴에 밀려 국토가 손실되고 국력이 쇠퇴했다. 한참 뒤 나폴레옹의 프랑스 편에서 전쟁에 참여한 덴마크는 결국 킬조약으로 노르웨이에 대한 400년의 지배권을 스웨덴에게 빼앗겼다.

1864년에 유럽의 강국으로 발돋움하는 프리드리히 2세의 프러시아와의 전쟁에서 패해 북방의 영토를 빼앗기는 등 국가는 총체적인 위기에 빠졌다. 이 시기에 훌륭한 인물들이 등장해 국민을 위로하며 계몽하고 국가재건을 이끌어 덴마크는 다시 손꼽는 복지국가로 부활했다.

덴마크를 부흥시킨 위대한 세 인물

안데르센

그룬트비

달가스

덴마크를 빛낸 인물 중에는 우리도 기억하는 이름이 있다. 먼저 덴마크하면 떠오르는 동화의 아버지 안데르센(1805－1875년)이 있다. 풍부한 상상력과 아름다운 문장으로 130여편의 동화를 발표해 세계 모든 어린이의 사랑을 받았다. 대표작으로 성냥팔이 소녀, 인어공주, 엄지공주, 벌거벗은 임금님 등이 있다.

그리고 그룬트비(1783－1872년)는 현재의 고등교육개념을 확립한 시인이자 교육자겸 철학자로 그의 시 400편은 덴마크 루터교의 찬송가 가사로 널리 이용되고 있다. 메마른 땅 덴마크를 개척해 세계적으로 아름다운 나라로 만드는데 크게 공헌했다. 덴마크 중흥의 아버지로 불린다.

또 한 사람 엔리코 달가스(1828－1894년)는 사회부흥운동가로 밖에서 잃은 것을 안에서 찾자는 구호로 1800년대 덴마크의 재건을 이끌었다. 히스지역의 개간사업을 착수해 황무지에 나무심기를 계속한 끝에 땅을 옥토로 바꾸어 놓았고 이 덕에 국민도 실의에서 벗어날 수 있었다. 군인 출신인 그의 철학은 한국의 나무심기, 농촌가꾸기 등 새마을 운동에 딱 부합하는 성공사례였으므로 큰 영향을 주었다. 1960년대 점심 12시가 되면 음악과 함께 달가스가 고안한 재건체조를 했던 기억이 난다.

제16막

십자군전쟁, 백년전쟁과 함께 저무는 중세 유럽

- 1장: 중세 유럽의 상황- 십자군 전쟁의 전야(前夜)
  * 교황과 신성로마제국 황제-카놋사의 굴욕
  * 예루살렘-기독교와 이슬람교의 성지-셀주크 투르크 예루살렘 점령
- 2장: 십자군 8차 전쟁(1096-1270년)-170년이 넘는 전쟁
  * 교황이 주도한 기독교 국가들의 예루살렘 탈환 전쟁 (1096-1270년)
  * 살라딘, 사자왕 리처드1세의 활약, 교황의 권위추락

- 3장: 흑사병, 100년전쟁, 장미전쟁의 마무리는
  * 유럽 흑사병창궐, 영국과 프랑스 백년전쟁(1356-1452)-잔 다르크 활약
  * 영국의 붉은장미 가문과 흰장미 가문 30년을 싸우고 튜더 왕조(장미)로

- 4장: 동로마 비잔틴제국의 멸망
  * 오스만 투르크-배가 산을 넘다- 소피아성전의 보호
  * 제국의 멸망(1453)-중세의 종료-오스만 터키 이슬람제국

1장

중세 유럽의 상황-십자군 전쟁의 전야(前夜)

프랑코 왕국의 변화와 교황의 신성로마제국황제 임명

서로마제국황제 샤를 마뉴

유럽 중세역사의 중요한 변곡점은 로마(나라 이름이자 수도 이름)가 존재했던 로마제국, 즉 서로마 제국의 멸망이고, 로마 교황의 존재였다. 395년 동·서로마의 분리 이후 서로마 제국은 자체의 군사력이 약해지고 훈족의 이동이 야기한 대규모 게르만족의 국경 침입으로 476년에 멸망했다.

서로마제국의 멸망의 구체적인 상황은 이미(9막 1장) 상세히 설명했다. 이때 서로마 황제는 폐위됐지만, 로마의 그리스도 성직자를 대표하는 로마 주교는 종교지도자로서 존재감이 더욱 커졌다.

훈족의 왕 아틸라도 로마에 침공 시, 로마주교의 설득으로 군대를 철수시키는 등 로마주교(그 후 교황)의 권위와 지위를 인정했다.

서로마제국의 자리에 자리잡은 프랑크 왕국이 신생국가로 자리 잡기 위해 정복지의 주민들(이미 상당수가 신자)을 기독교인화했고, 이 과정에서 로마주교의 존재는 필수적이었다.

독일의 오토대제-신성로마제국황제

그래서 교황은 800년에 프랑크 왕국의 왕(대제)인 샤를마뉴(Charlemagne)에게 상징적(별도 영토가 없는 나라)인 서로마 제국의 황제 대관식을 거행해줬다. 강력했던 샤를마뉴대제가 죽은 이후 프랑코 왕국은 다시 혼란을 거듭하였다. 결국 843년 베르딩조약에 따라 프랑크 왕국은 셋으로 분열됐다.

서프랑크 제국은 프랑스로, 동프랑크는 현재의 독일지역 그리고 중간지역은 이탈리아로 나뉘면서 유럽의 기본 골격이 이뤄졌다. 삼국으로 분열 이후에 교황은 가장 강력한 왕권을 유지하고 있던 동프랑크(현 독일)의 국왕인 오토 1세를 서로마의 후계자(황제)로 임명했다. 962년 오토 1세에게 황제의 관을 수여하고 서로마 제국을 부활시킬 사명을 부여했다.

교황의 신상로마제국 황제임명

이런 상황에 대해서도 서유럽의 형성(9막3장)에서 구체적으로 살펴보았다. 이렇게 분리돼 발전하는 유럽(이전 프랑코 왕국)의 왕권을 조정해 주고, 교황 스스로의 자리를 확고히 하면서 서로의 이해관계를 잘 유지했다.

시간이 흐르면서 교직자의 수도 많아지고 교회도 왕이나 영주에게서 토지나 예산을 지원과 보호를 받고 있어, 교직자들의 임명은 교단이 추천(제청)하면 황제, 제후(영주)가 임명한다는 것(권한)으로 인식돼 갔다.

교권(敎權)과 왕권(王權)의 대립-카노사의 굴욕

그런데 교직자들의 임면권(任免權)을 교황과 교단이 독립적으로 행사해야 한다는 것이 쟁점으로 부각돼 논란을 거듭하다가 큰 사건이 터졌다.

눈위에 맨발로 교황 앞에 서있는 하인리히 4세

1059년 교황청에서 종교회의가 열렸다. 로마교황은 교직자들은 황제와 그 귀족들이 선임하는 것이 아니고 로마교회의 추기경들이 선임해야 한다고 선언했다. 그 추기경들도 교황청에서 교황주도로 선임할 것을 결정했다.

교황은 서유럽의 교회 성직자들에게 세속군주가 성직자 임명에 관여하지 못하도록 지침을 내렸다. 이런 상황에서 교권 수호의 신념이 강한 수도원 출신 그레고리우스 7세(Gregorius PP. VII)가 교황이 되면서 당시 신성로마제국의 황제 하인리히 4세(Heinrich IV)와 정면으로 충돌한 것이다.

황제는 주요 성직자, 추기경, 주교의 임명에 관여하지 말라는 경고를 무시하자 교황은 초강경조치로 황제의 파문(破門: 교회에서 신자를 추방)과 황제의 폐위(廢位)를 결정하였다. 이에 하인리히 황제는 자신이 교황보다 우월한 위치에 있다고 자신했지만, 제후들이 교황의 눈치를 보는 태도에 당황해 교황이 있는 이탈리아 북부의 "카노사(Canossar) 城" 밖에서 사흘 동안 눈 속에 무릎을 꿇고 교황에게 용서를 구했다. 이를 "카노사의 굴욕"이라고 한다.

이후 황제는 용서를 받아 위기는 면했지만, 다시 교황을 공격하고 나중에 조정이 이뤄졌다. 그후 권위를 세우려는 교황과 황제의 정치적 필요성 때문에 함께 추진한 대단위 역사적 사업이 십자군 전쟁이었다.

십자군 전쟁(종교 전쟁)의 목표는 예루살렘

예루살렘의 종교적인 의미와 중요성은 아무리 강조해도 지나치지 않는다. 예루살렘은 예수 그리스도가 생을 마친 곳이다. 예루살렘은 여러 민족, 종교의 연고권과 이해관계가 얽혀 있는 곳이기 때문에 그 역사적인 유래를 살펴봐야 한다.

예루살렘이 있는 팔레스타인 지역은 고대에 "가나안"이라고 불렀다. 이곳은 아시아, 아프리카, 유럽 이렇게 세 지역이 접한 지역이다. 기원전 13세기경 이집트의 지배를 받던 유대인들이 가나안으로 이주해왔다. 유대교와 그리스도교의 성전인 구약성서에 하느님(야훼)이 예언자 모세에게 백성을 이끌고 가나안(예루살렘)땅으로 갈 것을 명령했다고 한다. 이 지역에 이미 살고 있던 다른 민족들과 싸우며 기원전 11세기 말에 사울을 왕으로 해

예루살렘 성지가 있는 가나안 전경, 이스라엘 왕국의 마지막 왕 솔로몬

이스라엘왕국이 수립되고 2-3대 다윗, 솔로몬 시대에 최고 전성기(4막 1장 참조)를 이루었다.

솔로몬은 예루살렘의 도심을 북쪽으로 확장하여 성벽을 쌓고 동남쪽에 성전을 건설했다.

솔로몬 사후에 나라가 양분되고 기원전 721년 북쪽의 이스라엘은 아시리아에, 남쪽의 유대왕국은 기원전 586년 신바빌로니아왕국에 정복되어 왕족과 사제들은 바빌로니아로 끌려가 포로생활(바빌론 유수)을 했다.

다시 페르시아가 이 지역을 차지하자 이들을 석방(기원전 538년)했고 예루살렘에 돌아와 도시와 성전을 재건했다.

유대인들의 영원한 솔로몬성전의 향수
통곡의 벽

그 후 로마가 기원전 65년에 예루살렘을 포함한 가나안 지방을 지배했고 헤롯왕(로마의 식민지 왕) 때 성전을 다시 지었으나 또 무너졌다. 지금은 서쪽 성벽만 남아있어 유대인들의 기도하는 장소로 통곡의 벽이라고 부른다. 이 시대 예수 그리스도가 태어나 활동하면서 세기(世紀)가 바뀌고 그리스도교가 성립돼 세상이 바뀌기 시작했다.

예수 사후의 예루살렘-이슬람교 등 여러 종교의 성지가 되다

로마는 135년에 가나안(예루살렘 포함) 지방의 실질적(그 이전은 헤롯왕조를 통한 간접지배)인 지배를 시작해 다른 식민지배지역과 같이 개발하기 시작했다. 이때 추방(제4막 2장 참조)된 유대인들은 이후 2000년 가까이 유럽과 서아시아를 비롯한 전세계에 흩어져 떠돌게 되었다.

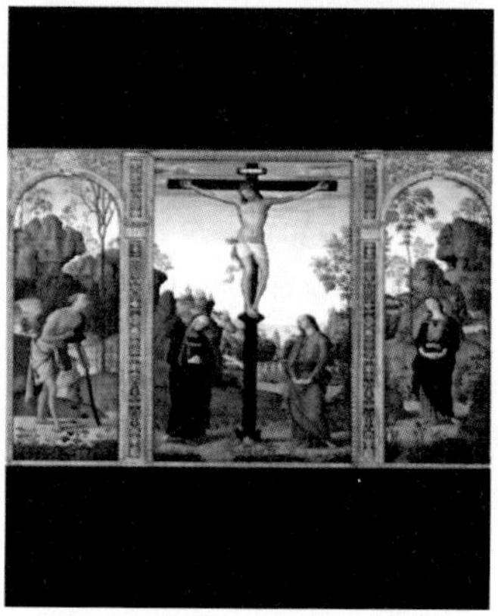

골고다 언덕, 십자가의 예수

그러나 그리스도교만은 로마의 탄압에도 불구하고 신자가 계속 늘어나 313년에는 콘스탄틴 1세가 기독교를 공인하고 예수의 처형장소인 골고다 언덕에 "성분묘교회"를 세웠다. 그리고 유대인들도 1년에 한 차례 예루살렘에서 예배하는 것이 허락되고 통곡의 벽에서 망향의 기도를 올리게 되었다.

로마제국이 동서로 분리된 395년 이후에는 가나안지방은 동로마제국의 지배를 받았다 그때 예루살렘에 많은 교회와 수도원이 건립되었다.

이슬람교 및 이슬람제국과의 관계에서도 예루살렘이 성지가 된 사연이 있다. 그것은 이슬람의 창시자 무함마드(570－632년)가 예루살렘의 성지 큰 바위에서 천사의 인도로 하느님(알라)을 만났다는 것이다.

무함마드의 말씀(신화)을 받들어 그의 사후 처음 성립된 이슬람의 우마이야왕조(661－750년) 시대에 그 큰 바위를 뒤덮는 형태의 바위돔을 완공해 황금사원으로 불리며 이슬람교의 성지가 되었다. 우마이야왕조 이후 아바스왕조(750－1258년)가 이곳을 지배하면서 이곳에 많은 모스크(이슬람사원)를 세웠다. 그리고 유대인과 그리스도인도 일정 연령 이상 주민에게 일률적으로 부과하던 인두세를 내면 신앙의 자유를 보장받아 예루살렘은 여러 종교의 평화 공존지역이었다. 그러므로 이슬람 왕조도 기독교, 유대교 신자들의 성지 순례를 방해하지 않고 평화를 유지하며 지냈다.

이슬람인에게 꿈의 성지 황금사원

그런데 1055년 아바스 왕조의 중앙 권력이 약화된 틈을 타 셀주크 튀르크(Seljuk Türk)족이 예루살렘을 점령하고 자신의 영토에 다른 종교인들이 다니는 것을 막기 시작했다. 이런 상황으로 유럽의 그리스도(카톨릭) 국가들의 성지탈환 여론이 점점 높아졌다.

그리스도가 활동한 모든 흔적이 남아있는 곳의 중심지는 예루살렘이고, 그가 묻힌 곳에 성모교회가 지어졌으니 기독교도(가톨릭, 동방정교, 개신교 포함)들에게 예루살렘은 최고의 성지였다.

또한 유대인들에게 예루살렘은 꿈의 성지이며 일찌감치 예루살렘에 오랫동안 정착해 산 까닭에 귀소본능(歸巢本能)이 대단했다.

한편 이슬람교도에게도 창시자 무함마드가 유언을 남겨 예루살렘 큰바위에 7세기경 황금사원(이스라엘의 이정표, 번쩍이는 황금 돔 교회)을 세워 아라비아의 메카에 이어 다음으로 큰 성지다.

특히 원래 이곳의 지배자였던 동로마제국 황제로는 동방정교회의 성지길을 막는 투르크족을 무력으로 이길 수 없어 로마의 우르바누스(Urbanus) 2세 교황에게 도움을 청했다. 이에 자신의 권위를 세우는 좋은 기회라고 생각한 교황은 1095년 클레르몽에서 개최된 공의회에서 전 유럽이 참여하는 성전(聖戰)을 호소했다.

십자군 전쟁을 선언하는 교황의 연설

1095년 이 당시의 교황 우루바누스2세는 "이슬람교도는 지중해까지 세력을 확장해 너희 형제들을 공격해 죽이고, 납치해 노예로 삼고, 교회를 파괴하고, 파괴하지 않는 곳은 모스크로 바꾸고 있다. 그들의 폭력을 더 이상 용납해서는 안 된다. 지금이야말로 그들에게 맞서 일어설 때다." 그의 연설은 유명합니다.

2장

십자군 8차 전쟁(1096-1270년) -170년이 넘는 전쟁

십자군전쟁의 발발(1096년)

성전(聖戰)을 외치는 교황의 연설이 유럽사회에 큰 반향을 일으키면서 십자군이 결성되었다. 그러나 십자군에 참여하는 구성원들의 목적은 제각각이었다.

동로마황제는 자신의 세력 회복을, 교황은 교권의 영향력 확대를, 유럽의 왕들은 기독교 세계의 수호를, 제후들은 영지의 확장을, 기사들은 제후가 되려는 꿈을 그리고 농민들은 새 삶을 꿈꾸었다. 이처럼 다양한 열망을 품고 시작한 십자군 전쟁은 1096년부터 1270년까지 170여년 동안 전개되었다.

8차에 걸쳐 진행된 공식적인 전투에 곁가지로 치러진 소전투까지 합쳐 전쟁은 지루하면서도 잔인하고 어리석기 짝이 없는 비극으로 넘쳤다. 시간이 지나며 명분이 퇴색되고 유럽과 서아시아는 극도로 황폐해졌다.

1차 십자군전쟁(1096-1099년) 예루살렘의 점령

최초의 십자군은 농민 출신으로 군대라고 볼 수 없는 정도의 오합지졸로 행군목표도 없

십자군 전쟁의 세력권과 1-7차의 전투 경로

었으며, 양민들을 약탈하고 종국에는 셀주크 튀르크군에게 전투 한번 못하고 전멸당했다.

본격적으로 결성된 제1차 십자군의 규모는 5만여명의 유럽 연합군으로 전쟁 준비를 잘하고 콘스탄티노풀에 집결해 소아시아로 진격했다. 예루살렘의 길목인 안타키아(Antakya)에서 부터 이슬람교도를 만나면 닥치는 대로 죽였다.

십자군 전쟁에서 유명해진 템플기사단

처음에 성전 참여를 독려하면서 동방에 가면 보물이 있다고 설득했으며, 기독교인 외에는 모두 야만인이니 다 죽이고, 약탈해도 된다는 거짓 선동을 해 십자군 전쟁의 순수성은 애초부터 변질됐다.

1099년 십자군은 예루살렘에서 이슬람군과 일주일을 치열하게 전투한 끝에 성을 함락해 유대인, 이슬람교도를 가리지 않고 학살하고 약탈했다. 보물찾기에 혈안이 된 십자군 병사들은 걸리적거리는 것은 무엇이든지 찌르고 베어버렸다. 만행을 일삼는 병사들을 말리는 지휘관은 하나도 없었다. 그들에게는 오직 군대의 사기와 승리만이 중요했기 때문이었다,

예루살렘과 근처 지역에 4개의 기독교 왕국을 세우고 이들의 방위는 템플기사단, 요한기사단, 독일기사단 등 십자군 전쟁을 위하여 창설된 3대 기사단이 맡았다. 나름대로 명분을 살린 제1차 십자군 전쟁은 1099년 마무리됐다.

2차 십자군 전쟁(1144-1149년)

제2차 십자군 전쟁은 1차 전쟁 이후 40여 년이 지난 1144년 예루살렘 성을 빼앗긴

프랑스왕 루이7세

셀주크 튀르크가 반격을 시작했다. 1147년 2차 십자군을 결성해 원정에 나섰는데 이때 원정군을 이끈 인물은 신성로마제국의 황제인 콘러드 3세와 프랑스의 루이 7세였다. 십자군이 단단히 무장한 셀주크 군대에 쫓겨 번번이 패전하고 후퇴했지만 예루살렘은 사수한 채로 1149년 전쟁이 끝났다.

당시 유럽의 가장 전통있는 나라 프랑스로서는 십자군 전쟁에서 그 역할이 기대됐는데 루이 7세는 예루살렘 점령의 실패와 함께 초라한 모습으로 본국으로 돌아올 수밖에 없었다. 결과적으로 2차 십자군은 루이 7세에게 원정으로 인한 왕실재정은 바닥이 났고 여러모로 큰 재앙이 되었다.

프랑스의 루이라는 이름의 왕들의 역사

프랑스하면 떠오르는 루이 14세(재위 1643-1715년, 72년)일 만큼 유명한 루이라는 왕들은 루이 1세(재위 814-846년)가 시작이었습니다. 십자군 전쟁에 참여한 루이 7세외에도 루이 9세(재위 1226-1270년)는 제7차 십자군 전쟁(1248년)에 참가했다가 포로로 잡혀 곤욕을 치렀고 마지막 십자군전쟁(1270년)에도 참전했다가 풍토병으로 사망했습니다.
중세의 마지막으로 루이 10세(재위 1314-1316년)가 있었고, 147년 후, 루이 11세(재위 1461-1483년)부터는 프랑스가 봉건주의 질서에서 완전히 벗어나 왕권을 중심으로 통합된 프랑스왕국을 구축했습니다.
루이 14세에 와서 전제적인 근대왕정의 절정을 이루었고 60년후 루이 16세(재위 1774-1792년) 때 프랑스 혁명으로 몰락했습니다. 나폴레옹 황제시대(1804-1815년)를 거쳐 루이 18세(재위 1815-1824년)가 마지막 루이왕의 시대를 마감했습니다.

제3차 십자군 전쟁(1187-1192년)-살라딘, 리처드 1세의 대결

제3차 십자군 전쟁은 40년이 흐른 1187년에 이슬람군이 예루살렘을 공격했다. 이번 전쟁은 양측의 지휘관이 명장들이라 제대로 전투를 했다. 예루살렘을 탈환하기 위해 십자군은 1189년 신성로마제국 황제 프리드리히 1세, 프랑스국왕 필립 2세 그리고 이번에는 의외로 영국의 리처드 1세(헨리 2세의 아들)를 비롯한 정예지휘관과 강한 군대를 편성했다.

리처드 1세와 살라딘의 대결

이슬람군의 지휘관은 살라딘(Selahaddin. 이집트의 이슬람 국가 아이유브(Eyyubi 왕조, 초대 술탄)으로 제1차 십자군 전쟁 시 십자군에 넘어간 예루살렘을 탈환했다. 워낙 강한 인상을 주었기에 살라딘은 유럽인의 경외의 대상이었다. 이미 살라딘은 아크레, 베이루트, 시돈 등 1차 십자군 전쟁시 세워진 기독교 왕국의 주요 도시들을 점령하고 최종 목표였던 예루살렘을 점령했다. 그러나 "사자왕"이라 불린 리처드 1세와 살라딘의 전투는 치열했는데 좀처럼 승부가 나지 않아 서로 상대방의 용맹에 감탄했다. 성과없는 소모전을 거듭하던 두 영웅은 무승부로 1192년 휴전을 체결했다. 그 결과 예루살렘은 이슬람 제국의 영토로 인정하고 이슬람 제국은 기독교 순례자의 왕래를 방해하지 않기로 했다. 겉으로 보기에는 원만한 해결을 본 것 같지만 1270년까지 5번의 전투를 더 치렀다.

원래 영국왕 리처드1세는 전투는 잘했지만 아직 프랑스의 한 부분이었던 노르만공국의 후예였기 때문에 대등한 나라의 왕이 아니었다. 그래서 십자군의 지휘부는 손발이 맞지 않았다.

십자군 지휘관들의 지리 멸렬한 작태

붉은 수염의 프리드리히 1세,
십자군의 지휘부가 서로 화합하지 못함

유럽의 제일 어른이라는 프리드리히 1세(재위 1152-1190년)가 최강의 연합 군대를 이끌고 전투도 제대로 못하고 오늘날 터키 아나톨리아지역의 살레프강에 빠져 죽었습니다. 붉은 수염으로 유명했던 67세의 황제는 전사도 아닌 익사 또는 심장마비로 죽었으니 십자군 전력에 큰 타격이 되었습니다. 다음으로 프랑스의 필립프 2세는 지휘를 받아야 할 공국의 왕 리처드 1세가 대등한 입장에서 고개를 쳐든 것에 기분이 상한 데다가 서남아시아의 무더운 날씨에 고생하다가 칭병을 하고는 말머리를 돌려 프랑스로 돌아가고 말았습니다. 당시 영국보다 귀족국가라고 자부하는 오스트리아의 공작 레오폴트 5세도 리처드 3세가 보기 싫어 필립프 2세를 따라 철군해 버렸습니다. '갈테면 가라지' 하고 남은 것은 리처드 1세 뿐이었습니다.

맥빠진 십자군전쟁: 제4차(1202년)-제6차(1228년)

십자군들의 콘스탄티노플 점령

교황은 여전히 예루살렘의 정복을 위해 다시 4차 십자군을 소집했다.

충분한 병력도 모이지 않았는데 베네치아의 개입으로 엉뚱한 방향으로 흘러가다가 결국은 성지로 진군하는 대신에 콘스탄티노플을 점령(1204년)했다. 이때 다시 무자비한 약탈과 살인이 이어졌으며 동로마제국은 잠정적으로 망명을 갔고 라틴왕국이 세워져 57년 동안 존속했다. 그 후 다시 재건된 동로마제국이 콘스탄티노플을 회복했지만, 예전의 영광은 사라지고 이름만 존속하다가 한참 후에 오스만 투르크에게 멸망(1453년)한다.

1218년 5차는 이렇게 아군과 적군도 혼미하게 갈팡질팡하다가 소집된 전쟁이다. 팔레스타인 지역탈환을 위해 출정했지만, 이번에는 이슬람의 아이유브군과 부딪치는 바람에 목표를 이루지 못했다.

6차 십자군전쟁은 10년 후인 1228년에 발발했다. 명목상 서부 유럽을 대표하는 신성로마제국의 프리드리히 2세가 이끄는 전쟁은 십자군이 한때 예루살렘을 회복했지만, 곧 빼앗기고 말았다. 프리드리히 2세의 탁월한 협상술 덕분이었지만 원정목표를 달성한 황제의 철수 이후 성을 지킨 군사들의 내분으로 성은 다시 이슬람의 수중으로 넘어갔다. 이를 이유로 교황은 프리드리히 2세를 파문했지만 황제는 강력하게 대응하였다.

7, 8차 십자군전쟁(1248-1270년)

7차 십자군전쟁은 20년 후인 1248년에 다시 시작됐으나 기독교 국가들에게 치욕스러운 결과를 가져왔다. 당시 십자군을 지휘한 프랑스의 루이 9세가 이슬람군에 포로가 된 것이다. 이슬람군의 승전을 이끈 지휘관은 당시 아랍 세계의 영웅, 맘루크 왕조(Mamālīk 1250–1517)의 술탄 바이바르스(Baybars) 1세였다.

예루살렘을 탈환했던 살라딘의 아이유브 왕조가 그의 사후, 맘루크 왕조에 망하면서

장 바이바르스 1세, 포로가 된 루이 9세

이슬람 국가의 대표가 바뀐 것이다.

십자군 전쟁을 통해 유럽 국가에게 공포를 준 이슬람 세계의 대표적인 두 영웅 중 살라딘은 용맹스러우면서도 자비로운 군주로 덕망이 높았다.

이에 비해 바이바르스 1세는 천하무적 몽골군도 물리친 맹장이었지만, 적에 대한 무차별적인 학살과 전투 전에 한 약속을 전혀 지키지 않는 잔인한 면으로 악명이 높았다.

마지막 8차 십자군 전쟁(1270)도 루이 9세가 설욕전을 펼쳤지만 맘루크 왕조의 이슬람군에 이기지 못했고, 이렇게 전체적으로는 유럽 기독교 국가들의 패전으로 공식적인 십자군 전쟁은 종료되었다.

십자군 전쟁의 평가와 영향

제3차 전쟁까지는 예루살렘 성지 탈환을 위한 종교전쟁이었지만, 그 후 양상은 약탈과 폭도로 흘러 버렸다. 전쟁 기간이 40년씩 되니 교황도 바뀌고 유럽의 왕들도 세대를 달리해 전쟁의 본래 취지가 이미 퇴색된 지 오래였다. 같은 조상을 뿌리로 둔 두 종교 기독교와 이슬람 세계가 상대방 종교를 비방하며 자신들은 "성전(聖戰)"이라 주장하지만, 전쟁은 갈수록 학살과 약탈로 얼룩졌다. 특히 제4차 십자군 전쟁은 이런 상황을 극명하게 보여주었다.

1202년 제4차 십자군은 아프리카의 이슬람 국가인 아이유브(Ayyūbid 이집트 북단) 왕조를 공격하기로 했는데 중간에 뜬금없이 기독교 형제국가인 동로마제국을 공격했다. 그 이유는 동로마 제국의 수도인 콘스탄티노플에 황금이 쌓여있다는 소문 때문이었다.

베네치아 공화국이 개입한 이 십자군은 1204년 비잔티움 제국의 수도 콘스탄티노플을 침공해 처참하고 무자비하게 도시를 유린했고, 수많은 문화재와 보물을 약탈하고 파괴했다. 이 약탈과 파괴는 단일 사건으로 역사상 최대의 문명적 재앙을 낳았다.

십자군 전쟁 이후, 유럽은 봉건제도가 무너지기 시작했고, 이런 전쟁을 진두지휘한 교황의 권위는 크게 떨어졌다. 이 추악한 전쟁은 서서히 막을 내렸다.

이 전쟁으로 인해 십자군 전쟁의 출발지인 이탈리아 남부 도시들 제네바, 베네치아 등은 막대한 부를 축적했고, 상업과 교역이 발달했으며, 문화·예술도 진흥되어 훗날 르네상스로 이어진 망외 소득이 있었다.

십자군이 진행되는 170여년의 세월 속에 왕들의 권력이 강화되고 상업과 도시의 발전이 활발해져 노르웨이, 스웨덴, 폴란드, 헝가리, 잉글랜드 등이 건국됐으니 혼란의 소용돌이 속에서도 역사는 계속됨을 보여주고 있었다.

십자군 전쟁과 몽골 침입과 접점

1000년을 넘어선 중세의 한가운데 동서양의 큰 역사의 변곡점이었던 십자군 전쟁과 몽골제국의 유라시아 대륙의 침공은 100여년의 차이를 두고 시작돼 거의 같은 시기 1270-80년대에 마무리됐습니다. 칭기즈칸의 몽골 통일(1206)과 중국 주변 중앙아시아 정벌 전쟁 그의 사후(1227) 그의 후손들의 서남아시아, 유럽의 침공은 1236년 시작돼 40여년 후 1280년대에 마무리됐습니다.

1271년 원나라가 건국돼 1272년 고려를 항복시켰고, 1279년 남송을 멸망시켰습니다. 이러한 몽골제국의 정벌 활동은 4차 십자군 전쟁(1202) 이후 소강상태에서 이루어져 직접적인 접점이 적습니다.

다만 이슬람 제국의 대표적인 아바스 왕조를 1258년 몽골군이 멸망시켜 이슬람 세계가 충격을 받았고, 몽골 훌라구(Hülegü)의 일한국(-汗國) 성립과정에서 이슬람의 바이바르스(Baybars) 1세와의 전투가 벌어져 몽골군이 패전한 전투가 있었습니다.

3장

흑사병, 100년전쟁, 장미전쟁의 마무리는

공포의 흑사병(黑死病) 유럽을 휩쓸다

검은 죽음의 사신 흑사병

십자군 전쟁이 끝나고 중세가 끝나는 것을 재촉하듯 유럽에서는 14세기 중반에 보도 듣도 못한 무서운 전염병이 유행했다. 이 전염병은 처음엔 고열이 나다가 2－3일 뒤에는 정신을 잃고 고함을 지르며 온몸이 검게 변하면서 죽는 무서운 병이었다. 그래서 흑사병(黑死病)이라 불렸다.

이 흑사병이 언제 어디서 발원했는지 분명히 알 수 없지만 이전에 유럽에는 없던 병이었으므로 멀리 아시아나 이집트 등에서 발생해 유럽으로 들어온 것이라 생각했다.

그 한참 후까지도 여러 의견이 있었지만 크리미아반도 남부연안에서 발생해 흑해를 거쳐 당시 지중해 연안을 따라 1347년 이탈리아에 퍼졌다. 그후 프랑스, 영국 그리고 1350년경에는 전 유럽에 퍼져 공포에 떨었다.

또 다른 분석은 중앙아시아의 건조한 초원에서 시작해 실크로드를 통해 유럽으로 확산됐다고 했다. 아무튼 이를 치료할 약도 없었으니 이 흑사병에 걸려 당시 인구의 3분의 1이나 죽었다고 추산한다. 프랑스 파리에 15만명이 살고 있었는데 10만명이 겨우 살아남았다. 흑사병은 30－40년 동안 창궐하다 14세기 말엽 서서히 사라졌다. 페스트는 인구를 대폭 줄였고, 사람들을 공포에 떨게했으며, 절망과 좌절을 가져왔지만, 긍정적인 측면도 있었다.

영국과 프랑스가 결판을 본 백년전쟁

흑사병과 함께 14세기에 있어서 큰 사건 중에 하나는 영국과 프랑스가 지루하게 싸운 100년 전쟁이다. 1337년에 시작돼 1452년에 끝나 백년전쟁이라 부르지만 싸우다 멈추다를 반복해 실제 전쟁기간은 그리 길지 않다.

당시 영국왕은 에드워드 3세(1312生 재위 1327－1377년)로 능력있고 의욕이 넘쳐 자신이 다스리는 섬나라만으로는 만족할 수 없었다. 프랑스 카페왕조의 왕위계승이 논란이 일자 자신이 연고권이 있다고 주장해 시작된 전쟁이다.

또 하나의 원인은 플랑드르(지금의 벨기에)가 양국의 산업과 큰 관련이 있어 그 영향력을 어느 쪽이 행사하느냐였다.

프랑스 왕위 계승의 이유있는 경쟁으로 100년전쟁 시작

영국의 능력있는 왕
에드워드 3세
(재위 50년)

프랑스의 전통있는 카페왕조(987-1328년)가 14대 샤를 4세(재위 1322-1328년)가 사망하고 상속받을 남자가 없어 종결됐습니다. 이때 영국의 에드워드 3세가 의욕적으로 프랑스 왕위계승권을 주장했습니다. 뚱딴지같은 주장이라고 생각되는 이 요구에 나름 이유가 있었습니다. 프랑스의 형편을 보면 이때까지 카페왕조에서 가장 능력있던 필립 4세(1268生 재위 1285-1314년)가 죽고, 그 아들 3형제(샤를 4세까지)가 잠깐씩 왕을 하고 단명해 국정이 흔들릴 때였습니다. 더구나 영국왕 에드워드 3세의 어머니가 필립 4세의 딸이었으므로 에드워드 3세는 그 강력했던 필립의 외손자였으며 막 죽은 샤를 4세의 조카였으니 핏줄로는 직계 혈족이라고 할 수 있습니다.

다만 프랑스 귀족들은 영국이 원래 그 영주의 나라 노르만 공(정복왕 윌리엄)이 1066년에 세운 나라(영토)이므로 정중히 신하의 예의를 갖춰야 하는데 늘 거만한 자세를 취해 그를 프랑스왕으로 받아들일 수 없었습니다.
그래서 죽은 왕의 동생의 아들 필립 6세(1293생 재위 1328-1350년)를 택해 프랑스왕(발루아왕 가문)으로 받아들인 것입니다. 그가 프랑스에 살았고 여러 조건이 적당하다고 판단했습니다.
이에 의욕 넘치는 젊은 왕(당시 16세) 에드워드 3세가 10년 후에 100년이나 소요된 전쟁을 시작한 것입니다.

영국군의 초전박살

영국의 석궁이 프랑스의 석궁을 이기다

역사상 가장 긴 전쟁의 시작은 프랑스 북쪽 해안의 크레시라는 작은 어촌에서 시작됐는데 첫 전투에서 도버해협을 넘어온 보병뿐인 영국군이 승리했다. 이는 역사상 처음으로 바다를 건너 배에 싣고 온 대포라는 최신 무기가 있었기 때문이었다. 살상위력은 미미했지만, 대포의 천둥 같은 웅장한 소리가 상대방의 사기를 꺾어 놓은 것이다. 기사들보다 말들이 놀라 날뛰었고 말에서 떨어진 기사들은 무거운 갑옷 때문에 되려 영국군의 창과 화살에 표적이 되었다. 중세의 갑옷과 방패, 창 등 봉건제도의 잔재는 그 역할을 다했다는 것이 증명되었다.

이렇게 2만 5천명의 프랑스군은 전사하거나 바다에 뛰어들었다고 하는데, 영국군의 전사자는 네 명뿐이었다고 하니 믿기지 않는 영국군의 대승이었다. 영국군은 승리의 여세를 몰아 다음 해 전략적 요충지인 칼레를 함락시켜 프랑스를 침공하는 근거지로 삼았다.

그 후 1356년의 프아티에 전투가 있기 전까지 16년의 휴전상태에 들어갔다. 이 기간은 유럽 여러나라에 흑사병이 창궐해 전쟁의 혼란에 빠져있던 국민을 더욱 도탄에 빠지게 했다.

영국왕 흑태자 에드워드의 눈부신 승리

PHILIPPE-AUGUSTE A LA BATAILLE DE BOUVINES (1214).

영국의 영웅 흑태자-그의 연전연승

1356년 전쟁이 다시 시작됐다. 이 무렵 영군군의 지휘관은 에드워드 3세의 아들(1330–1367년) 흑태자였다. 흑태자 에드워드는 이 전쟁에서 영국 측의 대표적인 인물이라고 할 수 있다. 무술도 뛰어나고 용맹스러워 전투가 시작되자 눈부신 활약을 했다. 항상 단정하게 검은 갑옷을 입고 출전하는 그의 모습에 프랑스군은 벌벌 떨었다.

프랑스에서 칼레가 함락된 후 필립 6세가 죽고 장 2세(1319년生 재위 1350–1364년)가 즉위했는데 현명치 못하게 귀족들과 자주 마찰을 일으켰다. 100년전쟁의 중요한 전투였던 프와티에전투에서도 장 2세의 프랑스군은 우세한 병력수에도 불구하고 만여 명이 사망(귀족 3천여명)하는 대패를 당했다. 이 전투에서 영국의 흑기사 왕자에게 밀려 장 2세는 포로가 되어 영국으로 끌려갔다.

프와티에전투에서 장 2세 포로가 되다

기사도를 중시하는 흑기사 왕자는 포로인 적군의 왕을 잘 예우해 나중에 몸값으로 많은 금화와 영토를 받고 풀어 주었다.

그 후 프랑스는 샤를 5세(재위 1364–1380년)가 왕이 되어 전세를 만회하면서 양국의 대치상태가 지속됐다.

영국의 흑태자는 부왕 에드워드 3세보다 1년 먼저 죽어 왕이 되지 못했고, 그 아들 리처드 2세(재위 1377－1400년)가 북쪽 스코틀랜드의 침입을 받아 양쪽으로 싸워야하는 곤경에 처하기도 했다.

양국은 아버지가 싸움터에서 죽으면 그 아들이 어른이 되어 군인이 되고 또 지금은 대를 이어 그 손자들이 싸우는 형세가 되었다.

전쟁을 시작한 에드워드 3세의 80년 후의 증손 헨리 5세가 활약하다

전쟁의 신과 같았던 영국 헨리 5세

전쟁을 시작한 에드워드 3세가 죽고 프랑스는 전쟁으로 인한 재정과 병역문제로 내란이 발생해 곤욕을 치렀다. 계속 전쟁에서 지는 바람에 영국에 항복해야 할 상황에 이르렀다. 당시 프랑스의 노르망디와 피카르디(Picardie)를 비롯한 북부 프랑스가 영국군에 의해 점령됐고 1419년 1월에는 파리까지 넘어가는 절체절명의 위기에 처했다. 급기야 1420년 트루아 조약이 체결됐다. 그 내용은 영국의 헨리 5세(1387生 재위 1413－1422년)와 프랑스 샤를 6세(재위 1380－1422년)의 공주 카트린 드와 결혼(1420년 결혼), 헨리 5세의 프랑스 왕위계승권을 규정하고 있었다. 이때 헨리 5세는 100년전쟁을 시작한 에드워드 3세가 태어난 해 1313년에서 100년후 1413년에 왕에 즉위해(26세) 불과 10년도 안되는 시기에 왕 부자(에드워드 3세와 흑기사 왕자)가 50년에 이루지 못한 프랑스 정복을 해낸 왕이었다. 그는 전쟁의 신처럼 계속 전투에서 이기다 아쟁쿠르전투에서 결정적인 승리를 거둔 뒤 트루아조약을 맺었다. 그야말로 모든 것을 속전속결로 처리한 천재적인 왕이었는데 10년을 못 채우고 35세에 요절했다. 셰익스피어는 이를 역사극으로 남겨 5막극이 초연(1599년)됐고, 많은 영화와 뮤지컬로 다룬 영국의 영웅이었다.

그런데 이때 묘하게도 계약의 당사자인 헨리 5세와 샤를 6세가 1422년에 동시에 죽음으로서 사태가 급변했다. 파리를 장악하고 있던 영국인들은 헨리 5세와 카트린 사이에서 태어난 1살짜리 아들 헨리 6세(1421生 영국왕 재위 1421－1471년)가 부왕을 대신해 프랑스의 왕위계승권을 가진다고 주장했다. 그러나 당시 대다수의 프랑스국민은 그 조약은 광기에 빠진 샤를 6세의 실수로 맺어졌으며 조약 당사자인 헨리 5세가 죽었으니 조약은 무효가 됐다고 주장했다. 그러나 상황은 계속 프랑스에 불리하게 돌아갔고 샤를 6세가 저항의지를 상실해 갈 무렵 1429년에 잔 다르크가 등장했다.

프랑스의 잔 다르크 등장, 나라를 구하다

잔 다르크 프랑스를 구하다

이때 프랑스에 기적처럼 잔 다르크(1412－1431)라는 소녀가 나타났다. 잔 다르크는 1412년 프랑스 동부의 작은 마을에서 농부의 딸로 태어났다. 100년전쟁을 시작한 에드워드 3세(1321년생)보다 90여 년 후에 태어난 잔 다르크가 이 전쟁의 물꼬를 바꾸게 되었다.

이때 조선은 3대왕 태종이 즉위한 지 12년이 지났고, 세종대왕이 즉위하기 6년전이다.

잔 다르크는 13세가 되면서 계속되는 천사의 계시를 들었다고 한다. 잔 다르크가 17세가 되던 어느날 고향의 성당에 종소리가 울려 퍼지면서 천사 미카엘의 소리가 들렸다. “하느님이 주시는 깃발을 들어라. 두려워 말아라. 하느님이 너를 도우신다. 프랑스를 지키고 오를레앙을 구하라”

이 무렵 전쟁상태는 프랑스가 영국군에 계속 밀려 나라의 운명이 바람 앞에 등불처럼 위태로웠다. 이미 잔 다르크 소문이 전국에 많이 퍼져 당시 프랑스의 희망인 황태자가 잔 다르크를 만나 영국군에 포위된 오를레앙의 군사 지휘를 맡겼다. 1429년 200일째 포위돼 있던 오를레앙의 전투에서 잔 다르크의 군대는 기적같이 영국군을 물리치고 프랑스군을 구했다. 그 이후의 전투에서도 은빛 갑옷에 검은 말을 타고 여러 전쟁에서 연전연승했다.

이로써 프랑스의 황태자 샤를 7세는 1429년 전쟁으로 미뤄둔 장엄한 대관식을 올리고 프랑스는 전쟁 승리의 전기를 마련했다.

그러나 1430년 전투에서 잔 다르크가 영국군의 포로로 잡혀 재판을 거쳐 1431년 하

잔 다르크의 승리 그러나 화형

느님을 모독했다는 엉뚱한 죄목으로 화형에 처해졌다.

그 후 잔 다르크는 프랑스국민들로부터 나라를 구한 영웅으로 존경받고 있다.

잔 다르크의 화형 이후 분발한 프랑스군은 영국군에 점령당한 영토를 차례로 회복하고 1450년에는 노르망디에서 큰 승리를 거두었다.

결국 1452년 프랑스는 영국군을 물리쳤고 영국군은 100년전에 건너온 도버해협을 건너 그들의 나라로 돌아갔다.

이로써 기나긴 백년전쟁도 끝이 났다. 이 전쟁은 최후의 봉건적인 싸움이었다. 백년전쟁으로 인한 영향은 매우 컸는데 영국이나 프랑스 모두 기사층이 몰락하고 대신 왕의 세력이 커졌다. 오랜 전쟁을 통해 민족의 자각심과 정체성을 찾게 된 양국은 자신의 나라를 발전시켰고 근대로 향한 문을 활짝 여는 결과를 낳은 것이다.

잔 다르크의 마지막 종교재판(화형), 성인 반열에 오르다.

잔 다르크의 종교재판 이후 성녀로 시성

잔 다르크는 18세 어린 나이에 영국군을 격파해 오를레앙을 해방시킨데 이어 각지에서 영국군을 무찔렀습니다. 흰 갑주에 흰 옷을 입고 선두에 서서 지휘하는 잔 다르크의 모습만 보고도 영국군은 도망갔다고 합니다.
이에 샤를 7세는 트루아조약에 따른 왕위분쟁에서 영국의 헨리 6세보다 앞서서 프랑스 왕위를 계승하였는데 잔 다르크에 대한 왕 측근들의 질시와 선망속에서도 충성을 다 했습니다. 신하들의 질시가 잔 다르크의 체포와 화형을 구하지 못한 원인이 되었다는 연구도 있습니다.

아무튼 잔 다르크가 1430년의 전투에서 사로잡혀 영국군에 넘겨져 종교재판에 회부된 기록이 인상적입니다.
19세의 소녀가 할 수 없는 영적인 답변을 하자 재판관들은 마녀라고 몰아 부쳤고 결국 화형에 처해질 때 잔 다르크는 담담하게 이를 받아들이는 성녀로서의 품위를 보였습니다. 샤를 7세는 이 판결을 모두 파기(1456년)해 명예를 회복시켰고 가톨릭교회에서는 1920년 그녀를 성녀로 시성(諡聖)했습니다. 잔 다르크를 다룬 문화 예술작품은 매우 많습니다.

영국의 장미전쟁-헨리 7세의 승리, 영국 미래의 토대

헨리6세(붉은 장미), 에드워드4세(흰 장미)

영국은 100년전쟁에서 내내 승기(勝氣)를 유지했다. 특히 헨리 5세(재위 1413－1422년)가 전쟁의 신이라는 말처럼 전광석화 같은 승리로 프랑스의 왕위를 차지하기 직전 전염병으로 급사했다. 이것이 나라의 운명인지 이때부터 전쟁의 흐름이 달라졌으며 여기에 잔 다르크(1412－1431년)가 혜성같이 나타나 프랑스를 구하자, 영국은 도버해협을 건너 철수(1452년)했다.

이때 영국은 헨리 5세의 아들이 생후 9개월인데, 헨리 6세(재위1422－1461년)로 즉위해 오랫동안 미성년왕이었으며, 아버지가 이뤄놓은 전쟁 승리의 분위기를 유지하지 못했다. 성년이 돼서도 전쟁관리를 제대로 못해 인기와 신뢰가 땅에 떨어졌다. 이를 계기로 영국은 왕권 다툼이 벌어져 소위 장미전쟁(1455－1485년)이 벌어졌다.

더구나 헨리 6세는 정신이 오락가락해 결국 1461년 에드워드 4세(재위 두 번 1461－1470. 1471－1483년)에게 왕위를 빼앗겼다. 이를 장미전쟁이라고 부르는 이유는 기존 왕권파 헨리 6세의 랭커스터 왕조 집안의 상징(紋章)이 붉은 장미였고, 반대파 에드워드 4세의 집안 요크가문의 문장은 흰장미였기 때문이다. 1차는 흰장미가 승리해 20여년 왕권을 잡아 잠깐의 안정된 기간을 가졌다. 특히 에드워드 4세가 지략과 결단력이 출중해 그동안 흐트러졌던 영국을 추수리고 영국의 재정을 튼실하게 하는 등 능력발휘를

붉은 장미+흰 장미=투더 장미

했다.

그러나 30년 동안을 장미전쟁이라 부르는 것은 아직 이 전쟁이 끝나지 않았기 때문이다.

1483년 에드워드 4세가 죽자 양쪽 가문에서 계속 명분도 없어졌음에도 장미전쟁은 계속되었다.

드디어 이 전쟁의 해결사로 헨리 7세(凡 붉은 장미)가 망명지 프랑스에서 귀국해 보스워스 전투에서 승리해 전쟁은 끝나고 랭커스터 왕조는 튜더왕조로 바뀌었다.

헨리 7세(1457生 재위 1485－1509년)는 그 유명한 헨리 8세의 아버지, 엘리자베스 1세의 할아버지로 영국이 유럽의 강국으로 격상하는 디딤돌을 놓은 인물이다. 이때부터 튜더왕조는 1603년까지 118년을 지속하게 된다.

결국 장미전쟁으로 붉은 장미 흰장미가 합쳐져 “튜더로즈”라는 새로운 장미(색)가 탄생했다. 헨리 7세의 장미전쟁의 종결로, 랭커스터왕조까지를 영국의 중세로 구분하고 헨리 7세부터의 튜더왕조를 영국 근세 역사의 시작이라고 할 수 있다.

헨리 7세는 국가의 장래가 해외무역의 발전과 이를 지탱할 해군력에 있다고 이에 대비했으니 그의 탁견은 그의 아들(헨리8세)과 손녀(엘리자베스 1세)에 의해 추진됐다.

장미전쟁으로 인해 영국 귀족의 50%가 사망한 것으로 추정되며 특히 폐가처럼 된 요크가의 영지 및 재산을 몰수해 왕실재산으로 흡수함으로써 재정의 안정을 도모하고 차후 해군력의 증강에 유용하게 쓰이게 됐다.

그러니 전쟁이 당시엔 소모전이었지만 미래를 위한 발전의 계기가 된다는 진리가 또 한번 입증된 셈이다.

100년전쟁 후의 프랑스는?

승리의 왕 샤를 7세

잔다르크의 화형이후에도 프랑스 쪽으로 불러온 승리의 흐름은 더욱 거세어 졌다. 프랑스의 인심이 샤를 7세(재위 1422-1461년)에게로 집중되면서 그동안 영국쪽을 돕던 부르고뉴파(프랑스의 반 왕당파)도 프랑스군 진영으로 귀순하게 되었다.

프랑스군은 1450년 포르마니 전투의 승리로 노르망디에서 영군군을 축출했으며 1453년 마지막 전투 카스티옹 전투의 승리로 영국군을 몰아내는데 성공했다.

이로서 영국군이 처음 상륙했던 해안의 칼레를 제외한 프랑스의 모든 영토에서 쫓겨난 영국은 항복을 선언했고 백년전쟁도 마침내 종지부를 찍게 되었다

그러나 샤를 7세의 노후는 그다지 좋지 않았다.

그 아들 루이 11세가 권력을 보채서 아버지의 왕권에 도전했고 샤를7세는 희귀한 병(음식을 못먹는 병)으로 결국 1461년 아사(餓死)했다.

그후 아들 루이 11세(재위 1461-1483년), 샤를 8세(재위 1493-1498년),다시 루이라는 이름의 루이 12세(1498-1515년)으로 이어져서 1500년대를 맞이하였다.

100년 전쟁 이후 1450년대 이후의 세계는

이때 영국은 100년전쟁의 끝무렵에 헨리 6세가 정신이상증세와 중요한 정치의 무관심으로 전쟁 마무리에 실패했다고 비판하여 다시 전쟁, 장미전쟁(1455-1485년)이 시작되었습니다. 결국 헨리 7세(재위 1485-1509년)라는 유능한 왕이 등장해서 전쟁을 정리하고 영국의 16세기 근대화의 기초를 세웁니다.

이 시대 에스파냐, 포르투갈은 신대륙, 신항로 발견(1492-1498년)으로 기세를 올립니다.

우리나라(조선)는 세종대왕이 사망하고 몇 년후에 수양대군의 왕위찬탈(계유정란 1453)로 왕도를 이탈하고 훈구대신을 양산하여 엉뚱한 길로 가기 시작했습니다. 1400년대 말 중요한 대목에서 연산군이 등장하고 거꾸로 가는 역사가 있었습니다. 무오사화(1498년) 등 4대사화(士禍)가 시작된 것입니다.

동로마, 비잔틴 제국의 멸망

비잔틴제국(동로마제국)의 멸망(1453년)의 전야

프랑스와 영국의 100년 전쟁이 마무리되고 영국군이 도버해협을 건너 본국으로 돌아간 것이 1452년이다. 이듬해 1453년에 투르크족의 이슬람국가 오스만 투르크가 동로마를 멸망시키는 역사가 발생했다.

동로마제국, 비잔틴제국의 멸망이 중세 유럽의 마지막 역사라고 볼 수 있다.

그 이전에 유럽인은 동로마제국을 많이 괴롭혔는데 동로마가 아주 좋은 땅에 많은 보물을 가지고 너무 잘살고 있다는 이유였다. 여기에 십자군까지 비잔티움의 영토를 훑어가며 약탈을 자행하다가 마침내 4차 십자군전쟁에서 엉뚱하게 그 공격 목표가 아예 비잔티움으로 급선회한 것이다.

1204년 베네치아인들이 이끄는 십자군이 콘스탄티노플을 공격해 함락하고 교회와 무덤까지 샅샅이 파헤치며 900년 가까이 축적되었던 보물들을 모조리 강탈하고 파괴했다. 십자군이 비잔티움을 점령하고 라틴제국을 선포하자 비잔티움(동로마) 조정은 소아시아의 니케아에 망명정부를 세워 60여년 동안 유배생활을 했다.

그 후 미카일 8세가 니케아에서 1261년에 콘스탄티노플을 다시 탈환했다. 그러나 그 아름답던 콘스탄티노플은 이미 황폐해졌고, 국가의 행정기능은 마비됐으며 교역은 이탈리아 상인들이 독점하고 있었다.

비잔틴제국 투르크(노란색)제국에 고립

미카일 8세의 사후, 제위 계승을 둘러싼 내란은 이미 약화된 비잔티움의 몰락을 더욱 더 재촉했다.

1000년(395년의 동서로마의 분리)을 내려온 비잔틴제국은 약해질대로 약해져 마침내 오스만 투르크에 의해 포위당하는 운명을 맞았다. 고립무원의 상황에서 결정적인 위기에 직면한 것이다.

오스만투르크에 의한 동로마제국의 멸망

1299년 건국 이래 100년 동안 영토를 확대하고 이슬람 종주국으로서의 위치를 확보하고 나라를 발전시켰다. 다만 1402년 티무르왕에게 앙카라전투에서 일격을 당해 휘청거렸다. 다행히 바예지드 1세의 아들 메흐메트 1세(5대 술탄)가 1421년에 재통합을 성공으로 이끌면서 국력을 회복했다. 그 후 아들 무라트 2세(6대 술탄)는 다시 자국을 침공한 십자군을 물리치면서 안정된 통치를 펼쳤다. 오스만터키는 다시 국력이 상승하자 1453년 무라트의 아들 메흐메트 2세(7대 술탄)는 동로마제국의 수도 콘스탄티노플을 공략했다.

100년전 이미 오스만 투르크족은 소사시아에서 건너와 발칸반도 전역을 점령하고 있었으므로 아름다운 고도(古都)의 점령을 위해 육군 20만, 군함 400척 등 준비가 완료돼 있었다.

메흐메트 2세는 이 전투에서 “가라 이슬람의 아들이여, 성전의 깃발은 높이 휘날리고 있다. 우리의 병사는 하늘의 별보다 많다. 알라의 이름과 오스만제국의 영광을 위하여 싸워라”라고 독려했다. 이 전투에 오스만제국은 10만의 병사를 동원했고 동로마(비잔틴 제국)는 겨우 7천명 군사로 이에 맞섰다.

이렇게 395년 동서로마의 분리 이후 1050여년 만에, 동로마제국마저 멸망했으며 태초로마의 건립(BC 753년) 이래로 2200년만에 지구상에서 영토로써 로마라는 나라가 사라졌다.

지난 800년 샤를 마뉴대제로부터 시작된 신성로마제국(황제)의 호칭만큼은 1806년 나폴레옹의 프로이센 점령까지 이어졌다.

1000년 고도 콘스탄티노플이 점령되던 순간

마지막 황제와 총대주교

1453년 5월 28일 최후 결전의 날, 바로 그 성 소피아 성당에서 마지막 예배를 올린 후, 황제와 총대주교(동방교회의 대표)는 신에게 고별인사를 했다.

그리고 성안의 모든 사람이 적의 공격에 대비해 제각기 자기의 마지막 임무를 위해 자리를 잡았다. 치열한 공성 수성의 전투 끝에 드디어 성벽에 구멍이 뚫리고 성문이 열리면서 술탄의 군대가 밀려들어 왔다. 황제는 몸을 피하라는 주위의 권유를 물리치고 자신의 친구, 부하들과 함께 전투에 뛰어들었고 성벽 위에서 장렬하게 전사했다.

외적의 침입에 대비해 보스포로스 해협의 입구를 돌과 장애물로 철저히 봉쇄해 군함의 통과를 막았지만, 투르크군은 군함을 해협의 주위 산(언덕)으로 끌고 올라가 해협으로 들어오는 기발한 전략을 펼친 것이다.

오스만 투르크의 기상천외한 공격

이 전투를 지휘한 오스만제국의 술탄 메흐메트 2세는 겨우 21세였지만, "괴물(몬스터)"이라는 이름의 길이가 무려 26피트가 넘고 포탄의 무게가 1300파운드인 거대한 대포로 성을 공격했습니다.

그럼에도 콘스탄틴노풀을 지키는 세 겹의 성벽을 뚫을 수 없었습니다.

공격하다 지친 메흐메드 2세는 보스포로스해협에서 성벽 앞 바다(灣)에 이르는 수십㎞의 산길에 은밀히 나무로 길을 만들고 밤을 틈타 말과 인력을 동원해 72척의 군함을 옮긴 뒤 쇠사슬을 이용해 폐쇄된 만(灣)에 배를 띄우는 기상천외의 전술을 구사한 것입니다.

이것이 "투르크 함대 산을 넘었다"라는 유명한 전사(戰史)입니다. 이는 기원전 3세기 한니발이 로마를 침공할 때 코끼리 부대를 끌고 알프스를 넘었을 때와 18세기말 나폴레옹이 말과 대포를 끌고 알프스를 넘어간 전쟁역사와 비교됩니다. 그러나 콘스탄티노플이 함락된 직접적인 원인은 어이없게도 성문 중에 문 하나를 잠그는 것을 잊었기 때문이라는 것입니다.

괴물 대포로 성벽 공격 실패,
배가 산을 넘고 코끼리가 알프스를 넘다

콘스탄티노플은 함락됐고 그와 더불어 비잔티움제국(동로마제국)도 종말을 고했다. BC 753년 시작된 로마의 역사는 이제 2200년의 긴 장정(長程)을 끝냈다. 인류역사상 한 왕조로서 비교되지 않게 긴 역사의 로마였다.

소피아 성전을 지켜낸 젊은 술탄의 예지

동로마제국을 점령한 메흐메트 2세는 이 대단한 도시 콘스탄티노플의 소피아성전(532-536년 건설) 앞에 서서 그 웅장함과 아름다움에 압도돼 "이곳은 하늘이 나에게 점지해준 곳이구나"하고 장병들에게 이 성전만은 건들지 말라고 "노터치"를 명했습니다. 그리고 성전 내부의 그리스도교 성화(이슬람에서는 우상으로 여김)들을 훼손하지 않고 회칠하여 덮었으며 외부에 기둥(철탑) 4개(이슬람성전의 상징)를 세우고 이슬람 성전으로 사용하기 시작했습니다.

1922년 오스만제국이 망하고 케말파샤의 공화정이 시작되면서 1934년 국립박물관으로 지정됐고 회칠을 벗겨내는 복원작업을 하면서 예전의 아름다운 그림들이 되살아나 역사 깊은 귀중한 관광자원이 됐습니다. 더구나 그 후 소피아성전 못지 않는 블루모스크를 바로 옆에 지어 두 성전이 나란히 서 있는 모습은 이슬람 문화의 상징이 되었고, 이스탄불의 상징

1470여년 전에 지어진 소피아성전

물로 도시를 빛내고 있습니다.
이렇게 소피아성전을 지켜낸 오스만 터키의 20살의 젊은 술탄의 역사관과 문화에 대한 경외심이 대단합니다.

제17막

칭기즈칸 3대(代)의 몽골제국건설 -세계 유래 없는 손자까지 73년 정복전쟁

- 1장: 칭키즈칸의 몽골 통일과 몽골 대제국의 건설
  * 칭키즈칸(1162년-1217년)-몽골의 몽칸, 자무카 극복-몽골통일(1206년)
  * 정복전쟁-서하, 금나라, 호라즘(1209-1215년)-대제국 건설-사망(1227년)

- 2장: 칭키즈칸 사후 아들들의 몽골제국
  * 아들 4형제: 주치, 차카타이, 오코타이(2대 대칸), 툴루이-정복전쟁 계속
  * 야율초재의 역할-손자 바투의 활약-유럽지역 원정 -킵차크 칸국 건설-옹케 4대 칸(1251-1259년)

- 3장: 손자 세대의 몽골제국
  * 손자세대 바투가 중심, 몽케(4대칸 1251-1259년), 쿠빌라이(5대칸 1261-1294년) 활약
  * 훌라구 일한국 건설-쿠빌라이 원나라 건국(1271년)

1장

칭기즈칸의 몽골 통일과 몽골 대제국의 건설

칭기즈칸의 어머니와 부인의 납치극

몽골의 척박한 초원이 칭기즈칸의 고향

12세기 후반까지 몽골 부족(Mongol Tribes)은 금(여진족)나라의 지배 아래 여러 부족으로 분할돼 있었다. 그러나 금나라의 힘이 약해지면서 몽골초원에도 통일의 기운이 무르익었고, 이때 '테무친'(鐵木眞 1162-1227)이 등장했다. 테무친의 아버지 예수게이는 당시 몽골 부족의 유력 인물로 금나라의 용병 집단인 타타르 부족과 생존을 위한 투쟁을 벌였다.

칭기즈칸의 어릴 적 이름인 테무친은 아버지가 타타르 부족과의 전투에서 사로잡은 족장의 이름에서 따온 것이다. 아버지 예수게이는 테무친의 결혼할 상대를 미리 정해주는 과정에서 테무친이 13살 때 타타르인에게 독살됐다.

부인을 뺏고 뺏기는 과정에 칭기즈칸의 현명한 어머니 호엘룬

칭기즈칸의 아버지 예수게이와 현명한 어머니 호엘룬,
테무친의 부인 보르테와 네 아들

원래 칭기즈칸의 어머니는 메르키트족 칠레두의 아내였습니다. 칭기즈칸의 아버지 예수게이는 외모가 뛰어난 호엘룬을 보고 형제 셋이 마구 접근하자 그들에게 위협을 느낀 호엘룬이 남편 칠레두에게 말했습니다. "저 세 사람이 당신을 죽이려 합니다. 당신은 살아 있으면 다른 여자와 만날 수 있습니다. 저로 인해 목숨을 버리지 말고 저를 두고 도망가세요"라고 하며 칠레두의 도피를 도왔다고 합니다. 이렇게 삼형제가 탈취한 호엘룬(1139?-1217년)은 예수게이의 아내가 되었고 테무친이 태어났습니다. 그로부터 20년이 지난 후 이번에는 그 아들 테무친이 메르키트족의 보복으로 부인 보르테를 도둑맞았고 천신만고로 되찾았을 때 이미 보르테가 칠레두의 동생 칠게르의 아기로 추정되는 임신을 한 것을 알고 크게 고민합니다. 이때 호엘룬은 테무친을 위로하고 보르테를 받아들이도록 권했고 그후 출생한 아들 주치를 자신의 아들로 알고 평생을 살도록 타일렀습니다.

보르테 카툰(1161-혹은 1159-1236)은 곤기라트족 족장의 딸로 예수게이가 아들 테무친과의 혼인을 주선하고 돌아가는 길에 타타르족에게 독살됐습니다. 이후 칭기즈칸이 성년이 되고 아버지가 정해준 보르테를 데려와 한참 고생하던 어려운 시기(1182-1191년)에 네 명의 아들 주치, 차가타이, 우구테이(오고타이), 툴루이를 낳고 남편 예수게이가 독살된 이후 네 아들과 딸(투멜룬) 하나를 잘 키워내고 결정적인 순간에 칭기즈칸에 내조를 잘해 시어머니 호엘룬과 함께 몽골인들의 존경을 받는다고 합니다.

칭기즈칸의 부모는 몽골 부족들간의 치고 받는 투쟁의 표본이었다. 작은 부족의 지도자인 아버지 예수게이가 다른 경쟁부족 전사의 부인을 납치해 칭기즈칸을 출생했으므로 그 어머니 호엘룬은 이미 이런 납치의 희생자였다. 아버지는 이미 부인이 있었으며 그 소생 벡테르(칭기즈칸의 이복형) 등 두 명의 아들이 있었다. 이를 계기로 아버지는 독살 당하고 또 어머니의 출신 메르키트족이 이번에는 칭기즈칸의 부인을 납치해 그 업보가 아들에게 이어진 것이다.

칭기즈칸의 통일 투쟁-애증의 두 인물 옹칸과 자무카

아버지가 독살된 후 모든 씨족에게 버림받는 등 고난의 어린 시절을 보낸 테무친은 청년이 돼 아버지가 정해준 옹기라트 씨족 족장의 딸과 결혼한 후 아버지의 복수를 시도했다. 그러나 이 과정에서 메르키트 부족의 습격을 받아 1179년(추정) 17세 때 아내를 빼앗기는 불운을 맛본다. 이 사건을 계기로 그는 아버지의 의형제였던 케레이트 부족의 칸인 옹칸과 연합을 맺고 1189년부터 본격적인 세력 확장에 나섰다.

당시 몽골 고원의 유력 세력은 옹칸을 비롯해 몽골 부족의 자모카, 타타르 부족, 메르키트 부족, 나이만 부족 등이었다. 테무친은 옹칸과 자모카와의 의리 우정과 배신의 굴곡을 겪으며 이들 부족들을 모두 각개 격파하는 데 성공했다.

그리고 최후에는 옹칸마저 제거하고 자모카를 죽임으로써 몽골 고원을 실질적으로 통일했다.

칭기즈칸의 의부 옹칸 "테무친이 너무 컸어" 배신하다

옹칸(1131－1203년)은 몽골 유목민 집단인 케레이트 부족의 마지막 지도자였다. 옹칸이 이끌던 케레이트 부족은 몽골고원 남쪽에 자리잡아 나이만 등 큰 부족들과 경쟁하며 칭기즈칸의 통일전쟁에 휘말렸다. 원래 칭기즈칸의 의부(義父 나이 31세 차이)로서 칭기즈칸이 메르키트족에게 부인이 납치당했을 때 그 탈환을 도와준 생명의 은인으로 아주 좋은 사이였다. 그러나 영원한 적도 영원한 동지가 없듯이 말년에 노욕이 들었던지 "테무친이 너무 컸어" 하고 테무친을 유인해 죽이려 했다.

그를 믿고 준비 없이 그의 초대에 응한 테무친 일행은 거의 전멸하고 목숨이 경각에 달렸을 때 그와 마지막 무사 19명이 테무친을 경호하고 흙탕물을 마시며 발주나 강가로

노욕이 든 옹칸과 최후의 대결

탈출해 나온 이야기는 유명하다. 이 19명의 무사들은 그 강에서 평생의 동지를 맹세하고 칭기즈칸의 몽골통일과 몽골제국의 건설에서 큰 역할을 했다. 우여곡절 끝에 칭기즈칸과 마지막 싸움에서 패한 옹칸은 나이만부족 영지로 탈출을 시도했으나 결국 나이만의 무사들에게 살해당했고 케레이트 부족 또한 사라졌다.

테무친은 이 사건을 계기로 인생의 큰 교훈을 배웠고 자신의 손으로 옹칸을 직접 죽이지 않은 것을 큰 다행이라고 생각했다.

평생 친구이자 라이벌이었던 자무카-마지막 피를 보지 않고

자무카는 몽골 자드란 부족의 군사·정치적 지도자로 성장했으며 테무친의 몽골 통일의 강력한 라이벌이었다. 테무친과는 어릴적 친구, 우리말로 죽마고우(竹馬故友)였는데 몽골은 죽마가 아니고 작은 말부터 함께 타고 초원을 뛰놀았을 것이다.

1182년 테무친의 부인 보르테가 메르키트족에게 납치당했을 때 케레이트족의 옹 칸과 함께 그녀를 구출하기도 했다. 그러나 자무카는 점점 테무친과 대립하기 시작하면서 가장 강력한 라이벌이자 애증관계를 이룬 인물이다.

훗날 칭기즈칸은 호라즘왕조든 금나라든 어떤 세력도 자무카만큼 자신을 몰아친 적이 없었다고 말했다. 어느 강적도 칭기즈칸을 여러번 생사의 갈림길로 밀어부친 자무카와 비할바가 아니었다.

본래 테무친과 자무카는 안다의 맹세를 세 번이나 맺은 절친이었다. 안다의 맹세는 의형제를 맺는 의식으로 "원조비사(元朝秘史)"에서 이 둘은 적으로 만나는 상황에서도 서로를 형 동생으로 불렀으니 그들은 인간적으로는 서로를 끝까지 형제라고 생각했던 것 같다. 그러나 테무친의 세력이 급속하게 성장하자 자무카는 그에게 위협을 느끼고 결별하게 된다. 이제 둘은 몽골고원의 패권을 놓고 거대한 전쟁이 시작됐다. 둘은 엎치락뒷치락하며 몽골고원의 패권을 다투었다.

그후 세력을 회복한 테무친은 몽칸의 게레이트부족을 박살냈고 또한 나이만을 공격하자 자무카는 도망쳤고, 자무카를 배반한 그의 부하들이 초원을 헤매는 자무카를 생포해 테무친에게 끌고 갔다.

테무친과 자무카의
어린 시절(상),청년시절(하)

자무카의 마지막 순간

테무친은 자무카를 데려온 이들을 "자기 주인을 배반하고 적에게 팔아넘기는 쓰레기들"이라고 일갈하고 가혹하게 처벌했다. 그리고 자무카의 능력과 재주를 잘 아는 테무친(칭기즈칸)은 소년시절부터 맹우였던 그를 회유했지만, 자무카는 이를 깨끗이 거절하고 죽음을 택했다. 그의 희망대로 칭기즈칸은 마지막 우정의 표시로 자무카를 자루 속에 넣어 끈으로 목을 졸라 피를 보지 않고 죽게 해 주었다.

자무카는 칭기즈칸과 더불어 몽골초원을 통일할 만한 능력과 카리스마가 있었던 유일한 인물이었다.

다만 그는 사람의 마음을 모으고 화합하지 못해 결국 패자(敗者)가 됐고 칭기즈칸이 몽골초원의 패자(覇者)가 된 것이다.

몽골 통일을 완수한 테무친 대칸이 되다

20년 가까운 기간에 온갖 생사를 건 투쟁 끝에 테무친은 몽골고원을 통일했다. 이 과정에서 가장 중요한 과정이 옹칸과의 대결과 자무카와의 전투였다. 1206년(44세) 봄 오논강 강변에서 전 몽골족이 참가하는 쿠릴타이(Quriltai 부족 전체회의)를 개최하고 '가장 강력한 칸'이라는 뜻인 "칭기즈칸(成吉思汗)"이라는 존호를 받았다.

그리고 이 쿠릴타이에서 강력한 군사행정조직인 '천호제(Miggan－u Noyan)'라는 새로운 사회체제를 탄생시켰다. 처음 95명의 천호장(千戸長)을 임명했는데 그중 86명을 자신의 통일전쟁 시 맹장들을 능력으로 선발하고 9명의 만호장은 자신의 통일 건국의 공신, 측근을 임명해 강력한 군정체제(軍政體制)를 확립했다. 칭기즈칸은 이를 바탕으로 '팍스－몽골리카(Pax Mongolica)'라 불리는 세계통합의 이념을 내세우며, 1227년 사망할(65

세) 때까지 대대적인 정복전쟁을 전개해 '대 칭기즈칸의 몽골의 시대'라는 인류 역사의 신기원을 열었다.

강력한 법령을 세워 군의 기강을 바로 잡는 한편 범(凡)몽골족의 동질성을 제시해 천호제라는 새로운 조직을 통해 하나가 된 몽골의 사기를 높였으며 바로 몽골초원을 뛰쳐나갈 준비를 갖췄다.

한 사람(칭기즈칸)의 꿈은 꿈이지만 만인의 꿈은 현실이라는 말이 있다. 칭기즈칸은 그 꿈의 일보를 시작하였다. 동서의 교역이 길을 만들고 동서를 아우르는 최대의 제국을 건설하는 그 꿈을 실현하고자 하였다. 야만인으로 취급받던 몽고(蒙古)가 환골탈퇴하기 시작했다.

칭기즈칸의 즉위식

몽골식의 겔에서 올린 대칸 즉위식(위)과 천호장 편제의 군대 출정식(아래)

칭기즈칸 서하, 금나라 등 원정(1206-1227)을 시작하다

일반적인 시각으로 보면 지금까지 칭기즈칸은 몽골 부족이 몽골초원을 처음 통일한 인물일 뿐이고, 그저 북방의 경쟁부족인 금나라를 대신해 중국의 일부 지역을 장악한 것으로 볼 수 있다.

그러나 그는 이를 뛰어넘는 거대한 행보를 시작했다. 제일 먼저 몽골의 전통적인 부족조직과 연합체를 모두 해체하고 십호(十戶), 백호(百戶), 천호(千戶)라는 전례 없는 군사조직을 개편했다. 그리고 백호와 천호의 책임자들인 백호장, 천호장의 자제들로 친위대를 편성했다. 칭기즈칸은 부자(父子) 모두에게 책임감과 긍지를 심어주며 중앙과 전투부대와의 일체감 또는 인질 효과까지 생각할 수 있는 다목적인 방법으로 절대 권력을 구축한 것은 예전의 돌궐, 위구르 등의 북방민족과는 근본적으로 달랐다. 체제가 완비되면서 정복 전쟁이 시작되었다. 칭기즈칸이 밖으로 정복을 시작한 첫 번째 대상은 서하(西夏) 제국이었다. 서하(티베트 계열)는 건국(1038－1227년)되고, 일찍이 북송을 침공해 요나

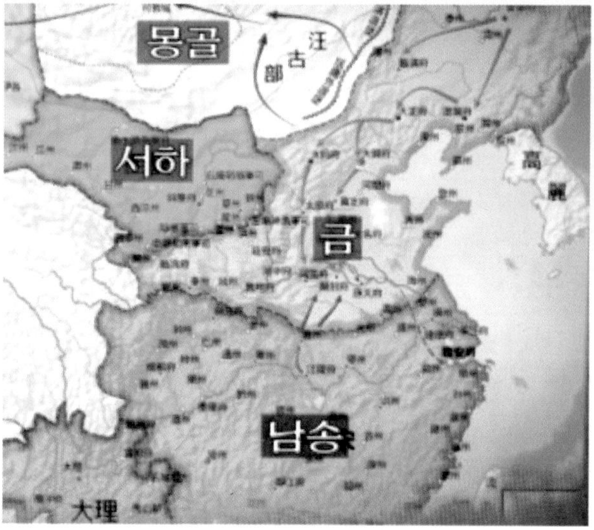

1220년대의 중국의 상황

라처럼 이민족의 나라로서 중원의 나라 송나라에게서 풍족한 조공을 받던 강국이었다.

그러나 칭기즈칸의 군대가 수도로 물밀듯이 밀고 들어가자 서하는 바로 자세를 낮춰 조공을 약속했다. 그러나 서하는 충성도가 약해 그 후에도 여러차례 공격(1206－1226년)을 받아 1227년 멸망했다.

서하는 중국 북서부 중앙아시아 입구에 위치해 있어 당연히 다음 점령지는 서쪽이라 예측할 수 있지만, 방향을 동쪽으로 돌려 숙적인 여진족의 강국 금나라(건국 1115－1234년 멸망)를 공격했다. 지금까지 북방민족의 호랑이 노릇을 하던 금나라에 대해 칭기즈칸은 숙원이 있었으며 금나라를 공격하기 위해 먼저 금나라와 동맹을 할 수 있는 서하부터 공격한 것이다.

4년 만에 금나라의 수도 북경을 함락시키자 그들은 북송의 수도였던 개봉(開封)으로 도읍을 옮기며 도망쳤다.

금을 완전히 멸망시키기 전에 자신의 또 하나의 숙적이었던 나이만(Найман)의 왕자가 서요(西遼. 1124－1218)로 피신하자 1218년 자신이 신뢰하는 최고의 명장 제베(哲別. 철별)를 보내 서요를 멸망시켰다. 이렇게 몽골은 실크로드로 통하는 위협 세력을 제거하고 유럽으로 가는 길목을 장악했다.

이슬람국 호라즘 등 서역을 점령하다

당초 칭기즈칸의 목표는 서쪽 이슬람제국 호라즘(Khwarezm 1077－1231 화레즘으로도 호칭)이었고, 정탐을 겸해 보냈던 450명의 대상(무역상)이 살해당하자 1209년 자신이 직접 20만명을 이끌고 호라즘 응징에 나섰다. 호라즘도 몽골군의 명성을 듣고 40만명의 대군으로 맞섰지만 대패하였다.

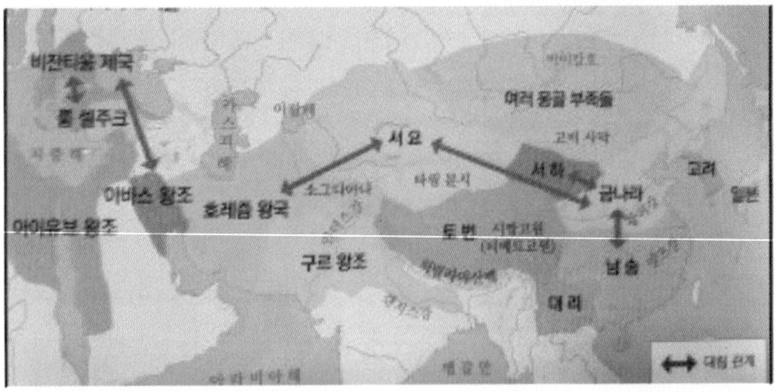

칭기즈칸 원정의 순서 서하-금나라-호라즘

철저히 파괴된 호라즘의 수도(지금의 사마르칸트)

호라즘은 용병이 주축이었으므로 충성심이 약했고, 대칸의 명령으로 일사불란하게 움직이는 용맹한 몽골군을 당해낼 수 없었다.

곧이어 수도인 사마르칸트(現 우즈베키스탄 수도)가 함락되고 왕은 도망가다 병사했다.

1077년 이슬람의 아바스 왕조, 구체적으로는 셀주크 투르크에서 분리 독립해 1200년대 황금기를 누리던 호라즘은 1231년 철저하게 망했다.

지금의 이란, 이라크, 아프카니스탄, 우즈베키스탄까지 영토를 거느렸던 대국 호라즘을 정복함으로써 몽골제국은 세계 대제국으로 올라섰다. 이때가 칭기즈칸 생전의 몽골 정복역사에서 가장 빛나던 시기였다. 지금까지 역사에서 동북아시아 세력이 중앙아시아, 西아시아를 점령한 첫 번째 사례로서 西유럽도 크게 긴장하기 시작했다.

호라즘의 철저한 응징과 그 왕의 끝없는 도피

원래 호라즘과 몽골 두 나라는 동서 실크로드를 통한 교역으로 화해 분위기를 만들어 전쟁을 피할 수 있었지만 오트랄이라는 국경도시의 총독이 몽골의 사절단들을 살해함으로써 칭기즈칸을 분노케 했습니다. 본국(수도 사마르칸트)의 아알라 웃딘 무함마드 왕(재위 1200-1220년)이 사과하고 수습을 잘 했어야 했는데 실력을 모른 채 몽골의 요구(총독의 처벌 등)를 무시했습니다.

호라즘정벌은 칭키스칸 오부자가 참여한 전쟁의 결정판

더 이상 분노를 참지 못한 칭기즈칸은 직접 지휘해 본격적인 중앙 서아시아의 원정이 시작됐습니다. 한 곳에 병력을 모아 총력전을 해도 이기기 어려운 판에 각 도시의 성에서 국지전으로 방어를 해야 했으니 전쟁은 처음부터 몽골의 일방적인 승리였습니다.

몽골과의 전투에서 적군이 순순히 항복하지 않거나 처음부터 응징하는 전투는 그 결과가 가혹하고 참혹했습니다. 약탈 · 파괴 · 방화는 물론 완전히 나라(도시)가 박살났습니다. 무함마드왕은 사마르칸트에서 제대로 전투도 안 하고 백성을 두고 도망쳤는데 북서쪽 카스피해까지 갔다가(추격대가 있었음) 외딴 섬에서 불쌍하게 병사합니다.

호라즘의 왕자 잘랄 웃딘이 왕위를 계승해 젊은(21세) 혈기로 군사를 모아 몽골에 대적해 초전에 한번 이기자 칭기즈칸의 화를 더욱 돋우었습니다.

이 때문에 나라는 더 철저히 짓밟혀 파괴되고 1231년에 완전히 망해 일한국의 일부가 됐습니다. 필자가 실크로드 여행 때 사마르칸트를 방문했는데 그 전쟁의 흔적이 흙더미 동산으로 지금도 그대로 남아 있어서 당시 얼마나 완전히 부셔졌는지를 실감했습니다. 200여년 후 티무르제국이 사마르칸트를 아름다운 도시로 만들었지만 전쟁지역은 복구가 불가능하다 판단했는지 그 남쪽에 새로운 시가지로 개발했습니다.

칭기즈칸은 원거리 원정을 여기에서 멈추고 7년만에 1215년 일단 몽골로 귀환했다. 정복을 잠정적으로 멈춘 몽골제국은 방대한 영토를 독자적으로 다스릴 수 없을 정도의 규모로서 로마의 전성시대 못지 않은 대제국이었다. 그러므로 후에 발생할 권력승계를 놓고 분란이 없도록 아들들에게 영토를 나눠주는 일이 시급했다.

몽골은 막내가 재산을 지키도록 하는 전통이 있었다. 그 이유는 형들이 전쟁에 나가서 죽는 일이 많았기 때문이다. 그래서 칭기즈칸은 막내 툴루이(Tului)에게 몽골 본토를, 맏아들 주치(Juchi)에게 카스피해 북쪽의 킵차크(Kipchak)를, 둘째 차가타이(Chaghatai)에게는 중앙아시아, 서요(西遼)지역을, 셋째 오고타이(Ogotai)에게는 나이만(Naiman) 영토를 주었다.

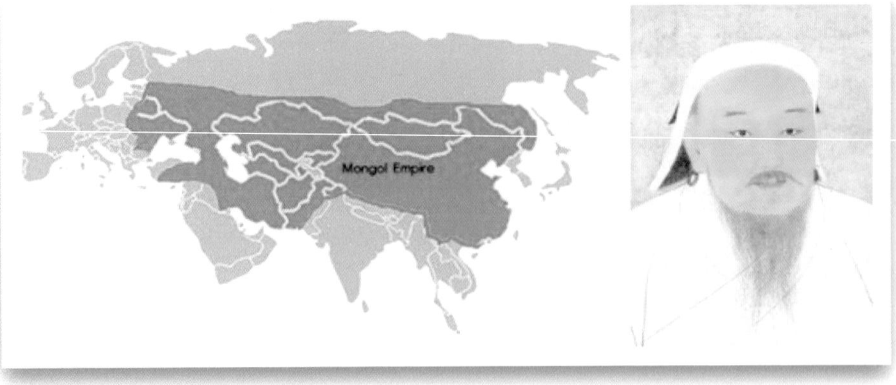

로마시대 못지 않는 몽골의 정복지

이렇게 영토 분배를 마친 다음에 칭기즈칸은 아직 명맥을 유지하고 있는 서하(西夏)와 중국 본토 금나라의 정벌을 마무리하려 했다.

그러나 칭기즈칸은 1227년(65세)에 이런 대업을 자손들에게 물려주고 예기치 않게 사망하고 말았다.

칭기즈칸의 죽음과 무덤

그의 사인(死因)에 대해 여러가지 설이 있다. 큰 사냥을 나갔다가 실수로 말에서 떨어졌다는 낙마설(落馬說)이 몽골 역사가들의 공식적인 사인이다.

원숭이도 나무에서 떨어진다는 격언을 연상시키는데 칭기즈칸의 나이가 65세로 당시엔 노인에 들어가니 후유증이 심했다고 볼 수 있다.

칭기즈칸은 죽기 직전 마지막 숨을 가쁘게 몰아 쉬면서 자식들에게 "중국 정복을 완수하라"는 유언을 내렸다. 죽음을 예감한 그는 이미 자신의 죽음을 알리지 말라는 유언도 해 두었다고 한다. 당시 탕구루(서하)의 원정이었으니 적이 알지 못하도록 절대로 곡을 하거나 애도하지도 말라는 것이었다. 조선 이순신 장군의 유언을 생각나게 한다.

탕구루의 수도를 포위하고 마지막 승리를 얼마 앞둔 시점인 1227년 8월 15일이고, 그가 최후를 맞은 곳은 오늘날 깐수성(甘肅省) 칭수이현(淸水縣) 시강(西江)강변이었다. 칭기즈칸이 죽자 후계자들은 그가 유언한대로 사망사실을 숨겼다. 그의 죽음을 아는 탕구

칭기즈칸의 가묘(기념관)

루사람, 관을 받들고 몽골로 귀환하면서 마주친 사람들을 모조리 죽였고 조용히 매장하고 장례를 치렀다고 한다.

이 막강한 몽골제국의 위대한 통치자도 죽어선 비석 하나도 축조물 하나도 남기지 않았다. 그의 유언이기도 했지만, 당시 몽골족의 장례습관이기도 했다.

또한 봉분도 만들지 않고 평장(平葬)을 하면서 몇십마리의 말들이 그 위를 뛰게해 어떤 흔적을 남기지 않았다고 한다

오늘날 칭기즈칸 무덤의 위치에 대해서도 설이 여러가지다. 어느 산에 있다고 전해질 뿐이지만 학자들은 대략 몽골의 동북부 지역 일대일 것이라고 추측하고 있다. 구체적으로는 관을 운반하면서 원정 때처럼 비호같이 달릴수 없어 몽골 고향까지는 장시간 소요되었다. 또한 8월이라 더운 날씨에 시신이 부패도 심해져 시신이 멈췄던 오로도스지역이라고도 하고 부르칸 칼둔이라 추측하기도 한다.

그동안 그의 무덤을 찾기 위한 조사·연구를 하면서 일본 전문가들에게 의뢰한 적도 있었는데 그들은 이를 기회로 몽골의 지하자원 탐사를 세밀하게 했다고 한다. 몽골인들은 그 후 그의 가묘(假墓)를 만든 나이만 차강게르를 신성시하고 있다.

세계 3대 인물, 칭기즈칸

칭기즈칸은 동서양을 통털어 예수, 마호메트 다음으로는 세계에서 가장 큰 족적을 남긴 영웅입니다. 세계를 움직인 100인(마이클 하트 著)에는 종교, 과학자들을 제외하고 정치인 순위에는 서양의 카이사르와 동양의 진시황제와 함께 1-3번으로 평가되고 있습니다. 또한 타임지에서 세기의 인물로 첫 1000년의 인물은 예수를 그리고 후반기 1000년의 인물로 칭기즈칸을 선정했습니다. 그 이유로 칭기즈칸이 서로 고립돼 있던 동서양의 문명 · 물자 · 과학기술 · 정보 · 사람을 빠른 속도로 이동, 연결시켜 세계를 좁게 만들었기 때문입니다. 이런 위대한 인물은 아무도 모르는 곳에 평안히 눈을 감고 있습니다.

2장

칭기즈칸 사후 네 아들의 몽골제국

칭기즈칸의 네 아들들

칭기즈칸은 아버지 예수게이가 테무친이 13살 때 일찍이 좋은 혈통의 신부감을 점지해 놓고 죽었다. 황량한 초원에서 외로운 늑대같이 생존본능을 키우며 산 테무친은 청년이 되자 신부 보르테를 찾아와 가정을 이뤘다.

그러나 첫아기를 가질 무렵(1179년 추정) 신부가 납치돼 신혼초부터 투쟁의 연속으로 험난한 경쟁사회에서 네 아들을 두었다. 큰아들 주치(1179－1227년), 둘째 차카타이(1183－1242년) 셋째 오고타이(1186－1241년) 그리고 막내 툴루이(1191－1232년)였다. 물론 칭기즈칸은 본부인 보르테 외에 여러 후궁을 들였고 10여명의 자녀가 있었다.

적지 않은 부인들을 들여 아들은 많았지만, 첫 부인에서 난 아들들이 몽골제국 형성에 크게 기여했다. 아버지 칭기즈칸과 투사 부족장 출신 모계의 피를 받아 잘 자란 네 형제는 모두 일당백(一當百)지도자로 부족함이 없지만, 그중에도 개성과 리더십이 남달랐다.

칭기즈칸이 대칸이 돼 정복전쟁을 시작했을 때 네 형제는 이미 장성해 장남 27세, 막내 15세로 아버지를 도와 정복사업 동업자의 역할까지 했다.

알렉산드로스, 카이사르, 나폴레옹같은 영웅이 20－30대에 세계정복을 시작했는데 칭기즈칸은 불혹의 나이를 훌쩍 넘긴 44세(1206년)였다.

칭기즈칸은 엄청난 카리스마와 탁월한 전략 전술을 구사해 과감한 결단력으로 치고 나갔지만, 이를 앞장선 것은 네 아들과 제베, 수부타이 같은 개국공신, 명장들이 있었기 때문에 몽골제국을 건설할 수 있었다. 그런 과정에서 아들 중에 누가 아버지를 계승해 몽골의 대칸이 될지를 두고 투쟁의 조짐이 보였다.

• 칭기즈칸+보로테의 네 아들

구분	이름	출생년도	사망년도
장남	주치	1179	1227
2남	차카타이	1183	1242
3남	오고타이	1186	1241
막내	툴루이	1191	1232

몽골의 작은 부족들은 장자 상속보다는 오히려 막내의 역할이 중요하다는 전통이 있지만 거대한 몽골제국의 대칸(왕)은 또 다른 존재였다.

칭기즈칸의 큰아들 주치와 그의 아들 바투(손자)

칭키스칸의 큰아들 주치의 좌상

주치는 칭기즈칸의 호적상 큰 아들로 어머니 부르테가 메르키트족에게 납치되는 전후에 임신하고 귀환 직후(1179년 추정) 큰 아들을 낳았다. 주치의 탄생은 미묘한 상황이었기에 누구 아들인지를 의심받아 평생 혈통 트라우마에 시달렸다.

주치는 일찍부터 아버지 칭기즈칸의 몽골 통일과 원정 정복사업에 동료처럼 함께 했으며 올다, 바투 등 14명의 자녀를 두었다. 특히 칭기즈칸의 1219년 중앙아시아(호라즘 등) 원정 때 아버지를 수행했고, 1223년에는 킵차크 초원에 침입한 러시아군을 격파해 킵차크 칸국의 기초를 닦았다.

1227년 아버지의 명을 받고도 거동하지 못해 오해를 받았지만 결국 고국으로 돌아오지 못하고 1227년 아버지와 같은 해 먼저 죽었다.

주치에 대한 애증이 있던 칭기즈칸은 러시아쪽, 킵차크 칸국을 그의 영지로 인정해 주었다. 또한 장자(長子)는 아버지로부터 가장 멀리 있는 땅을 물려받는 전통에 따라 몽골로부터 가장 먼 곳 러시아 초원지대(루스의 초원지대)와 호라즘왕조 영토를 포함해 가장 먼 영토를 받았다.

그가 비교적 일찍 죽어(48세) 주치 가문은 그의 출중한 둘째아들 바투(1205생 -1255년)가 이어받아 발전시켰다. 그는 새로운 칸 오고타이를 도와 금나라와 싸웠으며 그 후 1236년 오고타이칸의 서방원정군의 사령관이 되어 1241년까지 헝가리, 폴란드 그리고 러시아에 난립해 있던 공국들을 완전히 박살내면서 서유럽사회의 새로운 공포의 인물이 되었다. 이때 바투가 오스트리아 쪽 서유럽의 본 마당으로 침공하려 할 때 본국에서 오고타이 대칸이 죽었다는 소식을 듣고 작전을 중지한 것은 예전 이슬람군이 서유럽으로 침공하지 못한 상황과 비슷했다.

둘째 아들 차가타이, 차기 칭기즈칸의 후계자는?

둘째 차가타이(1183-1242년)는 어떤 인물이었을까요?

우선 그는 형 주치가 아버지 칭기즈칸의 합법적인 후계자가 되는 것을 극력 반대했습니다.

차가타이는 성격이 강하고 일처리가 깔끔했다는 평가를 받았습니다.

형 주치는 아주 온화하고 선량했으며 성격이 내성적이라 나서기를 좋아하지 않았다고 합니다. 성격 차이로 두 사람은 성년이 된 이후에도 사사건건 대립했습니다. 게다가 차가타이는 주치의 출생에 강한 의심을 품고 있었으며 형인 주치를 멸시했습니다. 그래서 주치가 아버지 칭기즈칸의 후계자가 되는 것을 결사적으로 반대했습니다.

칭기즈칸은 전쟁에 여념이 없어서 자신의 후계자를 공식적으로 정하는 것을 차일피일 미뤘습니다. 칭기즈칸 자신도 주치가 자신의 아들인지를 확신하지 못해 주치를 좋아하지 않았기에 후계자 문제를 거론하는 것을 싫어했다고 추측할 수 있습니다.

칭기즈칸은 1219년 호라즘 정벌을 나서기 전 네 아들을 불러 놓고 물었다고 합니다. 먼저 큰아들 주치에게 물었더니 우물우물하는 차에 둘째 차가타이가 나서며 누구의 체면도 보지 않고 단도직입적으로 말했습니다. "만일 대칸께서 메르키트(어머니를 납치한 부족) 종자의 자식을 후계자로 삼는다면 나는 절대로 그의 아래에 있지 않을 것입니다."

이로써 자리는 둘의 언쟁으로 번져 칼부림까지 할 만큼 거칠어졌습니다.

칭기즈칸이 이를 말린 다음 "주치는 나의 친아들이다. 차가타이를 비롯해 누구라도 함부로 날뛰면 가만두지 않겠다"고 일갈했습니다.

그러나 후계논쟁은 시작된 것이고 차가타이는 자신이 칸이 되기 위해 형을 공격했다고 오해받을 수 있으므로 체면때문에 동생 오고타이를 칸으로 추대했습니다.

삼남 오고타이는 열정적이고 호방하며 처세에 지혜가 있고 속이 깊어, 한마디로 결점을 찾기 어려운 인물이었습니다. 칭기즈칸은 차가타이가 오고타이를 적극 추천하자 아들들에게 물었습니다. 먼저 주치에게 "오고타이가 어떠냐?" 주치는 마음속으로 원하지 않았지만,

칭기즈칸의 둘째 아들
차가타이

부친이 자신을 좋아하지 않아 자신이 후계자가 될 가능성이 없다는 것을 잘 알고 있었으므로 억지로 고개를 끄덕였다고 합니다. 넷째 툴루이도 잘 알고 있었습니다. 자신 앞에 형이 셋이나 있어 자기까지 칸이 될 차례가 돌아오지 않는다는 것을, 그래서 그도 동의했습니다.
거대한 몽골제국의 후계자는 이렇게 결정됐습니다.
당연히 차가타이도 어떤 말도 할 수 없었습니다. 자신이 도발하는 바람에 이런 상황이 된 것을... 이때 주치는 큰 상처를 받았습니다. 그래서 더욱 내성적으로 변했고 마음의 병이 돼 아버지보다 먼저 사망했습니다. 50살도 되기 전에...

넷째 툴루이의 역할-2대 대칸 선정에 큰 기여

넷째 툴루이 집안에서 큰 역할을 하다

후계자 선정을 끝내고 7－8년 동안은 칭기즈칸과 아들들은 중앙아시아와 중국의 원정과 점령 등으로 가장 분주하게 지냈다.

특히 넷째 툴루이(1191－1232년)는 1227년까지 칭기즈칸을 가까이 수행하면서 대칸의 죽음을 지켜봤고 장례식, 대칸의 매장 등 뒷수습을 깔끔히 했다. 카라코롬에 돌아온 직후 열린 쿠릴타이에서 몽골 족장들은 툴루이를 새로운 대칸으로 선출하려 했다.

네 아들 중 제일 어렸지만(당시 36세), 몽골족의 막내가 후계자가 되는 전통과 그동안 아버지 대칸을 도와 궂은 일을 도맡아 처리하던 능력을 인정받은 까닭이다. 몽골족장들은 또한 툴루이가 칭기즈칸이 지휘하던 직계의 가장 강한 군대(약 10만명)를 인수해 보유하고 있다는 것도 감안했을 것이다.

그러나 툴루이는 그것을 극구 사양하고 2년간 임시 대칸(감군으로 부름)으로 있으면서 복잡한 몽골제국의 잠정기간을 잘 관리했다.

1229년 다시 소집된 쿠릴타이에서도 몽골 부족장들은 계속 막내가 고향을 상속하는

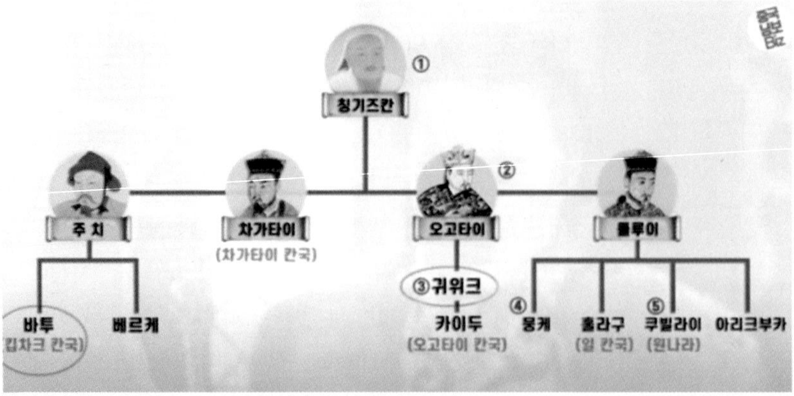

칭기즈칸의 네 아들과 중요한 손자들 그리고 몽골의 대칸(번호) 족보

전통을 들어 툴루이에게 칸에 오를 것을 건의했다.

40일 간의 토론 끝에 결론이 나지 않자 둘째 차가타이와 삼촌(칭기즈칸의 동생들)이 오고타이를 지지하고 툴루이도 아버지의 의중(意中)의 후계자가 오고타이라는 것을 강조해 결국 오고타이가 대칸에 올랐다.

셋째 오고타이(재위 1229-1241년)의 즉위와 정복전쟁의 계승

몽골제국의 2대 칸
오고타이(셋째 아들)

오고타이도 어려서부터 아버지를 따라 싸움터에 돌아다녔고 특히 서아시아 원정때 호라즘의 수도 우루겐치성을 공략하는데 큰 공을 세웠다. 그 공을 인정받아 오고타이칸국(汗國)(나라이름 칸국과 한국이 함께 쓰임)을 세워 시조가 됐다.

성격이 온화 관대해 왕자로서 인품을 갖추고 있어 칭기즈칸의 신뢰를 받고 일찍부터 후계자로 지목됐다. 1227년 칭기즈칸이 죽자 2년간의 동생 툴루이의 과도기간을 거쳐 1229년 몽골제국의 2대칸이 되었다.

칭기즈칸의 뒤를 이은 오고타이도 아버지 못지않은 정복군주로서 아버지의 정신을 이어받아 제국을 통치하겠다고 선언했다.

먼저 내치를 다지기 위해 제국의 수도를 카라코롬(Khara－korum 울란바토르 서쪽)으로 이전하고 그곳에 궁성과 여러 지역을 연결하는 도로를 건설했다. 또한 몽골의 예법과 의식을 만들고 화폐제도와 조세제도를 정비했다. 이때 중서령(부총리 격)으로 있던 거란족 출신 야율초재(耶律楚材, 1199－1243)의 역할이 절대적이었다.

중앙정부의 정치기구를 정비했고 점령지에 통치기관인 다루가치를 파견해 통치체제를 갖추었다. 대내 정비는 대외 정복을 위한 발판이었다. 정복에 나선 오고타이는 먼저 의외의 난적 고려를 복속시키고(40년 전쟁을 치르고 1272년에 정복) 1234년에는 간신히 명목을 이어가던 금나라를 완전히 멸망시켜 칭기즈칸의 숙원, 중국 중원의 영토확장의 목적을 완수했다.

이때 요나라, 금나라에 시달리던 남송(南宋)의 도움을 받았는데 역대 정권들이 했던 이이제이(以夷制夷) 수법을 거꾸로 써먹은 것이다. 이 작전은 후에 쿠빌라이(5대 칸)가 몽골의 2차에 걸친 일본 정벌 과정(1274－1280)에서도 고려를 이용해 여몽연합군을 편성해 2차의 공격을 했지만 태풍으로 실패했다.

마지막까지 몽골에 시달린 남송은 쿠빌라이칸, 재위 때(1279년) 북송, 남송을 합쳐 310년(300년 이상을 지속한 유일한 중국왕조)만에 몽골제국에 멸망했다.

오고타이의 유럽 원정 칩차크 칸국 등 건설

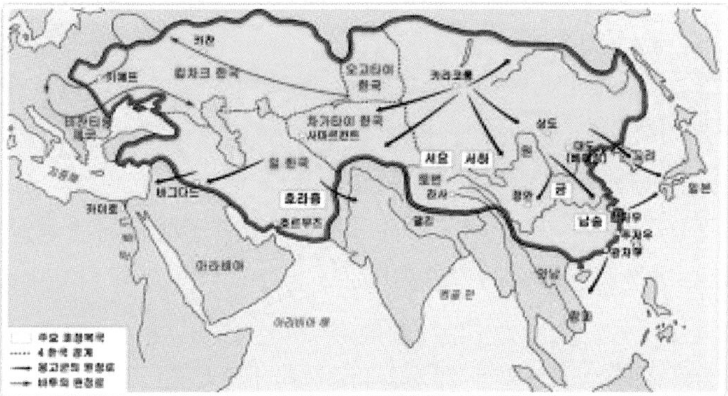

중앙아시아의 4대 칸국(汗國)과 3방(동, 서, 남)의 원정 경로

1236년에 큰형 주치의 아들 바투를 총사령관으로 하는 20만대군의 서방원정군을 파견해 유럽대륙 깊숙이 진입했고 헝가리와 폴란드를 공략해 로마교황 및 유럽제국들을 궁지에 몰아넣었다.

몽골의 연전연승 비결-말타기-일당십(一當十)이 가능

두 마리 말을 몰고 270도로 돌아가며 활을 쏘는 몽골 군인, 바투의 유럽원정

몽골인은 말에서 태어나 말에서 죽는다는 말이 있을 정도로 몽골인과 말은 떼려야 뗄 수 없는 관계입니다. 13세기 초에 몽골에 왔던 유럽인 마르코 폴로는 "몽골에서는 두세 살만 되면 말타기를 익히고, 어린 애에게 맞는 작은 활로 활쏘기를 배운다."는 기록을 남겼습니다. 그만큼 평생 말과 더불어 살아가고 활쏘기를 하니, 말과 활을 다루지 않으면 몽골인이 아니라고 할 정도입니다.

몽골군은 이처럼 어려서부터 말타기와 활쏘기를 배운 뛰어난 기마 병사로 다져졌는데요, 이들은 여러 마리의 말을 끌고 다니며 타고 있던 말이 지치면 다른 말로 바꿔 타면서 빠르게 이동했습니다. 심지어 말 위에서 밥 먹고 잠도 잤다고 합니다. 당시 전쟁터의 군인들 모습을 보면 유럽군은 머리에서 발끝까지 철갑으로 무장하여 기동력이 떨어질 수밖에 없었고 몽골군은 가벼운 가죽갑옷으로 무장했습니다.

한 손으로 능숙하게 말을 몰면서 다른 한 손으로 가볍고 강한 활을 다루는 전투 자세, 그것도 말 위에서 270도 이상 방향을 바꾸면서 묘기에 가까운 전투를 하는 몽골군을 이길 수는 없었습니다. 실제 원정 전투에서 적군과 비교해 병력의 수가 몇배 차이가 나도 몽골군은 개의치 않았습니다.

칭기즈칸이 몽골을 통일하고 출발할 때 95개의 천호(千戶)였습니다. 9만 5천명 병력으로 세계역사상 가장 넓은 영토를 차지했으니 아마 열배로 100만명의 장병으로 해낼 일이었습니다. 단위를 셀 때도 인(人)자를 안 쓰고 호(戶)을 썼으니 한명씩이 아니라 한집이라 생각한 것입니다.

이런 몽골군에 서양 기병이 진 것은 어쩌면 당연한 결과가 아니었을까요?

다만 중요한 것은 말(馬)을 타고 전투에 승리할 수는 있어도 말을 타고 나라를 다스릴 수 없다는 것이 야율초재(몽고 제일의 참모)의 말(言)이었습니다.

유럽연합군도 물리치고 킵차크 왕국 세우다

장거리 원정이지만 몽골군은 기마병 위주로 편성돼 여분의 말들을 갈아타는 효율적인 기동성으로 밤새 진군했다. 몽골군은 보급부대도 따로 없이 말린 고기와 양젖으로 식사를 해결하며 목표한 곳을 점령하면 거기서 영양보충하는 방식이었다. 이렇기 때문에 유럽나라들은 예상했던 시간보다 두 배 이상 빠르게 눈앞에 나타난 몽골군을 대적할 수 없었다.

몽골군은 南러시아 볼가강 상류의 킵차크(Kipchak)를 순식간에 점령하고 키예프(Kiev)를 포함한 주변의 작은 공국들까지 공격해 접수(1240년)했다. 점령지의 왕들이 헝가리 방면으로 도망치자 몽골은 그들을 따라 동유럽까지 진군했고, 폴란드 수도를 점령했다.

하인리히 2세가 지휘하는 독일·폴란드 연합군과 몽골군은 발슈타트(Wahlstatt)에서 격렬하게 싸웠지만, 유럽군은 크게 패하고 하인리히 2세도 전사했다. 이어서 동유럽 남쪽에서 헝가리의 반격을 물리치고 수도 부다페스트를 폐허로 만들었다.

바투는 이곳에 킵차크 칸국(Kipchak Khanate 1243－1502)을 세웠고, 이제 서유럽도 풍전등화의 운명이 되었다. 더욱이 당시 유럽은 십자군의 실패로 로마 교황의 권위가 실추되었다. 몽골군의 파죽지세 전투력을 당해 낼 수 없기 때문이었다. 이대로 갔다면 세계역사가 지금과는 달라졌을 것이다. 그런데 서유럽을 구한 것은 아이러니하게도 몽골 제국 오고타이칸의 사망(1241)이었다.

500여년전 이슬람군이 서유럽으로 진출할 때 프랑크 왕국의 궁재 마르텔이 싸워서 막아낸 사례와 함께 외부의 큰 세력으로부터 서유럽이 지켜진 사례와 비슷했다.

오고타이 치세는 몽골제국의 비약적 발전기에 해당한다. 그러나 말년에 일족사이에 분규가 일어나 그것이 몽골의 대칸(황제)의 계승문제에 영향을 미쳤고 결국 그가 죽은 이후 제국의 통일 및 발전에 어려움이 생겼다.

칭기즈칸의 손자 세대가 대칸이 되다

2대칸 오고타이와 권력욕이 강했던 그의 부인

막내 톨루이가 2대 오고타이칸에게 대권을 양보한 후 아버지의 마지막 과업이었던 서하를 1227년 점령하고 멸망시켰다. 그후 새로운 대칸 오고타이의 명으로 금나라 공략에 집중했지만 1229년부터 1232년까지 완전 점령에 실패하고 이 과정에서 톨루이가 갑자기 사망했다.

그것은 오고타이칸이 중병에 걸려 이를 구하려 톨루이가 독주를 마시고 대신 죽었다는 설과 오고타이 쪽에서 명성과 인기가 높은 톨루이를 음모에 의해 독살했다는 설이 있는데 확실히 밝혀지지 않고 있으며 몽골의 호랑이 톨루이는 몽골역사에서 사라졌다.

1241년 오고타이칸이 병으로 사망하자 다시 한번 대칸의 자리를 두고 갈등과 대결이 시작됐다. 유력한 대칸 후보인 큰집 주치의 아들 바투는 유럽원정군을 이끌고 1244년 카라코룸(Kharakorum)에 개선했다.

몽골 황실은 다음 칸을 정하지 못한 상태에서 치열한 권력다툼(7년 동안) 기간에 오고타이의 부인 황후가 섭정했다. 결국, 황후 섭정은 그 아들 귀위크를 밀어 잠정적인 3대칸(1246-1248년)으로 세웠다. 그 아들 손자 항렬에서 처음으로 대칸이 되었다. 그 과정에서 큰 세력을 이루고 있던 바투의 역할이 주목받았다.

아버지 주치 때부터 혈통문제가 다시 발목을 잡아 실력자였던 바투는 직접 대칸이 될 수는 없었고 대칸 메이커 역할을 하게 되었다. 그는 아버지 때부터 차가타이가문을 좋아하지 않았고 오고타이 집안은 이미 대칸을 했으므로 이제 그 차례는 툴루이 가문 몫이라고 생각했다.

바투의 지원을 받은 막내 툴루이 가문의 큰아들 몽케(Möngkc)가 손자 세대의 4대 칸(1251－1259)이 되었다.

그 후 칭기즈칸의 첫째 아들 주치의 킵차크 칸국, 둘째의 차가타이 칸국, 셋째의 오고타이칸국이 사실상 독립(상기 지도 참조)하였다.

초원의 유목민족, 전투의 나라 몽골을 나라답게한 인물-야율초재

몽골초원에서 나와 거칠고 야만스러웠던 몽골족에 질서를 세워 세계정복을 하게하고 번듯한 통일제국을 만든 인물이 있었다. 그가 바로 야율초재다. 말하자면 한나라 유방에게 장량이 있고, 삼국시대 촉나라의 제갈공명이 있듯이, 그들보다 더 오랫동안 더 적극적인 역할을 해 몽골제국을 세계제국으로 만들었다.

몽골족은 태어나면서부터 말 위에서 먹고 자고 전투한다. 장거리를 남보다 두 배 빨리 가고 온 시간을 말과 함께 생활하기에 그 넓은 영토를 얻을 수 있었다. 그러나 말 위에서 천하를 제패했지만 국가운영은 말 위에서 할 수 없었다.

말 위에서 할 수 없는 것을 할 수 있게 만든 인물이 야율초재였다. 몽골족이 불과 100만 정도의 인구를 가진 소국의 용사들로서 몽골고원 밖으로 나와 중국을 통일하고 서쪽 서역으로 그리고 유럽의 끝까지 정벌해 인류 역사상 가장 광활한 영토를 차지했다.

그것은 무엇보다 불세출의 영웅 칭기즈칸의 용맹과 열정이 주 원천이었고 그의 아들, 손자들도 일당백 대장군들이었다. 그리고 그들은 이런 탁월한 전투, 영토를 획득하는 과정에서부터 지략이 있고 순서가 있었으며 제대로 된 모양새를 갖추었다.

그들의 100만 인구 중에 적어도 반의 반(25%)이 척박하고 매서운 몽골고원의 여건에서 단련된 대단한 전사들로서 용감하게 전투를 잘했고 지도자들이 본능적으로 이기는 전투를 할 수 있도록 지도했다.

그러나 야생의 세계에서 전투에 능했지만 학문을 익히지 않고 병법을 공부하지 않았으며 국가를 다스리는 방법을 몰랐다. 칭기즈칸 자신도 문맹이었으므로 초기 전쟁을 이기고 영토를 획득하면서 천하의 인재를 구했다.

이때 나타난 인물이 "야율초재(1199－1243년)로 몽골을 내적으로 발전시킨 진짜 인재

몽골이 대제국이 되기위한
아율초재의 조언

였다. 그는 북쪽의 거란족 출신으로 집안도 그 민족의 지도자 집안으로 일찍부터 많은 공부를 해 유학·병법·천문·지리 심지어는 악기 연주까지 다방면으로 학식과 기술을 익힌 수재였다.

칭기즈칸이 서하, 금나라, 서요를 점령하고 중국의 중원 연경(현재 북경)을 차지하고 본격적으로 서역 원정을 떠나려는 시기 1218년 불과 20세에 칭기즈칸을 가까운 거리에서 보좌하기 시작했다.

그가 첫 번째로 보여준 것은 원정을 앞둔 1219년 6월에 한겨울 날씨처럼 이상 기후가 와서 심지어는 초여름에 함박눈까지 오는 상황이 발생했다. 칭기즈칸을 비롯해 모두가 상서롭지 못하다고 판단해 원정을 미루려 하자 그는 천기를 해석해 오히려 좋은 징조라고 진언했다.

이 건의를 받아들인 칸은 서역 원정을 시작해 멋지게 성공했다. 이슬람의 전통국가 아바스왕조를 계승하고 있던 호라즘(1077－1231)의 사마르칸트를 점령하고 이슬람 제국뿐아니라 동로마제국과 한창 십자군 전쟁을 치르고 있던 유럽을 깜짝 놀라게 했다.

그 후 몽골이 점령한 곳의 주민(농민)까지 도륙내고 부녀자들을 겁탈하던 몽골 무사들의 거친 전통을 바로 잡았다. 그는 영토(농지)를 얻었으나 단순한 점령이 아니라 장기적으로 이를 경작할 사람들을 살려 놓아야 한다고 설득한 것이다. 몽골군의 전통인 약탈도 규정을 정해 활용할 수 있는 인재, 물자 장소를 관리하도록 해 몽골이 점령한 국가에 예전 알렉산드리아 같은 칸국을 세우도록 건의했다.

전시에 길들여진 단순하고 거친 몽골인들을 평화시에도 현지 문화에 순응하도록 유교 교육을 추천하고 나라의 법령을 세워서 질서있고 평화롭게 살 수 있도록 유도했다. 이런 아율초재를 높이 평가한 칭기즈칸은 후계자가 된 오고타이(2대 칸 1229년－1241년)에게 중히 활용하도록 유언했다.

耶律楚材

몽골제국의 참모장

아직 할일이 많은 칭기즈칸이 죽고(1227년 65세) 다음 칸을 둘러싸고 분란이 일어나자 아율초재는 오고타이의 큰 형 주치와 넷째이자 막내 툴루이(원래 몽골 전통은 막내가 후계자)간을 조정해 몽골제국의 평화로운 권력승계에 기여했다. 그는 오코타이의 치세 중에도 유학과 불교의 진흥, 나라 재정에 크게 기여하면서 몽골제국의 안정적 발전에 큰 공을 세웠다. 중앙정부의 정치기구를 정비했고 점령지엔 통치관인 다루가치를 파견해 통치체제를 확립했다.

일반적으로 이런 개혁에 앞장선 이에게 불평불만을 가진 기득권세력의 미움을 받고 제명에 못 죽는 경우가 많다. 그러나 칭기즈칸이나 오고타이의 강력한 지원으로 몽골을 나라답게 발전하는데 큰 역할을 한 야율초재가 25년이라는 기간(1218－1243년) 동안 존재한 것은 몽골제국과 본인에게 큰 행운이었다.

1241년 2대 칸 오고타이가 죽자 다음 칸을 두고 세력다툼이 치열했다. 7년 후인 1251년 넷째 막내 툴루이 집안의 큰 아들 몽케가 4대(1251－1259) 그리고 둘째 아들 5대 칸 쿠빌라이(1260－1294년 원나라 태조)에 와서야 정치가 안정됐다.

야율초재의 퇴진

중국역사의 유명한 참모들 장량, 제갈량, 주은래

야율초재는 오고타이 사후 그의 야심만은 여섯 번째 황후의 잠정적 집권기에 계속 그 역할을 지속했지만 아첨 세력을 좋아한 황후와 불편한 관계에서 자신의 운이 다했음을 느끼던 중 병으로 44세에 죽었습니다.

야율초재는 BC 200년대 초, 초한지 유방의 참모, 장량 그리고 후한 말 220년대 삼국지에 촉한나라 유비의 참모 제갈량보다는 덜 유명했지만, 그 이상의 역할을 했으며 현대사에서는 모택동의 2인자로서 42년(1934-1976)을 보좌한 주은래와도 비교할 만한 인재였다고 평가합니다.

3장

손자 세대의 몽골제국

칭기즈칸의 손자들(바투, 몽케, 쿠빌라이) 몽골제국을 끌어가다

칭키스칸의 큰아들의 큰아들 바투(손주)

칭기즈칸의 큰아들 주치는 후계자 경쟁에서 큰 상처를 입고, 자신의 나라 킵차크 공국에 칩거해 몽골 중앙 카라코롬에 나타나지 않았다가 1227년 아버지 칭기즈칸보다 몇 달 먼저 죽었다.

그 후 주치 가문의 큰 인물은 출중한 둘째아들 바투(1205－1255년)였다. 그는 새로운 대칸 오고타이를 도와 금나라와 싸웠다. 그 후 1236년 오고타이칸의 서방원정군의 사령관이 되어 1241년까지 헝가리, 폴란드 그리고 러시아에 난립해 있던 공국들을 물리치며 서유럽사회의 새로운 공포의 인물이 됐다.

이때 오스트리아 쪽 서유럽의 본거지로 침공하려 할 때 오고타이칸이 죽었다는 소식을 듣고 전투를 멈추고 본국으로 돌아갔다. 예전 이슬람군이 서유럽으로 침공하지 못한 상황과 같다. 그는 당시 새로운 칸의 유력한 후보였지만 아버지 주치의 출신 성분때문에 직접 대칸이 될수 없었고 킹메이커의 역할을 하며 툴루이 가문의 몽케를 4대 칸으로 추대했다.

손자 시대의 권력다툼, 혼란기를 바투가 정리하다

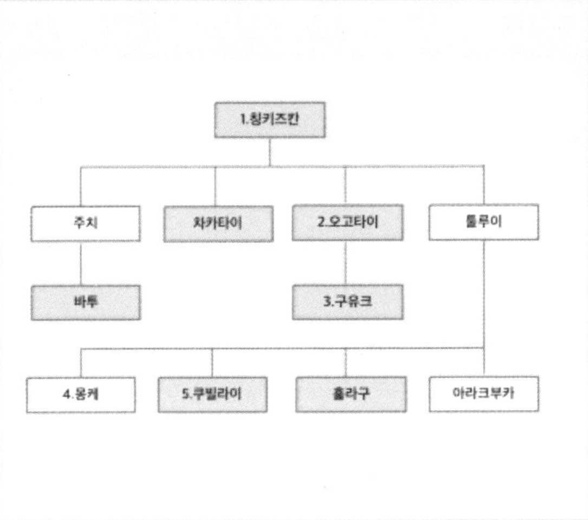

칭기즈칸 3대까지의 족보(번호는 대칸의 즉위)

1241년 아들 오고타이칸이 죽어 이제 아들 세대는 대칸 경쟁에서 끝났다.

그래서 쿠릴타이를 소집해야 하는데 실세 중의 한 사람인 큰 집안의 바투가 오지 않았고, 막내 툴루이 집안의 아들들의 세력이 미미해 회의에 적극적이지 않았다. 5년의 혼란스러운 공백기가 지나고 1246년에야 섭정했던 오고타이 황후의 주최로 그 아들 귀위크(재위 1246-1248)가 제3대 칸이 되었다.

이를 계기로 실력자 바투와 귀위크칸과의 사이가 나빠졌고 바투는 군대를 몰고 몽골고원으로 갔다. 새로운 대칸과 사촌과의 내전 위험이 높아지는 가운데 귀위크칸이 갑자기 죽음으로서 내전까지는 이르지 않았다. 귀위크칸의 사망 후 소강상태를 보내던 중 몽골부족 내의 강력한 영향력을 가지게 된 바투는 자신의 영토에서 1250년 쿠릴타이를 소집했다. 자신과 사이가 좋으면서 몽골제국에서 힘이 미약한 툴루이 집안의 큰아들 몽케를 대칸으로 추대했다. 이 과정에서 차가타이, 오고타이 가문에서 반발이 있었지만 이를 힘으로 누르고 대칸옹립자, 킹메이커로서 역할을 다했다.

막내 툴루이의 아들 몽케가 4대 칸이 되다

몽케(재위 1251－1259년)가 대칸이 되는 과정에 사촌형 바투가 적극 지원한 덕도 있었지만 모친(소르각타니 베카 1190－1252년)이 바투를 지원세력으로 끌어들이는 등 큰 역할을 했다. 몽골족의 주요부족인 케레이트(Kereit)의 공주 출신으로 그녀는 자신의 아들 몽케와 쿠빌라이를 4, 5대 칸으로, 셋째 훌라구를 일한국의 칸으로 만들었다. 그녀는 큰아들 몽케를 칸으로 옹립할 때 쟁쟁한 경쟁상대들을 파악해 그에 맞는 작전을 세웠기에 가능했다. 9년 후 둘째 아들 쿠빌라이 역시 5대 칸(1260－1294)이 된 것도 장기적인 포석으로 했으니 대단한 일이다.

4대 몽칸(손자 세대)

막내 집안이 대칸이 되는 과정에서, 큰집의 형제들이 독립해 나가자 몽케칸은 자신의 부친 톨루이가 맡았던 몽골고원 외에는 독자적인 영토가 없음을 알고 남송을 노리게 된다.

물자가 풍부해 번영과 안정을 누릴 몽골제국의 영토로 딱 좋았다. 우선 몽케는 주변의 대리국(大理國)과 티베트를 점령하고, 중앙아시아에서 명분만 유지하던 이슬람 제국의 아바스 왕조를 멸망(1258)시키고 그곳에 일 칸국(Il khanate)을 세웠다. 몽케칸은 황제에 올라 카라코롬에서 번영을 누렸으며 몽골제국은 빠른 속도로 확장됐다.

동생 쿠빌라이를 중국 방면의 대총독에 임명해 티베트, 대리(大理 중국 운남성 서부), 안남(安南)을 정벌해 통치하게 하고 둘째 훌라구에겐 서아시아 이슬람교의 아바스왕조를 정복하게 했다. 스스로도 남송정벌을 결의하여 스찬(四川)까지 정벌했지만 1259년 병사했다.

아바스 왕조의 멸망과 아라비아반도의 원정, 그리고 일 칸국의 건설은 모두 동생 훌라구(Hulagu 1218－1265)가 이루었다.

몽케의 동생 훌라구의 활약

자아감보의 외손자 훌라구는 일 칸국 초대 칸이 되었고
옹칸의 손녀 도쿠즈 카툰과 결혼한다.

톨루이 셋째 아들 훌라구 일한국의 칸이 되다

훌라구는 큰 형 몽케칸으로부터 아라비아의 총독으로 임명받아 1253년 서아시아로 원정갔다. 1258년 훌라구가 바그다드를 점령하고 아바스 왕조를 멸망시킨 것은 이슬람 세계에 큰 변화를 가져왔다.

1259년 형 몽케칸의 부음을 받았다. 예전 1241년 바투가 오고타이칸의 부음을 받고 서유럽 공격을 포기하고 귀국한 것과 달리 훌라구는 몽골로 귀환하지 않고 시리아 정벌을 계속했다. 그것은 둘째 형 쿠빌라이와 막내 아리크부카(Arik－Bukha)가 경쟁할 것을 알았기 때문이고, 자신은 일 칸국 건설에 매진한 것이다. 힘든 과정을 거쳐 일한국을 세우고 1259년부터 1265년(사망 시)까지 초대 칸으로서 아라비아반도와 서아시아를 잘 다스렸다.

동서양의 큰 전쟁 십자군전쟁과 몽골의 침공전쟁은 같은 시기?

1000년을 넘어선 중세의 한가운데 동서양 역사의 큰 변곡점이었던 십자군 전쟁과 몽골제국의 유라시아 대륙의 침공은 100여년의 차이를 두고 시작돼 비슷한 시기 1270-80년대에 마무리됐습니다.

칭기즈칸의 몽골 통일(1206)과 20여년의 중국 주변, 중앙아시아 정벌, 그의 사후(1227) 후손들의 서남아시아, 유럽 침공은 1236년 시작돼 40여년 후 1280년대에 끝났습니다. 1271년 원나라가 건국되었고, 1272년 고려가 항복했으며, 1279년 남송을 멸망시켰습니다.

이러한 몽골제국의 정벌활동은 4차 십자군 전쟁(1202) 이후 소강상태에서 이뤄져 직접적인 접점이 적었습니다. 다만 이슬람제국의 대표적인 아바스왕조를 1258년 몽골군이 멸망시켜 이슬람 세계의 충격, 몽골제국 훌라구의 일 칸국 성립과정에서 이슬람의 바르바르스 1세와의 전투가 벌어져 몽골군이 패전한 전투 정도였습니다.

몽골제국 정벌의 마무리와 5대 쿠빌라이칸의 활약

5대칸 뛰어난 통치자 쿠빌라이

1259년 중국 본토에서는 4대 몽케칸이 사망하고, 둘째 쿠빌라이(재위 1215生 재위 1260－1294)가 5대 칸에 올랐다. 쿠빌라이는 총독시절부터 중국 통치에 탁월한 솜씨를 보였고 중국 문화에 각별한 관심을 가지고 많은 중국 학자의 자문을 받았다. 특히 어머니의 영향으로 중국 역사와 중화민족에 큰 관심이 있었다.

1259년 형 몽케칸이 병사하자 수도 카라코룸을 지키고 있는 막내 아리크부카를 의식해 1260년 중국 카이펑에서 5대 대칸 자리에 올랐다. 그런데 막내인 아리크부카가 몽골 전통을 강조하며 막내가 계승해야 한다며 쿠빌라이에 반기를 들었다. 다른 사촌형제들 차가타이, 오고타이 가문의 일부도 내란을 계속하며 쿠빌라이를 괴롭혔다. 그러나 쿠빌라이칸은 승복하지 않은 동생 아리크부카와 4년 동안 싸워 굴복시킨 후 도읍을 연경(燕京, 北京)으로 옮겨서 이를 대도(大都)라고 불렀다.

쿠빌라이는 1272년 고려를 정복하고 1279년 남송을 완전히 멸망시켰다. 이후 원나라를 건국하여 이민족으로서 최초의 중국통일을 완성했다.

이와 함께 베트남과 타이 등 동남아시아 국가들을 점령해 큰아버지들이 세운 칸국과 합쳐 인류역사상 최대의 영토를 자랑하게 됐다. 이제 남은 곳은 서유럽 · 인도 · 이집트 · 일본 뿐이었다.

몽골제국 최대의 전성기-세계에 큰 변화를 가져오다

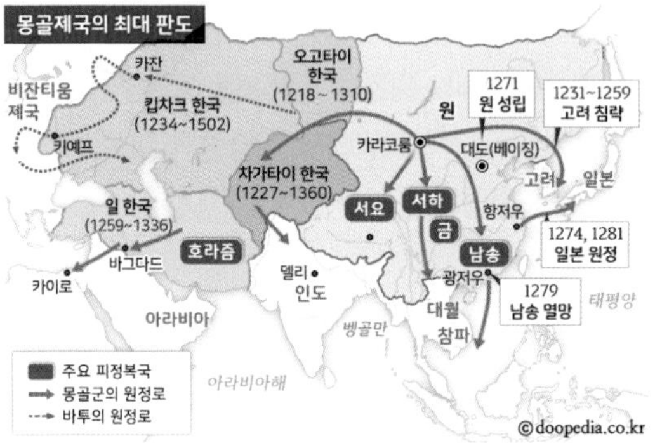

몽골제국의 번성기 영토

쿠빌라이칸이 원나라를 세운 1270년대가 몽골제국의 최대 전성기였고, 몽골의 세계 지배는 동아시아는 물론 세계의 역사를 바꿔놓았다. 세계는 몽골이라는 동양의 거대한 에너지에 밀려 역사상 가장 큰 변화의 소용돌이에 휘말렸다.

변방의 오랑캐 취급이나 받던 몽골족의 영웅 칭기즈칸(1162－1227년)이 몽골고원을 통일(1206)하고 대칸이 되어 중국 중원보다는 서역으로 정벌을 시작했다.

그로부터 그의 후손들이 1260년대까지 중앙아시아와 유럽의 심장부까지 진출해 당시 유럽인들에게 큰 충격을 주었다. 네 아들에게 지역별로 영토를 구분해 상속하고, 몽골의 전통대로 막내 툴루이에게 몽골과 중국을 맡겼으며 그의 아들 쿠빌라이칸이 1271년 원나라를 세운 것이다.

구체적으로 몽골의 침략과 지배는 동서문화의 교류를 촉진시켜 동방과 서방을 잇는 교통로(실크로드)가 비약적으로 발전했다. 또 하나 중요한 점은 몽골의 침입으로 문화적 충격을 받은 유럽은 가톨릭 중심의 세계관에서 벗어나려는 움직임이 서서히 시작했다. 이러한 변화는 150여년 뒤에 르네상스와 시민국가의 태동을 촉진하였다.

아랍 세계는 몽골에 대항하기 위해 이슬람을 중심으로 단결하기 시작해 오스만 터키(1299년)가 출현하게 되었고, 아랍 세계의 중심이 됐다.

또한 중국은 오랑캐라고 천시했던 몽골족에게 무력지배를 받으면서도 문화적 자존심을 회복하려는 움직임이 일어났다. 한족의 무력감과 패배감은 서서히 민족단결과 한족 중심의 문화주의를 만들기 시작했다.

제18막

몽골제국의 인접국 세 나라의 수난
-중국(송, 원나라), 한국(고려), 일본

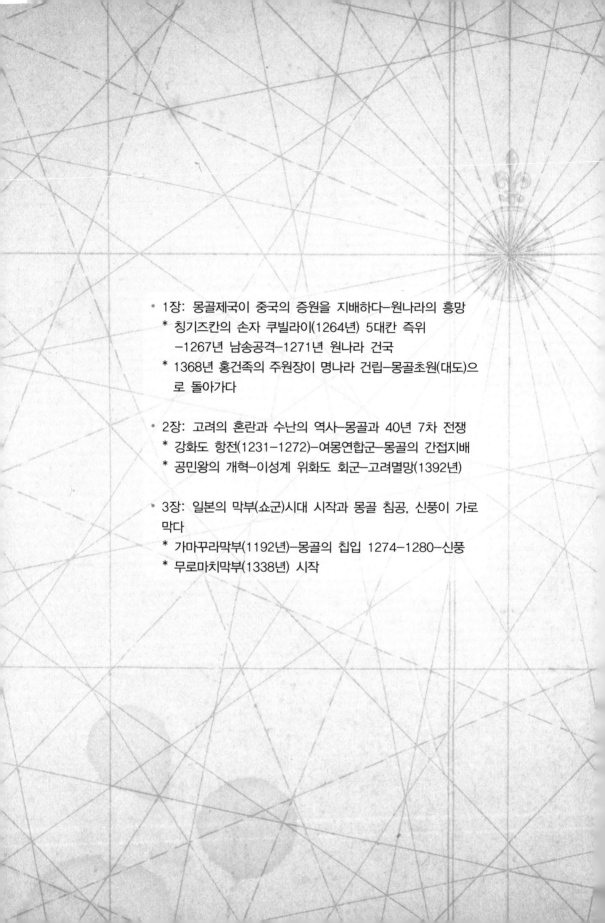

• 1장: 몽골제국이 중국의 증원을 지배하다-원나라의 흥망
  * 칭기즈칸의 손자 쿠빌라이(1264년) 5대칸 즉위
    -1267년 남송공격-1271년 원나라 건국
  * 1368년 홍건족의 주원장이 명나라 건립-몽골초원(대도)으로 돌아가다

• 2장: 고려의 혼란과 수난의 역사-몽골과 40년 7차 전쟁
  * 강화도 항전(1231-1272)-여몽연합군-몽골의 간접지배
  * 공민왕의 개혁-이성계 위화도 회군-고려멸망(1392년)

• 3장: 일본의 막부(쇼군)시대 시작과 몽골 침공, 신풍이 가로막다
  * 가마꾸라막부(1192년)-몽골의 침입 1274-1280-신풍
  * 무로마치막부(1338년) 시작

1장

몽골제국이 중국의 중원을 지배하다-원나라의 흥망

쿠빌라이의 대칸 즉위와 중국의 점령(원나라 건국)과 지배

몽골제국의 손자 세대로 4대칸 몽게칸(재위 1251－1259년)이 사망하고 그의 동생들인 쿠빌라이와 아리크부카가 대칸자리를 두고 내전을 벌이면서 몽골제국은 중앙, 서남아시아의 일한국 오코타이칸국 차가타이 칸국, 킵차크 칸국 그리고 쿠빌라이의 원나라로 분열되었다.

1260년 쿠빌라이가 몽골제국의 대칸을 칭한 이후 동생 아리크부카의 항복을 받아 1264년 5대칸으로 정식 부임하였다.

쿠빌라이칸은 1267년부터 남송을 공격하기 시작하여 1276년 남송의 수도를 점령하고 1279년 중국의 중원을 완전히 지배하게 되었다,

원나라의 건국을 1271년으로 보면 1368년 홍건족의 지도자 주원장이 남경을 점령하고 명나라를 건국할 때까지 100년도 안 되는 기간이지만 중국의 중원을 지배했다.

쿠빌라이칸의 원제국이 중국을 변화시키다

쿠빌라이칸(세조)은 수도를 남쪽으로 옮겨 상도(上都. 내몽골)와 대도(大都. 北京)로

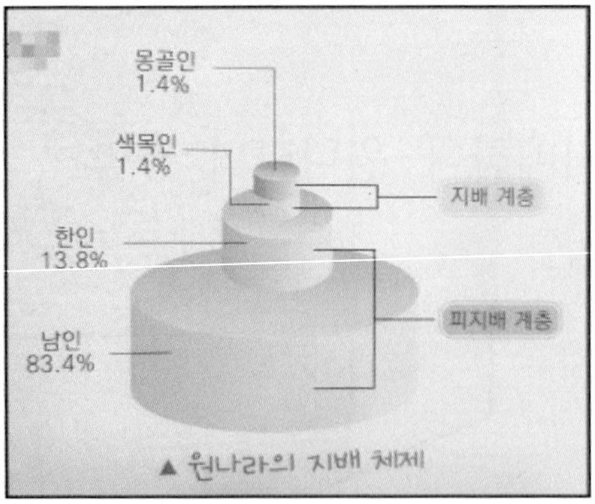

원나라 시대의 지배계층

정했다. 대제국의 기본은 중앙집권제 관료제를 기본통치기구로 하고, 지방 조직은 중국식 군현제를 따르지 않고 행성(行省)을 두어 몽골식 총독인 다루가치를 두었다.

세조는 한민족의 문화와 학문을 따르는 한화(漢化) 정책을 추진했고, 1315년부터 송나라의 과거제도를 부활시키되 몽골인과 색목인(色目人 서방계 민족의 총칭)에게 유리하게 운영했다. 몽골인과 색목인이 비슷한 비율(합계 3%)로 지배층을 형성하고 한인(13.5%)과 그밖의 대다수(80%) 남인을 다스렸다.

경제정책에서는 한족 국가들이 하던 것보다 좋은 결과를 가져왔다. 예를 들면 단일 지폐 제도는 송나라부터 시행했지만 원나라 때 자리잡게 되는데 가장 큰 이유는 인쇄술의 발전으로 지폐를 조잡하지 않게 잘 만들었다는 것이다.

전국을 단일 경제권으로 만든 것은 운하와 도로의 건설이었다. 수양제가 건설한 강남·강북 운하를 대도까지 연결해 물류 확대에 기여하면서 몽골의 도로와 연결된 것이 큰 역사적 의미가 있다.

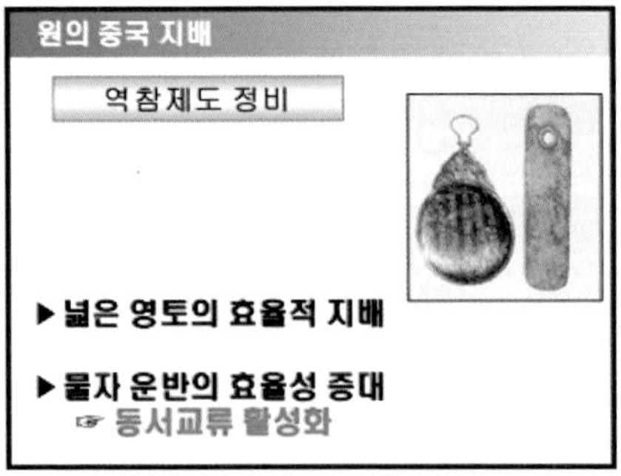

동서교통의 양대축인 서역에서 대도까지 육로와 아라비아에서 강남까지 해로는 동서문화의 교류가 활발해졌다. 몽골제국은 해외 원정시 스스로 신속한 군사이동을 위해 말을 활용한 역참제도를 시작했으나 원래 춘추전국시대부터 역참제도를 활용해 원나라 때 크게 발전했다. 역참의 신속하고 광대한 이동 능력은 엄청나 거대한 영토를 가진 몽골제국을 통치하는 유력한 수단이었다. 중앙과 지방 사이의 명령·보고의 전달, 거대한 물류의 이동이 신속하고 안전하게 이루어졌다. 현재 중국이 추진하는 일대일로(一帶一路) 사업은 원나라 때 이미 기초가 만들어진 것이라고 할 수 있다.

당 제국의 수도였던 장안은 색목인(色目人, 서역국가)이 많이 왕래하는 도시로 이름을 날렸는데 원나라 수도인 대도(북경)도 국제도시로 성장했다. 대표적으로 로마교황이 그리스도교를 전파할 목적으로 파견한 신부들은 원나라 쿠빌라이의 총애를 받았으며 17년간 원 제국의 관리로 재직한 <동방견문록>의 마르코 폴로(1254－1324) 등이 육로를 통해 중국에 온 유럽인들이었다.

원제국 몽골초원으로 돌아가다(1368년)

원나라의 황제 세습은 확립된 제도가 있는 한족 왕조들과 달리 몽골의 관습에는 칸(황제)의 계승을 위한 확립된 제도가 없었다. 그래서 칭기즈칸이 죽은 후, 원제국이 몰락할 때까지 치열한 권력다툼과 분열이 이어졌다.

장기집권한 세조(쿠빌라이 재위 1260－1294)가 죽고, 유능한 명군이 나오지 않아 멸망할 때까지 70여년 동안 즉위한 황제가 10명(평균 7년)에 이를 정도로 혼란스러웠다. 경제에 어두운 황실은 국가재정을 제대로 운영하지 못하고 사치를 일삼았고, 재정난을 해결하기 위해 지폐를 남발하고 효과가 떨어지면 소금값을 올려 해결하려 했다. 이런 미봉책으로 물가는 천정부지로 오르고 농민들의 생활은 곤궁해졌다.

몽골의 지배를 받는 한인(漢人)은 점점 더 가혹해지는 몽골 귀족의 전횡과 원나라 황제의 총애를 받고 있던 라마승(라마 티베트 불교가 성행)들의 횡포에 고통스러워했다. 원나라 지배하의 한인들이 할 수 있는 일이란 무력 저항뿐이었고 실제 중원 곳곳에서 원에 저항하는 운동이 발생했다.

하북성(河北省)에 본거지를 둔 비밀종교결사 백련교(白蓮教)의 수장 한산동(韓山童)은 스스로를 '미륵불(彌勒佛)'이라고 주장하며 각지에서 신도를 확보하며 세력을 넓혀갔다.

백련교 한산동이 미륵불이라 자처하며 반란을

그러던 중 1351년 황하(黃河)가 크게 범람하자 원나라는 파괴된 관개시설 수리를 위해 한인을 대거 징발하였는데, 이에 백련교 한산동은 자신을 송나라 휘종의 8세손이라 주장하며 반란을 일으켰다. 1363년 그가 죽은 후에도 그의 부하들이 원나라 타도를 계속했으며 이에 호응하여 농민들도 반란을 이어졌는데 그 중 두각을 나타낸 인물이 주원장(朱元璋)이었다. 이들을 홍건적(紅巾敵)이라 불렀는데 주원장이 이들을 이끌고 1368년 남경에서 명(明)나라를 건국했다.

이로써 원제국은 100년(1271－1368)도 안되는 중국의 통치를 끝내고 고향인 몽골고원으로 돌아갔다. 몽골제국의 중국 중원 지배는 이렇게 단명했지만 중앙아시아, 남부 러시아, 유럽의 일부 지역에 세운 칸국들은 이보다 오랫동안 그 명맥을 유지하였다.

동서양(로마, 몽골)의 세계 지배시대

칭기즈칸과
제정 로마제국의 초대황제
아우구스투스

칭기즈칸이 몽골고원을 통일(1206년-1227년 사망)한 후 손자 쿠빌라이 5대 칸(재위 1260년-1294)까지가 몽골의 황금시대(88년)라 할 수 있습니다. 영웅 할아버지를 제대로 계승하고 마무리 지은 이는 손자 쿠빌라입니다. 다만 "기둥을 세우지 말라"는 기본 정신을 지킬 수 없어서 궁전을 짓고 유목생활의 기본을 지키지 못해서 왕조는 단명할 수밖에 없었습니다.

서양문화를 대표하는 로마의 경우, 아우구스투스(재위 BC 27-AD 14년)부터 오현제 시대(96년 180년)까지 약 200년을 팍스 로마나(Pax Romana)라고 부르던 시대와 비교할 수 있습니다. 시기는 1100년 이상 차이가 있지만 유라시아 대륙의 서쪽과 동쪽의 거대한 영토를 지배했던 것이 비슷합니다. 큰 차이는 로마는 2000년(팍스로마나부터 1500년)이 넘는 기간 존속하며 서양 역사와 문화에 큰 영향을 미쳤지만 몽골은 그렇지 못했습니다. 오히려 지배한 영토의 문화에 동화되고 흡수됐습니다.

결국 몽골은 중국에서 다시 북방의 고향 상도로 쫓겨갔지만 중앙아시아에 세운 네 칸국 중 3개는 원나라가 망하면서 함께 해체 · 소멸(1310-1360년)됐습니다. 킵차크 칸국(러시아 지방)만은 1502년까지 몽골제국의 이름으로 지속됐습니다.

2장

고려의 혼란과 수난의 역사-몽골의 7차 침공(1231-1272년)

고려가 약해진 계기(사건)-묘청의 난과 문신의 대두

승려 묘청과 김부식

고려 역사(936－1392) 450여년 중 전반기 200(936－1135년) 200년은 동북아시아의 군사적 강국으로 자랑스러웠다. 초기 거란(요나라)을 상대로 3차례나 싸운 것, 여진족(금나라)과 대결하는 등의 전쟁이 있었다. 이때까지는 북방민족으로부터 국토를 잘 지켰다. 당시 중국 송나라가 북방의 세 나라 요·서하·금나라에게 모두 조공을 바치면서 나라를 지탱했지만 고려는 군사력과 외교능력으로 나라를 유지해 당당하였다.

그런데 후반기의 250여년(1135－1392년)은 허약해지는데 몽골이 침입해 몽골 속국으로 지낸 150년의 흑역사(黑歷史)가 있다. 그렇게 된 변곡점은 묘청의 난과 무신정변이었다.

묘청(妙淸 ?－1135년)은 서경(西京 지금의 평양)의 승려로 북방으로의 진출과 서경천도(西京遷都)만이 국운이 상승한다고 주창했고 당시 임금인 인종도 이를 받아들였다. 개경을 중심으로 김부식(金富軾 1075－1151) 등 문신(文臣) 그룹은 서경 중심의 일부 무신의 권력장악 목적이라고 반대해서 결국 천도는 중단됐다.

이에 묘청과 천도를 주장하던 인물들이 서경을 중심으로 1135년 새로운 왕조를 창건하고 반란을 일으켰다. 문신의 대표인 김부식이 토벌사령관으로 나서서 어렵사리 반란군을 토벌했다.

고려조정의 분위기가 지금까지 무신 중심이었던 체제에서 신라계 문신 등이 압도적으로 차지하게 됐고, 중앙정계는 문신들이 더 많이 진출하게 됐다. 더욱이 무신은 문신의 지휘를 받는 직제편성으로 무신들의 불만이 쌓여갔다.

무신정변(1170년)으로 88여년의 무신정권

무시당한 무신들의 정변

시간이 지나면서 무신들은 한낱 임금의 호위나 중요 행사에서 문신들을 보조하는 신세로 전락해 버렸다. 무신의 입장에서 설움의 세월을 더 참을 수 없는 사건이 벌어지면서 무신이 정권을 잡는 세상으로 바뀌게 되었다.

1170년 의종(1146－1170) 때 주요군신이 모두 참석한 가운데 수박회(태권도와 유사한 무예 일종) 시합을 개최했다. 시합이 한참일 때 한 문신이 무신 대장군의 빰을 때려 대장군은 댓돌 아래로 굴러 떨어졌다. 이에 무신들은 심한 수치감과 분노를 가지게 됐고 그날 저녁 무신들은 정변을 일으켜 문신을 모두 죽이고 의종을 폐위시켰다. 후임으로 명종(1170－1197)을 추대해 드디어 무신정권을 세웠다.

이후 80년 가깝게 지속된 무신정권은 전국을 공포로 몰아넣고 무신들 내부에서도 피비린내 나는 권력투쟁이 일어났다.

1196년 조직적인 최충헌파가 권력을 잡아 그 가문이 1258년까지(60여년) 권력을 장악했다.

이때 큰 국란(國亂) 몽골고원을 통일한 몽골(원나라)의 침입이 시작되었다.

몽골의 7차례 침입-고려 끝까지 싸웠으나 처참한 40년

몽골의 침입 1-7차 40년 전쟁

무신(최씨 정권)이 지배한 시대에 제대로 싸워보지도 않고 도망치듯 강화도로 천도를 단행했다. 고려는 몽골의 침입을 받은 7차례 전쟁(1231－1272)에서 강화도에서 버티는 동안 국토는 황폐해지고 많은 문화재가 파괴되거나 사라졌다.

백성들은 목숨을 잃거나 부상당하는 고통뿐 아니라 몽골군의 약탈과 전쟁 중에도 나라에 조세를 바쳐야 하는 부담 때문에 극심한 시련을 겪어야 했다.

결국 몽골이 일방적으로 몰아붙인 전쟁 후에 고려는 항복했고, 그때부터 100년 가까이 몽골에 압제에 숨죽여 보낸 기막힌 역사가 이어졌다.

그러면서 고려는 급속히 쇠락해 결국 1392년에 망했다. 그 40년 전쟁의 경과를 살펴본다.

몽골의 1차 침입

1231년 칭기즈칸의 셋째아들 오고타이칸(1229－1241) 때 금나라를 정벌하기 이전에 고려를 견제하고자 살리타(撒里打)가 3만의 군사를 이끌고 개경을 공격하였다. 몽골은 배상금과 인질을 조건으로 걸고 고려에서 철수했다.

2차 침입은 이듬해 고려가 배상금은 지불하지도 않으면서 수도를 강화도로 옮겨 결사항전의 의지를 보이자 살리타는 1만명의 군사를 이끌고 다시 침입해 국토를 유린했다. 이때 고려의 승려 김윤후의 화살에 살리타가 목숨을 잃자 강화조약을 맺고 철수했다. 이때 처인성 전투는 몽골 전쟁에서 대표적으로 본때를 보인 전투였다.

▲ **처인성 전투**(민족 기록화) 김윤후와 처인 부곡민은 몽골군 사령관 살리타를 사살하여 몽골군을 물리쳤다.

3차 침입(1235－1239)은 몽골이 1234년 금나라를 멸망시키고, 강화에서 환도하라고 요구하면서 충청·전라·경주까지 내려와 전국을 초토화시켰다.

이때 황룡사 9층탑 등 중요문화재가 소실되는 등 피해가 막심했는데 조정은 부처(佛)의 힘으로 몽골군을 물리친다는 믿음으로 팔만대장경의 각판을 시작(1236)했다.

40년을 버틴 강화도

4차 침입(1247) 때, 몽골 조정은 칸의 선임을 둘러싸고 내분이 있어 소강상태로 물러갔으며, 고려도 최충헌 일가의 무신정권이 강경대립으로 일관했다.

5차 침입은 몽골이 내분 끝에 몽케 칸(1251－1259)이 즉위한 후에 고려를 완전히 굴복시킬 목적으로 쳐들어왔다. 약탈·방화·살인 등 극도에 이르자 당시 임금 고종이 왕자의 인질을 조건으로 항복했다.

대장경이 몽골 침입을 막았나?!

대장경 (해인사보관)

강화도로 천도한 최씨 무신정권은 한심하고 무능했습니다. 강화도에 궁궐과 대저택을 짓고 잔치를 벌이면서 백성들에게는 불교의 힘을 빌어야 한다며 대장경을 만들도록 했습니다. 이때는 신앙과 종교의 힘도 중요하지만, 한 자루의 창, 한 촉의 화살을 더 만들어야 했습니다.
이는 조선 임진왜란 시 불교교단에서 승병을 이끌고 왜군에게 큰 타격을 준 것과 비교됩니다.

본토에서 백성들이 유린당하는 참극은 안중에도 없이 15년간 작업을 해 완성된 팔만대장경(1251년)은 8만여 개의 목판에 5273만 자가 새겨진 대작이었다.

또 한편 세계 최초의 금속활자 인쇄본인 상정고금예문(1234)과 함께 전쟁의 폐허 속에서 핀 대작으로 손꼽힌다. 그러나 대장경이 완성된 후에도 전쟁은 끝나지 않았다.

6, 7차 침입(1254－1258)은 고려가 강화도에서 나와서 완전히 항복하지 않자 몽골군은 다시 전국 방방곡곡을 공격하고 유린했다.

결국 정부도 더 이상 버틸 수 없어 1270년 강화조약(항복)을 맺고 길고 지리한 40년 전쟁을 끝냈다.

몽골과의 전쟁 후유증과 사위국으로

이 과정에서도 항복할 것인지 계속 싸울 것인지에 대한 내분이 벌어졌지만 최씨의 무신들은 더 이상 버티지 못하고 1258년 마지막 권력자 최의가 살해되면서 무신정권은 사실상 종말을 고했다.

1270년 고려 24대 원종은 몽골에 항복하고 수도 개경으로 돌아왔다. 무신정권의 기반이었던 삼별초(三別抄)의 배중손, 김통정 등이 진도·제주도로 옮겨 대몽항전을 했지만 결국 1272년 여몽연합군에게 전멸당하고 항전은 끝을 맺었다. 삼별초의 최후 항전지 제주도에 탐라총관부가 설치됐다.

이후 1274－1351년에 이르는 기간은 몽골의 사위국('忠'자 붙은 임금 25－30대까지 6

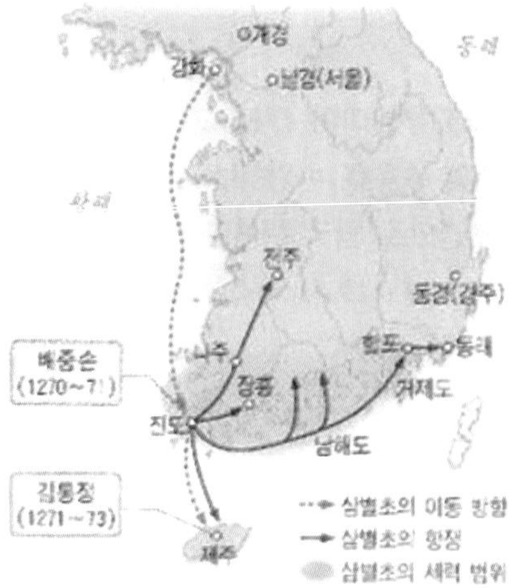

마지막 버팀목 삼별초, 진도 제주도로
마지막 대장 배중손, 김통정

정동행성을 설치, 고려를 간접지배

명)으로 왕이 되기 전에 몽골에서 인질 상태로 억류당했으며 고려에 정동행성을 두고 '다루가치'라는 지방행정장관을 파견해 간접통치를 했다.

여몽전쟁(麗蒙戰爭)은 고려를 뿌리째 흔들었다. 국토는 황폐해졌고 이때까지 다져 놓은 문화유산이 대부분 파괴됐으며, 인구의 감소와 경제기반이 무너져 절망 상태에 이르렀다.

이런 대가를 치렀음에도 나라를 지켜내지 못했으며 오히려 본토를 팽개치고 강화도에서 40년을 항전했다는 것이 무슨 의미가 있으며, 무신정권은 자신들의 정권 유지를 위해 임금, 정부, 백성을 볼모로 한 것이 아닌가!

더구나 전쟁의 주역이 되어야 할 최충현 무신정권은 비밀경찰인 정방을 만들어 혹시나 정권의 위협이 될만한 적들을 찾아 없애는 일에만 골몰했다. 몽골군이 세계로 세력을 확장해가고 있었지만, 해상 전투의 경험이 없는 취약함을 아는 무신정권은 바다 건너 강화도로 도망갈 궁리만 했다. 고려의 무신들은 한심하기 짝이 없었다.

고려-조선의 전쟁 대응 시행착오 반복

한반도의 전쟁역사 중 온 국토를 철저하게 유린당한 전쟁은 몽골과의 전쟁이었으며 처음이었습니다. 상황을 현실적으로 판단하고 일찍 강화협상에 임했다면 이렇게 당하지 않았을 것입니다. 이 전쟁을 시작으로 300여년 후의 1592년 임진왜란, 1636년의 병자호란에서도 시행착오를 되풀이합니다. 이 과정에서 백성은 임금과 조정을 불신하고 원망하는 선례가 시작됐습니다.

몽골군의 일본 정벌 실패

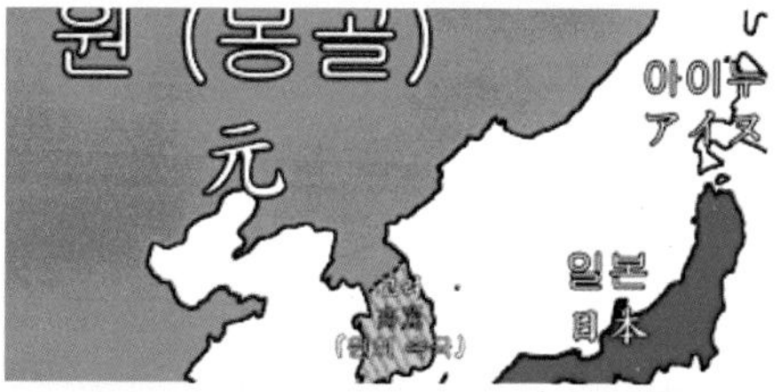

원나라가 점령 못한 일본

개경으로 천도한 이후에도 고려의 전쟁은 끝나지 않았다. 원나라가 아직 정복하지 못한 한반도 건너편에 일본이 남은 것이다.

고려가 몽골제국에 항복하기 4년 전 1268년 몽골은 일본에게도 조공을 요구했는데 당시 가마쿠라 막부(幕府)는 이를 거부했다.

일본도 이때 천황은 허수아비이고 사무라이가 만든 막부가 권력을 가지고 있어서 고려와 비슷한 무신정권이라고 할 수 있었다.

고려 무신정변이 있은 1170년 역사도 비슷하게 시작(1192년)된 일본 막부는 이제까지 한번도 외적의 침입을 받은 적 없고, 소위 "사무라이 정신으로 죽을지언정 항복은 못한다"였다.

몇 년의 준비 끝에 1274년 원나라는 고려와 연합군을 구성해 함대를 출발시켰다. 그런데 이 전쟁의 준비를 위해 고려에 정동행성이라는 기관을 설치했고 이 기관을 통해 고려 백성들을 착취하여 전쟁 비용을 뜯어냈으니 40년 전쟁으로 죽을 지경인 나라의 백성을 한번 더 죽이는 짓이었다.

고려라는 이민족을 이용해 바다 밖의 또 다른 이민족 일본을 공격하니 몽골(원래 북방의 진짜 이민족)의 입장에선 괜찮은 이이제이(以夷制夷)였다.

더구나 해전 경험이 없는 자신들을 피해 강화도로 도망가 애먹였으니 이제 고려군이 앞장서라는 식으로 고려는 이래저래 죽을 지경이었다.

여몽연합군에 상대가 안된 일본의 전력

처음 기타큐슈에 상륙한 여·몽연합군을 상대로 일본은 죽을 각오로 싸웠지만 역시 몽골군의 상대가 되지 않았다.

전투에서 크게 지던 일본은 항복하기 직전까지 갔다. 그런데 기적같은 일이 일어났다. 일본에 주기적으로 발생하는 태풍이 때마침 몰아쳐 여몽연합군의 선박들을 모두 수장시키고 말았다.

원나라는 다시 전열을 정비하고 고려를 앞세워 1281년 2차 침공을 했다. 그러나 결과는 지난번처럼 또 한번 태풍이 몰아쳐 제대로 싸워보지도 못하고 태풍때문에 패하고 말았다.

원나라는 일본을 포기하고 철수했지만 그 피해는 고스란히 고려에게 돌아갔다. 일본은 이를 신풍(神風 가미카제)라고 기뻐하면서 놀란 숨을 쓸어내렸지만, 다시 자기들끼리 내전을 계속했다.

몽골의 일본 침공의 손익계산서

두번의 태풍으로 완전히 망가진 여몽연합군

이로써 고려와 몽골 그리고 일본과의 역사는 아주 상반되게 한쪽은 불운과 한쪽은 행운을 맞았습니다.
고려는 1231년부터 일본 원정이 실패로 끝나는 1281년까지 50년 동안 침입을 당해 국토가 초토화되고, 또 남의 전쟁의 사역(使役)까지 나갔는데 일본은 자신들의 영토에 외적의 침입을 타력(신풍)으로 물리쳐 인적, 물적 등 국토의 피해가 경미했습니다. 고려와 너무도 대조적이라 억울하고 샘이 날 정도입니다. 지정학적인 차이지만 이후의 역사에서도 이런 행불행(幸不幸)의 사례가 되풀이되었으니 잘 생각해 볼 일입니다.

공민왕의 개혁 실패-고려의 멸망

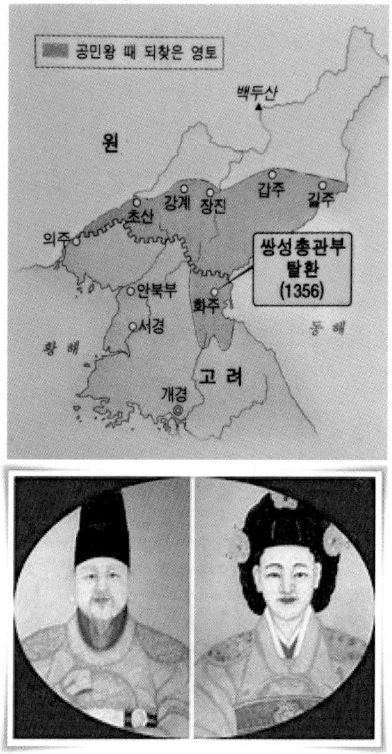

공민왕이 탈환한 영토(주황색),
31대 공민왕과 노국대장공주

원 간섭기(1274년 이후)에는 고려 국왕의 즉위가 원에 의해 정해졌으므로 왕들(25－30대 1274－1351)은 이름에 "忠"이 있다. 이 '충'이 들어간 6명의 왕이 70여년 동안 즉위했는데, 그중 4명의 왕은 원나라의 입김과 원나라에 아첨하는 권신들에 의해 왕이 되기도, 폐위되기도 다시 왕이 되기도 했다.

또 마지막 두 명의 왕은 재임 기간이 합쳐 고작 7년 정도로 늘 불안한 세월을 보냈다. 하지만 31대 왕으로 부임한 공민왕(1330년 재위 1351－1374)은 태조 왕건, 4대 광종과 함께 고려에서 제일 유명한 왕이다. 북방에 영토를 늘리고 몽골의 식민 감독기관인 쌍성총관부를 탈환하는 등 많은 개혁의 실적을 쌓았다. 공민왕은 "충"자가 들어간 다른 왕들처럼 어려운 시기에 겨우 왕이 됐지만, 원나라의 영향권에서 벗어나려는 정책과 개혁을 시도한 것이다. 이렇게 할 수 있었던 데는 원나라 귀족가문 출신의 왕비 노국대장공주의 원나라 인맥의 도움을 받아서 가능했다.

또한 공민왕은 과감하게 친원(親元) 세력의 진원(震源)인 기황후의 오빠 기철과 그 일당들을 쓸어냈다.

기황후는 원나라로 차출된 고려의 공녀(貢女)로 원나라 말기의 황제인 혜종(재위 1333－1368)의 눈에 띄었다. 황제의 총애를 받아 황태자(皇太子)를 낳고 제2 황태후로 책봉됐으며, 나중에는 정식으로 황후가 되었다. 기황후가 낳은 아들은 후에 소종(昭宗북원으로 도망)이 되었다.

기황후의 외척인 오빠 기철은 고려 왕실에서 왕을 제치고 무소불위(無所不爲)의 권력을 남용하자 공민왕은 기철을 비롯한 친원파(親元派)들을 제거해 버렸다. 원나라의 살아있는 권력의 친족들을 제거했으니 대단한 용기라고 할 수 있다.

신돈

공민왕 때 요승 신돈

1364년 기황후의 후원을 받은 친원파들이 공민왕을 끌어내리기 위해 1만명의 병력이 출동했지만 이를 최영 장군이 막아냈다. 당시 승려였던 신돈은 생불(生佛)이라 소문이 났고, 그 소문을 들은 공민왕은 신돈과 만났다. 얘기를 나누던 중 공민왕은 신돈의 달변에 매료돼 그를 개경으로 불러들였다.

공민왕의 사부(師傅)가 된 신돈은 국정에 깊이 관여하게 되고 공민왕은 신돈과 강력한 개혁정책을 추진하려고 했지만, 기득권 세력들이 신돈을 요승으로 몰아가며 반대해 성과가 지지부진하게 된다.

그러던 중 1365년 공민왕의 왕비 노국공주가 출산 중 사망해 모든 것이 수포로 돌아가고 말았다.

1349년 공민왕이 19세 때 원나라의 왕족의 딸인 노국공주와 비록 정략적인 결혼을 했지만 서로 진심으로 아끼고 사랑한 것으로 유명하다.

노국공주는 공민왕이 왕에 즉위하는 과정과 이후의 정치적으로 든든한 배경이 돼 주었고 심지어 불안한 왕실에서 여러번 목숨까지 지켜주었다. 이랬던 왕비(仁德皇后로 추존)가 허망하게 죽자 영민했던 공민왕은 슬픔을 이겨내지 못했다.

고려 왕조를 살리기 위해 개혁정치를 펼쳤던 공민왕은 거의 반 폐인이 됐고, 정치와 행정에 대한 전권은 신돈에게 맡겼다가 권력남용을 하는 그를 역모로 처형한다. 신돈이 죽은 후 3년동안 공민왕은 술과 여색에 빠졌고, 심지어 미소년까지 끌어들여 자제위를 만들어 말썽을 일으키는 등 이상한 행동이 지나쳐 결국 1374년 함께 어울리던 무리에게 처참히 죽임을 당했다.

공민왕이 죽은 후, 정상적인 후계자가 없었는데 신돈의 아들로 의심받은 아들 우왕(32대 재위 1374－1388), 이후 33대 창왕(1388－1389), 마지막 34대 공양왕(1389－1392)으로 고려는 끝내 망하고 말았다.

드라마 기황후가 인기몰이를 하다

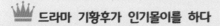

당시 세계를 제패한 원나라 황실에서 황후자리까지 입신한 기황후의 입지전적인 이야기, 원제국 황실의 이야기, 고려의 어려웠던 상황들이 "기황후"라는 흥미로운 드라마로 제작돼 2013-14년까지 51부작이 방영됐고, 공전의 히트를 쳤습니다. 닐슨 코리아 조사 결과 최고 시청률이 28%를 넘어섰지만 사실(史實)에 얼마나 충실했는지는 모르겠습니다.

이성계의 위화도 회군, 고려의 마지막 장면

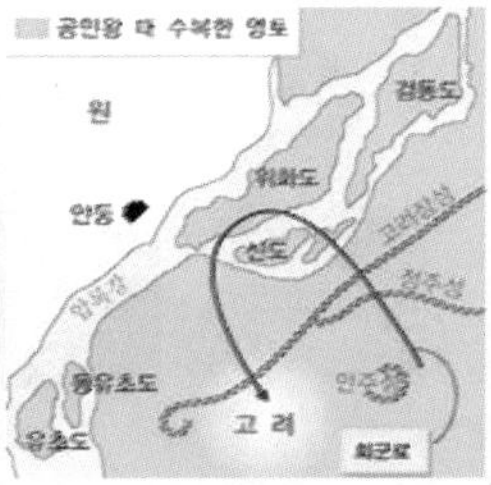

원(元) 왕조를 몰아내고 중국을 차지한 명(明) 왕조(1368－1644년)는 고려에게 철령 이북의 영토는 원래 중국 것이니 반환하라고 요구하면서 주변 국가들에게도 세력 과시를 시작했다. 이때 고려 조정은 32대 우왕으로 강경파와 친명파(온건파)로 나뉘어 격론을 벌였다.

최영(崔瑩) 장군을 비롯한 강경파들은 명나라는 신생국이니 이 기회에 오히려 요동을 공격하자고 주장했고, 이성계(李成桂)를 필두로 친명파(親明派)들은 이 시기가 전쟁에 좋은 때가 아니니 미래의 실력자 명나라와 화친하는 것이 좋다고 주장했다.

우왕의 최종 결정은 최영 장군의 주장, 명나라를 치자는 쪽으로 기울었다.

원래 최영 장군은 이성계보다 나이도 관록도 훨씬 높은 원로로 공민왕 때부터 많은 전쟁에서 승리하는 등 존경받는 장군이기 때문이었다.

요동정벌 사령관으로 임명된 이성계는 위화도(압록강 중간의 섬)에서 비가 쏟아지고 여러 가지 여건이 불리하자, 평소 주장대로 회군을 결심하고 개경을 공격해 상황을 180도로 바꿨다. 남은 병력으로 왕과 개경을 지키던 최영 장군은 신뢰하던 부하 이성계로부터 배반을 당해 귀양 갔고, 이성계군은 우왕을 끌어내리고 창왕을 세웠다.

결국 최영은 귀양지에서 참수당했고, 모든 권력은 이성계가 장악했는데 이때가 1388년이었다.

고려왕조의 존속 여부에 대해 논란이 끊이지 않았는데 고려를 이어가자고 주장한 정몽주는 이성계의 아들(이방원)에게 제거됐다. 1392년 이성계는 고려의 마지막 임금 공양왕을 퇴위시키고 새 왕조 조선(1392－1910)을 세웠다.

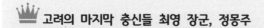

고려의 마지막 충신들 최영 장군, 정몽주

고려의 최영 장군은 초등학교 때부터 "황금을 보기를 돌 같이하라"라는 청렴의 표상같이 존경하고 우러러보던 인물로 민간신앙의 대상으로 모시고 있습니다.

포은 정몽주는 절개가 곧은 가장 대표적인 인물로 이방원이 "이런들 어떠하리 저런들 어떠하리..."로 회유할 때 "이 몸이 죽고 죽어 일백 번 고쳐죽어..."로 답하고 선죽교를 건너다가 결국 죽임을 당합니다.

3장

일본의 막부(쇼군)시대 시작-몽골침공 신풍이 가로막다

무사들이 막부(바쿠후)를 시작하다

고려가 무신정변을 시작하던 시기에 일본도 치열한 무사들의 싸움, 원평(源平, 원씨와 평씨) 대결에서 원씨가문이 이겨 일본역사상 처음으로 가마쿠라 막부(幕府)가 시작(1192)됐다.

그 과정을 살펴보면 무사들의 지리한 힘겨루기에서 초기에는 미나모토(源)家를 물리치고 다이라(平)家가 권력을 차지했다. 다이라(平) 가문의 수장 키요모리는 무장으로서 정치와 행정의 경험이 없어 어려움을 겪었으나 결국 이전 후지와라 가문이 하던 셋칸 정치의 답습이었다.

당시는 "다이라가 아니면 사람이 아니다" 할 정도로 다이라 가문은 독재와 폭정으로 일관했다. 일찍이 후지와라의 무사 집단으로 출범한 미나모토는 주군인 후지와라 가문이 몰락해 세력이 약화되었고, 이미 다이라에 2연패를 한 이후에는 군소 가문으로 근근이 명맥을 유지하고 있었다.

그런데 여기서 가문을 구할 영웅이 나타났다. 1159년 두 번째 난에서 나이(12세)가 어려 처형을 모면하고 유배된 미나모토 요리토모(源頼朝 1147－1199)로 그가 가문의 수장이 되면서 권토중래(捲土重來)를 도모했다. 요리토모는 철저히 준비했지만, 난전을 거듭하는 가운데 다이라의 수장 키요모리가 병사하자 다이라 가문을 밀어붙여 그들이 천황

단노우라 해전에서 原미나모토 승리

일가와 함께 후퇴하게 만들었다.

이때 요리토모 측이 새로 천황을 선임해 잠깐은 천황이 두 명이었다. 이 비정상적인 국면은 1185년 단노우라(壇ノ浦. 시모노세키 부근) 일대에서 벌어진 해전에서 미나모토(源)家가 승리함으로써 일단락되었다.

이 해전에서 승리한 미나모토家의 미나모토 요리토모(源 頼朝. 38세)는 치밀하고 냉혹한 리더(조선초 태종 같은)로서 이렇게 출발하게 됐으며 주변을 깔끔하게 정리해 권력 싸움의 씨를 없애고, 개혁에 착수해 일본을 명실상부한 무사 국가로 만들었다.

그가 만든 체제는 막부(幕府) 정치로서 1192년 일본 가마쿠라막부며 첫 번째 쇼군이 바로 미나모토 요리토모(45세)이다.

기존의 천황 세력도 만만한 상대가 아니었기 때문에 이 당시 일본의 권력은 전통적인 교토의 천황 세력과 신흥권력인 가마쿠라 막부로 양분되었다.

막부 체제의 완성은 그로부터 200년 후의 일이지만 당시는 요리토모의 가마쿠라 막부가 시작(1192년)되었다.

고려의 무신정변과 비슷한 시기에 일본의 막부가 시작되다

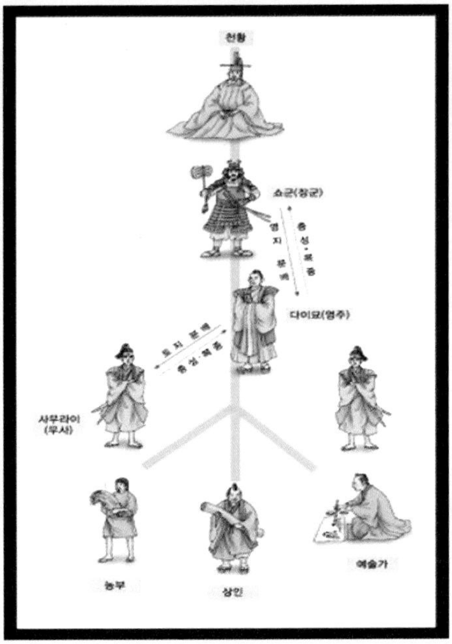

막부 쇼군 체제의 사회체제

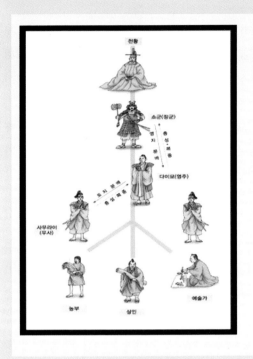

이는 고려시대에 문관 선비들의 밑에서 기를 펴지 못했던 무신(武臣)들이 선비들을 제거하고 권력을 장악한 "무신의 난"(1170)과 비슷합니다.

이런 예는 또 중국의 후한시대(AD 28-220) 호족들이 무력을 갖춰 지방을 완전히 장악하고 중앙정부까지 영향을 미쳐 이들로 인해 나라가 망했던 것과 비교됩니다.

또한 당나라 후반 부병제의 문란으로 황소의 난(870-879)을 전후해 지방 번진(藩鎭)들의 무장 세력으로 당나라가 망한 사례들이 무인들이 주도한 역사였습니다. 그러나 일본의 막부는 독특해서 하나의 왕가처럼 입법사법권·인사행정권을 독차지하는 조직이 탄생한 것으로 고려나 중국의 경우처럼 일시적인 권력의 쏠림이나 장악과 달랐습니다. 막부(幕府 바쿠후)와 그 권력자 장군(將軍 쇼군)은 원래 일본의 원주민인 아이누족 정벌에 나선 군사지휘관을 쇼군(征夷大將軍)이라 하고 그가 지휘하는 조직을 막부라 했는데 상시적인 권력집단으로 등장한 것입니다. 다이라(平)가문과 미나모토(原)가문의 긴 싸움에서 미나모토(原) 요리토모라는 강력한 권력가가 등장합니다. 당시 덴노(천황)가 황실의 제사와 외교에 관한 권리를 제외하고 모든 권리를 요리토모에게 양도했습니다. 황실의 안녕과 재정을 확실히 보장받기 위한 고육지책이라 하지만 나중에 여몽 전쟁 전후에 외교권까지 빼앗기고 명목상으로만 국가원수로서 존재하게 됩니다. 이런 실재 정부로서의 막부(바쿠후)와 그 수반인 쇼군이 출범해 이름만 가마쿠라, 무로마치, 도쿠가와로 바뀌면서 1867년 명치유신 직전까지 670여년(잠깐 예외는 있었음)을 지속했습니다.

막부 권력의 변천과 첫 번째 외세(몽골)의 침공 전야

사무라이 권력의 대부, 불세출의 쇼군 요리토모가 1199년 53세에 죽자 신생 막부 정권은 위기를 맞았다. 쇼군들의 인척 호조 가문(요리토모의 처가)이 등장하고 막부 권력에서 벗어나고 싶은 천황 쪽 고토바(後鳥羽) 상황(전임 천황)의 갈등이 또 내전으로 비화되었다.

호조 가문의 무사들이 동원된 전투에서 승리하고 천황은 그나마 남은 권력도 모두 빼앗기고 완전히 막부의 세상이 되었다. 국내의 문제를 겨우 추수린 호조의 막부(명칭은 가마쿠라)는 거대한 외적의 침입을 눈앞에 두게 됐다.

유사 이래 일본은 외부의 도움은 받았어도 침략을 받은 적은 한 번도 없었다. 외부의 도움은커녕 무수히 침략만 받은 우리나라와는 극명하게 대비된다.

우선 지정학적 위치가 그렇다. 일본 열도는 대륙에서 떨어져 있어 멀지도 가깝지도 않은 위치에 있다. 대륙에서 문물을 전해받기에 그렇게 먼 거리가 아니라서 아직 신석기 시대에 머물러 있던 일본에 문명을 전해준 것은 한반도의 도래인이었고, 7세기 이후는 중국 당나라 때 바다를 건너가 당의 선진문물을 수입했다.

굳이 외국과의 관계에서 피해를 입었다고 한다면 660년 백제가 멸망할 무렵 함선(소형) 400대를 파견했다가 전멸당한 사례 정도다.

그런데 중국과 아시아는 물론 폴란드, 헝가리까지 진출해 유럽 전역을 공포에 몰아넣은 세계 최강의 몽골 제국의 쿠빌라이칸이 1268년 일본에 먼저 사신을 보내 친교를 맺자고 했다.

여몽연합군의 침공-태풍이 끝내주자

막부에서 논의를 거듭한 끝에 몽골과 친교를 거부했고, 결국 결전의 시기가 왔다.

40년 동안 고려와의 전쟁을 끝내고 1272년에 고려를 정복한 몽골 제국이 섬나라 일본에 1274년 여몽연합군(우리 역사에서는 강제 징발이니 정당한 표현이 아님)을 편성했다.

900척의 전함과 3만3천명의 병력은 쓰시마(対馬島)와 이키시마(壱岐島)를 순식간에 정복하고 상륙했다. 단 하루만의 교전으로도 일본 무사들은 몽골은 이미 상대가 안 되는 엄청난 강적이라 고전을 면치 못했고, 날이 저물어 일단 전쟁은 멈추었다.

하지만 그 날밤에 본 적도 없는 거대한 해일을 동반한 태풍은 정박해 있던 여몽연합군의 함선을 괴멸시켜 버렸다.

우연한 자연현상이었다고 판단한 몽골군은 1281년 다시 4만명의 병력과 4천척의 함선을 동원하여 하카타(博多)에 상륙, 또다시 불어닥친 태풍은 또다시 다 날려버렸다.

특히 한동안 권력에서 밀려있었던 미나모토(源)家의 협조를 얻어 천신만고 끝에 천황의 권력을 회복했다. 결국, 미나모토 요리토모가 1192년에 시작한 가마쿠라 막부는 1333년 140여년만에 문을 닫았는데 시작과 끝은 미나모토 가문이 관여한 것이다.

해전에 임하는 막부의 무사들

태풍이 일본은 살리고 고려는 죽어나고

너무도 희한한 일입니다. 일본이 하느님께 뭘 잘했다고 신풍(神風. 카미카제)을 적절한 상황에 그것도 두 번씩이나 날려줘 일본을 구해줍니까?
그들의 하느님은 달랐던 모양입니다. 참 부럽고 억울합니다. 우린 40년의 전쟁과 고려가 망하기까지 180여년을 시달리게 한 몽골의 지배, 그리고 일본 침략 준비를 위해 정동행성(征東行省)까지 세워 준비하며 치러진 희생이 있었는데 우리는 죽고 일본은 살고.

천황과 막부 그래도 답은 막부-무로마치 막부 시작(1338)

시대가 바뀌고 시작된 잠깐의 고다이고의 천황 정치는 무사들의 논공행상 실패, 천황의 권위를 높이는 대규모 건축사업 등으로 순조롭지 못했고, 2년 후에는 호조가(北条家)의 잔당들이 반란을 일으켰다.

무로마치쇼군,
일본의 남북조시대

이때 사태의 추이를 주시하며 힘을 키우던 새 가문 아시카가(足利)의 수장 다카우지(尊氏 1305－1358)는 호조의 세력을 진압하고 교토를 점령해 고다이고 천황으로부터 항복을 받아냈다.

결국, 1338년 3년 만에 다시 막부를 수립했는데 가마쿠라에 이어 들어선 두 번째 무사 정권 무로마치 막부였다.

그러나 고다이고 천황은 교토를 탈출해 남쪽 요시노(吉野)에 새로운 조정을 구성해서 막부가 옹립한 천황과 대립했으니 두 명의 천황과 정부(국가)가 존재하는 모양새였다. 이 시대를 남북조시대라고 하는데 처음에는 어느 정도 균형이 맞았지만 차츰 남조 고다이고 천황 측의 열세가 두드러져 결국 3년 만에 풍운의 천황은 병사하고 말았다.

이런 상황에서 남북조시대는 50여년이 지나 1392년 무로마치 막부의 3대 쇼군 아시카가 요시미쓰(足利義滿 1358－1408)의 조정으로 남조의 천황이 북조에 양위하는 형식으로 통합이 이루어졌다.

무로마치 막부의 전성기는 요시마사(義政) 쇼군 시대로 지방의 힘센 세력들을 진압해 막부의 통제력을 지방까지 확대하고, 막부 체제의 필요한 행정 기구들을 정비했다. 교토에 무로마치 지역에 화려한 쇼군 관저를 지어 막부를 옮겼으므로 '무로마치 막부'라고 부른다.

이 시대에 생긴 전통문화로 다도(茶道)가 있으며, 무사들을 중심으로 불교의 선종이 유행했는데 명상이 중심이라 졸음을 쫓는 다도(茶道)가 발전한 것이다.

제19막

티무르제국의 등장과 오스만 투르크

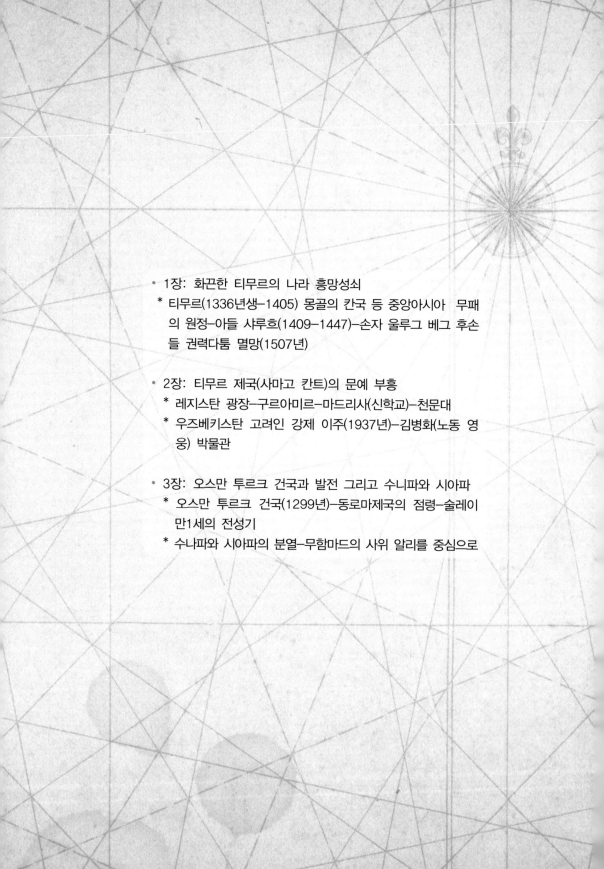

- 1장: 화끈한 티무르의 나라 흥망성쇠
  * 티무르(1336년생-1405) 몽골의 칸국 등 중앙아시아 무패의 원정-아들 샤루흐(1409-1447)-손자 울루그 베그 후손들 권력다툼 멸망(1507년)

- 2장: 티무르 제국(사마고 칸트)의 문예 부흥
  * 레지스탄 광장-구르아미르-마드리사(신학교)-천문대
  * 우즈베키스탄 고려인 강제 이주(1937년)-김병화(노동 영웅) 박물관

- 3장: 오스만 투르크 건국과 발전 그리고 수니파와 시아파
  * 오스만 투르크 건국(1299년)-동로마제국의 점령-술레이만1세의 전성기
  * 수나파와 시아파의 분열-무함마드의 사위 알리를 중심으로

화끈한 티무르의 나라, 흥망성쇠

티무르의 등장

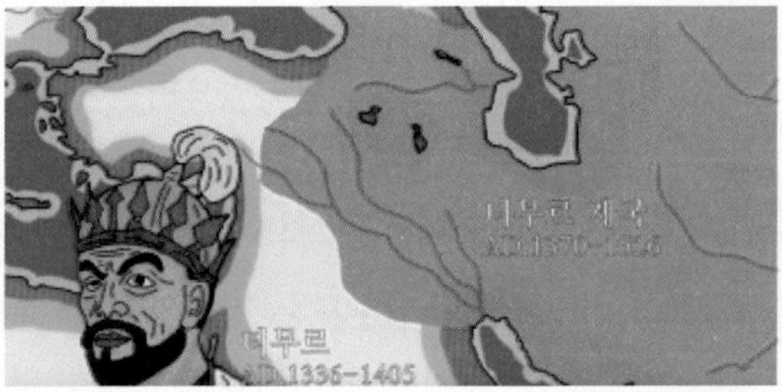

칭기즈칸의 후예로 자처 티무르제국 건설

티무르는 1336년 중앙아시아 우즈베키스탄의 사마르칸트, 부하라가 있는 지역 트란스옥시아나(아무다라야강과 사르다이야강 사이에 위치)의 케시에서 태어났다. 그 집안은 독실한 이슬람교도였으며 트루크족이었을 것으로 추정된다.

소년시절은 알려진 게 없고 21세가 되던 1357년에 이 지역의 귀족들 사이에서 분쟁이 격화된 틈을 타 자신의 고향 게시에서 지배권을 차지한 것이 최초의 등장이었다.

이곳의 되풀이되는 전쟁에서 부족연합의 힘을 활용해 치고 잘 빠져서 1370년 34세에 트란스옥시아나 전체의 지배권을 차지하고 칭기즈칸과 그의 둘째 아들 차가타이 칸의 후계자를 자처하고 몽골제국의 건설 및 재건을 시도했다. 이때를 티무르 제국의 원년으로 볼 수 있다.

티무르제국의 역사

그는 사마르칸트에 도읍을 정해 1380년 카르토왕국를 멸망시키고 1393년에는 자라일 왕조의 군주 아마드를 바그다드에서 몰아냈다. 티무르는 몽골이 이 지역에 건립했던 동서 차가타이칸국, 일한국을 병합했고 킵차크 칸국에 침입했다.

또한 60이 넘는 나이에 인더스강을 건너 인도에 침략해 일시적으로 델리를 점령했으며 다마스쿠스까지 이르렀다.

이어 소아시아 방면에서 건국(1299년)한 오스만투르크를 격파해 구몽골제국의 서반부를 차지하는 제국을 건설했다. 당시 두 강국이었던 티무르제국과 오스만제국은 1402년 앙카라 근교에서 결전을 벌였다. 이 싸움에서 대승을 거두고 오스만제국의 술탄 바에지트를 포로로 잡아 처형할 정도로 강성했다. 티무르는 마지막으로 중국 중원에 건설(1368년)된 주원장의 명나라 정벌을 시도했으나 원정 도중 오트라르에서 병사(1405년)했다.

티무르는 이념이나 지도자로서 일관된 통치철학이 없었다는 평가를 받는다. 그는 그저 전쟁을 좋아했고 정복자로서의 인생을 살았다는 것이다.

티무르는 "평생 단 한번도 진 적이 없는 용장 중의 용장"으로 알려져 있다.

전투에서 병사들과 함께 싸웠던 티무르

그는 뒤에서 지휘만 하는 장군이 아니고 전쟁터에서 병사들과 함께 칼을 휘두르며 직접 전투에 참여하는 지휘관이었으며 하마터면 전사했을 뻔한 일이 여러번 있을 정도였다. 그것은 그가 중앙아시아 전체를 뒤흔드는 정복왕이 된 뒤에도 달라지지 않았다.

그렇지만 단순히 전투만 좋아하는 무인에 그치지 않았다 그는 보기 드물게 높은 교양의 소유자였고 학문과 예술을 열심히 후원했다.

양면성을 가진 복잡한 성향의 티무르

티무르는 정복한 땅의 주민들을 잔인하게 살육하는 것으로 유명했다. 그가 1387년에 이스파한(현재 이란의 이스파한주)을 점령했을 때 시민 7만을 몰살시키고 성벽 밖에 사람머리로 피라미드를 120개나 쌓아 올렸다고 합니다.
1401년에 바그다드를 점령했을 때도 9만명이 학살됐습니다.
다만 학자와 예술가들은 늘 살려주었으며, 칭기즈칸의 혈통을 가진 사람이면 그가 설령 배반을 했을 지라도 관대하게 용서했다고 합니다.
한편 이슬람교의 "지하드(성스러운 전쟁)" 개념을 전쟁의 명분으로 종종 내세웠습니다. 1398년 델리의 술탄이 힌두교도들에게 관용을 베푼다는 명분으로 인도를 침입했습니다. 종교에는 관용을 베푼 몽골의 칸들과 달랐고 피정복민들에게 개종을 강요하지 않은 이슬람 군주들과 달리 이슬람교로 개종하지 않는 주민은 여지없이 죽이는 양면성이 있었습니다.
이렇게 복잡하고 일부 모순된 성향의 티무르에게 한가지 일관된 것이 있다면 그것은 다름 아닌 정복이었습니다. 그는 34세에 작은 나라의 왕이 돼 69세에 사망할 때까지 쉬지 않고 정복사업을 계속했습니다.
영토를 크게 늘려 놓고(정복하고) 이를 관리하지도 않고 또 편안하게 왕궁에 앉아 누리지도 않고 죽을 때까지 말에서 내리지 않았다 할 정도였습니다.
나라를 사고도 남을 만큼 큰돈을 벌어 놓고도 느긋하게 즐기기보다 전세계를 뛰어다니며 새로운 사업을 늘리기에 여념이 없는 현재 다국적기업들의 생리와 비슷합니다.

티무르의 공격일변도 모든 주변세력에 충격을 가하다

티무르는 점령한 영토에 칭기즈칸의 몽골군처럼 칸국을 건국하거나 다루가치 같은 감시관을 두지도 않았다. 다만 저항이 심한 정도에 따라 주민을 대량 학살하고 도시를 폐허로 만들고 전리품을 약탈해 돌아갔을 뿐이었다. 그러니 일단 정복된 영토도 티무르가 돌아가면 얼마 후 다시 反티무르로 돌아가기 마련이었다. 그래서 대표적으로 티무르는 호라즘 원정도 세 차례나 했다.

티무르의 원정로(붉은선)와 주변국가들

뿐만 아니라 이란을 공격하다가 러시아로 진격하고 서쪽의 카프라스를 공격하다가 공격 도중 군대를 돌려 동쪽의 위구르를 치는 등 진군의 방향이 럭비공처럼 어디로 튈지 몰랐다. 30여년 동안 유라시아를 휘몰아친 티무르 광풍의 가장 큰 원동력은 전쟁과 정복을 사랑하는 티무르의 천성이었을 것이다.

이로써 티무르는 그보다 100여년전에 유라시아를 휩쓸던 몽골족의 칸제국들과 새롭게 일어나던 오스만 터키를 모두 격파한 것이다. 이는 티무르 본의가 아니었지만 세계사의 흐름에 중요한 영향을 미쳤다.

몽골이 남긴 칩차크는 티무르와의 전쟁의 상처에서 벗어나지 못했고 결국 모스크바 공국을 중심으로 몽골족의 퇴출이 진행되었다. 또한 오스만 투르크도 티무르에게 막대한 타격을 입었지만 그후 50여년 동안 국력을 회복해 1453년 비잔티움을 점령해 동로마 제국을 멸망시켰다.

이렇게 중세의 마지막을 뒤집어 놓은 티무르제국으로 인해 15세기 이후의 근세(대)에는 르네상스 신대륙발견 등으로 유럽이 부흥하고 아시아가 쇠퇴하는 흐름으로 가는 물꼬를 튼 것이다.

대정복자 티무르와 대역사가 이븐 할둔의 만남

티무르(상)와 이븐 할둔(하)

30여년의 정복활동으로 60대 중반을 넘긴 노쇠한 티무르가 아프리카(이집트) 튀니스 출신의 역사가 이븐 할둔(1332-1406년)과 만났습니다. 긴 정복 전쟁을 하는 동안 티무르는 삼국지의 제갈량, 초한지의 장량, 칭기즈칸의 야율초재와 같은 전략가가 없었으므로 늦게나마 이 둘의 만남은 주목을 끌었습니다.

헤로도토스나 사마천과 같은 역사가와 어깨를 나란히 하는 이븐 할둔은 문(文)의 대표자이고 티무르는 무(武)의 대표자였습니다. 두 사람은 35일간이나 대화를 나누며 서로에게 감탄을 아끼지 않았다고 합니다.

마지막으로 이븐 할둔이 티무르의 신하되기를 자청했지만 티무르가 거절함으로써 만남은 끝났습니다. 두 사람은 이미 60세(이븐 할둔이 4살 위)가 넘은 때 만났고, 티무르가 아랫사람 말을 잘 듣는 타입이 아니었기 때문이었을 것입니다. 이들이 10년 이상 전에 만났더라면 한나라 장량 또는 야율초제같은 존재(역할)가 되지 않았을까요. 전쟁 정복만 했지, 그 영토(국가)를 관리할 줄 몰랐던 티무르를 제2의 칭기즈칸으로 만들 수 있지 않았을까요. 그들이 헤어지면서 할둔은 몽골적 지배자 칸이요, 이슬람 제국 칼리프의 입장을 겸비한 당시 최고의 인물을 어떻게 평가했을까요? 티무르는 세계 최고의 역사가를 만나고 그가 앞으로 자신이 역사에서 어떻게 평가되리라 생각했을까요?

티무르 무덤의 저주

구르 아미르에 보관돼 있는 티무르와
아끼던 손자의 관

사마르 칸트가 소련의 지배에 있었던 1941년 현지 사령관이 구르 아미르에 귀하게 보존된 티무르의 무덤이 심히 궁금해서 고고학 위원회의 이름으로 시체를 발굴했습니다. 티무르의 시신이 담긴 아미르 사당의 검은 돌판에 "내가 이 무덤에서 나올 때 큰 재앙이 일어날 것이다"라는 경고가 있었습니다. 이왕 관을 꺼낸 터에 뚜껑을 열었습니다. 그의 관에는 보물이나 특별한 것은 없었고 그의 키가 172cm(더 크게 보였음), 소문으로 전해지던 대로 다리에 장애가 있어 절름발이 티무르라는 것이 확인됐습니다. 티무르의 경고대로 실제로 관을 개봉한 지 3일 만에 독일의 히틀러가 소련과의 불가침조약을 깨고 바르샤바를 침공해 소련이 본격적으로 세계대전에 뛰어들게 되었습니다.

이로 인해 겁을 먹은 소련당국은 티무르의 관을 정성스레 납으로 밀봉하고 다시는 열지 않도록 조치해 영원히 편안하게 잠들도록 하였습니다.

티무르의 후손들-권력투쟁과 제국의 쇠망

티무르는 1405년 마지막 순간까지 명나라 원정길에서 69세로 사망했다. 그가 존경하는 칭기즈칸에게는 아버지 반쯤 따라가는 용맹스런 네 아들이 있었으며 그 손자 중에도 걸출한 인물이 많아서 그의 유지를 받들어 계속 원정과 영토확장이 이루어져 더 큰 제국으로 발전했다.

티무르는 그의 장손인 무함마드를 총애하고 후계자로 점찍었으나 1403년 앙카라전투에서 그가 죽자 즉시 후계 싸움이 치열했다. 그의 아들과 손자들이 뒤엉켜 치고받는 전투가 10여년 지속됐고 이미 3대 군주(2대는 단명)로 즉위해 있던 티무르의 넷째 아들 샤 루흐(1377－1447 재위 1409－1447)가 전란을 수습하고 테라트를 수도로 해 티무르제국의 정통성을 유지했다. 다행히 문무를 겸비한 명군으로 내란을 진압(1420년)하고 숙적 오스

티무르제국 명군 3대왕 샤 루흐

만 터키와 국교를 회복해 티무르 제국의 30여년의 평화시대를 구가하였다. 그는 아버지와 달리 평화적인 외교관계를 중시해 중국에 몇 차례 대규모 사절단을 파견해 북경을 방문하게 했고 이들이 귀환할 때 영락제의 사신들이 교황을 방문해 이들이 귀국해 서역행정기 등을 편찬하였다.

샤 루흐는 문화 예술을 적극지원해 티무르 이슬람문화의 전성기를 열었다. 그를 보좌하던 아들 울르그 베크(1393－1449년 재위 1447－1449년)에게 구 수도인 사마르칸트와 주변의 트란스옥시아나지역를 분봉(分封: 완전 자율권 부여)해 문화진흥사업에 앞장서게 해 사마르칸트의 르네상스 시대를 열었다.

티무르의 손주 울루그 베그, 사마르칸트의 문화부흥

문화부흥의 왕 울루그 베그

티무르제국은 정치적으로는 몽골제국의 후예임을 자처하고 종족으로는 투르크족의 민족성을, 문화적으로는 이슬람문화를 표방한 독특한 통치체제였다.

티무르는 평생을 전쟁과 정복에 메달렸지만 문화진흥사업에도 관심을 가지고 챙겼다. 특히 그 아들 샤 르흐(3대 왕)가 문화·예술을 지원하고 우대한 덕분에 티무르제국의 문화 창달의 기운이 무르익었다. 샤 루흐의 아들(티무르의 손주) 울루그 베그가 문화인이며 뛰어난 수학자, 천문학자, 역사학자였다. 그는 학자 예술가들을 우대하고 학문 예술을 보호장려했기 때문에 사마르 칸트는 이슬람 학예의 중심지로 번영했다. 이 시대(1420－1449년)에 사마르 칸트에 당시 전세계에서 가장 큰 3층짜리 천문대를 만들었다. 높이 30m, 직경 40m에 이르는 원통형 천문대로서 그곳에서 당대 최신의 관측기구를 사용하여 매일 천체관측이 행해졌다. 당시 1년을 계측하면서 현대적인 기준으로 오차가 10분 정도 밖에 안됐다니 대단하다. 이 "울루그 베그"의 천문대는 현대 천문학에도 영향을 미치고 있다. 울루그 베그는 코란을 거의 다 외고 있었으며 법학, 논리학, 그리고 수학에도 뛰어나 당대 사람들은 그를 "옥좌에 있는 학자"라고 했으며 알렉산드로스대왕과도 비교했다. 또한 울루그 베그는 아직 인쇄술이 발명되기 이전에 도서관을 지어 각 분야의 서적 1만 5천권을 수집했으며 자신이 직접 책을 저술하기도 하였다,

또한 그는 1420년 사마르칸트 레키스탄 광장에 세계에서 제일 큰 이슬람 대학을 세우는 등 이슬람 문화 창달의 초석을 세운 것으로 유명하다.

티미르제국의 세종대왕격인
울루그 베그가 세운
천문대의 흔적

비슷한 시기에 살았던 세종대왕과 울루그 베그

우리나라 세종대왕(1397-1450년)과 아주 비슷한 시기(1393-1449년)에 살면서 너무도 비슷한 치적을 쌓은 것이 흥미롭습니다. 울루그 베그는 왕(4대)이 되기 이전에 아버지로부터 적극적인 지원(자율권)을 받아 문예부흥사업에 앞장섰습니다. 이런 점에서도 아들(세종)이 차후 임금으로서 치세를 잘하도록 사전에 많은 배려와 조치를 했던 조선의 3대왕 태종의 관계와 비슷했습니다.

그 후 바보 같은 후손들로 티무르제국의 멸망

티무르의 아들 3대왕 샤 루흐가 1447년 마지막으로 손자가 일으킨 반란을 진압하러 나갔다가 사망하는 바람에 졸지에 아들 울루그 베그가 후임 군주(4대)로 즉위했다. 군사·행정면에서는 서툴렀던 울루그 베그가 재위 2년만인 1449년 아들 압둘 나티브가 주도한 궁중 쿠데타로 참수됐다. 너무나 아쉽게도 문화 예술의 성군이 떠나고 나라는 다시 혼란에 빠졌다.

쿠데타의 명분은 울루그 베그가 이슬람교리에 충실하지 않고 세속적인 천문대, 대학

권력에 눈먼 아들이 아버지를

운영, 예술행사에만 치중한다는 이유였다. 어처구니없는 명분의 권력탈취였는데 그도 군주가 되어 6개월 만에 살해(30세)됐으니 나라는 엉망이 될 수밖에 없었다. 이전부터 티무르에 충성하지 않았던 둘째 아들(우바르 세이후)의 세력, 유목민족 백양왕조, 흑양왕조 등 점령지역의 군주들은 급속도로 제국에서 이탈해 독립했다. 제국의 시작점이었던 사마르 칸트가 있는 트란스 옥시아나와 북이란의 일부를 유지하는 소국으로 작아졌다.

마지막 분열이 표면화돼 사마르칸트와 헤라트에 각각의 정권이 세워져 대립했다. 결국 우즈베크족의 침입으로 1500년에는 사마르칸트가 함락되고 7년후 헤라트도 함락되었다. 티무르 제국은 불과 137년(1370－1507년)이라는 짧은 역사로 중앙아시아에서 칭기즈칸의 제국(차가타이칸국, 일칸국, 킵차크 칸국)과 차후 인도의 무굴제국(1526년 건국)을 잇는 과도기의 제국이었다고 할 수 있다.

티무르의 둘째 아들 우마르 세이흐의 증손(티무르의 5대손) 바브르가 나중에 무굴제국의 창시자가 되었기 때문이다.

그러나 이 과도기에 중앙아시아는 사마르칸트를 중심으로 중앙아시아의 르네상스를 구가한 시대라고 평가하고 있다. 이 시기에 중국은 원나라가 멸망하고 명나라가 건립(1368년)돼 한족의 지배를 회복했으며 조선에서는 고려가 멸망하고 이성계(태조)가 새로운 왕조 조선을 건립(1392년)하는 시기였다.

유럽에서는 르네상스의 기운이 태동하는 시기였으며 2000년을 이어온 로마제국은 티무르에게 호되게 당한 오스만 터키가 국력을 키워서 동로마제국을 멸망(1453년)시키는 큰 역사의 흐름으로 이어졌다.

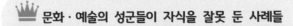

문화 · 예술의 성군들이 자식을 잘못 둔 사례들

울루그 베그는 위대한 과학자 · 철학자 · 예술가면서 문화 · 예술의 창달을 위해 큰 족적을 남겼는데 그 아들이 권력찬탈을 위해 쿠데타를 일으켜 아버지를 살해했습니다. 아주 비슷한 시기에 조선의 위대한 군주인 세종대왕(1397生 재위 1418-1450년)도 후계자가 불우해 조선 부흥의 역사를 이어 가지 못했습니다. 아들 문종(1450-1452년 2년)과 손자 단종(재위 1452-1455년 3년)이 단명으로 끝나고 그 또 다른 아들인 수양대군이 조카(단종)의 왕위를 강제로 빼앗아 적통으로 이어질 수 있었던 것을 바꿔 놓았습니다. 또 한 사람은 저 멀리 1200여년 전 로마의 마르쿠스 아우렐리우스황제(로마 16대 황제, 재위 AD 161-180)입니다. 그는 로마의 오현제(五賢帝)의 한사람으로 유능한 황제면서 철학자로 "명상록"이란 유명한 책을 저술했습니다. 그가 후임으로 인품이 훌륭하고 능력이 있는 황제를 추대했어야 하는데 무엇이 씌웠는지 어떤 사유인지는 몰라도 자기 아들 코모두스(재위 180-192년)를 후임 황제로 추대했습니다. 코모두스는 그 유명한 네로황제 못지 않은 형편없는 황제였습니다. 사치 향락에 포악제(暴惡帝)로 불린 실패작이었습니다. 아버지의 명예를 더럽혔을 뿐만 아니라 로마 황제의 권위를 완전히 실추시켰습니다. 이로써 현제(賢帝)가 다섯명에서 끝나고 팍스로마나(로마의 황금시절) 200년도 끝났습니다.

또 인도 무굴제국에서 건축한 타지마할은 전세계 건축물 중에서 백미(白眉)로 꼽힙니다. 이를 완성한 샤 자한(재위 1627-16589 32년)은 문무를 겸비한 왕으로 할아버지 아크바르와 함께 인도 무굴제국의 전성기를 이끌었습니다. 아들 아브랑제브(재위 1658-1707년)가 쿠데타를 일으켜 아버지를 유폐하고 왕권을 탈취했습니다. 샤 자한은 사랑하던 왕비를 그리고 타지마할을 바라보다가 8년 후 죽었습니다.

비슷한 상황의 세종대왕, 마르쿠스 아우렐리우스, 샤 자한왕이 세운 타지마할

2장

티무르 제국(사마르칸트)의 문화부흥

사마르칸트라는 도시, 그 개척의 역사

중앙아시아의 스탄(stan-land. 나라)들의 중심 사마르칸트

티무르와 티무르제국이 가장 관련 깊은 도시가 바로 사마르칸트(Samarkant)이다. 기원전 4세기 때 알렉산드로스대왕과 그로부터 1천년 후에 당나라 승려 현장 이 두 인물이 각기 서쪽과 동쪽에서 중앙아시아의 우즈베키스탄 동부에 위치한 사마르칸트를 방문했다. 이 지역은 건조한 고원지대지만 타지키스탄의 알라이산맥을 수원(水源)으로 한 제라프샨(Zeravshon)강 유역의 오아시스의 하나였다. 알렉산드로스대왕이 페르시아 원정길에서 이 땅을 처음 봤을 때 "듣던대로 아름답다. 아니 그 이상으로 아름답다"라고 평했다 전해진다. 그로부터 100년 후에 중국대륙의 대부분을 지배한 한나라는 사마르칸트를 비

롯한 중앙아시아의 오아시스 도시국가들과 외교관계를 맺고 실크로드 무역이 활발했다. 이를 통해 중국으로부터 비단·종이·도자기가 서방으로 수출됐고 서방세계의 군마(軍馬)·유리제품·보석·의술이나 불교경전 같은 문헌이 동방으로 전해졌다.

7세기에 현장법사는 불전을 찾기 위해 텐산산맥을 넘고 사마르칸트를 거쳐 남으로 내려가 천축(인도)에 도착했다. 종교로는 사마르칸트 주변에서 큰 세력을 형성했던 소그드인이 페르시아에 기원을 둔 조로아스터교를 믿었다. 그런데 8세기에 이슬람제국, 우마이야왕조가 침공한 이후 이슬람교가 보급되면서 그들의 고유 문화는 쇠퇴했다.

11세기말 이슬람의 호라즘왕국은 중앙아시아로부터 페르시아까지 세력을 넓혔고 사마르칸트를 수도로 삼았다. 하지만 1220년 사마르칸트는 칭기즈칸이 이끄는 몽골군에게 철저히 파괴되었다. 그곳은 사마르칸트의 구(舊)지역인 아프라시압 언덕이었고 지금은 흙더미의 유적이 남아 있다.

유라시아 대륙을 장악한 몽골제국, 차가타이칸국이 분열하자 1370년 사마르칸트를 수도로 한 티무르제국이 수립됐다. 그 후 사마르칸트 일대는 평화로운 초원, 싱그러운 초목, 견고한 건물, 잔잔한 강물로 아름다운 도시로 가꾸어졌다. 사마르칸트 역사에 칭기즈칸은 파괴했고 티무르는 건설했다.

사마르칸트의 도심과 그 건축물

레기스탄 광장 우측 구르 아미르(영묘)-정면 바드리사(신학교)

티무르는 도시의 중심을 레기스탄광장으로 정했는데 "레기"는 모래, "스탄"은 광장을 의미한다. 레기스탄 광장은 이 일대에서 가장 큰 바자르가 열렸다.

사마르칸트는 세 개의 아름다운 건축물이 유명하다. 첫째는 사마르칸트를 상징하는 구르 에미르(광장 우측 건물 좌측 사진)이다. 원래 티무르가 사랑한 손자 무함마드가 오스만터키와의 전쟁에서 사망하자 그를 위한 영묘로 지었는데, 워낙 거대하고 아름다워 건

티무르의 영묘 구르 아미르

축물을 완공하고 2년 후 티무르 자신이 죽어 이곳에 묻혔다. 그리고 그의 아들 샤 루흐도 이 안에 잠들어 있어 왕족의 영묘로 유명해졌다. 구르 아미르의 푸른 내벽은 중앙아시아의 독자적인 기법으로 꾸며졌고 3kg의 황금으로 장식하였다. 이 영묘를 비롯한 도시의 대표적인 건축은 코발트가 들어간 푸른장식을 많이 사용했기에 사마르칸트는 "푸른 도시"로 불린다.

특히 구르 아미르의 상징인 푸른 돔은 63개의 주름이 들어갔는데 이는 이슬람교의 창시자 무함마드가 63살을 살았다는 의미를 부여한 것이라고 한다.

두번째 건축물은 1420년 레기스탄광장에 건축한 이슬람 신학교(정면)이다. 이 티무르의 손자 울르그 베그가 인도 북부에서 현재의 터키에 이르는 정복지의 학자, 기술자, 예술가들을 사마르칸트에 이주시켜 지었다. 이 건축물은 울르그베그 마드리사라고 불리는 직사각형의 건물로 아치를 입구로 하는 방과 정원을 아름답게 꾸민 건축물이다.

중앙아시아 최대의 대학으로 이슬람 교리는 물론 철학과 역사, 수학, 천문학을 가르치는 이슬람제국의 최고의 엘리트를 양성하는 교육기관이었다.

레키스탄 광장의 관광포인트는 구르 에미르 영묘이다. 그런데 그에 못지 않는 다른 건축물들이 서 있어 궁정처럼 보인다. 마드리사가 당시 국립대학 격이었다고 해도 사마르칸트의 두 번째 서열의 건물이었으니 얼마나 문화 교육 창달에 중점을 두었는지 짐작할 만했다.

또 세 번째 유명한 건축물은 비비하눔(Bibi－Khanum) 모스크(Mosque)이다.

이 영묘는 티무르가 8명의 왕비 중 가장 사랑한 비비하눔을 위해서 지었다. 인도 무굴제국의 "샤 자한"이 사랑하던 부인을 위해 세운 타지마할 영묘와 비교되지만, 이 건물을 완공한 이후 그 왕비를 이곳에서 죽게 한 비련의 사연이 있다. 그 주변의 환경 등 총체적으로 볼 때 타지마할은 이를 뛰어넘는 건축물로 평가된다.

이렇듯 번영하던 티무르 왕조가 16세기 투르크계의 우즈베크인의 침공으로 멸망했고 그들이 부하라로 수도를 옮기는 바람에 사마르칸트는 점차 쇠퇴했다. 19세기에 들어서 이곳은 1868년 러시아 식민지로 편입됐고 1925년에는 소련의 위성국가로 되었다. 그후 타쉬켄트가 우즈베키스탄의 수도가 되어 사마르칸트는 역사가 서린 문화의 도시로 남아 있다.

사랑하던 왕비가 키스 한번의 외도로 죽임을 당하다

비비하눔 모스크

티무르가 가장 사랑하던 왕비 비비하눔이 너무 예뻐서 모진 운명을 맞을 수밖에 없었습니다. 이 건축물의 공사를 맡은 감독이 완공을 앞두고 시찰을 나온 왕비를 보고 그만 반해 버렸습니다. 천하의 티무르 대왕이 총애하는 왕비였음에도 젊고 잘생긴 공사감독은 왕비에게 자신에게 키스를 해주지 않으면 공사를 하지 않겠다고 버티자 왕비는 마지못해 한번의 키스를 허락합니다. 이때는 60세가 넘은 티무르가 인도 정벌에 나가 마침 대왕이 없었습니다. 그런데 젊은 공사감독이 너무도 정열적으로 키스를 하는 바람에 그만 얼굴에 자국이 남았습니다. 빨리 지워지지 않은 자국에 고심하던 중 티무르가 전쟁을 마치고 돌아와 이를 보고 추궁하자 사실대로 이야기하고 용서를 빌었습니다. 머리끝까지 화가 난 티무르는 공사감독을 고문하고 건물 탑에서 떨어뜨려 죽였습니다.

왕비를 탑에 가두고 고민하던 티무르는 결국 3일 후에 역시 같은 자리에서 떨어트려 죽였습니다. 이 영묘의 주인공 왕비는 키스 한번으로 비운에 죽고 이 모스크는 남아서 사마르칸트를 빛내고 있습니다.

실크로드 탐사길에 가장 중요한 도시 사마르 칸트의 관광

이 지역 관리들이 외교 사절
(오른쪽 끝에서 두사람)을 연접하는 장면

우리 실크로드 탐사단의 가장 중요한 기착지는 출발할 때 돈황이고, 기착지는 비잔티움으로 불린 이스탄불이지만 중간에 매우 중요한 곳은 사마르 칸트였습니다.

칭기즈칸이 파괴했다는 구(舊)사마르칸트는 도시의 북쪽 아프라시압언덕입니다. 당시 성은 220ha 정도의 삼각형 성이 워낙 견고해 완강히 버티다가 점령(1220년)당했습니다. 힘들게 점령한 몽골군은 오기가 생겨 너무도 철저하게 파괴해 그 흔적은 무너진 성벽의 흙더미뿐이었습니다. 그 후 이곳은 재건도 못했고(않고), 티무르는 남쪽으로 레기스탄광장을 비롯한 도시(신시가지)를 발전시켰습니다. 이처참해진 구도시터는 그대로 방치됐고, 1958년 유적지 탐사로 발굴해 이곳에 박물관을 지었습니다. 우리가 아프라시압 박물관에 갔을 때, 이 지역에서 발굴된 벽화를 보면서 놀랐습니다.

벽화 속엔 당시 600년경 우리나라 고구려 시대의 복장을 갖춘 두 사람이 고구려인의 특유의 조우관(鳥羽冠)을 쓰고 있는 모습이었습니다. 이역만리까지 와서 문물을 배우고 외교를 했다는 흔적을 발견한 것입니다. 이거 하나만 보기 위해 이곳을 방문해도 아깝지 않을 만큼 반가운 경이였습니다.

제일 인기있는 레기스탄 광장과 바자르를 둘러보는 중에 오후의 가장 더운 시간을 지나면서 8월의 무더위와 빡빡한 관광일정에 지쳐 일찍 마무리하고 호텔로 돌아와 휴식을 취하기로 했습니다. 오후에 또 하나의 관광포인트인, 왕비의 한이 서려있는 비비하눔 모스크를 빠트린 것을 깨닫고 매우 아쉬워했습니다. 하지만 다음날 티무르제국의 다른 수도였던 부하라와 우즈베키스탄의 수도 타슈켄트로 넘어가는 일정이어서 여행 팸플릿으로 대신했습니다.

우즈베키스탄(타슈켄트 지방)의 고려인들

김병화 박물관의 내부

우리는 우즈베키스탄의 수도 타슈켄트로 넘어가 티무르 박물관 등을 둘러봤지만 중요한 것은 이곳에서 우리 교민들의 흔적을 보는 것이었다.

러시아 혁명(1917년) 이후 1922년부터 스탈린이 권력(서기장)을 장악하고 독재와 계획경제로 몰아가던 시절이었다. 1937년 스탈린은 예고도 없이 우리 교민들을 기차역에 소집해 아무 준비도 없는 교민들을 중앙아시아(우즈베키스탄)으로 강제 이송시켰다.

조선인들이 일본의 첩자 노릇을 한다는 터무니 없는 이유였다. 11월 추위에 기차로 한달 가까이 달리는 동안 노인과 어린이들이 많이 죽었다. 스탈린에 의해 중앙아시아 허허벌판에 강제 이주를 당한 고려인 대부분은 타슈켄트주의 치르치크강 주변에 존재했던 집단 농장에 거주했고, 고려인 특유의 근면과 성실로 끈질기게 살아남았다.

이후 우즈베키스탄 고려인은 사회의 중심으로 자리잡았다. 지금은 2-4세들이 우즈베키스탄에 자리 잡고 있다. 목화 등을 재배하며 굳세게 자리잡은 고려인들 중에 성공한 대표 인물로 김병화(1905-1974년)씨가 있다. 전국 650명의 농민 영웅(훈장을 받은 사람) 중에 고려인은 139명이나 된다. 우즈베키스탄의 인구 중에 고려인은 겨우 0.2%인데 고려인 139명(전체 650명의 20%)으로 영웅칭호를 받았다고 하니 이들의 근면성과 생활 능력은 비범했다. 유태인이 전세계 인구의 0.2%에 불과한데 노벨상 수상자는 전체의 20%에 이른다는 것과 비슷하다.

그중에 3번이나 영웅 칭호를 받은 김병화씨의 동상이 세워지고 박물관이 개관돼 한국인들의 필수 방문코스이다.

3장

오스만 투르크 건국과 발전 그리고 수니파와 시아파

오스만 투르크의 건국과 동로마제국의 멸망

잘 나가던 오스만 투르크

중앙아시아에 고원에 살던 터키 유목민들은 일찍이 기동성있는 전투력이 있어 11세기에는 바그다드를 점령하기도 했다.

오스만터키는 1299년 중앙아시아의 동로마제국의 국경지대 아나톨리아 지방에서 유목 부족장 오스만 1세가 세운 나라였다.

1326년 동로마제국의 지방도시 부루사 점령을 시작으로 영토확장을 시작하고 상비포병군 예니체리를 창설하는 등 국가제도를 정비했다.

1389년에는 코소보전투에서 세르비아왕국을 비롯한 발칸제후국들의 연합군을 물리치고 1396년에는 헝가리왕국을 비롯한 십자군을 격파해 영토를 더 크게 넓혔다.

그러니 1402년 앙카라전투에서 전성기에 있던 티무르왕조에 바에지드 1세가 포로로 잡혀 죽는 등 처절한 패배를 당해 거의 멸망 직전이었다. 거기에 국내에서는 왕자들 간의

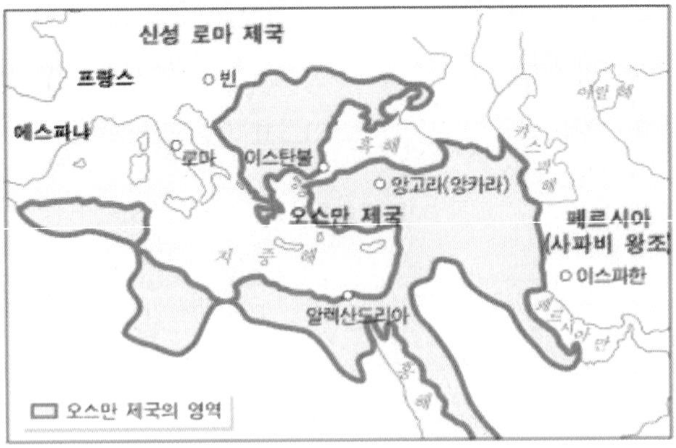

후계싸움으로 제국의 확대는 일시적으로 멈췄다.

그 후 국력을 회복해 1453년 마호메트 2세는 드디어 동로마제국의 수도 콘스탄티노플을 공략해 마침내 동로마제국을 멸망시켰다.

마호메트 2세는 이 전투에서 "가라 이슬람의 아들이여 성전의 깃발은 드높이 휘날리고 있다. 우리의 병사는 하늘의 별보다 많다 알라의 이름과 오스만제국의 영광을 위하여 싸워라"고 독려했다. 이 싸움에 오스만제국은 10만명의 병사를 동원했고 동로마(비잔틴제국)는 겨우 7천명의 군사로 이에 맞섰다.

이렇게 395년 동서로마의 분리 이후 1050여년 만에, 동로마제국마저 망했으며 그리고 태초 로마의 건립(BC 753년) 이래로 2200년만에 지구상에서 영토로서 로마라는 나라가 사라졌다. 지난 800년 샤를 마뉴대제로부터 시작된 신성로마제국(황제)의 호칭만은 1806년 나폴레옹의 프로이센 점령까지 이어졌다.

이슬람제국의 대표 제국

이러한 오스만제국을 1512년 계승한 셀렘 1세(재위 1512－1520)는 아프리카 북부에 있던 맘루크 이슬람국가를 멸망시켜 이집트와 이라크지역까지 지배 영역을 확대했으며 이슬람의 2대 성지인 메카와 메디나의 보호권마저 장악하여 이슬람 세계의 맹주로 군림하게 되었다.

게다가 그동안 맘루크 왕조의 비호하에 있던 아바스왕조의 후예로부터 칼리프의 칭호를 양보받아 술탄, 칼리프로 군림하게 되니 명실상부한 이슬람제국의 대표 제국으로 손색이 없게 됐다.

슐레이만대제 오스만 투르크의 전성기

슐레이만대제

셀렘 2세의 뒤를 이어 오스만제국의 전성기를 이끈 슐레이만대제(재위 1520－1566)는 유럽으로 방향을 돌려 헝가리를 속국으로 만들었다. 1529년에는 당시 유럽의 강자였던 오스트리아－합스부르크 왕가와 대결해 수도인 빈을 포위 공격해 슐레이만대제는 10만명이 넘는 포로와 전리품을 챙겼다.

오스만제국과 유럽의 싸움은 바다에서도 벌어져 1538년 지중해 동부에서 오스만제국의 함대가 유럽연합함대와 싸워 크게 이긴 것이다.

바야흐로 지중해의 새주인이 이슬람의 오스만제국이라는 것을 아무도 의심할 수 없었다. 17세기 오스만제국의 영토는 오스트리아 빈 근처에서 이란(사파비왕조) 국경 너머까지 그리고 아라비아반도 일부와 모로코를 제외한 북아프리카 전체가 오스만의 국기 아래 놓였다. 유럽 나라들도 세 대륙을 거느린 슐레이만 대제를 "위대한 왕"이라고 불렀다. 그러나 그는 단순한 정복자가 아니었다. 오스만제국의 법령체제를 잘 정비하고 관료조직의 체제를 세워서 향후 200년 동안의 오스만제국의 기틀을 다져놓았다.

역사상 단일 왕조가 넓은 영토를 점령하였던 사례는 알렉산드로스대왕의 마케도니아, 아우구스투스시대의 로마제국 그리고 칭기즈칸의 영토에 이어 당시의 오스만 투르크제국이었을 것이다.

오스만제국이 건립한 가장 빛나는 건축물-블루 모스크

슐레이만 대제 사후 50년만에 완공한 가장 장려한 건축물 중에 하나가 블루모스크이다. 여섯 개의 미나레트(탑)와 여러 개의 돔(반원형)의 성전은 그보다 1100년 이전에 지은 소피아성전과 쌍벽을 이루며 이스탄불의 스카이 라인(랜드 마크)을 이루고 있다.

이 성전은 내부의 모자이크 색채 때문에 푸른 모스크라고 알려져 있지만 사실 정식 이름은 "술탄 아흐메드 모스크"이다. 이는 건축을 명한 술탄 아흐메드 1세의 이름을 딴 것

소파아 성전을 본뜬 블루 모스크

이다. 푸른 모스크는 오스만인들이 1453년 비잔틴(동로마제국)으로부터 빼앗은 콘스탄티노플의 소피아 모스크(예전에 동방정교교회) 맞은 편에 지어졌다. 아흐메드 1세는 일부러 이 장소를 선정해 오스만제국의 긍지를 높이는 상징적인 건축물로 1609년에 착공해 1616년에 완공하였다. 그는 오스만제국의 건축가들과 예술장인들이 소피아 성전을 지은 건축가들에 필적할 만한 기술과 영감을 가지고 있다는 것을 보이고 싶었던 것이다.

블루 모스크의 핵심인 중앙 돔은 소피아 성전의 돔만큼 크지 않지만 푸른 모스크의 건축가 메호메트 아가는 건축물 구조의 완벽한 균형미로서 소피아 성전과 버금가도록 노력하였다. 모스크의 중앙 돔은 직경 33m, 높이 43m이다.

내부에는 꽃과 나무 그리고 추상적인 패턴으로 화려하게 장식된 2만개가 넘는 수공예타일들로 아름답기 그지없다. 200개 이상의 스테인드 글라스 창문을 통해 일광이 내부로 넘쳐 든다. 블루 모스크에는 1만명 이상이 예배를 드릴 수 있으며 수백, 수천명의 신도가 하루 다섯차례 예배를 드린다.

이슬람교의 수니파와 시아파의 유래(600년대)

이슬람교는 역사적으로 형성된 수니파(전체 신도수의 90%)와 시아파(8－9%)라는 2개의 교파가 있다. 수니는 아랍어 순나(sunnah)에서 파생된 말로 "교훈, 행위" 성훈(聖訓, 무함마드의 언행)에서 유래됐으며 시아(shia)는 원래 "분파, 종파"이며 수니파(전통파)의 반하는 교파, 즉 시아파로 표현된다.

두 파의 분립은 다른 종교들이 교리나 교법이 서로 달라서가 아니라 교권(敎權)이 누구에 의해서 이루어져야 하는가 라는 문제에서 비롯됐다. 수니파는 무함마드를 계승한 초기 4대 정통 칼리파(칼리프)들의 관행을 충실히 따르고 그들을 이은 우마이야왕조(王朝), 아바스왕조를 거쳐 오스만 투르크가 폐기될 때(1922년)까지 계승된 칼리파제도를 정통으로 삼고 이슬람세계의 역설적 역사 발전도 그대로 인정해야 한다고 주장한다.

이에 반해 시아파는 무함마드 사망 후 1대 칼리파부터 잘못된 계승으로 그 당시 그의 사촌이자 그의 무남독녀 딸 파티마와 결혼한 사위 알리에게 직접 계승됐어야 했다고 주장했다.

시아파와 수니파 분열의 시작

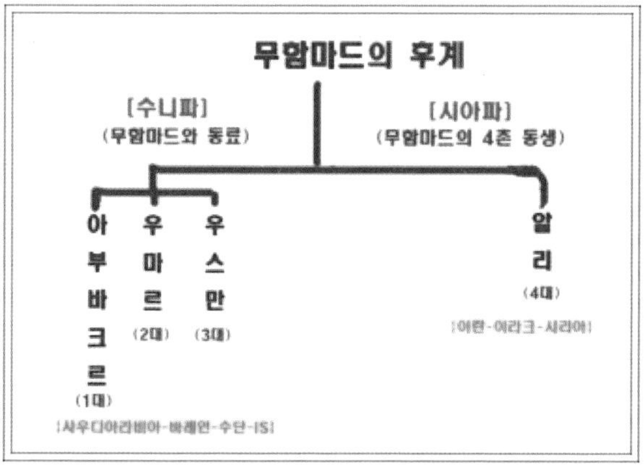

그 씨앗은 정통 칼리프 3대 우스만 이븐 아판(579생 칼리프 재위 644－656년)부터 시작됐다. 그의 복잡한 시기 12년을 지나서 그가 암살되자 비로소 알리가 4대 칼리프로 선출됐다가 5년 후인 561년에 역시 암살당한 것이다.

그 과정을 간단히 살펴보면 1대 아부바크르나 2대 우마르는 무함마드의 생존시부터 이슬람교의 성립 투쟁의 과정에서 헌신적이고 칼리프의 자격이 있었던 인물들이었다. 더구나 알리는 무함마드 본처의 딸 파티마와 결혼한 사촌으로 가장 확실한 혈족이었다. 그러므로 정상적이라면 3대 칼리프로 알리가 추대되어야 마땅했는데 여기에 우스만이 등장한 것이다.

그는 원래 당시 메카 지방의 가장 세력이 큰 우마이야 가문의 대표격으로 엄청나게 재산이 많은 사업가의 우두머리(현재로는 재벌 총수)였다. 우스만은 어느날 갑자기 이슬람으로 개종해 자신의 재산과 인맥을 활용하여 고전하고 있던 이슬람교에 여러 가지 도움을 주었다. 결국 검소하고 절제된 생활로 존경받고 있는 알리와 차기 칼리프에 첨예하게 경쟁한 것이다.

그런 과정에서 칼리프를 선정하는 이슬람 교단의 원로 귀족들은 종교지도자의 순수성은 알리가 탁월하지만 그가 너무 이슬람의 순수성을 지키고 개혁을 주장하는 것이 거북하고 까다로웠다. 그에 반해 현실적으로 풍부한 재력을 가지고 추진능력을 발휘할 수 있는 우스만을 3대 칼리프로 선정한 것이다.

당시에도 현실적인 재산 능력과 폭넓은 인맥이 순수한 이상과 종교적인 교리를 뛰어넘는 선택이었던 것이다.

우스만과 알리의 암살

이 선출에서부터 시아파의 주장은 후계자는 선거에 의해서 선출되는 것이 아니며 알리가 이미 유일신 알라로부터 선택된 "신성한 빛을 받은 후계자"이기 때문이라는 것이었으며 이때부터 이슬람은 분열되기 시작했다.

선출된 칼리프 우스만은 비판적인 시아파들에게 보란 듯이 기본 경전인 꾸란을 집대성하는 일에 몰두해 현재에 이르는 초석을 만들어 냈다. 그리고 자신의 장기인 교단의 재정문제를 탄탄히 하고 확대되는 제국 내에 5천여개의 모스크를 신축했으며 운하, 도로를 신설하여 유통망을 확장했다. 우스만은 공(功)을 많이 쌓았지만 또한 과(過)를 많이 범해서 계속 비판과 공격에 직면했다. 자신의 혈족을 요직에 우선 기용했는데 특히 이집트, 시리아 총독에 자신 집안사람을 임명해 이집트에서는 항의대표단이 메카에와 반란으로 변질되었다. 이 소용돌이 속에서 우스만은 암살됐으며 이제 비로소 알리가 4대 칼리프로 선임되었다.

그런데 우스만의 지지세력들과 아예 제3지대에서 대립을 지켜보던 세력들이 알리의 칼리프체제를 흔들면서 5년이나 혼란의 시기를 보내다 661년 알리도 암살되고 말았다. 여기서 시아파들은 더욱 분노하고 크게 결집돼 이슬람 세계는 영영 분열의 시기로 접어들었다.

이미 우수만의 4촌으로 시리아 총독으로 있으면서 군사력이 집중되어 있던 우마이야가 칼리프가 되면서 아예 새로운 왕조, 우마이야 칼리프조(661－750)가 시작됐다. 이 왕조가 본격적으로 세습에 의한 승계시스템으로 칼리프를 이어가는 수니파의 정통이 확립되었다. 그래서 시아파는 교단이 전통적인 방법으로 선출해 온 방법이나 왕조 창설로 세습에 의한 계승을 극력 부인했다. 그랬기 때문에 암살되면서 더욱 존경받는 알리의 후손

(두 아들이 있었음)들로 이어지는 이맘제를 창안하였다. 그후 시아파는 누구를 이맘으로 하느냐로 분파가 갈라져 그중에서 가장 큰 분파는 이란에 정착된 "12이맘파"이다. 이들은 어느날 홀연히 "은폐"된 알리의 직계인 제12대 "이맘 마흐디"가 재림한다고 믿으며 그것을 신조로 삼고 있는 대표적인 이슬람 국가이다.

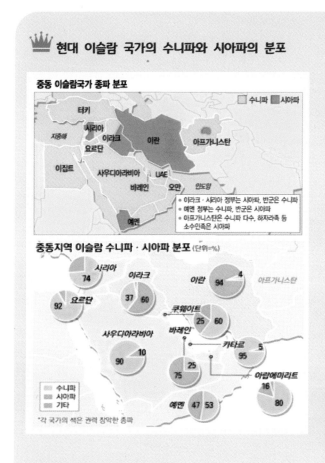

현대 이슬람 국가의 수니파와 시아파의 분포

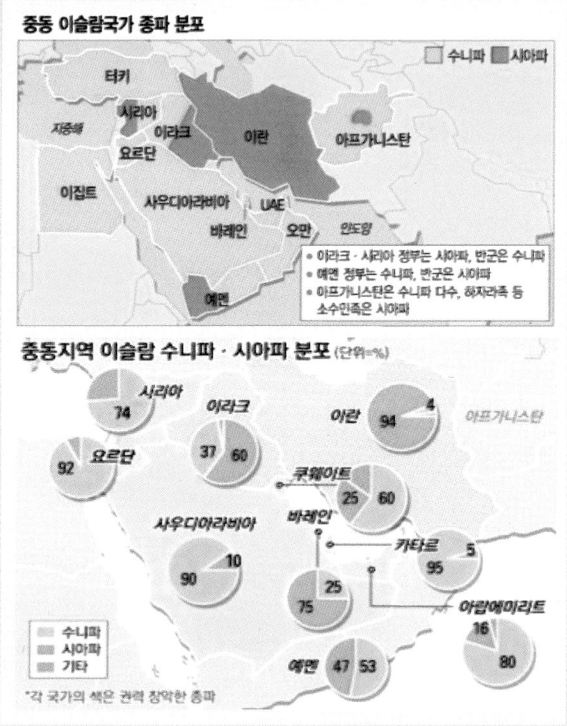

이슬람의 발생지인 사우디아라비아, 요르단 등 아라비아반도 국가들은 예멘을 제외하고 수니파의 국가들이며 중세 이후 이슬람의 대표국가 오스만투르크(차후 터키)는 절대왕권 국가로서 수니파 국가였습니다.

시아파는 16세기 사파비왕조를 수립한 이란, 20세기에 비로소 독립한 이라크는 원래 시아파인 국가입니다. 그런데 현대 이란에서 팔레비가문이 수니파(소수파)로 집권을 했습니다. 반대로 시리아는 국민 다수가 수니파인데 시아파 정부가 정권을 장악하면서 내전이 벌어졌습니다. 최근의 탈레반 반군을 비롯한 아프가니스탄은 소수민족을 제외하고 수니파입니다.

제20막

동양 3국(한국, 중국, 일본)의 새 나라 건립과 통일

- 1장: 조선의 건국과 세종대왕
  * 정도전의 신권주의-이방원의 왕권주의-1, 2차 왕자의 난
  * 세종의 즉위-한글의 창제- 조선의 르네상스-세조의 계유정란

- 2장: 한족의 나라, 명나라 275년(1368-1643년)
  * 주원장 명나라 건국-3대 영락제 왕위 찬탈-영토확장, 자금성
  * 정화의 대항해-환관의 정치-장거정의 개혁 노력

- 3장 일본 전국시대 풍신수길의 통일, 대륙으로 나가다.
  * 무로마치 막부-1477년 전국시대-오다 노부나가 사망-도요토미 히데요시 인수 천하통일(1590년)-대륙으로 임진왜란

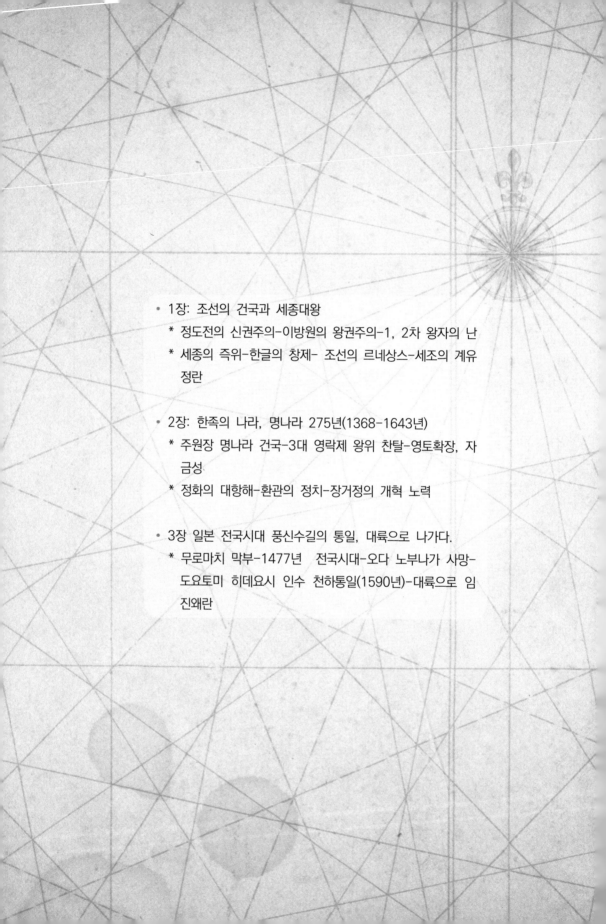

1장

조선의 건국(1392년)과 세종대왕(재위 1418-1450년)

조선 초기의 갈등-신권(臣權中心制)과 왕권(王權中心制)의 대립

태조 이성계(1335生 재위 1392-1408년)

조선의 개국은 이성계(李成桂. 태조 1335－1408년 재위 1392－1398년)를 정점으로 이방원(李芳遠, 3대 임금 太宗 1367－1422년)과 정도전(鄭道傳 1342－1398)의 작품으로 볼 수 있다. 삼봉(三峯) 정도전은 성리학의 대가로 불교를 배척하였으며 문신으로서 전략·외교·법제·행정 모든 면에서 유능하였다. 일찍이 이성계를 새 왕조의 창업주로 하는 프로젝트의 총지휘자였으며 설계자라고 할 수 있다. 그는 원래 과거에 급제하고 관료직에 있으면서 원나라 사신영접을 거부했다는 이유로 유배생활을 하면서 위민의식(爲民意識)을 키웠고 당시의 진보사상을 가지고 새로운 세상을 꿈꾸었다. 마침 이성계가 위화도 회군(1388년)을 하면서 개혁의 맹주로 떠오를 때 그를 도와서 자신의 이상을 실현하고자 했다. 정도전은 이성계의 자문역할이라기보다 앞장서 이끈 조선개국의 최고 공

조선건국의 삼인방(정도전, 이성계, 이방원)

로자였다.

이방원은 이성계의 6명이나 되는 아들 중에 다섯째로 아버지를 적극 보필해 정도전과 함께 조선 건국을 이룬 주역이었다. 왕족으로서는 흔치 않게 고려말 과거에 급제해 관료실무도 익히고 상황 판단에 뛰어났으며 용인술도 대단했던 문무겸전(文武兼全)의 인물이었다.

정도전과 이방원은 서로의 능력을 인정해 공동목표(건국)를 정한 다음 국가의 통치제도를 국왕 중심이냐, 신하 중심이냐로 첨예하게 대립하면서 조선 초에 갈등과 대립의 역사를 만들었다.

정도전은 성리학의 기본이념에 따라 가장 이상적인 구조는 전문적인 국가관리에서 유능한 신하(宰相制度)들이 중심이 되어야 한다고 생각했다. 국왕은 훌륭한 신하, 재상을 알아보고 임용해 최종 정책을 승인(결제)하는 것이, 이른바 신권정치(臣權政治)라고 생각했다.

그러나 이방원은 왕실의 차세대 후계자의 한사람으로 정도전의 신권정치에 반기를 들고 임금이 중심이 되는 왕권정치(王權政治)를 주장해 정치적 입장이 크게 달랐다. 더구나 정도전은 신권정치를 실현시키고자 이성계의 8남, 불과 11세에 불과한 신덕황후 강비의 아들 방석(?－1398년)을 세자로 책봉하고 나아가 종친세력들과 개국공신들의 무력기반인 사병(私兵)을 혁파해 정부군에 편입시키려 하였다. 말하자면 이방원을 비롯한 왕권정치세력의 무장해제를 하고자 한 것이다. 이때 마침 신생제국 명나라의 내정간섭과 무리한 요구로 요동정벌을 결정해 병력을 크게 필요로 하였으므로 대의명분이 맞았다.

드디어 터진 1, 2차 왕자의 난

한치의 양보가 없는 신권중심파와 왕권중심파의 대치 상황에서 정도전이 먼저 기선을 제압했으나 아버지를 도와 조선의 개국에 최고의 공을 세웠다고 자부하는 이방원은 "죽 써서 누구 좋은 일"의 심정으로 반격에 나섰다. 이방원은 사병혁파를 반대하는 세력과 자신의 형제들 그리고 하륜, 이숙번 등과 함께 1398년 정도전과 신권주장파들 그리고 왕세자 방번 형제 등을 죽이고 권력을 차지했다.

이 상황에 진노한 이성계가 상왕으로 물러나 둘째 방과(2대 임금 정종)를 추대하고

방원(첫째와 셋째는 양보) 자신은 왕세제(王世弟)가 되었다.

이방원은 정도전을 죽인 뒤 이복동생 이방석,
이방번까지 살해하여 권력을 독점합니다. 이 사건을
제1차 왕자의 난이라고 부릅니다.

이성계의 넷째 아들 방간은 정종의 뒤를 이어 임금이 되고자 하는 야망이 있었기에 둘은 대결을 피할 수 없게 되었다. 방간이 형이지만 인격이나 그동안 세운 공훈은 동생 방원에 미치지 못했다. 1400년 방간은 자신의 사병들, 동조자들과 방원을 제거하려는 반란을 일으켰는데 중과부적으로 패했다. 이를 2차 왕자의 난이라고 하는데 방원은 1402년 정종의 양위를 받아 조선의 3대 국왕(재위 1402－1418년)에 등극했다.

이성계의 분노, 화해를 못하다

형제들을 죽이고 왕위를 차지한 태종 이방원은 아버지로부터 왕위계승의 정당성을 인정받기위해 아버지를 도성으로 모셔오려고 이성계가 물러나 있는 함흥으로 여러 차례 신하들을 보냈지만 이성계는 그 신하들을 죽이거나 잡아 가두었다.

여기서 "함흥차사(咸興差使: 화해를 위해 태종이 차사, 신하를 보내면 태조가 돌려보내지 않음)라는 말이 생겼으며, 태상왕으로 10년을 더 살았던 아버지 태조 이성계의 이방원에 대한 분노는 결국 화해할 수밖에 없었다.

오너시스템과 전문가시스템

정도전의 야심찬 조선왕조의 건립 프로젝트는 절반의 성공으로 신권중심을 이룰 수 없었습니다. 말하자면 요즘 대기업군의 경영권의 행사에서 오너시스템과 전문경영인시스템과 비교될 수 있을지 모릅니다. 당시 정도전은 임금은 군림하되 다스리지 않는다는 입헌군주(立憲君主)제도나 또는 나중에 나오는 내각책임제를 생각하고 그 정점에 임면권(任免權)만을 가지는 임금의 존재를 생각했습니다. 조금 다른 경우지만 미국의 초대대통령 워싱톤은 주권주의자(州權主義者), 즉 권력은 13개 각 주에 있다는 제퍼슨(당시 국무장관, 후에 3대 대통령)과 연방차원에서 권력행사를 해야한다는 연방주의자(聯邦主義者) 헤밀톤(당시 재무장관)이 사사건건 다투자 자신은 그저 두 사람의 조정자로 만족했다고 말했습니다. 조선은 이 과제가 두고두고 논란이 됐습니다.

3대 태종, 4대 세종의 즉위(1418년)까지

어느 왕조나 3-4대에서 인물이 출현해 그 나라의 기초를 확실히 하는 경우가 많은데 조선의 경우가 바로 그랬다. 태조의 다섯째 아들(이방원)이 3대 태종이 되었고 다시 셋째아들이 4대 세종이 되어 조선왕조를 빛내고 조선의 기초를 세웠다.

타고난 승부사의 기질을 가진 태종이 조선 건국(1392년)의 전후에서 큰 활약을 하고 즉위(재위 1402-1418년, 사망 1422)해 자신의 시대를 열었다. 이미 권력의 묘미를 터득해 준비된 왕으로서 왕권강화와 중앙집권의 기틀을 마련하고자 제일 먼저 신하들의 권력을 분산시키고 업무를 국왕 중심으로 재편했다.

특이할 사항은 외척의 발호(跋扈)를 방지하고자 개국공신이며 1, 2차 왕자의 난에서 공을 세운 민무구 등 처남들부터 제거하고 차후 왕이 될 세종의 처가(자신의 사돈)인 심온 등도 제거해 버렸다. 피도 눈물도 없는 냉혹한 처사였다.

더욱 놀라운 것은 자신의 큰아들이자 10년 이상 제왕수업을 받은 왕세자 양녕대군을 폐세자시키고 셋째아들 충녕대군(세종대왕)을 세자로 책봉한 것은 그의 정치적 결단과 노련한 판단력을 드러낸 일대 정치적 사건이었다.

이방원 자신이 다섯째라 왕이 될 가능성이 거의 없던 상황에서 스스로 난관을 헤치고 왕이 된 시나리오를 아들들에게 억지로 적용시켰기에 오천년 역사에서 첫째가는 인물(세종)이 등장한 것이다.

정도전의 설계로 조선개국(朝鮮開國)은 이뤄졌지만 공사를 진행하고 뼈대를 세운 이는 정치적 승부사였던 태종 이방원이었던 것이다.

세종의 즉위와 인재 양성 집현전(集賢殿)

주도면밀(周到綿密)한 태종은 자신의 구도를 죽기 전에 확실하게 해두기 위해 1418년(태종 18년)에 셋째 아들 충녕대군에게 양위하고 자신은 상왕(上王)에 올랐다. 이렇게 세종(1397년 재위 1418-1450년)은 21세에 즉위했지만, 조정의 대부분의 대신들은 아버지 태종의 사람들이었다. 또한 14년이나 세자로 있었던 양녕대군의 사람들이라 세종 자신은 기댈 외가 식구도 없는 외로운 처지였다. 그러다 일세의 인물 상왕 태종이 세상을 떠났고, 아직 자신의 기반이 없던 세종은 빠르게 시련이 다가왔고 개국공신들과 원로대신들은 왕권을 위협할 정도였다.

조선 4대 임금 세종(21세)

이런 국면에서 영명한 세종은 서두르지 않고 장기 프로젝트로 집현전을 통해서 인재들과 자기 사람을 양성하기 시작했다. 집현전(集賢殿)은 원래 성리학을 연구하고 도서를 수집해 국왕의 정책자문을 하는 고유한 기능이 있지만 세종은 이를 적극 활용해 과거에 급제한 우수한 인재를 엄선해 오로지 학문연구와 국왕의 자문에만 응하도록 하였다.

집현전(씽크탱크)의 활용

이들은 세종의 학술문예, 특히 한글창제 보급에도 크게 기여했고 이들의 승진과 대우도 최고로 해 중앙정계에도 진출시켜 중요한 보직을 맡도록 했다. 세종은 집현전에 수시로 들러 이들과 토론하며 격려하는 등 인격적인 소통을 하는 등 긍정적인 기능이 많았다. 세종 이후에는 집현전의 신진세력과 의정부(議政府)와 육조(六曹)를 통해 성장한 관료들이 세력대결을 펼치는 상황이 되어 폐단이 되기도 했다.

세종의 한글 창제 등 빛나는 업적

세종의 가장 빛나는 업적은 1443년(세종 25년)에 세계에서 가장 과학적이라고 평가받는 문자인 훈민정음(訓民正音) 28자를 창제한 것이다. 그 후 3년 동안 갈고 다듬어 1446년 9월(한글날의 기원)에 반포해 우리 민족의 문자생활을 혁명적으로 바꾸어 놓았다. 이를 위하여 정음청(正音廳)이란 관청을 두고 집현전의 선비들을 지도하여 창제(創製)하였다고 하지만 대부분은 세종대왕 자신이 직접 창안한 것으로 알려져 있다.

훈민정음은 어느 민족의 문자와는 다른 독창적이고 과학적인 문자이다. 현재 세계에는 일정 인구가 사용하는 기준 등으로 7100개 이상의 언어와 문자는 6-70개가 있다고 한다.

전세계의 문자들이 누가, 언제 만들었는지, 뚜렷하지 않은 경우가 대부분인데 한글은 누가, 언제, 어떻게, 왜 만들었지가 분명한 문자로도 유명하다.

그때까지 우리는 중국 표의문자(表意文字)를 쓰고 있어 중국문화에 크게 영향을 받고 있었으므로 대부분의 대신들은 한글의 사용을 극력 반대했다. 대표적으로 최만리같은 대신은 “아니 되옵니다”라는 상소를 수없이 올렸다.

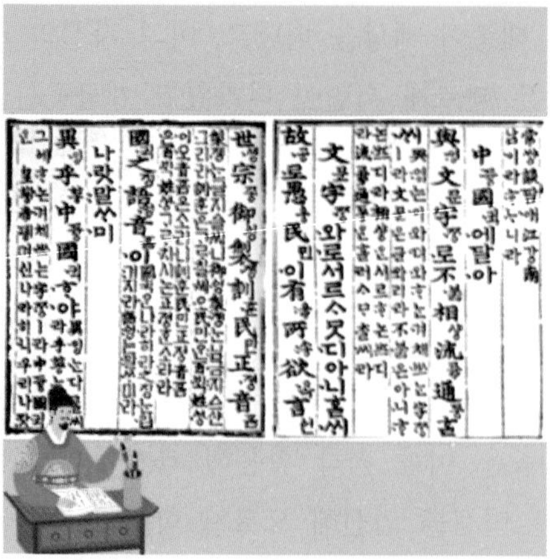

훈민정음(한글)의 창제

세종은 한글을 중심으로 학술과 문화를 크게 진흥시켜 금속활자를 주조하여 한글, 한자 서적을 많이 편찬했고 집현전을 통해 정치, 사회, 여러 문물제도를 획기적으로 발전시켰다.

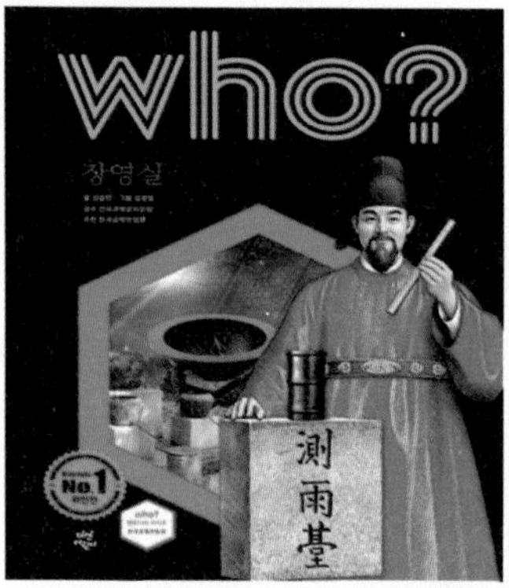

장영실을 독려하여 과학발전

과학분야에서도 장영실같은 천재 과학자를 통해 측우기, 자격루 등과 같은 천문기기를 만들고 당시 최고 수준의 과학기술을 진흥시켰다. 또한 농업기술, 정보 등을 집대성해 “농사직설”을 발간하고 백성을 지도해 농업생산성을 비약적으로 향상시켰다. 세종대왕이 의욕적으로 추진한 농업의 발전과 문예부흥은 조선을 당시 동북아에서 가장 선진적이고 발달한 문명국가로 만드는 밑거름이 되었다.

국방에도 힘을 써서 김종서로 하여금 4군과 6진을 개척했으며 이종무가 대마도를 개척하는 등 무신들의 많은 활약이 있었다.

세종의 조선 르네상스

세종대왕의 치세(1418-1450) 중 한글 창제 · 금속인쇄 · 문화 · 과학의 발전은 막 르네상스의 예명기(叡明期)에 있던 유럽을 앞섰습니다. 구텐베르크의 인쇄술 개발은 1450년이었으며, 르네상스 주역 중의 3대 천재 레오나르도 다빈치는 세종의 사망 2년 후(1452년)에 태어났으며, 미켈란젤로는 1475년, 라파엘은 1483년에 태어나 1500년대 이후에 르네상스의 걸작품들이 탄생했습니다. 콜럼버스같은 탐험가들의 대항해시대도 1492년부터이니 세종이 시작한 조선 르네상스가 그 후에도 계속 이어졌다면 조선이 비약적으로 발전했을 것이며 세계역사의 평가도 대단했을 것입니다.

세종대왕의 불운하고 슬픈 후계자들

빛나는 치적을 남긴 세종대왕은 평소 운동부족과 과식으로 과체중이었고 이에 따라 소갈증(당뇨)이 심각했다. 세종대왕은 재위 32년, 53세까지 살았지만 마지막 5년은 세자 문종이 대신해서 국사를 처리했다.

문종(文宗. 1414生 재위 1450－1452년)은 세종의 19남 4녀중에 장남으로 약 20년을 왕세자로 세종을 보좌(대행 5년 포함)했으며, 평소 학문을 좋아하고 인품이 훌륭했지만, 역시 건강이 나빠져 재위 2년 4월 만에 사망했다.

문종은 처복(妻福)도 없었다. 두 명의 정빈(正賓)이 자질부족, 동성애로 폐출(廢黜)됐고, 후궁 중에 세 번째 부인이 간택돼 단종이 태어났다. 문종이 세상을 일찍 떠났을 때 단종(端宗 1441－1457 재위 1452－1455년)은 겨우 11세였다. 문종은 황보인, 김종서같은 원로대신들에게 단종의 보필을 부탁했지만, 이미 왕 자리에 야심을 품은 삼촌 수양대군의 그늘에 기가 죽어 외롭게 지냈다.

세종의 둘째 아들 수양대군(首陽大君 1417－1468년)은 여러 방면의 학문에 몰두하던 형 문종과 서예와 문장이 뛰어났던 동생 안평대군(安平大君: 1418－1453년)과 달리 무예(武藝)에 관심이 많았으며 거침없고 욕망이 충만한 기질이었다.

단종이 즉위한 후 김종서 등 훈구대신들과 수양, 안평대군의 3파전으로 긴장과 대치가

하룻밤의 승부, 역사를 바꾸다

지속되었다.

수양대군이 세력을 확장한 후에 1453년 10월 거사를 단행했다. 김종서와 황보인 등 대신들을 왕명으로 불러들여 기습적으로 제거했다. 이를 계유정난(癸酉靖難)이라고 하는데 한명회와 권람 등이 소위 살생부(殺生簿)를 만들어 반대파를 모두 제거한 것이다. 문인들의 신망을 받았던 안평대군을 강화도로 귀양을 보내고 수양대군은 국정을 완전히 장악했으며, 그 후 수양대군파의 시나리오에 따라 진행됐다. 수양대군이 소위 군국(軍國)이라는 섭정보다 더 강력한 권력을 행사하고 단종은 허수아비 왕으로 1455년 선양(禪讓. 잠정적으로 上王)이라는 형식으로 폐위시켰다. 수양대군은 조선의 7대왕 세조(世祖 재위 1455－1468)로 등극했다.

세조와 훈구파의 등장-당쟁과 전란의 원인

성삼문 등 사육신

세조가 조카인 단종을 명분도 없이 밀어내고 왕위에 오르자 집현전 출신의 신진 선비 출신인 성삼문, 박팽년 등 6명이 단종 복위를 위한 거사를 모의했지만 실패해 모두 죽임을 당했다. 이들을 사육신(死六臣)이라 부르는데 김시습 같은 강골 선비들 역시 세조를 반대하였으나 죽임은 당하지 않아 이들(김시습 · 원호 · 이맹전 · 조려 · 성담수 · 남효온)을 구분해 생육신(生六臣)이라 부른다.

이 과정에서 단종은 1456년 노산군(魯山君)으로 강등되어 영월 청량포로 귀양 보내졌으며 세종대왕의 여섯째 아들 금성대군(錦城大君1426－1457년)이 지방 순흥에서 단종복위운동을 모의하다 많은 사람과 함께 죽었다. 세조의 시나리오상 단종은 결국 후환(後患)을 없애는 차원에서 강요된 자살을 하게 됐으니 세종대왕 직계(直系)의 불행과 피비린내 나는 가족사가 일단 끝이 났다.

노비가 된 성삼문의 딸 효옥이의 운명은?

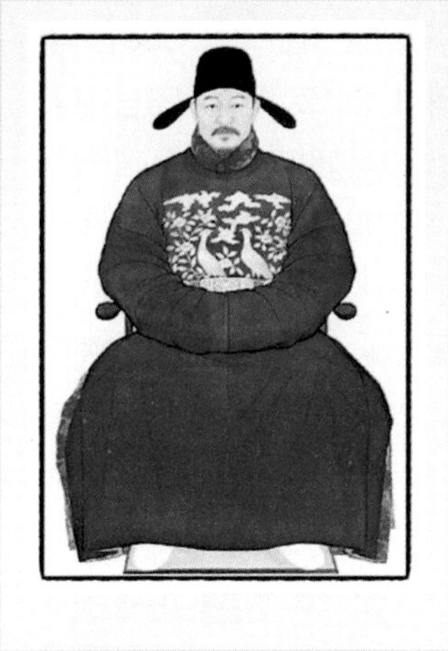

성삼문(1418-1456년)

사육신 중의 대표적으로 학문이 깊고 기개가 높으며 처신이 올바르던 성삼문(成三問 1418-1456년)의 딸 효옥의 이야기가 최근에 소설로 출간돼 화제가 됐습니다. 저자가 국세청장을 지낸 공무원 출신으로 그 시대의 사료들을 연구하고 이런 소설의 특유한 문체를 유려하게 익혔으며 이 책은 많은 독자의 호응을 받고 있습니다. 부당하고 참담하게 피를 뿌리며 조카(단종)을 끌어내리고 임금이 된 세조에 대항한 조선의 충신들, 청량포로 귀양보낸 어린 왕을 복위시키고자 역모를 꾸몄다는 6명의 신하(성삼문 · 박팽년 · 하위지 · 이개 · 유성원 · 유응부)를 사육신(死六臣)이라 합니다. 이들은 삼족을 멸하는 참형으로 성삼문 집안도 효옥의 할아버지와 삼촌들을 비롯해 남자는 성인이고 아이고 할 것 없이 집안의 남자들은 모두 살아남지 못했습니다. 목숨을 부지하게 된 여자들은 모두 노비로 가야하는 참담한 상황 앞에 할머니와 어머니는 자결했습니다.

이렇게 가문이 멸문지화를 당한 후 혼자서 모든 것을 감내해야 했던 효옥은 노비로 전락한 후에도 차마 그녀의 영특함과 고귀함이 가려질 수 없었습니다.

효옥은 부친의 친구였지만 세조에 붙어 부귀영화를 누리게 된 신숙주에게 “숙주나물”을 내놓는 당돌함을 보이기도 했습니다. 그래서 이 나물의 또다른 의미를 알게 됐습니다. 효옥이 살아낸 인생이야기를 보면서 조선시대의 사회상과 아버지 성삼문이 무지막지한 고문을 이겨내며 지켜내고자 그 이상이 무엇인지를 음미해 보게 됩니다.

두 차례에 걸친 단종 복위운동은 세조로 하여금 측근정치, 가신정치를 더욱 단단하게 했다. 계유정난에 공을 세운 정인지, 한명회, 권람 등을 논공행상(論功行賞)과정에서 지나칠 만큼 공신우대(功臣優待: 예를 들면 본인이 살인을 하지 않으면 모든 죄는 면책되는 특권)로 차후 훈구대신(勳舊大臣)으로 불리는 역사상 전례 없는 특권층을 만들었다. 이 훈구대신들을 중심으로 한 측근들은 점차 권력남용과 전횡(專橫)을 만들기 시작했고, 이로부터 40여년 후 훈구파와 신진 사림파(士林派)가 대결하는 4대사화(四大士禍)의 비극을 잉태했다. 약 50년의 4차례 사화 내전(1498－1545년)을 치른 다음 다시 50년 후에는 두 차례의 외침(1592년 임진왜란, 1638년 병자호란)을 초래해 조선이 완전히 멍들게 된 것이다.

영화 <단종애사>

이광수의 소설 단종애사(端宗哀史)를 대본으로 500년 후인 1956년 전창근 감독에 의해 영화로 만들어졌습니다. 단종과 단종비에 각각 황해남과 엄앵란(데뷔작)이 맡았습니다. 수양대군(세조) 역에는 연기파 추석양이 맡아 악역을 잘 소화했다고 합니다. 영화 내용 자체가 비극적이라 눈물에 약한 국민의 정서에 부합해 당시로서는 10만명이라는 엄청난 관중이 동원돼 우리나라 영화계에서 큰 성공작으로 평가됐습니다. 단종은 매우 유약하고 심약한 소년왕으로 그려졌고 이를 위로하던 엄앵란(단종비)의 인기가 좋았답니다. 이를 계기로 엄앵란은 그후 20년 이상 한국영화계를 대표하는 여배우로 대성했고, 그 당시 잘나가던 남자배우도 스타가 돼 많은 사극영화들이 제작됐습니다.

조선조의 당쟁이 일상화되고 신권(臣權)으로 전환하는 단초를 만든 세조

세종대왕의 다른 아들 세조

조선이 1392년 건국돼 1592년 임진왜란까지 200년 동안 왜구의 노략질 외에는 큰 전쟁없이 드물게도 평화 시절을 지냈습니다. 이 동안 건국 초기의 분란이 잠깐 있었지만 세종대왕이 한글을 창제하고 문화 · 경제 · 과학 발전으로 조선 르네상스를 이뤘는데 이 번영의 분위기가 이어지지 못한 것이 안타깝습니다. 오히려 세조의 왕위찬탈로 역사는 역순(逆順)으로 흘러가 훈구파와 사림파의 대립과 당쟁이 임진왜란까지 엉망이 되었으니 이 평화로운 시기를 이용하지 못했습니다.

또한 건국의 설계사 정도전이 선비 관료(전문가)체제로 국가운영의 틀을 잡았으나 이방원(태종)이 왕권중심(오너)체제로 바꾸어 놓았습니다. 그런데 세조는 정당치 않은 방법으로 왕위에 올라 주위의 공신들과 공범의식(共犯意識)을 가지고 이들과 권력을 나누며 조선조 내내 이 기류로 흘러갔습니다. 나중 영정조(英正祖, 1724-1800)시대 때 왕권회복의 기운이 잠깐 있었지만 다시 신하들에게 권력이 돌아간 역사였습니다.

2장

한족의 나라, 명나라 275년(1643년까지)

탁발승(托鉢僧)에서 황제가 된 주원장(朱元璋)

거지에서 황제로 자수성가의 끝
명태조 주원장

중원을 100년 정도 지배하던 몽골을 몰아내고 중국을 다시 한족의 손으로 통일한 주원장(1328－1398)은 1368년 새 국호를 "명(明)"으로 정했다.

역대 왕조 수·당·송나라의 창업자들이 모두 유력한 무장 출신이었고, 진시황은 제후라는 당당한 신분이었으며 한나라의 유방도 이들에 비해서는 한참 신분이 떨어지지만 그래도 변방의 하급관리 출신이었다. 이에 비하면 주원장은 빈농의 아들로 태어나 기근과 전염병으로 부모, 가족들을 모두 잃고 유리걸식하다가 어느 절의 탁발승으로 지낸 별볼 일 없는 인물이었다. 여기저기 돌아다니며 세상을 보고 영리한 머리로 글은 깨치며 차츰 세상을 보는 감각을 익혔다. 원나라 말년 난세에 우연히 백련교의 군조직인 홍건군(紅巾軍)의 하급병으로 맹활약을 하며 눈에 띄자 지역사령관의 부장으로 승진했다. 지역사령관인 곽자홍(郭子興)의 밑에서 어떤 강적을 만나도 전혀 두려워하지 않고 앞장서서 돌진했다. 이런 연유로 주

내조의 여왕 주원장의 마황후

원장은 곽자흥 사령관의 중요한 장수가 됐으며, 그의 수양딸(차후 馬황후)과 결혼해 승승장구했다.

1355년 3월 곽자흥이 죽자 주원장은 봉기군의 지휘권을 장악했고 장기전의 전투 끝에 중국을 통일했다.

반란군을 이끌고 원의 수도 대도를 점령하여 황제(명 태조)에 등극한 것이다.

뒷배경 없이 대권을 쥐고 권력을 완전히 장악하기 위한 조직개편을 잘해 반란군 무장 출신이라는 신분답지 않게 뛰어난 정치감각과 행정솜씨를 보였다.

군조직도 역대 왕조의 문란과 문제점을 참고해 징병제와 모병제를 절충한 군사제도를 택했으며, 자신의 사후 권력다툼을 우려해 아들 26명을 전부 멀리 변방의 요지를 지키는 번왕(藩王)으로 삼아 일석이조(一石二鳥)의 효과를 얻었다. 다만 자신의 출신성분에 대한 열등감과 의심이 많은 성격으로 공신들과 그 수하 수만명을 숙청하기도 했다. 성격이 포악했지만, 그래도 자신의 출세에 큰 도움을 준 마황후는 지극히 사랑했으며 그녀의 충고는 잘 들어 주변의 피해를 많이 줄일 수 있었다고 한다. 마황후는 겸손하고 사치를 하지 않아 황실뿐 아니라 백성들에게 존경을 받았다.

중국 역사에서 당태종의 부인과 함께 가장 훌륭한 황후로 꼽히고 있으며 주원장도 그녀가 죽은 후에도 새 황후를 두지 않고 죽을 때까지 십여년을 지냈다.

내란 끝에 영락제(3대 황제)의 즉위

걸출했던 명 태조가 죽고(1398년), 우려했던 후계자 문제로 나라가 흔들리는 후유증이 발생했다. 원래 황제 자리를 물려받아야 할 태자(큰아들)가 일찍 죽는 바람에 그의 아들(주원장의 큰손자)을 태자로 책봉해 그가 2대 황제 건문제(建文帝 재위 1398－1402)로 즉위(22세)했다.

그러나 호랑이 같은 아버지가 죽자 건문제의 많은 삼촌들이 움직이기 시작했다. 그중 가장 강력하고 영향력 있는 삼촌은 주원장의 넷째 아들인 연왕(燕王, 燕京 지역의 번왕)

영락제
홍무제의 넷째 아들. 정난의 변을 일으켜 왕위를 빼
다.

으로 어려운 지역, 몽골세력을 누르고 경제적으로도 크게 발전시킨 공이 있었다. 큰아들 태자가 죽었을 때 태조가 다음 황제로 의중에 두었지만 대신들이 반대했다고 한다.

건문제가 즉위하고 중앙에서는 연왕을 위험인물로 보고 감시했는데 연왕은 바보행세를 하며 야심을 숨기고 준비를 하다가 마침내 거병해 수도 난징으로 쳐들어갔다. 이를 "정난의 변"이라고 하는데 원래 황제군의 숫자가 많아 불리했지만 기습작전으로 난징을 점령하였다. 자신을 반대하던 세력을 쓸어 버리고 치열한 내전 3여년만인 1402년에 제3대 황제에 즉위하였다. 이 과정에서 반대파 사대부들을 제거하면서 건문제의 스승이자 반대파였던 방호유를 회유하려했지만 면박을 당하자, 9족이 아니라 "十族"을 멸하는 피비린내 나는 철저한 응징을 하였다.

조선조의 수양대군(세조)이 영락제를 닮았다

피를 보고 등극한 영락제는 조선조 7대 임금 세조의 경우와 너무도 닮았습니다. 삼촌 수양대군(세조 1417生 재위 1455-1468)은 1453년 계유정난을 일으켜 충신 김종서와 황보인 등을 죽이고 조카 단종(재위 1452-1455년)을 상왕으로 밀어낸 후, 1455년 왕에 즉위했습니다.

그 시기도 명나라 영락제의 50년 뒤에 발생했고 똑같이 정난이라고 부르는 것을 보면 일을 꾸민 한명회 등이 명나라 사례를 연구했는지도 모릅니다. 이 일로 한명회 등 훈구대신들(공로자)의 폐단이 초래돼 두고두고 문제가 된 것은 영락제의 경우 그 공로자들이었던 환관들의 권력독점과도 여러 가지로 비슷합니다.

영락제 치세의 공과

북경의 자금성을 세우다

"영락(永樂)"이란 연호로 더 잘 알려진 영락제, 성조((成祖 1360 재위 1402－1424)는 즉위하자마자 맨 먼저 한 일은 수도를 난징에서 북쪽 연경(현재 북경)으로 옮기는 일이었다. 몽골을 견제하고 자신의 근거지를 전국의 중심으로 정하고자 했기 때문이다.

또한 그가 분위기 쇄신을 위해 한 일은 연경에 세계에서 제일 큰 궁(紫禁城)을 건설(착수 1405년. 16년 공사 연인원 20만명)해 1421년에 이곳에 입주하면서 수도 이름도 베이징(北京)으로 바꿨다.

영락제는 황제 즉위의 정당성이 약해, 황제 측근의 직속기관에 모든 권력을 집중했다. 특히 중국 왕조, 특히 당나라 때부터 폐단이 심했던 환관들을 신임하고 정통 관료(사대부)대신들을 통해 국정을 집행을 기피하는 악습을 만들어 명나라 왕조에 나쁜 영향을 남겼다. 절대권력을 유지하기 위해 동창(東廠)이라는 일종의 특수 경찰조직을 설치, 그 우두머리를 환관으로 임명했으며 이후 이를 악용하는 나쁜 선례가 부지기수로 나타났다.

자금성 외에도 만리장성의 개축, 대운하의 보수 등 대단위 토목사업을 벌이고 또 북방과 남방의 영토확장에 주력해 자신뿐 아니라 나라 전체를 바쁘게 했다.

영락제는 1410년부터 15년에 걸쳐 직접 50만 대군을 거느리고 고비사막을 넘어가며 다섯 차례나 원정했으며 북방을 평정하여 역대 최대의 중국영토를 자랑했으며 남방으로도 베트남은 복속시켰지만 더 나가는 것은 육로로는 불가능했다. 그래서 환관 정화(鄭和 1371－1435)를 사령관으로 하는 대선단 원정대를 편성해 역사적인 남해원정을 했다.

1405년부터 시작된 정화의 원정은 1433년까지 일곱 차례나 진행되었는데 멀리 인도양과 아프리카 동부해안까지 탐험했다.

1차 원정 때는 62척의 큰 배와 4만명에 가까운 병사들과 통역관, 목수, 사무원까지 거느렸다니 얼마나 엄청났는지 짐작할 만하다.

이 원정이 계속 추진됐다면 유럽보다 먼저 중국의 대항해시대가 열리고 지리상의 발견이 이뤄졌을지도 모른다.

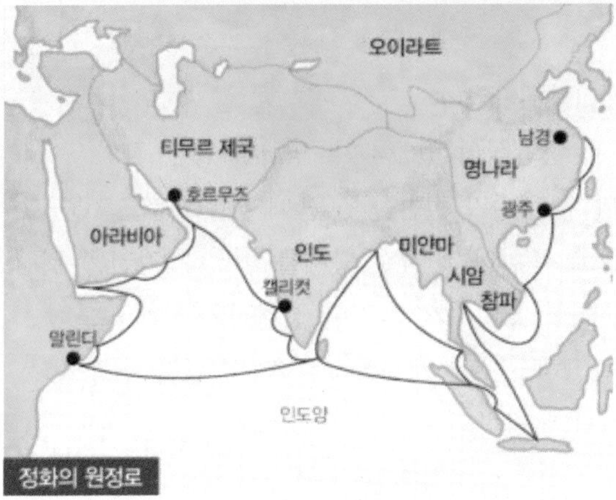

정화의 해상 원정

이런 영락제의 "거대한 규모"에 대한 열정은 문화적인 분야에서도 드러난다. 대 건설공사를 밀어붙이 듯이 약 2만 8천권에 달하는 사상 최대의 유서(儒書)인 "영락대전"을 완성했다.

영락제부터 시작된 환관의 중용은 이미 10만명이 넘었고, 그 어느 시대보다 환관들이 설쳐 환관내각까지 운영되는 실정이었으며, 그 폐단들이 벌써 나타나기 시작했다.

자금성 신축, 정화의 선단 사업으로 중원에 목재가 고갈됐으며 백성들은 과중한 세금으로 허리가 휘고 점령한 영토에선 현지인이 고분고분 복종하지 않는 현상이 생기기 시작했다. 북방으로 쫓겨간 몽골의 칸이 명나라에 더이상 저자세를 취하지 않겠다 하니 영락제가 진노해 원정을 떠났다가 당시 65세 나이에 몽골군을 쫓다가 고비사막에서 죽고 말았다.

강력한 전제군주가 죽으면서 명나라가 건국된 지 60년도 채 안 돼 나라가 흔들리기 시작했다. 이렇게 명나라가 너무도 빨리 쇠락의 길을 걷게 된 것은 역대 왕조에서 기록이 될 것이다.

자금성과 경복궁 어디가 먼저?

자금성은 우리나라 조선조(1392년 건국) 경복궁을 신축한 경우와 비슷합니다. 경복궁은 1394-1395 완공. 규모는 자금성 72만㎡, 9999칸에 비해 경복궁은 43만㎡, 390칸(부속 1700칸)의 차이가 있습니다. 다만 자금성이 1405-1420년에 건축하고 수도를 이전했으니 경복궁이 먼저 지어져 독창성이 있습니다.

명나라 당쟁은 더하고 청나라에 망하다(1644년)

명나라는 농·공·상(農工商)이 그 어느 때보다도 활발했음에도 불구하고 無能한 황제, 無能한 정부, 無能한 정치 때문에 나라 발전이 되지 않았다.

장거정의 개혁 실패

일찌감치 쇠락을 걸었던 명나라가 280년이나 유지할 수 있었던 것은 망할 무렵에 운 좋게도 인물이 나왔거나 특효약을 처방받은 덕분이었다.

송나라 때 왕안석이 있었다면, 명나라 때는 장거정이라는 인물이 있었다. 나라가 절반쯤 왔을 때 신종(神宗 1563－1620년)이 열 살로 즉위하자 어린 황제를 대신해 전권을 위임받았다. 평소 개혁의 의지가 있었던 장거정은 부패하고 무능한 관료들을 축출하고 토지개혁을 추진해 상당한 실적을 올렸다. 또한 북방과 남방의 이민족을 토벌하고 만리장성을 보수하는 등 적극적인 국방정책을 펼쳤다. 그러나 "철혈재상"이라 불린 장거정은 개혁의 결실을 맺기 전, 10년만에 죽었다.

황제 신종은 이름에 걸맞지 않게 무능한 군주였으나 잠깐은 유능한 관료와 등용해 천만다행이었다. 다만, 48년이란 가장 긴 기간 동안 재임했으니 나라 꼴은 엉망이 됐다. 이 동안에 조정의 관료들은 환관들을 끼고 다섯 개의 붕당으로 갈라져서 요란했다.

당파싸움과 임진왜란

이때 조선은 선조가 임진왜란(1592-1598년)으로 죽을 고생을 하는 와중에도 동인과 서인으로 갈라진 당파싸움은 피난길에서도 여전했습니다. 조선의 바다를 지키며 겨우겨우 나라를 지탱하는 이순신 장군을 오히려 무고(誣告)해 백의종군(白衣從軍)하게 했으며 전쟁이 끝났을 때는 논공행상(論功行賞)도 당파로 갈라먹기였습니다. 차라리 이때 나라가 망하는 것이 좋았겠다 싶은 마음이 드는데, 이 점은 전쟁을 도와준다고 온 명나라를 닮았습니다.

그런데 나라가 망하지 않도록 메기의 역할을 한 동림당(東林党)이라는 존재가 있었다. 어느 강직한 관리가 파직된 후 재야에서 동림서원(東林書院)을 세우고 시국에 관한 토론을 한 것이 다섯 붕당(朋黨)을 만든 관료들(미꾸라지에 비유)에게 충격을 준 것이다.

그런데 황제에게 충성이 지극했던 인물이 비동림 다섯 붕당과 내통해 동림당의 거두 여섯명을 암살한 것이다. 마지막 황제 의종(1611－1644)이 즉위해 이 인물을 처단하고 동림당의 인물들을 등용해 꺼져가는 명나라를 구하고자 했지만 이미 때가 늦었다.

건국 초기에 주체적 대외 교류로 세계화하려 했던 움직임이 급속히 단절되고 한족의 중화사상(中華思想)이라는 허풍스러운 오만으로 명나라의 지배층은 스스로 우물 안의 개구리(井中之蛙)가 되버린 것이다.

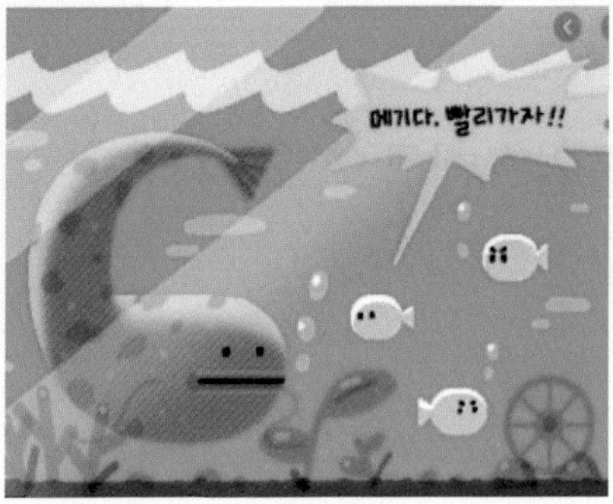

명 말기에 메기효과(동림당)-부패관리(미꾸라지)

멸망의 과정은 너무나 허망했다. 끝까지 괴롭히던 후금(後金 여진족)이 또 다시 침입하자 그들과 대적하여 군대들이 출병한 틈을 이용하여 엉뚱한 일이 벌어진다. 바로 내란을 주동하던 지방관리 이자성이 자금성을 점령했고 황제 의종은 자금성의 뒷산에서 자결했다.

그런데 막상 명나라를 멸망시킨 세력은 만주족을 통일한 누루하치였으며, 그의 아홉째 아들(세조)이 1644년 꿈에 그리던 북경 자금성에 입성했다.

3장

일본 전국시대 풍신수길의 통일, 대륙으로 나가다

일본의 전국시대(戰國時代) 개막(1477년)

1338년 일본은 무로마치(室町) 막부시대가 시작됐다. 그 후 어느 천황이 지지자들과 함께 막부에 반발, 독립해 새로운 조정을 만들어 두 개의 천황이 존재하는 시기가 있었다.

이를 중국의 송나라 시대와 같이 남북조시대라고 불렀는데 약 50년간의 이런 시대를 쇼군이 조정해 하나로 합친 일이 있었다.

묘하게도 이때가 1392년으로 이성계의 조선조 건국 시기와 같다.

1401년 일본 쇼군은 중국 명나라와 국교를 맺고 쇼군을 "일본 국왕"(권력이 없는 천황과 별도)이라는 칭호를 받고 한반도와 중국 서해안을 수시로 침범하는 왜구를 통제하도록 했다.

예전에 명분상으로나 중국의 황제와 대등한 관계라고 생각한 때가 있었지만, 이제 왕이라는 호칭을 기꺼이 받고 일테면 군신관계가 되었는데 200년 후에는 전쟁상대가 된 것이다.

무루마치 막부 끝 무렵 1467년에는 쇼군직을 둘러싸고 내전(오닌의 난)이 벌어져 11년간이나 혼란의 시대를

전국에 한가락한다는 세력자(무사가문)들

보냈다. 간신히 난을 수습한 막부에게 지방의 세력가들이 우후죽순 들고 일어나 대결하는 상황이 일상화된 이 시기를 전국시대(戰國時代 쎈고쿠)라 부른다. 중국도 오래전 전국시대(BC 403－221)가 있었는데 일본은 나라 형태가 아닌 가문 중심으로 싸우는 모양이며 100년 정도 이런 무사들의 싸움의 시대가 계속 되었다.

조선은 선비들의 사화시대, 일본은 무사들의 칼싸움

조선 선비들의 명분싸움, 무사들의 칼싸움

이때 조선은 9대 성종이 즉위(1469-1494년)해 한명회 등 실세인 훈구대신들이 힘없는 왕을 쥐고 흔들던 시대였으며 친정(1476년)을 하게 된 성종이 김종직 등 신진사림들을 등용해 대결구도를 갖추기 시작했습니다. 드디어 10대 연산군(1494-1506년) 즉위 후 무오사화를 시작으로 11대 중종을 거쳐 12대 명종(1545-1576) 때 을사사화까지 50여년을 4대 사화의 시기를 거친 것이 일본의 내전 무사들의 권력다툼과 비교됩니다.

일본은 칼로 싸우는데 조선은 붓으로 싸우다가 승부가 나지 않으면 모함과 친인척 관계로 결판을 냅니다. 결국 성종이 친정을 시작하여 신진사류 등용(1476년)할 때로부터 명종 때 쇼군처럼 20년이나 전권을 휘두르던 문정왕후가 1575년 죽을 때까지로 보면 일본의 전국시대와 같은 시기 꼭 100년이고 이후 임진왜란을 맞게 됩니다.

떠오르는 스타 노부나가

오다 노부나가(1534-1582)
부하의 배신으로 혼노지의 변을 당하다

무사가문들의 경쟁구도는 시간이 흐르면서 점차 실력의 우열이 드러났다. 처음에는 저마다 대권후보로 나서겠다고 외쳤지만, 시간이 흐르면서 이합집산(離合集散)과 합종연횡(合從連橫)이 어지럽게 벌어졌다.

이런 행태도 중국의 예전 전국시대와 같았으니 전국칠웅은 누구일까? 그것을 일본에서는 전국대명(戰國大名)이라고 했다. 예선전이 끝난 센고쿠 다이묘들은 누구나 대권을 꿈꿨지만 이들 간에 승자는 점차 한 사람으로 모아졌고 이때 가장 떠오르는 빛나는 별은 오다 노부나가(織田信長 1534－1582)였다.

노부나가는 능력도 출중했지만 인재를 알아보는 안목이 뛰어났다. 자신의 인근 니가와의 다이묘인 도쿠가와 이에야스(德川家康 1543－1616)를 자신의 휘하로 끌어들여 더 큰 힘을 발휘해 1568년 교토에 입성하는데 성공했다. 교토에 입성해 천하통일을 목전에 둔 노부나가에게 아직 승병대와 농민봉기세력이 해결해야 할 대상이었다.

1571년 사원세력을 공격해 그들 근거지를 불태우고 130여년 지탱해온 무로마치 막부를 폐문시켰다.

1575년 가장 큰 적이었던 강호 다게다 세력을 나가시노전투에서 괴멸시키고 1580년 농민봉기세력의 항복을 받아내는 등 한 세기에 걸친 전국시대를 끝내고 전 일본의 통일을 눈앞에 두었다.

그런데 오다 노부나가는 장수로서 용맹과 정치지도자로서 지략이 두루 뛰어난 인물이었으나 시대의 한계를 벗어나지 못했다.

1582년 노부나가는 출병을 앞두고 교토의 혼노사에 머물다가 예기치 않게 부하의 배신으로 반란군에 포위된 상황에서 자결하고 말았다.

절대 권력자가 비운에 죽게 되면 그 사건을 수습하는 사람이 권력을 이어받게 되는데 이것은 우리나라 1979년 10.26사태와 비슷했다.

이때 유고사태를 기민하게 수습한 당시의 합동수사부장이 비상대책회를 열고 노부나가의 2세 아들을 후계자로 내세우면서 자연스레 권력을 장악했는데 그가 바로 도요토미 히데요시(豊臣秀吉 1536－1598)였다.

천하를 거머쥔 히데요시, 조선과 중국으로 출병

도요토미 히데요시(1536-1598년)

히데요시는 성(姓)도 없는 일개 백성 출신으로 어지러운 시대에 출세를 꿈꾸다가 소년 때부터 노부나가 밑으로 들어가 마구간 일부터 시작했다. 오다 노부나가나 이에야스도 모두 그 집안이 다이묘 출신인 것과 비교하면 히데요시는 "개천에서 난 용"이었다.

아무 배경없이 최고 권력자가 된 히데요시는 그래도 뭔가를 보여줘야 했다. 오다노부나가가 못다 한 통일작업, 즉 아직 잡지 못한 유력가문들을 평정하고 마지막 남은 간토의 호조가문까지 제압해 1590년 마침내 꿈에 그리던 전국통일을 달성했다.

흥미로운 것은 도쿠가와 이에야스의 태도로서 20년 동안 노부나가를 보좌하면서 빛나는 전공을 세워 2인자라고 할 수 있었고 어느 면으로 보아 히데요시에게 꿀릴 게 없었다. 그럼에도 일찍이 몸을 낮춰 히데요시를 후방에서 지원하면서 야심이나 속내를 보이지 않았다.

히데요시의 통일로 일본은 사상 처음으로 강력한 중앙집권제국이 되었다.

여전히 천황이라는 상징적 존재는 있었지만 히데요시는 일본의 황제나 다름없었다. 이제 눈을 대륙으로 돌려 그 야망을 연장하는 수순이 있어야 될 것 같았고 무사들도 아직 뭔가를 더 해야 한다는 기대감이 있었다

오랜 전란으로 군비도 갖춰지고 사기도 높았으니 히데요시가 결정한 사항은 대륙으로 에너지를 분출하는 전쟁이 그 결론이었다.

드디어 1592년 4월 13일 새벽 일본은 16만의 병력으로 조선침략을 개시했다. 최종 목표는 중국이니까 조선정벌은 예선전이라 생각했다.

도요토미는 로또복권에 당첨됐다?

오다 노부나가-죽쒀서 히데요시에게-최종에는 이에야스가 차지

도요토미 히데요시에게는 하늘 같은 상사, 오다 노부나가의 갑작스러운 죽음은 엄청난 로또복권의 당첨으로 가는 신호탄이었습니다. 사고장소에 가장 빨리 나타나 민첩하게 수습한 히데요시는 기라성같은 선배들를 심정적으로 제압하며 권력을 너무도 쉽게 차지했으니까요.

원래 저 밑바닥 마구간(지금 주차장 관리요원)에서 일했습니다. 오다가 외출할 때 신발을 가슴에 품어 따뜻하게 해 바로 신게 해주는 고객 감동으로 조금씩 출세했다고 합니다. 체격도 빈약하고 용모도 원숭이 같아서 누구도 경계하지 않았던 위인이 일본 천하를 하루 아침에 깔고 앉았으니, 죽은 오다가 "죽 쒀서 히데요시 준 격"인데 나중에는 히데요시가 "죽 쒀서 이에야스에게 주는 격"이 아닐가 싶습니다.

선조의 등극(1567년)과 사림파의 붕당정치

이 시기 조선에 임금은 선조(1552년 재위 1567－1608년)였는데 선대왕 명종이 후계자(왕세자 13세에 죽음)없이 급히 죽자 명종의 대왕대비가 지정한 왕손 중의 한 사람이었다. 명종의 아버지 중종이 후궁 사이에서 낳은 일곱째 아들 덕흥군의 셋째 아들이었는데 단지 평소 영민하고 인사 잘했다는 이유로 쟁쟁한 후보들을 제치고 왕위에 올랐으니 그것이 조선의 운명이었을 것이다.

일본 도요토미 히데요시처럼 로또복권에 당첨됐다고 할 수 있다.

조선 14대 왕 선조(재위 1567-1608년)

조선왕조 200년 동안 전쟁 없는 시절을 보내다 임진왜란을 치르게 되는 14대 왕으로서 정통 직계(정식 왕비의 자손)가 아니고 조선조로서는 처음으로 방계(傍系 후궁) 자손이 왕이 된 것이다.

그래서인지 평소 자신이 없고 주눅이 들어 우유부단하고, 도량이 넓지 못한 편이었다고 한다. 이런 기질 때문에 명종 때 훈구대신들이 물러가고, 신진 사림파가 주도하는 새 조정에서 다시 동서붕당(東西朋黨) 정치가 시작된 것이다.

사림파들 사이에 이조전랑(吏曹銓郎)직을 두고 대립이 격화됐다. 이조전랑은 품계는 낮았지만 각 부서의 당하관의 천거, 언론 기관인 삼사의 관리 임명, 재야인사의 추천, 후임 전랑의 지명권 등을 가지고 있어 권한이 매우 강했다. 전랑직을 누가 차지하느냐에 따라 권력의 향배가 결정되었다. 1575년(선조 8년) 심의겸(沈義謙)과 김효원(金孝元)의 대립으로 동서(東西) 분당이 일어나게 된 것도 전랑직 임명이 계기가 되었다.

이것이 시간이 지나면서는 다시 북인(北人)과 남인(南人)으로 또 서인은 노론(老論)과 소론(小論)으로 갈라졌다. 이때 서인에 속해 있던 선비 중에 "정여립"이 동인으로 옮겼는데 서인들은 "배반자"라고 낙인찍어 공격하자 그는 낙향해 사람들을 규합하여 대동계(大同契) 활동을 한 것을 역모자(逆謀者)로 몰아 큰 사건으로 확대했다. 그때 선조는 우의정이었던 정철(鄭澈 1536-1593년)에게 특명으로 특수수사본부장을 맡겨 정철은 이 사건과 관련된 1천명의 사람을 죽이고 유배보냈다. 예전의 피비린내 나는 사화(士禍)가 재연된 것이다. 말하자면 동인들에 대한 보복수사를 너무 크게 강행한 것인데 이를 기축옥사(己丑獄死)라고 부른다. 그 후 서인의 영수(領袖 당수) 위치에 있던 정철은 세자문제로 광해군을 편들어 선조 눈밖에 나 동인들이 정권을 잡고 정철의 처벌 수위를 놓고 동인은 북인과 남인으로 갈라지는 식으로 붕당정치(朋黨政治)는 대단했다.

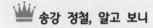

송강 정철, 알고 보니

송강 정철(좌측 사진)하면 관동별곡, 사미인곡이 바로 떠오르는 우리나라 가사문학의 대가로서 존경하는 인물입니다. 그러나 붕당정치라는 것이 사람을 이렇게 무섭게 변하게 만들고 그는 정치인이라는 양면성이 있었습니다.

이제 임진왜란을 3년 앞두고 나라의 지배층이 이렇게 자중지난으로 싸우고 아무 준비없이 전쟁을 맞이하게 된 것입니다. 지금도 인품이 훌륭했던 사람이 정치(예: 국회의원)를 시작하면 사람이 바뀐다고 합니다.

임진왜란 발발-초반전은 철저하게 패전

임진왜란과 관련해 두 가지 이야기가 있다. 하나는 이율곡(李栗谷 李珥1536－1584)이 일찍이 병조판서를 맡고 있으면서 왜구들이 준동이 심하고 북쪽에서도 여진족 등의 침략이 잦으니 만일을 대비해 10만 양병론을 선조에게 건의했지만 묵살됐다.

조선은 당시 비교적 오랜 시간 평화시대로 전반전인 상비군제도가 아니고 전란이 발생하면 징병해 대응하는 정도였으니 대란이 발생하면 구멍이 뚤릴 수밖에 없는 체제였다.

또 하나는 일본의 상황이 심상치 않아 일본에 사신을 보냈고, 귀국해 보고를 받았다. 정사(正使)는 침입할 가능성이 있으니 전쟁에 대비하자 했고, 부사(副使)는 전쟁위험이 없다 했다. 이렇게 의견이 다른 것은 당시 붕당정치(朋黨政治)로 정·부사가 동인과 서인으로 갈렸기 때문이다. 이런 국가의 위난상황(危

難狀況)을 두고 붕당 때문에 중차대한 결정을 제대로 할 수 없었던 한심한 상황이었다.

유비무환(有備無患)이란 말이 원래 중국의 은나라에서 유래가 있었는데 조선의 임진왜란시 딱 부합하는 상황이었다. 현대의 일상사에도 많이 쓰이고 있다.

동서양 모두 중세의 틀에서 벗어나 변화의 시대로

1500년대는 중세가 끝나고 전세계가 활발한 변화의 시기였습니다.

1492년 콜럼버스로 시작된 대항해 시대는 세계를 넓혔고, 유럽의 역사가 크게 발전하는 순간이었습니다. 세계사의 변두리였던 일본은 이미 포르투갈을 시작으로 서양세력과 교류해 꾸준히 발전하고 총포로 무장하는 등 전쟁준비를 마치고 있었습니다. 무로마치 막부시대가 끝나고 군벌 간의 전쟁이 끝나고 오다 노부나가가 천하통일의 기반을 열었으며 운좋게 다 된밥을 이어받은 도요토미 히데요시는 내전 처리에 고민하다가 조선정벌과 이를 디딤돌로 대륙까지 진출하는 것으로 해결의 묘수를 찾았습니다. 일석이조(一石二鳥)였습니다.

1권 출간 이후 에필로그(Epilogue)

어떤 미니 출판 자축회

출간 이후 한창이던 코로나19로 많은 인원이 참석하는 출판기념회는 할 수 없었다. 그래서 꼭 필요했던 미니 출판 축하모임을 가졌다.

(故) 서한샘 선배 2주기 및 출판자축회

필자의 동산고등학교 3년 선배인 "밑줄 쫙으로" 유명하셨던 국어교육계의 대부 서한샘 선배가 2019년 5월 6일 별세하셨다.

출판자축회와 가장 좋아하고 존경했던 서선배의 2주기

2주기 추모회와 출간한 책의 증정모임을 조촐하게 열었다.

사진: (故) 앞열 중앙, 서한샘 회장 서화자 사모님, 우측 필자 김종상, 좌측 신희범 (전) 동산(東山) 동창회장, 뒷열 최기형 (전) 동산고등학교교장, 박용호 (전) KBS 아나운서실장, 김선태 동산야구후원회회장, 이선희 (전) 동산중학교교장, 서영진 서한샘회장 장남

육군경리장교 선후배들 출판기념회

육군경리장교로 한 부대(경리학교)에서 근무한 3년 선후배들이 1970년 6월부터 52년 동안 매월 1번 이상을 만난 귀중한 모임(명칭: 꿈모임)이었다.

회원들은 모두 여러 분야에서 보람과 책임(이성태 (전) 한국은행총재 등)을 담당하며 열심히 살아온 형제같은 친구들이었다.

꿈모임 선후배들과 육군 경리병과 마크

사진: 앞열 좌측 시계방향 반대로 이황(회장) 김충환, 양한수, 필자, 서정우, 양원석, 이성태, 이정달

어떤 독후감-
「소설로 쓴 동서양사 1」을 읽고:
등록 수필가 박두만 씀

코로나19 팬데믹의 긴 터널에 갇혀 언택트 금기생활로 맥을 놓고 지내던 차에 김종상 님의 한 권의 책, 「소설로 쓴 동서양사 1」을 읽게 되었다. (중략)

코로나 방콕생활에 내공이 생겨서인지 며칠 동안 저자가 이끄는 역사의 현장으로 시간여행에 매료되어 완독을 하고도 피로나 지루함 같은 것은 못 느꼈다. 무엇이 날 끌었는지, 500페이지가 넘는 전 페이지에 전개되는 인류사의 거센 물줄기와 서사, 수많은 역사의 퍼즐들을 명료하고도 흥미롭게 집대성한 거작을 어느 특정 부분을 들고 나와 이야기하는 것은 어불성설일 것 같은 생각이 들었다. 내가 느끼고 감동받은 이 책의 몇 가지 특색만을 독후감으로 몇 마디 쓰고 싶었다.

첫째, 이 책은 장구한 동서양사를 몇십년 단위로 시간을 구획, 독립된 단원(막)을 설정 편집함으로써 독자의 이해와 학습에 획기적인 편의를 제공했다는 점이다. 우리는 어릴적 학창시절 역사시간, 그 중에서도 특히 세계사 시간에 실타래같이 얽힌 서구문명의 시대와 장소에 골머리를 앓다 흥미를 잃고 역사의 지적 장애자로서 변방의 유랑자처럼 살아온 아픈 경험을 대개 가지고 있는 경우가 많다. 이런 난제를 이 책은 대부분 속 시원히 해소시켜 주었다.

둘째, 전 편에 흐르는 문장의 줄거리가 소설처럼 흥미롭고 언어의 구사력 또한 부드럽고 흡인력이 있어 자신도 모르게 독서의 삼매경에 빠져들게 했다. 진정 저자의 해박한 지식과 스토리텔러로서의 진면목이 행간에 녹아있어 책을 덮을 때까지 눈을 뗄 수가 없었다.

셋째, 일찍이 세계사에 편입되어 문명을 꽃피워 왔거나 현재도 국제질서의 중심에 서서 주목을 받고 있는 세계 중요 29개국의 역사를 나라별로 일목요연하게 묶어 독자의 세계사 지평을 크게 확장시켜 놓은 것은 특색 중의 특색이다. 여태껏 어떤 역사학자도 시도하지 못했고 일반 서점가 어디에서도 찾아 볼 수 없는 기발하고 독특한 기획 편집이었다.

넷째, 책의 전편에 걸쳐 수없이 등장하는 생생한 역사적인 인물화와 저자가 직접 스케치한 현장사진들, 그리고 청자빛 박스 안에 똬리를 틀고 앉은 정사 뒤에 숨은 야사, 예술로 승화시킨 영화 등의 이야기는 시간속에 유폐된 역사적 사건들에 쉴 새 없이 생명력을 불어 넣으며 시종 속독의 가속 페달을 밟게 했다.

겨우 일독을 하고도 그동안 헤아릴 수 없이 펴고 덮었던 꼬질꼬질 손때 묻은 역사서와 갈피를 잃은 기억 속에 떠돌던 역사적 사실들이 제자리를 찾고 생명력을 얻어 꿈틀거리는 즐거움을 마음껏 누렸다. 학문의 길이란 어디 끝이 있을까만 이 한권이면 이 시대를 살아가는 모든 독자들의 세계사에 대한 묵은 숙제와 트라우마를 풀고 불식시키는 계기가 되기에 충분하다는 생각이 들었다. 제2권의 출간을 기다리며 독자 여러분들에게 완독, 정독을 권하고 싶다. (후략)

동서양사 1을 읽은 독자의 평

내가 알고 싶고, 햇갈리던 부분을 꼭꼭 짚어 주었습니다.(김상)

목차부터 남다릅니다. 오랜 시간의 노력 경의, 평소 높은 역사 식견으로 (서정)
차제에 역사를 접할 기회 가지게 되어, 감사! (김성)

책을 보면서 열정과 사랑을 느낍니다. (박남)
계속 출간계획! 2권도 기대합니다. (유해)

칼라 사진과 함께 시대별 역사 흐름을 알기 쉽게. 글씨도 선명하게 잘 보입니다.(이정)

짧지 않은 세월 정말 부지런하고 품위있게 또 유쾌하게 엮어낸 저자의 삶과 향기. 대학생, 고등학생 두 딸과 외국에 나가 있는 아들에게도 재미있고 유익한 읽을거리로.(백운)

그야말로 동서고금을 넘나드는 대작. 집 사람이 몇페이지를 보더니 먼저 보겠다고 선점(남궁)
와이프가 이 책이 자기 스타일이라고 먼저 읽고 있음(황창, 서갑)

저자의 필력에 다시 한번 놀라고 있습니다.(김갑)
뜻밖의 무척 재미있고 흥미있는 저술이네요.(김*우)

공직자 출신은 자서전 성격의 책을 많이 쓰는데 작가는 새로운 분야의 창작을 멋있게 한 것이 존경스럽다.(장기)
이 나이에 새로운 도전에 성공을, 축하와 존경의 마음으로 정독합니다.(유학)

책이 빼곡하게 인쇄된 것이 인상적입니다. 사진까지 많이 넣어 쉬운 이해, 교과서같고 이야기도 재미가 솔솔, 공을 많이 들인 역작입니다.(김남)

역사를 참 재미있게 썼어요. 소싯적에 이 책으로 세계역사를 공부했더라면 얼마나 좋았을까 시간과 공간을 압축해 역사가 친근하게 느껴져 먼 나라가 이웃 나라같고 수백년전 사건들이 십수년 전의 일들로 다가오는 느낌.(장경)

역사를 테마중심, 인물중심으로 스토리텔링 내 호기심을 자극하네. 덕분에 갑자기 유식해질 것 같아요. 집필에 수고하셨네.(조덕)
다방면의 역사 교양 서적이네요. 잘 읽고 공부하겠습니다. 대단하십니다.(김숙)

동서양 역사를 모두 아우르는 안목을 집약한 역작을 내셔서 감사드리고 열심히 공부하겠습니다. 다음 작품도 기대됩니다.(오형)

동서양사에 대한 신문들의 서평을 읽으니 다체로운 내용이 펼쳐져 있고 또 평소 저자의 유니크한 시각을 아는지라 매우 기대됩니다.(이홍)

대작을 보니 요점 정리식으로 되어 있어 읽기가 좋네요. 역시 저의 선배님이십니다.(오대)
독특한 책으로 낙양의 지가를 올리고 우리 대학의 우월성을 시현한 동문이 자랑.(김중)

저자의 "거작"을 잘 읽고 있습니다 참 대단, 사학연구를 그렇게 많이 하시고 경탄.(이목)
구성, 내용, 편집도 특출하고 좋은 출판사에서 출판, 지질도 좋아 모두 훌륭합니다. 이 좋은 책 덕분에 역사 공부하게 됩니다.(차동)

두툼한 책 읽기 시작하자 세계사숲으로 들어갔네요. 고교생 손자와 함께 읽기로 했습니다. 옛기억을 되살려 주는 오랜만의 시원한 책이네요.(박경)

샘 솟는 열정, 남다른 역작에 환호를 보냅니다. 브라보.(이건)
대단히 유익하고 재미있는 책, 책을 내는 것이 어려운지 짐작합니다. 역작의 출간을 다시 축하합니다.(노훈)

저자의 다른 출간 서적

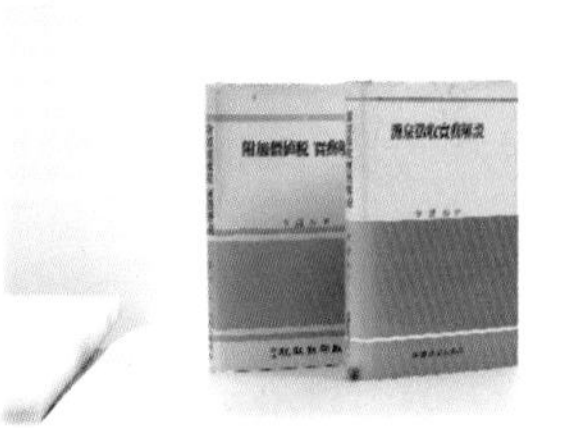

<부가가치세 실무해설(附加價値稅 實務解說)> 출판사 한국세정신문사 刊: 1977년 우리나라가 부가가치세라는 새로운 세금을 도입하면서 그 법의 적용범위와 구체적인 실무적용 시에 알아야 할 내용을 설명한 책이었습니다. 1982년 초판 출간 이후 1989년 4판을 발간했습니다.

<원천징수 실무해설(源泉徵收 實務解說)> 출판사 한국세정신문사 刊: 기존 부가가치세 실무해설의 호평과 자신감으로 세무업무를 담당하는 실무자들의 편의를 도모하기 위하여 1985년 "실무해설" 시리즈로 출간하였습니다. 급여 원천징수처럼 다른 사람의 세금을 대신 징수했다가 국가에 납부하는 여러 가지 소득, 임금 등에 총괄해서 설명한 책입니다.

<Guide to Korean Taxes> 출판사 CCH(Commerce Clearing House) INTERNNALATIO: 1990년 김종상, 김용균 공저로 한영 대조판으로 출판된 책입니다. 상사관련 법령, 관련도서를 출간하는 다국적 출판사 CCH가 한국의 세법 소개서로 처음 출간하려는 계획으로 물색하다가 채택된 책입니다. 저자가 3년여 동안 경제신문과 잡지에 영문

세법을 연재하던 것을 기초로 한국의 대표적인 회계 조세 법인인 삼일회계법인의 국제조세담당 파트너 김용균(2020년 작고)과 함께 완성하여 출판했습니다.

<국세청 사람들> 출판사 매일경제신문사 刊: 저자가 26년 동안 몸 담았던 국세청을 퇴직하고 그간의 경험과 애환을 정리하였던 수필집 같은 책이었습니다. 국세청 기획, 교육기관에서 오래 근무하면서 국세청 초창기의 국세청장을 비롯한 간부들이 세무조사 등 국세행정의 방향수립을 위하여 고뇌하고 노력하던 모습들을 가까이 지켜보던 생생한 경험 등을 소개하였습니다

<세짜이야기>, <세금이야기, 세상이야기> 출판사 한국세정신문사 刊: 세짜에는 세금 稅, 세상 世, 세개라는 三, 그리고 세월(역사)의 歲도 포함될 수 있습니다. 전공이었던 세금을 중심으로 여러 가지 내용의 수필 같은 세짜이야기 책을 3번 출간했습니다

2003년 "세일" 회계법인을 발족하면서 함께 출판기념회를 개최한 것이 큰 보람이었습니다. 그 후 2004년, 2007년까지 세 차례 출간하면서 <세짜>도 진화해 왔습니다.

<소설로 쓴 동서양사 1, 2권>은 2021년에 출간했습니다.

참고문헌

대한민국 건국 60년의 재인식, 김영호, 기파랑

궁금해서 밤새 읽는 세계사, 김경묵 등, 청아출판사

궁금해서 밤새 읽는 유럽사, 김상엽 등, 청아출판사

너무 재밌어서 잠 못드는, 우마야 다쿠에이, 생각의길

단숨에 읽는 한국사, 오정훈, 베이직북스

대한민국역사, 이영훈, 기파랑

미국의 역사, 아루카 나츠끼, 삼양미디어

백(100)대 유물로 보는 세계사, 닐 맥그리거, 다산초당

살아있는 세계사, 전국역사교사모임, 휴머니스트 출판그룹

성경이야기, 나카무라 요시코, 서울문화사

세계를 움직인 100인, 마이클 하트, 일신서적출판

세짜 이야기, 김종상, 한국세정신문사

알아두면 쓸모 있는 세계사, 박훈, 더불어 으뜸

이슬람학교, 이희수, 청아출판사

이야기 한국사, 청솔연구회, 청솔

이야기 미국사, 이구한, 청아출판사

이야기 세계사, 구학서, 청아출판사

조선왕조실록, 박영규, 들녘

종횡무진 동양사, 남경태, 휴머니스트출판그룹

종횡무진 서양사, 남경태, 휴머니스트출판그룹

중국의 붉은 별, 에드가 스노, 두레

중화인민공화국 50년사, 아마코 사토시, 일조각

처음 읽는 인도사, 전국역사교사모임, 휴머니스트출판그룹

처음 읽는 일본사, 전국역사교사모임, 휴머니스트출판그룹
천재 이야기, 김상운, 이가서
통세계사 1－2, 김상훈, 다산북스
하루밤에 읽는 성서, 이쿠다 사토시, 중앙M&B
하루밤에 읽는 세계사, 미야자키 마사카츠, 중앙M&B
하루에 따라잡는 세계사, 유한준, 미래타임즈
한국사 세계사 비교연표, 이근호 외, 청아출판사
한국사특강, 설민석, 휴먼큐브
한번에 끝내는 세계사, 사마자키스스무, 북라이프.
궁금해서 밤새 읽는 유럽사 김상엽 외, 청아출판사.
처음읽는 일본사, 전국역사교사모임.
숨겨진 보물, 사라진 도시, 질케 보리 지음, 김경연 옮김, 현암사.

이 참고서적들은 저자가 잘 읽었으며 크게 도움이 되었습니다.
좋은 내용을 인용하는 경우 각주로 책의 이름과 페이지를 표시하지 않았음을 양해해주시길 바랍니다. 본서는 학위논문이나 연구출판물로 제시하는 것이 아니기 때문입니다.
감사합니다.

저자의 학력과 경력

김종상(金鍾相) 1946.9.1.생

학 력

인천창영초등학교(1953－1959년, 49회)

인천중학교(1959－1962년, 12회)

동산고등학교(1962－1965년, 14회)

서울대학교 법과대학 법학과, 법학사(1965－1969년, 23회)

경희대학교 경상대학 세무관리학과 경영학석사(1986－1988년)

건국대학교 경상대학 경영학박사(1997－2000년)

경 력

공인회계사 자격시험 합격(1967, 1회)

행정시험 재정직 합격(1968, 6회)

공인회계사 육군경리 장교 근무(1969－1972년)

대한민국 공무원, 공업진흥청(1973년), 국세청 근무(1974－1998년)

세무서장(성동, 남대문, 여의도), 국세청 기획관리관, 재산세국장 등

부산지방국세청장 퇴임(1998년)

미국 University of Southern California, Tax comprehensive course 이수(1980년)

미국 University of Berkeley 동아시아 연구소 초빙연구원(1994－1995년)

한국조폐공사,김포공항공사 비상임이사

KT, 대한항공, 두산중공업 사외이사

세일(원)회계법인 대표이사(1998－현재)

소설로 쓴 동서양사 2

초판발행 2021년 11월 26일

지은이 김종상
펴낸이 안종만 · 안상준

편 집 배근하
기획/마케팅 임재무
표지디자인 BEN STORY
제 작 고철민 · 조영환

펴낸곳 (주) 박영사
서울특별시 금천구 가산디지털2로 53, 210호(가산동, 한라시그마밸리)
등록 1959. 3. 11. 제300-1959-1호(倫)
전 화 02)733-6771
f a x 02)736-4818
e-mail pys@pybook.co.kr
homepage www.pybook.co.kr
ISBN 979-11-303-1415-0 03900

정 가 26,000원